'03

Die Evangelische Landeskirche in Baden
im Dritten Reich

Veröffentlichungen des Vereins für Kirchengeschichte
in der Evangelischen Landeskirche in Baden

Im Auftrag des Vorstands herausgegeben
von Udo Wennemuth

Band 60

PV Medien Verlag Karlsruhe

2003

Die Evangelische Landeskirche in Baden im Dritten Reich

Quellen zu ihrer Geschichte

Im Auftrag des Evangelischen Oberkirchenrats Karlsruhe
gemeinsam mit einer Fachkommission
herausgegeben von Gerhard Schwinge

Band IV: 1935 – 1945

PV Medien Verlag Karlsruhe

2003

Mitglieder der Fachkommission des Vereins für Kirchengeschichte in der Evangelischen Landeskirche in Baden:

Gottfried Gerner-Wolfhard, Dieter Haas, Eckhart Marggraf, Hans-Werner Scheuing, Gerhard Schwinge, Jörg Thierfelder, Udo Wennemuth, Monika Zeilfelder-Löffler.

Konzeption, Moderation und Redaktion: Gerhard Schwinge

Bibliografische Information der Deutschen Bibliothek:

Die Deutsche Bibliothek verzeichnet diese Publikation in der Deutschen Nationalbibliografie; detaillierte bibliografische Daten sind im Internet über http://dnb.ddb.de abrufbar.

ISSN 0722-6683
ISBN 3-87210-914-6
© PV Medien gemeinnützige Verlagsgesellschaft mbH
Karlsruhe 2003
Satz: Evang. Oberkirchenrat Karlsruhe, Abt. Mediengestaltung
Herstellung: Esser Druck, Bretten

Vorwort

In den Jahren 1991, 1992 und 1995 erschienen die Bände I (1931–1933, 891 Seiten), II (1933–1934, 800 Seiten) und III (1934–1935, 965 Seiten) der vorliegenden Quellensammlung zur Geschichte der badischen Landeskirche während des Dritten Reichs. Sie wurden – nach Vorarbeiten seines Vorgängers, Kirchenarchivdirektor i.R. Hermann Erbacher – bearbeitet von Kirchenarchivdirektor Dr. phil. Hermann Rückleben.

Nachdem Hermann Erbacher 1999 fast 90jährig verstarb und Hermann Rückleben inzwischen im Ruhestand lebt, erhielt Pfarrer a.D. und Kirchenbibliotheksdirektor i.R. Dr. theol. Gerhard Schwinge auf sein Anerbieten vom 14. März 2001 hin – nach der Genehmigung der erforderlichen finanziellen Mittel durch die zuständigen landeskirchlichen Gremien – am 14. November 2001 vom Evangelischen Oberkirchenrat den Auftrag, gemeinsam mit einer Fachkommission aus Mitgliedern des Vereins für Kirchengeschichte in der Evangelischen Landeskirche in Baden, die begonnene und seit einigen Jahren ins Stocken geratene Quellensammlung mit noch zwei Quellenbänden und einem Generalregister-Band fortzuführen und zu Ende zu bringen.

Nach einigem Hin und Her setzte sich die Fachkommission außer aus dem Unterzeichneten aus folgenden sieben Mitgliedern zusammen: Pfarrer und Kirchenrat i.R. Dr. theol. Dr. Gottfried Gerner-Wolfhard, Studienleiter i.R. am Religionspädagogischen Institut Dieter Haas, Pfarrer und Direktor i.R. am Religionspädagogischen Institut Eckhart Marggraf, Diplom-Pädagoge Dr. theol. Hans-Werner Scheuing, Prof. em. Dr. theol. Jörg Thierfelder, Leiter von Landeskirchlichem Archiv und Landeskirchlicher Bibliothek Dr. phil. Udo Wennemuth und Pfarrerin Dr. theol. Monika Zeilfelder-Löffler. Während Jörg Thierfelder sich freundlicherweise als ständiger kompetenter Berater in den Diskussionen unserer Sitzungen zur Verfügung stellte und auch die Mehrzahl der Beitragsmanuskripte kritisch durchsah, sind die übrigen Kommissionsmitglieder je mit Bearbeitungen einzelner Kapitel von Band IV oder Band V vertreten, welche sie jeweils persönlich verantworten, auch wenn die Schlussredaktion durch den Herausgeber Schwinge erfolgte.

Die Fachkommission war sich schnell einig, dass die beiden zu erarbeitenden Quellenbände sich mehr als bisher auf das konkrete Verhalten von Kirchenleitung und Pfarrerschaft wie von kirchlichen Einrichtungen und Einzelnen in den Gemeinden der Landeskirche konzentrieren sollte und weniger auf (staats-)kirchenrechtliche Auseinandersetzungen und institutionelle Fragen. So entstanden für die Jahre ab 1935 die fünf Themenkomplexe dieses Bandes IV, während der Band V, vor allem für die Kriegsjahre 1939 bis 1945, folgende fünf Themenkomplexe behandeln soll: Das Verhalten in der Landeskirche angesichts von Eugenik-Gesetzgebung und Euthanasie-Aktionen (Bearbeiter: Scheuing), Die Innere Mission in Baden während des Krieges (Bearbeiterin: Zeilfelder-Löffler), Der Einfluss des Kriegsgeschehens auf die Arbeit der Landeskirche (Bearbeiter: Gerner-Wolfhard), Widerständiges Verhalten in der Landeskirche, Beispiele 1937 bis 1944 (Bearbeiter: Schwinge) und: Der Neuanfang in der Landeskirche nach dem Ende des Zweiten Weltkriegs, Juni 1945 bis Februar 1946 (Bearbeiter: Schwinge).

Der Generalregister-Band soll nach der augenblicklichen Planung außer den fünf kumulierten Registern bzw. Verzeichnissen der Einzelbände – das Personenregister versehen mit knappen biographischen Angaben, wie schon in Band IV und V – noch folgende Beiträge enthalten: eine ausführliche Zeittafel, zwei oder drei autobiographische Rückblicke bekannter Kirchenvertreter Badens auf die zwölf Jahre des Dritten Reiches aus dem Blickwinkel der ersten Nachkriegszeit, einen zusammenfassenden und wertenden Überblick zur Geschichte der Landeskirche zwischen 1933 und 1945 (Verfasser wahrscheinlich: Jörg Thierfelder) sowie ein kumuliertes Verzeichnis badischer Spezialliteratur und schließlich ein Errata-Verzeichnis.

Diese Bände V und VI sollen jeweils im Jahresabstand 2004 und 2005 erscheinen.

Wir Mitglieder der erarbeitenden Fachkommission sind uns bewusst, dass auch der jetzt vorliegende Band Lücken und Mängel und sicher noch Druckfehler enthält. Um entsprechende Hinweise wird darum freundlich gebeten (bitte schriftlich an: Dr. Gerhard Schwinge, Postfach 1327, 76443 Durmersheim); vielleicht kann das eine oder andere in den folgenden Bänden noch berücksichtigt werden.

Frau Ulrike Fuhry in der Abteilung Mediengestaltung des Evangelischen Oberkirchenrats wird herzlich für ihre Geduld bei der Umsetzung der Dateien in den druckfertigen Satz und im Blick auf viele immer wieder nötige kleine Korrekturen gedankt.

Wir hoffen, dass unsere Arbeit an der Geschichte der Landeskirche in einer unseligen Zeit wie bei uns selbst, so auch beim Leser nicht nur Wissen und Kenntnis vermehrt, sondern auch Betroffenheit auslöst: Wie hätten wir uns verhalten, hätten wir in jenen Jahren leben und handeln müssen?

Im Oktober 2003 G.S.

Inhalt

		Seite
	Verzeichnis der Quellen	IX
XXXIII	Eine neue Phase der NS-Kirchenpolitik, 1935/1936: Reichsministerium für die kirchlichen Angelegenheiten und Kirchenausschüsse – Auswirkungen auf die badische Landeskirche *(Bearbeiter: Hermann Rückleben und Gerhard Schwinge)*	1
A	Wachsender Druck auf badische Kirchenleitung und badische Bekenntnisgemeinschaft seit Juli 1935 Einrichtung der ‚Beschlußstelle [...]' des ‚Reichsministerium für die kirchlichen Angelegenheiten' und des ‚Reichskirchenausschusses'	3
B	Ein Landeskirchenausschuss auch für die ‚Vereinigte Evang.-prot. Landeskirche Badens'? – Der Haushalt 1936/37	69
XXXIV	Das Ringen um die Jugend, 1937 – 1945 *(Bearbeiter: Dieter Haas)*	99
A	In der Schule:	
	1. Jugend und Kirche 1937	99
	2. Der Streit um die inhaltliche Aufsicht im RU in den badischen Grund- und Hauptschulen	102
	3. Der Streit um das Alte Testament	110
	4. Die Streichung des Satzes „Das Heil kommt von den Juden"	116
	5. Lehrer und Religionsunterricht	121
	6. Vergebliches Ringen um ein neues Schulbuch	128
	7. Um die Position der Kirchen in Schule und Öffentlichkeit	131
	8. Die Strangulierung des RU durch Verwaltungsmaßnahmen	140
	9. Die letzten Kriegsjahre	160
B	Im kirchlichen Raum:	
	1. Jugendarbeit	164
	2. Kindergottesdienst	177
	3. Konfirmandenunterricht und Konfirmation	183
XXXV	Die Einrichtung und die Arbeit der staatlichen Finanzabteilung beim Evangelischen Oberkirchenrat in Karlsruhe, 1938 – 1945 *(Bearbeiter: Udo Wennemuth)*	189
A	Vom Mai 1938 bis zum Beginn des Kriegs	191
B	Während des Zweiten Weltkriegs	269
C	Nach Ende des Kriegs	297

XXXVI	Das Verhalten in Kirchenleitung und Pfarrerschaft und die Situation in den Gemeinden unter wachsendem Druck, 1938 und 1939: Anpassung und Signale des Widerspruchs *(Bearbeiter: Gerhard Schwinge)*	299
A	Das Verhalten in Kirchenleitung und Pfarrerschaft Anschluss Österreichs und Volksabstimmung über Hitlers Politik – Treueid auf den Führer – Die kirchenpolitische Lage in Baden – Das volksmissionarische Amt – Badische Pfarrbruderschaft und BK – Hitlers 50. Geburtstag – Disziplinarordnung der DEK – Strafverfahren gegen vier badische Landpfarrer	301
B	Die Situation in den Gemeinden	
	Kirchenaustrittsbewegung	332
	Das Problem der Minderheitenversorgung	335
	Minderheitengottesdienste	338
	Das Beispiel St. Georgen im Schwarzwald	341
	Beflaggung kirchlicher Gebäude und nationale Gedenkfeiern	364
XXXVII	Die Landeskirche vor der „Judenfrage" und angesichts der Judenverfolgung, 1935 – 1945 *(Bearbeiter: Eckhart Marggraf)*	367
A	„Kirchliche Hilfsstelle für evangelische Nichtarier" (sog. Büro Grüber) in Baden: Hermann Maas	369
B	Reichspogromnacht am 9. November 1938 in Baden	414
C	Deportation der badischen und pfälzischen Juden am 22./23. Oktober 1940 nach Gurs. Gertrud Hammann	419
D	Zuflucht für verfolgte jüdische Mitbürger im Pfarrhaus in Ispringen: Otto Riehm und Frau	426
E	Taufe, Konversion, Wiedereintritt von Menschen jüdischer Herkunft in und „Ausscheidung" der getauften Juden aus der evangelischen Kirche	434
F	Einführung des „arischen Nachweises für die Geistlichen"	442
G	Die Auseinandersetzung um die nichtarischen Pfarrer Kurt Lehmann und seinen Vater Ernst Lehmann, ein Beispiel der Verdrängung über die Zeit des Dritten Reiches hinaus	445

Chronologisches Verzeichnis der Dokumente	467
Personenregister	483
Ortsregister	499
Abkürzungsverzeichnis	507

Verzeichnis der Quellen (zu Band IV)

Archivalien

Landeskirchliches Archiv Karlsruhe (LKA)

Generalakten (GA)

1115	Treueid der Geistlichen, 1938
1236b	Sammlung von Runderlassen, Bd. IVb, 1935
1239	Sammlung von Runderlassen, Bd. VII, 1938
2733	BK-Denkschrift zur kirchl. Lage in Baden; Entwurf einer Wahlordnung für eine bad. Bekenntnissynode, 1939
3206	Judensache: Judenfrage, Stellung der Evang. Kirche
3484–86	Sitzungsprotokolle des EOK 1938 – 1940
3489	Sitzungsprotokolle des EOK 1943
3882	Evang. kirchliche Jugendarbeit in Baden
4442	Religionsunterricht an Volksschulen (Erteilung, Prüfung, Lehrbücher)
4460	Einführung des Religionsunterrichts in den Gewerbe- und Handelsschulen
4764	Beleidigungen Geistlicher und kirchlicher Beamten
4870	Religionsunterricht an Nationalpolitischen Erziehungsanstalten etc.
4876	Konfirmandenunterricht im Kriegswinter 139/40
4878	Religionsunterricht an Höheren Lehranstalten, hier: freiwillige Arbeitsgemeinschaften
4899	Einrichtung einer Finanzabteilung beim EOK und deren Auswirkung, 1938 – 1940
4900	Einrichtung einer Finanzabteilung beim EOK und deren Auswirkung, 1941 – 1945
4916	Den Evang. Kirchenstreit 1934 – 1939 betr.
4918	Kirchenverfassung; Gesetz zur Sicherung der Deutschen Evang. Kirche; Befriedung der kirchl. Lage, 1935 – 1943
4928	Glaubensbewegung Deutsche Christen 1933 – 1947
4946–47	Aus- u. Wiedereintritte von Lehrern aus der Evang. Landeskirche; Entziehung der Befugnis zur Erteilung von Religionsunterricht, Bd. 2; Bd. 3 (1.1.–30.4.1939)
4996/I	Arier-Nachweis der Geistlichen
5030/II	Kirchenordnung: Die heilige Taufe
5034	Schaffung eines Lernbüchleins für den evang. Religionsunterricht als Ersatz der z.Zt. nicht lieferbaren kirchlichen Schulbücher
5037	Erteilung von Religionsunterricht (kirchl. Unterweisung) in kircheneigenen Räumen, 1939 ff.
5047	Religionsunterricht an Volksschulen: Erteilung, Prüfung, Lehrbücher, 1938 ff.
5049	Befreiung von Schülern vom Religionsunterricht (§ 19, Abs. 3 der bad. Verfassung), 1919 – 1944
5050	Niederlegung des Religionsunterrichts durch Lehrer, 1938 – 1940

5055	Religionsunterricht an Volksschulen: Wöchentl. Stundenzahl, 1937 – 1938
5081	Evang.-kirchl. Jugendarbeit in Baden, 1938 – 1940
5534	Die Hitlerjugend der N.S.D.A.P., 1938 – 1944
5699	Kritik von Pfarrers Otto Hof an Stil und Inhalt der Zs. „Der Deutsche Christ"
5701	Schriftwechsel mit der Vorläufigen Leitung der DEK, 1934 – 1937
5829	Schulgesetz und Schulordnung für die Volksschulen (Religionsunterricht, Schulentlassungen etc.), 1939 ff.
5878	Vertrauenskundgebungen für den Landesbischof 1938
5957	Vorzeitige und außerordentliche Konfirmationen
6298	Jugend- und Kindergottesdienste sowie kirchliche Sonntagsschulen, 1938 ff.
6322	Bad. Landesverband für Kindergottesdienste, 1942 ff.
6344	RU an Höheren Lehranstalten, Dekanatsberichte, 1940/41
7026	Schaffung einer neuen Biblischen Geschichte, 1938 – 1939
7057	Dienstreisekosten der Mitglieder des EOK, 1942 – 1945
7062	Strafsache gegen Pfr. *Diebold* Georg Schnebel – Heimtückegesetz, Sondergericht Mannheim 1939/40
7065	Judensache: Aufnahme von Juden in d9e evang. Kirche, 1939
7066	Judensache: Gliedschaft, Kirchensteuerpflicht
7084	Aufnahme unter die bad. Pfarrkandidaten, Bd. I, 1938 – 1943
7252	FA beim EOK: Erteilung von Religionsunterricht in kircheneigenen Räumen, 1939 und 1940
7264	Die Einrichtung der FA beim EOK betr., 1939 – 1945
7271	Staatsverfassung: besprechungen mit den bei anderen Landeskirchen gebildeten Finanzabteilungen, 1940 – 1944
7276	Entlassungs- u. Suspendierungsmaßnahmen auf Befehl der Militärregierung Baden, hier: OKR Dr. Doerr und Vors. der FA Dr. Engelhardt
7345	FA beim EOK: Auseinandersetzungen mit Kirchengemeinden
7477	FA beim EOK: Handakte OKR dr. Doerr, 1938, 1940 – 1945
7700	Religionsunterricht an Höheren Schulen
7900	Bund Christdeutscher Jugend in Baden
7925	Evang.-kirchl. Jugendarbeit in Baden, 1941 ff.
8927	Austritte, Übertritte, Aufnahme in die Landeskirche
9050	Schriftwechsel OKR Dr. Friedrich mit FA beim EOK:, 1938 – 1944
9051	Geschäftsverteilungsplan der FA, Handakte OKR Dr. Friedrich, 1938
9075	Einrichtung der FA, Handakte OKR Dr. Friedrich, 1938 – 1944

Spezialakten (SpA)

7000	Mannheim: Die Fliegerangriffe auf die Stadt Mannheim, hier die seelsorgerliche Betreuung der zerstörten Sprengelgemeinden und der aus Mannheim evakuierten Evangelischen
10606	St. Georgen i.Sch.
14799	St. Georgen i.Sch.

Personalakten (PA)

1527/III	Ernst Lehmann
3688	Getrud Hammann

4339 Kurt Lehmann: Anfechtung der Zurruhesetzung, 1935 – 1948
4351/I-II Hermann Maas
6374 Kurt Thieringer
6700/01 Egon Thomas Güß
7252/II, 7253 Kurt Lehmann

Nachlass Dürr (LKA D)

Dekanat Freiburg 20
Dekanat Müllheim 48

Archiv der Evang. Kirchengemeinde St. Georgen im Schwarzwald

Nachlass Riehm (in Familienbesitz)

Generallandesarchiv Karlsruhe (GLA)

235/12754
235/37569 Grund- u. Hauptschulgesetz 1934 ff.
235/38026 Bad. Ministerium für Kultus und Unterricht: General-Erlasse verschiedener Abteilungen 1939 ff.

Evangelisches Zentralarchiv in Berlin (EZA)
Signaturen: 1/A4/334 u. 335, 1/A4/383 u. 385, 1/A4/440, 1/A4/459 u. 460; 50/110, 50/207a; EKD C3/172; EOK Gen. XII/446 II

Bundesarchiv (BA), Außenstelle Berlin/Potsdam: Reichsministerium für die kirchlichen Angelegenheiten (RKM)
Signatur: R 51.01.23779, 23780

Amtsblätter

Amtsblatt des Badischen Ministeriums des Kultus und Unterrichts, Jgg. 1937 ff.

(GBl. der DEK) Gesetzblatt der Deutschen Evangelischen Kirche, Berlin 1939

(KGVBl.) Gesetzes- und Verordnungsblatt für die Vereinigte Evangelisch-protestantische Landeskirche Badens, Jgg. 1919 und 1935 ff.

(RminAmtsblDtschWiss.) Deutsche Wissenschaft, Erziehung und Volksbildung. Amtsblatt des Reichsministeriums für Wissenschaft, Erziehung und Volksbildung und der Unterrichtsverwaltungen der Länder, Jgg. 1937 ff.

Periodika

Der Deutsche Christ. Sonntagsblatt …, [Hrsg.:] Deutsche Christen, Gau Baden, Freiburg 1935 ff. (mit Rundschreiben als Beilagen)

Evangelischer Gemeindebote für das Kirchspiel St. Georgen i.Sch., 1937

(Ev.K.u.VBl.) Evangelisches Kirchen- und Volksblatt. Sonntagsblatt für Baden [Organ der Kirchlich-positiven Vereinigung], Karlsruhe 1938

Kirchliche-positive Blätter für Baden und Hessen, hrsg. im Auftr. der Bad. Bekenntnisgemeinschaft, Karlsruehe 1938 ff.

Mitteilungen. Information – Diskussion – Arbeitsmaterial für Mitarbeiter der Evang. Landeskirche in Baden, Karlsruhe

Monatsblatt für die Kirchlich-positive Vereinigung, Karlsruhe 1935 ff.

Ökumenisches Jahrbuch 1934 – 1935, hrsg. von F. Siegmund-Schultze, Zürch u. Leipzig 1936

Veröffentlichungen und Manuskripte

„Auf einmal da waren sie weg". Jüdische Opfer der nationalsozialist. Gewaltherrschaft aus Mannheim, hrsg. vom Stadtjugendamt Mannheim, bearb. von K. Hotz, Mannheim 1995 (Spurensuche. Jüd. Spuren in Mannheim)

Conway, John S.: Die nationalsozialistische Kirchenpolitik 1933 – 1945. Ihre Ziele, Widersprüche u. Fehlschläge. Aus. dem Engl., München 1969

Eberhard, Otto: Der Kindergottesdienstals Gemeindeaufgabe und im Gemeindeaufbau. Ein Handbuch für Leiter u. Helfer, Gütersloh 1939

Güß, Egon: Zur kirchenpolitischen Lage in Baden, maschinenschriftl. Manuskript [1939] (in Privatbesitz, auch in LKA GA 2733)

Hauß, Friedrich: Kirche, gib Antwort! Hrsg. vom Volksmissionar. Amt der Vereinigten Evang.-prot. Landeskirche Badens, Karlsruhe [1937]

Krakauer, Max: Lichter im Dunkel. Flucht u. Rettung eines jüdischen Ehepaares im Dritten Reich, Stuttgart 1947. Neu hrsg. von O. Mörike, mit e. Geleitw. vom M. Haug, 10. Aufl., Stuttgart 1991

Kirchliches Jahrbuch für die Evangelische Kirche in Deutschland 1933 – 1944, hrsg. von Joachim Beckmann, 2. Aufl., Gütersloh 1976

Kühlewein, Julius: Hirtenbrief (vom 7. Febr. 1938 zur Kirchenaustrittsbewegung)

Ludwig, Max: Aus dem Tagebuch des Hans O. Dokumente u. Berichte über die Deportation u. den Untergang der Heidelberger Juden, Heidelberg 1995

Maier, Joachim: Schulkampf in Baden 1933 – 1945. Die Reaktion der kath. Kirche auf die nationalsozialist. Schulpolitik, dargest. am Beispiel des Religionsunterrichts in den bad. Volksschulen, Mainz 1983 (Veröffentlichungen der Kommission für Zeitgeschichte, Reihe B: Forschungen, Bd. 38)

Ochs, Willi: Predigt zum Himmelfahrtstag, dem 18. Mai 1939 in St. Georgen über Apg 1, 1–11, maschinenschriftl. Manuskript (in Privatbesitz)

Ochs, Willi, Brief vom 7. April 1974, maschinenschriftl. Manuskript (in Privatbesitz)

XXXIII Eine neue Phase der NS-Kirchenpolitik, 1935/36: Reichsministerium für die kirchlichen Angelegenheiten und Kirchenausschüsse – Auswirkungen auf die badische Landeskirche

Ende Oktober 1934 waren Reichsbischof Ludwig Müller und sein Rechtswalter August Jäger mit ihrer geradezu gewalttätigen Eingliederungspolitik – sichtbar für jedermann – gescheitert. Der Empfang der Landesbischöfe Marahrens, Meiser und Wurm durch Hitler am 30. Oktober 1934 bedeutete dennoch keine Wende in der Zielsetzung der NS-Kirchenpolitik. Zunächst schien Dr. Christian Kinder die Bewegung der DC aus der Kirchenpolitik zurückzuziehen*), während auf Landesebene in Baden die Konfrontation mit den DC seit März 1935 eskalierte.

Um die Jahresmitte sollte anhand zweier Ereignisse deutlich werden, dass die Nationalsozialisten nicht gewillt waren, die Kirchen sich selbst zu überlassen:

1. die Bestellung von SA-Ogruf. und RM ohne Geschäftsbereich Hanns Kerrl zum ‚Reichsminister für die kirchlichen Angelegenheiten', am 16. Juli 1935 und

2. die Errichtung einer ‚Beschlußstelle in Rechtsangelegenheiten der Evang. Kirche' beim RM d.I. am 26. Juli 1935**).

Kerrl hatte bereits im Frühjahr 1935 von Hitler den Auftrag „einer möglichst geräuschlosen Beilegung des Kirchenstreits" erhalten.***) Vor den Leitern der Propagandastellen präzisierte er im Oktober 1935 seine Aufgabe: „Meine Maßnahmen sollen der Ruhe im Volke dienen."****)

Scholder wertet die Beauftragung Kerrls als „klare Zäsur" im Kirchenkampf mit dem Ziel, „die kirchlichen Angelegenheiten weitgehend unter das verschärfte Aufsichtsrecht des Staates zu stellen."*****)

Reichsminister Kerrl machte sich sogleich ans Werk: Am 24. September 1935 erging das ‚Gesetz zur Sicherung der DEK******) und am 3. Oktober 1935 ordnete er die Bildung eines ‚Reichskirchenausschusses' an.*******)

---

*) Der Deutsche Christ 1935, Nr. 15, 14. April, S. 119. Vgl. Bd. III, Dok. 1557.

**) Gesetzblatt der DEK 1935, Nr. 23, 19. Juni, S. 79f.

***) Kurt Meier, Der evangelische Kirchenkampf, Bd. 2, Göttingen 1976, S. 77.

****) A.a.O., S. 70.

*****) Klaus Scholder, Die Kirche und das Dritte Reich, Bd. 2, Berlin 1988, S. 368. Meier, a.a.O., S. 66 f. nennt in diesem Zusammenhang eine Denkschrift von Dr. Wilhelm Stuckart, dessen Tendenz, „verschärfte Staatsaufsicht", der Verf. am 29. Januar 1935 Hitler persönlich erläutert hatte.

******) Gesetzblatt der DEK 1935, Nr. 28, 3. Oktober, S. 99.

*******) Kompetenzen siehe Gesetzblatt der DEK 1935, Nr. 29, 15. Oktober, S. 101 f.

Die badischen DC setzten in die beiden neuen Berliner Dienststellen hochgesteckte Erwartungen. 1936/37 drohte sogar, wie in anderen so auch in der badischen Landeskirche vorübergehend die Bildung eines Landeskirchenausschusses.

Folgenreicher für die Zukunft freilich war, dass zu den Karlsruher Kontrahenten: Kirchenleitung, ‚Bekenntnisfront' und DC nun eine bzw. zwei auswärtige Instanzen hinzugekommen waren, an die fortan alle beteiligten Gruppen mit wechselndem Erfolg appellierten.

A Wachsender Druck der DC auf badische Kirchenleitung und badische Bekenntnisgemeinschaft seit Juli 1935. – Einrichtung der ‚Beschlußstelle [...]', des ‚Reichsministeriums für die kirchlichen Angelegenheiten' und des ‚Reichskirchenausschusses'

1718 EOK: Zwei Jahre Nationalsozialismus – Bilanz der Bezirkssynoden
KGVBl. 1935, Nr. 9, 22. Juli 1935, S. 73–84

„Die Bezirkssynoden des Jahres 1934.

Die Entwicklung der kirchlichen Verhältnisse führte zu der Anordnung vom 7. November 1934, die die Abhaltung der noch ausstehenden Bezirkssynoden untersagte.*⁾ Durch die von Monat zu Monat sich verschärfende Gegensätzlichkeit zwischen den Gruppen und Lagern schien selbst der äußere friedliche Verlauf solcher Tagungen in Frage gestellt, geschweige denn, daß unter solchen Umständen noch eine ersprießliche oder gar segensreiche Zusammenarbeit zu erwarten gewesen wäre. Von dem Erlaß sind 8 Kirchenbezirke (Adelsheim, Boxberg, Karlsruhe-Stadt, Mannheim, Neckarbischofsheim, Neckargemünd, Schopfheim, Sinsheim) betroffen worden. Die anderen hatten in der Zeit vom 13. Juni (Freiburg) bis zum 7. November (Wertheim) ihre Synoden gehalten. [...]

Das Bild dieser Jahre [1933/34] ist von *einem* Ereignis bis in seine Einzelheiten hinein beherrscht. Es ist das Ereignis schlechthin. Es ist *die* ‚Zeitwende', *der* Umbruch, *die* Revolution, gleich welchen Ausdruck man wählen mag. Wenn die Uhr der deutschen Geschichte mit mächtigem Schlag den Anbruch einer neuen Stunde kündet, dann nehmen Türme und Glocken der evangelischen Kirche den neuen Ton auf und tragen ihn in festlichem Geläute ins letzte Dorf und in die letzte Kammer. [...]

Für die klare, eindeutige Entscheidung dieser Frage, wie die evangelische Kirche die epochale Wende zum neuen Reich erlebt und sich dazu gestellt habe, werden die Berichte der Bezirkssynoden vom Jahre 1934 einmal von kirchengeschichtlicher Bedeutung sein. Es ist ja nicht *eine* Stelle und ist nicht *eine* kirchliche Richtung, die darin auf eine gegebene Weisung oder in einer durchscheinenden Absicht zu Worte kommt. Die Verschiedenheit der Begabungen, der theologischen und kirchenpolitischen Positionen ist in der Vielgestaltigkeit solcher Berichte oft genug und gelegentlich bis zur Gegensätzlichkeit spürbar. Aber in der Wertung des weltgeschicht-

---
*⁾ Vgl. Dok. 1688.

ichen Geschehens der letzten deutschen Revolution und in der Stellung dazu ist nur eine ganz starke, beim Lesen der einzelnen Berichte eine geradezu bewegende Übereinstimmung zu bezeugen: ein freudiges, dankbares Ja zu dem, was das Werk des Führers seinem Volke schuf, ein unbedingtes, vorbehaltloses *Bekenntnis zum Dritten Reich*.

[…] Aber darin sind wieder alle einig: Altes ist ebenso radikal zu Ende, wie Neues radikal angefangen hat. Hier handelt es sich nicht mehr um einen Systemwechsel, sondern um den buchstäblichen Umbruch zu einem ganz anderen. Ein neuer Geist gestaltet um. Die Menschen werden davon ergriffen, ehe daß sie ihn erst ganz begriffen haben müßten. Die Vereinzelung wird tatsächlich aufgehoben durch das Gemeinschaftserlebnis. Und das neue Gemeinschaftserlebnis schafft neue Gemeinschaftsformen. Schranken fallen. Feindschaften hören auf. Getrenntes findet wieder den Weg zueinander. Nicht ohne innere Bewegung liest man, daß Männer und selbst Familien wieder zum Abendmahl gekommen seien, die jahrelang nicht mehr daran teilgenommen hatten. Der aus persönlicher Gegnerschaft erwachsene Haß, zur Unversöhnlichkeit verhärteter Sinn hatten es ihnen unmöglich gemacht, das Mahl der Versöhnung zu feiern. Nun da der Sturm die Parteien weggefegt hatte, war bald auch wieder die innere Tür zum Volksgenossen offen. […]

Wenn nach den Berichten aus 20 Kirchenbezirken etwas feststeht, dann ist es die Tatsache, daß die evangelische Kirche nicht erst mühsam und klüglich Brücken hinüberzubauen hatte zum Dritten Reich, daß sie vielmehr mitten darin ihren Platz hat und daß sie sich mit dem ihr von ihrem ewigen Herrn erteilten Auftrag freudig und dankbar in den Dienst ihres Volkes und seines Führers stellt.

Vielleicht ist es gerade aus diesem doch irgendwie wesensmäßigen Zusammenhang von Gottgebundenheit und Volksverbundenheit heraus zu erklären, daß mit der Begeisterung über das Wunder der nationalen Wiedergeburt und mit dem frohen Bewußtsein der stolzen Zugehörigkeit zu dem in neuer Kraft erstandenen Vaterlande sich die glühende Hoffnung verband, nun müsse im religiösen und kirchlichen Leben unseres Volkes sich Ähnliches vollziehen. Der politischen Entscheidung müsse jetzt die religiöse folgen. Die Zeit der Lauheit und der Gleichgültigkeit sei vorüber. Die leergewordenen Kirchen würden sich wieder füllen. […]

Wenn man heute mit dem Abstand nahezu eines Jahres die Berichte wieder liest, überkommt einen mit fast schmerzlicher Klarheit das Gefühl, als läge darüber etwas von der Emmausstimmung des Osterabends: … Wir aber hoffeten, Er solle Israel erlösen … Vielleicht werden spätere Geschlechter die Herbheit der Enttäuschung nicht mehr so ganz verstehen, wie die, die hart genug daran trugen. Mit derselben Einmütigkeit, mit der die Hoffnung der Kirche bekannt wurde, wird auch die bittere Tatsache festgestellt, daß sie sich nicht erfüllt hat. Das Bemühende liegt in der absoluten Übereinstimmung schier bis in die Gleichheit des Ausdrucks hinein: ... Wir aber hoffeten ... Das große völkische Ostern hat die Kirche in das neue Werden nicht hineingezogen.

Über kleine Ansätze ist es nirgends hinausgekommen. Es konnte da und dort einen Augenblick den Anschein haben, als ob etwas Neues werden solle, Funken, aus denen ein Feuer hätte werden können. Es ist keines geworden. [...] Man sollte meinen, die großen völkischen Feste des neuen Reiches, der 1. Mai und der 1. Oktober, der Tag der Arbeit und der Tag der Ernte, hätten auch einmal wenigstens die Entfremdeten durch die weit und bereitwillig geöffneten Türen der Kirche führen müssen. Es geschah sicher nicht von ungefähr, daß fast alle Berichte den 1. Mai des Jahres 1933 und den von 1934 gegenüberstellen. 1933 überfüllte Kirchen – 1934 Raum mehr als genug! 1933 hatten die Gottesdienste ihren Platz innerhalb der amtlichen Festfolge. 1934 mußte man sie vielerorts bereits am Abend vorher halten, weil das Programm des Tages selber gar keine Zeit dafür mehr freiließ. Und aus dem Erntedankfest ist ein Erntefest geworden, bemerkt bezeichnend genug ein Bericht. ... Wir aber hoffeten ... Das ist in ihrem Ernste eine erschütternde Bilanz.

Es ist nicht nur so, daß Erhofftes sich nicht erfüllte. Dafür traf Unerwartetes ein. Schwierigkeiten kamen in steigendem Maße auf. Mißverständnisse und Spannungen, die niemand vorausgesehen hatte. [...] Der Staat brauchte zur Durchführung seiner Neuschöpfung die Männer. Sie mußten aufs rascheste im neuen politischen Denken geschult, in der neuen Haltung gefestigt werden. Die Politik ging buchstäblich über alles, auch über die Gewohnheit oder selbst das persönliche Bedürfnis des Kirchgangs. So kam es zu den vielen Klagen in den meisten Berichten [...]: fehlten vorher die Männer und vor allem die Jungmänner in der Kirche, so fehlen sie jetzt erst recht und noch mehr. Ihre Sonntage waren belegt durch parteiamtliche Veranstaltungen, durch Versammlungen und Schulungen, durch den Dienst in den verschiedenen Formationen.

Der Staat forderte um der Sicherung seiner Zukunft willen die *Jugend*. Einsichtiges und im besten Sinne volksverbundenes Denken wird ihm diesen Anspruch nie bestreiten. Er hat ein Recht auf die Jugend. Es geriet da und dort in Spannung mit dem, das die Kirche nicht minder an sie hat. Kindergottesdienst und namentlich die Christenlehre waren gelegentlich nur mit großen Schwierigkeiten und unter nicht immer erfreulichen Auseinandersetzungen durchzuführen. Wegen des Konfirmandenunterrichts bedurfte es besonders in den größeren Städten langwieriger Verhandlungen, um seine Abhaltung an den dafür bestimmten Tagen einigermaßen sicherzustellen. Den tiefsten und schmerzlichsten Eingriff erfuhr die Kirche freilich durch die Aufgabe ihrer jahrzehntealten Jugendarbeit mit der Auflösung ihrer Vereine und Bünde. [...]

Es ist die Großtat der nationalsozialistischen Revolution und wird ihr weltgeschichtliches Verdienst bleiben, daß sie die dämonische Macht des politischen und weltanschaulichen Marxismus gebrochen hat. Das Wort von der Gottlosenbewegung kennzeichnet zur Genüge die Gefahr, die von daher den Kirchen drohte, und erinnert an den schweren Kampf, mit dem sie sich gegen die tödlich gedachte Umklammerung zur Wehr setzten. Der ehrlich und tiefe Dank für die Hilfe, die das Werk des Führers auch hier brachte, hat ihm die lebendigen kirchlichen Kreise besonders stark verpflichtet. [...]

Es ist nicht leicht, für die grenzenlose Enttäuschung, die dann so unerwartet rasch eintrat, den richtigen Ausdruck zu finden. Es war wirklich nur eine Atempause. Es war, um im Bilde zu bleiben, nur ein Waffenstillstand. Der Feind kam wieder. Die bolschewistischen Organisationen und Freidenkerverbände waren noch nicht recht ausgelöst, da trug er schon mit verbreiteter Front seinen Angriff vor. Er bekam in erstaunlichem Maße Zuzug und Anhang, weil er sich mit Schein zu tarnen verstand, anerkannter Träger der neuen Weltanschauung zu sein. Wieder war die Kirche in Abwehr. Der Name des neuen Gegners war bald eindeutig geprägt. An die Stelle der Gottlosenbewegung war das *Neuheidentum* getreten.

Die Berichte lassen keinen Zweifel darüber, daß der neue Feind nicht weniger gefährlich ist als der alte. Im Gegenteil, das betont Deutsche, Bodenständige, Blutmäßige täuscht über die reichlich intellektualistischen und vor allem liberalistischen Konstruktionen seiner Weltanschauung hinweg. Gemüt und Gewissen werden in einer psychagogisch geschickten Weise angesprochen und entlastet. Der Satz der alten Gottlosenbewegung, daß Religion Opium sei für das Volk, scheint hier dahin ergänzt worden zu sein, daß aber das Volk solches Opium brauche. [...]

Die Kirche hat keinerlei Verheißung, daß ihr je von der Welt eine ruhige und in ihrem Fortschritt gesicherte Entwicklung beschieden sei. Die Kirche ist im Kampf, solange sie Kirche und weil sie Kirche ist. Anders liest sich ein solcher Satz als theoretische Aussage vom Wesen der Kirche her, anders, wenn er von einer Wirklichkeit aus verstanden werden soll, die wie die gegenwärtige, die schwerste Kampfperiode und die entscheidungsvollste Krisis der evangelischen Kirche seit der Reformation darstellt. Es liegt eine dunkle Tragik über der Frage, und es ist gerade für die evangelischen Christen, die es mit Ernst sein wollen, eine Frage aus dem Glauben heraus, warum an dieser Wende der deutschen Geschichte, in der großen Einheitsbewegung des Volkes nicht nur dieser Kirche von außen her bitterster Kampf angesagt, sondern der noch weit härtere Kampf um ihre Gestalt und um ihren Gehalt in sie selber hineingetragen werden konnte.

Es würde den Rahmen und die Aufgabe des vorliegenden Bescheides überschreiten, auf die Auseinandersetzungen, Wirrungen, Gegensätze einzugehen, die nun seit mehr als zwei Jahren als *Kirchenstreit* die Kirche bis in ihre Grundfesten erschüttern. Zu einer objektiven geschichtlichen Darstellung, wenn es sie überhaupt gibt, ist der Abstand vom Geschehen noch nicht groß genug. [...]

Wo der Versuch unternommen worden ist, der Frage nach den eigentlichen Ursachen auf den Grund zu kommen, die zum Ausbruche dieses in der 400-jährigen Geschichte des Protestantismus beispiellosen innerkirchlichen Kampfes führten, ist in bemerkenswerter Übereinstimmung der gleiche Ansatzpunkt gefunden worden. Er liegt in dem Auftrag und in dem Bemühen der Kirche, vom Evangelium her eine lebendige Beziehung zu den Ereignissen und Ergebnissen der Revolution herzustellen. In dem Verhältnis der Kirche und ihrer Botschaft zum neuen Staat und zur neuen Zeitlage ist das Problem beschlossen, das über Fragen und Krisen zu Antworten und Lösungen noch nicht durchgedrungen ist. Ende und Ertrag der Auseinandersetzung sind heute noch ebenso ungewiß wie am Anfang. Die Auswirkungen freilich sind dafür um so sichtbarer und spürbarer. [...] Der Enthusiasmus, der von der völkischen Wiedergeburt auch eine solche für die Kirche erwartet hatte, wich alsbald der klareren Einsicht, daß man hier etwas zu verkoppeln im Begriff stand, was wesensmäßig so nicht miteinander in eins gesetzt werden darf. Selbstverständlich kann Gott sein Wunder tun, wie und wann es ihm gefällt. Das Wunder, das er an unserem Volke getan hat, wird darum nicht kleiner, daß er seiner Kirche offenbar einen schweren Weg wies. Der Weg zu einer durchgreifenden religiösen und sittlichen Erneuerung ist anders und weiter als der staatlicher Umbildungen. Völkischer Geist ist auch in seiner reinsten Prägung noch nicht heiliger Geist. Man wird es den Kündern des völkischen Geistes zugestehen müssen, daß sie sich dieses Unterschiedes bewußter sind als andere, von denen man die Fähigkeit der Scheidung der Geister eigentlich hätte erwarten dürfen. Die Kirche ist auch als deutsche evangelische Kirche in jeder geschichtlichen Situation und jedweder an sie herantretenden Forderung oder Erwartung gegenüber Kirche Jesu Christi. Sie hat nur *einen* Auftrag, der in allem Wandel der Zeiten, der Verhältnisse und der Bedürfnisse der ewig gleiche bleibt: sein Evangelium auszurichten, die frohe Botschaft von der Rechtfertigung aus Gnaden allein durch den Glauben [ ]; nicht mehr, nicht weniger und erst recht nichts anders. [...]

Was die den Synoden erstatteten Berichte an Tatsächlichem und Feststellbarem *über das religiöse Leben in seinen kirchlichen Formen und Äußerungen* darzustellen hatten, unterscheidet sich im großen und ganzen kaum von dem früherer Jahre. Was für das Jahr 1932 in dieser Hinsicht gesagt ist, gilt ohne besonders gewichtige Zusätze oder Abstriche auch für 1934. Die öfters ausgesprochene Meinung findet sich wieder bestätigt, daß das kirchliche Leben eines Landes in einer Spanne von nur zwei Jahren schwerlich große Veränderungen aufweisen könne. [...]

Neben den eingehenden Berichten über das religiös-sittliche Leben in ihren Bezirken sollten die Synoden zu der Frage Stellung nehmen, welche Forderungen von ihren besonderen Bedürfnissen aus an eine zu schaffende *kirchliche Lebensordnung* zu stellen seien. [...] Aufs Ganze gesehen aber beweisen die vorliegenden Arbeiten, wie groß und schwer die Aufgabe ist, eine die besonderen Verhältnisse tatsächlich treffende und für alle auch wirklich verbindliche kirchliche Lebensordnung zu schaffen. Darüber, daß sie sich je länger je mehr als eine weiter nicht aufzuschiebende Notwendigkeit herausgestellt hat, besteht allerdings auch restlose Übereinstimmung.

Einstweilen stehen wir freilich vor der noch viel ernsteren und folgenschwereren Erkenntnis, daß die ureigentliche Lebensordnung der Kirche selber, für die evangelische jedenfalls wie zu keiner Zeit ihrer Geschichte, in Frage gestellt und bis in ihre letzten Setzungen hinein angegriffen ist. Die existentielle Frage steht vor jeder anderen formalen. Und um sie geht es. Das Wissen darum, das Gefühl für den schweren Ernst der kirchlichen Lage und das Bewußtsein der persönlichen Verantwortung, die der einzelne mit daran trägt, hat den Bezirkssynoden des vergangenen Jahres ihre besondere Note gegeben [...]: vielleicht lag darin trotz allem auch ihr besonderer Segen. Gott hat es zugelassen, daß der Weg seiner Kirche seither noch tiefer hinabführe. Descendite, ut ascendatis! Buße und Gnade sind die beiden großen Grundthemen ihrer Verkündigung. Sie sind die beiden Grundpfeiler, die der Herr der Kirche ihr selbst gesetzt hat. Darauf allein ruht seine Verheißung."

1719 Badischer Bruderrat der BK – gez. Pfr. [Karl] Dürr – an Reichsstatthalter Robert Wagner: Gegen die Diffamierung von BK-Pfarrern. Kritik an Reichsbischof Müller

Pforzheim, 26. Juli 1935, LKA D 14/16 – Durchschrift

„Die badische Presse hat in den letzten Tagen einen Bericht über eine Besprechung des Reichsstatthalters mit den badischen Ministern veröffentlicht. In den verschiedensten Blättern las ich die in der Anlage rot unterstrichenen Ausführungen. Die Zeitungsberichte lassen nicht klar erkennen, ob Sie, Herr Reichsstatthalter, diese Sätze gesprochen haben. Ich stelle hiermit fest, daß die Information über eine politische Hetzrede, die erst kürzlich wieder ein Karlsruher Bekenntnispfarrer in Müllheim von der Kanzel herunter gehalten haben soll, den Tatsachen nicht entspricht. Herr Pfarrer Theodor Speck in Müllheim, bei dem ich sofort nach Kenntnisnahme dieser Zeitungsmeldung angefragt habe, meldet mir folgendes:

‚1. In Müllheim hat kein Karlsruher Bekenntnispfarrer gesprochen.

2. Vermutlich beruht die ganze Äußerung auf einer Verwechslung mit Badenweiler, wo am letzten Sonntag (14. Juli) Abend Mayer-Ullmann in einem gottesdienstlichen Vortrag sprach.

3. Von irgendwelcher politischen Hetzrede kann meines Erachtens keine Rede sein. Mayer-Ullmann sprach sehr sachlich und fein, daß jedermann, den ich bisher sprach, gerade die vornehme, ruhige und das Dritte Reich bejahende, allerdings den Reichsbischof Müller bestimmt ablehnende Rede dankbar begrüßte.'

Ich kann nicht glauben, daß es die Absicht des Herrn Reichsstatthalters ist, die Ehre deutscher Männer schmähen zu lassen, die für solche Schmähung keine Veranlassung gegeben haben. Unter den Karlsruher Bekenntnispfarrern ist keiner, der nicht vor Gott und aller Welt die Behauptung, er habe von der Kanzel eine politische Hetzrede gehalten, als eine unverantwortliche Verleumdung zurückzuweisen das Recht hätte. Der Herr Reichsstatthalter hat die Möglichkeit, ihnen diese Rechtfertigung öffentlich zuteil werden zu lassen. Darum bitte ich um Veranlassung einer Richtigstellung.

Andererseits muß ich es als eine Einmischung in die innerkirchlichen Angelegenheiten ansehen, wenn es immer wieder Stellen in Partei und Staat gibt, die unsern Kampf gegen die Person und das System der reichsbischöflichen Kirchenleitung als politische Hetze diffamieren. Wenn der Reichsbischof Ludwig Müller in öffentlichen Vorträgen behauptet, was er im Juni 1934 in der Karlsruher Festhalle und seitdem vielfach anderwärts wiederholt hat, die Bekenntnisfront hasse ihn nicht weil er Reichsbischof, sondern weil er Nationalsozialist sei, so wird diese Behauptung durch ihre Wiederholungen nicht wahrer. Wenn der den Vortrag des Pfarrers Mayer-Ullmann in Badenweiler überwachende Beamte dessen Ausführungen gegen den Reichsbischof als politische Hetze gemeldet haben sollte, so sei noch einmal mit aller Bestimmtheit erklärt, daß wir uns dagegen verwahren, uns auf diese Weise den uns von Gott verordneten Kampf um die Reinigung und Einigung unserer Kirche aus Glauben und nicht aus Politik verunglimpfen und uns darin behindern zu lassen. Es wäre ein Unglück für Staat und Partei, wenn die Person des Herrn Reichsbischof Ludwig Müller und sein Handeln an und in der Kirche als nationalsozialistisch in Schutz genommen würde. Denn schlimmer könnte man den Nationalsozialismus nicht um seinen Kredit bringen, als wenn man die Kirchenzerstörungen des Herrn Reichsbischofs – als solche haben sich seine Maßnahmen und Lehren vor der Geschichte erwiesen – als das Werk eines Nationalsozialisten decken wollte. Wir haben ein kirchliches Urteil über Ludwig Müller, auf Grund dessen wir ihn als Reichsbischof abzulehnen genötigt sind. Man stelle aber einen Christen nicht vor die Alternative: Gehorsam gegen Christus und sein ewig gültiges Wort oder Wahrung der Volksgemeinschaft. Unser kirchlicher Kampf ist Gehorsam gegen den HErrn Christus und sonst nichts! Als Christen wissen wir uns in der Kirche innerlich geschieden von allen, die den HErrn Christus nicht lieb haben. Dennoch werden wir nie aufhören, die Volksgemeinschaft mit jedem Volksgenossen zu bestätigen, wie wir es als eine bluthafte Selbstverständlichkeit im Krieg unter Beweis gestellt haben. Es ist gewiß eine starke geschichtliche Belastung, daß unser politisch geeintes Volk nicht auch im Glauben geeint ist. Aber dies zu ändern, steht in keines Menschen Macht. Wir haben mutig dies als Deutsche zu tragen. Wer aber den Kampf des deutschen Menschen um seinen Glauben und seine konfessionelle Treue als eine Gefährdung der Volksgemeinschaft beschimpft, weiß nicht, wie sehr er mit diesem Urteil diese Volksgemeinschaft gefährdet.

Es mutet uns auch seltsam an, wenn es schon genügt, daß etwa, um ein Beispiel zu nennen, die Deutschen Christen behaupten, sie stünden ebenso fest zu Bibel und Bekenntnis wie die Bekenntnisfront, um auch ihren Behauptungen zu glauben, deshalb sei der Kampf der Bekenntnisfront kein kirchlicher, sondern zutiefst ein politischer. Die Gegner Luthers haben ähnlich behauptet und argumentiert. Dennoch stand das biblische und kirchliche Recht auf Luthers Seite, und die Geschichte der Reformation hat's zuletzt auch erwiesen.

In diesem unseren kirchlichen Kampf kann uns auch die ungeheuerliche und ungerechte Behauptung jener Pressenachricht nicht irre machen, wonach die gleiche Behandlung wie die Kreise des politischen Katholizismus die ‚staatsfeindlichen Gruppen der radikalen Bekenntnisfront' verdienen. Es gibt keine staatsfeindlichen Gruppen der radikalen Bekenntnisfront. Entweder steht man zum Bekenntnis radikal, oder man steht nicht zu ihm. Entweder man zieht für Lehre und Ordnung der Kirche radikal die Forderungen des Bekenntnisses, oder man handelt nicht kirchlich. Diesen Radikalismus sollte eine so radikale Bewegung wie der Nationalsozialismus nicht nur verstehen sondern achten. Denn wer radikal zum Bekenntnis, das heißt aber zu Christus und seinem Wort steht, ist nie und nimmer staatsfeindlich, es sei denn, daß der Staat christusfeindlich wäre. Aber auch dann würde eine Kirche des Evangeliums niemals einen Kampf gegen den Staat führen, weil sie sich an Römer 13 gebunden weiß; wohl aber würde ein christusfeindlicher Staat – vgl. Rußland – meinen, im Kampf gegen die Kirche Christi für seinen Bestand kämpfen zu müssen.

Herr Reichsstatthalter: uns Glieder der bekennenden Kirche wird keine Macht der Welt die Treue gegen Volk und Staat, und das ist heute der nationalsozialistische Staat des Dritten Reiches, aus dem Herzen reißen. Das vermag auch die Tatsache nicht, daß es heute führende Männer in Staat und Partei gibt, die das Heiligste unseres christlichen Glaubens öffentlich verächtlich machen. Denn wir sind Deutsche! Aber erst recht nicht soll irgend eine Macht der Welt noch irgend eine Drohung uns wankend machen in der Treue zu dem Vater unseres HErrn Jesu Christi und zu unserer Kirche, der wir das teure Evangelium verdanken, das unsere Seelen selig macht. Denn wir sind Christen! Christentreue aber ist zuverlässigste Treue, weil sie in der Furcht und Liebe Gottes wurzelt. Wohl einem Volk, das echte Christen hat!

Zuletzt entscheidet nicht der Mensch sondern Gott und sein gerechtes Gericht. Wir sind alle auf dem Weg zum Richterstuhl Gottes, Sie und ich, der Einzelne und unser ganzes Volk, Staat und Kirche, ‚denn wir müssen alle offenbar werden vor dem Richterstuhl Christi, auf daß ein jeglicher empfange, nachdem er gehandelt hat bei Leibesleben, es sei gut oder böse'. (2. Korinther 5,10). Diese Erkenntnis gibt unserem Handeln letzte Verantwortung. Daraus erwächst auch mein Freimut, mit dem ich Ihnen als Deutscher und als Christ diese Zeilen vorzulegen mir erlaube. *Heil Hitler!"*

1720 N.N.: Zum ‚Fall Karl Barth'. DC-Erwartungen an das Gesetz über „Beschlußverfahren in Rechtsangelegenheiten" der DEK
Der Deutsche Christ 1935, Nr. 28, 14. Juli 1935, S. 220f.

„Im Banne der §§§§.

Immer wieder versucht Herr Oberkirchenrat Dr. Friedrich, die Haltung der Badischen Kirchenleitung juristisch zu begründen und gibt entsprechende Schreiben heraus. Vielleicht will er unseren kirchenjuristischen Kenntnissen etwas aufhelfen, denn er hat ja einem DC-Pfarrer bescheinigt, dieser könne die Lage gar nicht beurteilen. Was wir von diesen juristischen Erörterungen halten müssen, zeigen folgende Beispiele:

Zunächst eine Erinnerung aus der politischen Kampfzeit. Im Jahre 1932 versuchten bekanntlich die Herren Braun, Severing und Genossen sich mit juristischen Methoden gegen die Reichsgewalt zu behaupten. Sie hätten beinahe ‚Recht' bekommen.

Dann ein lehrreicher Fall aus der Gegenwart:

Bekanntlich wurde Prof. Karl Barth wegen seiner Stellung zum Eid auf den Führer, wegen Verweigerung des Deutschen Grußes, wegen gewisser untragbarer Äußerungen gegen Partei und Staat von der Dienststrafkammer in Köln seines Amtes als Professor der Theologie in Bonn für verlustig erklärt.

Der Dienststrafsenat des Preußischen Oberverwaltungsgerichtes hat das Urteil der Kölner Instanz aufgehoben!!!

Wir bringen hierzu einen Parallelfall aus Amerika [...]

In beiden Fällen: Oberstes Juristengericht gegen völkische Lebensnotwendigkeit.

Die Entscheidung der ‚Formaljuristen' im ‚Fall Barth' wurde in Deutschland durch den Kultusminister selbst aufgehoben:

[...] Wie erinnerlich, hat Prof. Barth seinerzeit die *bedingungslose Leistung des Eides* auf den *Führer und Reichskanzler* verweigert. Das preußische Oberverwaltungsgericht hat in einer Bestrafung, und zwar durch Kürzung des Gehalts in Höhe eines Fünftels auf die Dauer eines Jahres eine hinreichende Sühne für sein Verhalten erblickt; damit ist die disziplinarische Seite der Angelegenheit nunmehr abgeschlossen. *Der nationalsozialistische Staat kann aber einen Beamten, der nicht bereit ist, den Eid auf den Führer und Reichskanzler sofort bedingungslos zu leisten, nicht mehr aktiv weiterverwenden.* Hierbei bleibt völlig außer acht, ob diese Bedingungen religiöser, allgemeinweltanschaulicher oder sonstiger Art sind. Wer den Eid nur unter innerem Vorbehalt schwört, wird niemals von sich sagen können, daß er *jederzeit* und unter *allen* Umständen rückhaltlos für Führer und Staat einzutreten in der Lage ist. Dies ist aber die erste an einen Beamten des nationalsozialistischen Staates gerichtete Forderung. – Auf die durch den Reichs- und preußischen Minister für Wissenschaft, Erziehung und Volksbildung nunmehr erfolgte Entscheidung, Prof. Barth in den Ruhestand zu versetzen, hat demgemäß *die religiöse Überzeugung Barths keinen Einfluß* ausgeübt; es war vielmehr die Tatsache maßgebend, daß ein *Angriff auf den Eid einem Angriff auf den Staat gleichkommt* und der Staat einen solchen Beamten aus dem aktiven Dienst entlassen muß. [...]

Wie es mit der Achtung vor der Gesetzmäßigkeit bei der Badischen Kirchenleitung selber steht, beweist der bekannte Erlaß, daß wider die Verfassung verfügt wurde, es dürften innerhalb der Kirchengemeindevertretungen keine Neuwahlen vorgenommen werden. Ohne bevollmächtigt zu sein, hat der OKR die Verfassung außer Kraft gesetzt. Darüber hinaus hat er das bekannte Gesetz erlassen, das die Möglichkeit vorsieht, einzelnen Kirchengemeinden eine Zwangsverwaltung zu setzen. ‚Zur Zurückdrängung unevangelischer Kräfte‘, erläutert der Herr Landesbischof.[*] Damit sind wir DC gemeint. (Die verschwundene Systemregierung versah ebenfalls alle Bürgermeister mit diktatorischen Vollmachten ‚zur Zurückdrängung staatsfeindlicher Kräfte‘. Das waren damals auch wir Nationalsozialisten – und das Sondergesetz kam kurz vor dem Ende der damaligen Regierung.)

Aber abgesehen von der juristischen Seite. Wir legen ganz andere Maßstäbe an.

Schließlich und grundsätzlich: Die juristischen Verhältnisse in Hannover, Bayern usw. gehen uns hier in Baden nur indirekt an. Die Dinge sind in Baden nicht formaljuristisch. Nach eigener Erklärung hat die badische Kirchenregierung damals freiwillig den Anschluß an die Reichskirche unter Führung des vom Führer anerkannten Reichsbischof vollzogen. Sie war bekanntlich beinahe vollzählig am 23. September 1933 in Berlin vertreten. Mit der persönlichen Mitwirkung bei der Einführung des Reichsbischofs im Berliner Dom hat das Verhältnis: Reichskirche und badische Landeskirchenleitung aufgehört ein nur juristisches zu sein. Die Lösung kann darum ebensowenig durch juristische Erörterungen begründet werden, wie das Zurücktreten von einer kirchlich eingesegneten Ehe nach Verlauf von zwei Monaten mit etwa der Begründung, daß beim standesamtlichen Aufgebot ein Formfehler unterlaufen sei. Darum machen die juristischen Erörterungen gar keinen Eindruck auf uns. Die Entscheidung liegt nicht auf der juristischen Ebene.

Reichsbischof Ludwig Müller behandelt seine Gegner, die ihm das Recht der Führung absprechen wollen, mit bewundernswerter Geduld aus Christi Geist heraus nach dem Gebot der Liebe. – Erfolg? Siehe oben!

Aber schon hat die Reichsregierung den ersten Schritt getan, um der ‚kirchlichen Juristerei‘ ein wenig nachzuhelfen:

‚*Beschlußverfahren in Rechtsangelegenheiten der Evangelischen Kirche. [...]*‘ "

---
[*] Dok. 1469.

1721 Lltr. Pfr. Heinrich Sauerhöfer: Inner- und außerbadische Informationen für DC-Mitglieder aus Rds. Nr. 21: ‚Beschlußstelle', Niemöller in Baden u.a.
Der Deutsche Christ 1935, Nr. 31, 4. Aug., S. 248

„Liebe Kameraden!

I. Die kirchenamtliche Pressestelle der DEK teilt mit: ‚Auf Grund des Gesetzes über das Beschlußverfahren in Rechtsangelegenheiten der evangelischen Kirche wird nun die erste *Durchführungsverordnung* bekanntgegeben.' Die ‚Beschlußstelle in Rechtsangelegenheiten der evangelischen Kirche' beschließt in einer Besetzung von 3 Mitgliedern. Der Vorsitzende und die Beisitzer müssen die Befähigung zum Richteramt oder zum höheren Verwaltungsdienst besitzen. Die Mitglieder, einschließlich des Vorsitzenden, werden vom Reichsminister des Innern bestellt. Die Beschlußstelle soll den Parteien des Rechtsstreits sowie den beteiligten Landeskirchen und der DEK Gelegenheit zur Äußerung geben, kann aber hiervon absehen, wenn sie die Entscheidung dem Gericht überläßt. Sie kann eine mündliche Verhandlung anordnen, zu der die Parteien zu laden sind, die sich durch ihre Rechtsanwälte vertreten lassen können.

Um Mißverständnisse zu klären, teilen wir mit, daß sich die Beschlußstelle des Reichsministeriums nicht etwa nur mit privatrechtlichen Dingen abgeben wird (Disziplinarverfahren usw.), sondern natürlich hauptsächlich mit der *Klärung der kirchlichen Rechtsfragen*. Andernfalls hätte die Veröffentlichung der bindenden Entscheidungen der Beschlußstelle im Reichsanzeiger keinen Sinn. Gerade die vorgeschriebene *Veröffentlichung im Reichsanzeiger, dem Gesetzesblatt der Reichsregierung*, zeigt eindeutig, daß der Staat gewillt ist, durch die von ihm eingesetzte Beschlußstelle neues kirchliches Recht zu setzen.

II. Die Folgen dieser neuen Lage machen sich schon bemerkbar. In verschiedenen Rundschreiben der Bekenntnisfront zeigen sich schon *Anzeichen von Unsicherheit und Erlahmung*. Man spricht von der ‚Not des Augenblicks' und wendet sich gegen die ‚Zermürbung' und ‚Ermüdung' in den eigenen Reihen. Mit falschem Pathos und unwahren Anschuldigungen läßt sich eben auf die Dauer keine Politik, am wenigsten Kirchenpolitik treiben. Die Art, wie etwa der bekannte Bekenntnispfarrer Niemöller/Berlin in der letzten Zeit in Baden hetzte, muß sich gegen die Bekenntnisfront auswirken. Seine Aussprüche, wie: *ein Katholik stände ihm näher als ein DC-Mann*, oder: *das Tischtuch zwischen Bekenntnispfarrern und DC-Pfarrern müsse zerschnitten werden*, treiben jeden anständigen Evangelischen zwangsläufig zu uns Deutschen Christen. Wenn er weiter in aller Öffentlichkeit den Mitgliedern der Reichsregierung den

Vorwurf machte, sie würden mit einer Ausnahme nicht nach den Grundsätzen der Bibel leben, so rundet dies nur das Bild dieses ‚christlichen Edelmannes' ab. Es wird in der Tat Zeit, daß dieser verantwortungslosen Hetze endgültig Einhalt geboten wird.

III. Natürlich vergaß es Niemöller auch nicht, durch Erzählen rührseliger ‚Märtyrergeschichten' größere Geldspenden zu erbetteln. Wie sehr die ‚fromme Bekenntnisfront' dieses Geldgeschäft versteht, geht aus einer in Amerika verbreiteten Schrift hervor, in der zu Geldsammlungen für ‚unsere mutigen deutschen Mitbrüder' aufgefordert wird. Aus diesem Aufruf geht eindeutig hervor, daß die Bekenntnisfront in ihrem Kampf gegen die nationalsozialistische Reichskirche vom *Ausland unterstützt wird*! [...]

V. Der durch seine ‚Taten bekannte' Jurist der badischen Kirchenleitung, Dr. Friedrich, verschickt seit neuestem auf Kosten der Kirchensteuerzahler (!) Schriften der Bekenntnisfront. Über dieses Gebahren wird wohl noch zu reden sein, wenn auch in der badischen Kirche wieder geordnete Zustände hergestellt sein werden. Auf jeden Fall sind Steuergelder der Kirche nicht dazu da, daß man mit ihnen einseitige kirchenpolitische Propaganda treibt!

Wir DC gehen als Nationalsozialisten den geraden uns von Gott vorgeschriebenen Weg, der zu Segen für unser Volkstum zum vorgesteckten Ziel führen wird. *Heil Hitler!*"

1722 Badischer Bruderrat der BK – gez. Pfr. Dürr – an Mitglieder [...]: DC-Auftrieb durch ‚Beschlußstelle ...'? – Finanzabteilung beim EOK der ApU

Pforzheim, 31. Aug 1935, LKA D 55/70, Rds. Nr. 15

„[...] Man hat zum Teil den Eindruck, als habe die Schaffung der Beschlußstelle in Rechtsangelegenheiten der Evangelischen Kirche unter Reichsminister Kerrl einigen DC-Machthabern neue Hoffnung und Auftrieb gegeben. Bis jetzt ist bekannt, daß Reichsminister Kerrl in einer 2tägigen Beratung mit dem Führer die Richtlinien für die Behandlung der Kirchenfrage festgelegt hat. Das Ergebnis dieser Verhandlung hat er am 21. August 1935 25 von ihm geladenen Mitgliedern der Gruppe der DC, unter denen auch der Reichsbischof war, bekanntgegeben. Auf den 23. August 1935 wurden 25 Vertreter der Bekenntniskirche und der sogenannten Neutralen zur Besprechung eingeladen. Über den Inhalt dieser Besprechungen habe ich noch nichts in Erfahrung gebracht. [...]

Die Arbeit der *Finanzabteilungen*, die der Staat beim Evangelischen Oberkirchenrat der Altpreußischen Union und der Konsistorien der Provinzialkirchen vor Monaten eingerichtet hat, hat je länger je mehr gezeigt, daß es in der Verwaltung der Kirche kein neutrales Gebiet gibt, das einer staatlichen Betreuung ohne Schaden für Leben und Verkündigung der Kirche überlassen werden kann. [...]"

1723 Lltr. Pfr. Sauerhöfer: ‚Erfolge' von RM Kerrl. Angriffe gegen die badische BK und die OKRäte Voges und Dr. Friedrich

Rds. Nr. 22, 22. August 1935, Beilage in: Der Deutsche Christ 1935, Nr. 35, 1. Sept. 1935

„Liebe Kameraden!

Über die zu Ende gehende Urlaubszeit ist folgendes zu berichten:

1.

Die kirchliche Lage hat sich grundlegend geändert. Die Ernennung des Reichsministers Kerrl zum ‚Kirchenminister' hat die bisher völlig verworrenen und unübersichtlichen kirchlichen Verhältnisse geklärt. Wir danken es unserem Führer von ganzem Herzen, daß er mit klarem Auge und sicherer Hand eine Zentralstelle geschaffen hat, der alle *Gutwilligen* das äußere Schicksal unserer Kirche anvertrauen können. Vor allem aber danken wir es dem Führer, daß er nicht, wie manche Geister es wollen, die Kirche sich selbst, d. h. dem Chaos überließ, sondern gemäß den Anschauungen Luthers über die Rechte und Pflichten des Staates der Kirchenordnung gegenüber gehandelt hat. – Die neue Haltung beginnt sich schon auszuwirken:

a) In der hannoverschen Landeskirche wurde ein Finanzbevollmächtigter eingesetzt, so daß Bekenntnisbischof Marahrens in dieser Kirche finanziell lahmgelegt ist.

b) In Schlesien wurde die ungesetzliche Bekenntnissynode des Bischofs Zänker, die sich trotz vorhergehender staatlicher Warnung amtliche Befugnisse angemaßt hat, aufgelöst.

c) Gestern ging uns vom Reichspressedienst DC Berlin folgendes Telegramm zu: ‚Die Bischöfe bei Reichsminister Kerrl. Am Mittwoch, den 21. August, empfing Reichsminister Kerrl den Reichsbischof, die Bischöfe und Landesbischöfe, die hinter der Reichskirche stehen, zu einer mehrstündigen ausgiebigen Besprechung, an der auch Dr. Kinder teilnahm. Die Bischöfe der kirchlichen Opposition werden ebenfalls noch in dieser Woche von Reichsminister Kerrl empfangen werden.'*)

---

*) „Wie soeben (24.8.1935) bekannt wird, nahm der badische Landesbischof Kühlewein an der Besprechung der illegalen ‚Bekenntnisleitung' bei Reichsminister Kerrl teil. Preisfrage: Hat nun Landesbischof Kühlewein in Berlin die badische Landeskirche oder die badische Bekenntnisfront vertreten? In jedem Fall ist seine Haltung unmöglich!"

Es geht also mit Macht der endgültigen Klärung entgegen!

2.

Wie notwendig diese Klärung ist, geht aus verschiedenen Meinungen staatlicher und journalistischer Stellen der letzten Wochen hervor. So mußte der Herr *Reichsstatthalter Robert Wagner* in einer Kabinettssitzung auf die staatsgefährlichen Umtriebe innerhalb der badischen Bekenntnisfront hinweisen. (U.a. hatte ein badischer Pfarrer eine ‚politische Hetzrede' gehalten.) Der ‚Führer' vom 20. Juli brachte in großer Aufmachung die Nachricht von einer neuerlichen *‚Anmaßung der Bekenntnisfront'*. Der Bekenntnisbischof Meiser hatte nach dem Vorbild des katholischen Bischofs von Münster in einem scharfen Schreiben an sämtliche Pfarrämter gegen Ministerpräsident Göring Stellung genommen. Der ‚Führer' schreibt dazu: „... auch in der Bekenntnisfront machen sich politische Strömungen breit, die *unter der Flagge des evangelischen Bekenntnisses antinationalsozialistische Ziele* verfolgen. Man wird davon überzeugt sein dürfen, daß [...] ebenso aufmerksam auch die staatsfeindlichen Strömungen Beobachtung finden, die sich in Teilen der Bekenntnisfront breitmachen. *Jedenfalls liegen mancherlei Anzeichen dafür vor, daß der Staat nicht länger gewillt ist, nachsichtig über die Kämpfe in der evangelischen Kirche hinwegzusehen, aus denen ständig Unruhequellen für die Ruhe und Ordnung im staatlichen Leben entstehen.* Auch hier wird der Staat nicht mehr länger zusehen, wenn unter der Flagge des Kirchenstreits staatsfeindliche Elemente sich regen'. [...]

3.

Vor einiger Zeit denunzierte ein junger Bekenntnispfarrer seinen um vieles älteren deutschchristlichen Kollegen beim badischen Oberkirchenrat. Das war für den Bekenntnisjuristen Dr. Friedrich ein gelegener Fall. Er fällte folgendes Urteil:

‚[...] Schließlich muß es auf das entschiedenste getadelt werden, daß Pfarrer X. auch wieder, wie die Beschwerdeschrift behauptet, und wie er selbst zugibt, die Bekenntnispfarrer nach der politischen Seite hin zu verdächtigen sucht, indem er zum Ausdruck brachte, daß bei der Bekenntnisfront viele Pfarrer seien, die aus parteipolitischen Empfindungen gegen den Nationalsozialismus sich bei der Bekenntnisfront befinden.'

Man vergleiche hierzu das unter Punkt 2 Mitgeteilte! Dr. Friedrich, der wohl auch Tageszeitungen liest, muß wissen, daß die Staatsstellen des Dritten Reiches an Hand einwandfreien Materials dieselben Behauptungen aufstellen wie unser DC-Kamerad. Die Beurteilung des DC-Pfarrers, der die Ordnungsstrafe eines Verweises mit Tragung entstehender Kosten erhielt, ist somit eine deutsche Stellungnahme dieses ‚Richters' gegen das

Dritte Reich. Nicht die begründeten Aussagen des Verurteilten, sondern *das Urteil dieses ‚Juristen' stellt eine ‚Verdächtigung' dar*!

Soeben wird noch bekannt, daß der ‚Bekenntnispfarrer' D. Greiner wegen hochpolitischer Äußerungen zum ‚Märtyrer' wurde. Das Mannheimer Sondergericht verurteilte ihn zu 4 Monaten Gefängnis! *Ist das auch eine ‚Verdächtigung' von seiten des Gerichts, Herr Dr. Friedrich?!* Man wird begreifen, daß es für uns Deutsche Christen nach allen seinen bisherigen Leistungen einen Oberkirchenrat Dr. Friedrich aus Gründen nationalsozialistischer Gesinnung und Selbstachtung nicht mehr gibt! [...]

[Es folgt die bereits als Dok. 1356a in Bd. III, S. 890f. wiedergegebene Passage gegen OKRat Voges]

Unser badischer Gauleiter und Reichsstatthalter Robert Wagner betonte am 19. August 1935 in seiner Gernsbacher Rede: ‚Wir wollen keine Gegensätze zwischen nationalsozialistischem Glauben und christlichem Glauben, wir wissen vielmehr, daß beide sich nicht ausschließen. Diejenigen aber, die *hier Gegensätze aufreißen, wissen nicht, welches Verbrechen und welche Gemeinheit sie begehen*'. Diese Worte sind an die katholischen und evangelischen ‚Bekenner' gerichtet, sie gelten aber wohl auch sinngemäß für die ‚Kulturkämpfer' auf der deutschgläubigen Seite. Es wäre ein unermeßlicher Segen für die so heiß erkämpfte Volksgemeinschaft, wenn die in den beiden genannten Zitaten zum Ausdruck gebrachten Anschauungen bald Gemeingut des gesamten deutschen Volkes würden! Dies ist eines unserer deutschchristlichen Hochziele. [...]

7.

Der Gau Baden der DC beabsichtigt, in der Woche nach dem 29. September 1935 *in Karlsruhe eine große Landestagung* durchzuführen, zu der auch *führende kirchliche Persönlichkeiten aus dem Reich* erwartet werden. Wir erwarten von allem Amtsträgern, daß sie jetzt schon ihre Teilnahme an der Tagung vorbereiten und ebenfalls bei den Mitgliedern werben.

8.

Unser neues Reichsblatt ‚Positives Christentum' wurde von seiten des Staates trotz der allgemeinen Sperre für Zeitungsgründungen ausnahmsweise als Organ der Reichsleitung DC zugelassen. Außerdem wurde der Name des Blattes, der dem Punkt 24 des Parteiprogramms entnommen ist, genehmigt. Da überdies das ‚Positive Christentum' ausgezeichnet geleitet wird, so weisen wir noch einmal darauf hin, daß es Pflicht aller Amtsträger ist, dieses Blatt zu beziehen. (Bei der Post zu bestellen auf Grund des 8. Nachtrages, Seite 25 der Postzeitungsliste. Bezugspreis 40 Pfg. monatl.)

Gleichzeitig ist eine erhöhte Propagandatätigkeit für unser Gaublatt ‚Der Deutsche Christ' bei allen Mitgliedern und Freunden durchzuführen. Bis 1. Oktober muß die Auflageziffer unseres Blattes eine wesentliche Erhöhung erfahren.

9.

Wir fordern alle Amtsträger, Mitglieder und Freunde nachdrücklich auf, mit aller Kraft und Siegeszuversicht ans Werk zu gehen! Heil Hitler!"

1724 EOK an badisches M.d.I.: Beschwerde über Berichterstattung in ‚Der Deutsche Christ'. Verwarnung für den Schriftleiter

Karlsruhe, 6./28. Sept. 1935; LKA GA 4916 – korr. Konzept

„Bereits mit Schreiben vom 19.1.1935 *[Dok. 1399]* haben wir den Herrn Minister darauf hingewiesen, daß das Verbot des Herrn Reichsinnenministers gegen Veröffentlichungen über den Kirchenstreit auch in kirchlichen Zeitschriften und Sonntagsblättern von seiten des Sonntagsblatts der Deutschen Christen in Baden ‚Der Deutsche Christ' nicht beachtet wird, während die übrigen kirchlichen Blätter auf das strengste gehalten sind, diesem Verbot nachzukommen. Ein Bescheid ist uns auf unsere Eingabe nicht geworden und wir mußten auch zu unserem großen Bedauern während des ganzen Jahres feststellen, daß das erwähnte Sonntagsblatt immer weiter kirchenpolitische Auslassungen in einer zum Teil geradezu unerhörten Form veröffentlicht hat. Zum Beleg dafür fügen wir aus der letzten Zeit die Nummern 28, 31, 32, 33, 35 des Blattes ‚Der Deutsche Christ' bei.*) Zum Beweis dafür, wie die übrigen kirchlichen Blätter sich vollkommen von kirchenpolitischen Auseinandersetzungen freihalten, dürfte beispeilsweise die ebenfalls beigefügte Nr. 16 der ‚Kirchl.-Positiven Blätter' dienen. Es bedarf wohl keiner besonderen Ausführungen darüber, daß es als eine schmerzliche Ungerechtigkeit empfunden wird, wenn die Gruppe der ‚Deutschen Christen' in der Lage ist, all diejenigen, die aus ihrer glaubensmäßigen Haltung heraus zu den Zuständen und Vorgängen in der Reichskirche eine andere Haltung einnehmen als die ‚Deutschen Christen', hier in der Öffentlichkeit in einer den Tatsachen nicht immer entsprechenden und zum Teil ungehörigen und tiefkränkenden Weise angegriffen werden, ohne daß es ihnen möglich wäre, wenigstens sachliche Richtigstellungen zu bringen. Wie wir bereits in unserem Schreiben vom 19.1.1935 ausgeführt haben, verstehen**) wir das im Eingang erwähnte

---

*) Anlaß für diese Beschwerde war die Zusammenstellung einiger Artikel aus ‚Der Deutsche Christ' von Pfr. Hof an OKR Friedrich, Friedrichstal, 30. Aug. 1935; LKA GA 5699.

**) Korrigiert aus „begrüßen".

Verbot des Herrn Reichsinnenministers als ein geeignetes Mittel, die aus letzten glaubensmäßigen Gründen entspringende und daher notwendige Auseinandersetzung in unserer Kirche auf das rein theologische und rechtliche Gebiet in sachlicher Form zu verweisen[*)] und damit einen ruhigen Verlauf der Dinge zu gewährleisten. Die Anordnung des Herrn Reichsinnenministers muß aber gerade entgegengesetzte Wirkungen erreichen, wenn die eine Gruppe in der Art, wie dies in dem Sonntagsblatt ‚Der Deutsche Christ' geschieht, kirchenpolitische Ausführungen in zum Teil unmöglicher Art machen darf, während die andere Seite vollkommen dazu schweigen muß. Wir bitten nochmals den Herrn Minister, dafür Vorsorge treffen zu wollen, daß die Anordnung des Herrn Reichsinnenministers in gleicher Weise gegen sämtliche kirchlichen Blätter zur Anwendung kommt. Wenn dies möglich ist, bitten wir, die [von] uns übersandten Stücke der erwähnten Blätter wieder zurückgeben zu wollen.

II. Nachricht an Herrn Pfarrer Hof in Friedrichtal unmittelbar auf den Bericht vom 30.8.35 zur Kenntnisnahme. Eine Veröffentlichung unserer Eingabe an den Herrn Minister darf nicht erfolgen [...]"

Innenminister Pflaumer reagierte mit einem Schreiben an den EOK vom 28. Sept. 1935:

„Ich habe den jetzigen verantwortlichen Schriftleiter des Sonntagsblattes ‚Der Deutsche Christ' nochmals in gleicher Weise wie seinen Vorgänger verwarnen lassen."

Pfr. Hof/Friedrichstal wurde am 5. Okt. 1935 mittels einer Abschrift informiert.

1725 EOK an Staatsanwaltschaft: Strafanzeige gegen Pfr. Sauerhöfer
Karlsruhe, 13. Sept. 1935, LKA GA 4916 – Durchschrift

„Dem Sonntagsblatt der Gruppe Baden der Deutschen Christen ‚Der Deutsche Christ' 3. Jahrgang Nr. 35 vom Sonntag, den 1. September 1935 war die anliegende Beilage angeschlossen. In den Ausführungen unter Ziffer 3 ist dem Oberkirchenrat D. Dr. Friedrich der Vorwurf gemacht, daß er durch Ausführungen in einem amtlichen Erlaß ‚eine deutliche Stellungnahme ... gegen das Dritte Reich' eingenommen habe. Diese in nichts begründete ungeheuerliche Verdächtigung in der Öffentlichkeit stellt eine falsche Anschuldigung nach § 164 des RStGB. dar, und wir stellen deshalb gegen den Verfasser des ‚Rundschreibens Nr. 22', Pfarrer Heinrich Sauerhöfer, geb. 17.08.1901 in Weissenburg, wohnhaft hier, Riefstahlstraße 2, Strafanzeige mit der Bitte, gegen den Beschuldigten

---

*) Die folgenden 9 Wörter sind hds. eingefügt.

eine entsprechende Bestrafung herbeizuführen. Soweit in den Ausführungen des Pfarrers Sauerhöfer insbesondere in dem Satz: ‚Nicht die begründeten Aussagen des Verurteilten, sondern das Urteil dieses ‚Juristen' stellt eine Verdächtigung dar' und in dem Satz: ‚Man wird begreifen, daß es für uns Deutsche Christen nach allen seinen bisherigen Leistungen einen Oberkirchenrat Dr. Friedrich aus Gründen nationalsozialistischer Gesinnung und Selbstachtung nicht mehr gibt' auch eine Beleidigung des Mitglieds der Kirchenbehörde nach § 185 ff. RStGB. enthalten ist, stellen wir hiermit den zur Strafverfolgung dieses Vergehens erforderlichen Strafantrag. Über den Ausgang des Verfahrens bitten wir, uns Nachricht zukomen zu lassen."

Weder in den Generalakten des EOK noch in der Personalakte von Pfr. Sauerhöfer ist etwas über den Fortgang dieser Angelegenheit verzeichnet.

Am 29. April 1936 stellte S. den Antrag auf Entlassung aus dem Kirchendienst, da er ab 15. Mai 1936 „auf Veranlassung des Herrn Reichsstatthalters" die Funktion des Bürgermeisters von Durlach übernahm.

1726 VL der DEK an BK-Leiter der Mitgliedskirchen: Besprechung mit Reichsminister Kerrl am 23. August 1935
Berlin, 4. Sept. 1935, LKA D 5/86 – Rds.: „Vertraulich! Nur zur eigenen Unterrichtung, nicht zur Veröffentlichung oder Weitergabe"

„Der Herr Reichsminister für die kirchlichen Angelegenheiten hatte einen Kreis von Mitgliedern der Bekennenden Kirche zum 23.8. zu einer Besprechung eingeladen. Folgende Herren nahmen teil: D. Marahrens, D. Koch, D. von Bodelschwingh, D. Meiser, D. Wurm, D. Humburg, D. Zänker, Pfarrer Niemöller, Professor D. von Soden, Pfarrer Putz, Pfarrer Küssner, Pastor Bosse, Vizepräsident D. Meinzolt, Dr. Winckler, Generalsuperintendent D. Stoltenhoff, Rechtsanwalt Dr. Holstein, Landesbischof D. Kühlewein, Oberkirchenrat D. Merzyn, Superintendent Hahn.

Gleichzeitig hatte der Herr Reichsminister auch einige andere der Bekennenden Kirche nicht angeschlossene Herren zur Teilnahme an der Besprechung aufgefordert. Von dieser Seite waren anwesend: Superintendent Klein in Freienwalde, Generalsuperintendent Lohmann, Pfarrer Heyden in Zehlendorf, Studiendirektor Hage in Wittenberg, Präsident Loyke in Magdeburg, Generalsuperintendent Eger.

Reichsminister Kerrl legte in längeren Ausführungen seine Auffassung der gesamtkirchlichen und kulturgeschichtlichen Lage dar. Aus ihnen dürfte entnommen werden, daß dem Herrn Reichsminister Kerrl bei der Durchführung des ihm von Führer erteilten Auftrags die Wiederherstellung geordneter Zustände in der evangelischen Kirche als Ziel vor Augen steht. Er sprach aus, daß er nicht daran denke, der Kirche wesensfremde Bindungen zuzumuten, und daß er die Fortführung und Vertiefung der theologischen Klärung für berechtigt und notwendig halte. Kirchliche ‚Fronten' glaubte der Minister nicht anerkennen zu können; dagegen wolle er mit jedermann rechnen, der bereit sei, aus der Haltung des Zöllners heraus zu arbeiten. Gewisse Anordnungen zur sachlichen Sicherung der kirchlichen Organisation seien zunächst unaufschiebbar und würden von ihm veranlaßt werden, da der nationalsozialistische Staat ein Interesse an einer arbeitsfähigen evangelischen Kirche habe. Der Reichsminister stelle in Aussicht:

1. Eine weitere Ausdehnung der Maßnahmen zur Ordnung der kirchlichen Finanzverwaltung,

2. Einflußnahme in das kirchliche Disziplinarverfahren unter gewissen Kautelen,

3. Berufung eines Geistlichen Ministeriums,

4. Veranstaltung eines freien Konzils.

Es handle sich aber in jedem Fall um zeitlich begrenzte Maßnahmen. Wenn es dann in der Folge gelungen sei, einen Zustand geordneter kirchlicher Wirksamkeit herzustellen, werde die Einflußnahme des Staates auf kirchliche Angelegenheiten sofort wieder auf das verfassungsmäßige Maß eingeschränkt werden.

Die Vertreter der Bekennenden Kirche, von denen Landesbischof D. Marahrens, Professor D. von Soden, Pfarrer Putz, D. von Bodelschwingh, Präses D. Koch, Landesbischof D. Meiser, Präses D. Humburg, Superintendent Hahn und Pfarrer Niemöller das Wort nahmen, sahen bei dieser ersten Begegnung im allgemeinen davon ab, auf Einzelheiten der Ausführungen des Ministers näher einzugehen, in der Zuversicht, daß dazu noch weitere Gelegenheit gegeben sein werde. Sie trugen jedoch unter Hinweis auf die Schwierigkeiten und den Ernst der Entscheidung wichtige Gesichtspunkte vor, die bei allen zu treffenden Maßnahmen im Interesse einer wirklich kirchlichen und zum Ziel führenden Lösung zu beachten sind. Wiederholt wurde ausgesprochen, daß der Ernst, mit dem Reichsminister Kerrl seine persönliche Anteilnahme an dem Schicksal der Kirche zum Ausdruck gebracht habe, dankbar empfunden werde. Im Interesse des Erfolges der Bemühungen werde nun dringend darum gebeten, vor Anordnung geplanter Maßnahmen die Beauftragten der Bekennenden Kirche zu hören. Die ernste Lage erfordere ein vorsichtiges und behutsames Handeln, damit ein nochmaliges Scheitern des Lösungsversuches, das sich zum Schaden des Staates auswirken müsse, vermieden werde.

Von seiten der zweiten oben genannten Gruppe sprachen Generalsuperintendent D. Eger und Präsident Loyke/Magdeburg. Es zeigte sich, daß sie in der Beurteilung der Lage mit den Vertretern der Bekennenden Kirche weithin übereinstimmten.

Herr Reichsminister Kerrl ging im Verlauf der über 4stündigen Aussprache wiederholt auf die verschiedenen Ausführungen ein. Die Besprechung berührte eine Reihe von sachlichen Fragen und wurde von den Teilnehmern so beurteilt, daß aus dieser Zusammenkunft ein sachlicher Gewinn für das Verhältnis von Kirche und Staat erwachsen könnte. Der Minister sprach zuletzt die Hoffnung aus, daß auch mit der Hilfe der Anwesenden das ihm übertragene zweifellos schwierige Werk gelingen möge.

Diese erste Besprechung hat nach Ansicht der anwesenden Mitglieder der Bekennenden Kirche die Möglichkeit der so unbedingt wünschenswerten Fortführung des Gesprächs eröffnet."[*]

1727 Kollektenbrief des Landesbischofs für bedrängte Pfarrer und Gemeinden der BK. Verbot durch das badische Innenministerium
Karlsruhe, 9./27. Sept. 1935; LKA GA 1236b – Rds.

„Die vorläufige Leitung der Deutschen Evangelischen Kirche hat mich ersucht, in dem mir unterstellten Kirchengebiet möglichst bald, also im September oder spätestens Oktober 1935, eine Kollekte für die durch widerrechtliches Kirchenregiment bedrängten und zerstörten Kirchen und Gemeinden zu erheben und hat zur Abkündigung und Empfehlung dieser Kollekte folgenden Wortlaut vorgeschlagen:

‚Inmitten der Not unserer Deutschen Evangelischen Kirche danken wir unserem Herrn, daß er unter uns Pfarrer und Gemeinden willig gemacht hat, sich durch Wort und Tat zu ihm zu bekennen. Die Bedrängnis, in die ein widerrechtliches Kirchenregiment durch seine Gewaltmaßnahmen die bekennenden Gemeinden und ihre Pfarrer gebracht hat, fordert von uns, ihnen unsere Verbundenheit in Christo durch die Tat zu beweisen. Viele Geistliche sind wegen ihres unerschrockenen Eintretens für das Bekenntnis aus Amt und Brot gedrängt, die Gemeinden ihrer Gotteshäuser gewaltsam beraubt. Den theologischen Nachwuchs sucht man durch Verweisung von den Seminaren und Streichung aus den Listen in seiner bekenntnisfreudigen Haltung zu erschüttern. Nur unter größten Opfern haben die bedrängten Gemeinden und ihre Geistlichen bis zu dieser

---

[*] Am 26. Sept. 1935 brachte Pfr. Dürr diesen Text als „offiziellen Bericht der VL" in dem Rundschreiben Nr. 16 des ‚Bad. Bruderrats der BK' den Mitgliedern zur Kenntnis. LKA, D 5/96.

Stunde Widerstand leisten können. Allein in Nassau-Hessen sind innerhalb von 14 Tagen über RM 5000,– an Gehältern für die Pfarrer der Bekennenden Kirche gesperrt worden, in Mecklenburg sind seit März über RM 15 000,– Geldstrafen verhängt und zum Teil durch Abzug vom Gehalt eingezogen worden. In Schleswig-Holstein muß für die vom Predigerseminar verwiesenen Kandidaten gesorgt werden. In der Evangelischen Kirche der altpreußischen Union und vielen anderen Gebieten walten ähnliche Umstände.

Helft unseren Brüdern, daß sie nicht schwach werden, laßt sie auch in äußeren Dingen eure Verbundenheit mit ihnen spüren. Darum befehlen wir euch die Kollekte des heutigen Sonntags besonders herzlich. ‚Nehmt euch der Heiligen Notdurft an', Römer 12,13.'

Ich empfehle den Herren Geistlichen die Durchführung dieser Kollekte entweder am Sonntag, dem 29. September 1935, oder am Sonntag, dem 13. Oktober 1935. Der Ertrag dieser Kollekte ist bis 25. Oktober 1935 durch die Dekanate gesammelt der Allgemeinen Evang. Kirchenkasse Karlsruhe, Postscheckkonto 2664 zu überweisen."

Unmittelbar vor dem geplanten Kollekten-Termin erging nachstehendes Rds. des Landesbischofs an „sämtl. Pfarrämter und Diasporapfarrämter":

„Nachdem der Herr Minister des Innern unterm 27. September 1935 die in meinem Rundschreiben vom 9. September 1935 empfohlene Kollekte für die in Bedrängnis geratenen Pfarrer samt dem Aufruf verboten hat, ist dieselbe zu unterlassen."

1728 Lltr. Pfr. Sauerhöfer: Hoffnung auf eine nationalsozialistische evangelische Reichskirche. Angriffe gegen OKRat Voges und die badische Kirchenleitung
Rds. Nr. 23, 12. September 1935, Beilage in: Der Deutsche Christ 1935, Nr. 38, 22. Sept.

„Liebe Kameraden!

Über die kirchliche Lage ist folgendes zu berichten:

1.

Wie bekannt wird, hat *Reichsminister Kerrl* die Arbeit zur Lösung der Kirchenfragen mit allem Nachdruck begonnen. Einzelheiten können naturgemäß noch nicht mitgeteilt werden. Nur soviel sei gesagt, daß wir Deutsche Christen als Parteigenossen allen Grund haben, mit vollem Vertrauen den Entscheidungen des Reichsministers Kerrl entgegenzusehen. *Sie werden zu einer nationalsozialistischen evangelischen Reichskirche führen.* Wir sind gewiß, daß das Ideengut der deutsch-christlichen Bewegung in der neu zu schaffenden Reichskirche zum Durchbruch kommen wird.

Der Führer hat in seiner *Proklamation zum Reichsparteitag* mit erfrischender Deutlichkeit die Kirchenfrage berührt. Unter anderem hat er darauf hingewiesen. daß man sich hinter das Bekenntnis verschanze, in Wirklichkeit aber ganz andere Ziele habe. Wörtlich erklärte er:

> ‚Wenn ich in diesem Zusammenhange auch auf die Gefahren der politisierenden Konfessionen eingehe, dann geschieht es, *weil wir darin nur die uns seit jeher bekannten, mit dem Marxismus verschwisterten Erscheinungen sehen (Zentrum und Volksdienst! D.L.)* Ich möchte dazu einige Grundsätze aussprechen: Die Partei hat weder früher noch heute die Absicht, in Deutschland *irgendeinen Kampf gegen das Christentum zu führen.* Sie hat im Gegenteil versucht, *durch die Zusammenfassung unmöglicher protestantischer Landeskirchen eine große evangelische Reichskirche zu schaffen, ohne sich dabei im geringsten in Bekenntnisfragen einzumischen.* [...] Der nationalsozialistische Staat aber wird unter keinen Umständen dulden, daß auf irgendwelchen Umwegen die Politisierung der Konfessionen entweder fortgeführt oder gar neu begonnen wird. Hier möge man sich über die Entschlossenheit des Staates und der Bewegung keiner Täuschung hingeben!! [...] Wir werden den Kampf führen *zur Entlarvung jener, die behaupten, daß das Bekenntnis in Gefahr sei,* während sie sich selbst je nach Opportunität von dem Bekenntnis leider nur allzu frei wissen. *(Arme ‚entlarvte' Bekenntnisfront!! Wir warten auf den ‚Verweis', den Dr. Friedrich dem Führer erteilt! D.L.)* [...] Ein Sieg des Kommunismus würde das Problem der *26 antiquarischen Landeskirchen* [...] sehr schnell gelöst haben. [...] Wenn man aber alle diese Erscheinungen an seinem Auge vorüberziehen läßt, die sich mit dem neuen Deutschland glauben unter keinen Umständen aussöhnen zu können, so wird man ohne weiteres zu folgender Einsicht gelangen: Alle diese Erscheinungen *sind nur einig im Negativen, d. h. sie sehen im heutigen Staat den gemeinsamen Feind.* Allein ihnen allen ist nicht zu eigen auch nur die geringste eigene Idee.'!!

Wir Deutschen Christen freuen uns von Herzen über die klare Schau unseres Führers, die den großen Staatsmann kennzeichnet. Wenn solch ein genialer Staatsmann trotz aller Enttäuschung, die ihm evangelische Kirchenkreise bereiteten, auch jetzt wieder mit Hand anlegt, den ‚antiquarischen' Zustand der Landeskirchen zu überwinden und ‚eine große evangelische Reichskirche zu schaffen', so können wir Deutschen Christen beruhigt und zuversichtlich in die Zukunft schauen.

2.

Den großen bevorstehenden Entscheidungen entsprechend, schließt sich die DC-Bewegung im gesamten Reichsgebiet zum letzten Einsatz eng zusammen. Nachdem unser bisheriger Leiter der Reichsbewegung, Dr. Kinder, aus zwingenden dienstlichen Gründen sein Amt leider niederlegen mußte, wurde auf der letzten Landesleitertagung am 8.9.1935 in Berlin sein bisheriger Stellvertreter, Studienrat Rehm, zum Leiter der Reichsbewegung bestimmt. Der Gau Baden der Deutschen Christen dankt dem scheidenden Leiter für seine bisherige Führung, durch die unsere Bewegung äußerlich und innerlich gefestigt alle Angriffe der Bekenntnisfront abzuwehren in der Lage war. Wir werden auch dem neuen Leiter, unserem alten Pg. Rehm, mit derselben Treue und Einsatzbereitschaft folgen.

3.

Bekanntlich reiste *Oberkirchenrat Voges* am 22. August d.J. aufgrund eines Telegramms des Ministerialdirektors a.D. Jäger, also eines Privatmannes ohne jegliche amtliche Funktion, nach Berlin. Er versuchte dort, an den Besprechungen der Bekenntnisbischöfe mit Herrn Reichsminister Kerrl teilzunehmen, was ihm aber nicht gelang, da er *ohne jede amtliche Legitimation* erschienen war. Die Reise, die ja auch ohne dienstlichen Auftrag erfolgte, war also völlig überflüssig. *Selbst Landesbischof D. Kühlewein erklärte, er hätte OKR Voges von dieser Reise abgeraten, wenn er ihn vorher gefragt hätte.*

Trotz dieses rein privaten Charakters seiner Berliner Reise ließ sich OKR Voges 120 RM als Vorschuß ausbezahlen.

Nach seiner Rückkehr rechnete er seine Reisekosten mit dem Vermerk ‚Bischofskonferenz' ab, obwohl er weder eingeladen noch zugelassen war! Diese großzügige Unvorsichtigkeit des OKR Voges ist natürlich der badischen Kirchenleitung höchst unangenehm. Was tut sie, um sich selbst und ihr Mitglied Voges zu retten? Sie erklärt nachträglich, die Reise des OKR Voges sei im Interesse der Landeskirche erfolgt!!! Wie kommt dann Landesbischof Kühlewein dazu, sich gegen die Reise des OKR Voges auszusprechen? Kurz:

die badische Kirchenleitung deckt die unmögliche Tat eines ihrer Mitglieder, statt pflichtgemäß auf Ordnung und Sauberkeit zu halten!

Wir Nationalsozialisten und mit uns die Mehrheit der Kirchensteuerzahler haben gerade im Dritten Reich für ein solches Verhalten einer Behörde absolut kein Verständnis.

Solche Zustände sind heute bei jeder anderen Behörde völlig undenkbar!

Es wird nachgerade Zeit, daß der Staat wieder in der Kirche nach dem Rechten sieht.

Wie kann diese Kirchenbehörde bei uns Nationalsozialisten überhaupt noch Anspruch auf Autorität erheben?

Interessant ist, daß dieser selbe OKR Voges vor einiger Zeit einen Parteigenossen zwingen wollte, sich bei der Basler Mission zu entschuldigen, der er vorgeworfen hatte, daß sie sich der kirchlichen Separation angeschlossen habe. Natürlich lehnte unser Parteigenosse diese Zumutung ab, da er nichts wider die Wahrheit gesagt hatte. *Bei dieser Gelegnheit legte OKR Voges seine kirchenpolitische Stellung aktenmäßig fest. Er schrieb u.a.:*

„... deshalb ist ... die Vorläufige Leitung der Deutschen Evang. Kirche geschaffen worden, die ein Organ der Reichskirche und nicht, wie Sie meinen, eine sektenhafte Absplitterung, eine Separation, ist ...'

Und dieser Oberkirchenrat verdankt sein Amt ausschließlich den Deutschen Christen und war außerdem in der Leitung der legalen Reichskirche tätig!!!

4.

Die ungesetzliche ‚Vorläufige Leitung der DEK' benutzt noch *den letzten Tag des Daseins*, mit der *unwahren Märtyrerpsychose* das Volk zu beunruhigen. In dem sattsam bekannten schwulstigen Pathos wird zu einer Kollekte für die ‚bedrängten' Bekenntnispfarrer aufgerufen. Man wagt zu behaupten, diese Bekenner seien um ihres Bekenntnisses willen in Bedrängnis geraten, und verschweigt außerdem, daß die ‚Bekenner' in ihren Gebieten deutschchristliche Pfarrer ohne jeden Pfennig Geld auf die Straße werfen!

Es ist einfach unerträglich, daß der badische Landesbischof D. Kühlewein nun empfiehlt, mit diesem innerlich unwahren Aufruf über die ‚Heilige Notdurft' (!!) die Gottesdienste zu stören und auch in Baden diese Kollekte einer ungesetzlichen ‚Behörde' zu erheben. [Vgl. Dok. 1727]

Dies tut derselbe Landesbischof, der, wenn es vorteilhaft ist, behauptet, er vertrete selbständig die gesamte Landeskirche und unterstehe der ‚Vorläufigen Leitung' nicht rechtlich! *Es ist selbstverständlich mit der Ehre eines jeden DC-Pfarrers unvereinbar, diese Kollekte zu verkünden und zu erheben. [...]*"

1729 Badischer Bruderrat der BK – gez. Pfr. Dürr – an Bezirksvertreter: Aufforderung zur Werbung für die BK

Pforzheim, 12. Sept. 1935; LKA D 5/89 – masch. hektograph.

„[...] II Ich bitte, daß in jedem Bezirk in diesem Winter wieder ernsthaft die Zusammenkünfte der Pfarrerbruderschaft in Arbeitsgemeinschaften und Textbesprechungen gepflegt wird. Mindestens monatlich einmal sollten sie auch in den Landbezirken durchgeführt werden. Vor allem wollen wir an die volksmissionarische Durcharbeitung der Bezirke in Evangelisation und Schulung alle Tatkraft wenden.

Jeder Bezirksvertreter wolle sich vergewissern, daß Vertreter seines Bezirks an der volksmissionarischen Schulungswoche in der letzten Septemberwoche auf dem Thomashof teilnehmen. [...]

IV Immer noch stehen viele badische Amtsbrüder als ‚neutrale' zwischen beiden Fronten. Ich bitte die Bezirksvertreter, die Bemühungen fortzusetzen, sie bei innerer Zugehörigkeit zu uns auch zum Anschluß und Mitarbeit zu bewegen. Besonderes Augenmerk ist auf die jungen Amtsbrüder, die Vikare und Kandidaten, zu richten.

V Im Laufe des Monats Oktober wird in Ober-, Mittel- und Unterbaden je eine Bezirksvertreterversammlung durchgeführt werden, auf die ich heute schon aufmerksam mache. Einladung ergeht noch. [...]"

1730 N.N.: DC-Entschließung gegen die badische Kirchenleitung, 20. Sept. 1935
Der Deutsche Christ 1935, Nr. 39, 29. Sept., S. 311

„Grundsätzliche Stellungnahme der Karlsruher.

Am 20. September war der Eintrachtsaal dichtgefüllt, als der Bezirkskirchenleiter, Pfarrer Glatt, die erste Bezirksversammlung nach der Sommerpause eröffnete. [...]

Nach [einer] Klarlegung der Grenzlinie zwischen der Deutschen Glaubensbewegung und uns beschäftigte sich der Landesleiter mit der anderen uns bekämpfenden Front, der *Bekenntnisfront*. Ihr Prophet Karl Barth sitzt nun in Basel und inspiriert von dort aus seine deutschen Anhänger mit seinem staatsverneinenden Geist. So konnte ein Ettlinger Bekenntnispfarrer bei der Rede, die er seinem katholischen Kollegen zu dessen Jubiläum hielt, behaupten, beide Konfessionen wollten letztlich dasselbe: ‚ein christliches Deutschland'! – Aufsehen erregte das aus einer Märtyrerpsychose verfaßte ‚Wort an die Gemeinden' der Augsburger Bekenntnissynode. Noch größeres Aufsehen, ja helle Entrüstung rief hervor die Mitteilung des Inhalts einer Predigt, die Oberkirchenrat Sammetreuther aus München in Karlsruhe gehalten hat. Von der Versuchung Jesu ausgehend, hat dieser Herr die Deutschen Christen als die große Versuchung der Gemeinden geschildert. Hier wird der Glaube, daß die evangelische *Kirche* dem Volk zu *dienen* hat, als Ketzerei gewertet. Schöne Lutheraner! Da können wir Deutsche Christen nicht mehr mit!

Dieser Geist der Bekenntnisfront ist auch *in die badische Kirchenleitung eingezogen.* Man war zwar nicht von Anfang an ‚Bekenner' (siehe Festessen bei der Einführung des Reichsbischofs usw.!) Aber als die Konjunktur umschlug, da wurde man 150prozentig bekenntnistreu. Zuerst aber beseitigte man alle Kontrollorgane, Synode und Erweiterten Oberkirchenrat. Seither schwebt die Kirchenleitung unerreichbar, ohne jede Verbindung mit dem Kirchenvolk, hoch oben. Wo die DC die Mehrheit im Gemeindeleben hatten, drohte OKR Dr. Friedrich ‚Sonderverwaltung' an, d. h. die Entrechtung der Mehrheit. Wenn das der Reichsbischof getan hätte! In Lahr hat der Oberkirchenrat unseren Vorkämpfer F. als ungeeignet aus dem Kirchengemeinderat abgesetzt zur selben Zeit, als F. vom Führer für 40jährige treue Dienste ein Dankschreiben erhielt! *[vgl. Dok. 1561]* Merkwürdig ist auch die finanzielle Großzügigkeit der niemand verantwortlichen badischen Kirchenleitung, was sich vor allem in der *Reisetätigkeit des Herrn Voges* zeigt. Wir Deutschen Christen freuen uns, daß unser Führer in seiner Nürnberger Proklamation uns in unseren Anschauungen bestärkte. Wir warten getrost, wie sich in den nächsten Wochen die vom Führer angekündigte ‚Entlarvung' vollziehen wird. *Niemand, auch nicht das ‚Antiquariat' in der Blumenstraße, soll uns von unserem Weg abbringen.* Tosender Beifall, der nicht enden wollte, dankte dem Landesleiter.

Trotz der schon weit vorgerückten Zeit wurde auch Gebietsleiter Pg. Pfarrer Kiefer freudig begrüßt und dankbar gehört. Er berichtete über die unglaubliche Art, mit der die Kirchenleitung die unbedingt berechtigten Forderungen der Mannheimer DC zu überhören wagte. Er schilderte die *unerhörte* Art, mit der eine richtig angemeldete Abordnung von neun Mannheimer DC-Vertretern abgewiesen wurde. Es waren ehrenwerte Glieder des Mannheimer Gemeindelebens, alte Kämpfer der DC-Bewegung und der Partei. Obwohl der Landesbischof nachweislich Zeit hatte und nicht durch anderen Besuch oder sonstige Dienstgeschäfte abgehalten war, hat er trotz wiederholter Bitten erklärt, daß er nicht zu sprechen sei! Das ist volksverbundene Kirchenleitung im Dritten Reich! Schon 24 Stunden später hat eine große Versammlung flammenden Protest erhoben gegen die ehrwidrige Behandlung ehrenhafter deutscher Männer. Maßlose Erbitterung herrscht in Mannheim. Ein scharfes Protestschreiben ging an den Landesbischof. Man bedankt sich dafür, wie Schulbuben behandelt zu werden. Pfarrer Kiefer beschäftigte sich sodann mit den vom Oberkirchenrat veröffentlichten Ergebnissen der abgehaltenen Bezirkssynoden. Nichts als Klagen, Enttäuschungen: ‚Wir aber hoffeten!' Nicht eine einzige Frage: ‚Wo liegt die Schuld?' Nicht ein Bekenntnis: ‚Die Kirche hat versagt!' Hoffnungslos! – Gebietsleiter Pg. Pfarrer Kiefer schloß seine Rede mit einem machtvollen Ruf zu treuem Kampf. Begeistert nahmen die Zuhörer diese Aufforderung auf!

Bezirksleiter Pfarrer Glatt dankte den Rednern und den Kampfgenossen, die fast drei Stunden ausgeharrt hatten, herzlich. Einmütig wurde dann eine von Ortsgruppenleiter Köhler vorgelegte Entschließung angenommen, die folgenden Wortlaut hat:

,*Die Mitgliederversammlung der Deutschen Christen, Kirchenbezirk Karlsruhe, hat mit Entrüstung von den neuesten Willkürakten der badischen Landeskirchenleitung Kenntnis genommen.*

Sie stellt fest, daß das badische Kirchenregiment ohne jede rechtliche Verbindung mit dem evangelischen Volksteil und ohne jede Verantwortung gegenüber den Mitgliedern unserer Kirche eine autokratische und einseitige Parteiherrschaft errichtet hat.

Sie stellt zweitens fest, daß die badische Kirchenleitung in ihrer heutigen Form in krassem Widerspruch zu der Kirchenverfassung steht.

Sie stellt drittens fest, daß die Handlungsweise dieses Kirchenregiments in allen Teilen unseres Landes Unruhe stiftet und damit die Volksgemeinschaft gefährdet. Die badische Kirchenleitung widerspricht also in ihrer Haltung den Grundsätzen des Dritten Reiches und ist somit ein bürgerlich-antiquarischer Fremdkörper im neuen Deutschland.

Sie fordert daher, daß in der badischen Landeskirche wieder ordnungsgemäße Zustände hergestellt werden. Wir wissen, daß hinter dieser Forderung die Mehrheit des evangelischen Volksteiles im ganzen Lande steht, und werden deshalb nicht ruhen, bis unsere Kirche von dieser volks- und kirchenzerstörenden Parteiherrschaft befreit ist und damit frei wird für die große, ihr vom Führer gestellte Aufgabe im Dritten Reiche.'

Pfarrer Glatt nahm den stürmischen Beifall als Zustimmung zu der vorgelegten Entschließung. Ein kräftiges ‚Sieg-Heil' auf den Führer beschloß die glänzende Versammlung."

1731 EOK an VL der DEK: Aussichtslosigkeit von Strafanzeigen wegen politischer Verdächtigungen gegen BK-Geistliche
Karlsruhe, 3. Okt. 1935; LKA GA 4764 – korr. Konzept

„In der Anlage übersenden wir in Abschrift einen Bericht des Evang. Pfarramts Britzingen vom 18.9.1935 und das dazugehörige Flugblatt des

Stützpunktleiters Grenacher vom 26.8.1935 zur gefl. Kenntnisnahme. Wir machen fortgesetzt die Beobachtung, daß Geistliche allein schon deswegen, weil sie für die Bekennende Kirche eintreten, ohne daß sonstige besondere Umstände dafür vorliegen, als politisch verdächtig, als Staatsfeinde gekennzeichnet werden. In dem einen oder anderen Fall, wo diese Verdächtigung zu gleicher Zeit mit schweren Beleidigungen verbunden war, haben wir auch Strafantrag bei der Staatsanwaltschaft gestellt; die Verfahren sind aber im wesentlichen immer im Sande verlaufen.*) Wir glauben auch nicht, daß durch Gerichtsverfahren oder durch Anrufung der Landespolizei oder Ministerialstellen eine wirksame Abhilfe geschaffen werden kann. Eine solche Abhilfe, die dringendst notwendig ist, um unseren Geistlichen wieder die innere Freiheit und Freudigkeit für ihr Amt zu geben, wird nur erreicht werden können, wenn von zentraler Reichsstelle aus Entscheidendes geschieht. Um entscheidende Anregungen geben zu können, geben wir von den Vorgängen Kenntnis und werden dies auch künftig hin tun."

Pfr. Reidel erhielt am 3. Okt. 1935 folgenden Bescheid:

„Soweit in dem Flugblatt des Stützpunktleiters eine Beleidigung des Pfarrers enthalten ist, hätte deren gerichtliche Verfolgung nicht im Wege der Privatklage, sondern durch Anzeige der Kirchenbehörde bei der Staatsanwaltschaft unter Stellung eines entsprechenden Strafantrags zu erfolgen. Nach den Erfahrungen, die wir bis jetzt in ähnlichen Verfahren gemacht haben, versprechen wir uns aber keinerlei durchschlagenden Erfolg, ganz abgesehen davon, daß durch einen solchen Strafprozeß, besonders wenn er sich gegen politische Leiter richtet, sehr häufig die Stellung des Geistlichen in der Gemeinde Beeinträchtigung erfährt. U.E. muß der politischen Verdächtigung, wenn sie sich allein darauf stützt, daß ein Geistlicher sich zu der Bekennenden Kirche hält und für sie eintritt, von einer zentralen kirchlichen und Reichsstelle entgegengetreten werden. Wir haben deshalb Ihren Bericht und das Flugblatt unter entsprechender Darlegung unserer Erwägungen der Vorläufigen Leitung der DEK zugehen lassen, die diesen Bericht als Material bei ihren Verhandlungen mit dem Herrn Minister für kirchliche Angelegenheiten sicherlich verwenden wird."

---

*) Die GA 4764 „[...] Beleidigungen Geistlicher und kirchlicher Beamten [...]" enthält mehrere vergleichbare Fälle.

1732 Lltr. Pfr. Sauerhöfer: Ablehnung der badischen Kirchenleitung als „autokratisches, selbstherrliches Gewaltregiment"
Rds. Nr. 24, Beilage in: Der Deutsche Christ 1935, Nr. 40, 6. Okt. 1935, S. 318

„Liebe Kameraden!

Es besteht Veranlassung, noch einmal die *unerträgliche Haltung der badischen Kirchenleitung* kurz zusammenzufassen:

1.

Die badische Kirchenleitung hat im Herbst vorigen Jahres den Weg der *Autokratie* beschritten. Die vom Erweiterten Oberkirchenrat gebildete Landessynode wurde aus angeblich juristischen Gründen aufgelöst, *obwohl die noch geltende Kirchenverfassung das Bestehen einer Synode verlangt,* und *die Neubildung einer Synode* auf einem anderen Wege, als ihn der verfassungsmäßige Erweiterte Oberkirchenrat auf unseren Antrag beschritten hatte, *nicht im Bereich der Möglichkeit lag.* Außerdem wurde der Erweiterte Oberkirchenrat selbst durch das bekannte unfaire Manöver aufgehoben. Wir DC betonten damals schon mit allem Nachdruck, daß dieses Verfahren der badischen Kirchenleitung völlig verfassungswidrig und ungesetzlich ist. Das badische Kirchenregiment regiert also seit Herbst 1934 *im offenen Widerspruch zur Kirchenverfassung ohne jede rechtliche Verbindung mit der evangelischen Bevölkerung und ohne jede Verantwortung gegenüber den Mitgliedern unserer Kirche.* Die badische Bekenntnisfront unterstützt diese Haltung, obwohl sie ein solches, vom Kirchenvolk getrenntes Regiment bestimmt als bekenntniswidrig bezeichnen würde, wenn sich Deutsche Christen ein solches Verhalten erlaubt hätten. Dieser Zustand erinnert uns Nationalsozialisten lebhaft an volksfremde Regierungssysteme und Diktaturen der Vergangenheit und Gegenwart (Schleicher, Dollfuß, Schuschnigg).

2.

Die Regierungskunst der badischen Kirchenleitung ist auch danach! Um die unliebsamen, sich gegen diese Diktatur auflehnenden DC-Mehrheiten vor allem in den großen Gemeinden auszuschalten, erließ Dr. Friedrich das bekannte ‚*Gesetz' über die Sonderverwaltung der Kirchengemeinden,* nach dem die Rechte der Kirchengemeinderäte auf einem vom Oberkirchenrat zu bestimmenden Sonderkommissar zu übertragen sind. Diese Maßnahme steht nicht nur im Widerspruch zu der badischen Kirchenverfassung, sondern auch zu den wiederholten Äußerungen der Reichsregierung, daß die im Juli 1933 auf ihre Anordnung durchgeführten Wahlen und die daraus hervorgegangenen kirchlichen Körperschaften heute noch als rechtskräftig anerkannt werden. Solche Sonderverwaltungen wurden bisher in Lahr und Karlsruhe-Rüppurr angeordnet. Es ist nicht zu verwundern, daß diese Maßnahmen im ganzen Lande Erbitterung und Entrüstung hervorriefen, die die Gefahr öffentlicher Demonstrationen in sich bergen.

3.

Diese *Autokratie, die sich vor einer verfassungsmäßigen Kontrolle sicher weiß*, wirkt sich auch im *Finanzgebahren* aus. Es wird in diesem Zusammenhang an die *Finanzierung des evangelischen Jugendlagers Königsfeld* erinnert, das bekanntlich *von der Geheimen Staatspolizei wegen staatsfeindlicher Umtriebe aufgelöst* werden mußte. Hier wurden also *öffentliche Kirchengelder für staatsfeindliche Zwecke mißbraucht*, obwohl die badische Kirchenleitung durch ihren Jugendreferenten, Oberkirchenrat D. Bender, und durch den Landesjugendpfarrer die Möglichkeit gehabt hätte, zu verhüten, daß dieses Jugendlager dem ‚Bekenntnisgeist' und der staatsfeindlichen Gesinnung zum Opfer fällt. Ferner wird erinnert an die *skandalöse Verrechnung einer Privatreise des OKR Voges nach Berlin* als Dienstreise, die *nachträglich* von der badischen Kirchenleitung zu rechtfertigen versucht wird! Erst jetzt wird wieder ein Fall bekannt, der ganz in dieses System paßt. Der OKR Voges reiste am Mittwoch, den 11. September, nach Triberg, um dort im ‚Kaffee am Markt' bei einem ‚gemütlichen Zusammentreffen' (Kaffeekränzchen) die Pfarrer des Bezirks ‚kennenzulernen'. *Laut Mitteilung des Dekanats wurden die Reisekosten zu diesem nichtamtlichen ‚gemütlichen Zusammensein' ersetzt* !!! Da unsere DC-Pfarrer es ablehnten, sich mit einem OKR Voges ‚gemütlich' zusammenzusetzen, und sich außerdem gegen den Ersatz der Reisekosten für einen solchen Zweck verwahrten, scharten sich allein *die Bekenntnis- und ehemaligen Volksdienstpfarrer um ‚ihren' Oberkirchenrat*. Für die Bekenntnisfront hat sich dieses Kaffeekränzchen anscheinend rentiert. *Schon am nächsten Tage* wurde unserm DC-Kirchenbezirksleiter, Pfarrer Thieringer, einer seiner DC-Vikare genommen und durch einen ‚Bekenntnis-Vikar' ersetzt, der seinerzeit in Karlsruhe durch seine fanatische ‚Bekenntnishaltung' die Befähigung erwiesen hatte, auf eine DC-Gemeinde losgelassen zu werden. Es ist unerhört, wie man *auf diese unfaire Weise versucht, einen DC-Pfarrer in Schwierigkeiten zu bringen und seine geschlossene Gemeinde kirchenpolitisch zu zerreißen*. Ein Beweis mehr, *wie man von oben herab den Kirchenstreit und die Zerreißung der Volksgemeinschaft künstlich und planmäßig betreibt!*

4.

Demselben Ziele dienen auch die Pfarrbesetzungen. Auf alle wichtigen Plätze setzt man planmäßig ‚Bekenner'. In Ausnahmefällen greift man gelegentlich einmal zu einem ‚Neutralen'. Kommt man aber in ganz seltenen Fällen aus besonderen Gründen um einen DC-Pfarrer nicht herum, so setzt man ihm ganz bestimmt einen aktiven und fanatischen

‚Bekenntnispfarrer' an die Seite! – *Berechtigte Wünsche der überwiegenden Mehrheiten der Gemeinden werden bewußt überhört, Abordnungen unverrichteter Dinge wieder nach Hause geschickt oder – wie im Falle der größten Kirchengemeinde Mannheim – überhaupt nicht empfangen.* Soeben wird bekannt, daß sich der Oberkirchenrat eine neue Vergewaltigung der größten Gemeinde unserer badischen Landeskirche zu Schulden kommen läßt. Man wagt es, gegen den ausdrücklichen Willen der weit überwiegenden Mehrheit der Mannheimer Gemeinde unter Umgehung des bisherigen Dekanatsstellvertreters einen ‚Bekenner' zum Dekan des Kirchenbezirks Mannheim zu ernennen!!! In allem also das Bestreben, *die Gemeinden der Hetze der Bekenntnisfront auszuliefern und die einseitige Parteiherrschaft der badischen Kirchenleitung in den Gemeinden zu verankern!*

5.

Selbst das *Sammel- und Kollektenwesen* wird diesem Gebiet dienstbar gemacht. Man verkoppelt Sammlungen und Kollekten für das kirchenpolitisch nicht mehr neutrale Frauenwerk der badischen Kirchenleitung mit geschätzten neutralen Organisationen (Melanchthonverein, Bahnhofsmission). Ganz läßt man aber nunmehr die ‚amtliche Maske' fallen, indem man – wie im letzten Rundschreiben schon mitgeteilt – *eine Kollekte für ‚in Bedrängnis geratene' Bekenner in den ordentlichen Gottesdiensten (!!) mit innerlich unwahrer Begründung verkünden und erheben läßt.* (Inzwischen hat der Staat diese Kollekte ‚für der Heiligen Notdurft' verboten. Siehe den besonderen Artikel auf Seite 317. D. Schriftl.)

6.

Wagen es aber *aufrechte Pfarrer um der Ordnung und Sauberkeit in der Kirche willen*, gegen diese Parteiherrschaft aufzutreten, so versucht man sie durch *juristisch spitzfindige Verhöre und Strafen* einzuschüchtern und mundtot zu machen.

7.

Wir Deutschen Christen in Baden sind also im Blick auf alle diese Dinge genötigt,

festzustellen:

daß wir in der badischen Landeskirche anstelle einer ordnungsgemäßen Kirchenleitung ein autokratisches, selbstherrliches Gewaltregiment haben,

und zu erklären:

daß wir diese einseitige Gewalt- und Parteiherrschaft nicht mehr als eine evangeliumsgemäße Kirchenführung anerkennen!

Der Gau Baden der Deutschen Christen wird sich auf der kommenden Landestagung mit diesen Verhältnissen noch zu beschäftigen haben.

Heil Hitler!"

1733 N.N.: DC-Erwartungen an das ‚Gesetz zur Sicherung der DEK', 24. September 1935
Der Deutsche Christ 1935, Nr 40, 6. Okt., S. 318, 324

„Im Reichsgesetzblatt wird folgendes Gesetz veröffentlicht:

Der Reichsminister für die kirchlichen Angelegenheiten wird zur Wiederherstellung geordneter Zustände in der Deutschen Evangelischen Kirche und in den evangelischen Landeskirchen ermächtigt, Verordnungen mit rechtsverbindlicher Kraft zu erlassen. Die Verordnungen werden im Reichsgesetzblatt verkündet.

München, den 24. September 1935

Der Führer und Reichskanzler: Adolf Hitler

Der Minister f.d. kirchl. Angelegenheiten: Kerrl'

*

Damit hat der Staat von einem ihm zustehenden Recht Gebrauch gemacht. Er ist Gottes Ordnung. Als solche ist er beauftragt, aller Unordnung zu steuern. Tritt diese Unordnung in der Kirche auf, so hat er auch Vollmacht durchzugreifen. [...]

Für uns in Baden ist wesentlich, daß der Herr Reichsminister auch Gesetze erlassen kann, die für ausgegliederte Landeskirchen gelten. Diese gesetzgebende Hoheit wollte ja der badische Kirchenjurist Dr. Friedrich mit allerlei klugen Formulierungen für die badische Landeskirche retten. Wir sehen den weiteren Verlautbarungen der badischen Kirchenleitung mit unverhohlenem Interesse entgegen."

Eine Woche später findet sich unter der Überschrift „Das kirchliche Ermächtigungsgesetz" folgender Kommentar in ‚Der Deutsche Christ':

„[...] Mit dem Auftrag an Reichsminister Pg. Kerrl ist die Bewegung der Deutschen Christen ihrer eigentlichen Arbeit zurückzugeben. Wir sind eine Bewegung, die im Nationalsozialismus entstanden ist. In seinem Namen erfüllen wir eine ganz bestimmte Aufgabe. Als Blatt der Bewegung kann sich nunmehr unser Gemeindeblatt wieder seinem eigentlichen ursprünglichen Ziel zuwenden. Der Kurs, den maßgebliche und unmaßgebliche ‚Kirchenführer' einschlugen, zwang uns zu einer ganz scharfen Stellungnahme. Wir können das Schwert beiseitelegen mit dem Bewußtsein, für eine gute Sache eine gute Klinge geschlagen zu haben. Wir werden nie aus Kampfeslust oder Übermut erneut zur Waffe greifen – wir taten es bisher nur gezwungen – aber sie liegt griffbereit!

Gerne greifen wir zur Kelle, um nunmehr ungehindert ans Werk zu gehen: kirchliche Aufbauarbeit zu leisten. Wir wollen Gemeindeblatt sein, das Blatt, das positives Christentum im Dritten Reich vertritt, das in der Reichskirche die volksverbundene Kirche schaffen will, die dem Deutschen Volke die Botschaft von Christus verkündigt. Diese Aufgabe ist uns heilig und wir wollen uns ihr mit ganzem Herzen widmen!"

1734 N.N.: „Richtlinien für die Bildung von Landes- bzw. Provinzialkirchenausschüssen"
[Berlin, 25./26. Okt., 3. Sitzung des RKA:] Tgb. Nr. 278; EZA 1/A4/385 – Bl. 61

„1. Die Bildung von Kirchenausschüssen i.S. der Durchführungsverordnung des Reichsministers für die kirchlichen Angelegenheiten vom 3. Oktober 1935 sollte als befristete Notmaßnahme in allen Kirchengebieten durchgeführt werden, in denen die Organe der Leitung ganz oder teilweise in Unordnung geraten sind.

2. Die Bildung von Kirchenausschüssen kann unbeschadet der Initiative des Ministers für die kirchlichen Angelegenheiten bei diesem durch den Reichskirchenausschuß von den bisherigen Kirchenleitungen beantragt werden.

3. Die Zusammensetzung der Ausschüsse hat grundsätzlich nicht nach sogenannten kirchlichen ‚Gruppen' zu erfolgen, sondern lediglich unter dem Gesichtspunkt, ob die zu berufenden Männer gewillt sind, sich für eine Ordnung ihres Kirchengebietes einzusetzen, wie sie die Durchführungsverordnung des Minsters für die kirchlichen Angelegenheiten fordert und wie sie der Aufruf des Reichskirchenausschusses umreißt. Der Aufruf erhebt nicht den Anspruch auf die gesetzliche Festlegung der zu Berufenden, sondern will als Richtlinie verstanden werden, wobei hervorzuheben ist, daß er nur in seinem Gesamtzusammenhang verständlich ist.

4. Die zu Berufenden sollen sich vor ihrer Berufung darüber einig werden, daß sie nicht nach dem Prinzip der Majorisierung arbeiten dürfen, wenn sie zu einer wirksamen Befriedung kommen wollen. Vielmehr müssen sie in allen Angelegenheiten eine einmütige Stellungnahme erstreben.

5. Maßnahmen, die in besonderer Weise die Angelegenheiten eines bestimmten Bekenntnisses betreffen, können nur mit Zustimmung der Mitglieder beschlossen werden, die dieses Bekenntnis vertreten.

6. Bis zur endgültigen Regelung des Aufgabenkreises und der Personalbesetzung der Landes- bzw. Provinzialkirchenbehörden geht die gesamte Leitung und Verwaltung der Landes- bzw. Provinzialkirche auf den

Ausschuß über, soweit nicht die Leitungs- bzw. Verwaltungsorgane der betreffenden Kirche völlig geordnet arbeiten.

7. Damit die Ausschüsse wirklich arbeitsfähig sind, sollten sie zahlenmäßig so klein wie möglich sein. (Mindestens 3, höchstens 7 Personen).

8. Bei allen Beratungen und Maßnahmen haben die Ausschüsse darauf bedacht zu sein, unbeschadet ihrer bekenntnismäßigen Bindungen in Übereinstimmung mit dem Reichskirchenausschuß zu handeln.

9. Für die Erledigung ihrer Aufgaben haben sich die Ausschüsse eine Geschäftsordnung zu geben und hinsichtlich ihres Verhältnisses zu den Kirchenbehörden ihres Bezirks eine Übergangsbestimmung zu erlassen. Der Reichskirchenausschuß steht hierfür sowie für die ganzen Fragen der Bildung von Ausschüssen mit seinem Rat zur Verfügung."

1735 Reichsbruderrat: Zur Frage der Kirchenausschüsse, in: Bad. Bruderrat der BK, Rundbrief Nr. 17
Pforzheim, 14. Okt. 1935; LKA D 5/99

„Wie öffentlich bekanntgegeben worden ist, hat der Herr Reichsminister für die kirchlichen Angelegenheiten auf Grund des ihn ermächtigenden Reichsgesetzes vom 24. September 1935 am 3. Oktober 1935 eine Verordnung erlassen, nach welcher der Herr Reichsminister einen Reichskirchenausschuß, sowie Provinzialkirchenausschüsse für die Evangelische Kirche der Altpreußischen Union bilden wird. Diesen Kirchenausschüssen wird die Vertretung und Leitung der Deutschen Evangelischen Kirche, bzw. der Evangelischen Kirche der Altpreußischen Union übertragen. Die Ernennung und Entlassung von Beamten der Kirche bedarf des Einvernehmens des Herrn Reichsministers, die Befugnisse der Finanzabteilungen bleiben unberührt.

Der Reichsbruderrat der Deutschen Evangelischen Kirche hat in seiner Tagung vom 8. und 9. Oktober die Bedeutung dieser Verordnung für die Lage der Deutschen Evangelischen Kirche eingehend erörtert und ist zu folgenden Entschließungen gelangt:

1. Durch die Verordnung hat der Herr Reichsminister für die kirchlichen Angelegenheiten festgestellt, daß die bisherigen Inhaber des Kirchenregiments in der Deutschen Evangelischen Kirche und in der Evangelischen Kirche der altpreußischen Union zu deren Vertretung und Leitung nicht mehr befugt erscheinen.

2. Wenn der Staat nun selbst seinerseits Kirchenausschüsse bestellt, welche er in wichtigen Personalentscheidungen an seine Zustimmung bindet

und durch die Befugnisse der Finanzabteilungen beschränkt, so begrenzen sich Recht und Vollmachten dieser Kirchenausschüsse nach Maßgabe des unveräußerlichen Grundsatzes, daß die Leitung der Kirche als eine geistliche Angelegenheit an Schrift und Bekenntnis in Lehre und Handeln gebunden ist und der Berufung durch die Kirche bedarf.

3. Daher bleiben die aus dem Bekenntnisrecht der evangelischen Kirche in der Notzeit bestellten Organe der Leitung der Deutschen Evangelischen Kirche und der Landeskirche in ihrem Amt. Sie stellen den staatlichen Kirchenausschüssen gegenüber die Vertretung und Leitung der evangelischen Kirche dar.

4. Der kirchlich gewiesene Weg für eine rechtliche Hilfe des Staates in der gegenwärtigen Notlage der Kirche besteht darin, daß der Staat eine Leitung bestätigt und bevollmächtigt, die von der Kirche selbst durch ihre Organe vorgeschlagen ist. Demgemäß bittet der Reichsbruderrat die Vorläufige Leitung, Verhandlungen mit dem Herrn Reichsminister für die kirchlichen Angelegenheiten zu führen.

5. Wir können den Mitgliedern der Bekennenden Kirche nicht raten, sich in die vorgesehenen Kirchenausschüsse berufen zu lassen, solange die genannten kirchlichen Anforderungen nicht erfüllt sind."

1736 VL der DEK: „Zur kirchlichen Lage – Nur zu Ihrer persönlichen Unterrichtung!"
Berlin, 18. Okt. 1835, Informationsdienst Nr. 10; LKA D/Sammlung BK Nr. 3

„[...] In *politischen* Kreisen wird das Zustandekommen der Ausschüsse und die Einigung der berufenen Männer auf ein Arbeitsprogramm nach den vorliegenden Verlautbarungen so beurteilt, daß der Wille, ihr Maßnahmen zur Neuordnung der Deutschen Evangelischen Kirche gegenüber etwaigen Widerständen zu fördern, zu erkennen ist. So heißt es in dem der veröffentlichten Liste beigefügten Kommentar des Deutschen Nachrichtenbüros, daß es sich um Männer handele, ‚die aus ihrer Grundeinstellung tiefste Verantwortung für Kirche, Volk und Staat bewiesen haben' und ‚Anspruch auf allgemeines Vertrauen erheben können'. Da es sich hier um die Verlautbarung einer politischen Stelle handelt, muß gefolgert werden, daß den berufenen Männern der ‚Anspruch auf allgemeines Vertrauen' auch in *politischen* Kreisen zugesprochen wird.

Das bedeutet angesichts der Tatsache, daß die Mehrheit der Ausschußmitglieder dem Anliegen der Bekennenden Kirche Verständnis entgegenbringt, einen deutlichen Umschwung in der Beurteilung der kirchlichen Frage gegenüber derjenigen, die in den letzten zwei Jahren infolge andauernder Verdächtigungen der Bekennenden Kirche durch ihre kirchenpolitischen Gegner als richtig galt. Dieser Umschwung ist für die weitere Entwicklung bedeutsam. Ein folgenschwerer Irrtum wäre damit endlich aufgeklärt. Je schneller das überall begriffen wird, desto leichter werden in Zukunft überflüssige Spannungen vermieden werden. Wo an dem Irrtum, als handele es sich in dem Kampf der Bekennenden Kirche um ‚staatsfeindliche Machenschaften‘, noch festgehalten wird, muß die darin liegende Erschwerung für die weitere Arbeit des Reichsministers für die kirchlichen Angelegenheiten und der von ihm berufenen und noch zu berufenden Ausschüsse bald sichtbar werden. Für den erfolgreichen Fortgang des Ordnungsversuchs hängt sehr viel davon ab, daß alle politischen Ressentiments nunmehr endgültig ausgeschaltet bleiben.

Reichsminister Kerrl selbst hat sich nach dem Bericht des ‚Völkischen Beobachters‘ am 16.10. gelegentlich eines Empfangs des Wirtschaftrats der Deutschen Akademie im großen Saal des Hotels Kaiserhof in einer Rede über ‚Nationalsozialismus und Glaube‘ zur kirchlichen Lage [...] geäußert [...]

Der Minister hat mit [...] warmherzigen Worten, die voller Zuversicht zum Gelingen des Werkes sind, ebenfalls erkennen lassen, daß das kirchliche Ringen bei den politischen Stellen heute eine andere Beurteilung erfährt als zuvor. Nachdem lange Zeit die kirchliche Auseinandersetzung als übles ‚Pastorengezänk‘ bezeichnet wurde, wird sie nunmehr von dem verantwortlichen Staatsmann verstanden als ein ‚werteschaffendes, unerhörtes Ringen, von dem die Welt außerordentlich viel zu erwarten hat‘. Gleichzeitig wird in dem Zusammentritt der Kirchenausschüsse die Vorbereitung einer ‚vollkommenen Wendung im deutschen Volke‘ gesehen. Wir sind keineswegs geneigt, die noch zu überwindenden praktischen Schwierigkeiten und die großen grundsätzlichen Unterschiede, die in der Beurteilung der kirchlichen Fragen zwischen dem Staatsmann und dem Kirchenmann bestehen, zu verschleiern oder zu unterschätzen. Trotzdem glauben wir aussprechen zu dürfen, daß diese Worte von dieser Stelle das Vertrauen zu einer erfolgreichen echten kirchlichen Ordnung zu stärken geeignet sind.

Angesichts dieser Haltung der politischen Stellen bedeutet es nicht Ablehnung oder Widerstand gegen die eingeleitete staatliche Rechtshilfe und die Arbeit der ernannten Ausschüsse, wenn die Organe der Bekennenden Kirche sich verpflichtet fühlen, ihre Arbeit weiterzuführen. Es handelt sich vielmehr für sie um die folgenden positiven Anliegen:

1. Für die Dauer der *staatlichen* Rechtshilfe und die Arbeit der *staatlichen* Kirchenausschüsse vertritt die Bekennende Kirche das Recht der Kirche auf selbständige Leitung und Verwaltung durch *kirchlich*

legitimierte Organe. Sie sieht in der Arbeit der staatlichen Hilfsorgane ein staatskirchliches Durchgangsstadium, während dessen sie durch ihre Organe den Grundsatz einer in Schrift und Bekenntnis begründeten eigenständigen kirchlichen Ordnung und Leitung wahrt und durchführt. Die Bekennende Kirche hat von jeher den Standpunkt vertreten, daß alle kirchliche Leitung einer kirchlichen Autorisierung und einer entsprechenden Rechtsbegründung bedarf, und daher ihrerseits für die vorübergehende staatliche Rechtshilfe in sachlicher und personeller Hinsicht einen Vorschlag gemacht, der diesem Standpunkt entspricht. Der Staat hat diesen Vorschlag nicht vollinhaltlich aufgenommen. Darum müssen die Organe der Bekennenden Kirche sich weiterhin dafür einsetzen, daß jeder Schritt der inneren und äusseren Neuordnung in Übereinstimmung mit der Heiligen Schrift und den Bekenntnissen erfolgt, weil nur so das Ziel einer echten Ordnung, um das die Bekennende Kirche über zwei Jahre gekämpft hat, erreicht werden kann. In dem Maße, als die aus Männern der Kirche gebildeten staatlichen Ausschüsse ihre Arbeit durch Schrift und Bekenntnis bestimmt sein lassen und die Eigenständigkeit der Kirche in ihrer Ordnung und ihrer Verkündigung achten und fördern, werden die Vorläufige Leitung und die übrigen Organe der Bekennenden Kirche sich bei ihren Gemeinden für sachliche Mitarbeit einsetzen können. Dabei ist es eine selbstverständliche Voraussetzung, daß die ärgsten Notstände, die zur Verwüstung ganzer Kirchengebiete geführt haben, in nachdrücklicher und sichtbarer Weise unverzüglich behoben werden. Bis zu dem Zeitpunkt, an dem nach kirchlichem Recht gebildete Organe die Leitung der bekenntnisgemäß geordneten Kirchen übernehmen können, müssen die in den letzten Jahren gewonnenen Erkenntnisse und Erfahrungen nutzbar gemacht und der innere Aufbau der Gemeinden fortgeführt werden von den Organen, die der völligen Zerstörung in der Not wehrten, die Grundlagen für eine echte kirchliche Ordnung der Zukunft feststellen und durch ihre Arbeit das Vertrauen der Gemeinden erwarben.

2. Die Bekennende Kirche hat in den Jahren des Kampfes umbraust von den Stürmen einer neuen Zeit die wesentliche Aufgabe der Kirche des Evangeliums herausgearbeitet. Sie hat gesagt, was Kirche ist. Sie hat bedingungslos festgehalten an ihrem Bekenntnis und gerade aus ihm dasjenige festgestellt, was von politischer Seite aus ganz anderen Gründen gefordert wurde []: daß nämlich die Kirche nicht in Aufgaben eingreifen und sich darum auch nicht an sie verlieren soll, die der politischen Gewalt gehören. Damit ist die Kraft der Kirche für ihre besondere Aufgabe bewahrt worden, das Volk und die Menschen des Dritten Reiches vor Gott und unter dessen unbedingten Herrschaftsanspruch zu stellen. Diese Aufgabe nimmt ihr niemand ab. Sie muß sie weiter erfüllen.

Eine mächtige politische Bewegung hat Alte und Junge ergriffen. Vorstellungen und Begriffe aus der Welt des christlichen Glaubens werden für sie übernommen. Glühender völkischer Idealismus sublimiert sich zur Religion, die kultische Gestaltung sucht. Daneben stehen andere, die mit Entschlossenheit Gott los sein wollen, weil die neu erlebte Welt der natürlichen Kräfte sie ausfüllt. In diesem Weg der Geister muß die Kirche das Wort der Offenbarung verkündigen von dem einen Gott und Vater ihres Herrn Jesus Christus. Sie muß es so sagen, daß es die Menschen des Dritten Reiches wirklich vor Gott stellt und sie zum Zwiegespräch fordert mit dem, dem keiner gleich ist auf Erden. Indem sie es tut, stellt sie in dem glühenden völkischen Streben, in dem ihre Glieder stehen, den heiligen Maßstab der Besinnung und Klärung auf, das untrügliche Mittel der Scheidung zwischen Gut und Böse, zwischen Wahrheit und Irrtum, richtet sie das Zeichen des Christus auf, das Kreuz, mit seiner Botschaft von Sünde und Gnade, von menschlicher Schuld und ewiger Erlösung, und verkündet sie die Notwendigkeit und die Kraft der Wiedergeburt aus dem heiligen Geist allen denen, die aus Blut und Boden ihre irdische Lebenskraft schöpfen. Dieser Dienst ist von der Kirche des Evangeliums immer gefordert. Daß sie ihn zum Segen Deutschlands wirklich erfülle, das war das Anliegen, aus dem die Bekennende Kirche erstand. Dies Anliegen bleibt. Nur eine Bekennende Deutsche Evangelische Kirche kann es übernehmen.

3. Und schließlich ein Drittes: Die Bekennende Kirche hat über zwei Jahre hindurch in der Abwehr gestanden. Das hat ihr Handeln bestimmt und oft auch ihr Wort gestaltet. Ihre Aufgabe ist dann nicht erfüllt, wenn die jetzt erfolgten Maßnahmen der staatlichen Rechtshilfe sie weniger Angriffen aussetzen sollten als bisher. Wird es ihr erlaubt sein, jetzt ungestörter an die Arbeit des inneren Aufbaus durch missionarischen und seelsorgerlichen Dienst zu gehen? Die Erfahrungen des Kampfes haben ihr Ohr für die Rufe der Zeit und ihr Auge für die Unterlassungen der Kirche geschärft. Wenn jetzt nicht mehr ein Großteil der Kraft im inneren Streit verbraucht werden müßte, sondern die ganze Kraft sich der aufbauenden Arbeit und dem missionarischen und seelsorgerlichen Dienst im Volke zuwenden dürfte, so wäre die Bekennende Kirche wahrlich um Aufgaben nicht verlegen. Ihre Organe bleiben im Amt, um nach der Zerstörung der letzten Jahre keine Stunde zu versäumen. Wenn eine Zeit der Stille käme, so soll es eine Zeit des Hörens und Antwortens, eine Zeit echter kirchlicher Arbeit sein. Vielleicht, daß das aus der Stille gesprochene Wort die Kraft hat, viele, die jetzt von Unruhe und Sturm ergriffen sind, auch in jene heiligende Stille zu führen, in der der Mensch schweigt, weil Gott redet."

1737 Lltr. Pfr. Sauerhöfer „an DC-Pfarrer sowie an Ortsgruppenleiter zur umgehenden Benachrichtigung der Mitglieder": Erwartungen an Reichsminister Kerrl

Karlsruhe, 22. Okt. 1935; EZA 1/A 4/459 – Rds. Nr. 25

„Liebe Kameraden!

Die Verhältnisse in der evangelischen Kirche haben sich seit unserm letzten Rundschreiben grundsätzlich geändert. Da die Tageszeitungen ausführlich über diese Vorgänge berichteten, erübrigt sich unsererseits eine Wiederholung der Meldungen. Nur folgende Punkte verdienen eine besondere Betonung:

Der von dem Reichsminister für kirchliche Angelegenheiten, Pg. Kerrl, eingesetzte *Reichskirchenausschuß erließ einen Aufruf an das evangelische Kirchenvolk*, in dem es heißt: ,*Die unantastbare Grundlage der Deutschen Evangelischen Kirche ist das Evangelium von Jesus Christus*, wie es uns in der Heiligen Schrift bezeugt und in den Bekenntnissen der Reformation neu ans Licht getreten ist. [...] Aus dieser Glaubensgebundenheit ermahnen und bitten wir die evangelischen Gemeinden in Fürbitte, Treue und Gehorsam zu Volk, Reich und Führer zu stehen. *Wir bejahen die nationalsozialistische Volkwerdung auf der Grundlage von Rasse, Blut und Boden*. Wir bejahen den Willen zu Freiheit, nationaler Würde und sozialer Opferbereitschaft bis zur Lebenshingabe für die Volksgemeinschaft. Wir erkennen darin die uns von Gott gegebene Wirklichkeit unseres deutschen Volkes. [...]'[*)]

In diesem Gleichklang von Evangelium, Blut und Boden ist unser ganzes deutsch-christliches Anliegen klar zum Ausdruck gebracht. Was uns die von Karl Barth beeinflußte Bekenntnisfront seit Beginn des Kirchenstreits immer wieder von allen Kanzeln herunter als evangeliumswidrige Irrlehre glaubte vorwerfen zu müssen, wird hier von den zur Leitung der Kirche berufenen Männern ausdrücklich zur Grundlage ihres Handelns erklärt. Wir Deutschen Christen stellen mit Freude und Genugtuung fest, daß auch ideenmäßig *unser Wollen zum Durchbruch gekommen ist*. Evangelium und Volkstum, Deutschtum und Christentum sind in ihrer unlösbaren inneren Verbindung als die Gegebenheiten unserer evang. Kirche anerkannt. *Luther hat über Karl Barth gesiegt!* Entscheidend in diesem Aufruf ist, daß endlich auch *der Aufbruch unserer Nation und die auf der nationalsozialistischen Weltanschauung sich vollziehende Volkswerdung als Gottes Wille und Werk erkannt sind*. Wir können es als Erfolg unseres deutsch-christlichen Kampfes buchen, daß die neue Kirchenleitung sich unser eigentliches Wollen und innerstes Anliegen zu

---

*) Vgl. GVBl. der DEK 1935, Nr. 30, 19. Okt., S. 104.

eigen gemacht hat. Deshalb liegt ihr auch daran, wie sie in dem Aufruf schreibt, ‚die im Kampfe der letzten Jahre deutlich gewordenen unaufgebbaren Anliegen zu verstehen und die aufgebrochenen Kräfte zu positivem Einsatz zu führen'. Wir hoffen, daß damit die Diffamierung und Entrechtung der Deutschen Christen ein Ende gefunden hat.[*]

Nach ihrer bisherigen Kampfesweise wird es der Bekenntnisfront nicht leicht, sich mit diesen Ereignissen abzufinden. Hat man doch seither jeden Eingriff ‚kirchenfremder' Instanzen als bekenntniswidrig entschieden abgelehnt und die nationalsozialistische Weltanschauung von Rasse, Blut und Boden im Raume der Kirche verworfen! Hier werden wohl *Auseinandersetzungen innerhalb der Bekenntnisfront nicht ausbleiben*. Schon lehnte die *preußische Bekenntnissynode* die Maßnahmen des Reichsministers Kerrl als ‚Kompromißvorschläge' ab. Schon machte sich der *Reichsbruderrat* diese Beschlüsse der Steglitzer Bekenntnissynode zu eigen und ordnete an, sie von allen Kanzeln zu verlesen, was zum Glück noch rechtzeitig verhindert werden konnte. Schon faßte die *Bekenntnissynode des Rheinlandes* unter der Führung des Mitgliedes der sogenannten ‚Vorläufigen Leitung der DEK', Pfarrer D. Humburg, folgenden Beschluß: ‚Wir sehen keine Möglichkeit, auf Grund dieses Gesetzes [...] an der Neuordnung der evang. Kirche mitzuarbeiten. Wir erwarten einen klaren Protest der DEK und der Leitung des Reichsbruderrates gegen dieses Gesetz, da es dem Wesen der evang. Kirche widerspricht, von unwahren Behauptungen ausgeht und über der Evang. Kirche ein weltliches Papsttum aufrichtet.'!!

Schon verschickt der *Vorsitzende des bisherigen illegalen Kirchenregiments, Landesbischof Marahrens, ein Geheimschreiben* vom 11. Oktober, wo er über die eingesetzten Kirchenausschüsse und über die Maßnahmen des Staates schreibt: ‚Sie (die illegale Kirchenleitung) beläßt dem Minister die alleinige Verantwortung für die weitere Entwicklung, ohne die Kirche (lies: Bekenntniskirche. D.L.) als solche direkt an ihr zu beteiligen. Deren Organe (gemeint ist vor allem die sogen. Vorläufige Leitung der DEK. D.L.) [...] werden also für die Dauer des staatskirchlichen Durchgangsstadiums notwendigerweise im Amt bleiben müssen und den staatlichen Kirchenausschüssen gegenüber die Bildung und Vertretung der Evang. Kirche zunächst weiterhin darstellen.' Wir können dem Herrn Reichsminister die gebührende Zurückweisung dieser *absichtlichen Störungsmanöver* der gegenwärtigen Friedensbemühungen vertrauensvoll überlassen.

---

[*] Die folgenden beiden Absätze fehlen in: Der Deutsche Christ 1935, Nr. 44, 3. November, S. 352.

Wir hoffen aber zuversichtlich, daß ein Großteil der Bekenntnisfront, vor allem die Gutgesinnten und Friedenswilligen, sich nicht noch einmal von einer verkrampften Theologie und von den führenden kirchenpolitischen Interessenten in eine fruchtlose Opposition gegen unsere nationalsozialistische Staatsführung treiben läßt. Letzte Woche empfing *Staatsminister Kerrl die Landesleiter der DC* und hielt ihnen einen längeren Vortrag über sein Wollen. Wer ihn gehört hat, wird bestätigen müssen, *daß der Reichsminister ein heißes Herz für die Sache unserer Kirche besitzt, und daß man ihm in völligem Vertrauen folgen kann*. Das Dritte Reich gibt uns Evangelischen noch einmal eine letzte ‚Chance'. Es ist *Pflicht aller Gutgesinnten* zu verhindern, daß auch diese *letzte Gelegenheit* ungenützt vorübergeht. *Eine weitere wird uns bestimmt nicht mehr geboten werden!*

Wir badischen Deutschen Christen erklären uns deshalb bereit, allen aufbauwilligen Kräften, die sich vertrauensvoll zu dem kirchlichen Wollen des Führers und seines beauftragten Reichsministers bekennen, *die Hand zum Neuaufbau zu reichen*.

[...] *Die Landestagung des Gaues Baden der DC*, die aus dem ganzen Lande stark besucht war, hat die *innere Geschlossenheit* und *geistige Durchschlagskraft unserer Bewegung* wieder deutlich in Erscheinung treten lassen. In allen Vorträgen, die von den Zuhörern mit wachsender Begeisterung aufgenommen wurden, wurde klar, daß *unsere deutschchristliche Idee echt evangelisch und echt lutherisch ist* und sich deshalb mit Notwendigkeit eines Naturgesetzes durchsetzen wird. Der Leiter der Reichsbewegung DC, Pg. Rehm/Berlin, verstand es, die neuen großen Aufgaben unserer Bewegung klar zu umreißen und sich damit die Herzen der badischen DC zu erobern. Einmütig lautet das Urteil, daß noch keine Landestagung *so ergebnisreich und geschlossen* verlaufen ist wie die hinter uns liegende.

Nach dem Willen des Reichsministers Kerrl steht unsere Bewegung im inneren Aufbau der evang. Kirche im Dritten Reich vor neuen großen Aufgaben, die in dem Aufruf des Reichskirchenausschusses umrissen sind. Wir fordern alle Amtsträger und Mitglieder und darüber hinaus den *gesamten evangelischen Volksteil unserer Südwestmark auf,* Tritt zu fassen und mit uns in eine neue, bessere und größere Zukunft unserer Kirche zu schreiten. Die Liebe zur Kirche Luthers, die Dankbarkeit dem Führer gegenüber, die Hingabe an unser Volk und sein Drittes Reich bestimmen schicksalhaft unseren Weg.

Heil Hitler!"

1738   Lltr. Pfr. Sauerhöfer an RM Kerrl: Klagen über (Personal-) Entscheidungen des EOK

Karlsruhe, 30. Okt. 1935; EZA 1/A 4/334

„Die Landesleitung der Deutschen Christen beehrt sich, dem Herrn Minister ergebenst zu danken für die den Kirchenbehörden erteilten Weisungen, wodurch beim jetzigen Stand der Dinge von wichtigen Personalveränderungen abzusehen ist. Wie sehr eine solche Anweisung nötig gewesen ist, beweisen die Verhältnisse in Baden.

In der badischen Landeskirche hatten die DC in der Synode von 1933 die überwiegende Mehrheit. Das Verhältnis war 36 : 25. Das hielt den Herrn Landesbischof nicht ab, vor etwa 14 Tagen, also mitten in der großen Befriedungsaktion, 4 Dekanatsernennungen*) ganz im Sinne der Bekenntnisfront vorzunehmen, wobei anzufügen ist, daß 2 dieser Herren als Pfarrer wiederholt Gegenstand von Beschwerden der NSDAP gewesen sind. Und ganz im Gegensatz zu der in obigem Erlaß ausgesprochenen Erwartung, denkt der Herr Landesbischof daran, ausgerechnet in diesen Tagen einige Dekanatsstellvertreter neu zu ernennen. Man will offenbar nach wie vor vollendete Tatsachen schaffen.

In einer Denkschrift**), die wir dem Herrn Minister über den Herrn Reichsstatthalter zuleiteten, haben wir auf die unmögliche Art hingewiesen, mit der seit mehreren Monaten Pfarrerbesetzungen vorgenommen werden. Ein ganz besonderer Fall hat sich in diesen Tagen zugetragen, wo ein Pfarrverwalter zum Pfarrer ernannt wurde, nachdem er gerade eben mit dem Bürgermeister des Dorfes, der ein Bruder des Herrn Reichstagsabgeordneten Roth ist, in peinlichster Weise zusammengestoßen war.***) In einem anderen Dorf ruft ein Pfarrer seit 2 Jahren durch sein herausforderndes Verhalten bei den Parteiinstanzen Widerspruch auf Widerspruch hervor, so daß die Geheime Staatspolizei kürzlich seine Abberufung fordern und mit Ortsverweis drohen mußte.****) Als Antwort wurde dem Staat ganz allgemein mitgeteilt, daß man bei sich bietender Gelegenheit eine Versetzung vornehmen werde. Auch hier offenbarte sich die den Partei- und Staatsstellen hinreichend bekannte Methode der direkten und indirekten Opposition gegen alles, was mit diesen Stellen zusammenhängt. So kam es auch, daß ein nichtarischer Pfarrer, der ebenfalls seit 2 Jahren die Behörde beschäftigte und der sich unmögliche

---

*)   Am 8. Okt. 1935 hatte der EOK zu Dekanen ernannt: Karl Theod. Aug. Müller (Schopfheim), Alfred Ludw. Barner (Konstanz), Hans Katz (Lörrach) und Jakob Friedrich Mono (Müllheim). Besonders letztere galten bei den DC als personae non gratae.

**)   In den einschlägigen Akten nicht auffindbar.

***)   Pfr. Reinhard Oest/Liedolsheim.

****)   Pfr. Hansmichel Bauer/Feuerbach.

Äußerungen erlaubt hatte, erst im Laufe des Sommers zur Ruhe gesetzt wurde. Ein anderer nichtarischer Pfarrer, welcher der Schutzhaft der Geheimen Staatspolizei nur durch Flucht nach der Schweiz entging, wurde vom Evang. Oberkirchenrat zur Ruhe gesetzt, obwohl der Leiter der Geheimen Staatspolizei fristlose Entlassung für nötig gefunden hatte.[*]

Um Intima des badischen Oberkirchenrats zu berühren, weisen wir kurz auf folgendes hin: Oberkirchenrat Voges reiste in diesem Herbst auf Wunsch des Herrn Ministerialdirektors a.D. Jäger nach Berlin, in der Absicht, zur Aussprache der süddeutschen Bekenntnisbischöfe zugelassen zu werden. Obwohl dieses Ziel nicht erreicht werden konnte, die Reise also vergeblich war, reichte Herr Voges einen amtlichen Kostenzettel ein, der vom Oberkirchenrat als Behörde gedeckt worden ist, trotzdem der Landesbischof vorher selbst erklärt hatte, daß die Reise des Herrn Voges überflüssig sei. Ein anderes Mitglied dieser Behörde kam bei der letzten theologischen Prüfung in der Dogmatik auf das Verhältnis von Staat und Kirche zu sprechen und brachte es fertig, zur Beleuchtung der verschiedenen Auffassungen folgendes anzuführen: ‚Auf der einen Seite hält man Hitler für das Tier aus dem Abgrund, auf der anderen Seite ist er der Knecht Gottes'.

Der Herr Landesbischof aber erklärte dem Herrn Reichsstatthalter im Sommer, er sei nicht der Vertreter der ‚Vorläufigen Leitung der Deutschen Evangelischen Kirche', sondern Vertreter der badischen Landeskirche. Gleichwohl läßt er amtliche Schriftstücke dieser ‚Vorläufigen' zukommen und vollzieht Beschlüsse und Anordnungen dieser illegalen Einrichtung.

Alle diese Dinge, die nur ein kleiner Nachtrag zu unserer Denkschrift sein sollen, dürften aufs neue beweisen, daß das Verhalten der badischen Kirchenleitung sich selbst richtet. Daß diese in ihrer Mehrheit unsere beiden DC-Vertreter[**] seit Monaten ignoriert und ihnen täglich in demütigendster Weise die Arbeit fast zur Qual macht, sei nur noch angefügt.

Wir bitten darum den Herrn Minister, er möge in der badischen Landeskirche in möglichster Bälde so Ordnung schaffen, daß das bisherige kirchliche Parteiregiment der Vergangenheit angehört.

Heil Hitler!"

---

[*] Hier liegt offensichtlich eine Verwechselung bzw. Vermischung von Personalangaben vor: Angesprochen sind
    1. Pfr. Lic. Kurt Lehmann/Durlach, der, „Halbjude" im Sinne der NS-Rassegesetzgebung, 1935 zwangspensioniert wurde und in die Schweiz emigrierte. Vgl. Dok. 1577f.
    2. Pfr. Wilhelm Karle/Tennenbronn – selbst ‚Arier' – war mit einer „Volljüdin" verheiratet. Er versuchte, Anfang Oktober in die Schweiz auszuwandern, wurde aber nicht aufgenommen. Dank einer „Einladung" des Bischofs von Chichester gelang ihm und seiner Frau am 31. Mai 1939 die Ausreise nach England.

[**] Emil Doerr und Heinrich Brauß.

1739 Pfr. Wilhelm Albert: „Heldisches Christentum – christliches Heldentum"
Der Deutsche Christ 1935, Nr. 45, 10. Nov., S. 354

„‚Zuletzt meine Brüder, seid stark in dem Herrn und in der Macht seiner Stärke. [...]' *[Folgt Text Eph. 6, 10–17]*

So steht es nun einmal nicht in einer deutschchristlichen Abhandlung, die man mit der Kritik ‚Irrlehre' abtun wird, sondern in der Heiligen Schrift, daß der Christ ein tapferer Held sein soll, der das Leben meistert und mit rechtem Kampfgeist, mit dem Schild des Glaubens, mit dem Helm des Heils und mit dem Schwert des Geistes allen Widerständen trotzt. Eine armselige Büßer- und Duldermiene paßt nicht zu einem Streiter Christi. Und ebensowenig ein Winkel- und Katakombendasein in einer Zeit, die nach positivem Christentum ruft. Da gehören die Christen an die Front, und sie haben mit offenem Visier und heldischer Haltung den Kampf für die Wahrheit, Gerechtigkeit und sittliche Sauberkeit im Dienst ihres Königs Christus zu führen.

Warum hat Nietzsche, der große deutsche Denker, vom Christentum nichts wissen wollen, und warum droht die Gefahr, daß so mancher SA-Mann und Hitlerjunge der Kirche den Rücken kehren?

Weil Christen nicht ‚erlöster' aussehen oder weil sie, wie gegenwärtig, dem neuen Staat nur mit Vorbehalten, Zweifeln und sorgender Ängstlichkeit begegnen. Da ist nun irgend etwas nicht in Ordnung. Entweder man ist mit der Politik des Dritten Reiches nicht einverstanden, – dann soll man ehrlich sein und nicht den Raum der Kirche für getarnte Zwecke mißbrauchen, oder aber man bringt den wirklichen und echten Glauben an die Kraft und Macht und Herrlichkeit Jesu Christi, der die Kirche auch ohne uns regiert, nicht auf, dann soll man in der Stille bußfertig beten: Herr, stärke mir den Glauben!

Wenn je eine Irrlehre in der Kirche gelehrt wurde, dann ist es die Lehre, die die Haltung und das Verhalten der ‚Bekenner' bestimmt. Ihr ‚Bekennen' entspringt nicht dem Glauben, sondern dem Unglauben. Das muß jedem unter uns einmal recht deutlich werden! Denn wer in Christus den lebendigen Herrn der Kirche glaubt und dieses Glaubens gewiß ist, der sorgt sich nicht um die Kirche, weil ein Größerer die Kirche führt, und der weiß, daß sich der Liebeswille Gottes, der sich in Christus offenbart hat, auch in unserem deutschen Volk durchsetzen wird. Auch der letzte Feind wird nicht durch uns, sondern durch Christus selbst zertreten. [...]

Nun gibt es aber auch noch etwas anderes, woran wir durch die Worte des Apostels erinnert werden. Das ist *christliches Heldentum*. Es handelt sich dabei nicht um die Märtyrer des Glaubens, von denen die Geschichte erzählt, sondern um die Märtyrer der Liebe und des Leidens.

Die Märtyrer des Glaubens finden wir heute in Rußland und in Österreich. Wenn die ausländische Presse behauptet, es gäbe auch in Deutschland Menschen, die um ihres Glaubens willen verfolgt würden, so ist das eine Erfindung des Teufels. Wenn da und dort durch die deutschen Sondergerichte Pfarrer und Priester, Mönche und Nonnen zu Gefängnisstrafen verurteilt werden mußten, so lag der Grund dazu nicht in der Verkündigung des Evangeliums und der Predigt christlicher Glaubensgewißheit, sondern einzig und allein in den Übergriffen verschiedener Amtsträger der evangelischen und katholischen Kirche auf das politische und wirtschaftliche Gebiet und in Übertretung von Gesetzen und Verordnungen des Staates, der ohne Ansehen der Person das Schwert der weltlichen Obrigkeit um seiner selbst willen gebrauchen muß. Es ist seit dem 30. Januar 1933 in ganz Deutschland kein einziger Mensch um seines Glaubens und der Verkündigung des Evangeliums willen verfolgt oder verurteilt worden. Märtyrer des Glaubens gibt es also in Deutschland nicht.

Wenn wir darum von christlichem Heldentum reden, dann denken wir an all die Märtyrer der Liebe und des Leidens, die ein stilles Heldentum leben, ohne daß wir viel von ihnen wissen und hören. [...]"

1740 Lltg. DC – gez. Pfr. Sauerhöfer – an Reichsminister Kerrl: Beschwerde über die badische Kirchenleitung. Zurückweisung durch LB Kühlewein.
Karlsruhe, 15. Nov. / 14. Dez. 1935; EZA 1/A 4/335, Bl. 82–89

„Die Landesleitung der Deutschen Christen, Gau Baden, die sich öffentlich bereit erklärt hat, allen Gutgesinnten die Hand zum Frieden zu reichen, sieht sich leider wieder genötigt, beschwerdeführend folgende Vorfälle zu melden:

1. Oberkirchenrat D. Bender hielt am vergangenen Sonntag in der größten evangelischen Gemeinde des Landes Mannheim eine Kirchenvisitation ab. Obwohl er wußte, daß die Gemeinde überwiegend deutsch-christlich gesinnt ist, ließ sich Oberkirchenrat D. Bender so weit gehen, in dieser amtlichen Sitzung die Deutschen Christen und insbesondere die Landesleitung auf das heftigste anzugreifen. Unter anderem bezichtigte er uns in aller Öffentlichkeit der Lüge. Vor allem aber glaubte er, der Landesleitung vorwerfen zu müssen, daß sie jetzt, im Zeitpunkt der Befriedungsversuche, den Landesbischof gerichtlich verklagt habe. Oberkirchenrat D. Bender verschwieg, daß diese Klage schon seit Frühjahr dieses Jahres läuft, und

daß alle Vermittlungsaktionen an der Unnachgiebigkeit des Oberkirchenrates gescheitert sind. Bei den Verhandlungen vor dem Schiedsmann hatte der Oberkirchenrat nicht einmal einen Vertreter geschickt. Wenn es ihm wirklich um eine Befriedung zu tun wäre, so hätte er mindestens diese letzte Gelegenheit zu einem Vergleich ausnützen müssen. Bei uns Deutschen Christen hätte es an dem notwendigen Entgegenkommen nicht gefehlt. Da aber der Landesbischof bzw. Oberkirchenrat Dr. Friedrich im Frühjahr d.J. in einem amtlichen Rundschreiben an sämtliche Mitglieder der kirchlichen Körperschaften[*] – also in seinem Rundschreiben, das in mehreren tausend Exemplaren ins Land ging – an verschiedenen Stellen uns der groben Lüge zieh, waren wir es unserer Ehre schuldig, gegen einen derartigen Mißbrauch der Amtsgewalt mit dem einzig möglichen Mittel der Klage uns zu wehren.[**]

Durch dieses unglaubliche Verhalten des visitierenden Oberkirchenrats waren die deutsch-christlich gesinnten Vertreter genötigt, den Saal zu verlassen. Es blieb nur eine kleine beschlußunfähige Minderheit zurück.

2. Ein früherer, im gesamten Lande bekannter marxistischer Agitator, der im Jahre 1933 aus politischen Gründen seines Pfarramtes verlustig ging[***], stellte beim Oberkirchenrat den Antrag, ihn zu Vorträgen in der badischen Landeskirche zuzulassen. In der Sitzung des Oberkirchenrats, in der über diesen Punkt verhandelt wurde, wies ein deutsch-christlich gesinnter Oberkirchenrat darauf hin, daß ein Wiederauftauchen des marxistischen Pfarrers i.R. bei der badischen Staatsleitung äußerstes Mißfallen erregen würde. Oberkirchenrat Dr. Friedrich erklärte wörtlich: ‚Das mag sein, wir können aber nicht auf jede Laune von drüben eingehen.' Es ist kein Wunder, wenn bei dieser Geisteshaltung die Beziehungen zwischen der Staatsführung und der derzeitigen Kirchenleitung stark getrübt sind.

Wir möchten Sie, sehr geehrter Herr Reichsminister, noch einmal bitten, sobald als möglich eine Kirchenleitung zu beseitigen, mit der eine Befriedung in der badischen Landeskirche unmöglich durchgeführt werden kann; eine Anfrage bei der badischen Staatsleitung wird wohl diese Ansicht bestätigen.

Ein baldiges Eingreifen wäre sehr erwünscht, da andernfalls die Gefahr besteht, daß die in Fluß geratenen Fronten durch das Verhalten der badischen Kirchenleitung wieder erstarren.

Heil Hitler!"

---

[*] Dok. 1538, Rds. 19. März 1935.
[**] Dok. 1581–83.
[***] Es handelt sich um Pfr. Heinz Kappes, s.u.

Reichsminister Kerrl übersandte o.a. Beschwerdeschrift am 6. Dez. 1935 zur Stellungnahme nach Karlsruhe. Landesbischof Kühlewein antwortete am 14. Dez. 1935 und informierte abschriftlich auch den Reichskirchenausschuss:

„Dem Herrn Minister reiche ich in der Anlage die Eingabe des Pfarrers Sauerhöfer vom 15.11.1935 zurück und gebe dazu folgende Ausführungen:

Zu 1.) äußert sich Oberkirchenrat D. Bender, der die Kirchenvisitation in Mannheim vorgenommen hat, wie folgt:

‚Daß die Kirchenvisitation an der Trinitatiskirche in Mannheim zu kirchenpolitischen Vorstößen der Deutschen Christen gegen die Kirchenbehörde und mich als Visitator benutzt würde, war vorauszusehen. Anzeichen dafür waren uns bekannt geworden. Zunächst freilich schien es, als wollte diese Visitation ohne Schwierigkeiten vorübergehen. Die sonntäglichen gottesdienstlichen Veranstaltungen am 10. November vollzogen sich in vorbildlicher Ruhe und Würde. Meiner auf kirchliche Befriedung gerichteten Ansprache wurde selbst von deutsch-christlicher Seite öffentlich das Lob gezollt, daß sie ‚zu Herzen gegangen' sei. Ebenso verlief am Montagabend (11. November) die Sitzung der Visitationskommission mit dem Sprengelrat in den denkbar sachlichsten und verbindlichsten Formen, und noch der erste visitatorische Teil der Sitzung mit dem Sprengelausschuß zeigte dieses Gepräge. Erst auf meine Frage, ob noch jemand etwas vorzubringen habe, wendete sich das Blatt. Die Ortsgruppe der Deutschen Christen hatte diesen größeren Zuhörerkreis als Plattform für ihre Angriffe gewählt. Der dafür bestimmte Redner erklärte an Hand eines vorbereiteten Manuskriptes, dem Oberkirchenrat fehle es an der nötigen Zurückhaltung und dem erforderlichen Fingerspitzengefühl, er treibe durch seine Erlasse und Maßnahmen einen Keil ins Kirchenvolk usw. Ich hätte die Beantwortung der scharfen Angriffe als nicht zur Visitation des Trinitatiskirchensprengels gehörig ablehnen können; ich zog aber vor, zu antworten, weil die Ablehnung zweifellos mißdeutet und gegen die Kirchenleitung kirchenpolitisch ausgeschlachtet worden wäre. Ich verwies auf die alles Fingerspitzengefühl für das kirchlich Erträgliche vermissen lassende Haltung des Organs ‚Der Deutsche Christ', das eine lange Reihe von Unrichtigkeiten, falschen Darstellungen und Verzerrungen oberkirchenrätlicher Handlungen und Äußerungen im Laufe des Jahres gebracht habe und vor fortgesetzten persönlichen Verunglimpfungen der Mitglieder der Kirchenbehörde nicht zurückgeschreckt sei. Als Beleg führte ich den in einem ‚Runderlaß' des Landesleiters der DC (Pfarrer Sauerhöfer, Karlsruhe) in diesem Organ veröffentlichten Vorwurf an: ich hätte nicht verhindert, daß anläßlich eines Kameradschaftslagers evangelischer Jugend in Königsfeld ‚öffentlich kirchliche Gelder für staatsfeindliche Zwecke mißbraucht worden seien'; das Lager sei, ‚wegen staatsfeindlicher Umtriebe' aufgelöst worden. Darauf erwiderte ich, daß dieser Vorwurf durchaus nicht zutreffe, sondern den Tatbestand einer öffentlichen Verleumdung erfülle. Die Geheime Staatspolizei hat ausdrücklich erklärt, daß nach ihren Feststellungen Anhaltspunkte für eine staatsfeindliche oder politisch verdächtige Führung des Lagers oder für eine solche Haltung des Lagerführers nicht vorlagen. Außerdem mußte ich darauf hinweisen, daß das betreffende Lager eine ausschließliche Angelegenheit der Brüdergemeine, der Oberkirchenrat also gar nicht in der Lage gewesen sei, kirchliche Gelder dafür aufzuwenden oder auf die Lagerleitung Einfluß zu nehmen. In anderen Fällen sei es um Vorwürfe gegen die Kirchenleitung ähnlich ungut bestellt gewesen. Ich hielt mich für verpflichtet, wenn wir schon angefehdet würden, auf die Unhaltbarkeit solcher grundlosen Angriffe und politischen Verdächtigungen hinzuweisen und nachdrücklich zu betonen, daß die ganze Art der Schriftleitung des Blattes schon zweimal dem Bad. Ministerium des Innern Anlaß gegeben habe, den Schriftleiter zu verwarnen. – Ob ich in meiner Erwiderung auf die Angriffe des Sprechers der DC das Wort ‚Lüge' gebraucht habe, kann ich mich heute nicht mehr entsinnen; doch halte ich es nicht für wahrscheinlich und angesichts der Tatsachen für *sachlich* ziemlich belanglos.

Der in der Beschwerde gegen mich erhobene Vorwurf, ich habe bei der Erwähnung der Privatklage des Landesleiters Pfarrer Sauerhöfer einen Umstand verschwiegen, wird im Zusammenhang an anderer Stelle als unhaltbar erwiesen werden.

Es wirft m.E. ein merkwürdiges Licht auf die Beschwerde, wenn darin gesagt ist, ich habe mich ‚soweit gehen lassen, in dieser amtlichen Sitzung die Deutschen Christen und insbesondere die Landesleitung aufs heftigste anzugreifen'. Die Protokolle beweisen, daß ich *nicht* der Angreifer war, sondern vielmehr nach äußerst zurückhaltender, sachlicher und auf Ausgleich kirchenpolitischer Spannungen gerichteter Führung der Visitation zur Zielscheibe wohlvorbereiteter Angriffe der Deutschen Christen gemacht wurde, also erst in der mir aufgezwungenen Verteidigung und gegen meinen Willen mich überhaupt mit den Deutschen Christen befaßt habe.

Mit welchem Recht die Beschwerde bei diesem Sachverhalt von einem ‚unglaublichen Verhalten des visitierenden Oberkirchenrats' sprechen konnte, – darüber kann ich jedem billig Denkenden das Urteil überlassen. Zudem muß ich feststellen, daß an dem Auszug der Deutschen Christen in Mannheim eine nicht geringe Zahl ihrer Mitglieder (darunter ein deutsch-christlicher Pfarrer) sich nicht beteiligte. Unter den zahlreichen Gemeindevertretern, die nach Schluß der Sitzung mir spontan ihre Entrüstung und ihr schmerzliches Bedauern über die Störung der Visitation durch die Deutschen Christen aussprachen, befanden sich auch eingetragene Mitglieder der DC.'

Abschließend sei zum 1. Punkt der Beschwerde gesagt, daß Oberkirchenrat D. Bender in langjährigem Dienste seine Fähigkeit zu sachlicher kirchenregimentlicher Arbeit bewiesen hat. Die neuerliche rein kirchenpolitisch geartete, aus seiner Ausführung nicht begründbare Befehdung muß ich als umso unberechtigter bezeichnen, als in den vergangenen schweren Kämpfen, die in der badischen Kirche gegen Liberalismus und Marxismus geführt wurden, er stets an erster Stelle gestanden hat und Parteigenosse ist.

Zu der schwebenden Privatklage des Pfarrers Sauerhöfer gegen mich ist folgendes zu sagen:

Als ich mich im November 1934 aus Gründen, deren Berechtigung heute wohl allenthalben voll anerkannt wird, von Reichsbischof Ludwig Müller trennen mußte, und als im Dezember 1934 die Rechtslage der bad. Landeskirche durch Beseitigung der rechtlich anfechtbaren Eingliederung wieder in einen geordneten Zustand gebracht wurde, setzte von seiten der Deutschen Christen der Kampf gegen die Kirchenleitung ein. Zu meinem großen Bedauern wurde nun dieser Kampf nicht in sachlicher Weise geführt, sondern dadurch, daß man mich und die Kirchenleitung in übelster Art verleumdete und beleidigte, vor allem durch Äußerungen, die in dem Sonntagsblatt der Deutschen Christen erschienen sind. Zum Beleg füge ich eine Zusammenstellung von Auszügen aus diesem Blatt bei. Anfang März 1935 hielten dann die Deutschen Christen eine Landesversammlung ab, in der sie die aus dem ebenfalls beigefügten Rundschreiben Nr. 8/1935 vom 7.3.1935 ersichtliche Entschließung faßten[*], die sie auch im ganzen Lande verbreiteten. Nachdem so in aller Öffentlichkeit immer wieder die Motive der Lostrennung von der Kirchenleitung Müller – nicht von der Reichskirche – falsch dargestellt waren, sah sich der Oberkirchenrat verpflichtet, zu diesen fortgesetzten Anwürfen Stellung zu nehmen, und es geschah dies in meinem gleichfalls beigefügten Rundschreiben vom 19. März 1935.[**] Etwa Mitte Mai teilte der Herr Oberstaatsanwalt hier mit, daß Herr Pfarrer Sauerhöfer wegen der angeblich in diesem Rundschreiben enthaltenen Beleidigungen, die der Pfarrer in dem Vorwurf der groben Lüge sehe, sich an die Staatsanwaltschaft gewandt habe, und der Oberstaatsanwalt wolle vermittelnd in der Angelegenheit wirken. Auf diese Vermittlung ließ ich mich auch ohne weiteres gerne ein. Sie mußte aber daran scheitern, daß Pfarrer Sauerhöfer darauf bestand, daß ich die erhobenen Vorwürfe mit dem Ausdruck des Bedauerns zurücknehmen soll. Dies kann ich nicht, denn da Pfarrer Sauerhöfer

---

[*] Dok. 1504.
[**] Dok. 1538.

die berechtigten und heute durch den Lauf der Dinge als richtig bestätigten Gründe meiner Loslösung von der Kirchenleitung Müller in der Öffentlichkeit verschwiegen hat, so mußte ich darin eine Lüge erblicken, und ich würde als Leiter einer evangelischen Kirche mich einer Vernachlässigung meiner Pflichten schuldig machen, wenn ich eine Lüge nicht auch als eine solche bezeichnen würde. Zu einer Zurücknahme meiner Erklärung liegt aber auch deshalb kein Grund vor, weil sowohl in den Monaten vor dem Erscheinen des oberkirchenrätlichen Rundschreibens wie auch in der Zeit nachher ich wie auch Mitglieder des Oberkirchenrates in der unerhörtesten Weise beleidigt worden sind und ich deshalb Pfarrer Sauerhöfer das sittliche Recht bestreiten muß, wegen dieser einzigen von mir in Gegenwehr erfolgten Äußerung eine entschuldigende Rücknahme zu verlangen, während er und seine Freunde fortgesetzt sich Beleidigungen zuschulden kommen lassen. Ich konnte mich und kann mich heute noch des Eindrucks nicht erwehren, daß es Pfarrer Sauerhöfer auch nicht allein darauf ankam, die angetastete Ehre wieder hergestellt zu erhalten, sondern eine Erklärung von mir in die Hand zu bekommen, mit der er dann weiterhin in seinem kirchenpolitischen Kampf gegen mich arbeiten könne. Der Oberstaatsanwalt hat dem Antrag des Pfarrers Sauerhöfer, die öffentliche Klage zu erheben, nicht stattgegeben, sondern ihn auf den Weg der Privatklage verwiesen. Ich nahm an, daß damit die Sache ihre Erledigung gefunden habe, habe mich aber in dieser Annahme allerdings getäuscht, indem mir Ende Oktober eine Vorladung vor den Schiedsmann zuging. Nachdem die durch Monate hingezogenen Vergleichsverhandlungen vor dem Herrn Oberstaatsanwalt ergebnislos verlaufen waren, lag kein Grund für mich vor, vor dem Schiedsmann zu erscheinen. Unterm 2. November 1935 ist mir dann die Privatklage zugegangen. Die Äußerung des Oberkirchenrates D. Bender, daß der Landesbischof in der Zeit der Befriedungsaktion gerichtlich belangt werden soll, ist deshalb zutreffend; denn die förmliche gerichtliche Klage ist, wie gesagt, erst am 2. November 1935 bei mir eingegangen. Es wird der Ausgang des Verfahrens abzuwarten sein, dem ich ruhig entgegensehe, weil ich mir hierin weder rechtlich noch sittlich einer Schuld bewußt bin.[*]

Zu 2.) Bei dem hier in Frage kommenden Pfarrer handelt es sich um den Pfarrer i.R. Kappes, der früher führendes Mitglied der Religiösen Sozialisten war. Hier unterläßt Pfarrer Sauerhöfer eine vollständige Darstellung des Sachverhalts, die um der gerechten Beurteilung der Sache willen gegeben werden muß. In Baden hatte seit dem Jahre 1925 der religiöse Sozialismus stark Boden gefaßt, und die maßgebenden Geistlichen, vor allem ein Pfarrer Eckert, führten ununterbrochen einen Kampf gegen die Kirchenleitung mit dem Ziele, diese zu beseitigen. Dabei wurden die Religiösen

---

[*] Dok. 1581–83.

Sozialisten vielfach von der kirchlich liberalen Vereinigung, die heute zum größten Teil das Lager der Deutschen Christen füllt, unterstützt. Als schließlich die Angriffe Formen annahmen, die eine Beunruhigung des allgemein kirchlichen Lebens zur Folge hatten, schritt der Oberkirchenrat gegen den genannten Pfarrer Eckert ein. Es war ausgerechnet der hier verdächtigte Oberkirchenrat D. Dr. Friedrich, der in nicht weniger als 3 umfangreichen Disziplinarverfahren gegen Eckert vorging, wobei ihm sofort in der Öffentlichkeit seine nationalsozialistische Gesinnung bescheinigt wurde. Wenn es der Kirchenleitung erst im 3. Verfahren im Dezember 1931 gelungen ist, Eckert unter Verlust aller Rechte aus der Landeskirche zu entfernen, so hat das mit darin seine Ursache, daß die kirchlich Liberalen, die auch in dem Dienstgericht mitwirkten, sich vorher immer für Eckert einsetzten. Als der nationale Umbruch kam, verlangte die Kirchenleitung von den religös sozialistischen Pfarrern, daß sie sich jeglicher kirchenpolitischer Betätigung in ihrem Sinne enthielten und jegliche Äußerung persönlicher Art zu unterlassen hatten. Pfarrer Kappes hat nun im Sommer 1933 in einem Brief, den er an den früheren badischen Innenminister Remmele geschrieben hat, eine Äußerung gebraucht, die der Oberkirchenrat als gegen die Pflichten eines Geistlichen verstoßend ansah, und es war wieder Oberkirchenrat D. Dr. Friedrich, der gegen Kappes das Dienststrafverfahren durchführte mit dem Ergebnis seiner Zurruhesetzung.[**) Pfarrer Kappes ist dann, da er nicht müßig sitzen wollte, in die Orientmission (Dr. Lepsius) gegangen, in der er auch künftig tätig sein will. Zur Zeit hält er sich bei seiner Familie in Jestetten (Wttg.) auf und ist von dort aus an den Oberkirchenrat herangetreten mit der Bitte, daß ihm gestattet werden möge, auch im Bereich unserer Landeskirche bei Pfarrern, die sich dazu bereit finden, Vorträge über die Orientmission zu halten, um dadurch einige Geldmittel für seine im April nächsten Jahres erneute Ausreise zu erhalten. Diese Angelegenheit ist im Oberkirchenrat beraten worden. Oberkirchenrat D. Dr. Friedrich gab bei dem Meinungsaustausch der Auffassung Ausdruck, daß Kappes ein völlig erledigter Mann sei, und daß man ihn wohl den einen oder anderen Vortrag ruhig halten lassen könnte, wenn er sich dabei völlig von allem Kirchen- und Staatspolitischem fernhalte. Andere Mitglieder waren der Auffassung, daß er doch politisch stark vorbelastet sei und ein Mitglied sagte, man solle vorher bei der Staatspolizei anfragen, worauf Oberkirchenrat D. Dr. Friedrich einwarf, wir können doch nicht bei jeder Entscheidung vorher beim Staat anfragen, ob Bedenken bestehen. Es wurde dann noch einmal bei der Lepsiusmission angefragt, und ich habe schließlich Pfarrer Kappes mitgeteilt, daß wir seine Vortragsreise in Baden nicht genehmigen könnten. Das Urteil darüber, daß ein Mitglied

---

**) Dok. 752.

des Oberkirchenrats eine in der Beratung getane Äußerung eines anderen Mitgliedes aus dem Zusammenhang herausgerissen, hinausträgt, überlasse ich dem Herrn Minister. Ich habe D. Dr. Friedrich über den Vorfall befragt, und er erklärt, daß die Äußerung so nicht gefallen ist, wie sie in der Eingabe Sauerhöfers steht, sondern so, wie sie oben angegeben wurde. Zur Erläuterung hat D. Dr. Friedrich noch hinzuzufügen, daß er nicht mehr und nicht weniger sagen wollte, als daß von der Kirchenbehörde die Entscheidung nach kirchlichen Gesichtspunkten zu treffen sei. Irgend etwas Gegensätzliches zum Staat sollte damit deshalb nicht zum Ausdruck gebracht werden, weil D. Dr. Friedrich den ehemaligen Gegner Kappes heute für völlig erledigt und einflußlos ansehe, dem man diese kleine Hilfe zuteil werden lassen könne, ohne daß damit Staat oder Kirche Nachteile erfahren könnten.

Wirklich belastende Tatsachen gegen das badische Kirchenregiment lassen sich nicht anführen. Man versucht deshalb von seiten der Deutschen Christen mit solchen Dingen bei der bad. Staatsregierung und bei dem Herrn Minister eine Meinung zu erzeugen, als würde die badische Kirchenleitung ablehnend der Staatsregierung gegenüberstehen.

Ich bitte, die Eingabe Sauerhöfers abschlägig zu bescheiden, und ich bin der Auffassung, daß es zur Befriedung in der bad. Landeskirche führen würde, wenn dem Herrn Sauerhöfer bemerkt werden könnte, daß er in der Art seiner Kampfesführung sich größere Zurückhaltung auferlegen möge."

Der Reichskirchenausschuß bezog gegenüber Reichsminister Kerrl wie folgt Stellung:

„[...] Wir teilen die Auffassung des Landesbischofs, daß der in Rede stehende Sachverhalt keineswegs die Folgerungen rechtfertigt, die Pfarrer Sauerhöfer in seiner Beschwerde aus ihm ziehen zu müssen glaubt."

Berlin, 10. Jan. 1936, EZA 1/A 4/335

1741 Reichskirchenausschuß an Evangelische Landeskirchen: Stellung der ‚Deutschen Evang. Kirchenkanzlei'
Berlin, 18. Nov. 1935, LKA GA 4918

„Die obersten Behörden weisen wir daraufhin, daß mit der Bildung des Reichskirchenausschusses durch den Herrn Reichs- und Preußischen Minister für die kirchlichen Angelegenheiten die gesamte Leitung und Vertretung der Deutschen Evangelischen Kirche nunmehr anstelle der bisher zuständigen Organe ausschließlich dem Reichskirchenausschuß obliegt.

Alleinige Verwaltungsstelle der Deutschen Evangelischen Kirche ist die Deutsche Evangelische Kirchenkanzlei, unbeschadet der besonderen in der

Verordnung vom 3. Oktober d.Js. – RGBl. I S. 1221 – begründeten Zuständigkeit ihrer Finanzabteilung und der des Kirchlichen Außenamts."

1742 Baden, Bayern, Hannover und Württemberg: Unterstützung für das „Befriedungswerk der DEK"
Karlsruhe, 18. Nov. 1935; LKA GA 4918 – Durchschrift[*)]

„Die unterzeichneten Kirchenleitungen sind gewillt, das Befriedungswerk der Deutschen Evangelischen Kirche, das durch den vom Führer bestellten Reichsminister für kirchliche Angelegenheiten und durch den von diesem eingesetzten Reichskirchenausschuß in Angriff genommen worden ist, auch im Gebiete ihrer Landeskirchen mit allen Kräften aufzunehmen.

Sie vereinbaren hierfür folgende Richtlinien:

§ 1.

Der Sinn der in Aussicht genommenen Befriedung kann und darf nicht sein, daß die Bindung der Landeskirchen an ihr Bekenntnis aufgegeben wird und daß ihre Gemeinden derart in Gruppen aufgespalten werden, daß in der Landeskirche biblische und widerbiblische, bekenntnismäßige und bekenntniswidrige Lehre und Verkündigung gleichberechtigt nebeneinander zu stehen kommen. Demgemäß erklären die Geistlichen, die sich bisher zu den Deutschen Christen gehalten haben, das Bekenntnis, die Verfassung, die Gesetze und Ordnungen der Landeskirche als verbindlich an und unterstellen sich ihrer Amts- und Lehraufsicht. Sie werden jeder Verleugnung oder Verfälschung der evangelisch-reformatorischen Verkündigung und jeder Anwendung von Gewalt entgegentreten; die sachlich notwendige Auseinandersetzung über die Ausrichtung der kirchlichen Botschaft in unserm Volk und unserer Zeit muß rein innerkirchlich und geistig ausgetragen werden.

§ 2.

Hinsichtlich der Beseitigung der Wirkung von Disziplinarurteilen, die seit dem 15.7.1933 rechtskräftig ergangen sind, werden die Landeskirchen eine wohlwollende Prüfung eintreten lassen.

[*)] Der nachstehende Text – obwohl bereits veröffentlicht in: Kurt Dietrich Schmidt, Arbeiten zur Geschichte des Kirchenkampfes, XIII, S. 100f. – wird aus doppeltem Grund nochmals wiedergegeben: 1. Er zeigt Baden auf der Linie der sog. intakten Kirchen. 2. Er gibt die exakte Datierung. Schmidt, a.a.O., S. 100 nennt, allerdings mit Fragezeichen: Dezember 1935? Damit liegt der Befriedungsvorschlag vor den geradezu dramatischen Auseinandersetzungen mit Reichsminister Kerrl in Berlin. Die Nachrichten hierüber (Schmidt a.a.O., Dok. 51–53) finden sich z.B. in LKA D 5/115 und 117.

§ 3.

Keinem Geistlichen soll unter der Voraussetzung von Ziffer 1 Satz 2 aus seiner bisherigen Stellungnahme in den kirchlichen Auseinandersetzungen ein dienstlicher Nachteil erwachsen.

§ 4.

Verächtlichmachungen haben zu unterbleiben. Verstöße werden nach der kirchlichen Ordnung geahndet.

§ 5.

Die amtsbrüderliche Gemeinschaft unter den Geistlichen wird unter Voraussetzungen, die im einzelnen zwischen der Kirchenleitung und Vertretern der Pfarrerschaft zu vereinbaren sind, wiederhergestellt. Es ist alles zu unterlassen, was die alten Wunden aufreißt. Die Kirche widmet sich mit ganzer Kraft der ihr gestellten Aufgabe, den Menschen das Evangelium von Jesus Christus lebendig zu verkündigen.

§ 6.

Unstimmigkeiten werden, soweit sie durch die Kirchenleitung nicht behoben werden können, einem Schiedsgericht unterstellt. Gegen die Entscheidungen des Schiedsgerichts ist Beschwerde an den Reichskirchenausschuß zulässig. Das landeskirchliche Bekenntnis ist nicht Gegenstand eines Schiedsspruchs; das gleiche gilt von dem in Ziffer 1 Satz 2 aufgeführten Verfahren der Amts- und Lehraufsicht.

Karlsruhe, den 18. November 1935.

Der Landesbischof
der Vereinigten Evang.-prot. Landeskirche Badens:
gez. Kühlewein"

Über das Schicksal dieses Befriedungsversuchs ist in den Akten des LKA Karlsruhe nichts verzeichnet.

1743 Br.[?]: „Kirchliche Chronik" – Zwischenbilanz zur Arbeit von Reichskirchenministerium und Reichskirchenausschuss
Mtsbl. für die Kirchl.-positive Vereinigung 1935, Nr. 12, 1. Dez., S. 47f.

„Die Bedeutung der letzten kirchlichen Ereignisse läßt sich kurz in folgenden Punkten zusammenfassen: 1. Der Staat hat den ernsten Willen zur Beendigung des Kirchenstreites auch um der inneren Einheit des Volkes willen. – 2. Der Staat nimmt die kirchlichen Angelegenheiten so wichtig, daß er ein eigenes Ministerium dafür gründet (Minister Kerrl). – 3. Der Staat hat einen Minister beauftragt, der sich selbst als Glied der evangelischen Kirche weiß und sich nach allen Seiten gründlich durch Vorbesprechungen eingearbeitet und informiert hat. – 4. Der Staat leistet der Kirche eine ‚Rechtshilfe‘, d. h. ermöglicht ihr, wo das kirchliche Recht durch das Handeln des Reichsbischofs und seiner Helfer zerstört ist, neues Kirchenrecht aufzurichten. – 5. Der Staat hat den Willen, nur für eine Übergangszeit in die Kirche einzugreifen, ihr aber im übrigen die Regelung ihrer Angelegenheiten möglichst bald wieder selbst zu überlassen, es ist nicht an eine ‚Staatskirche‘ gedacht. – 6. Der bisherige Reichsbischof ist völlig beiseite gedrängt, wenn er auch nicht zurücktritt; seine Befugnisse sind auf den Reichskirchenausschuß übergegangen. – 7. Ein Kurswechsel ist insofern eingetreten, als nicht mehr eine Richtung allein (die ‚Deutschen Christen‘) in der Kirche regieren kann; aber auch die Gegenseite (die ‚Bekennende Kirche‘) ist nicht allein in den Sattel gesetzt. – 8. Die Männer des Reichskirchenausschusses werden eine mittlere Linie zu halten suchen; sie sind bisher im Kirchenkampf nur wenig hervorgetreten. – 9. Die Auswahl der Männer geschah so, daß ihnen möglichst von allen Seiten Vertrauen entgegengebracht werden kann; sie werden bestimmt dem Bekenntnisanliegen Rechnung tragen. Hiervon wird der Erfolg ihrer Arbeit abhängen. – 10. So Gott will, wird das Ergebnis ihrer Arbeit, für die sie bis zum 30.9.1937 Zeit haben, sein: eine dauernde und echte Befriedung der Kirche ohne faule Kompromisse; das Aufhören jeder Gewaltherrschaft; die Wiederherstellung geordneter Rechtsverhältnisse; die Anbahnung festeren Zusammenschlusses und größerer Einheit der DEK; das Festhalten einer klaren biblischen Linie in der Lehre und bei der Kirchengestaltung; die Herstellung eines guten Verhältnisses zum Staat, dessen völkisches Anliegen voll bejaht wird.

Die bisherige Tätigkeit des ‚Reichskirchenausschusses‘ (RKA). Niemand wird erwarten, daß von heute auf morgen die verfahrene Lage der Kirche in Ordnung gebracht werden kann. Langsame aber wirksame Arbeit tut not. Geschehen ist folgendes: 1. Erlaß eines *Aufrufs* an die evangelischen Gemeinden: Treue gegenüber Volk, Reich und Führer. Bejahung der nationalsozialistischen Volkwerdung aus Rasse, Blut und Boden. ‚Diesem deutschen Volk hat die Kirche die Botschaft von Jesus Christus [...] dem Heiland und Erlöser aller Völker und Rassen, zu verkündigen.‘ – 2. Schritt bei den Landeskirchen *zur Einstellung kirchenpolitischer Disziplinarmaßnahmen.* Die schwebenden Verfahren werden überprüft. Geldstrafen sind aufgehoben (in Mecklenburg z. B. bis jetzt 19 000 RM!). Beurlaubungen wegen Stellungnahme im Kirchenstreit werden beseitigt. – 3. Runderlaß über die *Benutzung kirchlicher Gebäude.* Entscheidungen von Gemeindekörperschaften können von einer höheren Instanz überprüft werden. Kein kirchenpolitischer Mißbrauch des Gottesdienstes.

1. Der Reichskirchenausschuß ist daher wohl jetzt schon mit formalrechtlicher *Macht* ausgerüstet (Reichsgesetz!). Er kann neues Recht setzen und Personalfragen gültig lösen. – 2. Aber er wird sein Handeln als ein kirchliches Handeln nach wie vor von Schrift und Bekenntnis aus rechtfertigen müssen. Was er als Recht schafft, wird nur dann kirchliche Geltung (und wahren Bestand) haben, wenn es dazu dient, die Verkündigung des Evangeliums zu fördern. Daß der Wille, in solcher Weise kirchlich zu handeln, besteht, ist erfreulich festzustellen.

Von da aus ergeben sich einige allgemeine Gedanken zur kirchlichen Lage der jüngsten Zeit: 1. Wir sind dankbar für den *Umschwung*, der deutlich sichtbar ist. Ein Wort wie das des Reichsministers Kerrl, daß man nicht von einem ‚bedauerlichen Ringen' innerhalb der Kirche sprechen solle, sondern von einem ‚werteschaffenden, unerhörten Ringen, von dem die Welt außerordentlich viel zu erwarten hat', ermöglicht eine völlig andere Beurteilung der Lage als früher, wo man den Kirchenstreit als ‚Pfaffengezänk' abtun wollte. – 2. Der Kirchenkampf dieser Jahre hat deutlich gezeigt, daß das deutsche Volk, aufs Ganze gesehen, im biblischen Sinne *christlich* bleiben will. Wir sind dankbar dafür, daß die Politiker dem Rechnung tragen wollen. – 3. In diesem Zusammenhange erfreut die deutliche Feststellung in der Breslauer Rede (27.10.) des Minsterpräsidenten Göring, daß der ‚*Mythos des 20. Jahrhunderts*' Rosenbergs eine *Privatarbeit* bleibe und nur ‚Mein Kampf' die Grundlagen des Nationalsozialismus enthalte. – 4. Andererseits ist nicht zu verkennen, daß eine letzte *Unklarheit* über das ‚Bekenntnisanliegen' der Kirche weiterhin vorhanden ist, die es aufzuhellen gilt. Die Möglichkeit einer sauberen Trennung von öffentlich-politisch-völkischem *Leben* und religiösem *Glauben* wird in Reden und Zeitungsartikeln vielfach zu einfach gesehen! Unser Glaube ist ja nicht eine private Beschäftigung mit religiösen Gefühlen oder gar Dogmen, die man *neben* allem anderen treiben könnte; sondern er durchdringt das *ganze* Leben eines Menschen und also auch eines Volkes. – 5. Bedenklich ist ferner, wenn bisweilen der Neubau der Kirche als eine reine *Organisationsfrage* angesehen wird. Der Kampf ging nicht um ‚veraltete Organisationsformen' (erst recht nicht um Personen!); er ging um die Geltung von Schrift und Bekenntnis. Das muß sich bei dem jetzt einsetzenden Aufbau zeigen."

1744 Bad. Bruderrat der BK – gez. Pfr. Dürr: „Nur für Mitglieder" – Erfahrungen mit Landeskirchenausschüssen
Freiburg [post 27. Nov. 1935]; LKA D 5/118 – Rds. Nr. 19

„[...] Die Bildung der Landeskirchenausschüsse hat bisher teilweise sehr großen Widerstand hervorgerufen. In Nassau-Hessen wurde nach langen schwierigen Verhandlungen ein staatlicher Kirchenausschuß genannt ‚Landeskirchenrat' eingesetzt, dem 3 Mitglieder der Bekennenden Kirche, 3 Neutrale und 3 Landesbischöfliche – darunter Dietrich selbst – angehören. [...]

f) Aus Sachsen: In Sachsen haben sehr schwierige Verhandlungen stattgefunden. Die Bekenntniskirche und auch die Mitte hatten eine Zusammenarbeit mit dem Bischof Coch im Ausschuß aus Bekenntnisgründen für unmöglich erklärt. Es ist nun ein Ausschuß gebildet worden, der unter dem Vorsitz von Superintendent Fricker [Ficker] steht, F. gehört zur Bekennenden Kirche. Ferner gehören dem Ausschuß an: Sup. Gerber, Pfarrer Knaabe [Knabe], Oberkirchenrat Wendelin, Pfarrer Dr. Fichtner. (1 Vertreter der Mitte, 2 ehemalige Deutsche Christen, 1 Anhänger von Coch). Als Vorsitzender des Kirchenamtes ist Geheimrat Kotte, der zur Bekennenden Kirche gehört, in Aussicht genommen.

g) Bei uns in Baden haben am Mittwoch, den 27.11.1935 zum 1. Mal einige Vertreter vom Reichskirchenausschuß vorgesprochen. [...]"

1745 Pfr. Dürr an BK-Mitglieder: Reichspressekammer verbietet badische BK-Informationen.
Freiburg, 13. Dez. 1935; LKA D 5/123 – masch. hektogr.

„Seit Freitag, den 6. Dezember 1935 ist auch uns durch Verfügung des Präsidenten der Reichspressekammer die Herausgabe unserer Informationen untersagt worden, weil ich nicht Mitglied der Reichspressekammer bin.

Verhandlungen beim Präsidenten der Reichspressekammer zum Weitererscheinen unserer Informationen sind im Gange.

Der Ernst der kirchlichen Lage verlangt, daß nicht nur die Amtsbrüder, sondern auch unsere Laienmitglieder auf dem Laufenden gehalten werden über das, was in der Kirche vorgeht."

1746 Pfr. Albert: „Wolle mer's widder packe?"
Der Deutsche Christ 1935, Nr. 50 15. Dez.. S. 399

„,Wolle mer's widder packe?', sagte der Handwerksbursche zum Gendarmen und fing wieder an zu laufen. . . .

An den Handwerksburschen denkt der Schriftleiter des Blattes. Er hat sich immer wieder Mühe gegeben, ein ordentliches Sonntagsblatt zu schreiben, an dem alle Menschen Freude haben können. Widerwillig mußte er sich mit den Auswüchsen im Kirchenstreit befassen und hoffte, mit der Einsetzung des Reichskirchenausschusses gebe es baldige Ruhe – auch in Baden. Aber überall sieht es sehr nach dem Gegenteil aus, so daß man denkt: ‚Müsse mer's widder packe?', nämlich den alten Knüppel, mit dem wir so oft dreingehauen haben. Es geht aber auf Weihnachten, und da mag man halt nicht so recht dran, viel lieber unermüdlich in Wort und Bild von der frohen Friedensbotschaft künden. Das wollen wir auch tun und nur die notwendige Abwehr bringen. Vielleicht auch, daß dann bis nach Weihnachten durch das Eingreifen von Minister Kerrl auch in Baden Ordnung sein wird. Wenn nicht – *‚dann packe mer's halt widder!'*"

1747 EOK an Minister des Innern: Beschwerde über Polemik in Dok. 1746
Karlsruhe, 17. Dez. 1935; LKA GA 4916 – korr. Konzept

„Wir gestatten uns, auf unsere Eingabe vom 19. Januar 1935 *[Dok. 1399]* und vom 6. September 1935 *[Dok. 1724]* und auf den Bescheid des Herrn Ministers vom 28. September 1935 *[Dok. 1724]* Bezug zu nehmen und in der Anlage erneut das Sonntagsblatt der ‚Deutschen Christen' vom 15. Dezember 1935 Nr. 50 in Vorlage zu bringen und auf die Verlautbarung auf S. 399 ‚Wolle mer's widder packe …?' hinzuweisen. Nachdem durch das Verbot des Herrn Reichs- und Preuß. Innenministers vom November vorigen Jahres untersagt ist, auch in den Kirchenblättern den Kirchenstreit zu behandeln, hat ‚Der Deutsche Christ' im abgelaufenen Jahr so gut wie in jeder Nummer oft in der ungehörigsten Form Ausführungen über den Kirchenstreit gebracht und damit vielfach Bitterkeit und Unruhe in das evangelische Kirchenvolk hineingetragen. Entgegnungen und vor allem Richtigstellungen waren nicht möglich, weil, wie wir das in den anfangs erwähnten Eingaben bereits ausgeführt haben, die Polizeibehörden nicht deutsch-christlichen Kirchenblättern gegenüber auf das Genaueste die Verordnungen des Herrn Reichs- und Preuß. Minister des Innern zur Anwendung brachten. Wir halten es nun aber für unmöglich, daß ein Blatt, entgegen diesem Verbot, in aller Öffentlichkeit sagen kann, daß es sich mit den Auswüchsen im Kirchenstreit befassen mußte und weiterhin trotz des Verbotes in aller Öffentlichkeit in Aussicht stellen darf, daß es, wenn nicht die von ihm gewünschte Ordnung, die in unserer Kirche nur Unordnung bringen würde, nach Weihnachten eintritt, es wieder ‚den alten Knüppel, mit dem wir so oft dreingehauen haben', packen muß, d. h. erneut in der ungehörigen Form den Kirchenstreit in seinem Blatt behandeln wird.

Nachdem das Blatt zweimal verwarnt worden ist, und trotzdem immer wieder den Kirchenstreit behandelt, halten wir es auch im Interesse einer Befriedung der Kirche für erforderlich, daß es auf längere Zeit verboten wird.

Wir bitten den Herrn Minister, eine entsprechende Verfügung zu erlassen. [...]"

Nachricht erging an den Reichskirchenausschuß mit folgendem Anschreiben:

„Wir beehren uns, in der Anlage eine Abschrift einer Eingabe an den badischen Herrn Minister des Innern nebst Nr. 50 des Deutsch-Christlichen Sonntagsblattes ‚Der Deutsche Christ' vorzulegen mit der Bitte, davon Kenntnis zu nehmen und an den Herrn Reichsminister weiterleiten zu wollen mit der Bitte, erforderlichenfalls ein entsprechendes Ersuchen an den Herrn badischen Minister des Innern zu richten. Wir fügen einen Auszug vom Jahrgang 1935 des Sonntagsblattes ‚Der Deutsche Christ' an, ebenfalls mit der Bitte um Einsichtnahme. Wir glauben, daß diese Art der ‚Berichterstattung' über den Kirchenstreit einfach vergiftend wirken und jeden befriedenden Ausgleich verhindern muß. Die ‚Deutschen Christen' wollen es auch nicht, sondern sie wollen das Kirchenregiment durch derartige fortgesetzte Angriffe mit dem Knüppel, wie sie jetzt in der beigefügten Nr. 50 ihres Blattes sagen, mürbe machen, um die Kirchenleitung in die Hand zu bekommen. Damit würden in unserer Landeskirche, in der Ordnung besteht, Zustände einreißen, wie sie in den zerstörten Kirchengebieten zu beklagen sind, denn der überwiegende Teil der Pfarrerschaft und der kirchlich lebendigen Evangelischen steht *nicht* auf seiten der ‚Deutschen Christen', sondern hinter der Kirchenleitung."

Die Kirchenamtliche Pressestelle des DEK antwortete am 8. Juni 1936:

„Das Schreiben des Evangelischen Oberkirchenrats vom 17. Dezember v.Js. ist der Kirchenamtlichen Pressestelle der Deutschen Evangelischen Kirche zur weiteren Bearbeitung übergeben worden. Nach mündlicher Rücksprache mit dem Ministerium für die kirchlichen Angelegenheiten über diese Vorgänge wurde zum Ausdruck gebracht, daß es zweckmäßig wäre, wenn der Evangelische Oberkirchenrat [...] in einem persönlichen Schreiben an das Ministerium auf diese Zustände aufmerksam machen würde. Wir würden es für zweckmäßig halten, die Kirchenamtliche Pressestelle der Deutschen Evangelischen Kirche von den weiteren Schritten des Evangelischen Oberkirchenrats ins Benehmen zu setzen."

1748 Pfr. Dürr an [BK-] „Freunde": Bilanz 1935 – Erwartungen für das kommende Jahr

[Freiburg,] 18. Dez. 1935; LKA D 5/124

„Über das Jahr 1935 werden nun bald die Akten geschlossen. Unsere Deutsche Evangelische Kirche hat im vergangenen Jahr nicht Geringes erlebt.

Einen fröhlichen Angriffskrieg gegen sie führte zunächst die ‚*Deutsche Glaubensbewegung*'. Getragen von dem Wollen der völkischen Bewegung, getrieben vom günstigen Wind einer aus Blut und Boden sich erbauenden Weltanschauung hat man hoffnungsvoll in artgemäßer Frömmigkeit gemacht.

Wir erlebten Vorträge, in denen unserm Volk glaubhaft gemacht werden sollte, daß es zu wählen habe zwischen Deutschsein und Christsein. Ein paar Dutzend Vortragsredner haben es fertig gebracht, den vielen Millionen bewußter Christen in unserem Volk zu sagen, daß sie durch ihr Christsein ‚aus ihrem Volk ausgetreten seien'. Wir erlebten das Schauspiel ‚germanischer Eheweihen', von deren ‚kultischen Echtheit' Kenner allerdings behaupten, daß sie moderne Phantasie, aber keine Wiedereinführung alter germanischer Sitte sei.

Neben dieser offenen neuen Religionsbildung ging die stille und nachhaltige Arbeit in ungezählten *Schulungslagern* einher, in denen trotz § 24 des Parteiprogramms, der ein ‚Positives Christentum' als den Boden bezeichnet, auf dem die Partei steht, eine Weltanschauung gelehrt wird, die sich als einen kompromisslosen Gegensatz zur ‚christlichen Weltanschauung' bekennt. In diesen Schulungslagern werden die politischen Führer erzogen, die die Überzeugung haben sollen, daß ihre politische Zuverlässigkeit stehe und falle mit dem bewußten Gegensatz gegen Kirche und Christentum.

Und in der Kirche selbst? Noch immer sind Kräfte am Werk, die den Übergang der Kirche des Evangeliums zu einer völkischen Kultusanstalt christlichen Gepräges betreiben. Das ist das eigentliche Anliegen der ‚Deutschen Christen', die in ihrer konsequenten Thüringer Ausprägung ‚Nationalkirche' auf ihr Panier geschrieben haben. Sie nennen das ‚eine Vollendung der Reformation durch den Nationalsozialismus'.

Die weniger Klaren unter den ‚Deutschen Christen' träumen davon, daß sie durch nationalsozialistische Tönung des Evangeliums diese Botschaft den Menschen des Dritten Reiches schmackhafter machen können. So haben einst die Religiösen Sozialisten gehofft, durch Übernahme sozialistischen Ideengutes in die kirchliche Verkündigung die Masse des Volkes der Kirche zurückzugewinnen.

Von einem Freiburger Vorkämpfer der ‚Deutschen Christen' hörte ich jüngst, daß er alttestamentliche Verheissungen zuerst von ‚allen mauschelnden Ausdrücken' reinige, ehe er sie im Unterricht lernen lasse. Derselbe hat auch gesagt, daß man in unserem Gesangbuch für bestimmte Veranstaltungen kaum ein Lied findet, in dem nicht ebenfalls ‚gemauschelt' wird. Eine ähnliche Erwägung muß beim Freiburger Stadtschulamt vor-

gelegen haben, das jüngst verboten hat, daß das Lied ‚Tochter Zion …'
weiterhin gelernt und gesungen wird.

Das letzte 1/4 Jahr hat unserer Kirche die Kirchenausschüsse des Reichsministers für kirchliche Angelegenheiten beschert. Es gibt immer noch Menschen in Deutschland, die von diesen Ausschüssen eine Befriedung der Kirche erwarten. Man könnte ein gewisses Recht zu solchen Hoffnungen gehabt haben, wenn diese Kirchenausschüsse Organe des Staates geworden wären, die offenkundiges Unrecht, Verfassungsbruch und Willkürregiment abzustellen und kirchlich legitimem Handeln freie Bahn zu schaffen, sich als Aufgabe gesteckt hätten.

Statt dessen behauptet der Minister, seine Ausschüsse seien Kirchenregiment, also Organe der Kirche. Die Bekennende Kirche müßte aber alle Erkenntnisse, die ihr in diesem schweren kirchlichen Ringen von Gott geschenkt worden sind, wieder preisgeben, wenn sie anerkennen wollte, daß es ein Kirchenregiment geben könne, das nicht schrift- und bekenntnisgebunden ist, denn hier arbeiten miteinander Männer der Irrlehre und solche, die der reinen Lehre des Evangeliums gehorsam sein wollen. Das kann man in staatlichen Ausschüssen zur Not noch verantworten, nie aber in einem Kirchenregiment, wenn dieses Kirchenregiment das Regiment einer Kirche der Reformation sein will.

Der Minister für kirchliche Angelegenheiten hat nun daran kein Interesse, daß die Evangelische Kirche wieder eine Kirche der Reformation werde, eine Bekennende Kirche und eine Kirche des reformatorischen Bekenntnisses. Er will, wie das am 27. November unmißverständlich ausgesprochen wurde, die Kirche des ‚3. Kirchenmenschen', mindestens eine Kirche des Kompromisses zwischen der Bekennenden Kirche und dem Anliegen der DC. Darum verbietet er, daß innerhalb der nächsten 2 Jahre noch von Irrlehre gesprochen wird.

Er will eine Kirche, die seiner Behauptung nicht widerspricht, daß Nationalsozialismus und ‚Positives Christentum' identisch sind. Da ‚Positives Christentum' im Parteiprogramm doch wohl immer noch als Religion verstanden wird, ist mit einem solchen Satz das Religionwerden des Nationalsozialismus und das Nationalsozialistischwerden des Christentums proklamiert. Darum kann auf diesem Weg kein Friede werden in der Kirche, solange es noch bekennende Jünger Jesu in der Kirche gibt, denn die müssen zu solchem Ziel eindeutig und entschlossen nein sagen.

Und wie steht es bei uns in Baden?

Durch die Schwierigkeiten in Berlin sind offenbar die Bemühungen, uns einen Landeskirchenausschuß zu setzen, einstweilen zurückgestellt. Wir müssen aber damit rechnen, daß sie zu gelegenerer Zeit wieder aufgenommen werden. Wir bleiben bei unserem Nein gegen einen badischen Landeskirchenausschuß, weil wir eine rechtlich geordnete Kirche und eine legitime Kirchenregierung haben und weil ein Landeskirchenausschuß in Baden nur eine staatliche Unterstützungsaktion der DC sein könnte, die es ja auch sind, die einen solchen Kirchenausschuß als letzte Möglichkeit zur Beseitigung der ‚unerträglichen Zerrüttung unserer Landeskirche durch das Gewaltregiment unserer Kirchenleitung' vom Reichsminister Kerrl gefordert haben.

Was bleibt für 1936?

Die Entschlossenheit, unseren Weg mit der Bekennenden Kirche Deutschlands gemeinsam zu gehen. Die Deutsche Evang. Kirche duldet keine badische Sonderlösung. Auch unser kirchliches Schicksal wird entschieden durch das gesamte Schicksal der Bekennenden Kirche Deutschlands. Darum kämpfen wir Seite an Seite mit den zerstörten und bedrängten Kirchengebieten. Keiner tröste sich damit, daß es bei uns in Baden nicht so schlimm sei. Es wird zuletzt in Baden gerade so gut oder schlecht werden, wie es in der gesamten Deutschen Evangelischen Kirche einmal sein wird.

Entweder wird die DEK eine Bekennende Kirche, in der eine zeitlang noch irrlehrende Kreise ihr Dasein fristen, oder sie wird eine häretische Kirche, in der der Bekennenden Kirche keine Heimatmöglichkeit mehr bleibt.

Schwere Tage stehen unserer Kirche noch bevor, schwerer als die in den 2 1/2 Jahren des Kirchenkampfes gewesen sind.

Aber der HERR ist größer in der Höhe als alles Ungestüm der Mächte, die wider ihn zu Felde liegen.

‚Des laßt uns alle froh sein. Christ soll unser Trost sein, Kyrieleis'."

1749   Lltr. Pfr. Sauerhöfer zum Jahreswechsel 1935/36
Der Deutsche Christ 1935, Nr. 52, 29. Dez., S. 415f.

„Liebe Kameraden!

Das Jahr 1935 geht zu Ende. Es brachte uns ein Übermaß an Kampf und Arbeit. Mit größter Genugtuung können wir rückblickend feststellen, daß der Gau Baden der Deutschen Christen im scheidenden Jahr unerschütterlich allen Stürmen standhielt, ja darüber hinaus in stetem Wachstum unsere deutsch-christliche Idee in der Südwestmark des Reiches vorwärtstrug. Wir danken allen Kampfgenossen von Herzen für das Vertrauen und die Treue, die sie uns in verschworener Kameradschaft entgegenbrachten.

Das alte Jahr klingt für uns Deutsche Christen mit einem zukunftsfrohen Akkord aus. Einer Kirche, die sich selbst nicht mehr helfen konnte, reichte der Führer mit staatsmännischem Blick noch einmal seine starke Hand. Er gab der evangelischen Kirche in Reichsminister Kerrl *den* Mann, der durch ‚die Lauterkeit seines Charakters und die Reinheit seines Wollens' all die Kräfte sammeln wird, denen das Schicksal der Kirche Luthers *wirklich* ein inneres Anliegen ist. Wir Deutschen Christen stellen uns deshalb auch im neuen Jahre in tiefer Dankbarkeit zum Führer vertrauensvoll und geschlossen hinter seinen Reichskirchenminister. Das Jahr 1935 wird für alle Zeiten *das* Jahr bleiben, in dem sich durch Genialität des Führers Kirche und Staat wieder zu vertrauensvoller Zusammenarbeit fanden. Damit ist die hauptsächliche Voraussetzung zur Erreichung unserer deutsch-christlichen Ziele gegeben. Wir begrüßen deshalb das Jahr 1936 in der Gewißheit, daß es uns der Schaffung einer starken, geeinten und im deutschen Volkstum festverwurzelten Reichskirche einen großen Schritt näherbringen wird. Es ist unser Glaube, daß Gott all diesen aufrichtigen und heißen Bemühungen auch im neuen Jahre seinen Segen nicht versagen wird. Wohl allen, die seinen Ruf hören und die Gottesstunde für unsere Kirche und unser Volk ausnützen!

Heil Hitler!"

1750 Reichskirchenausschuss: „Zur Frage der Bildung weiterer [Landeskirchen-] Ausschüsse"
[Berlin,] 10. Jan. 1936; EZA 1/A 4/383

„1. Grundsätzlich muß daran festgehalten werden, daß der staatliche Eingriff nach dem Wortlaut des Reichsgesetzes in erster Linie nicht erfolgt ist, um nun überall eine gleichmäßige Beteiligung aller kirchenpolitischen Gruppen an der Regierung der Kirche herbeizuführen, sondern vielmehr um die im Laufe der beiden letzten Jahre eingetretenen, das kirchliche Leben schädigenden rechtlichen Schwierigkeiten zu beheben.

2. Der Gedanke der Rechtshilfe zwingt dazu, bei der Frage der Regelung des Kirchenregimentes in den Landeskirchen zu unterscheiden zwischen solchen Landeskirchen, in denen sich im Laufe der letzten beiden Jahre zwei verschiedene Kirchenregimente mit beachtlicher Gefolgschaft in der Pfarrerschaft und in den Gemeinden gebildet haben, so daß die betreffende Landeskirche hinsichtlich des Regiments aufgespalten ist, und solchen Landeskirchen, bei denen Versuche zur Bildung zweiter Kirchenregimente

nicht durchgeführt oder aufgegeben sind, bzw. deren Kirchenregiment unangefochten besteht.

3. Landeskirchen der an zweiter Stelle genannten Art sind: Bayern, Württemberg, Hannover-luth., Hannover-ref., Pfalz, Baden, Braunschweig, Schaumburg-Lippe, Lippe-Detmold, Eutin, außerdem als ein unten noch näher zu behandelnder Sonderfall: Thüringen.

4. Während dort, wo durch das Vorhandensein zweier Kirchenregimente die innere Aufspaltung des kirchlichen Lebens vollzogen ist, um der Ordnung und der Einheit der Kirche wie um der Ordnung des staatlichen Lebens willen auf dem Wege der staatlichen Rechtshilfe ein neues Kirchenregiment geschaffen werden muß, dessen mangelnde kirchliche Legitimität um des Notstandes willen für eine Übergangszeit ertragen werden muß, würde die Einsetzung von Kirchenausschüssen in den unter Ziffer 3 genannten Landeskirchen bedeuten, daß ein legitimes, von der Kirche selbst eingesetztes und kirchlich anerkanntes Kirchenregiment ersetzt wird durch ein staatliches Regiment, das nicht als durch einen Notstand gefordert angesehen werden kann und deshalb erheblichen kirchlichen Bedenken unterliegt. [...]"

1751 Pfr. Adolf Merkel an Pfr. Dürr: Kritik an „oberkirchenrätlicher Autokratie"
Pforzheim, 3. Febr. 1936; LKA D 1/18

„[...] In diesen Tagen erhielten wir die Rechtfertigung Zoellners gegenüber den Mecklenburgern. Uns interessiert dabei die ungeheuer scharfe Distanzierung von der VKL, u.a. von der Denkschrift. Unser Landesbischof verschickt diese Schreiben und macht dabei bei seinen Pfarrern einschließlich der BK Stimmung gegen die VKL. Wir aber schweigen weiter. Wer hat denn dem Landesbischof die Führervollmacht gegeben, uns völlig an Zoellner zu verkaufen? Diese oberkirchenrätliche Autokratie ist auf die Dauer unerträglich, während der LBR immer mehr zu einer lächerlichen Belanglosigkeit herabsinkt. Als harmlose Gesellschaft werden wir tatsächlich im Oberkirchenrat angesehen, wie ich positiv weiß. Dabei halte ich die Rolle, die Oberkirchenrat Rost spielt, auch durch seine Anwesenheit bei unseren Sitzungen, für sehr gefährlich und hemmend für uns. Ich muß mich erneut gegen ein dauerndes Gastspiel Rosts im LBR aussprechen, da meinerseits kein volles Vertrauen in seine Aufrichtigkeit vorhanden ist. Ich sage Dir dies persönlich, da ja nach meiner Ansicht der Türspalt von unserem LBR nach dem Oberkirchenrat immer etwas auf ist. [...]

Ich habe mir ein wenig Luft gemacht, zugleich aber auch etwas von der Stimmung gerade einiger unserer entschiedenen Freunde Dir mitgeteilt. Sie erwarten mehr Führung vom LBR, einige mußte ich auch vom Austritt aus der BK zurückhalten. […]"

B Ein Landeskirchenausschuss auch für die ‚Vereinigte Evang.-prot. Landeskirche Badens'? Der Haushalt 1936/37

1752 Der Landesbischof an VL der DEK: Befürchtung der Einsetzung eines „Kirchenausschusses" für Baden
Karlsruhe, 31. Okt. 1935; LKA GA 5701 – korr. Konzept

„Nachdem im Reich und in Preußen Kirchenausschüsse eingesetzt sind, liegt die Frage nahe, ob nicht auch in anderen Landeskirchen eine solche Einrichtung getroffen wird. Nachdem ich mich vor einem Jahr von Herrn Ludwig Müller getrennt habe, und im Dezember 1934 durch Gesetz die badische Landeskirche wieder förmlich ausgegliedert wurde, hat gegen die Kirchenleitung ein heftiger und oft in den ungehörigsten Formen geführter Kampf von seiten der DC eingesetzt. Die DC, die, was die Geistlichen anbetrifft, nur eine kleine Minderheit darstellen, haben immer wieder verlangt, daß das derzeitige Kirchenregiment in Baden zurücktreten soll. Selbstverständlich ist bisher all' diesen trüben Machenschaften ein Erfolg nicht beschieden gewesen. Ich könnte mir aber denken, daß, so wie man vermutlich immer wieder bei der badischen Staatsregierung versucht hat, gegen die Kirchenleitung vorzugehen oder ihr Schwierigkeiten zu bereiten, man nunmehr auch bei dem Herrn Minister für kirchliche Angelegenheiten versuchen wird, einen Kirchenausschuß herbeizuführen. Ich bemerke, daß für die badischen Kirchenverhältnisse ein solcher Ausschuß völlig unnötig ist, da im Bereich dieser Landeskirche durchaus Ordnung herrscht und da, wo sich Unordnung breit zu machen sucht, von dem Oberkirchenrat für Ordnung gesorgt worden ist. Außerdem ist bei uns nicht ein einziger Pfarrer aus kirchenpolitischen Erwägungen heraus von seinem Amte enthoben worden. Wir haben seit 15. Juli 1933 nur 6 Pfarrer, die sich im kirchenpolitischen Streit unanständig benommen haben, mit Verwarnung oder Verweis und nur in einem Fall mit einer Geldstrafe bestraft. Es entzieht sich nun völlig meiner Kenntnis, inwieweit bei dem Ministerium für kirchliche Angelegenheiten die Absicht besteht, auch in den in Ordnung befindlichen Kirchen Kirchenausschüsse einzusetzen. Jedenfalls möchte ich jeden dahingehenden Versuch, der möglicherweise durch falsche und schiefe Darstellungen von seiten der DC hervorgerufen sein könnte, von vornherein abbiegen. Ich bin bereit, wenn es der Vorläufigen Leitung erforderlich und zweckmässig erscheint, dies dadurch zu tun, daß ich bei dem Herrn Minister für kirchliche Angelegenheiten persönlich, etwa in Begleitung des Rechtsreferenten unserer Kirche, vorstellig werde. Einen solchen Schritt wird man natürlich nur tun, wenn gewichtige Gründe dafür vorliegen, andernfalls kann man sich ja auch mit weniger auffallenden Mitteln begnügen, etwa mit einem Besuch des Rechtsreferenten bei den Referenten des Kirchenministeriums oder einer Anfrage der Vorläufigen Leitung bei dem zuständigen Referenten. Auf jeden Fall möchte ich es vermieden wissen, daß von seiten der DC beim Kirchenministerium durch entstellte Darstellung der Wirklichkeit, so wie es die DC in ihrem Sonntagsblatt in einer oft geradezu hetzerischen Weise tun, der Eindruck erweckt wird, als ob in der badischen Landeskirche Zustände herrschen, wie sie etwa in der preußischen Kirche oder in der Reichskirche eingetreten sind und die Einsetzung eines Ausschusses erforderlich machen. Für einen baldmöglichsten Bescheid wäre ich der Vorläufigen Leitung zu großem Dank verpflichtet."

Die Antwort der VL der DEK, Berlin, 4. Nov. 1935:

„[...] teilen wir Ihnen mit, daß nach unseren bisherigen Informationen ein unmittelbares Eingreifen des Reichskirchenausschusses in Baden nicht zu erwarten steht. Vorerst werden andere Kirchengebiete bearbeitet, ohne daß man durchaus Schlußfolgerungen über den Zeitpunkt eines etwaigen Eingreifens in die badischen Verhältnisse ableiten könnte.

Wir empfehlen infolgedessen, durch den Rechtsreferenten der badischen Landeskirche persönliche Fühlungnahme mit dem zuständigen Referenten des Reichsministeriums für kirchliche Angelegenheiten (Konsistorialrat Dr. Ruppel) und mit dem Reichskirchenausschuß aufnehmen zu lassen:

Wir bitten, vorher persönlich mit der VKL informatorische Aussprache zu tätigen und uns über Ihr weiteres Vorgehen zu unterrichten."

LB Kühlewein greift diese Empfehlung in drei Schreiben auf:

1753 Der Landesbischof an Reichsminister Kerrl, Reichskirchenausschuss und VL der DEK: Vorsprache zweier badischer Oberkirchenräte in Berlin angekündigt

Karlsruhe, 12. Nov. 1935; LKA GA 4918 – korr. Konzept

„Am Donnerstag, dem 21. November ds.Js. und erforderlichenfalls auch an den folgenden Tagen beabsichtigen in meinem Auftrag die Herren Oberkirchenräte Rost und D. Dr. Friedrich in Berlin bei den maßgebenden staatlichen und kirchlichen Stellen vorzusprechen, um u.a. auch ein Bild über die Lage der bad. Landeskirche[*] zu geben und Erkundigungen über diesen Gegenstand betreffende Fragen einzuziehen. Ich bitte um eine gefl. Mitteilung, ob der zuständige Referent, als welcher mir Herr Konsistorialrat Dr. Ruppel bezeichnet wurde, zu der angegebenen Zeit in der Lage ist, die genannten Herren zu empfangen.

---

[*] Vgl. Dok. 1740.

II: An Kirchenausschuß in Berlin-Charlottenburg 2

Am Donnerstag, dem 21. November ds.Js. und erforderlichenfalls auch an den folgenden Tagen werden sich in meinem Auftrag die Herren Oberkirchenräte Rost und D. Dr. Friedrich in Berlin aufhalten, um bei den zuständigen staatlichen und kirchlichen Stellen über verschiedene für unsere Landeskirche wichtige Fragen, wie z. B. die Besetzung der Heidelberger Theol. Fakultät, Erkundigungen einzuziehen und die Lage in unserer Landeskirche darzulegen. Ich bitte um eine baldgefl. Mitteilung, ob der Herr Vorsitzende des Kirchenausschusses oder ein von ihm dazu bestimmtes Mitglied und die infragekommenden Referenten bereit sind, zu der angegebenen Zeit die Herren zu empfangen.

III. Nachricht [...] an die Vorläufige Leitung der DEK in Berlin SW 61

Zum Schreiben vom 4.11.1935

Die genannten Herren werden im Laufe des Vormittags des 21. November ds.Js., bevor sie bei den übrigen staatlichen und kirchlichen Stellen vorsprechen, bei der Vorläufigen Leitung ankehren. Ich bitte um gefl. Mitteilung, ob und von wem die Herren zu der angegebenen Zeit empfangen werden können."

Über die Mission der Oberkirchenräte Rost und Friedrich ist in den Karlsruher Akten nichts bekannt – weder in den Sachakten noch in den Sitzungsprotokollen des EOK. Dass beide überhaupt in Berlin waren, ergibt sich lediglich aus dem Original-Schreiben an den Reichskirchenausschuss, das folgende Marginalie von der Hand des Landesbischofs Diehl trägt:

„Zur gefl. Anfrage vom 12. d.Mts. wird im Auftrag des RKA ergebenst mitgeteilt, daß die Herren Mitglieder des RKA, Landesbischof Diehl, Oberkirchenrat Hanemann und Pfarrer Küssner den dortigen Herren am Freitag, d. 22. d.Mts. zur Besprechung gern zur Verfügung stehen. Die Stunde der Besprechung wird zweckmäßig hier telephonisch verabredet werden."

Die Ausfertigung o.a. Marginalie an LB Kühlewein, datiert und abgegangen Berlin-Charlottenburg, 15. Nov. 1935 – EZA 1/A 4/ 459 – ist in Karlsruhe nicht auffindbar.

1754 LB Kühlewein: „Darstellung der kirchenpolitischen Lage in der Vereinigten Evang.-prot. Landeskirche in Baden"

Karlsruhe, 19. Nov. 1935; LKA GA 4918 – korr. Konzept

Wahrscheinlich wurde nachstehender Bericht zwecks Abwehr eines Landeskirchenausschusses für Baden erstellt – vgl. vorletzten Absatz – und durch die Oberkirchenräte Rost und Dr. Friedrich in Berlin überreicht.

„I. Um die heutige kirchenpolitische Lage in der bad. Landeskirche zutreffend beurteilen zu können, ist von den letzten Landessynodalwahlen, die am 10. Juli 1932 stattgefunden haben, auszugehen. Schon für diese Wahlen bildete sich eine vom Nationalsozialismus her ins Leben gerufene Gruppe, die sich als kirchliche Vereinigung für positives Christentum und deutsches Volkstum bezeichnet. Außerdem beteiligten sich noch am Wahlkampf die kirchlich positive Gruppe, die kirchlich liberale Gruppe und die religiösen Sozialisten. Von 214.887 abgegebenen Stimmen erhielten die positive Gruppe 85.854 Stimmen und damit 25 Sitze, die Gruppe ‚kirchliche Vereinigung für positives Christentum und deutsches Volkstum' 51.361 Stimmen und 13 Sitze, die kirchlich liberale Vereinigung 47.190 Stimmen mit 11 Sitzen und die religiösen Sozialisten 30.516 Stimmen mit 8 Sitzen.

Als durch die Anordnung des Reichsinnenministers am 23.7.1933 Neuwahlen stattgefunden hatten, vereinbarten die Vereinigung für positives Christentum und deutsches Volkstum, die sich dann ‚Deutsche Christen' (DC) nannte, mit der kirchlich positiven Vereinigung, daß diese ihre 25 Sitze behalten sollte, während sie alle übrigen Sitze, also 32, für sich erhielt. Eine Wahl fand, da eine dementsprechende Einheitsliste eingereicht wurde, nicht statt, und die Landessynode wurde den Vorschlägen entsprechend gebildet. In gleicher Weise wurden auch dann ohne Wahl die örtlichen kirchlichen Körperschaften so zusammengestellt, daß die kirchlich positive Vereinigung ihre Sitze behielt, während der DC alle übrigen Sitze zufielen. Dadurch kam die DC mit einer großen Anzahl von Gemeinden in eine beherrschende Stellung, ohne daß ihr in Wirklichkeit durch eine freie Entschließung des Kirchenvolks ein solcher Einfluß eingeräumt worden wäre. Denn die bei Bildung der Landessynode 1933 abgeschlossene Vereinbarung zwischen den beiden Gruppen beruhte auf der Fiktion, daß bei einer Wahl all' die Stimmen, die früher den kirchlich Liberalen und den religiösen Sozialisten zugekommen sind, der DC zufallen würden. Die Entwicklung hat gezeigt, daß, wenn damals eine in jeder Hinsicht unbeeinflußte Wahl bei gleichartiger Werbetätigkeit beider Gruppen möglich gewesen wäre, das Ergebnis für die DC jedenfalls nicht so ausgefallen wäre. Aber auch, wenn man dies nur für eine Vermutung ansehen will, so hat die Folgezeit doch deutlich gemacht, daß ein ganz großer Teil der kirchentreuen Evangelischen, die sich sonntäglich um Gottes Wort versammeln und auf die die Kirche sich immer wieder stützen muß, auf der Seite der kirchlich positiven Gruppe stehen. Auch bei vorsichtigster Abwägung des Stärkeverhältnisses zwischen den beiden Gruppen wird man sagen müssen, daß weit mehr als die Hälfte der kirchentreuen Bevölkerung auf seiten der kirchlich positiven Gruppe steht.

II. Während ursprünglich ein sehr freundschaftliches Verhältnis zwischen der kirchlich positiven Vereinigung und der Vereinigung für positives

Chrsitentum und deutsches Volkstum bestand und beide Gruppen in der 1932 gewählten Synode vielfach miteinander gingen, trat nach den Wahlen 1933, besonders als die Auseinandersetzungen um die Person des Reichsbischofs Müller einsetzten, eine immer stärkere Entfremdung zwischen den kirchlich Positiven und der DC ein. Diese Entfremdung steigerte sich zur Gegnerschaft, besonders als im Jahre 1934 die Jäger'sche Eingliederungspolitik einsetzte. Wie für die anderen Landeskirchen sollte auch für die badische Kirche ein entsprechendes Eingliederungsgesetz ergehen. Die Landessynode lehnte aber in ihrer Sitzung vom 6.7.1934 das von der DC unter Führung des Ministerialdirektors Jäger vorgelegte Eingliederungsgesetz ab, worauf sie durch Entschließung des Erweiterten Oberkirchenrats, in welchem die DC die Mehrheit hatte, mit sofortiger Wirkung aufgelöst wurde. Die Eingliederung suchte man nun dadurch zu erreichen, daß derselbe Erweiterte Oberkirchenrat unterm 13.7.1934 durch ein vorläufiges kirchliches Gesetz eine neue Landessynode aus 18 Mitgliedern, einem Fakultätsmitglied und dem Landesbischof an der Spitze einsetzte und für die Ernennung dieser Mitglieder sich selbst als zuständig erklärte und daraufhin ausschließlich Angehörige der DC ernannte. Mit demselben Tag erließ der Oberkirchenrat das Eingliederungsgesetz als vorläufiges Kirchengesetz und legte es dann am folgenden Tag der neugebildeten Synode zur endgültigen Annahme vor, die auch tatsächlich erfolgte. Diese Art der Eingliederung wurde von der aus der kirchlichen Vertretung vollkommen ausgeschlossenen kirchlich positiven Gruppe und von weiten Kreisen des Kirchenvolks als ein Unrecht empfunden, das in striktem Gegensatz zu Evangelium und Kirche steht. Die Kirchenleitung fand sich, wenn auch nur unter schwersten Bedenken, aber doch bereit, den Versuch zu wagen, auf dem gegebenen Wege an dem Ausbau der Reichskirche mitzuhelfen. Voraussetzung dafür war selbstverständlich, daß es der Reichskirchenleitung gelingt, diesen Ausbau in rechtlich einwandfreier und für die Kirche tragbarer Weise zu vollenden. Zur näheren Kennzeichnung der damaligen Lage verweisen wir auf den angeschlossenen Hirtenbrief des Landesbischofs vom 21. Juli 1934 (VBl. Nr. 10).

III. Die großen Erwartungen, die jedenfalls von seiten der bad. Kirchenleitung an das Eingliederungswerk gestellt wurden, haben sich, wie ja genugsam bekannt, nicht erfüllt. Es ist ohne weiteres klar, daß die schweren Wirren, die von Mitte Oktober 1934 an in der Reichskirche in einer weithin sichtbaren Weise einsetzten, auch in der Landeskirche, die durch das Eingliederungsgesetz so stark an die Reichskirchenleitung geknüpft war, Schwierigkeiten hervorbringen mußten. Die im wesentlichen aus der positiven Gruppe sich auch in unserem Lande bildenden Bruderräte der Bekennenden Kirche, der sich aber auch Geistliche und Gemeinden, die früher anderen Gruppen angehört haben, anschließen, brachten schon während des ganzen Jahres 1934 starke Bewegungen in das kirchlich religiöse Leben hinein, und weite Kreise der der Kirche Zugetanen erkannten und wiesen immer nachdrücklicher auf die für die Kirche unmöglich gewordene Haltung der für die Leitung der Reichskirche verantwortlichen Persönlichkeiten hin. Das völlige Versagen des Reichsbischofs Müller gegenüber den Vorgängen in Württemberg und Bayern, sein Unvermögen, der Zerstörung kirchlichen Lebens in anderen Teilen des Reiches wirksam entgegenzutreten, seine unentschiedene Haltung gegenüber der Lehre der Kirche und die völlige Rechtsverwirrung in der Reichskirche, die Ende Oktober 1934 immer deutlicher wurde, bestimmte schließlich den Landesbischof unterm 18. November 1934, dem Reichsbischof mitzuteilen, daß er nicht mehr in der Lage sei, fernerhin Weisungen von ihm entgegenzunehmen. Um ein Bild darüber zu erhalten, inwieweit seine Geistlichen hinter ihm stehen, hat der Herr Landesbischof sämtliche Geistlichen um ihre Meinung zu seiner Loslösung von Reichsbischof Müller erfragt mit dem Ergebnis, daß von [...] *[616]* Geistlichen nur [...] *[92]* Geistliche mit ‚Nein' antworteten, während alle übrigen, abgesehen von einzelnen Unentschiedenen, der Maßnahme des Landesbischofs zustimmten *[Dok. 1360]*. Auch dieses Zahlenverhältnis zeigt, daß die oben ausgesprochenen Vermutungen über das Stärkeverhältnis der kirchlichen Gruppen richtig sind. Denn die 15% der Geistlichen, die sich gegen eine Loslösung von Reichsbischof Müller aussprachen, gehörten so gut wie ausschließlich der Gruppe der DC an. Auch die rechtliche Lage in unserer Landeskirche erforderte unbedingt eine Ordnung; insbesondere mußte darüber Klarheit geschaffen werden, wie die Landeskirche die im Wege der Gesetzgebung zu vollziehenden Verwaltungsakte und Anordnungen verwirklichen kann, nachdem es feststand, daß die Reichskirche in gültiger Weise Gesetze nicht mehr herausbringen wird. Zu diesem Zweck erließ der aufgrund der Synode von 1932 rechtmäßig zusammengesetzte Erweiterte Oberkirchenrat unterm 14.12.1934 das vorläufige Gesetz, die Abänderung der Kirchenverfassung betr., das er, um allen Geistlichen und Kirchengenossen völlige Klarheit über seine Beweggründe und sein Wollen zu geben, mit einer eingehenderen Begründung versah. Das das Gesetz enthaltende Verordnungsblatt Nr. 19/1934 ist ebenfalls angeschlossen. Damit war im Bereich unserer Landeskirche ein Rechtszustand hergestellt, der der Kirchenleitung ermöglichte, in Ordnung die Verwaltung der Kirche weiterzuführen, und es hätte auch der Gruppe der Deutschen Christen, da ihr die Unmöglichkeit der Reichskirche zur Führung landeskirchlicher Verwaltung doch ebenfalls klar sein mußte, diese Regelung der Verhältnisse bis zur Schaffung neuer geordneter Zustände in der Reichskirche willkommen sein müssen.

IV. Statt dessen wurde von dieser kleinen Minderheit der DC mit allen Mitteln versucht, der Kirchenleitung Schwierigkeiten zu bereiten. Die

Gruppe der DC gibt ein Sonntagsblatt ‚Der Deutsche Christ' heraus, und es erschien von Ende 1934 an kaum eine Nummer dieses Blattes, in der nicht in mehr oder weniger ausführlicher Weise kirchenpolitische Darlegungen gegeben wurden, obwohl seit dem 7. November 1934 durch Anordnung des Reichs- und Preuß. Innenministers die Behandlung kirchenpolitischer Angelegenheiten in der Presse verboten war. Wir wandten uns im Januar und im September 1935 an den Herrn Minister des Innern mit der Bitte, den anderen kirchlichen Zeitschriften die Möglichkeit zur Gegenwehr zu geben oder dem Treiben des DC-Blattes Einhalt zu tun. Der Herr Minister hat den verantwortlichen Schriftleiter, der Anfang 1935 Pfarrer Albert in Gundelfingen und jetzt Pfarrer Kölli in Freiburg ist, verwarnt. Eine Besserung haben wir bis zur Stunde nicht feststellen können. Aber nicht nur genug, daß hier einseitig die kirchenpolitischen Dinge in der Öffentlichkeit dargestellt wurden, die Darstellung selbst war oft in die kränkendsten, hämischsten und beleidigendsten Formen gekleidet und scheute auch vor groben Verdächtigungen insbesondere nach der staatspolitischen Seite hin nicht zurück. Wir haben uns aber, da es sich ja hier nur um eine kleine Gruppe handelt, und die kirchlich Treuen und evangelisch Bewußten wohl selbst ihr Urteil über diese Machenschaften sprachen, vor Maßnahmen gegen Pfarrer, die sich an dem Treiben beteiligten, zurückgehalten; nur in einem ganz grob gelagerten Fall wurde Pfarrer Albert mit einem Verweis bestraft.

Abgesehen von dieser schmutzigen und unwürdigen Pressepolemik versuchten die DC dadurch etwas zu erreichen, daß sie Landesversammlungen abhielten und dort Beschlüsse faßten des Inhalts, daß der Landesbischof und der Oberkirchenrat nicht mehr das Vertrauen des Kirchenvolks haben und zurücktreten sollten. Auf einer solchen Tagung am [6.] März 1935 wurde sogar ein Flugblatt verfaßt und anscheinend auch verbreitet, das dem Evangelischen Oberkirchenrat dann Veranlassung gab, in ausführlicher Weise zu dem Vordringen der DC in aller Öffentlichkeit Stellung zu nehmen. Dem Oberkirchenrat sind von vielen Geistlichen und Laien Zustimmungen über diese Ausführungen zugegangen.

Nachdem so weder die Angriffe in dem Sonntagsblatt ‚Der Deutsche Christ' noch die Beschlüsse der Landesversammlungen irgendwie im Lande einen Widerhall fanden noch Erfolg bei der Kirchenbehörde hatten, versuchte der Landesleiter, Pfarrer Sauerhöfer, es auf andere Weise. Er nahm die Kundgebung vom 19. März 1935 zum Anlass und stellte wegen angeblich darin enthaltenen Beleidigungen Strafanzeige bei der Staatsanwaltschaft. Die Staatsanwaltschaft lehnte aber die Erhebung der öffentlichen Klage ab und verwies den Antragsteller auf den Privatklageweg. Allem Anschein nach will Herr Sauerhöfer auch diesen Weg beschreiten. Weiterhin möchte man von seiten der DC eine Art Rumor in der Landeskirche dadurch erzeugen, daß man Entscheidungen der Kirchenbehörde vor die Spruchstelle bringt. So haben jetzt 2 frühere Mitglieder des Erweiterten Oberkirchenrats, die seit Ende Dezember 1934 nicht mehr beansprucht wurden, da der Erweiterte Oberkirchenrat eine Zuständigkeit zur Zeit nicht hat, im Wege des Zivilprozesses ihre Aufwandsentschädigung für das Jahr 1935 eingeklagt mit der Begründung, daß ihnen diese ‚Vergütung' heute noch zustehe, da der Erweiterte Oberkirchenrat unrechtmäßig beseitigt worden sei. Nach unserer Rechtsauffassung wird auch diesem Prozeß ein Erfolg nicht beschieden werden. Seine Erhebung ist aber bezeichnend für das krampfhafte Bemühen der DC, irgendwie doch vielleicht eine kleine Unordnung herbeiführen zu können, um dann dem Reichskirchenausschuß und dem Reichskirchenministerium gegenüber zu sagen, in der Bad. Landeskirche ist wohl ein Eingreifen unerläßlich.

So wie die Landesleitung der DC versucht, die Landeskirchenleitung anzugreifen, so benahm man sich in den örtlichen Körperschaften, in denen vielfach, wie eingangs gesagt, die DC die Mehrheit hatte. An manchen Stellen wurden außerhalb der Körperschaft von der DC Beschlüsse gefaßt, und um der Form zu genügen, diese Beschlüsse im Kirchengemeinderat durchgesetzt. Alle Bedenken, Einwände und Bitten der anderen Gruppe, doch auch auf ihre Belange Rücksicht zu nehmen, wurden zurückgewiesen, oft in einer für eine kirchliche Körperschaft unwürdigen Weise. In verschiedenen Gemeinden drohten dadurch gewisse Schwierigkeiten aufzutreten. Um diesen Schwierigkeiten zu begegnen, erließ der Oberkirchenrat unterm 9.2.1935 ein Gesetz zur Sicherung einer geordneten Verwaltung in den Kirchengemeinden. Auch um hier die Kirchenältesten, Kirchenvertreter und die kirchlich Interessierten über Ursache und Zweck dieses Gesetzes aufzuklären, ist dem Gesetz eine Erläuterung beigegeben. Das dieses Gesetz enthaltende Verordnungsblatt Nr. 3/1935 liegt ebenfalls bei. Schon das Erscheinen des Gesetzes hat in verschiedenen Gemeinden ein maßvolleres Verhalten der DC gebracht, so daß von dem Gesetz nur 3 Gemeinden gegenüber Gebrauch gemacht werden mußte mit durchaus gutem Erfolg.

V. Im Bereich unserer Landeskirche ist nicht ein einziger DC-Pfarrer gegen seinen Willen versetzt oder gar in den Ruhestand versetzt oder entlassen worden. Wir haben auch in keiner Gemeinde eine Minderheitsversorgung oder die Besetzung einer Pfarrstelle mit zwei Geistlichen, die um die Rechtmäßigkeit ihrer Berufung streiten. Die Verwaltung der Landeskirche läuft ruhig in ihren geordneten Bahnen, und wie der Oberkirchenrat bisher den Angriffen der DC-Leitung mit Erfolg begegnet ist, würde er dies auch in Zukunft zu tun in der Lage sein. Ebenso sind die wirtschaftlichen Verhältnisse der Landeskirche geordnet. Der Oberkirchenrat, der außer dem Landesbischof aus 6 Mitgliedern besteht, gehören 2

Mitglieder der Gruppe der DC an. Bei dieser Sachlage ist keinerlei Veranlassung für die Reichskirchenleitung gegeben, in die Verwaltung der Landeskirche ordnend eingreifen zu müssen. Nur die kleine Zahl der DC-Pfarrer hätte einen dahingehenden Wunsch, um vielleicht auf diesem Wege ihre machtpolitischen Träume ganz oder teilweise verwirklicht zu sehen. Der größte Teil der kirchlich zugewandten Kreise hätte für solche Maßnahmen kein Verständnis.

Der Herr Landesbischof und der Oberkirchenrat sind aber mit aller Entschiedenheit gewillt, auch für das Gebiet der bad. Landeskirche das Befriedungswerk durchzuführen und stellten sich zu diesem Zweck auf die mit der württembergischen, bayrischen und hannoverschen Landeskirche vereinbarten Richtlinien."

Ob die beiden Oberkirchenräte auch im Reichskirchenministerium empfangen wurden, ist nicht nachzuweisen. Ebensowenig ist auch nur das Geringste über ihre Verhandlungen bzw. über etwaige Ergebnisse in den Akten überliefert.

1755 Reichskirchenausschuss: Bildung von Landeskirchenausschüssen
Berlin, 14./15. Nov. 1935; EZA 1/A 4/440, Bl. 111f.

„[...] 12. Im Anschluß an eine Unterredung mit Reichsminister Kerrl, die am Nachmittag des 14. November stattgefunden hatte, wurden die weiteren Schritte zur *Bildung von Landeskirchenausschüssen* beraten. (Punkt 3 der Tagesordnung). Es ergab sich folgende Stellungnahme:

a) In den Landeskirchen Sachsen, Württemberg, Baden, Schleswig-Holstein, Mecklenburg, Hessen-Kassel und Oldenburg wird die Bildung eines Landeskirchenausschusses für erforderlich erachtet. Die notwendigen Vorverhandlungen werden folgende Herren führen:

für Sachsen: D. Zoellner, Wilm,

für Württemberg: Diehl, Hanemann, Küssner,

für Baden: Diehl, Hanemann, Küssner,

für Schleswig-Holstein: Mahrenholz, Hanemann,

für Mecklenburg: Zoellner, Wilm,

für Hessen-Kassel: Mahrenholz, Koopmann,

für Oldenburg: Koopmann, Küssner.

b) In einigen anderen Landeskirchen (Anhalt, Bremen, Hamburg und Lübeck) werden Verhandlungen mit dem Ziele einer Regelung der Verhältnisse ohne Bildung eines Landeskirchenausschusses für erforderlich gehalten. Die Verhandlungen für Bremen übernehmen die Herren Koopmann und Küssner, für Lübeck die Herren Mahrenholz und Wilm. [...]"

1756 LB Kühlewein und Pfr. Dürr an D. Wilhelm Zoellner: Teilnahme von Pfr. Theodor Küssner an den Karlsruher Gesprächen erbeten
Karlsruhe/Freiburg, 25. Nov. 1935; EZA 1/A 4/460 – Telegramme

„Landesbischof Diehl teilt mit, daß er am 27. [Nov.] mit Oberkirchenrat Hanemann hierher kommt. Ich bitte zu veranlassen, daß auch Pfarrer Küssner, der für die süddeutschen Kirchen mitbeauftragt ist, an der Besprechung teilnimmt."

Mit dem gleichen Anliegen wandte sich Pfr. Dürr im Namen des badischen Landesbruderrats am selben Tag an D. Zoellner:

„Zu Verhandlungen mit dem badischen Oberkirchenrat erbitte dringend, Pfarrer Küssner zu entsenden."

Über die Verhandlungen am 27. November 1935 bzw. deren Ergebnisse findet sich weder in den Akten noch in den Protokollen des EOK irgendeine Notiz. An badischen Quellen existieren lediglich zwei Einladungen sowie zwei Rundbrief-Passagen der BK:

1757 Pfr. Dürr an Bezirksvertreter und Landesbruderrat der BK: Baden droht offenbar ein Landeskirchenausschuss!
Freiburg, 27. Nov. 1935; LKA D 16/39 – masch. hektograph.

„Liebe Freunde!

Heute, am Mittwoch, sprechen im Karlsruher Oberkirchenrat Vertreter des Reichskirchenausschusses vor. Man will uns offenbar auch einen Landeskirchenausschuß bescheren.

Die DC haben ‚großes Material' vorgelegt, durch das die ‚unerträglichen, zerrütteten kirchlichen Verhältnisse in Baden' bewiesen werden sollen. Aus dem Reich kommen Meldungen, daß ein entscheidender Schlag gegen die Organe der Bekennenden Kirche geplant ist.

Wir stehen in einer ernsten Entscheidungsstunde. Darum lade ich die Bezirksvertreter auf Montag, den 2. Dezember 1935 nachmittags 1/2 3 Uhr in Karlsruhe, Rüppurrerstr. 72, zu einer dringenden Besprechung ein.

Ich erwarte, daß jeder Bezirk vertreten ist.

Bedenkt unserer Beratungen in der Fürbitte!"

Eine ähnlich lautende Einladung erging unter demselben Datum an die Mitglieder des badischen Landesbruderrats ebenfalls zum 2. Dezember:

„[...] Auf den Nachmittag sind die Bezirksvertreter eingeladen, sodaß wir schon am Vormittag um 10 Uhr beginnen müssen. In Karlsruhe haben sich schon Vertreter des Reichskirchenausschusses angemeldet. Man will uns offenbar auch in Baden einen Landeskirchenausschuß bescheren. Vom Reich kommen die Nachrichten, daß ein entscheidender Schlag gegen die Organe der Bekennenden Kirche bevorsteht. Es ist wieder einmal eine Entscheidungsstunde, daraus ergibt sich die Dringlichkeit und Wichtigkeit unserer Beratungen."

LKA D 16/20 – masch. hektograph.

Über den Grund der Anwesenheit der drei RKA-Vertreter spekuliert Rds. Nr. 19[*]:

„[...] I Zur Beurteilung der Kirchenausschüsse.[**] [...]

g) Bei uns in Baden haben am Mittwoch, den 27.11.1935 zum 1. Mal einige Vertreter vom Reichskirchenausschuß vorgesprochen. Ob dieser Besuch verursacht ist durch das sehr umfangreiche Anklagematerial der Badischen DC[***], das sie dem Reichskirchenausschuß als Beweis für die unhaltbaren Zustände kirchlicher Zerrüttung in Baden eingesandt haben, entzieht sich meiner Kenntnis. Soll Baden auch einen Landeskirchenausschuß haben? [...]"

Über Verhandlungsverlauf bzw. -ergebnisse gibt es keine Protokolle oder dgl. Pfr. Dürr berichtet ein halbes Jahr später gleichsam en passent eine Episode:

„[...] Im Dezember[****] 1935 waren 11 Männer der Bekennenden Kirche in Baden mit zwei Herren vom Reichskirchenausschuß (Bischof Diehl und Oberkirchenrat Hanemann) auf deren Veranlassung im Oberkirchenratsgebäude in Karlsruhe zu einer Aussprache zusammen. Einer von uns Elfen, ein alter Pg., sagte zu Diehl: Ein Ausschuß für Baden ist ja schon bestimmt. Darauf Diehl: Nein. Jener: Ich bin aber doch gefragt worden, ob ich bereit sei, mich in den Kirchenausschuß für Baden berufen zu lassen. Diehl: Davon weiß ich nichts; ich gestehe aber, daß ich an Sie gedacht habe, ich hatte von Ihnen gehört, daß sie kirchlich interessiert sind, hätte aber nicht gedacht, Sie bei der Bekenntnisgemeinschaft zu treffen; ich meinte, Sie stünden bei der Deutschkirche. [...]"

Pfr. Dürr an Stoffel [?], Freiburg, 25. Mai 1936; LKA D 7/42

---

    [*] Das genaue Datum ist der mangelhaften Vervielfältigung zum Opfer gefallen. Das Rds. stammt wahrscheinlich aus den ersten Dezember-Tagen; denn am 6. Dezember 1935 wurden die BK-Informationen von der Reichspressekammer verboten (vgl. Dok. 1745).

   [**] Die Bewertung dieser Gremien war beherrschendes Thema der Rds. Nr. 17 und 18 (LKA D 5/99 und 110) vom 14. Oktober bzw. 4. November 1935 (vgl. Dok. 1735).

  [***] Ausschlaggebend war sicher der Beschluss in Dok. 1755.

 [****] De facto am 27. November, s.o.

1758 Die Dekane Heinrich Schäfer, Willibald Kolb und Karl Hesselbacher sowie die Pfarrer Wilhelm Karl Kaufmann, Wilfried Stober und Ludwig Dreher an Pfr. Dürr: Vertrauensbeweis für die badische Kirchenleitung
Karlsruhe, 2. Dez. 1935; LKA Dek. Freiburg Nr. 20

„Lieber Herr Amtsbruder!

Es sind Kräfte am Werk, auch in Baden die Einsetzung eines Landeskirchenausschusses herbeizuführen, wie dies bisher nur in zerstörten Kirchengebieten der Altpreuß. Union, Nassau-Hessen, Sachsen, Kurhessen-Waldeck geschehen ist. Die Abgesandten des Reichskirchenausschusses befinden sich in dieser Woche in Karlsruhe, um die Lage zu prüfen. Am kommenden Freitag soll der Herr Reichskirchenminister Kerrl zum Abschluß der laufenden Verhandlungen nach Karlsruhe kommen.

Die Einsetzung eines Landeskirchenausschusses würde praktisch die Entmächtigung des bad. Oberkirchenrats und insbesondere des Herrn Landesbischofs bedeuten. Wir sind der Überzeugung, daß man unsere Landeskirche nicht mit den oben genannten Kirchengebieten vergleichen kann, sondern sie als eine geordnete ansprechen muß. Die Einsetzung eines Landeskirchenausschusses, die im Lande selbst nur von den DC gewünscht wird, wird u.E. den Kirchenfrieden nicht fördern.

In dieser Überzeugung halten wir, die wir keiner kirchenpolitischen Gruppe angehören, es für notwendig, uns hinter unsere badischen Kirchenleitung zu stellen und zu erklären, daß wir ihr das Vertrauen schenken, sie werde die Ordnung in unserer Landeskirche aufrechterhalten und die vorhandenen Spannungen überwinden.

Sind Sie mit uns der gleichen Meinung, so bitten wir Sie, uns dies durch Rückgabe untenstehenden Abschnittes unterschriftlich zu bezeugen. Eile ist dringend geboten."

1759 Pfr. Dürr an LB Kühlewein: Landesbruderrat der BK bittet um Beteiligung bei Veränderungen in der Kirchenleitung
Freiburg, 2. Jan. 1936; LKA D 1/16

„Die Frage eines Kirchenausschusses für unsere Landeskirche soll, wie ich aus einem Bericht des Herrn Oberkirchenrat Rost über seine Reise nach Berlin vor Weihnachten entnommen habe, so geregelt werden, daß wieder ein ‚Erweiterter Oberkirchenrat' gebildet wird. Nun ist ja freilich ohne Synode kein verfassungsmäßiger ‚Erweiterter Oberkirchenrat' zu schaffen. Aber als eine Notmaßnahme wäre eine solche nicht ganz verfassungsmäßige Bildung wohl immer noch verständlich möglich.

Nach Rücksprache mit einigen Mitgliedern des Landesbruderrates, die ich nach Weihnachten zusammenrufen konnte, erlaube ich mir, Ihnen mitzuteilen, zu welcher Auffassung in dieser Frage wir gekommen sind.

Der ‚Erweiterte Oberkirchenrat' ist nach unserer Auffassung ein wesentliches Organ der Kirchenleitung. Vor einigen Jahren noch haben wir in Baden, wenn auch mit innerem Unbehagen, die Kirchenregierung mit Vertretern anderer ‚kirchlichen Gruppen' gebildet. Dabei wurde grundsätzlich von der Frage der Bekenntnismäßigkeit und Schriftgemäßheit abgesehen und das Recht der parlamentarisch bewerteten kirchlichen Gruppen anerkannt. Eine solche unkirchliche Haltung können wir heute nicht mehr einnehmen, nachdem uns in diesem notvollen Kirchenkampf die Augen für diese Sünde aufgegangen sind, in kirchlichem Handeln und Lehre von Schrift und Bekenntnis abzusehen. Wenn in Baden wieder ein ‚Erweiterter Oberkirchenrat' gebildet werden sollte, ist für uns die erste Frage, wer diesen ‚Erweiterten Oberkirchenrat' bildet? Sie, Herr Landesbischof, oder Reichsminister Kerrl oder der Reichskirchenausschuß? Wenn Sie die Mitglieder zu ernennen haben, bitten wir Sie herzlich, sich bei der Ernennung lediglich von den Forderungen des Bekenntnisses bestimmen zu lassen. Durch die Unterstellung unter die geistliche Führung der Vorläufigen Leitung der Deutschen Evangelischen Kirche haben Sie seiner Zeit sich zu diesem Grundsatz der Kirchenleitung auch für unsere Kirche bekannt.

Wir würden nur unter dieser Voraussetzung die Möglichkeit sehen, in einem solchen ‚Erweiterten Oberkirchenrat' mitzuarbeiten, wenn das Bekenntnisanliegen gesichert durchgeführt wird. Wir müssen erneut bekennen, daß wir in dem letzten Anliegen der Bewegung ‚Deutsche Christen' eine mit dem Bekenntnisanliegen der Kirche unvereinbare Irrlehre noch heute erblicken und darum die Zusammenarbeit mit einem ihrer Vertreter ablehnen müssen. Zu dieser grundsätzlichen Beurteilung kommt die weitere Erwägung, daß die offizielle Haltung der badischen ‚Deutschen Christen', ihr unqualifizierbarer Kampf gegen Ihre Person und unsere Kirchenleitung, es unmöglich macht, einen ihrer Vertreter zur Kirchenleitung zu berufen.

Der Landesbruderrat bittet Sie, hochverehrter Herr Landesbischof, in den von weittragenden Folgen begleitet sein werdenden Entschliessungen über die Bildung eines ‚Erweiterten Oberkirchenrats' ihn nicht vor die vollendete Tatsache zu stellen, sondern uns an den Beratungen und Sorgen mitzubeteiligen. […]"

1760 Lltg. DC – gez. Sauerhöfer – an Reichsminister Kerrl: Vorschlag, eine Kirchenleitung nach Pfälzer Vorbild zu bestellen
Karlsruhe, 6. Jan. 1936; RKM 51.01.23779, Bl. 65

„Anläßlich einer Unterredung machte ich gestern abend dem Herrn Landesbischof Diehl einen Vorschlag, den ich im Interesse Ihrer Bestrebungen an Sie weitergeben möchte.

Meiner Ansicht nach kommt es darauf an, an der Südwestgrenze des Reiches eine starke kirchliche Position zu schaffen. Es wäre deshalb wünschenswert, daß in Baden eine Kirchenleitung geschaffen würde, die die Gewähr dafür bietet, daß sie in Homogenität mit der pfälzischen Kirchenleitung mit dem Herrn Landesbischof Diehl zusammenarbeitet. Dieses hätte den Vorteil, daß 1. an der Südwestgrenze des Reiches zwei im Sinne des Dritten Reiches fest verwurzelte Landeskirchen stünden, und daß 2. außerdem in dem kirchenpolitisch unruhigen Süden ein fester Block vorhanden wäre, der sich restlos für Ihre Ziele einsetzen würde. Von dieser südwestlichen Stellung aus wäre es dann auch leichter nach Südosten, d. h. nach Württemberg und Bayern, vorzustossen. Ich bin überzeugt, daß ein solches südwestliches Kraftzentrum einen großen Einfluß auf die Gestaltung der kirchlichen Verhältnisse in den benachbarten Landeskirchen ausüben würde.

Auf Grund der starken Stellung, die wir Deutsche Christen im Kirchenvolk und bei der bad. Staatsleitung besitzen, wäre es nicht schwer, eine Kirchenleitung zu bestellen, die in innerer Übereinstimmung mit der pfälzischen Landeskirche zusammenarbeiten würde.

Ich bitte Sie, sehr geehrter Herr Reichsminister, diesen Plan zu erwägen und ihn womöglich in die Tat umzusetzen.

Heil Hitler!"

1761 Landesbruderrat [an BK-Mitglieder?]: Drohende Spaltung des Reichsbruderrats. Problematik staatlicher Kirchenausschüsse
Freiburg, 15. Jan. 1936; LKA D 7/9 – masch. hektograph.

„Die kirchliche Entwicklung der letzten Tage hat uns im badischen Bruderrat stark bewegt und beschäftigt. Die ‚Befriedungsaktion' durch die Kirchenausschüsse hat in den Reihen der Bekennenden Kirche wohl schon immer bestehende Meinungsverschiedenheiten stärker in Erscheinung treten lassen. Ja es kam in der Reichsbruderratssitzung vom 3. Januar dahin, daß eine Reihe von Vertretern preußischer und außerpreußischer Bruderräte die Haltung und Richtung der Vorläufigen

Leitung der DEK nicht mehr länger mitverantworten zu können glaubten. So ernst die Beweggründe sind, so wenig darf von einem unheilbaren Riß in der Bekennenden Kirche gesprochen werden. Beide Seiten sind bereit, die Entscheidung der schwebenden Fragen auf einer alsbald einzuberufenden *Bekenntnissynode* zu suchen. Die Hauptfrage, an der die Auseinandersetzung entstand, war und ist die, ob die Einhaltung der Barmer und Dahlemer Linie nicht den sofortigen Abbruch jeder Beziehung zu den staatlichen Kirchenausschüssen bedinge. Die eine Gruppe mit Niemöller, Asmussen und anderen, vor allem Vertreter der zerstörten Kirchengebiete in Preußen, bejaht diese Frage, die anderen mit Marahrens, Breit, Flor, Präses Koch und Hahn (Dresden) glaubte, diese Frage erst dann bejahen zu dürfen, wenn die noch im Gange befindlichen Versuche einer gegenseitigen Klärung und Verständigung endgültig gescheitert sind. Es bedarf keiner weiteren Erklärung, daß die VKL diese Klärung und Verständigung mit den staatlichen Kirchenausschüssen nur auf der klaren Bekenntnisgrundlage sucht. Der badische Bruderrat bemüht sich, auch seinerseits an der Erhaltung der inneren und äußeren Einheit der Bekennenden Kirche mitzuarbeiten. [...]

Zwar ist nach der letzten uns vorliegenden Nachricht nicht zu erwarten, daß der Versuch der badischen DC, den Reichskirchenminister durch Schilderung eines angeblichen ‚Gewaltregiments' der Bekenntnisfront in Baden zur Einsetzung eines badischen Kirchenausschusses zu bewegen, praktischen Erfolg haben wird. Wir haben auch den Vertretern des Reichskirchenausschusses, die im Verfolg dieser Bemühungen in Karlsruhe erschienen, keinen Zweifel darüber gelassen, daß wir nach Lage der Dinge in Baden, einen solchen Ausschuß nur als Versuch ansehen könnten, auf Umwegen den DC zu stärkerem Einfluß in unserer Kirche zu verhelfen und daß wir ihn entsprechend behandeln, d. h. ihm jede Gefolgschaft und Anerkennung verweigern würden.

Wenn also auch in unserem badischen Lande die Frage der Anerkennung eines staatlichen Kirchenausschusses zur Zeit noch nicht aktuell und, sollte sie es eines Tages werden, für uns von vornherein negativ entschieden ist, so erfordert es dennoch die in harten Kampfesjahren geschaffene innere Einheit der DEK, daß wir zu den kirchlichen Ereignissen im Reich, auch soweit sie uns jetzt noch nicht unmittelbar berühren, klare Stellung nehmen. [...]"

Nach Meinung des Landesbruderrats war also für Baden die Gefahr der Einsetzung eines Landeskirchenausschusses „z.Zt. noch nicht aktuell"[*]*. Die fortdauernden Agitationen und Beschwerden der DC in Berlin lassen jedoch andererseits vermuten, dass der ‚Fall Baden' für Reichskirchenausschuss und Reichskirchenministerium keinesfalls erledigt war; nicht zufällig betonte der RKA bei seiner 17. Sitzung am*

---

[*]) Vgl. Dok. 1748.

28. Februar 1936 erneut: „[...] c) Es wird festgestellt, daß für Baden die Herren OKR Hanemann, Präs. Koopmann und LB Diehl [...] zuständig sind."

Mittlerweile war in Baden ein zusätzliches Problem akut geworden:

1762 EOK an RKA: Haushaltsplan der Landeskirche für das Rechnungsjahr 1936/37. Wiedereinsetzung eines ‚Erweiterten Oberkirchenrats'?

Karlsruhe, 13. März 1936; EZA 1/A 4/459

„In der Anlage lassen wir dem Reichskirchenausschuß ein an den Herrn Minister für kirchliche Angelegenheiten gerichtetes Schreiben in 2 Fertigungen zugehen mit der Bitte, die eine Fertigung empfehlend dem Herrn Minister vorzulegen.*⁾ Die Hemmungen, die die Bad. Kirchenleitung bei der Verabschiedung eines Voranschlags für das nächste Rechnungsjahr durch das Fehlen der Steuervertretung erfährt, geben uns Veranlassung, auch die Frage zu erwägen, ob nicht wieder der Erweiterte Oberkirchenrat in Tätigkeit gesetzt werden soll. Wir legen Wert darauf, auch dem Herrn Minister gegenüber betont zu wissen, daß die beiden wichtigen kirchenregimentlichen Organe, Landesbischof und Oberkirchenrat, vollkommen legal sind, daß die Landessynode im Zusammenhang mit dem ‚Eingliederungswerk' aufgelöst ist und heute nicht wieder hergestellt werden kann, und daß infolgedessen das synodale Regierungsorgan, der Erweiterte Oberkirchenrat, keinen tatsächlichen und rechtlichen Unterbau mehr hat. Wir wären deshalb grundsätzlich der Auffassung, daß in Baden bis auf weiteres die Kirchenleitung in der Hand des Landesbischofs und des Oberkirchenrats zu liegen hat, halten es aber auch für erwägenswert, daß ein Organ wie der Erweiterte Oberkirchenrat mit seiner bisherigen Zuständigkeit im Wege reichskirchlicher Hilfe geschaffen wird. Nur muß eines hier grundlegend beachtet werden. So wie die religiöse und kirchenpolitische Lage in unserer Landeskirche ist, müßte die Bekenntnisfront, die mehr als die Hälfte der Geistlichen und große Teile der kirchlichen Gemeinden umfaßt, stark bei der Besetzung berücksichtigt werden, wobei auch die Gruppe der neutral Stehenden ihre Vertretung finden müßte.

So wie wir die Dinge sehen, geben wir zur gefl. Erwägung anheim, ob es nicht ratsam wäre, daß ein Vertreter der Landeskirche dem Herrn Vorsitzenden des Reichskirchenausschusses oder dem zuständigen Referenten

---

*⁾ Die Marginalie von der Hand D[ie]hl[s] für Oberkonsistorialrat Dr. Benn lautet: „Diese Sache ist nur in der Nebenwirkung finanziell. Es handelt sich in 1. Linie um das Kirchenregiment in Baden. Sind Sie für Baden Referent, so wäre ich für Bearbeitung evtl. unter Beteiligung der Fin[anz]Abt[eilung] dankbar."

in mündlicher Darlegung die Verhältnisse noch erläutert, bevor das
Gesuch dem Herrn Minister von dort aus vorgelegt wird. Auch scheint
es uns für eine gute Erledigung der Sache erwünscht, daß nach Vorlage
des Gesuchs eine Audienz bei dem Herrn Minister für den Herrn Landesbischof
und einen Referenten unter Beisein des Herrn Vorsitzenden des
Reichskirchenausschusses herbeigeführt wird. Da wir großen Wert darauf
legen, den bad. Herrn Minister des Kultus und Unterrichts über die
Vorgänge auf dem Laufenden zu halten, bitten wir, uns von der Vorlage
unserer Eingabe an den Herrn Reichsminister sofort Kenntnis zu geben,
damit wir alsbald dem bad. Herrn Minister eine Abschrift unserer Eingabe
zugehen lassen können."

1763 EOK an RM Kerrl „durch Vermittlung des RKA"[*]: Vorschlag einer Verordnung zur Verabschiedung eines Haushaltsplans für 1936/37

Karlsruhe, 13. März 1936; EZA 1/A 4/459

„Mit dem 31. März ds. Js. läuft der für 3 Jahre gültige Haushaltsplan der
bad. Landeskirche ab. Dies gibt uns Veranlassung, dem Herrn Minister
die Lage in der bad. Landeskirche und ihre verfassungsrechtlichen Verhältnisse
darzulegen. Trotz der auch in unserer Landeskirche bestehenden
Spannungen ist die äußere Ruhe und der ordnungsmäßige Ablauf des
kirchlichen Lebens stets gewahrt geblieben. [...]

Wir haben oben gezeigt, daß nach Geist und Zweck der derzeit noch
geltenden Kirchenverfassung ein Erweiterter Oberkirchenrat deswegen
nicht möglich ist, weil die Landessynode, aus der die 4 synodalen Mitglieder
zu berufen sind, nicht vorhanden ist und auch nicht gebildet
werden kann. Es wäre nun aber denkbar, um die Kirchenleitung, soweit
sie jetzt Zuständigkeiten des Erweiterten Oberkirchenrats ausübt,
auf eine breitere Grundlage zustellen, daß doch eine Neubesetzung der
4 Synodalstellen, und zwar wie diese verfassungsmäßig vorgschrieben ist,
durch Ernennung durch den Landesbischof, nunmehr aber im Einvernehmen
mit dem Reichskirchenausschuß oder dem Herrn Minister
für kirchl. Angelegenheiten, erfolgt. Die durch das kirchl. Gesetz vom
14.12.1934 dem Evang. Oberkirchenrat übertragenen Zuständigkeiten
des Erweiterten Oberkirchenrats wären dann an diesen wieder zurückzuübertragen.
Die Verabschiedung des Voranschlags 1936 wäre dann auch dem
Erweiterten Oberkirchenrat zuzuweisen. Eine solche Verordnung könnte
etwa folgenden Wortlaut haben:

---

[*] Der RKA leitete den Verordnungs-Vorschlag am 18. April an das Reichsministerium für kirchliche Angelegenheiten. Der EOK Karlsruhe erhielt telegraphisch Nachricht. EZA 1/A 4/459.

§ 1

Die durch das Vorläuf. kirchl. Gesetz vom 14.12.1934 (VBl. S. 135) dem Evang. Oberkirchenrat übertragene Zuständigkeit des Erweiterten Oberkirchenrats wird auf diesen zurückübertragen.

Der Landesbischof ernennt im Einvernehmen mit dem Reichskirchenausschuß – Reichsminister für kirchl. Angelegenheiten – die 4 bisher aus der Landessynode zu berufenden Mitglieder und ihre Stellvertreter.

§ 2

Der Erweiterte Evang. Oberkirchenrat wird ermächtigt, die der Landessynode in § 105 Ziff. 3 der Kirchenverfassung zustehende Gesetzgebung im Benehmen mit dem Reichskirchenausschuß auszuüben.

§ 3

Die nach dem bad. Landeskirchensteuergesetz vom 30. Juni 1922 (Ges.- u. VBl. S. 494) in der Fassung des § 1 der Verordnung des Staatsministeriums vom 16. Jnui 1925 (Ges.- u. VBl. S. 172) der Vertretung der evang. Kirchengenossen zustehenden Befugnisse werden bis auf weiteres dem Erweiterten Evang. Oberkirchenrat übertragen.

Für die Dauer dieser Verordnung unterbleibt in Abweichung von der Vorschrift des Artikels 18 Absatz 2 des bad. Landeskirchensteuergesetzes die öffentliche Auflegung des Voranschlags der Evang. Landeskirche. Der Voranschlag ist 14 Tage vor der Beschlußfassung dem bad. Minister des Kultus und Unterrichts vorzulegen.

Diese Verordnung tritt am 1. April 1936 in Kraft. Den Tag ihres Außerkrafttretens bestimmt der Herr Minister für kirchliche Angelegenheiten."

Am 2./3. Apr. 1936 wurde im RKA unter TOP „Fortführung des Ordnungswerkes in den Landeskirchen [...] beschlossen, [...] Verhandlungen in Baden bald nach Ostern aufzunehmen."

EZA 1/A 4/385

1764 [Dr. Benn?/RKA:] Erörterung denkbarer Lösungen für Baden mit Dr. Erich Ruppel vom RKM
Berlin, 15. Mai 1936; EZA 1/A 4/334 – [Akten-] „Vermerk"

„Im Anschluß an das hiesige Schreiben an den Minister vom 17.4.36 hatte ich *[Dr. Benn?]* vor kurzem eine Besprechung mit Kons.Rat Dr. Ruppel. Er war hierbei der Meinung, daß einer baldigen Regelung der Verhältnisse in Baden in der Tat nichts im Wege stehe und daß hierbei die Grundlinien der Vorschläge des Oberkirchenrats wohl einen ungefähren Anhalt für die Lösung bilden könnten. In Übereinstimmung mit der im Reichskirchenausschuß bereits vertretenen Auffassung meinte jedoch Dr. Ruppel, daß es sich empfehlen werde, eine weniger bürokratische und stärker synodale Lösung zu finden, etwa dergestalt, daß der Erweiterte Oberkirchenrat unter der Bezeichnung ‚Kirchenregierung' eine synodale Mehrheit erhält. Dieses Ergebnis könne dadurch herbeigeführt werden, daß zu den 7 Mitgliedern des Oberkirchenrats eine noch höhere Zahl von Synodalen hinzuträte oder, was zweckmäßiger erscheine, daß nicht alle Mitglieder des Oberkirchenrats in der Kirchenregierung Sitz und Stimme erhielten. Dabei wurde die Möglichkeit erörtert, daß der Kirchenregierung aus dem Oberkirchenrat etwa der Landesbischof, ferner sein Stellvertreter (Oberkirchenrat Bender) und der geschäftsführende Jurist (Oberkirchenrat Doerr) angehörten. Auf meinen Hinweis, daß die Ausschaltung von D. Dr. Friedrich angesichts seiner persönlichen Bedeutung im Oberkirchenrat und in der Landeskirche schwierig sein werde, wurde auch erwogen, daß ferner OKR Dr. Friedrich als 4. Vertreter des Oberkirchenrats in die Kirchenregierung eintreten könne und hierzu dann mindestens 5 Synodale hinzukämen. Es könnte alsdann allerdings der Eindruck entstehen, als wenn die drei übrigbleibenden Mitglieder des Oberkirchenrats aus bestimmten persönlichen Gründen ausgeschaltet werden sollten, nämlich der Oberkirchenrat Rost als ausgesprochenes Mitglied der Bekennenden Kirche, der Oberkirchenrat Braus [Brauß] als ein sehr fanatischer und mit den übrigen Mitgliedern des Oberkirchenrats entzweiter Deutscher Christ und endlich der Oberkirchenrat Voges, der infolge der Ereignisse des Jahres 1934 nirgends mehr eine rechte Position hat. Meines Erachtens könne dieser Eindruck in Kauf genommen werden. – Gegen die von Karlsruhe vorgeschlagene Mitwirkung des Landesbischofs bei der Ernennung der Mitglieder der Kirchenregierung würden nach Meinung von Dr. Ruppel im Minsterium keine Bedenken bestehen. Eine Mitwirkung des Ministers[*]) (nicht nur des RKA) scheine ihm allerdings selbstverständlich und zwar wohl in der Hannoverschen Form (Ernennung durch den Minister im Einvernehmen mit dem Landesbischof und nicht umgekehrt)."

---

[*]) Die folgenden vier Wörter sind hds. eingefügt.

1765 LB Ludwig Diehl: Zustand der badischen Landeskirche. Votum von Kultusminister Otto Wacker und Reichsstatthalter Robert Wagner
Karlsruhe, [19./26.] Mai 1936; EZA 1/A 4/459

„Die badischen Kirchenverhältnisse in der Vergangenheit.

Baden ist neben der Pfalz die typische Kirche der politischen Gruppen seit Jahrzehnten gewesen. Bis zur Nachkriegszeit herrschte die liberale Gruppe (Protestantenverein), die dann von der positiven Gruppe abgelöst worden ist. Schwer hatte die badische Landeskirche in den Nachkriegsjahren unter den Angriffen und Bedrängnissen der religiösen Sozialisten zu leiden. Bei den Kirchenwahlen im Jahre 1932 entstand eine neue kirchliche Gruppe: Für positives Christentum und deutsches Volkstum (evangelische Nationalsozialisten), die mit der positiven Gruppe in der Synode die zweidrittel Mehrheit hatte und die sie dazu benützte, durch Ausschalten der Liberalen ein einigermaßen einheitliches Kirchenregiment zu bilden. Im Jahre 1933 fanden in Baden keine Kirchenwahlen statt, sondern die Gruppe Deutsche Christen einigte sich mit der anderen noch vorhandenen Gruppe der Positiven auf der Grundlage, daß die DC 60% und die Positiven 40% der synodalen Mitglieder der Landessynode erhielten. Bei der Eingliederung etwa im Juli 1934 wurde die für die Eingliederung notwendige zweidrittel Mehrheit nicht erreicht. Der Oberkirchenrat löste daraufhin die Landessynode auf, und es wurde eine neue Synode gebildet, an der sich die Positiven nicht beteiligten. Diese Synode bestand bis zum Herbst 1934 und wurde dann zusammen mit dem Erweiterten Oberkirchenrat durch den Oberkirchenrat aufgelöst. Seitdem ist als kirchliches Organ vorhanden: Der Oberkirchenrat und der Landesbischof, die die gesamte Kirchengewalt bisher ausgeübt haben.

Verhandlungen zur Vorbereitung der Neuordnung der kirchlichen Verhältnisse in Baden.

Am 19. Mai hatte sich zum Zwecke der Verhandlungen nach Karlsruhe begeben als Vertreter des Reichskirchenausschusses, Herr Landesbischof Diehl, Herr Oberkirchenrat Hanemann und Herr Präsident Koopmann und als Vertreter des Herrn Reichsministers für kirchliche Angelegenheiten Herr Assessor Dr. von Hahnstein.

Um 10 Uhr vormittags begaben sie sich zunächst in das Gebäude des Oberkirchenrats, um eine Besprechung mit Herrn Landesbischof D. Kühlewein zu haben. Dieser erschien nicht allein, sondern in Begleitung des Herrn Oberkirchenrats Dr. Friedrich.

Nachdem diesen beiden Herren der Anlaß des Erscheinens der Vertreter des Reichskirchenausschusses und des Herrn Reichsministers für die kirchlichen Angelegenheiten bekannt gegeben war, äußerte sich der Landesbischof über seine Ansicht der Herbeiführung einer ordnungsmäßigen Vertretung der badischen Landeskirche in folgender Weise:

Dem Oberkirchenrat habe zur Einreichung seiner Eingabe vom 13. März 1936 an den Reichskirchenausschuß der Umstand Anlass gegeben, daß nach einem badischen Staatsgesetz für die Verabschiedung des kirchlichen Haushalts eine kirchliche Steuervertretung vorhanden sein müsse, die aus unmittelbaren Wahlen hervorgegangen sei. Ein solches Organ sei augenblicklich in der Landeskirche nicht vorhanden, da die Landessynode durch den Erweiterten Oberkirchenrat aufgelöst worden sei. Es sei eine Instanz zu schaffen, die zur Verabschiedung des kirchlichen Haushalts ermächtigt werde, und zwar gebe es seiner Ansicht nach zwei Wege. Entweder könne der jetzige Oberkirchenrat ermächtigt werden, diese Aufgabe zu erfüllen, oder es könne ein Erweiterter Oberkirchenrat im Sinne der badischen Kirchenverfassung geschaffen werden, dem dann diese Aufgabe übertragen werden könne. Seiner Ansicht nach sei der Oberkirchenrat eine ordnungsmäßige Verwaltungsbehörde, der man unbedenklich diese Zuständigkeit übertragen könne.

Auf Befragen schilderte der Landesbischof die kirchlichen Verhältnisse in seiner Landeskirche etwa folgendermaßen:

Die badische Landeskirche sei als geordnete Landeskirche anzusprechen, da in ihr eigentliche Unordnung nicht vorhanden sei, sondern nur Spannungen bestehen, wie sie sich auch sonst gezeigt hätten. In keiner Pfarrei sei eine Doppelbesetzung vorhanden, eine Minderheitenversorgung sei nicht nötig, Absetzungen und Versetzungen aus personellen Rücksichten seien nicht erfolgt, förmliche Disziplinarverfahren seien überhaupt nicht eingeleitet worden, die übrigen Verwaltungsverfahren, in denen Ordnungsstrafen verhängt worden seien, hätten sämtlich ihre Erledigung gefunden bis auf den Fall Kölli in Freiburg. Keine Gruppe sei benachteiligt, in allen städtischen Gemeinden seien Vertreter der DC als Pfarrer vorhanden. So fehle es eigentlich an jeglichem Grunde für eine Beschwerde gegenüber dem Landesbischof und der Kirchenbehörde. In Wirklichkeit bestehe auch kein großes Mißtrauen gegen diese beiden Organe, lediglich eine ganz kleine Gruppe innerhalb der Deutschen Christen treibe eine maßlose Hetze in Vorträgen und durch Artikel in dem Blatt der ‚Deutsche Christ'. Anlaß zu dieser Hetze sei in der Tat nicht vorhanden, da etwa 1/3 der vorgenommenen Besetzungen von Pfarrstellen zugunsten der DC erfolgt seien, obwohl die DC höchstens 1/4 der Pfarrerschaft ausmacht.

Daß die Landeskirche in Ordnung sei, gehe besonders daraus hervor, daß auch amtliche Konferenzen mit Erfolg hätten durchgeführt werden können. Lediglich in Pforzheim und Freiburg sei dies nicht gelungen. Es sei somit in den Gemeinden der Kirchendienst geordnet, und sei andererseits die Verwaltung geordnet.

Auf die Frage, worauf es zurückzuführen sei, daß diese kleine Gruppe innerhalb der DC gegen den Landesbischof und den Oberkirchenrat Stellung nehme, führte der Landesbischof aus, er habe das Vertrauen bei denjenigen Pfarrern und Gemeinden, die nicht zu den DC gehörten, aber auch bei vielen DC Pfarrern. Die kleine Gruppe sei lediglich beseelt von dem Streben nach Macht in der Kirche und habe, wie man bereits festgestellt habe, schon Listen aufgestellt für die Besetzung der Posten in der Landeskirche. Dies sei umso unbegründeter, als die Front der DC seit einiger Zeit merklich abbröckele. In letzter Zeit seien etwa 11–12 Pfarrer bei den DC ausgetreten. Wenn man die Gesamtpfarrerschaft der Landeskirche ins Auge fasse, so werde man etwa sagen können, daß die Hälfte der Bekennenden Kirche angehöre, 1/4 den Neutralen und 1/4 den DC. Diese Entwicklung zeige, daß die Dinge Zeit haben müßten, und es sei dies der Grund, weshalb sich nicht der Oberkirchenrat an den Reichskirchenausschuß mit der Begründung gewandt habe, die badische Kirche müsse befriedet werden, sondern lediglich mit der Begründung, es müsse ein Organ für die Verabschiedung des kirchlichen Haushalts geschaffen werden. Von den Gemeinden sei zu sagen, daß sie im allgemeinen zu ihren Pfarrern halten.

Auf die Frage von Herrn Oberkirchenrat Hanemann, ob in den Gemeinden auch Propaganda von bestimmten Gruppen betrieben werde, erwiderte der Landesbischof, es käme vielfach vor, daß die DC-Pfarrer auch in anderen Gemeinden Propaganda trieben und den Versuch machten, Ortsgruppen der DC zu gründen. Von anderer Seite, d. h. von der Bekenntnisfront käme das nicht vor.

Abschließend erklärte der Landesbischof, sein erster Wunsch ginge dorthin, daß der Oberkirchenrat bestehen bleibe und außerdem die Befugnisse des Erweiterten Oberkirchenrats und der Synode bekomme, eventl., wenn dies nicht möglich sei, daß der Oberkirchenrat um 4 Mitglieder erweitert werde, die auf seinen – des Landesbischofs – Vorschlag zu ernennen seien, und zwar mit Zustimmung des Reichskirchenausschusses und des Reichskirchenministeriums. Es müsse sich dabei um Leute handeln, von denen er annehmen könne, daß mit ihnen die Kirchenleitung ordnungsmäßig weiterzuführen sei, und zwar müssen es hauptsächlich Laien sein, zumal dies wegen der Verabschiedung des Etats von Bedeutung sei.

Der Landesbischof wurde sodann darauf hingewiesen, daß man zunächst mit ihm allein verhandeln und dann das Kollegium des Oberkirchenrats habe hören wollen. Er habe nun nur einen Oberkirchenrat mitgebracht, nämlich Oberkirchenrat Dr. Friedrich, dies genüge aber nicht, da es dem Reichskirchenausschuß erforderlich erscheint, daß seine Vertreter auch mit den anderen Mitgliedern des Oberkirchenrats verhandelten. Dies sei um so mehr erforderlich, als der erste Wunsch des Landesbischofs darauf hinausgehe, daß dem jetzigen Oberkirchenrat sämtliche erörterten Befugnisse übertragen werden sollten. Deshalb sei es unumgänglich notwendig, daß die anwesenden Vertreter des Reichskirchenausschusses und des Reichskirchenministers die einzelnen Mitglieder dieser Behörde persönlich kennen lernten.

Daraufhin erklärte der Landesbischof, er sei durchaus damit einverstanden, wenngleich er nicht wüßte, was man mit den übrigen Mitgliedern des Oberkirchenrats noch besprechen wolle, nachdem inzwischen alles eingehend mit ihm erörtert sei. Er wurde dahin beruhigt, daß bei der Verhandlung mit den Herren ein Verhandlungsthema schon gefunden werden würde. Er erklärte auf Befragen sodann, daß das Kollegium bestehe aus dem Landesbischof und 6 Mitgliedern. Von den letzteren gehöre 1, nämlich der Oberkirchenrat Rost der Bekennenden Kirche an, während 2, nämlich die Oberkirchenräte Doerr und Brauß zu den DC gehörten und die übrigen 3, nämlich die Oberkirchenräte Dr. Friedrich, Bender und Voges keiner Gruppe zuzuschreiben seien. Diese Zusammensetzung entspreche nunmehr nicht mehr den tatsächlichen Verhältnissen der Landeskirche, da die Hälfte der Pfarrer zur Bekennenden Kirche gehört. Für ihn, den Landesbischof, sei auf die Dauer untragbar der Oberkirchenrat Dr. Brauß, der auf Wunsch der DC von ihm in dieses Amt berufen sei. Dieser bereite ihm große Schwierigkeiten und werde auch in der Kirche radikal abgelehnt. So habe er, der Landesbischof, ihm noch die Volksmission abnehmen müssen. Außerdem habe er keine Fähigkeiten zur Verwaltungstätigkeit, prüfe nicht objektiv und bringe vertrauliche Dinge aus dem Kollegium heraus, habe auch versucht, Mitglieder des Oberkirchenrats politisch zu diffamieren.

Sodann wies Oberkirchenrat Dr. Friedrich noch darauf hin, daß der Landesbischof nach der Verfassung von 1933 an sich das Recht habe, ein Mitglied des Oberkirchenrats zu entlassen, daß er von diesem Recht aber keinen Gebrauch gemacht habe.

Abschließend erklärte der Landesbischof, gegen den Oberkirchenrat Dörr hätte er keinen Anstand zu erheben.

Es wurden sodann die Verhandlungen im Sitzungssaale weitergeführt, wobei sämtliche Mitglieder des Oberkirchenrats anwesend waren und zu Worte kamen.

Nach einer einleitenden Begrüßung der Erschienenen durch Herrn Präsidenten Koopmann äußerten sich die Oberkirchenräte Bender, Friedrich, Rost und Voges durchaus in gleichem Sinne wie der Landesbischof in vorausgegangener Unterredung.

Oberkirchenrat Voges als Referent für die südbadischen Diaspora-Gebiete befürchtet von der Einrichtung des Erweiterten Oberkirchenrats eine Erregung, die im Hinblick auf das benachbarte Ausland (Schweiz und Frankreich) bedenklich sei.

Oberkirchenrat Rost stellt fest, daß man bei einem Mitglied des Oberkirchenrats (er meinte Brauß, ohne ihn zu nennen) nicht sicher sei vor Dingen, die bis an die Grenze der Denunziation gehen. Verkehr und Besprechungen der Mitglieder des Oberkirchenrats seien daher seit geraumer Zeit schon auf die dienstlichen Notwendigkeiten beschränkt.

Oberkirchenrat Dörr spricht sich für die Bildung des Erweiterten Oberkirchenrats aus. Er stellt fest, daß er von dem Antrag des Oberkirchenrats an den Herrn Reichsminister für die kirchlichen Angelegenheiten vom 13.3.36 vorher nicht unterrichtet war und erst durch eine Rückfrage des badischen Kultusministeriums davon erfahren habe. Das Vertrauen, das ein Referent brauche, bestehe nicht mehr.

Oberkirchenrat Dr. Brauß: ‚Wir erfahren nichts von Besprechungen, die im Hause stattfinden und nichts über Verhandlungen mit Berlin. In Baden ist keine Ruhe vorhanden sondern Spannungen. So kann es nicht weitergehen. Wenn der Oberkirchenrat betraut würde, würde die Minderheit bedeutungslos gemacht.

Wir glauben, daß die Mehrheit der Kirchenchristen und Partei und Staat von solch einseitiger Leitung nicht erbaut sind, die im Interesse des Volksganzen nicht wünschenswert ist.

Solange der Oberkirchenrat in dieser Spannung bleibt, ist es uns als Menschen von Ehre und Gewissen unmöglich, in dieser Spannung weiter zu arbeiten.'

Der aus den bisherigen Verhandlungen gewonnene Eindruck ist bei den Mitgliedern des Reichskirchenausschusses und des Vertreters des Reichsministeriums für die kirchlichen Angelegenheiten der, daß unter den Verhältnissen, wie sie uns am badischen Oberkirchenrat entgegengetreten sind, eine Übertragung der Befugnisse des Erweiterten Oberkirchenrats und der Synode auf den Oberkirchenrat von uns nicht befürwortet werden kann.

Nachmittags um 3 Uhr erschienen die Herren Pfarrer Mayer, Jundt und Schütz aus Mannheim. Sie erklären, nicht Vertreter einer Gruppe oder

Partei zu sein, sondern zu den nicht organisierten Pfarrern der Landeskirche zu gehören, die nach ihrer Meinung etwa 1/3 der Pfarrerschaft umfassen. Sie stellen fest, daß gegenwärtig kein Zustand der Befriedung und des Friedens in Baden herrsche. In der Kirchenleitung seien kirchenpolitische Parteiführer, Kämpfer der vordersten Linie, die ihre Vergangenheit nicht abgelegt hätten, sondern sich als Exponenten ihrer Gruppe fühlen. Vielfach würden Entscheidungen sachlicher und personeller Art nicht nach Gesichtspunkten, die im Wesen der Kirche liegen, getroffen. Im ‚Ausschuß' dürften nur Männer, die guten Willens sind und nicht sich als Parteivertreter fühlen, sitzen. Von einer Übertragung der Befugnisse des Erweiterten Oberkirchenrats und der Synode auf den derzeitigen Oberkirchenrat können sie sich keine Befriedung versprechen. Bei der Bildung eines Erweiterten Oberkirchenrats müßte nach ihrer Meinung das synodale Element überwiegen. Die Befürchtung, daß durch den Erweiterten Oberkirchenrat Unfriede und Beunruhigung in der Gemeinde entstehe, teilen sie nicht. Die Möglichkeit, daß künstlich die Volksseele zum Kochen gebracht werden könne, geben sie allerdings zu, trotzdem die badische Kirche zur Ruhe kommen wolle. Dies gelte auch besonders von den südbadischen Diasporabezirken. Die drei Vertreter erklärten, daß sie hinter den Ausschüssen stehen und sie nicht nur tolerieren wollen.

Um 5 Uhr nachmittags erschienen als Vertreter der Bekenntnisgemeinschaft die Herren Pfarrer Dürr/Freiburg, Diakonissenhauspfarrer Bender/Nonnenweier, Dekan Modon *[= Mondon]*, Pfarrer Hauss/Karlsruhe und Pfarrer Merkel. Pfarrer Dürr erklärt, daß die Rechtshilfe nur wegen der Etatschwierigkeiten erforderlich sei und sich nur auf das notwendigste beschränken solle. Mit der Bildung eines Erweiterten Oberkirchenrats würde in Wirklichkeit kein synodales Organ geschaffen. Die Kirche müsse von unten und nicht von oben her gebaut werden. Die Verlebendigung der Gemeinde könne nur durchs Wort und nicht durch kirchenregimentliche Anordnungen geschehen.

Dekan Modon *[= Mondon]* stellt fest, daß die Selbstauflösung des früheren Erweiterten Oberkirchenrats die Anerkennung des badischen Innenministers gefunden habe. Es könne auch dem derzeitigen Oberkirchenrat die Ermächtigung für die Verabschiedung des Etats erteilt werden.

Pfarrer Dürr stellt fest, daß die gegenwärtige badische Kirchenleitung zwar rechtlich einwandfrei gebildet sei und infolgedessen von seinen Freunden anerkannt und getragen werde. Das Verhältnis zwischen Oberkirchenrat Brauß einerseits und dem Landesbischof und den übrigen Mitgliedern des Oberkirchenrats sei unerträglich. Brauß hätte, wenn er kirchlich denken würde, längst weichen müssen, da er keine kirchliche

Autorität besitze. Eine Reorganisation der Kirchenleitung könne aber erst in der Zukunft nach der Bildung der kirchlichen Körperschaft erfolgen. Auf Befragen erklärt er, daß die Bekenntnisgemeinschaft 50% eingeschriebener Mitglieder der Pfarrerschaft umfasse.

Pfarrer Dr. Hauß berichtet über die Tätigkeit der Volksmission, die im vergangenen Winter vom November bis März in 170 Volksmissionswochen durchgeführt worden sei, was bei dem Vorhandensein ernster Spannungen in den Gemeinden nicht möglich gewesen wäre. Solche würden vielmehr nur künstlich erfolgen. Kirchlicher Friede sei in Baden vorhanden, soweit das auf Erden überhaupt möglich sei.

Pfarrer Merkel behauptet, daß weitaus die größte Mehrheit des ‚kirchlichen Volkes' auf dem Boden der Bekennenden Kirche stehe. Der Kirchenbesuch sei bei den Pfarrern der Bekenntnisgemeinschaft viel größer wie bei den Deutschen Christen (Kollekten).

Pfarrer Dürr betont, daß nur wenige Pfarrer besonders rührig in der Polemik gegen die Kirchenleitung seien.

Auf Befragen stellt Pfarrer Dürr fest, daß die Bekenntnisgemeinschaft Badens keine programmatische Stellung einnehme, sondern erst aus der konkreten Situation heraus entscheiden würde. Im übrigen erkennen sie dieselben als Organe der Rechtshilfe an. Ein Bruderrat sei vorhanden, doch beschränkte er sich bisher nur auf die amtsbrüderliche Beratung der ihm angeschlossenen Pfarrer.

Auf Befragen gibt Pfarrer Dürr zu, daß schon die Bildung eines Erweiterten Oberkirchenrats, gleichviel wie dieser zusammengesetzt sein würde, nicht ohne Erschütterung kirchenpolitischer Art möglich sei.

Um 7 Uhr fand Empfang bei Herrn Kultusminister Wacker und seinem Referenten, Herrn Ministerialrat Asal statt. Der Minister erklärte, daß es in Baden keinen eigentlichen Kirchenstreit gegeben habe und daß der Keim zu den Spannungen nicht auf badischem Boden, sondern von außen, hauptsächlich von Württemberg hereingetragen worden sei. Der Staat habe sich aus dem Kirchenstreit gänzlich herausgehalten. Die Beziehungen zwischen Kirchenführung und badischer Staatsleitung seien nach der Machtübernahme herzlich gewesen, seit längerer Zeit seien sie aber auf 1 Grad unter Null gesunken. Die Hauptschuld an diesem bedauernswerten Zustand werde auf Oberkirchenrat Voges geschoben, der über Nacht vom energischen Deutschen Christ zum rabiaten Bekenntnismann sich gewandelt habe. Ursprünglich habe mit Oberkirchenrat Dr. Friedrich, besonders schon vor der Machtübernahme, ein freundliches Verhältnnis bestanden, jetzt sei es auch da vollständig trüb geworden. Persönlich schätzt der Herr Minister Herrn Landesbischof D. Kühlewein hoch, da er ein religiöser Mensch sei und politisch zuverlässig und einwandfrei sei. Er bedauert seine Schwäche in der Leitung und Führung der Kirche und hält ihn für einen Gefangenen von Oberkirchenrat Friedrich. Hoch schätzt der Minister, und besonders auch sein Referent, Oberkirchenrat Dörr. Sie bedauern, daß dieser pflichttreue Beamte im Oberkirchenrat ständig zurückgesetzt und ungerecht behandelt werde.

Der Minister bittet, alles zu vermeiden, was irgendwie Unruhe in das badische Volk hereinbringen könne und weist darauf hin, daß die Bildung eines Erweiterten Oberkirchenrats vielleicht bedenklich sei, weil die ausländische Presse sich begierig dieser Sache annehmen könne. Er hält nur zwei Wege für gangbar, entweder die Übertragung des Erweiterten Oberkirchenrats auf den bisherigen Oberkirchenrat, oder die Bildung eines Landeskirchenausschusses unter Errichtung einer gleichzeitigen Finanzabteilung beim Oberkirchenrat.

Um 8 1/2 Uhr begann die Besprechung mit den Deutschen Christen, die bis gegen 1/2 12 Uhr dauerte. Es waren 11 Vertreter und 2 deutschchristliche Mitglieder des Oberkirchenrats erschienen.

Einleitend sprach der Landesleiter, Stadtpfarrer Kiefer/Mannheim. Er gab zunächst einen geschichtlichen Überblick über die Entstehung und die Tätigkeit der Deutschen Christen-Bewegung in Baden. 182 DC-Pfarrer stehen in geschlossener Front gegen den derzeitigen Kurs der badischen Kirchenleitung. Diese hätten bisher in eiserner Disziplin Gehorsam gehalten, jetzt aber sei es aus physischen und psychischen Gründen ihnen nicht mehr möglich, den Kurs gutzuheißen. Dem Landesbischof werde vor allem der Abfall vom Reichsbischof, und zwar nicht so die Tatsache an sich, sondern das Wie der Trennung verübelt. Ferner könne die Unterstellung des Landesbischofs unter die geistliche Leitung der Bekennenden Kirche von den DC nicht anerkannt werden; besonders auch nicht von den Liberalen. Sowohl Kiefer wie auch andere Redner klagten über die bewußte Zurücksetzung und gewollte Ausschaltung der deutsch-christlichen Mitglieder des Oberkirchenrats. Kiefer verlangte die volle Beseitigung des gesamten Oberkirchenrats einschließlich des Landesbischofs. Er erklärte sich bereit, mit den Brüdern der anderen Seite sich zusammenzusetzen und das Gespräch aufzunehmen.

Landgerichtsdirektor Fitzer/Freiburg macht für den gegenwärtigen Zustand vor allem den leitenden Juristen der Kirchenbehörde, Oberkirchenrat Dr. Friedrich, verantwortlich, dem er mangelnde Objektivität und Rechtsbeugungen vorwirft. Seine Behauptung belegt er durch eine Anzahl von Beispielen. Sowohl dieser Redner als auch einige andere beklagten sich bitter, daß Oberkirchenrat Friedrich Urteile fälle, ohne den Beschuldigten Gelegenheiten zu geben, sich zu verantworten (Fall Fischer/Lahr).

Besonders beanstandet wird von mehreren Rednern das Gesetz über die Sonderverwaltung, dessen Handhabung in einzelnen Fällen und die Diffamierung, die sich im Vorspruch durch die Bezeichnung: ‚Gerichtet gegen unevangelische Elemente', zu erkennen gibt.

Auf Befragen, wie man sich zu der Frage einer Änderung der jetzigen Kirchenleitung stelle, kam einmütig zum Ausdruck, daß man den jetzigen Oberkirchenrat unter keinen Umständen als Kirchenleitung anerkennen könne, sondern nur als Verwaltungsorgan. Eine Änderung sei vielleicht in der Weise möglich, daß man nicht allen Mitgliedern des Oberkirchenrats in einem neu zu bildenden Erweiterten Oberkirchenrat das Stimmrecht gebe, sondern, wie es ursprünglich gewesen sei (vor 1933), nur 3 Mitgliedern des Oberkirchenrats. Bei den hinzuzuwählenden Mitgliedern des zu wählenden Erweiterten Oberkirchenrats komme es wesentlich auf die Person an, nicht so sehr auf ihre Zugehörigkeit zu einer kirchlichen Gruppe. Auch Landgerichtsdirektor Fitzer erklärte ausdrücklich, er hielte eine Erweiterung des Oberkirchenrats nicht für glücklich.

Geklagt wurde weiter über die Zurücksetzung deutsch-christlicher Pfarrer bei Besetzungen von Pfarrstellen in letzter Zeit. Außerdem darüber, daß notwendige Sparmaßnahmen der Gemeinden durch geistliche Referenten des Oberkirchenrats widerrechtlich aufgehoben würden.

Nachtrag

Während der Anwesenheit der Mitglieder des Reichskirchenausschusses und des Vertreters des Reichsministeriums für kirchliche Angelegenheiten in Karlsruhe war Herr Reichsstatthalter und Gauleiter Robert Wagner verreist. Auf Wunsch der Mitglieder des Reichskirchenausschusses und des Vertreters des Reichsministeriums für die kirchlichen Angelegenheiten bat der Unterzeichnete den Herrn Reichsstatthalter nach dessen Rückkehr um eine Unterredung, die am Dienstag, den 26. Mai d.Js. um 12 Uhr in der Reichsstatthalterei begann und etwa 1 Stunde währte. Der Herr Reichsstatthalter betonte ausdrücklich, daß er nur vom staatlichen, bzw. Parteistandpunkt aus die Kirchenfrage betrachten könne. Er müsse aber von vornherein es aussprechen, daß die Deutschen Christen in Baden bereits vor dem Umbruch angetreten seien und den überwiegenden Teil des Kirchenvolkes hinter sich hätten. Ihre Treue zum nationalsozialistischen Staat bejahe er 100ig. Er habe mit dem Führer der Bekenntnisgemeinschaft, Pfarrer Dürr, und einem anderen Vertreter eine längere Aussprache gehabt. Der Eindruck sei der, daß diese Männer persönlich und charakterlich durchaus untadelig seien, daß aber ihre Stellung zum nationalsozialistischen Staat und zur Partei, wie sich in der Aussprache gezeigt habe, von ihm nur abgelehnt und bedauert werden könne. Nach seiner Meinung werde die Engstirnigkeit der Bekenntnisfront die Nationalsozialisten in der Kirche heimatlos machen bzw. sie aus ihr herausdrängen. Von den Mitgliedern des Evang. Oberkirchenrats Karlsruhe lehnt er besonders die Oberkirchenräte Dr. Friedrich und Bender, aber in gewisser Weise auch den Landesbischof ab. Dr. Friedrich bezeichnet der Herr Reichsstatthalter, trotzdem Friedrich Parteigenosse ist, als untragbar, unzuverlässig und unehrlich. Er hält ihn für den starken Mann, unter dessen Einfluß der Landesbischof, der als Theologe und Mensch gewiß zu schätzen sei, gefangen sei. Er bedaure, daß der Landesbischof trotz der ihm (dem Reichsstatthalter) feierlich gegebenen Zusage sich ganz einseitig zur Bekenntnisfront gestellt habe. Aussagen, wie er sich die kirchliche Befriedung Badens denke, glaubte der Herr Reichsstatthalter ablehnen zu sollen. Der Gesamteindruck von der Persönlichkeit des Herrn Reichsstatthalters war ein durchaus günstiger – wie beim Herrn Kultusminister – und es kann nur bedauert werden, daß die badische Kirchenleitung alle Fäden zu staatlichen Stellen hat abreißen lassen.

[hds.:] Diehl"

1766 D. Wilhelm Zoellner an LB Kühlewein: Aufschieben von Maßnahmen. Entgegenkommen im Blick auf die Haushaltsplanangelegenheit
Berlin, 29. Mai 1936; EZA 1/A 4/459 – korr. Konzept

„An sich wäre ich gerne bereit, Herrn Oberkirchenrat D. Dr. Friedrich zu empfangen, wenn auch, nachdem 3 Mitglieder des RKA in Karlsruhe gewesen sind, die Eindrücke dieser Herren naturgemäß eine maßgebende Grundlage für die Entschließung unseres Ausschusses bilden müssen. Indessen wird die Rechtslage schon jetzt von uns gar nicht so ungünstig beurteilt, wie Sie zu befürchten scheinen; eine weitere Erörterung gerade dieser Seite der Sache scheint mir daher jetzt nicht notwendig. Auch wollen wir ohnehin den Herrn Minister bitten, Ihnen zunächst nur über Ihre Etatschwierigkeiten hinwegzuhelfen und das Weitere noch auf sich beruhen zu lassen.*)

Gleichwohl legt der RKA Wert darauf, daß die den Mitgliedern des RKA von Ihnen zugesagten Personalvorschläge für einen Erweiterten Oberkirchenrat uns alsbald zugehen.

Mit amtsbrüderlichem Gruß

Heil Hitler!"

---

*) Der folgende letzte Satz ist hds. (von D. Zoellner?) ergänzt.

Der diesbezügliche Beschluss des RKA lautete:

„[...] (Baden). Präsident Koopmann berichtete über die stattgehabten Verhandlungen betreffend die Neuordnung der Landeskirche in Baden. Es wurde beschlossen, vorläufig von einer Änderung der kirchlichen Organe in Baden abzusehen und lediglich den Reichs- und Preußischen Minister für die kirchlichen Angelegenheiten um den Erlaß einer Verordnung zu bitten, durch die der badische Kultusminister ermächtigt werden soll, einen vom Oberkirchenrat aufgestellten kirchlichen Haushaltsplan zu verabschieden. [...]"

Auch in der Folgezeit wurde in der badischen Landeskirche kein Landeskirchenausschuss eingerichtet.

XXXIV Das Ringen um die Jugend, 1937–1945

A In der Schule

Bis zum Jahr 1937 gaben sich viele kirchliche Kreise trotz aller Anfeindungen der Meinung hin, religiöse Unterweisung der Jugend einerseits und weltanschauliche Indoktrination durch HJ und zunehmend auch durch die Schule andererseits könnten nebeneinander bestehen. Diese Vermutung konnte sich auch auf die nationalsozialistische Kirchenpolitik stützen, die zwar versuchte, den Einfluss der Kirchen zurückzudrängen, aber bis dahin immer noch mit einer Einbindung zumindest der evangelischen Kirche in die Weltanschauung des Dritten Reiches rechnete. Nun vollzog sich in der Kirchenpolitik des Reiches eine Wende.*⁾ In der Folgezeit trat die Gewaltherrschaft den Kirchen gegenüber in allen Bereichen des öffentlichen Lebens offen zu Tage. Jugendarbeit und Kindergottesdienst gerieten zunehmend unter Druck. Am wichtigsten war den NS-Machthabern jedoch die Schule. Ausgrenzung, Austrocknung und Diskriminierung des Religionsunterrichts wurden begleitet von einer massiven Propaganda bei Lehrern und Schülern gegen dieses Fach und gegen kirchliche Einflüsse überhaupt. Zwar hatten schon die drei Jahre Hitlerdiktatur ihre Spuren in Einstellung und Verhalten der Jugend hinterlassen, aber nach 1937 verschärfte sich die kirchliche Situation in ungeahnter Weise.

1. Jugend und Kirche 1937

1767 Bericht der Kirchenleitung von 1937 zu Einstellung und Verhalten der Jugend.
Auszug aus dem Bescheid des EOK vom 23.11.1937 zu den Berichten der Bezirkssynoden, KGVBl. 1937, Nr. 13 vom 29. November 1937, S. 112f.

„[...] Drei Jahre NS-Herrschaft haben sich in kirchlicher Sicht besonders bei der Jugend ausgewirkt. Im zusammenfassenden Bericht über die Bezirkssynoden des Jahres 1936 heißt es zur Situation der Jugend in den Kirchenbezirken:

Am deutlichsten werden die Auswirkungen dieses Verweltlichungs- und Entkirchlichungsprozesses an der Jugend. Hier sehen sie doch schon auch solche, deren Augen für so manche andern Vorgänge und Erscheinungen in einer zuweilen fast beneidenswerten Unbekümmertheit „gehalten" scheinen. Die Dinge liegen hier darum so ernst, weil das Bild, das die

---

*⁾ Klaus Scholder, Politik und Kirchenpolitik im Dritten Reich – Die kirchenpolitische Wende in Deutschland 1936/37 in: Karl Otmar von Aretin und Gerhard Besier (Hg.), Die Kirchen zwischen Republik und Gewaltherrschaft, Berlin 1988, S. 214

Berichte vermitteln, durchaus einheitlich ist. Hier fürchtet nicht etwa ein Überängstlicher, und dort malt nicht einer rosenrot. Sie sehen alle aus Liebe und aus Verantwortung heraus die gleiche wachsende Not. Daß sie hier zuerst aufbrechen werde, ist beinahe eine Zwangsläufigkeit. Denn hier traf die Säkularisation auf den geringsten Widerstand. Erziehung, Gewohnheit und Erfahrung haben noch nicht genügend Selbstsicherungen und Schutzvorrichtungen eingebaut. Darum ist dann auch gekommen, was kommen mußte. Das gesteigerte Selbstbewusstsein lehnt vielfach die Autorität von Elternhaus, Schule und Kirche ebenso wie manche alten Bindungen der Sitte und des Herkommens ab. Die Abendglocke ruft das junge Volk längst nicht mehr von den Dorfgassen ins Haus zurück. Dafür machen die Jungen um so nachdrücklicher ihren vorzeitigen Anspruch auf Besuch des Wirtshauses und des Tanzbodens geltend. Böse Fälle sexueller Laxheit räumen rauh mit der Täuschung auf, als ob die Gediegenheit ländlicher Verhältnisse derartige Verfehlungen einfach ausschlösse.

Der Geist der Entkirchlichung, unter dem die Jugend vielfach steht, erschwert den *Religions- und Konfirmandenunterricht* in bisher nie gewohnter Weise. Den Schülern geht vielfach die Fähigkeit zur Sammlung ab. Sie sitzen ihre Stunden mit gewollter und ungewollter Teilnahmslosigkeit ab und legen zuweilen eine bodenlose Unwissenheit selbst in Dingen an den Tag, die bisher zum bescheidenen eisernen Bestand jedes Konfirmanden gehörten. Die Einflüsse von außen, die Nachwirkungen mancher Schulungen, die immer mehr sich bestätigende Erfahrung, daß der Religionsunterricht vielfach durchaus nicht mehr in kirchlichem Sinne gehalten wird, das alles sind Tatsachen, die nur andeuten mögen, wie ernst und schwer der Kampf der Kirche um ihre Jugend geworden ist und wie bescheiden die Kräfte und Mittel sind, die sie zur Abwehr dagegen einzusetzen hat.

Die dringendste Aufgabe der Kirche ist zugleich vielleicht auch ihre schwerste. Die Wirkung der sogenannten „Eingliederung" war für viele Gemeinden die nahezu völlige Zerstörung des bisher Vorhandenen. Die neue *Jugendarbeit der Kirche* hat dort buchstäblich aus dem Nichts heraus aufgebaut werden müssen. Die alten, bewährten, bündischen Formen kamen nicht mehr in Frage. Was „freie Gemeindejugend" sei, bestand als Wille, bei weit wenigeren als Vorstellung. Aus einem theoretischen Begriff sollte nun konkrete Wirklichkeit werden. Der Einsatz ist hinsichtlich der zu erwartenden Widerstände und Schwierigkeiten illusionslos vollzogen worden. Der dem Auftrag der Kirche an ihrer Jugend verpflichtete Gehorsam war stärker als alle Nützlichkeitserwägungen. Von dem bisher Geleisteten und Gelungenen wird man nur bescheiden und zurückhaltend reden können. Gegen die Dämonie der Verdächtigungen und Ränke ist nur schwer anzukommen. Die Ansätze sind immerhin da. Die Gedanken der neuen „Gemeindejugend-Ordnung" haben sich grundsätzlich als richtig bewährt. Der Rahmen ist geschaffen.

Und vor allem: der Auftrag bleibt. Den redet uns niemand aus und den nimmt uns niemand ab. Was der Kirche an Möglichkeiten des Dienstes an der Jugend geblieben ist, ist immer noch ein Weg zu ihr, den sie sich offen halten muß. Unter dem Blickpunkt der Zurüstung der kommenden Gemeinde erhält die *Christenlehre* je länger je mehr Bedeutung. *[Christenlehre: nachschulischer 2-4jähriger freiwilliger kirchlicher Unterricht nach der Schulentlassung bzw. der Konfirmation am Sonntagnachmittag zur Vertiefung des bis dahin Gelernten, seit der Union von 1821.]* Man mag sie, gewiß nicht ganz zu Unrecht, „das große Schmerzenskind unserer Kirche" nennen, oder weil das Hin und Her anscheinend nicht zum Ende kommen will, ob sie geschickter vor- oder nachmittags gehalten, und für wieviel Jahrgänge sie gefordert werden solle, als das „große Versuchsobjekt" bezeichnen. Wir können im Vergleich zu norddeutschen Landeskirchen gar nicht dankbar genug dafür sein, daß wir sie haben und noch haben. Die Berichte stimmen darin überein, daß sie in ihrem Bestande nirgends ernstlich gefährdet sei auch darin freilich, daß ihre geregelte Durchführung nach wie vor mit Schwierigkeiten verbunden ist, die in wachsendem Maße darauf zurückzuführen sind, daß „man denen Schikanen macht, die kommen wollen".

Die ernstlichen Bitten und bei jeder sich bietenden Gelegenheit wiederholten Mahnungen der Kirchenleitung, der *Sache des Kindergottesdienstes* erhöhte Aufmerksamkeit zuzuwenden, sind nicht umsonst gewesen. Selbst die Anregung, die noch bestehenden „Sonntagsschulen" allmählich zu „verkirchlichen", d.h. sie in die Kirche zu verlegen und unter der Leitung des Geistlichen als „Kindergottesdienste" zu gestalten, hat sich als gar nicht so unausführbar erwiesen, wie sie manchen zunächst scheinen wollte. *[Sonntagsschule: Kinderkatechisation am Sonntagmittag seit Beginn des 19. Jahrhunderts, besonders in von der Erweckung geprägten Gemeinden, gehalten von Kinderschwestern oder sog. Stundenhaltern.]* Man hat weithin erkannt, daß der Kindergottesdienst tatsächlich „ein Stück Volksmission im Ringen um die werdende Gemeinde" ist und „in der kirchlichen Aufbauarbeit an vorderster Stelle stehen sollte". Ja, zwei Synoden verlangen geradezu die „behördliche Einführung in allen Gemeinden". Indessen, so sehr man sich über eine solche Forderung freuen kann, noch sind nicht alle Bezirke für eine derartige Anordnung reif; und wiederum, wenn sie es erst einmal sind, dann bedarf es auch der Anordnung nicht mehr, ganz abgesehen davon, daß man über Zwangsmaßnahmen gerade auf diesem Gebiete verschieden denken kann. Einstweilen kann man sich des Eindrucks nicht erwehren, als ob da und dort das Beharrungsvermögen doch noch stärker sei, als das Erfordernis einer notwendig gewordenen Umstellung. Das muß um so ernster genommen werden, als hier offenbar die Zeichen der Zeit noch nicht begriffen sind.

Das aber gehört zu unserem Christsein und ist erst recht Aufgabe aller, die in irgendeinem Amt der Kirche als Laien oder Geistliche Verantwortung tragen, daß sie achthaben auf die Zeichen der Zeit [...]"

2. Streit um die inhaltliche Aufsicht im RU in den badischen Grund- und Hauptschulen

Nach der Treueverpflichtung der „Geistlichen, die ohne Berufung in das Beamtenverhältnis an öffentlichen Schulen Unterricht erteilen"*), auf den Führer legte das Ministerium des Kultus und Unterrichts Anfang November 1937 unter Umgehung der Kirchenleitungen**) den Religionslehrern in den Schulen eine Verlautbarung vor, deren Kenntnisnahme sie gegen Unterschrift bestätigen mussten:

1768 Der Religionsunterricht in den badischen Grund- und Hauptschulen
Verlautbarung des Ministeriums des Kultus und Unterrichts von Anfang November 1937 (ohne genaues Datum); LKA GA 4442 bzw. GLA 235/37569

„Der Religionsunterricht ist sowohl in der Grundschule wie in der Hauptschule nach § 3 des Gesetzes über die Grund- und Hauptschule vom 29. Januar 1934 *ordentliches* Lehrfach. Deshalb wird gemäß § 16 des erwähnten Gesetzes in jeder getrennt unterrichteten Abteilung einer Grund- und Hauptschule die nötige Stundenzahl in den Lehrplan aufgenommen.

Aus der Feststellung, dass der Religionsunterricht Lehrfach der Schule ist, ergibt sich von selbst, dass er der *staatlichen Schulaufsicht* unterstellt ist. In Art. XI des bad. Konkordats mit dem Heiligen Stuhl wie auch in Art. VIII des Kirchenvertrags mit der evang.-prot. Landeskirche ist dieses staatliche Aufsichtsrecht seitens der obersten Kirchenbehörden aus-

---

*) So lautete die Bezeichnung im Erlaß des Reichsministeriums für Wissenschaft, Erziehung und Unterricht vom 18. März 1937, in dem die Treueverpflichtung angeordnet wurde. Das badische Kultusministerium forderte dieses Treuegelöbnis in einem Runderlaß an alle Kreis- u. Stadtschulämter etc. Nr. B 25 897 vom 9. Juni 1937. (GLA 235/31007)

**) Am 29. Oktober 1937 wurde die Stellungnahme mit Schreiben B 41604 an die Kreis- und Stadtschulämter sowie an die Direktionen der höheren Lehranstalten sowie Berufsschulen gesandt. Anlass war eine Auseinandersetzung mit dem Erzbischöfl. Ordinariat. (GLA 235/37569)

drücklich anerkannt worden, weil in beiden erwähnten Vertragsbestimmungen auf Art. 149 der Weimarer Verfassung abgehoben ist. In diesem Artikel ist aber festgelegt, dass der Religionsunterricht zwar in Übereinstimmung mit den Grundsätzen der betr. Religionsgesellschaft erteilt wird, dass aber das Aufsichtsrecht des Staates dadurch nicht berührt wird.

Wenn in den erwähnten Verträgen, deren Fortgeltung nach dem Übergang der Hoheitsrechte auf das Reich immerhin in Frage gestellt worden ist, auf Art. 149 der Weimarer Verfassung Bezug genommen ist, dann ist diese Verfassungsbestimmung auch sonst für die Gestaltung des Religionsunterrichts in den bad. Schulen maßgebend. Deshalb ist auch im Schlussprotokoll zu Art. XI des Konkordats und zu Art. VIII des Kirchenvertrags ausgeführt, dass die bezüglich des Religionsunterrichts in den badischen Schulen geltenden Rechte der Kirche nur in Anwendung der erwähnten Verfassungsbestimmung aufrecht erhalten werden sollen. Art. 149 der Weimarer Verfassung sieht aber vor, dass die Erteilung des Religionsunterrichts im Rahmen der Schulgesetzgebung geregelt werden soll. Das heißt nichts anderes, als dass der Staat der Auftraggeber bezgl. des Religionsunterrichts ist, dass er die Gestaltung dieses Unterrichts in die Hand zu nehmen hat, und dass er bestimmend ist für die Ordnung dieses Unterrichts überhaupt. Die Regelung, welche in dieser Hinsicht in § 16 des Grund- und Hauptschulgesetzes für die Besorgung und Überwachung des Religionsunterrichts, wegen des Lehrplans und der Auswahl der Lehrbücher getroffen worden ist, erfolgte daher auf der Grundlage des Verfassungsrechts, das selbst wiederum Gegenstand des mit den Kirchen vereinbarten Vertragsrechts ist.

Danach sind die Vorschriften des § 16 des Grund- und Hauptschulgesetzes über die Erteilung des Religionsunterrichts in vollem Umfang maßgebendes Recht.

Zu diesen Vorschriften treten gegebenenfalls die Bestimmungen in Art. 21 des Reichskonkordats vom 20. Juli 1933 ergänzend hinzu. Art 2 des Reichskonkordats will nämlich die Länderkonkordate mit Bayern, Preußen und Baden aufrechterhalten und die in ihnen anerkannten Rechte der katholischen Kirche gewährleisten. Dabei ist aber bestimmt, dass die einzelnen Bestimmungen des Reichskonkordats auch für die genannten drei Länder verpflichtend sind, soweit sie früher getroffene Regelungen ergänzen. Art. 21 bestätigt in seinem wesentlichen Inhalt die Vorschriften des § 16 des Grund- und Hauptschulgesetzes, enthält darüber hinaus aber noch weitere ergänzende Bestimmungen.

Bei dieser Rechtslage ergibt sich hinsichtlich der Erteilung des Religionsunterrichts im Einzelnen folgendes:

1. Unbeschadet der Grundsätze der Kirche, mit denen der Religionsunterricht in Übereinstimmung steht, ist in ihm gemäß Art. 21 Reichskonkordat die Erziehung zu vaterländischem, staatsbürgerlichem und sozialem Pflichtbewusstsein aus dem Geiste des christlichen Glaubens- und Sittengesetzes mit besonderem Nachdruck zu pflegen.
2. Der Religionsunterricht wird durch dazu befähigte Lehrer und Geistliche erteilt. Die Verteilung der Religionsstunden zwischen dem Lehrer und dem Geistlichen geschieht im Einverständnis der beiderseitigen Behörden.
3. Der Lehrplan für den Religionsunterricht wird im Einvernehmen mit der kirchlichen Oberbehörde festgesetzt.
4. Der Lehrstoff und die Auswahl der Lehrbücher wird ebenfalls im Einvernehmen mit den kirchlichen Oberbehörden festgesetzt.
5. Wie die Lehrer der Grund- und Hauptschule so sind auch die Geistlichen an die Vorschriften der bestehenden Schulordnung gebunden, da sie als Religionslehrer zum Lehrkörper der Schule gehören.
6. Das Unterrichtsministerium sowohl wie die kirchliche Oberbehörde ist berechtigt, die Erteilung des Religionsunterrichts im Einzelfall, gleichgültig, ob es sich um einen Geistlichen oder um einen Lehrer handelt, abzustellen. Der staatliche Ausspruch des Unterrichtsverbots einem Geistlichen gegenüber bedeutet dabei keine dienststrafrechtliche Maßnahme. Er bezweckt vielmehr die Feststellung, dass der betreffende Geistliche für die Erteilung des Religionsunterrichts nicht geeignet ist."

Der Oberkirchenrat bekam von mehreren Dekanen Exemplare dieser Verlautbarung zugesandt. Die Landeskirche und das Ministerium interpretierten die Rechtslage allerdings unterschiedlich, wie in dem folgenden Briefwechsel zum Ausdruck kam. Im Dezember 1937 erhielten sämtliche Geistliche der Landeskirche Abschriften des Protestbriefs der Kirchenleitung und der Antwort des Ministeriums. In ihr ist die Ironie nicht zu überhören:

1769 Protest des Landesbischofs D. Kühlewein
Schreiben von 18. November 1937 an das Ministerium des Kultus und Unterrichts; LKA GA 4442

„Anfang diesen Monats ist, wie uns berichtet wird, den Religionsunterricht erteilenden Geistlichen und den Religionslehrern ein Schreiben des Herrn Ministers: Der Religionsunterricht in den bad. Grund- und Hauptschulen, zugegangen. Es wäre auch in diesem Falle sehr erwünscht gewesen, wenn uns von diesem Schreiben unmittelbar Kenntnis gegeben worden wäre, und wir möchten erneut die Gelegenheit benützen, dem Herrn Minister die Bitte vorzutragen, alle den Religionsunterricht betreffenden Erlasse des Ministeriums uns zur Kenntnis zugehen zu lassen.

Zu den Ausführungen des Schreibens des Herrn Ministers möchten wir zur Klarstellung folgendes sagen:

Mit dem Herrn Minister sind wir darin einig, dass bei der Beurteilung der rechtlichen Stellung des Religionsunterrichts von dem Art. VIII und dem Schlussprotokoll zu diesem Artikel des evang. Kirchenvertrags vom 14.11.1932 auszugehen ist. Jeder über die Weitergeltung dieses Vertrags auftauchende Zweifel, der etwa aus dem politischen Umbruch oder dem Übergang der Hoheitsrechte auf das Reich hergeleitet werden könnte, muss schon deshalb verstummen, weil der Führer und Reichskanzler in der Regierungserklärung am 23.03.1933 gesagt hat:

Die nationale Regierung sieht in den beiden christlichen Konfessionen wichtigste Faktoren der Erhaltung unseres Volkstums. Sie wird die zwischen ihnen und den Ländern abgeschlossenen Verträge respektieren; ihre Rechte sollen nicht angetastet werden. Solche Worte des Führers haben im neuen Staat rechtsverbindliche Kraft wie Gesetze, sodass durch die Regierungserklärung der Kirchenvertrag eine neue gesetzesgleiche Bestätigung gefunden hat.

Der Herr Minister weist mit Recht darauf hin, dass nach dem Kirchenvertrag für den evang. Religionsunterricht an den badischen Schulen die Bestimmungen des Artikels 149 der Weimarer Verfassung maßgebend sind. Damit ist vor allem dreierlei ausgesprochen:

Der Religionsunterricht ist ordentliches Lehrfach.

Seine Erteilung wird im Rahmen der Schulgesetzgebung geregelt.

Der Religionsunterricht wird in Übereinstimmung mit den Grundsätzen der Evang.-prot. Landeskirche erteilt.

1. Der Satz, dass der Religionsunterricht ordentliches Lehrfach ist, heißt, dass er als Pflichtfach im Lehrplan aller öffentlichen Schulen, also auch der Grund- und Hauptschulen aufgenommen und erteilt werden muss. Alle Schüler, die Angehörige der evang. Landeskirche sind, sind verpflichtet, diesen Unterricht zu besuchen, es sei denn, dass sie vom Religionsunterricht abgemeldet werden oder sich abmelden lassen (Artikel 149 Absatz 2 der Weimarer Verfassung – Reichsgesetz über die religiöse Kindererziehung vom 15.07.1921). Da der Religionsunterricht ordentliches Pflichtfach ist, würde ein Lehrer rechts- und pflichtwidrig handeln, wenn er etwa versuchen wollte, die Schüler zum Austritt aus dem Religionsunterricht zu bewegen, denn es steht keinem Lehrer eine Beurteilung über pädagogi-

sche Notwendigkeit und Zweckmäßigkeit eines als Pflichtfach eingeführten Lehrgegenstandes vor den Schülern zu.

2. Damit, dass hinsichtlich der Erteilung des Religionsunterrichts auf die Schulgesetzgebung verwiesen ist, sind, so wie die Dinge heute liegen, die Landesgesetze für maßgeblich erklärt. Dieser Satz hat zudem noch seine besondere Anerkennung gefunden in dem Schlussprotokoll zu Artikel VIII des Kirchenvertrags, wo zum Ausdruck kommt, dass der Staat „die bezüglich des Religionsunterrichts an den bad. Schulen geltenden Rechte der Vereinigten Evang.-prot. Landeskirche auch weiterhin aufrecht erhalten" wird. Nach bad. Schulrecht gilt schon seit dem Kirchengesetz von 1860 auch in seiner Fassung des Gesetzes vom 04.07.1918 der Grundsatz, *dass der Religionsunterricht durch die Religionsgesellschaften besorgt und überwacht wird.* An diesem Grundsatz hat auch das bad. Grund- und Hauptschulgesetz vom 29.01.1934 in § 16 Absatz 2 festgehalten. Der Herr Minister schließt aus der Bestimmung des Artikels 149 der Weimarer Verfassung, wonach die Erteilung des Religionsunterrichts im Rahmen der Schulgesetzgebung geregelt werden soll, dass der Staat der Auftraggeber bezüglich des Religionsunterrichts ist, dass er die Gestaltung dieses Unterrichts in die Hand zu nehmen hat und dass er bestimmend ist für die Ordnung dieses Unterrichts überhaupt. Dem gegenüber müssen wir erklären, dass wir dieser Schlussfolgerung weder in ihrer Notwendigkeit noch in ihrer Tragweite beitreten können. Die Ansicht des Herrn Ministers steht allerdings im Einklang mit den Ausführungen, die Anschütz in seinem Kommentar zur Weimarer Verfassung[*] (Anmerkung 3 zu Artikel 149) macht, der dort die Frage, was es heißt, dass die Erteilung des Religionsunterrichts im Rahmen der Schulgesetzgebung geregelt wird, einfach mit den Ausführungen des Berichterstatters, Abgeordneten Weiß, dahin beantwortet, „dass nicht die Kirche sondern der Staat der Auftraggeber ist, dass der Staat die didaktische Gestaltung des Religionsunterrichts in die Hand zu nehmen hat, dass der Staat bestimmend ist bezüglich der Einteilung des Religionsunterrichts in den Lehrplan und den Stundenplan". Nun liegen aber die Verhältnisse in Baden gegenüber den andern Ländern ganz anders. Hier gilt, dass die Kirche den Religionsunterricht besorgt und überwacht. Diese Bestimmung füllt die Plankettbestimmung des Artikels 149 Absatz 1 Satz 2 der Weimarer Verfassung aus und hat, wie Ministerialdirektor im Ministerium des Kultus und Unterrichts, Dr. Franz Schmidt, ausführt eine andere Bedeutung, nämlich die, dass in Baden der Religionsunterricht nicht wie in den meisten übrigen deutschen Ländern im Auftrag des Staates, sondern Kraft eigenen Rechtes durch die staatlich anerkannte

---

[*] Gerhard Anschütz, Die Verfassung des Deutschen Reiches vom 11. August 1919. Ein Kommentar für Wissenschaft und Praxis, 2. Bearbeitung, 12. Aufl., Berlin 1930.

Religionsgemeinschaft erteilt wird. Da, wo nicht Geistliche, sondern Lehrer unterrichten, erteilen diese den Unterricht dann zwar im Auftrag des Staates, aber im Namen ihrer Religionsgemeinschaft (Schmidt: Die Badische Volksschule Seite 118[*]). Die Frage, in wessen Auftrag der Religionsunterricht erteilt wird, kann aber hier mit Rücksicht darauf, dass die sich daraus ergebenden Folgerungen gesetzlich im einzelnen geregelt sind, ruhig offen bleiben. Auf Grund gesetzlicher Bestimmung (§ 16 des Grund- und Hauptschulgesetzes) steht fest, dass die Kirche bei der Erteilung des Religionsunterrichts durch dazu befähigte Lehrer unterstützt wird, dass der Lehrplan für den Religionsunterricht, der Lehrstoff und die Auswahl der Lehrbücher im Einvernehmen mit der obersten Kirchenbehörde festgesetzt, dass die Geistlichen, soweit sie Religionsunterricht an Grund- und Hauptschulen erteilen, zum Lehrkörper gehören und den Bestimmungen der Schulordnung unterworfen sind und dass sowohl das Unterrichtsministerium wie die Kirchenbehörde die Erteilung des Religionsunterrichts durch einzelne Lehrer abstellen können. Damit dürfen im wesentlichen alle über die *äußere* Gestaltung des Unterrichts auftauchenden Fragen ihre Regelung gefunden haben. Soweit die *innere* Gestaltung in Frage kommt, so steht sie allein der Kirche zu. Auf diesem Standpunkt steht sogar der von Anschütz angeführte Berichterstatter, Abgeordneter Weiß, der ausgeführt hat, „die pädagogische Gestaltung des Religionsunterrichts obliegt der Schulverwaltung, die Bestimmung des Lehrinhalts, das *Was* des Religionsunterrichts, der Kirche". Der Satz in dem Schreiben des Herrn Ministers, „dass der Staat der Auftraggeber bezüglich des Religionsunterrichts ist, dass er die Gestaltung dieses Unterrichtes in die Hand zu nehmen hat und dass er bestimmend ist für die Ordnung dieses Unterrichts überhaupt", steht demnach nur soweit im Einklang mit dem gesetzlich und vertraglich festgelegten Religionsunterrichtsrecht, als diese „Gestaltung" dieser „Ordnung" des Religionsunterrichts sich in keiner Weise auf den Inhalt des Unterrichts bezieht.

3. Diese Auffassung ergibt sich aber nicht nur aus der für Baden bestehenden Formel, dass der Religionsunterricht von der Kirche besorgt und überwacht wird, sondern ist positiv-rechtlich sowohl in Artikel 149 der Weimarer Verfassung wie besonders in Artikel VIII des Kirchenvertrages ausgesprochen, wo es heißt: Der Religionsunterricht wird in Übereinstimmung mit den Grundsätzen der Evang.-prot. Landeskirche erteilt. Damit ist zum Ausdruck gebracht, dass für den Religionsunterricht allein und ausschließlich der Bekenntnisstand der evang. Landeskirche maßgebend ist. Der Unterricht darf nichts enthalten, was diesem Bekenntnisstand zuwiderläuft und der Unterricht muss alles enthalten, was zu den

---

[*]) Franz Schmidt, Die badische Volksschule, Karlsruhe 1926.

Grundbestandteilen des Bekenntnisses gehört. Da kein Unterricht, auch in weltlichen Gesinnungsfächern, losgelöst von der Zeit und ihrem Geschehen gegeben werden kann, muss der Religionsunterricht sich bei der Behandlung der einzelnen Glaubenssätze auch mit den Angriffen, die der christliche Glaube jeweils erfährt, auseinandersetzen. Es wäre eine Einengung des unserer Kirche gesetzlich und vertraglich eingeräumten Raumes zur Erfüllung ihres Auftrages, wenn es den Religionslehrern nicht möglich wäre, beispielsweise eindeutig Stellung zu nehmen gegen Anschauungen, die in unlösbarem Gegensatz zur christlichen und evangelischen Lehre stehen. Selbstverständlich haben derartige Ausführungen ohne jeden persönlichen Einschlag und ohne jede ins Politische gehende Bemerkung zu erfolgen. Sie können aber in den Schulklassen, in denen das Fassungsvermögen der Kinder dafür gegeben ist, nicht unterbleiben, soll nicht andererseits der Religionsunterricht eine leere zeitlose Gestalt gewinnen.

Wenn der Herr Minister auch für den evang. Religionsunterricht die Forderung aufstellt, dass, unbeschadet der Grundsätze der Kirche, also des Bekenntnisstandes der Kirche, mit denen der Religionsunterricht in Übereinstimmung zu stehen hat, in ihm gemäß Artikel 21 des kathol. Reichskonkordats die Erziehung zu vaterländischem, staatsbürgerlichem und sozialem Pflichtbewusstsein aus dem Geist des christlichen Glaubens- und Sittengesetzes mit besonderem Nachdruck zu pflegen ist, so glauben wir nur darauf hinweisen zu dürfen, dass die evang. Kirche aus ihrer Staatsauffassung heraus, wie sie sie aufgrund der Hl. Schrift und ihrer Bekenntnisse lehrt und durch die Jahrhunderte durch die Tat bekundet hat, in Treue zu Volk und Staat steht und in diesem Geist auch den Religionsunterricht erteilen muss. Weil sie in dem Evangelium von Jesus Christus die besten Kraftquellen des deutschen Volkes sieht, muss sie in ihrem Unterricht aber auch alles, was gegen dieses Evangelium ist, gerade um des deutschen Volkes und seines Staates willen ablehnen und zurückweisen.
   Der Landesbischof:
   gez. D. Kühlewein"

1770 Das Ministerium beharrt auf seinem Standpunkt.
Schreiben des Ministeriums „Erteilung des Religionsunterrichts in den badischen Schulen betr." an den EOK vom 1. Dezember 1937; LKA GA 4442.

„Von den dortigen Ausführungen zu den in meinem Ministerium aufgestellten Richtlinien über den Religionsunterricht in den badischen Grund- und Hauptschulen habe ich mit Befriedigung Kenntnis genommen, da sie sich in der Hauptschule auf dem Boden des bestehenden Rechts bewegen. Dagegen vermag ich diejenigen Feststellungen nicht anzuerkennen, die besagen wollen, daß die Kirchen den Religionsunterricht kraft eigenen Rechts erteilen. Wenn der Religionsunterricht ordentliches Lehrfach in der Schule ist, muß die Schule und damit die Unterrichtsverwaltung primär für die Ordnung dieses Unterrichts zuständig sein. Demnach ist die staatliche Unterrichtsverwaltung die Auftraggeberin auch für das Lehrfach Religionsunterricht. Soweit nach einzelnen schulgesetzlichen Bestimmungen der Religionsunterricht durch die Religionsgesellschaften zu besorgen und zu überwachen ist, kann die einzelne Religionsgesellschaft dies daher nur im Namen und Auftrag des Staates tun. Dies ist auch der Sinn des Artikels 149 der Weimarer Reichsverfassung, wenn dort ausgesprochen ist, daß das Aufsichtsrecht des Staates unberührt bleiben soll durch den Umstand, dass der Religionsunterricht in Übereinstimmung mit den Grundsätzen der Kirche erteilt wird. Ein solches staatliches Aufsichtsrecht über den Religionsunterricht wäre jedenfalls mit dem Grundsatz unvereinbar, daß die Kirche den Religionsunterricht „kraft eigenen Rechts" besorgt und überwacht.

Im übrigen habe ich in den Richtlinien hinsichtlich der inneren Gestaltung des Religionsunterrichts festgestellt, daß hierfür Grundsätze der Kirche und die Forderung des Art. 21 des Reichskonkordates über das zu erstrebende Erziehungsziel maßgebend sind."

Das Ministerium übte seine formale Aufsicht über den RU vor allem darin aus, dass es Geistlichen beider Konfessionen aus mehr oder weniger stichhaltigen Gründen (zum Beispiel körperliche Züchtigung oder auch kritische Bemerkungen), aber oft auch ohne Begründung die Unterrichtserlaubnis entzog. Die Formschreiben sahen so aus:

1771 Entzug der Unterrichtserlaubnis
Schreiben des Ministeriums des Kultus und Unterrichts vom 14. Oktober 1937 Nr. 11906 an die Kreis- und Stadtschulämter, die Direktionen und Vorstände der höheren Lehranstalten und Fachschulen betr. Entzug der Unterrichtserlaubnis; GLA 235/12754

„An die Kreis- und Stadtschulämter, die Direktionen und Vorstände der höheren Lehranstalten und Fachschulen

Dem [kath.] Vikar Bruno Menzel in Mannheim wurde mit sofortiger Wirkung die Befugnis zur Erteilung des Religionsunterrichts in den Schulen des Landes entzogen.

Ich ersuche um Beachtung und gegebenenfalls weitere Veranlassung.

In Vertretung
Frank"

Die Kirchen versuchten, entstehende Versorgungslücken auch mit Geistlichen von außerhalb Badens zu schließen. Bei bekenntnistreuen Leuten versuchte dies das Ministerium, unterstützt von der Finanzabteilung beim EOK, zu verhindern.

1772 Verhinderung der Unterrichtserteilung durch einen Vikar der Bekennenden Kirche
Schreiben des Ministeriums des Kultus und Unterrichts vom 2. Juni 1939 an das Kreisschulamt in Karlsruhe; GLA 235/12754

„Für den Pfarrer Riehm in Ispringen erteilt nach einer mir zugegangenen Mitteilung der evangelische Vikar Adolf Weinel Religionsunterricht. Weinel wurde am 28. Dezember 1938 aus der Provinz Hessen-Nassau ausgewiesen. Die Verwendung im Dienst der evangelischen Landeskirche Badens geschieht nicht im Einverständnis mit der Finanzabteilung beim Evangelischen Oberkirchenrat. Weinel bezieht für seine Tätigkeit ein monatliches Gehalt von RM 140,-, das ihm vom Landesbruderrat der Bekennenden Kirche in Frankfurt a.M. ausbezahlt wird.

Ich gebe hiervon vertraulich Kenntnis. Dem Vikar Weinel ist das Treuegelöbnis auf den Führer nicht abzunehmen. Damit entfällt für ihn die Möglichkeit, Religionsunterricht in den Schulen zu erteilen.

Nachricht hiervon den übrigen Kreis- und Stadtschulämtern zur vertraulichen Kenntnis."

3. Der Streit um das Alte Testament[*]

Während die Diskussion um die Schulaufsicht noch andauerte, startete das Kultusministerium den nächsten Angriff auf den Religionsunterricht. „Gewissensnöte" von Lehrern und Schülern wurden zum Anlass genommen, gegen die Behandlung des AT im Unterricht vorzugehen.

---

[*] Siehe auch: Jörg Thierfelder, Der Streit um die Behandlung des Alten Testamentes im Religionsunterricht in der badischen und württembergischen Landeskirche während der Zeit des Nationalsozialismus. In: ders., Tradition und Erneuerung – Protestantismus in Südwestdeutschland. Studien zur kirchlichen Zeitgeschichte, Weinheim 1998 (Schriften der Päd. Hochschule Heidelberg, Bd. 32), S. 57 ff.

1773 „Gewissensnöte" der Lehrer bei Behandlung des AT[*]

Brief des Ministeriums des Kultus u. Unterrichts vom 29. November 1937 an den EOK; LKA GA 4442

„Es mehren sich die Zuschriften aus Lehrerkreisen, in welchen beanstandet wird, daß heute noch im Lehrplan für den Religionsunterricht die Behandlung des Alten Testamentes vorgesehen ist. Dabei wird mit Recht darauf hingewiesen, daß es unmöglich sei, das jüdische Volk als das von Gott auserwählte Volk zu bezeichnen, zum Träger göttlicher Offenbarungen zu machen und die Gestalten und Gedanken des Alten Testaments als Vorbild und Heilslehre zu schildern. Daß ein derartiger alttestamentlicher Religionsunterricht im Widerspruch mit der auf Volkstum und Rasse gegründeten Weltanschauung steht, wird dabei ebenfalls betont.

Viele Lehrer und Schüler haben es daher mit ihrem Gewissen nicht mehr vereinbaren können, weiterhin Religionsunterricht zu erteilen oder an diesem Unterricht teilzunehmen. Eine Gruppe anderer Lehrer hat diese Folgerung zwar nicht gezogen, erklärt aber, daß sie sich außer Stande sehe, im Religionsunterricht weiterhin die Geschichte des Alten Testamentes zu behandeln, und beschränkt sich daher auf die Durchnahme des Neuen Testaments.

Ich gebe davon Kenntnis und bitte mir mitzuteilen, in welcher Weise beabsichtigt ist, diesem auf die Dauer untragbaren Zustand abzuhelfen."

1774 Mehrseitige Stellungnahme des EOK zum Alten Testament

Schreiben des EOK an den Minister des Kultus und Unterrichts vom 17. Dezember 1937; LKA GA 4442

„Der Herr Minister erwartet in obigem Schreiben eine grundsätzliche Stellungnahme der Kirche zum Unterricht im Alten Testament. Da es sich hierbei nicht mehr um äussere Gestaltung, sondern um Substanz und Inhalt des Religionsunterrichts handelt, so erlauben wir uns vor allem, nochmals auf die rechtliche Lage Bezug zu nehmen, die in unserem Schreiben vom 10.12.37 Nr. A26715 eingehend dargelegt wurde, wonach die Kirche allein den Religionsunterricht besorgt und überwacht. Wir können uns hier mit dem Hinweis auf jene rechtlichen Darlegungen begnügen.

---

[*] Ein gleichlautender Brief ging an das Ordinariat Freiburg – siehe: Joachim Maier, Schulkampf in Baden 1933–1945. Die Reaktion der katholischen Kirche auf die nationalsozialistische Schulpolitik, dargestellt am Beispiel des Religionsunterrichts in den badischen Volksschulen, Mainz 1983 (Veröffentlichungen der Kommission für Zeitgeschichte, Reihe B, Bd. 38), S. 86.

I.

Die grundsätzliche Einstellung der ev. Kirche zum AT. ist folgende: Altes und Neues Testament bilden eine nicht aufzuhebende Einheit. Verkündigung des Wortes Gottes aus der heiligen Schrift A. u. N. T., auch im Religionsunterricht, ist der der Kirche gewordene Auftrag, dem sie sich nicht entziehen kann, wobei das Alte Testament die vorbereitende Offenbarung auf Christus enthält. Luther sagt mit Recht, in der Vorrede zum Alten Testament 1523: „Hier wirst du die Windeln und die Krippe finden, da Christus innenliegt, dahin auch der Engel die Hirten weist. Schlechte und geringe Windeln sind es, aber teuer ist der Schatz, Christus, der drinnen liegt". Und an anderer Stelle spricht er von dem Alten Testament „als von einem allerhöchsten Heiligtum, als von der reichen Fundgrube, die nimmer genug ausgegründet werden mag, um die göttliche Weisheit zu finden". Das ist eine Aussage des in Christus gegründeten Glaubens, der in dem Angriff auf das alttestamentliche Gotteswort auch sofort einen Angriff auf Christus selbst ahnt und verspürt. Denn die Ablehnung des Alten Testaments muss notwendig die Ablehnung wesentlicher N.T.licher Stücke wie Paulus zur Folge haben. Das hiesse aber die reformatorische Grundlage zerstören, da Luther unmittelbar auf Paulus und seiner Lehre fusst. Die Glaubensbotschaft des Neuen Testaments setzt die Glaubensbotschaft des Alten Testaments voraus. [...]

Im folgenden wird das Gottesbild im AT. im Vergleich zu anderen Religionen und daraus das Verhältnis Gott – Mensch entwickelt. Als Resumee heißt es dann:

Jede sittliche Gotteserfahrung lebt davon, dass Gott wirklich und seine Macht überall gültig ist. Hier führt gerade das AT. weit hinaus über jeden jüdischen Chauvinismus und führt hin zu dem Gott der Allmacht, der Gericht und Gnade zugleich ist. Hier ist kein Judengott mehr, sondern hier ist der Gott, der alle Völker, auch das jüdische Volk richtet.

Die Erwählung Israels bedeutet daher alles andere als eine Vorzugsstellung unter den Völkern dieser Erde. Zunächst aber muss festgestellt werden, dass das AT. ein anderes Judentum kennt als das heutige. Das Judentum in unserer Gegenwart ist erst allmählich in der Periode entstanden, in der das AT. abgeschlossen war. Das jüdische Volk war bis zum babylonischen Exil ein Volk der Bauern, Viehzüchter, Handwerker und Soldaten. Der Jude, wie wir ihn kennen, ist erst seit der Zerstörung Jerusalems durch mannigfaltige geschichtliche Einflüsse geworden. Dieser Beurteilung schliesst sich auch H. Günther in seinem Werk „Rassenkunde des jüdischen Volkes"[*] an, wenn er in der vorexilischen Zeit von Hebräern und

---

[*] Hans F. K. Günther, Rassenkunde des jüdischen Volkes, München 1930.

erst danach von Juden spricht. Gleiches gilt auch von Lagarde in seinen „Deutschen Schriften"*). Warum nun Gott gerade in diesem Volk sein Wort, seinen Sohn geoffenbart hat, wissen wir nicht. Aber er hat damit dem jüdischen Volke eine historische Aufgabe auferlegt, der es später untreu wurde. An Israel wird nun beispielhaft deutlich, welche Folgen es für ein Volk hat, wenn es einem gottgebenen Auftrag nicht treu bleibt. Somit ist Israel ein gewaltiges Warnungszeichen inmitten der Geschichte. Es steht als das verworfene Volk da und ist mit Recht ein Fluch allen Völkern geworden. Mit unerbittlicher Schärfe sagten das die Propheten ihrem Volk, das stets sich brüstete: Wir haben Gott in der Mitte, uns kann kein Unheil treffen. In Amos 3,2 steht das herbe Gerichtswort: „Aus allen Geschlechtern auf Erden habe ich allein euch erkannt; darum will ich euch auch heimsuchen mit aller euerer Missetat." Hosea und Jeremia sagen: Israel hat Gott die Ehe gebrochen, darum verstösst er es. So sieht die Erwählung bei ihnen aus. Wird nicht bei einer solchen Geschichtsbetrachtung das Christuswort deutlich: „Wer da hat, dem wird gegeben, dass er die Fülle habe; wer aber nicht hat (d.h. aus eigener Schuld die Gabe Gottes missbraucht), von dem wird genommen was er hat." *[Mt 13,12; 25,29]* Echte christliche Verkündigung hat sich von jeher frei gewusst von einer Idealisierung des „auserwählten Volkes" und hat stets in diesem Titel eine Warnung Gottes für das eigene Volk gesehen.

5. Aus diesem Grund mahnt echte christliche Verkündigung aus dem Wort Gottes der ganzen Hl. Schrift immer wieder den Menschen, sich so zu sehen, wie er wirklich ist. Das AT. zeichnet im Unterschied von der gesamten übrigen Religionsgeschichte den Menschen in seiner Wirklichkeit, so wie er im Lichte des lebendigen Gottes erscheint. Während alle andere, vom Menschen ausgehende Religion Wunschbilder zeichnet, gibt es im AT. keinen Traum und keinen Wunsch, sondern harte Wirklichkeit. Hier steht der Mensch, der sich immer wieder aus Gottes Hand losreisst, und auf der anderen Seite Gott, der in unbegreiflicher Weise dem immer wieder abfallenden Menschen die Treue hält. Es ist nun aufschlussreich zu zeigen, wie das jüdische Volk stets in diesem Abfallen von Gott lebte, immer nach einem Ausweg suchte, um dieser Beugung vor Gott, diesem Zittern und Beben über der eigenen Schuld zu entgehen. Die Prophetenschriften zeigen uns fast auf jeder Seite das jüdische Volk in steter Auflehnung gegen die Predigt von Sünde und Busse. Im Blick auf seine guten Werke und seine Gesetze hat es geglaubt, mit Gott rechten und auf Beugung vor Gott verzichten zu können. So musste es durch die Propheten zur Busse gerufen werden.

---

*) Paul de Lagarde, Deutsche Schriften, 3. Aufl., München 1937.

6. Das Entscheidende für die religiöse Wertung des AT. ist dies, dass in ihm sich die Offenbarung Gottes in Christus anbahnt. Christus zeigt uns selbst, dass er die Vollendung der Offenbarung ist, die Gott durch gewaltige Persönlichkeiten im AT. gegeben hat. Christus hat im AT. die Stimme seines himmlischen Vaters vernommen und seine eigene Lebensaufgabe vorgezeichnet gefunden. So sieht er in sich den von den Propheten gedeuteten Geschichtsablauf beendet. Er liest den Willen Gottes aus dem AT. heraus, und was seinem Sohnesbewusstsein kongenial ist, hat für ihn Ewigkeitswert, ist für ihn Offenbarung Gottes im AT. Von hier aus ist es der christlichen Kirche stets bewusst gewesen, dass die Beseitigung oder Ausschaltung des AT. nichts anderes bedeuten werde, als die Axt an die Wurzel des Christentums selbst zu legen.

II.

Nach dieser grundlegenden religiösen Wertung des AT. hat die Frage ein Recht: Wie ist das AT. im Religionsunterricht zu behandeln. Wir weisen dabei auf den § 3 des Lehrplanes für den evangelischen Religionsunterricht in den Volksschulen Badens hin. Der alttestamentliche Religionsunterricht beschränkt sich auf das, was im AT. „Christum treibt", und nur unter diesem Gesichtswinkel kann er gegeben werden.

Dieser evang. Standpunkt wird dadurch belegt, dass die ‚Bibl. Geschichte für die evang.-prot.-Kirche in Baden'[*)] lediglich eine Auswahl der wesentlichen ATlichen Geschichten bietet. Aber auch diese Auswahl hat durch den Lehrplan insofern eine Einschränkung erfahren, als dem Religionslehrer eine Reihe von Geschichten zur Unterweisung freigestellt ist. In dem in diesem Jahr dem Ministerium vorgelegten geänderten Lehrplan für den Religionsunterricht an den Höheren Schulen sind weitere Kürzungen vorgenommen, die wir gerne in den Lehrplan für die Volksschulen übernehmen werden. Auch der von der Kirchenkanzlei bei der D.E.K. im Auftrag der evang. Landeskirchen dem Reichserziehungsministerium überreichte Vorschlag eines zukünftigen für alle Landesteile geltenden Lehrplanes für den Religionsunterricht will das AT. auch nur in diesem Sinne gelehrt wissen. Dann aber kommt es darauf an, die Erzählungen aus der Urgeschichte, aus dem Leben der Patriarchen, des Mose und der Helden nicht als eine Geschichte der Vorfahren Israels vorzutragen, sondern so, dass das Kind lernt, wie das Leben der Menschen bestimmt wird von dem Gott der Gnade und des Erbarmens, der aber auch durch seinen heiligen Willen unnachsichtlich die Sünde straft. Auf der höheren Stufe des Unterrichts ist der Schwerpunkt zu legen auf eine Einführung in die Propheten, die im Kampfe standen gegen eine Religion des Egoismus

---

*) Biblische Geschichte für die evang.-prot. Kirche in Baden, 56. Aufl., Lahr 1936. (1.Aufl. 1877, bearb. von Ferdinand Leutz.)

und des Gesetzes und die auf ein Gottesreich hindrängten, wie es Christus gebracht hat. Damit ist zu verbinden all das, was uns Gottes Wort über Gott und den Menschen lehrt. Auch muss gezeigt werden, wie gerade der an den lebendigen Gott glaubende Christ in seiner Vereinzelung nicht stehen bleiben kann, sondern durch den Glauben hingewiesen wird an seinen Nächsten und an sein Volk. Wer so die Jugend aus dem AT. zu unterrichten versteht, wird in den Herzen der Kinder ein religiöses Fundament legen, auf dem sich ein Volk aufbauen kann.

Zum Schluss dürfen wir noch darauf hinweisen, dass das Gute und Edle, was auf dem Grund unserer deutschen Volksseele ruht, nie beeinträchtigt worden ist durch die Berührung mit dem AT. Das, was diese dann und wann erkranken liess, sind stets andere Faktoren gewesen, die doch weit ab von dem liegen, was die evangelische Kirche lehrt und bezeugt.

Es muss nur festgehalten werden, dass Unterweisung aus dem AT. im evangelisch-kirchlichen Sinn durchaus nicht Darstellung israelitischer Religionsgeschichte bedeutet – eine stete Verkennung des AT-lichen Unterrichts, die den religiösen Wert des AT. völlig verkürzt – sondern Gründung des Glaubens an einen göttlichen Heilsplan, der sowohl auf den Einzelmenschen als auch auf die Völker abzielt. Wir unterbreiten dem Herrn Minister den Vorschlag, die Lehrerschaft, soweit sie zum Religionsunterricht gewillt ist, durch Vorträge über die evang. Grundsätze alttestamentlichen Religionsunterrichtes zu informieren. Manche Vorurteile und Anstösse könnten dadurch beseitigt und Fingerzeige gegeben werden, wie der Unterricht im AT. religiös wertvoll und fruchtbar zu machen ist. Sollte der Herr Minister mit diesem Vorschlag nicht einverstanden sein, so bitten wir unsere Darlegungen den Religionslehrern in die Hand zu geben, damit der evang. Standpunkt unverkürzt und klar erkannt wird."

1775 Das Ministerium ist nicht beeindruckt.
Antwortbrief des Ministeriums des Kultus u. Unterrichts vom 10. Januar 1938 an den EOK, betr. AT; LKA GA 4442

„Bei der religiösen Wertung, die das Alte Testament in dem dortigen Schreiben vom 17. Dezember vg. Js. findet, wenn es darin die Anbahnung der Offenbarung Gottes in Christus sieht und von einer Offenbarung Gottes im Alten Testament spricht, erscheint mir eine Einflußnahme auf die Lehrkräfte, welche das Alte Testament gerade aus einer entgegengesetzten Einstellung heraus ablehnen, zwecklos. Dies gilt sowohl für den Versuch einer mündlichen Unterweisung der Lehrerschaft wie auch für eine Übermittlung der dortigen schriftlichen Darlegungen über das Alte Testament.

Ich kann daher den dortigen Ausführungen gegenüber nur das wiederholen, was in meinem Schreiben vom 29. November 1937 Nr. B 45544 dargetan ist."

1776 Festhalten der Landeskirche an der Rechtsposition
Protokoll der EOK-Sitzung vom 18. Januar 1938, Ziffer 10; LKA GA 3484

„Von der Antwort des Kultusministeriums auf das ausführliche Schreiben des O.K.-Rates bzw. Landesbischofs betr. das Alte Testament im Religionsunterricht wird Kenntnis genommen. Da das Kultusministerium erklärt, daß es an seinem bisherigen Standpunkt festhalte, wird ihm in einem nochmaligen Schreiben mitgeteilt, daß die Kirchenbehörde das Recht beanspruche, zu sagen, was maßgeblich ist für die Auffassung über das Alte Testament, und auch das Recht, den mit dem Religionsunterricht beauftragten Lehrern dies mitzuteilen, da die Kirche den Religionsunterricht erteile und überwache, also auch den Inhalt dieses Rel.U. zu bestimmen habe."

4. Die Streichung des Satzes „Das Heil kommt von den Juden"

Im Zusammenhang mit der Schulbuchfrage wurde die Kirchenleitung vom Kultusministerium in schlimmer Weise überlistet. Eine unbedachte Äußerung des Landesbischofs diente als Alibi, um die Streichung des Satzes „denn das Heil kommt von den Juden" in der Biblischen Geschichte anzuordnen. Der Erlass erregte Aufsehen in den Schulen. Die Kirchenleitung versuchte, den Schaden zu begrenzen.

1777 Der Oberkirchenrat zwischen Anpassung und Widerspruch
Protokoll der EOK-Sitzung vom 11. November 1938, Ziffer 5; LKA GA 3484

„Zu dem von der Fin.Abt. in Abschrift mitgeteilten Erlaß des Kultusministers v. 26.10.38 an die Stadtschulämter, Kreisschulämter und Leiter der Höheren Schulen betr. Benutzung des alttest. Teils der jetzigen Bibl. Gesch. und besonders betr. Streichung des Satzes in der neutest. Gesch. Nr. 13 „denn das Heil kommt von den Juden" soll dem Minister unter Hinweis auf den früheren mit ihm in dieser Sache gepflogenen Schriftwechsel und vor allem auf das ausführliche grundsätzliche Schreiben des Landesbischofs über die Stellung der Kirche zum A.T. noch einmal gesagt werden, daß die Kirchenbehörde in dieser Angelegenheit schon lange an der Arbeit sei, aber mit ihren Verbesserungsvorschlägen beim Ministerium keinen Erfolg gehabt habe. Auch soll nun die Gelegenheit benützt werden, um dem Ministerium als praktische Beispiele eine Reihe der Erbschen Entwürfe[*] vorgelegt werden mit dem Ersuchen, eine Umgestaltung unserer Bibl. Gesch. in diesem Sinne zu genehmigen.

Zur Orientierung sollen die Dekane und Pfarrer in einem Runderlaß über alle bisherigen Bemühungen des O.K.-Rates hinsichtlich der Neubearbeitung der Biblischen Geschichte unterrichtet werden."

1778 Der Landesbischof rechtfertigt sich.
Brief des Landesbischofs vom 22. November 1938 an sämtliche Geistliche der Landeskirche, Religionsunterricht, bes. Unterricht im A.T. betr.; LKA GA 5050

„Verschiedene schriftliche und mündliche Anfragen veranlassen mich, um allen etwaigen Mißverständnissen und Mißdeutungen vorzubeugen, einen im obigen Betreff geführten Schriftwechsel mitzuteilen:

Am 28. Februar 1938 lief folgendes Schreiben des Herrn Ministers des Kultus und Unterrichts ein:

,In der im Religionsunterricht Verwendung findenden biblischen Geschichte für die evang.-prot.Kirche in Baden – Verlag Moritz Schauenburg, Lahr, 1936 – findet sich in Nr. 13 unter der Überschrift ‚Jesus und die Samariterin' (Seite 120 a.a.O.) der Satz: ›Wir aber wissen, was wir anbeten, denn das Heil kommt von den Juden‹.
Dieser Satz ist geeignet, die Gemüter der heranwachsenden Jugend zu verwirren; ich habe diese Feststellung auch bereits dem Erzbischöflichen Ordinariat mitgeteilt und aufgrund des entsprechenden Sachverhalts die Weiterverwendung der betreffenden biblischen Geschichte im Religionsunterricht verboten.
Bevor ich jedoch auch hier von den mir zur Verfügung stehenden Mitteln der Staatsaufsicht Gebrauch mache, wäre ich um Mitteilung dankbar, wie der Herr Landesbischof diesem Übelstand Abhilfe zu schaffen gedenkt.'

Antwort hierauf vom 15. März 1938

,Das beanstandete Wort in Nr. 13 der biblischen Geschichte für die ev. prot. Kirche in Baden ist wörtlich aus dem Gespräch Jesu mit der

---

[*] Der Volksschullehrer und Michaelsbruder Jörg Erb in Lahr legte vom EOK in Auftrag gegebene Entwürfe zu einer neuen Biblischen Geschichte vor, die später als das Hausbuch „Schild des Glaubens" erschien. Siehe auch unten: 6. Vergebliches Ringen um ein neues Schulbuch.

Samariterin Evang. Joh. 4 entnommen und unbedingt als ein Wort Jesu anzusprechen. Als solches ist es auch in die biblische Geschichte hineingekommen. Es will nichts anderes sagen, als daß das Heil der Welt einst vom jüdischen Volk seinen Ausgang genommen hat, insofern diesem Volk die Offenbarung von Gesetz und Propheten gegeben war und Jesus, der Heiland der Welt, aus ihm hervorgegangen ist. Eine Verherrlichung der Juden sollte es nicht sein. Dies geht schon daraus hervor, daß Jesus in demselben Evangelium die Juden aufs schärfste bekämpft und zu ihnen sagt: Ihr seid von dem Vater, dem Teufel. (Joh. 8, 44)
Bei richtiger Auslegung dürfte das Wort aus Joh. 4 keinen Anstoß erregen. Es ist allerdings zuzugeben, daß es die Jugend verwirren kann, wenn es so genommen wird, wie es dasteht und keine Erklärung erfährt. Die Geschichte von der Samariterin ist übrigens eine wertvolle Geschichte, die nicht wegen dieses einen Satzes gestrichen werden sollte und die auch ohne diesen Satz durchgenommen werden kann.
Die biblische Geschichte bedarf zweifellos überhaupt einer Umarbeitung, besonders auch was den alttestamentlichen Teil betrifft. Diese Bearbeitung ist auch in die Wege geleitet. Dabei soll der geschichtliche Stoff des A.T. verkürzt und der prophetische in den Vordergrund gestellt werden. Ich würde diese Arbeit sehr gerne rasch zur Vollendung bringen, wenn die Aussicht auf ihre Einführung in den Schulen bestünde. Wie ich aber aus einer Mitteilung des Herrn Reichs- und Preuss. Ministers für Volksbildung an die Deutsche Evang. Kirchenkanzlei vom 6.12.37 ersehe, kommt die Einführung neuer Lehrbücher erst nach Herausgabe neuer Richtlinien in Betracht. Ich wäre dem Herrn Minister für eine Stellungnahme dankbar.'

Am 20. April 1938 legte ich im Hinblick auf die Änderung des Lehrplans für den Religionsunterricht an den Höheren Schulen und in der Erwägung, daß alle für das Glaubensleben der Schüler unwesentlichen alttestamentlichen Geschichten gestrichen werden können oder im Unterricht nur kursorisch zu behandeln sind, dem Herrn Minister einen verkürzten Lehrplan mit der Bitte vor, ihn zu genehmigen und im Amtsblatt zu verkünden. In diesem Lehrplan waren 20 alttestamentliche Geschichten ganz oder teilweise gestrichen.

Die Antwort hierauf lautete:

,Das dortige Schreiben habe ich zunächst dem Herrn Reichs- und Preuss. Minister für Wissenschaft, Erziehung und Volksbildung in Berlin zur Stellungnahme unterbreitet.'

Am 17. Mai fragte ich beim Kultusministerium an, ob nicht gerade im Interesse der Wünsche hinsichtlich einer Verkürzung des A.T. im Religionsunterricht die von mir vorgeschlagenen Kürzungen *als ein methodischer*

Weg den Religionslehrern bis zur Entscheidung durch das Reichserziehungsministerium *empfohlen* werden könnten.

Antwort des Kultusministeriums vom 9. Juni 1938:

‚Es wäre vom Standpunkt der staatlichen Unterrichtsverwaltung aus selbstverständlich nichts dagegen einzuwenden, wenn die dortige Kirchenbehörde anordnen würde, daß das Alte Testament im Religionsunterricht nicht mehr behandelt werden darf. Dagegen kann ich zu irgend einer anderen Anordnung meine Zustimmung nicht geben, weil dadurch der Entscheidung des Reichserziehungsministeriums vorgegriffen werden könnte.'

Am 26. Oktober 1938 erging folgender Erlaß des Ministeriums für Kultus und Unterricht an sämtliche Schulleitungen, von dem auch mir Kenntnis gegeben wurde:

‚Bei der im Herder'schen Verlag erschienenen [*katholischen*] ›Neuen Biblischen Geschichte‹ handelt es sich um eine Neubearbeitung. Nach einem Erlass des Reichserziehungsministeriums dürfen aber neue Lehrbücher auch im Religionsunterricht bis auf eine entsprechend andere Anordnung im Einzelfall nicht mehr eingeführt werden.
Im Gegensatz dazu ist die ›Biblische Geschichte‹ für die evangelisch-protestantische Kirche in Baden vom Jahr 1936 nur eine Neuauflage; sie fällt daher nicht unter das Verbot der Einführung neuer Lehrbücher. Allerdings bestehen auch gegen diese „Biblische Geschichte" – insbesondere gegen das in ihr enthaltene ›Alte Testament‹ – allerernste Bedenken, sodass die Weiterbenützung an sich, worauf ich die Kirchenbehörde schon wiederholt aufmerksam gemacht habe, kaum mehr vertretbar erscheint.'

Das ist die tatsächliche Sachlage. Ich bemerke dazu noch folgendes: Eine Anordnung seitens des Oberkirchenrats dahingehend, daß das A.T. überhaupt nicht mehr unterrichtet werden soll, ist unmöglich. Eine wesentliche Umarbeitung der Biblischen Geschichte, besonders des Alten Testaments, kommt nach Erklärung des Kultusministeriums z.Zt. nicht infrage, bevor das Reichserziehungsministerium seine Entscheidung getroffen hat, obwohl uns eine teilweise Neubearbeitung der Biblischen Geschichte vorliegt, die sehr geschickt ist und den Bedenken gegen das z.Zt. bestehende Lehrbuch weithin Rechnung trägt. Demnach muß es vorläufig bei der gegenwärtigen Biblischen Geschichte bleiben.

Was den besonders beanstandeten Satz in Geschichte Nr. 13 des Neuen Testaments betrifft ‚denn das Heil kommt von den Juden', so halte ich zwar eine Streichung in den bisherigen Büchern nicht für richtig. Ich bin aber allerdings der Meinung, daß die Geschichte Nr. 13 ohne diesen in

Parenthese stehenden Satz unterrichtet werden kann, ohne daß Sinn und Gehalt der Geschichte verändert wird. Aus pädagogischen Gründen habe ich darum zugestimmt, daß in dem z. Zt. fälligen Neudruck der Biblischen Geschichte (58. Auflage) dieser Satz wegbleibt.

gez. D. Kühlewein."

In diesem Schreiben ging der Landesbischof nicht auf die Antwort des Ministeriums auf seine Bitte ein, den „Streichungserlass" zurückzunehmen. Sie wurde ihm über die Finanzabteilung zugestellt.

1779 Das Kultusministerium verweigert die Rücknahme des Streichungserlasses.
Brief des Kultusministeriums vom 26. Januar 1939 Nr. B 1772 an die Finanzabteilung des EOK; LKA GA 5829

„Dem Herrn Landesbischof bitte ich auf sein Schreiben vom 18. Januar ds. Js. Nr. 230 mitzuteilen, dass ich nicht in der Lage bin, auf die mit Erlass vom 26. Oktober 1938, Nr. B 38449 angeordnete Streichung des in der Geschichte Nr. 13 beanstandeten Satzes zu verzichten. Wenn ich die Streichung dieses Satzes angeordnet habe, so handelt es sich hierbei nicht darum, ein Heilandswort für ungültig zu erklären, sondern, wie in dem Erlass ausdrücklich festgelegt ist, darum, zu verhindern, dass auch die Gefahr der Behandlung eines heute irreführenden Satzes behoben wird. Meine Anordnung ist daher durch die gleichen methodischen und psychologischen Gründe gedeckt, welche nach dem Schreiben des Landesbischofs Anlass dazu gaben, in einer Neuauflage der Biblischen Geschichte diesen Satz ganz wegzulassen. Da diese Neuauflage in absehbarer Zeit nicht möglich sein wird, weil im Religionsunterricht bis auf weiteres grundsätzlich neue Lehrbücher nicht mehr eingeführt werden sollen, bleibt nur die Möglichkeit, den Satz zu streichen."

1780 Der Landesbischof stellt den Lehrern die Behandlung des AT frei.
Bereits im Dezember hatte das Ministerium des Kultus und Unterrichts eine Bekanntmachung an alle Schulbehörden und Schulleitungen herausgegeben, welche der Finanzabteilung zur Kenntnis „mit dem Ersuchen um Verständigung des Herrn Landesbischofs" übersandt worden war.
Bekanntmachung des Ministerium des Kultus und Unterrichts vom 13. Dezember 1938 Nr. B 44265 an die Kreis- und Stadtschulämter, Direktionen der Höheren Lehranstalten sowie der Handels- und Gewerbeschulen (kaufmännische und gewerbliche

Berufsschulen) und die Leitungen der Privatschulen btr. Unterricht im Alten Testament; LKA GA 5047

„Der Landesbischof der evangelisch-protestantischen Landeskirche in Baden hat sich unterm 24. November ds. Js., weil er kein Gewissen beengen oder bedrängen möchte, dazu bereit erklärt, die weltlichen Lehrer von der Verpflichtung zur Erteilung des Unterrichts im Alten Testament zu befreien und diesen künftig den kirchlichen Lehrern und den Geistlichen zu übertragen.

Ich ersuche dies sofort allen Lehrern bekanntzugeben mit dem Anfügen, dass danach kein Lehrer im evangelischen Religionsunterricht mehr die Geschichten des Alten Testaments zu behandeln verpflichtet ist."

5. Lehrer und Religionsunterricht

Eine Reihe von Lehrern trat aus der Kirche aus, andere legten den RU nieder. Die Austritte häuften sich in den Jahren 1937, 1938 und 1939, vielfach ohne Begründung. Bei zahlreichen Niederlegungen spielten wohl opportunistische Gründe eine Rolle; viele legten aber auch aus ideologischer Überzeugung den RU nieder. Die Begründungen für Austritte oder Niederlegungen zeigten deutlich die ideologische Anfälligkeit des Lehrerstandes.

1781 Glaube an Führer, Volk, Vaterland ...
Abschrift des Briefes von Oberlehrer Kost, betr. Kirchenaustritt, an das Ministerium des Kultus und Unterricht vom 7. Dezember 1936; LKA GA 4946

„Am 10. November 1936 habe ich mit meiner ganzen Familie den Austritt aus der evangelischen Kirche vollzogen.

Ich konnte nicht anders handeln, da ich als gläubiger Nationalsozialist mich nicht mehr an eine Konfession binden kann. Mein Glaube gehört meinem Führer, Volk, Vaterland, dem Nationalsozialismus und dem Herrgott, der mich in diese grosse Zeit hineingestellt hat."

1782 Vergiftung von Kinderseelen
Abschrift des Briefes von Hauptlehrer Freiburger an das Kreisschulamt in Heidelberg, betr. Niederlegung des RU, vom 1. März 1937; LKA GA 4946

„Mit Beginn des neuen Schuljahres 1937/38 werde ich den ev. Religionsunterricht niederlegen, da ich die Unterweisung unserer Jugend in einer

Morallehre, deren Inhalt und Wirken von dem Geist einer Weltanschauung einer uns fremden und von uns bekämpften Rasse ausgeht, natürlicherweise unserem Rasseempfinden entgegenarbeiten und die Kinderseelen fortwährend vergiften muß, nicht mehr mit meinem deutschen Gewissen vereinbaren kann."

1783 Jesus gegen Judentum
Schreiben des Hauptlehrer Jander vom 17. November 1938 an den EOK wegen Niederlegung des RU; LKA GA 4946

„Die Ereignisse der letzten Jahre haben gezeigt, dass das Judentum der Welt in offener Kampfstellung zu uns steht. Die Kluft, die uns trennt, ist unüberbrückbar. Um der Wahrhaftigkeit willen bin ich in Zukunft nicht mehr in der Lage, einen Religionsunterricht zu erteilen, der keinen scharfen Trennungsstrich macht zwischen Leben und Lehre Jesu und zwischen Leben und Lehre des Judentums. Aus Gewissensgründen erkläre ich hiermit, einen Religionsunterricht in der heute noch von der Kirche aufrecht erhaltenen Form nicht mehr erteilen zu können.

Ein gleichlautendes Schreiben geht dem Stadtschulamt Heidelberg zu."

1784 Vorgehen von Schulleitern und Schulaufsichtsbeamten gegen Kirche und Religionsunterricht in der Schule
Vertrauliches Schreiben des Evang. Pfarramtes Singen/Hohentwiel an den EOK vom 10. September 1937: „Heldisches" Vorgehen der Lehrer gegen die christliche Unterweisung in Kirche und Schule betr.; LKA GA 4946

„Wie ich vorgestern von ganz zuverlässiger Seite erfahren habe, sind in einer hiesigen Volksschule die Lehrer durch Rundschreiben dahin belehrt worden, daß es ihnen künftig verboten sei, die Kinder in der Schule zum Kirchgang anzuhalten.

Ferner hat der Rektor der hiesigen Volksschule, Maier, in einer Lehrerkonferenz die Lehrer gebeten, mit Rücksicht auf den Stundenplan den Rel.Unterricht vorläufig noch zu erteilen. Bei der Aufstellung eines neuen Stundenplans an Ostern 1938 könne man ja den Rel.Unterricht gemeinsam niederlegen (Sammelaktion!)".

1785 Gestörtes Verhältnis zwischen Pfarrer und Schulleiter
Briefwechsel am 20./21. Dezember 1937 zwischen Pfarrer Robert Zitt und dem Schulleiter in Legelshurst anlässlich einer Schulveranstaltung am 19. Dezember 1937; LKA GA 5055

„Der Unterzeichnete sieht sich leider genötigt festzustellen, daß er zu der gestrigen Veranstaltung der Schule weder eingeladen noch sonstwie in gehöriger Form über sie in Kenntnis gesetzt wurde. Es ist dies das erste Mal, seit er an Volksschulen, Gymnasien und Universität nebenamtlich unterrichtet hat. Es sei hier nicht erörtert, ob die Einladung bisher auf Grund der rechtlichen Stellung des Religionslehrers als Mitglied des Lehrkörpers oder mehr aus Höflichkeit erfolgt ist.

Der Unterzeichnete nimmt aber gerne an, daß die bewußte Einladung nur aus Versehen nicht erfolgt ist."

gez. Zitt, Pfr.

„Herrn Pfarrer Zitt!

Sie scheinen vollkommen vergessen zu haben, was Sie bereits alles gegen die Lehrerschaft, allerdings mit recht mäßigem Erfolg, unternommen haben. Solange diese Tatsachen nicht aus der Welt geschafft sind, werden Sie doch – charakterlich einwandfreie Haltung ist uns eine Selbstverständlichkeit! – niemals erwarten können, daß unser Verkehr über die äußerst notwendige amtliche Form hinausgeht. Da der Besuch unseres Elternabends durchaus freiwillig war, bestand für mich nicht die geringste Verpflichtung, Sie hierüber in Kenntnis zu setzen. Vielmehr haben Sie ja, wie jeder andere Volksgenosse, durch die ortsübliche Bekanntmachung davon erfahren können. Sonst pflege ich zwar Freunde und Gönner unserer Schule besonders einzuladen, zu denen ich Sie bis heute aber noch nicht zählen kann.

Belehrungen über Höflichkeit, die immer eine Herzenssache sein sollte, dürften deswegen gerade Sie am wenigsten uns erteilen wollen."

1786 Kein Verkehr zwischen Geistlichen und Lehrern im Schulhaus!
Protokoll der Sitzung des EOK vom 6. Dezember 1938, Ziffer 14; LKA GA 3484

„Wie das Dekanat Karlsruhe-Stadt mitteilt, hat der Rektor der Karl-Wilhelm-Schule hier es abgelehnt, Mitteilungen über die Niederlegung des Religionsunterrichts zu machen, und seinen Lehrern jeden Verkehr mit den Geistlichen verboten. Hiergegen wird Beschwerde beim Ministerium erhoben."

Neben den Lehrern, die sich aus dem RU ganz zurückzogen, gab es eine größere Zahl von solchen, die sich gegen eine Behandlung des AT wehrten.

1787 Schreiben des Kreisschulamtes Waldshut mit einer Liste der Lehrkräfte, die das AT ablehnen

10. Dezember 1938, an das Ministerium für Kultus und Unterricht; LKA GA 4947

„Im Zusammenhang mit der jüdischen Mordtat und Welthetze haben es folgende Lehrer abgelehnt, weiterhin im Religionsunterricht das Alte Testament zu benützen:"

Es folgen 17 Namen.

1788 Aktion des National-Sozialistischen Lehrer-Bundes (N.S.L.B.) zur Niederlegung des RU

Protokoll der Sitzung des EOK vom 22. November 1938, Ziffer 12; LKA GA 3484

„Nach Mitteilung des Dekans Schühle ist die vom N.S.L.B. betriebene Aktion unter der Lehrerschaft zur Niederlegung des Religionsunterrichts auch in den zum Bezirksamt Karlsruhe gehörigen Gemeinden des Kirchenbezirks Durlach schon sehr weit gediehen. Im Hinblick auf den Ernst der Lage wird beschlossen, unter Verwertung des bisher aus den verschiedenen Kirchenbezirken eingegangenen Berichtsmaterials hierwegen beim Kultusministerium vorstellig zu werden."

Die Wirkung der massiven Propaganda im Herbst 1938 war verheerend. Im Advent 1938 nahm der Kirchentag der Bekennenden Kirche in einem „Wort zur Niederlegung des Religionsunterrichts" dazu Stellung:

1789 Stellungnahme des Berliner Kirchentags der Bekennenden Kirche im Advent 1938 zur Niederlegung des RU

Zit. nach: Kirchliches Jahrbuch für die Evangelische Kirche in Deutschland 1933–1944, hrsg. von Joachim Beckmann, 2. Aufl., Gütersloh 1976, S. 267

„Da unser Herr Jesus Christus seinen Jüngern den Befehl gibt, alle Völker zu taufen und zu lehren, erklärt er die ganze Menschheit zu seinem Eigentum und fordert seine Gemeinde, insbesondere ihre Prediger und Lehrer auf, alle, die sich der christlichen Lehre öffnen, in seinem Wort zu unterweisen.

Die Schule hat lange Zeit hindurch zu einem großen Teile den Dienst der Lehre an der Jugend stellvertretend für die Kirche ausgeübt. Seitdem aber in großem Umfange der evangelische Religionsunterricht in den Schulen innerlich ausgehöhlt und durch Niederlegung des Unterrichts von seiten vieler Lehrer jetzt auch äußerlich zerstört ist, fällt für die evangelische Unterweisung auf die Kirche, auf ihre Prediger und Ältesten und alle christlichen Lehrer und Eltern eine erhöhte Verantwortung.

Wir warnen vor einem Religionsunterricht, bei dem die Bibel und Jesus Christus, wie ihn die Heilige Schrift Alten und Neuen Testaments bezeugt, nicht mehr im Mittelpunkt steht, und erinnern an Luthers Wort: ‚Wo die Heilige Schrift nicht regiert, da rate ich fürwahr niemand, daß er sein Kind hintue.'

Wir begrüßen die Niederlegung des Religionsunterrichts bei denjenigen Lehrern, die der Meinung sind, daß der Religionsunterricht anderen Zwecken als der Verherrlichung Christi dienen solle. Wir bedauern es dagegen, wenn Lehrer und Lehrerinnen den Unterricht niedergelegt haben, die selbst im evangelischen Glauben stehen und aus diesem Glauben heraus unterrichten und erziehen. Wir danken den evangelischen Lehrkräften, die ihren Unterricht nicht zur Verherrlichung des Menschen, sondern zur Ehre Gottes geben und die Kinder zu Jesus Christus führen.

Wir bitten alle Glieder der Gemeinde, die es angeht, neue Wege einzuschlagen, damit überall die evangelische Unterweisung auch da sichergestellt wird, wo sich die Lehrerschaft versagt.

Jesus Christus, unser einiger Lehrer, lehre uns alle den Weg Gottes recht!"

Auch Landesbischof Kühlewein versuchte, in einem „Wort an die Gemeinden" die Ereignisse zu kommentieren:

1790 Stellungnahme des Landesbischofs zur „Niederlegungsaktion"
KGVBl. 1938, Nr. 23 vom 16. Dezember 1938, S. 128

„Wie den Gemeinden bekannt ist, findet seit einiger Zeit eine Bewegung in der Lehrerschaft statt, die sich grundsätzlich gegen den Religionsunterricht in den Volksschulen richtet. Infolge davon hat bereits ein großer Teil unserer evangelischen Lehrer den Religionsunterricht niedergelegt, und es ist weithin eine tiefe Beunruhigung in den Gemeinden entstanden.

Der Stein des Anstoßes liegt vor allem im A.T. Man könne den Lehrern nicht zumuten, jüdische Geschichten zu unterrichten und deutschen Kindern Gestalten eines Volkes vor Augen zu führen, das vom Haß gegen

Deutschland lebt. Dies ist eine gründliche Verkennung des Religionsunterrichts. Denn der Religionsunterricht hat niemals Menschen irgendeines Volkes zu verherrlichen, sondern allein Gott, der sich uns in Christus geoffenbart hat. Das A.T. wird nur deshalb und insoweit unterrichtet, als es die Vorbereitung dieser Offenbarung Gottes in Christus ist, besonders durch das Gesetz und die Propheten. Mit der Einstellung gegenüber dem jüdischen Volk hat dies nichts zu tun. Martin Luther hat bekanntlich den schädlichen Einfluß des Judentums im deutschen Volk auf das schärfste gegeißelt. Im A.T. aber hat er göttliche Offenbarung gesehen und den tiefen religiösen Gehalt, der im A.T. liegt, immer wieder zum Ausdruck gebracht. Es ist daher jedenfalls nicht im Sinne Luthers, aus antisemitischen Gründen das A.T. abzulehnen. Christus selbst hat die Juden scharf bekämpft und doch das A.T. als Heilige Schrift anerkannt.

Mit Rücksicht aber auf die z.Z. gegen das A.T. bestehenden Vorurteile und um die evangelischen Lehrer nicht in innere oder äußere Konflikte zu bringen, hat der Evang. Oberkirchenrat dem Unterrichtsministerium gegenüber erklärt, daß er von den weltlichen Lehrern den Unterricht im A.T. nicht mehr verlange. Er glaubte, ihnen dadurch die Beibehaltung des Religionsunterrichts zu erleichtern. Wer freilich soweit geht, das er die christliche Religion überhaupt als Gegensatz zur nationalsozialistischen Weltanschauung ansieht, dem kann allerdings nicht mehr zugemutet werden, daß er evangelischen Religionsunterricht erteilt.

Denjenigen Lehrern, die schon bisher gerne und mit großer Treue den evangelischen Religionsunterricht gegeben haben und die bereit sind, trotz der bestehenden Schwierigkeiten ihn auch beizubehalten, sind wir herzlichen Dank schuldig. Unsere Gemeinden aber bitten wir, an ihrem Teile mitzuhelfen, daß unserer heranwachsenden Jugend das kostbare Gut des Evangeliums und unseres evangelischen Glaubens nicht verloren geht.

Karlsruhe, den 8. Dezember 1938

Der Landesbischof: D. Kühlewein."

Nach zahlreichen Protesten aus kirchlichen Kreisen sah sich der Reichserziehungsminister veranlasst, eine Klarstellung zu veröffentlichen:

1791   Erteilung des RU – eine Gewissensentscheidung!
Erlass des Reichsministers für Wissenschaft, Erziehung und Volksbildung vom 17. November 1938; RminAmtsblDtschWiss. 1938, S. 534

„Es besteht Veranlassung, auf meinen Erlaß über die Erteilung des Religionsunterrichts vom 26. Juni 1936 – E II a 1177 – erneut hinzuweisen.

Danach ist es der Gewissensentscheidung jedes Lehrers überlassen, ob er Religionsunterricht erteilen oder sich hierzu außerstande erklären will. Aus dem Grundsatz der Gewissensfreiheit ergibt sich, daß ihm weder aus der Erteilung noch aus der Niederlegung des Religionsunterrichts Nachteile erwachsen dürfen."

Der Oberkirchenrat verständigte die Geistlichen davon, dass der Reichserziehungsminister noch einen speziellen Erlass für die Lehrer an Volksschulen herausgegeben habe:

1792 Der EOK fühlt sich durch den Reichserziehungsminister ermutigt.
Protokoll der Sitzung des EOK vom 3. Januar 1939, Ziffer 19, die Niederlegung des RU betr.; LKA GA 3485

„In dem Rundschreiben wird den Geistlichen auch mitgeteilt, daß, wie der O.K.Rat höre, unterm 7. Dez. 38 der Reichserziehungsminister Rust einen allen Volksschullehrern mitzuteilenden Erlaß herausgegeben habe, in dem er bemerkt, daß die Niederlegung des Religionsunterrichts vom nat.-soz. Standpunkt aus nur dann gerechtfertigt sei, wenn wirklich ernste Gewissensbedenken vorliegen, und daß die Lehrer ihre Niederlegungserklärung vom November nochmals überprüfen und bis 15. Jan. d.Js. eine verbindliche Erklärung gegenüber der vorgesetzten Schulbehörde abgeben sollen."

1793/1794 Fortschreiten der Niederlegungsaktion
Protokoll der Sitzung des EOK vom 31. Januar 1939 Ziffer 11; LKA GA 3485

„O.K.Rat Voges berichtet über den derzeitigen Stand der Niederlegungsaktion im Rel.Unterricht [bei Lehrern]. Danach erteilen z.Zt.

noch vollinhaltlich	526 = 34,8 % [33,46 %],
ohne Alt. Testam.	489 = 32,4 % [31,11 %].
Den ganzen RU haben niedergelegt	557 = 36,9 % [35,43 %].

Daraus ist ersichtlich, daß die Niederlegungsaktion Fortschritte macht."

Protokoll der Sitzung des EOK vom 28. Februar 1939, Ziffer 18; LKA GA 3485

„Zum Stand der Niederlegungsaktion teilt der Referent mit, daß sich in der Zeit vom 26. Jan. bis 23. Febr. d.Js. die Zahl der Lehrer, die den Rel.Unt. ganz niedergelegt haben, von 557 auf 593 erhöht hat."

6. Vergebliches Ringen um ein neues Schulbuch

Der Oberkirchenrat versuchte also, wie in dem Schreiben an die Geistlichen der Landeskirche erwähnt [s. Dok. 1778], im Jahr 1938 eine neue Biblische Geschichte als Schulbuch einzuführen. Der NS-Staat blockierte, unterstützt durch die Finanzabteilung beim EOK, dieses Vorhaben. Schließlich musste sich der Oberkirchenrat mit einer innerkirchlichen Lösung begnügen. Die Protokollnotizen aus den Sitzungen des EOK und die verschiedenen Schreiben dokumentieren dieses Ringen mit den staatlichen Stellen und der Finanzabteilung.

1795 Jörg Erb wird wegen Abfassung einer neuen Biblischen Geschichte angefragt.
Protokoll der Sitzung des EOK vom 1. März 1938, Ziffer 27; LKA GA 3484

„Mit dem Lehrer Jörg Erb, von dessen ausgezeichnetem Büchlein „Der Heiland"[*] der O.K.Rat Kenntnis genommen hat, soll in Verbindung getreten werden wegen Abfassung einer neuen Bibl. Geschichte. Dabei muß ihm dann genau gesagt werden, welche Stücke im A. Test. wegfallen sollen bzw. zu kürzen sind, und daß die Prophetengestalten ausgiebiger, klarer und verständlicher herauszuarbeiten sind.

Vielleicht sei es im Laufe des Sommers möglich, mit der Arbeit dort zu beginnen. Bis dahin müßte man warten."

1796 Jörg Erb wird mit der Abfassung beauftragt.
Protokoll der Sitzung des EOK vom 17. Mai 1938, Ziffer 26; LKA GA 3484

„Aufgrund der bisher gelieferten Proben wird Hauptlehrer Jörg Erb in Lahr mit der Bearbeitung einer neuen bibl. Geschichte beauftragt. – Wegen der ihm zu gewährenden Vergütung und wegen des Verlags, in dem das Werk erscheinen soll, soll persönlich mit ihm gesprochen und er zu dem Zweck hierher gebeten werden."

Der Streit um das Alte Testament sowie die Einrichtung der Finanzabteilung beim EOK am 25. Mai 1938 ließen alle Bemühungen um eine neue Biblische Geschichte ziemlich aussichtslos erscheinen. Trotzdem unternahm der Landesbischof noch einen Versuch:

---

[*] Jörg Erb, Unser Heiland. Sein Leben, erzählt nach den vier Evangelien, Kassel 1935.

1797 Der Landesbischof tritt für eine neue Biblische Geschichte ein.
Schreiben des Landesbischofs vom 19. Sept. 1938 an die Finanzabteilung beim EOK, „Die Schaffung einer neuen Biblischen Geschichte betr."; LKA GA 7026

„Es ist eine unbestritten anerkannte Tatsache, dass die Biblische Geschichte, die zur Zeit noch in den Schulen verwendet wird, veraltet ist, sodass ein dringendes Bedürfnis vorliegt, hier ein neues Buch zu schaffen. Der Evangelische Oberkirchenrat hat sowohl in seiner Sitzung vom 1. März 1938 wie auch vom 15. März 1938 beschlossen, mit der Vorlage eines Entwurfs den Hauptlehrer Jörg Erb in Lahr zu beauftragen. Jörg Erb hat vor einiger Zeit eine Schrift „Unser Heiland" herausgebracht, die in selten glücklicher Weise es versteht, die Jesusgeschichten des Neuen Testament den Kindern nahe zu bringen. Herr Erb hat damit seine Geeignetheit für die Ausarbeitung eines Entwurfs bewiesen, sodass der Oberkirchenrat sich veranlasst sah, mit ihm in entsprechende Verhandlungen einzutreten. Die von ihm vorgelegten Teile seiner Arbeit für das Alte Testament haben auch erneut sein Geschick und seine Begabung bestätigt. Es ist nun erforderlich, dass mit Herrn Erb wegen seiner Vergütung feste Abmachungen getroffen werden. Wir bitten die Finanzabteilung, ihre Zustimmung dazu zu geben, dass ein entsprechender Vertrag abgeschlossen wird oder von sich aus unter Zuziehung eines Vertreter des Oberkirchenrats die Verhandlungen mit Herrn Jörg Erb, Lahr/Bd., Geroldsecker Vorstadt 1, aufzunehmen.

Wir sind uns wohl bewusst, dass eine neue Biblische Geschichte als Lehrbuch nur in Übereinstimmung mit der staatlichen Schulbehörde eingeführt werden kann und dass, so wie die Dinge hinsichtlich des Religionsunterrichts liegen, die Einführung einer Biblischen Geschichte als Lehrbuch mit Schwierigkeiten verbunden sein wird. Trotzdem darf die Kirchenbehörde nicht einfach untätig die Dinge hingehen lassen, da, wie eingangs schon erwähnt, von allen Seiten, auch von Seiten der Unterrichtsverwaltung, die Notwendigkeit einer Neufassung der Biblischen Geschichte anerkannt und gefordert wird. Es musste deshalb, da sich in der Person des Herrn Hauptlehrers Erb ein in jeder Hinsicht berufener Verfasser fand, der Auftrag erteilt werden, um die Unterlagen zu erhalten, die die Kirchenbehörde in Stand setzen, jederzeit, sobald dies notwendig ist, eine neue Biblische Geschichte vorlegen zu können. Wenn das zu schaffende Buch vorerst auch für den amtlichen Schulgebrauch noch nicht eingeführt wird, so wird es jedenfalls einem Bedürfnis entgegenkommen, das sich in Haus und Gemeinde immer wieder zeigt, ein Buch zu erhalten, das Kindern im Alter von 6–10 Jahren die biblischen Geschichten in einer für sie fassbaren Weise erzählt.

Wir bitten um baldige Verbescheidung."

Mitten in die Bemühungen der Kirchenleitung um eine neue Biblische Geschichte kam das endgültige Aus des Ministeriums.

1798 Die Neueinführung einer Biblischen Geschichte wird untersagt.
Brief des Ministeriums des Kultus und Unterrichts vom 12. Dezember 1938 an den Vorsitzenden der Finanzabteilung beim EOK; LKA GA 7026

„Lehrstoff für den Religionsunterricht, hier: Schaffung einer neuen Biblischen Geschichte.

Der Herr Reichsminister für Wissenschaft, Erziehung und Volksbildung hat mit Erlaß vom 24. Juli 1937 die Neueinführung von Biblischen Geschichten im Religionsunterricht bis auf weiteres untersagt. Wenn der Evangelische Oberkirchenrat eine neue Biblische Geschichte für den Religionsunterricht einzuführen beabsichtigt, bin ich nicht in der Lage, hierzu meine Zustimmung zu geben, solange das Verbot besteht. Eine trotzdem herausgegebene neue Biblische Geschichte könnte daher nur außerhalb der Schule Verwendung finden."

1799 Eingreifen der Finanzabteilung beim EOK
Protokoll der Sitzung des EOK vom 3. Januar 1939, Ziffer 21; LKA GA 3485

„Nachdem der Reicherziehungsminister die Einführung einer neuen Bibl. Geschichte für Baden endgültig abgelehnt hat, hat die Finanzabteilung der Firma Schauenburg die Erlaubnis zum Druck von 5000 Stück der bisherigen Bibl. Geschichte erteilt und dabei angeordnet, daß der Satz in Gesch. Nr. 13 des N.T. ‚denn das Heil kommt von den Juden' in der Neuauflage wegzulassen sei. Dieser Eingriff in das Inhaltliche des Rel. Unterrichts wird in einem Schreiben an die Finanzabteilung zurückgewiesen."

Die Kirchenleitung versuchte nun, an Stelle des projektierten Schulbuches ein Lehr- und Hausbuch für den kirchlichen Gebrauch zu schaffen. Zwei Jahre später konnte es erscheinen:

1800 Statt eines Schulbuchs ein Hausbuch
Bekanntmachung des EOK; KGVBl. 1941, Nr. 6 vom 9. Mai 1941, S. 43

„Im Johannes-Stauda-Verlag zu Kassel ist die längst erwartete biblische Geschichte „Schild des Glaubens" von dem Lahrer Jörg Erb erschienen zum Preis von 3,50 RM. Dieses Buch, das für die Hand der Mütter bestimmt ist, wird unseren Geistlichen empfohlen. Bei geeigneter Gelegenheit mögen die Eltern auf dieses Buch aufmerksam gemacht werden."

7. Um die Position der Kirchen in Schule und Öffentlichkeit

1801 Verbot der Mitgliedschaft von Beamten und Lehrpersonen in berufsständischen konfessionellen Vereinigungen

Runderlass des RMdI., zugleich im Namen sämtl. Reichsministerien., des Preuß. Ministerpräsidenten u. des Preuß. Finanzministers, vom 4. Oktober 1938 – II SB 2502/38-6732 – Amtsblatt des Bad. Min. d. K. u. U. 1938, Nr. 19 vom 2. November 1938, S. 184

„(1) Für die organisatorische Erfassung der Beamten und Lehrpersonen sind die der NSDAP. angeschlossenen Verbände, der Reichsbund der Deutschen Beamten (RDB) e.V. einschließl. des ihm eingegliederten Kameradschaftsbundes Deutscher Pol[izei]-Beamten e.V., der National-Sozialistische Rechtswahrerbund e.V. und der National–Sozialistische Lehrerbund geschaffen worden. Die Zugehörigkeit von Beamten und Lehrpersonen zu besonderen berufsständischen konfessionellen Verbänden, deren Mitglieder zum überwiegenden Teil nichtbeamtete Personen sind (z.B. Vereinigung evang. Akademiker; kath. Akademikerverband; [...]; Reichsgemeinschaft kath. Jugendleiterinnen, Kindergärtnerinnen und Hortnerinnen Deutschlands; kath. Arbeiter- und Gesellenvereine [Kolpingfamilie] usw.) läuft daher den Organisationsgrundsätzen des nationalsozialistischen Staates zuwider und verträgt sich nicht mit der Stellung der Beamten und Lehrpersonen als Staatsdiener. Ich verbiete deshalb den Erwerb der Mitgliedschaft und irgendwelche Betätigung in berufsständischen konfessionellen Vereinigungen durch Beamte und Lehrpersonen. Eine bestehende Mitgliedschaft oder Betätigung in einem derartigen Verband ist sofort zu lösen; dies ist in den Personalakten anzuzeigen.

(2) Vorstehende Anordnung gilt nicht für Geistliche, die Beamte sind (z.B. Gefängnisgeistliche), hinsichtlich ihrer Mitgliedschaft und Betätigung in berufsständischen Vereinigungen von Geistlichen.

(3) Die Beamten sind entsprechend zu verständigen."

1802 Erweiterung des Verbots der Mitgliedschaft von Beamten und Lehrpersonen in berufsständischen konfessionellen Vereinigungen

Erlaß des Reichsministers für Wissenschaft, Erziehung und Volksbildung vom 6. April 1939; RminAmtsblDtschWiss. 1939, S. 218

„Aus gegebener Veranlassung weise ich darauf hin, daß das Verbot der Mitgliedschaft von Beamten und Lehrpersonen in berufsständischen konfessionellen Vereinigungen (Runderlaß vom 25. Oktober 1938 – Z II a 3975 –, RminAmtsblDtschWiss. 1938, S. 515) sich auch auf solche Beamte erstreckt, die früher Geistliche gewesen sind, jetzt aber eine andere als seelsorgerliche Tätigkeit ausüben. Hierzu gehören u. a. die theologischen Hochschullehrer, auch wenn sie auf Grund ihrer früheren Ordinierung gewisse kirchliche Handlungen noch ausführen dürfen, sowie Studienräte, die früher Geistliche waren und dann in den Schuldienst als Religionslehrer übergegangen sind.

Dieser Erlaß wird nur im RminAmtsblDtschWiss. veröffentlicht."

Die sogenannten Religionsprüfungen in den Grund- und Hauptschulen boten auch einen Anlaß, die Position der Kirche in der Schule zu schwächen:

1803 Den Kirchenältesten wird die Beteiligung an Religionsprüfungen verboten.

Schreiben des Min. d. K. u. U. an den EOK vom 18. Mai 1938, „Beteiligung der Kirchenältesten an den Religionsprüfungen der Grund- und Hauptschulen" betr.; GLA 235/37569

„In den staatlichen Vorschriften über den Religionsunterricht, insbesondere auch über das Prüfungsverfahren, ist keine Bestimmung enthalten, nach welchen Kirchenälteste berechtigt sind, einer Religionsprüfung beizuwohnen. Die von dort herangezogene Bestimmung einer kirchlichen Verordnung vom Jahr 1905 kann diese Lücke nicht ausfüllen. [...] Es erregt geradezu mein Befremden, wenn von dort heute noch auf diese Bestimmung abgehoben wird, die nichts anderes besagen will, als dass der Kirche eine Aufsicht über die staatliche Schule – unbeschadet der Mitwirkung bei der Beaufsichtigung des Religionsunterrichts – zustehen würde.

Sowenig ein Schulaufsichtsbeamter heute bei der Durchführung seiner schulaufsichtlichen Aufgaben den Gemeinderat heranziehen und etwa in dessen Gegenwart eine Schulprüfung vornehmen kann, sollte auch ein geistlicher Dekan bei der Prüfung des Religionsunterrichts Kirchengemeinderatsmitglieder heranziehen. Ein gewisses Taktgefühl sollte ihm dies schon verbieten. [...]"

Die Minderung des Einflusses der Kirche in der Schule wurde mit allen Mitteln vorangetrieben. Die folgenden Dokumente belegen eine raffinierte Vorgehensweise.

1804 Glaubens- und Gewissensfreiheit in der Schule im Verständnis des bad. Kultusministeriums: Verbot von Schulgottesdiensten und der Teilnahme an kirchlichen Veranstaltungen

Erlass des Min. d. K. u. U. vom 13. Juni 1939, Nr. B 21485 an alle Schulen; LKA GA 5829

„An die Kreis- und Stadtschulämter, Direktoren und Vorstände der höheren Lehranstalten, Berufs- und Berufsfachschulen, sowie an die Leitungen der privaten Schulen

Der Stellvertreter des Führers und der Herr Reichsminister für Wissenschaft, Erziehung und Volksbildung haben in jüngster Zeit in mehreren Verfügungen den Grundsatz der Glaubens- und Gewissensfreiheit vor allem auch auf dem Gebiete der Schule verkündet. Zur Durchführung dieses bedeutsamen nationalsozialistischen Grundsatzes ordne ich an:

1. Die Schule hat keine kirchlichen Veranstaltungen durchzuführen. Dies gilt vor allem für sogenannte Schulgottesdienste, soweit solche tatsächlich von Anstalts wegen noch irgendwo eingerichtet sein sollten. Die Abhaltung kirchlicher Gottesdienste durch die Kirche wird durch diese Anordnung nicht berührt.

2. Eine Teilnahme von Schulen, Klassenverbänden oder geschlossenen Schulklassen an kirchlichen Veranstaltungen ist nicht zulässig, weil im Falle einer solchen Teilnahme bei einzelnen Schülern eine Gefährdung der Glaubens- und Gewissensfreiheit eintreten kann. Aus der gleichen Erwägung ist es auch nicht zulässig, dass Lehrer oder Lehrerinnen während oder außerhalb der Schulzeit, Schulkinder zu kirchlichen Veranstaltungen führen.

3. In der Schule darf kein Zwang auf die Schüler zur Teilnahme an kirchlichen Veranstaltungen ausgeübt werden. Dazu gehört beispielsweise auch das Ausfragen der Schulkinder durch Lehrer oder in der Schule als Religionslehrer tätige Geistliche über die Teilnahme am Gottesdienst und anderen kirchlichen Veranstaltungen.

4. Zur Sicherung des Grundsatzes der Glaubens- und Gewissensfreiheit habe ich auch durch Bekanntmachung vom 14. Februar ds.Js. (Amtsblatt des Ministeriums des Kultus und Unterrichts 1939, Nr. 4, S 26) angeordnet, dass der Religionsunterricht, wo immer dies ohne besondere Schwierigkeiten möglich ist, in Eckstunden zu verlegen ist.

Im Hinblick auf die außerordentliche Bedeutung des Grundsatzes der Glaubens- und Gewissensfreiheit im nationalsozialistischen Staat werden in Hinkunft Verstöße gegen diesen Grundsatz mit besonderer Strenge geahndet. Es versteht sich von selbst, dass andererseits die Lehrer in der Schule auf die Gewissensfreiheit der Schüler Rücksicht zu nehmen haben und jede Verletzung von religiösen Gefühlen vermeiden müssen.

Diese Anordnung ist allen Lehrern zur Kenntnis zu bringen.

Zusatz für die Kreis- und Stadtschulämter: *Anlagen*

Die erforderliche Zahl von Abdrucken des Erlasses ist angeschlossen.

An die Schulämter zur Kenntnis und Eröffnung an sämtliche Lehrkräfte gegen Unterschrift.

Den Geistlichen, welche an der Schule Religionsunterricht erteilen, ist Ziffer 3 des Erlasses ebenfalls zu eröffnen. Eine mündliche Bekanntgabe genügt hier.

Heidelberg, den 24. Juni 1939"

1805 Protestschreiben der Kirchenleitung an das Kultusministerium, Glaubens- und Gewissenfreiheit in der Schule betr.
Brief des EOK an das Kultusministerium vom 3. Juli 1939 zum Erlass B 21485; LKA GA 5829

„In weiten Kreisen unserer Geistlichen hat der Erlass des Herrn Ministers vom 13.VI.1939, Nr. B 21485, „Glaubens- und Gewissensfreiheit in der Schule" betr., große Beunruhigung hervorgerufen. Die Bekanntgabe ist auf verschiedene Weise gehandhabt worden. Mancherorts wurde der Erlass von den Schulleitern nur verlesen; andere haben von den Geistlichen eine unterschriftliche Bescheinigung verlangt. Die Anfragen mehren sich bei uns, wie die Geistlichen sich diesem Erlass und seinen Auswirkungen gegenüber zu verhalten hätten.

Grundsätzlich können wir die starke Betonung und den Schutz der Glaubens- und Gewissensfreiheit nur dankbar anerkennen. Wir dürfen uns dabei mit freudigem Stolz auf die geschichtlich unwiderlegbare Tatsache berufen, dass der Begriff der Glaubens- und Gewissensfreiheit aus evangelischem Boden, aus der Reformation und Kirche Martin Luthers erwachsen und von ihr als kostbares Gut wie als heilige Verpflichtung bewahrt und gehalten worden ist.

Eben weil Glaubens- und Gewissensfreiheit ein wesenhafter Bestandteil evangelischer Gläubigkeit ist, bedauern wir, uns der Auffassung des

Herrn Ministers, wie sie vor allem im Abschnitt 3 des genannten Erlasses zum Ausdruck kommt, nicht anschließen zu können, und zwar aus klaren Gründen des Glaubens und Gewissens.

Es ist eine Verkennung des evangelischen Religionsunterrichts hinsichtlich seines Wesens und seiner Aufgabe, wenn in diesem Abschnitt gefordert wird, er müsse sozusagen in absolute Beziehungslosigkeit zur konkreten Wirklichkeit der Kirche und ihrer Einrichtungen erteilt werden. Solange anerkannt bleibt, dass ‚die Kirche den Religionsunterricht besorgt und überwacht', muss ihr auch die inhaltliche Gestaltung des Religionsunterrichts zugestanden bleiben. Solange die Kirche Religionsunterricht erteilt, kann sie ihn nur in der Bindung an ihr Bekenntnis und an ihren Kultus erteilen. Darin unterscheidet sich der Religionsunterricht von irgendwelcher bloßen Religionskunde, dass er nicht nur Kenntnisse vermittelt, sondern vor allem zu kirchlich-evangelischer Gesinnung und Haltung erziehen muss. Das Wort Luthers, dass ‚Kirchengehen noch keinen guten Christen mache', ist unablösbar von dem Nachsatz, dass ‚aber ein guter Christ in die Kirche gehe'. Das wäre kein evangelischer Religionsunterricht mehr, der sich die Ausrichtung auf den sonntäglichen Kirchgang und die ‚seelsorgerlich erzieherische' Frage danach nehmen lassen müsste. Denn um eine andere als um eine ‚seelsorgerlich erzieherische' Frage handelt es sich dabei nicht. Wir haben im Zusammenhang mit dem Erlass unsere Geistlichen ausdrücklich angewiesen, bei der Behandlung dieser Frage in ihrem Unterricht auch jeden Schein zu vermeiden, der im Sinne der Gefährdung der Glaubens- und Gewissensfreiheit missdeutet werden könnte.

Wir sind dem Herrn Minister dafür dankbar, dass er in einem Schlusssatz ‚jede Verletzung von religiösen Gefühlen' vermieden wissen will. Wir übernehmen unsererseits die Verpflichtung und Gewähr dafür, dass im evangelischen Religionsunterricht kein deutsches Kind in seiner Glaubens- und Gewissensfreiheit beengt werden soll."

Inzwischen verkehrte das Ministerium nicht mehr direkt mit dem EOK, sondern nur noch über die Finanzabteilung. Die Antwort auf den Protest der Kirchenleitung verschärfte die ursprüngliche Aussage.

1806 Die Finanzabteilung als verlängerter Arm des Ministeriums
Schreiben der Finanzabteilung beim EOK vom 10. August 1939 an den EOK mit der Antwort des Kultusministeriums; LKA GA 5829

„Der Herr Minister des Kultus und Unterrichts hat uns mit Schreiben vom 13.07.1939 Nr. B 25656 ersucht, dem Oberkirchenrat auf seine unmittelbar an den Herrn Minister gerichtete Zuschrift vom 3.07.1939 Nr. 4093 zu eröffnen, dass der Runderlass vom 13.06.1939 Nr. B 21585 streng durchgeführt werde. Dies gelte insbesondere auch für die Ziffer 3 dieses Erlasses, nach welcher ein Ausfragen der Schulkinder über die Teilnahme an kirchlichen Veranstaltungen untersagt ist. Man könne daher den Kirchenbehörden nur empfehlen, etwaige, an sich nicht notwendige Vollzugsanweisungen zu dem erwähnten Runderlass inhaltlich so klar zu fassen, dass den Geistlichen daraus keine Schwierigkeiten erwachsen. Jedenfalls müsste der Herr Minister des Kultus und Unterrichts bei Verstößen gegen den Runderlass unnachsichtlich Schulverbote aussprechen.

Schließlich ersucht uns der Herr Minister des Kultus und Unterrichts, dem Oberkirchenrat erneut mitzuteilen, dass künftig unmittelbar an ihn gerichtete Zuschriften geschäftlich nicht mehr behandelt werden.

Wir kommen diesem Ersuchen des Herrn Ministers des Kultus und Unterrichts hiermit nach."

Das Bestreben, die christlichen Kirchen auszuschalten und die Jugend ideologisch zu indoktrinieren, trieb manchmal erstaunliche Blüten. Im Sommer 1937 erreichte folgendes Schreiben die Kirchenleitung:

1807 Schreiben des Dekanats Heidelberg: Lehrplan für Ersatzunterricht
Dekanat Heidelberg an den EOK vom 27. Juli 1937; LKA GA 4442

„Seit Ostern dieses Jahres wird in der hiesigen Volksschule auf Anordnung des Kreisleiters und Stadtoberschulrats Seiler für die Schüler, die nicht am christlichen Religionsunterricht teilnehmen, ein Parallelunterricht erteilt. Diesem Unterricht liegen beigeschlossene Richtlinien zugrunde.

Wir senden sie der Behörde zur Information:

Unterricht über deutsche Sitte und deutsche Art

1. Leitgedanken:

Kern deutscher Lebenshaltung ist die Treue als höchster Ehrbegriff. Diese Haltung entspringt unserer blutgebundenen Art. Darum wollen wir zu dem völkischen Lebensgrund zurückfinden, indem wir den Quellen des starken kämpferischen Lebens unserer Ahnen lauschen. Unser Blut, der Urquell unseres Volkes, führt uns auch zur letzten

Wahrheit, zu Gott. Gott macht sich uns verspürbar in der Schicksalsgemeinschaft unseres mit seinem Boden verbundenen Volkes und im Werden und Vergehen in der Natur.

2. Richtlinien für den Stoffplan

1. Germanische Weltschau:
Als Glied unseres Volkes sehen wir uns, geformt durch Rasse und Schicksal (Geschichte), in einer Welt des Kampfes vor einer großen und unabwendbaren Aufgabe: Deutschland. Deutsche Art und deutsche Aufgabe wird uns bewusst:
a) in nordischen Märchen, Sagen, Mythen (Götterlehre)
b) im deutschen Brauchtum (deutsche Feste im Jahreslauf); deutsches Weistum (Spruchweisheit)
c) im Wirken und in Worten großer Deutscher:
Deutsche Helden: Siegfried, Schlageter, Hindenburg, der unbekannte Soldat, die Gefallenen der Bewegung (Heldenleben, Heldentod)
Führer unseres Volkes: Armin, Widukind, Heinrich I., Großer Kurfürst, Friedrich d. Große, Stein, Liszt, Bismarck, Hitler.
Deutsche Denker und Forscher: Leibniz, Kant, Fichte, Rosenberg, Parazelsus, Kepler.

2. Germanische Gottschau:
Religion als stets gegenwärtiges inneres Verhältnis des Menschen zu Gott (rassebedingt und undogmatisch).
a) Jesus der Revolutionär und Kämpfer gegen jüd. Geist.
b) Der Deutsche als Christ, z.B. Hutten, heil. Elisabeth, Königin Luise.
c) Deutsche Glaubenshelden: Eckehard, Silesius, Luther, Arndt, Lagarde.

3. Unterrichtsplan

Unterstufe:
Das Treueverhältnis gegenüber Familie und Sippe
Deutsche Märchen (Grimm), Fabeln, eth. Kurzgeschichten
Bildbetrachtungen (Richter)
Im Lebenskreis der Familie erlebt das Kind Muttertreue und Fürsorge seiner Angehörigen. Daraus erwächst sein Gefühl der Liebe und Dankbarkeit. Von Muttertreue erzählen uns unsere Märchen, schlecht geht es dem mutterlosen Kind (Stiefmutter), sie erzählen von Geschwistertreue, von Tapferkeit, Unerschrockenheit und streifen an letzte Fragen. Ehrfurcht vor der Schöpfung und Werte der Ethik werden ihm nahegebracht durch Naturbetrachtung und Erzählungen. Bildbetrachtung. Unsere Vorfahren, vom Kampf um die Heimaterde, von Treue als höchster Ehrbegriff.

Mittelstufe:
Treue gegenüber der Heimat
a) deutsche Götter- und Heldensagen
b) deutsches Brauchtum und Volkskunde
c) Heimatgeschichte, Kampf um die Heimaterde. Ehre und Treue, Heldenleben, Heldentod.
Auf dieser Stufe erfährt das Kind von der Treue als erdverbundenem Besitz, die Untreue als Schuld. Es hört aus der Geschichte unserer Heimat, vom Leben, von den Sitten und Bräuchen, von Feigheit als dem niedrigsten Gefühl, dessen ein Germane fähig ist.

Oberstufe:
Treue gegenüber der Blut- und Schicksalsgemeinschaft unseres Volkes.
a) Schicksalswege und Kämpfe unseres Volkes und die Reinerhaltung seines Wesens, und um seine Heimaterde
Rasseerleben (Ehre, Treue, Opferbereitschaft, Gemeinnutz), in Taten, Worten und Schöpfungen großer Deutscher (s. Richtlinien zum Stoffplan)
b) Unser Glaube: Dienst am Volk ist Dienst für Gott. Germanische und christliche Ethik (Edda, Heiland, Markusevangelium). Jesus als Revolutionär und Kämpfer gegen jüdischen Geist. Deutsche Glaubenshelden (s. Richtlinien)
c) Unsre Symbole: Hakenkreuz, Blut, Boden
d) Unser Wollen heißt: Deutschland.
Auf dieser Stufe wird das Kind hingeführt zu den Grundgedanken unserer nationalsozialistischen Weltanschauung."

1808 „Einsatz für Volk und Vaterland" als wichtigstes Erziehungsziel

Veröffentlichung neuer Richlinien für die Volksschule durch das Ministerium des Kultus u. Unterrichts vom 15. März 1940; Amtsblatt des Bad. Ministeriums des Kultus u. Unterrichts 1940, Nr. 9 vom 9. April 1940, S. 63 ff.

„Die Aufgabe der deutschen Schule ist es, gemeinsam mit den anderen nationalsozialistischen Erziehungsmächten, aber mit den ihr gemäßen Mitteln die Jugend unseres Volkes zu körperlich, seelisch und geistig gesunden und starken deutschen Männern und Frauen zu erziehen, die, in Heimat und Volkstum fest verwurzelt, ein jeder an seiner Stelle zum vollen Einsatz für Führer und Volk bereit sind. Im Rahmen dieser Aufgabe trägt die Volksschule die Verantwortung dafür, daß die Jugend mit den grundlegenden Kenntnissen und Fertigkeiten ausgerüstet wird, die für den Einsatz ihrer Kräfte in der Volksgemeinschaft und zur Teilnahme am Kulturleben unseres Volkes erforderlich sind. [...]

Die Volksschule hat nicht die Aufgabe, vielerlei Kenntnisse zum Nutzen des einzelnen zu vermitteln. Sie hat alle Kräfte der Jugend für den Dienst an Volk und Staat zu entwickeln und nutzbar zu machen. In ihrem Unterricht hat daher nur der Stoff Raum, der zur Erreichung dieses Ziels erforderlich ist. Sie muß sich daher von allen Stoffen frei machen, die auf Grund überwundener Bildungsvorstellungen in sie eingedrungen sind. [...]

Bei den im engeren Sinne erziehlich wirkenden, insbesondere den nationalpolitischen Stoffen, hat sich der Lehrer davor zu hüten, ihre Gesinnung und Willen bildende Wirkung durch Zerreden, Zerfragen, abstrakte Lehre oder gedächtnismäßigen Drill abzuschwächen oder zu vernichten. Die freudige Bejahung der nationalsozialistischen Weltanschauung durch den Lehrer und sein überzeugendes Vorbild sind für die erfolgreiche Vermittlung der nationalpolitischen Stoffe entscheidend. Das klare begeisternde Lehrerwort wird als schlicht-anschauliche Erzählung und Darstellung von besonderer Wirkung sein. [...]"

1809 Eingriff des bad. Ministeriums des Kultus und Unterrichts in Gottesdienst und kirchliche Unterweisung

Schreiben des EOK an sämtliche Pfarrämter, Diasporapfarrämter und Pfarrvikariate vom 3. Februar 1943; LKA GA 5829

„Inanspruchnahme der Schuljugend, hier Erteilung des kirchlichen Religionsunterrichts betr.

Der Herr Bad. Minister des Kultus und Unterrichts hat unterm 22. Januar 1943 mit obigem Betreff folgende Anordnung uns mitgeteilt:

‚In Anbetracht der kriegsbedingten starken Inanspruchnahme der Schuljugend ist die Teilnahme an Veranstaltungen vor Beginn des Schulunterrichts als eine schwere gesundheitliche Gefährdung der Kinder anzusehen. Der Herr Reichsverteidigungskommissar hat deshalb mit Verfügung vom 15. Januar ds.Js. angeordnet, daß in Baden und Elsaß die schulpflichtige Jugend von dem Besuch des Gottesdienstes und kirchlichem Religionsunterricht in den Morgenstunden vor Beginn des schulplanmäßigen Unterrichts und zwischen vor- und nachmittägigem Schulunterricht zu befreien ist.

Ich ersuche hierwegen um weitere Veranlassung."

Der EOK nahm die Anordnung hin, während die katholische Kirche sofort protestierte, wenn auch ohne Erfolg.

8. Die Strangulierung des RU durch Verwaltungsmaßnahmen

1810 Bekanntmachung des bad. Kultusministers, Ende 1937: Reduzierung des RU
Bekanntmachung vom 24. Dezember 1937; Amtsbl. des Bad. Min. d. Kultus u. Unterrichts 1937, Nr. 28 vom 28. Dezember 1937

„Der Religionsunterricht an Gewerbeschulen (gewerblichen Berufsschulen) und Handelsschulen (kaufmännischen Berufsschulen) wird mit sofortiger Wirkung in Vollzug der §§ 11, 12, 13 und 14 der Fachschulverordnung vom 18. April 1925 (GVBl. Seite 87 ff) auf wöchentlich ½ Stunde festgesetzt.

Karlsruhe, den 24. Dezember 1937   Dr. Wacker"

1811 Schreiben des Ministeriums des Kultus u. Unterrichts an den EOK zur „gefl. Kenntnisnahme": „Eckstundenregelung"
20. Dezember 1937, Nr. D 28593, als Vorlage für das Amtsblatt, betr. RU an Gewerbeschulen etc.; Eingang am 31. Dezmber 1937; LKA GA 4460

„I. In das nächste Amtsblatt ist zu setzen:

Bekanntmachung

Der Religionsunterricht an Gewerbeschulen (gewerblichen Berufsschulen) und Handelsschulen (kaufmännischen Berufsschulen) wird mit sofortiger Wirkung in Vollzug der §§ 11, 13 und 14 der Fachschulverordnung vom 18. April 1925 (GVBl. Seite 87 ff.) auf wöchentlich ½ Stunde festgesetzt.

§ 1 meiner Bekanntmachung: ‚Der Lehrplan für die Gewerbeschulen' vom 21. März 1925 (Amtsblatt Seite 51 ff.), abgeändert durch die Bekanntmachung vom 23. April 1925 (Amtsblatt Seite 97 ff.) sowie die Bekanntmachung: ‚Der Lehrplan für die Handelsschulen' vom 21. März 1925 (Amtsblatt Seite 57 ff.), abgeändert durch die Bekanntmachung vom 23. April 1925 (Amtsblatt Seite 97 ff.) gilt entsprechend geändert.

II. Nachricht hiervon den Direktoren und Leitern sämtlicher Gewerbeschulen (Gewerbl. Berufsschulen) zur Kenntnisnahme und weiteren Veranlassung nach Maßgabe folgender Richtlinien:

Der Religionsunterricht ist aus schul- und stundenplantechnischen Gründen allgemein stets am Ende des Pflichtunterrichts jeden Unterrichtshalbtages, also am Ende des Vormittags- oder des Nachmittagsunterrichts festzusetzen.

Dabei ist folgende Stundenverteilung grundsätzlich vorgesehen:

a) vormittags:
1. Stunde   7.00 – 7.50 Uhr
2. Stunde   7.50 – 8.40 Uhr
Pause   8.40 – 9.00 Uhr
3. Stunde   9.00 – 9.50 Uhr
4. Stunde   9.50 – 10.35 Uhr
5. Stunde 10.35 – 11.20 Uhr
Pause   11.20 – 11.30 Uhr
Religion   11.30 – 12.00 Uhr.

b) nachmittags:
1. Stunde 13.00 – 13.50 Uhr
2. Stunde 13.50 – 14.40 Uhr
3. Stunde 14.40 – 15.30 Uhr
Pause   15.30 – 15.50 Uhr
4. Stunde 15.50 – 16.40 Uhr
5. Stunde 16.40 – 17.20 Uhr
Pause   17.20 – 17.30 Uhr
Religion   17.30 – 18.00 Uhr

[...] Soweit hauptamtliche Religionslehrer nicht mehr mit vollem Deputat an einer Anstalt beschäftigt werden können, ist mit den Schulleitern der höheren Lehranstalten am gleichen Schulort wegen der Verwendungsmöglichkeit des hauptamtlichen Religionslehrers ins Benehmen zu treten und mir über das Ergebnis zu berichten. [...]"

In einem dreiseitigen Schreiben an das Reichsministerium in Berlin protestierte der Landesbischof und versuchte, eine Rücknahme dieser „Eckstundenregelung" zu erreichen.

1812 Der Landesbischof protestiert beim Reichserziehungsminister.
Brief vom 3. Januar 1938 an den Reichs- und Preuss. Minister für Wissenschaft, Erziehung und Volksbildung; LKA GA 4460

„Den Religionsunterricht an Gewerbeschulen (gewerbliche Berufsschulen) und Handelsschulen (kaufmännische Berufsschulen) betr.

Der Herr Bad. Minister des Kultus und Unterrichts hat durch eine Bekanntmachung vom 24.12.1937 (Amtsblatt des Bad. Ministeriums des Kultus und Unterrichts Nr. 28, S. 353) angeordnet, dass der Religionsunterricht an Gewerbeschulen (gewerblichen Berufsschulen) und Handelsschulen (kaufmännischen Berufsschulen) mit sofortiger Wirkung in Vollzug der §§ 11, 13 und 14 der Fachschulverordnung vom 18. April 1925 (GVBl. Seite 87 ff.) auf wöchentlich ½ Stunde festgesetzt wird. In der uns nachrichtlich mitgeteilten Verfügung an die Direktoren und Leiter der infragekommenden Schulen ist weiterhin bestimmt, dass der Religionsunterricht aus schul- und stundenplantechnischen Gründen allgemein stets am Ende des Pflichtunterrichts jeden Unterrichtshalbtages, also am Ende des Vormittags- oder des Nachmittagsunterrichts festzusetzen ist.

Die angeführte Fachschulverordnung vom 18.4.1925, die ergangen ist aufgrund des bad. Gesetzes vom 13.8.1904 in der Fassung des Notgesetzes vom 6.3.1924 bestimmt in § 11, dass der Unterricht der infragekommenden Schulen als Pflichtfach Religion umfasst. [...] Die nunmehr durch die Bekanntmachung vom 24.12.1937 getroffene Anordnung greift zwar formell diesen Rechtszustand nicht an. Der Religionsunterricht bleibt als Pflichtfach bestehen. Tatsächlich aber wird der Religionsunterricht, dadurch, dass er auf eine halbe Stunde in der Woche herabgemindert und auf die Eckstunden gelegt ist, in seiner Auswirkung derart eingeschränkt, dass er die Bedeutung eines ordnungsmässigen Pflichtfaches fast völlig verliert. Es bedarf keiner weiteren Ausführung, um zu zeigen, welche Schwierigkeiten der Kirche bei dieser Degradierung des Religionsunterrichts erwachsen werden; die Verlegung des Unterrichts auf die Eckstunden wird einen erhöhten Anreiz für die Schüler bieten, sich vom Unterricht abzumelden, und die Kirche wird, da bei dieser stundenplanmässigen Einteilung ein Religionslehrer an einer Anstalt nur 11 Religionsstunden zu geben vermag, zwei Lehrkräfte für eine Anstalt zur Verfügung stellen müssen. Nach aussen sieht es so aus, als ob an dem Rechtszustand nichts geändert wäre. Tatsächlich ist die Möglichkeit eines erspriesslichen Unterrichts so gut wie vernichtet.

In dem Schlussprotokoll zu Artikel VIII des Bad. Evang. Kirchenvertrags vom 14.11.1932 (Bad. GVBl.. Nr. 10 vom 10.3.1933, S. 31) ist bestimmt, dass der Freistaat Baden in Anwendung der Reichs- und Landesverfassung die bezüglich des Religionsunterrichts an den badischen Schulen geltenden Rechte der Vereinigen Evang.-prot. Landeskirche auch weiterhin aufrecht erhalten wird. Ich muss es aussprechen, dass die angeführte Bekanntmachung des Herrn Bad. Minister des Kultus und Unterrichts vom 24.12.1937 mit Sinn und Zweck der Bestimmung, die im Schlussprotokoll zu Artikel VIII des Kirchenvertrags gegeben ist, in Widerspruch steht, und sehe mich daher genötigt, gegen diese Bekanntmachung Einspruch zu erheben und darum zu bitten, die Aufhebung der Bekanntmachung anzuordnen. [...]"

1813 Reaktion des Bad. Ministeriums des Kultus und Unterrichts auf den Brief des Landesbischofs

Schreiben des Ministeriums des Kultus und Unterrichts Nr. D 151 vom 3. Februar 1938 an den Herrn Landesbischof der Vereinigten Evang. protestantischen Kirche, den RU an Gewerbeschulen betr.; LKA GA 4460

„Zu meinem Bedauern ist es mir nicht möglich, der dortigen Bitte zu entsprechen, die Durchführung meiner Bekanntmachung vom 24. Dezember 1937 „Der Religionsunterricht an Gewerbeschulen (gewerblichen Berufsschulen) und Handelsschulen (kaufmännischen Berufsschulen)" auszusetzen, bis der Herr Reichs- und Preussische Minister für Wissenschaft, Erziehung und Volksbildung auf die dortige Eingabe vom 3. Januar 1938 Nr. A 27833 eine Entschliessung getroffen hat.

Abgesehen davon, dass die mit dem dortigen Schreiben vom 3. Januar 1938 bei dem Herrn Reichs- und Preussische Minister für Wissenschaft, Erziehung und Volksbildung erhobene Beschwerde unbegründet erscheint, ist auch meine angeführte Bekanntmachung erst erfolgt, nachdem der Herr Reichs- und Preussische Minister für Wissenschaft, Erziehung und Volksbildung in Berlin hiergegen keine Bedenken erhoben hat."

Die in der sogenannten NS-Arbeitsfront vereinigten Handwerksinnungen forderten die Schülerinnen und Schüler massiv zum Austritt aus dem RU auf:

1814 Werbeveranstaltung für den Austritt aus dem RU

Dem EOK zur Kenntnis gegebene Abschrift eines Schreibens vom 1. Dezember 1937 des Erzbischöfl. Stadtpfarramtes Pforzheim an das Erzbischöfl. Ordinariat; LKA GA 4460

„Die Innung der Damenschneiderinnen ließ durch die Klassenlehrerinnen sämtliche Lehrmädchen auf Montag den 29. November 1937 abends $\frac{1}{2}7$ Uhr in die Schule bestellen. Anwesend waren die Obermeisterin, Frau Stierle, die Lehrlingswärterin Frau Lenz und etwa 15 katholische und 44 evang. Lehrmädchen.

Frau Stierle wies auf einen Erlaß des Stellvertreters des Führers hin, nach welchem alle Schülerinnen über 14 Jahre nicht mehr zum Religionsunterricht verpflichtet seien; man könne jederzeit, auch unter dem Jahre, ohne einen Grund anzugeben, sich abmelden. Die Abmeldeformulare wolle sie nachher ausgeben. Dann erklärte Frau Stierle, daß die Stunde viel notwendiger für die Berufsausbildung verwendet werden könnte. Wer bis zu 18 Jahren noch Religionsunterricht notwendig hätte, sei doch nichts wert. Sie hätte auch keinen Religionsunterricht mehr gehabt.

Als Frau Stierle geschlossen hatte, ging ein allgemeines Gemurmel durch die Versammelten. Sie sollten sich doch laut und deutlich erklären, forderte Frau Stierle auf. Darauf erklärte ein kath. Mädchen: ‚Wir wollen noch Religionsunterricht.' Darauf Frau Lenz: ‚So, Du willst noch, aber die andern?' Dann wurde es in der Versammlung lebendig und alle riefen: ‚Wir wollen noch Religionsunterricht.'

Darauf Frau Stierle: ‚Warum wollt ihr denn Religionsunterricht?' – Ein kath. Mädchen antwortete: ‚Sie haben vorhin selbst vorgelesen, man brauche keinen Grund anzugeben.' – ‚Es würde mich aber doch interessieren, warum ihr den Religionsunterricht der Berufsausbildung vorzieht.' – Darauf die Antwort beinahe sämtlicher Anwesenden: Ohne Religion ist der Mensch nichts wert.

‚Nun, dann ist alles vergebens, ihr könnt gehen', schloß Frau Stierle."

1815 Hetze von Lehrern anderer Fächer gegen den Religionsunterricht
Schreiben von Vikar Friedrich Kraut in Konstanz an den EOK vom 15. November 1937; LKA GA 5049

„Vor Beginn der letzten Religionsstunde in der hiesigen Gewerbeschule wurde mir die Abmeldung dreier Schüler aus dem Evang. Religionsunterricht mitgeteilt. Aus den anwesenden Schülern war nicht zu ermitteln, aus welchem Grunde ihre Mitschüler diesen Schritt getan haben. Bei einem Gespräch mit einem Kaplan, der an der gleichen Schule Unterricht erteilt, erfuhr ich, daß der Direktor der Gewerbeschule und ein Studienrat in bewußt kirchenfeindlichem Sinne auf die Jugend einwirken. Der Direktor habe neulich einen Teil der Schüler versammelt und ihnen dabei den Austritt aus dem kirchlichen Religionsunterricht empfohlen. Bis jetzt hat in überwiegend größerer Anzahl der katholische Schülerteil dieser Beeinflussung nachgegeben. Auf unserer Seite sind bis jetzt erst einige Austritte erfolgt. [...]"

1816 Der Religionsunterricht an Berufsschulen wird gestrichen.
Erlass des Ministers des Kultus und Unterrichts vom 23. November 1939, D 21174: Religionsunterricht an Berufsschulen; GLA GA 235/38026

„I. An die Direktoren und Leiter sämtlicher Gewerbe- und Handelslehranstalten

Der Herr Reichsminister für Wissenschaft, Erziehung und Volksbildung hat im Zuge der Neuordnung des Berufsschulwesens und einer reichseinheitlichen Regelung der Lehrfächer an den Berufsschulen angeordnet, daß die Berufsschulen sich ausschließlich in den Dienst der fachlichen und nationalpolitischen Erziehung unserer Jugend zu stellen haben.

Im Einvernehmen mit dem Herrn Reichsminister für die kirchlichen Angelegenheiten hat der Herr Reichsminister für Wissenschaft, Erziehung und Volksbildung daher angeordnet, daß die bisher dem Religionsunterricht zur Verfügung gestellte Zeit für die beruflich-fachlichen und nationalpolitischen Aufgaben der Berufsschulen verwendet wird.

Der Herr Reichsminister für Wissenschaft, Erziehung und Volksbildung hat gleichzeitig bestimmt, dass dieser Anordnung entgegenstehende landesrechtliche Bestimmungen außer Kraft gesetzt zu gelten haben. [...]

Wegen anderweitiger Verwendung der in hauptamtlicher beamteter Eigenschaft tätigen Religionslehrer ergeht noch besondere Entschließung."

1817 Das Reichserziehungsministerium unterstützt die „Eckstundenregelung".
Erlass des Reichsministers f. Wiss., Erz. u. Volksbildung vom 18. Januar 1939; RminAmtsblDtschWiss. 1939, S. 57

„Die Schüler, die nicht am Religionsunterricht teilnehmen, dürfen während dieser schulfreien Zeit das Schulgebäude nur in Ausnahmefällen verlassen, über deren Berechtigung (z.B. bei nahegelegener elterlicher Wohnung) der Schulleiter entscheidet. Soweit es nach den Stundentafeln möglich ist, Religionsunterricht in Eckstunden zu verlegen, werden diese den nicht am Religionsunterricht teilnehmenden Schülern freigegeben.

Im übrigen liegt es der Schule ob, für die Beaufsichtigung der Schüler Sorge zu tragen und sie angemessen zu beschäftigen (z.B. mit der Erledigung von Hausaufgaben, Lektüre, Turnspielen u.ä.). Wissenschaftlicher Unterricht darf nicht erteilt werden."

Das badische Kultusministerium griff die Argumentation auf und gab am 14.2.1939 einen ähnlich lautenden „Eckstundenerlaß" heraus, der die Regelung für die Gewerbeschulen etc. auf die Volks – und Höheren Schulen ausdehnte.

1818/1819 Die Religionsnote verschwindet aus dem Zeugnis
Bekanntmachung des EOK vom 18. Juni 1941; KGVBl. 1941, Nr. 7 vom 8. Juli 1941, S. 47

„Zeugnisse in den Volksschulen betr.

Wir geben unseren Geistlichen nachstehenden Erlaß des Herrn Reichsministers für Wissenschaft, Erziehung und Volksbildung bekannt:

145

‚Unter Bezugnahme auf meinen Runderlaß vom 21. Februar 1941 – E II a 332 – (Deutsch. Wiss. Erziehg. u. Volksbildung, S. 79) ordne ich nunmehr an, daß die Zeugnisvordrucke für die Zeugnishefte in Normalschrift herzustellen sind. Dabei ist die Zeile mit den Worten „Evangelische – Katholische – Religion" wegzulassen. Soweit an den Schulen konfessioneller Religionsunterricht erteilt wird und bisher benotet wurde, hat diese Benotung für die Folge auf einem besonderen Blatt nach beiliegendem Muster zu erfolgen.

Wegen der Umstellung der Muster für die Entlassungszeugnisse der Volksschulen wird demnächst in einem besonderen Erlaß das Erforderliche veranlaßt werden.'

Erlaß des Reichsministers für Wissenschaft, Erziehung und Volksbildung vom 30. Januar 1942, veröff. im Amtsblatt des bad. Ministeriums des Kultus und Unterricht 1942, Nr. 3 vom 25. Februar 1942

„In der Anlage übersende ich Ihnen ein Muster der auf Normalschrift umgestellten Abgangszeugnisse für Volksschulen und der den abgehenden Schülern besonders auszustellenden Zeugnisse über die Teilnahme am konfessionellen Religionsunterricht. Die mit den Buchstaben a und b bezeichneten Vordrucke für das Entlaßzeugnis und der mit a bezeichnete Vordruck für das Zeugnis über die Teilnahme am konfessionellen Religionsunterricht sind zum Gebrauch an mehrklassigen Volksschulen, die mit c und d bezeichneten Vordrucke für das Entlaßzeugnis und der mit b bezeichnete Vordruck für das Zeugnis über die Teilnahme am konfessionellen Religionsunterricht sind für ein- und zweiklassige Volksschulen bestimmt.

[...] Die Zeugnisse sind, wie das beigefügte Muster, einfarbig auf gutem tintenfesten Papier (möglichst holzfrei) zu drucken, und zwar die Entlaßzeugnisse auf DIN A 4 und die Zeugnisse über die Teilnahme am konfessionellen Religionsunterricht auf DIN A 5. [...]"

1820 Katechetische Hauptstücke im Kindergottesdienst
Bekanntmachung des EOK vom 7. Juni 1938; KGVBl. 1938, Nr. 14 vom 22. Juni 1938

„Wir empfehlen unseren Geistlichen, in den Kindergottesdienst, wie schon an manchen Orten geübt wird, katechetische Hauptstücke einzubauen. Nach der Lektion im Kindergottesdienst oder an Stelle der Lektion können im Sommerhalbjahr die 10 Gebote (in abgekürzter Form, wie sie in Luthers Kleinem Katechismus stehen) und im Winterhalbjahr das Glaubensbekenntnis im Sprechchor gesagt werden. Auch sollte als Eingangsspruch der Monatsspruch der Evangelischen Jugend im Sprechchor gesagt werden."

Versuche von Geistlichen, eine zusätzliche innerkirchliche Unterweisung als Religionsunterricht zu bezeichnen und entsprechend zu behandeln, wurden staatlicherseits bald unterbunden:

1821 ‚Religiöse Unterweisung' außerhalb des schulplanmäßigen Religionsunterrichts
Schreiben des Ministeriums des Kultus und Unterrichts vom 21. Oktober 1940 Nr. B 34717, an die Finanzabteilung des EOK zur Kenntnis; LKA GA 5829

„An die Kreis- und Schulämter, die Direktoren der höheren Lehranstalten
In zwei Runderlassen und in mehreren Einzelverfügungen wurde bereits Aufklärung darüber gegeben, wie jene religiöse Unterweisung zu beurteilen und von Seiten der Schule aus zu behandeln ist, welche seit kurzem kirchlicherseits zusätzlich zum schulplanmäßigen Religionsunterricht durchgeführt wird. Trotzdem bestehen, wie ich feststellen musste, noch Zweifel und Unklarheiten. Ich sehe mich daher veranlasst, noch einmal auf folgendes hinzuweisen:

1. Religionsunterricht im Sinne eines schulplanmäßigen Religionsunterrichts ist nur der Unterricht, welcher nach den amtlichen Stundentafeln von der Schulleitung festgesetzt ist und in der Schule abgehalten wird.
2. Eine Benotung in den Schulzeugnissen kommt nur für den schulplanmäßigen Religionsunterricht in Betracht.
3. Der schulplanmäßige Religionsunterricht ist regelmäßig in den Schulräumen abzuhalten.
4. Im Gegensatz hierzu ist die kirchliche Unterweisung der Jugend, auch wenn sie „Religionsunterricht" genannt wird, eine nichtschulische Einrichtung, sodass seitens der Schule- auch im schulplanmäßigen Religionsunterricht

    a) keinerlei Zwang zur Teilnahme auf die Schüler ausgeübt werden darf – ich verweise auf Ziff. 3 des Runderlasses über die „Glaubens- und Gewissensfreiheit in der Schule" vom 13. Juni 1939, Nr. B 21585,

    b) keine Benotung im Schulzeugnis für diese Unterweisung erfolgen darf und

    c) kein Schulraum für die Abhaltung dieses Unterrichts zur Verfügung gestellt werden kann.

Letzteres ist schon deshalb geboten, weil der kirchliche Unterricht, wenn er in Schulräumen abgehalten würde, als solcher nicht mehr eindeutig zu erkennen wäre.

Dieser Erlass ist allen Lehrkräften, auch Religionslehrern, zur Kenntnis zu bringen."

1822 Auch die innerkirchliche Unterweisung wird überwacht.
Schreiben des Ministeriums des Kultus und Unterrichts vom 15. November 1939 an EOK wegen Pfarrer Paul Rössger in Pforzheim; LKA GA 7252

„Die religiöse Unterweisung, welche z.Zt. anstelle des schulplanmässigen Rel.unterrichts (RU) der Volksschulabteilung der Hermann Göringschule im evgl. Gemeindehaus der Südpfarrei erteilt wird, ist kein Religionsunterricht im Sinne des Grund- und Hauptschulgesetzes, sondern eine kirchliche Angelegenheit. Diese Unterweisung untersteht daher nicht der Aufsicht der Schulbehörde. Der Besuch dieser Unterweisung ist vonseiten der Schüler ein freiwilliger. Ich ersuche, die Schüler hierauf aufmerksam zu machen.

Dem Pfarrer Rössger ersuche ich mitzuteilen, dass er zur Erteilung von Rel.unterricht in den Schulen, sobald dieser RU wieder ordnungsgemäß eingeführt ist, nicht mehr zugelassen werden könne, wenn er sich an die bestehenden Vorschriften nicht halten wolle. Zu diesen Vorschriften gehört auch die Beachtung des Erlasses über die Streichung des Bibelsatzes ‚das Heil kommt von den Juden'. Sollte er sich gleichwohl ausserstande sehen, diesen Erlass zu beachten, so wolle er eine Erklärung hierüber vorlegen, worauf ich das Verbot der Erteilung von Rel.unterricht in den Schulen auf den Zeitpunkt der Wiederaufnahme dieses Unterrichts aussprechen werde."

1823 Kirchliche Unterweisung ist kein schulischer Religionsunterricht.
Rundschreiben des EOK vom 26. Juni 1940 an sämtliche Geistliche der Landeskirche, „Religiöse Unterweisung in kirchlichen Räumen betr."; LKA GA 5037

„Der Herr Minister des Kultus und Unterrichts hat uns mit Schreiben vom 14.6.1940 Nr.B.19211 ersucht, den Geistlichen Kenntnis zu geben von seinem Schreiben vom 16.5.1940 Nr. E 6052 an das Erzbischöfliche Ordinariat Freiburg. Nachstehend entsprechen wir diesem Ersuchen und bitten die Herren Geistlichen, den Inhalt auf das Genaueste zu beachten.

„I. An das Erzbischöfliche Ordinariat Freiburg

Wie mir bekannt geworden ist, halten Geistliche – wohl auf dortige Weisung – für Schüler vorwiegend des 8.Schuljahres der Volksschule ausserhalb der Schulzeit in kirchlichen Räumen „Religionsstunden" ab. Ich darf dazu feststellen, daß es sich hierbei naturgemäß keineswegs um schulplanmäßigen Religionsunterricht handeln kann, sodaß seitens der Schüler keinerlei Verpflichtung für die Schüler zur Teilnahme an dieser religiösen Unterweisung besteht.

Es darf daher auch in der Schule keinerlei Zwang auf die Schüler zur Teilnahme an dieser kirchlichen Veranstaltung ausgeübt werden. Dazu gehört beispielsweise auch das Ausfragen der Schüler in der Schule über die Gründe einer etwaigen Nichtteilnahme. Die Ausübung irgendeines Zwanges zur Teilnahme an dieser kirchlichen Veranstaltung wäre als ein Verstoß gegen den Grundsatz der Glaubens-und Gewissensfreiheit zu verurteilen und würde im Einzelfall die Entziehung der Befugnis zur Erteilung des Religionsunterrichts zur Folge haben müssen.

Ich gebe anheim, dies den Geistlichen zur Vermeidung von Weiterungen bekanntzugeben.

II. Nachricht hiervon den Kreis-und Stadtschulämtern zur Kenntnis und weiteren Bekanntgabe. Entsprechende Verstöße von Geistlichen gegen den Grundsatz der Glaubens-und Gewissensfreiheit in der Schule sind hierher anzuzeigen

III. Nachricht hiervon den Direktoren der Höheren Lehranstalten mit dem Anfügen zur Kenntnis, daß vorstehende Grundsätze auch für den freiwilligen ‚Religionsunterricht' der Schüler Höherer Lehranstalten gelten."

Im ganzen gesehen versuchten Reichsregierung und Partei bei Kriegsbeginn, eine Art Waffenstillstand im Blick auf den RU einzuhalten:

1824 NS-Reichsführung im Krieg: Beibehaltung des status quo

Auszug aus einem Schreiben von Rudolf Heß, dem Stellvertreter Hitlers, vom 18. April 1940 an den Preußischen Ministerpräsidenten Hermann Göring; zit. nach John S. Conway, Die nationalsozialistische Kirchenpolitik 1933–1945, München 1969, S. 374f.

„Solange [...] an staatlichen Schulen ein christlicher Religionsunterricht erteilt wird, müssen meines Erachtens im wesentlichen die eigenen von den Kirchen hierfür aufgestellten Richtlinien die Grundlage bilden. Den

149

Lehrern, die sich zur Erteilung eines solchen Unterrichts bereit erklären, ist aber zur Pflicht zu machen, einen solchen Unterricht auch als einen ‚biblischen Unterricht', nicht etwa als einen nationalsozialistischen hinzustellen, oder aber gar in dem Unterricht eine Synthese zwischen den Lehren der Bibel und den Grundsätzen der nationalsozialistischen Weltanschauung zu suchen.

[…] Nach dem Kriege wird es an der Zeit sein, den Württemberger Fall*⁾ zugleich mit der grundsätzlichen Frage der Erteilung eines christlich-konfessionellen Religionsunterrichtes an den Schulen sowie getrennt davon die Frage einer Erziehung der Jugend zu einer nationalsozialistischen sauberen Lebenshaltung aufzugreifen und ungestört durch irgendwelche politischen Einmischungsversuche kirchlicher Gruppen zu einer Lösung zu bringen. Die Vorarbeiten werden hierfür werden von Reichsleiter Rosenberg bereits durchgeführt."

Für das badische Kultusministerium ergab sich jedoch durch die Kriegssituation eine neue Möglichkeit, die Religionsnote aus dem Zeugnis zu verdrängen und damit dem Fach den Charakter eines ordentlichen Lehrfaches zu nehmen:

1825 Kirchlicher Unterricht darf nicht benotet werden.
Schreiben des Ministeriums des Kultus und Unterrichts vom 30. Juni 1941 Nr. B 23111 an den EOK; LKA GA 4442

„Wenn aus Gründen der Reichsverteidigung Schulräume von der Wehrmacht belegt sind und deshalb der Religionsunterricht ausfallen muß, trifft die Schulbehörde hierfür keine Verantwortung. Es steht in diesen Fällen den kirchlichen Stellen frei, für den ausfallenden Religionsunterricht kirchlichen Seelsorgeunterricht einzurichten. Da der letztere Unterricht aber der – wenn auch äußeren – staatlichen Schulaufsicht entzogen ist, kann er als schulplanmäßigen Religionsunterricht nicht angesehen werden. Es muß deshalb für diesen kirchlichen Unterricht auch eine Benotung im Zeugnis unterbleiben."

Der RU wurde bei der Neuordnung oder Neueinrichtung von Schularten meistens gekürzt oder ganz eliminiert.

---

*⁾ Der württembergische Kultusminister Christian Mergenthaler versuchte, den RU durch einen Weltanschauungsunterricht zu ersetzen; es gab heftige Proteste aus kirchlichen Kreisen und weiten Teilen der Bevölkerung.

1826 Stundentafel für die Grund -und Hauptschule 1938: Der RU kommt nicht mehr vor.
Amtsblatt des Badischen Ministeriums des Kultus und Unterrichts 1938, Nr. 10 vom 30. Mai 1938

„Der Herr Reichs- und Preußische Minister für Wissenschaft, Erziehung und Volksbildung hat mit Rundschreiben vom 13. April ds.Js. E II a 689, K(a) die nachstehenden Stundentafeln für diejenigen Schulen festgelegt, in denen jeder Jahrgang eine eigene Klasse bildet. [...]

Für den Religionsunterricht sind in der Stundentafel keine Unterrichtsstunden vorgesehen. Es bleibt bei der Erteilung dieses Unterrichts bis zu einer reichsrechtlichen Regelung bei den bisherigen Stundenzahlen für den Religionsunterricht.

Karlsruhe, dem 12. Mai 1938"

1827 Mittelschulen: Kürzung des RU
Bekanntmachung des EOK, „Stundentafeln für Mittelschulen, hier Religionsunterricht betr." vom 23. Mai 1939; KGVBl. 1939, Nr. 13 vom 16. Juni 1939, S. 122

„Laut Bekanntmachung des Herrn Ministers des Kultus und Unterrichts vom 3. Mai 1939 (Amtsblatt des Bad. Ministeriums des Kultus und Unterrichts Nr. 11 vom 19.5.1939 S. 95 ff.) sehen die Stundentafeln der Mittelschulen für Jungen und für Mädchen für den Religionsunterricht in der 1., 2. und 3. Klasse je zwei Wochenstunden, in der 4., 5. und 6. Klasse je eine Wochenstunde vor.

Der Aufbauzug an Volksschulen für Jungen und für Mädchen hat an Religionsunterricht wöchentlich in der 3. Klasse zwei Stunden, in der 4., 5. und 6. Klasse je eine Stunde."

1828 1942: Eine Stunde RU in der Hauptschule
RdErl. d. RMWEV vom 9. März 1942 zur Einführung der Hauptschule: Bestimmungen über Erziehung u. Unterricht in der Hauptschule; hier zum RU; RminAmtsblDtschWiss. 1942, S. 127

„[...]

4. Der Konfessionsunterricht ist im Rahmen der in den einzelne Gebieten bestehenden Bestimmungen mit einer Wochenstunde in jeder Klasse anzusetzen."

1829 RU in den Mittelschulen nur bis Klasse 4
Erlass vom 10. Mai 1941; Amtsbl. d. Bad. Min. d. Kultus u. Unterrichts 1941, Nr. 10 vom 9. Juni 1941, S. 107

„An die Leiter der Mittelschulen sowie der Bürgerschulen im Abbau, ferner an die Kreis- und Stadtschulämter. [...]

Der konfessionelle Religionsunterricht ist, wie in den Höheren Schulen, nur noch in den Klassen 1–4 zu erteilen.

Karlsruhe, den 10. Mai 1941"

1830 Briefwechsel zwischen EOK und Pfarramt Wollmatingen zum RU in Nationalpolitschen Erziehungsanstalten
Schreiben des EOK vom 29. Januar 1942 an das Evang. Pfarramt Wollmatingen (bei Konstanz), „Religionsunterricht an Nationalpolitischen Erziehungsanstalten"; LKA GA 4870

„I. An das Evang.Pfarramt *Wollmatingen* (bei Konstanz)

Wir ersuchen um umgehende Mitteilung, ob das dortige Pfarramt die Möglichkeit hat, an der Nationalpolitischen Erziehungsanstalt Reichenau Religionsunterricht zu erteilen. Der Herr Reichsminister für die kirchl. Angelegenheiten hat in der Mitte des vorigen Jahres folgenden Bescheid des Herrn Reichsministers für Wissenschaft, Erziehung und Volksbildung den obersten Kirchenbehörden zugehen lassen:

,An den Nationalpolitischen Erziehungsanstalten wird kein konfessioneller Religionsunterricht erteilt; es ist jedoch keinem Jungmann verwehrt, an einem Religionsunterricht teilzunehmen, den etwa der Pfarrer außerhalb der Anstalt erteilt.'" [...]

Antwort des Evang. Pfarramts Konstanz-Wollmatingen an den EOK 8. Februar 1942; LKA GA 4870

„Evang. Oberkirchenrat erstattet das hiesige Pfarramt in obigem Betreff folgenden Bericht:

Eine Möglichkeit der religiösen Betreuung der Insassen der hiesigen Nationalpolitischen Erziehungsanstalt besteht nicht. Der katholische Geistliche hat sich seinerzeit wegen dem Religionsunterricht an die Napoli gewandt u. den Bescheid erhalten, die Schüler wünschten den Religionsunterricht nicht. Als er etwas später innerhalb der Napoli ein Gemeindeglied aufsuchen wollte, wurde ihm das Betreten der Napoli verboten. Ich habe keinen Versuch unternommen, an die Napoli wegen Religionsunterricht heranzutreten, weil er von vornherein aussichtslos ist. Der Geist der Napoli ist nicht mit dem christlichen Glauben zu vereinen. Die Schüler sind jeden Sonntag auf dem Sportplatz, während die Gottesdienste gehalten werden. Am 2. Advent veranstaltete die hiesige N.S.-Frauenschaft mit der Napoli zusammen eine Kundgebung, die sich ausgesprochen gegen das Christentum und das Weihnachtsfest richtete u. klar machte, dass in diesem Rahmen für den christlichen Glauben kein Raum ist. Einmal ist ein Schüler, der sich zum Unterricht anmelden sollte, unmöglich. Dann müßte der Religionsunterricht notwendig als solcher Gegensatz zum ganzen Erziehungssystem empfunden werden, dass die Stunde zu Auseinandersetzungen, nicht aber zur Darbietung des Evangeliums führte. Wer seinen Sohn in die Napoli gibt, trifft damit automatisch eine Vorentscheidung: Preisgabe der christlichen Erziehung. Daran wird kein Unterricht etwas ändern, weil er nie gegen die antichristlichen Einflüsse sich behaupten kann. Wir hoffen, dass in den Räumen der früheren Anstalt bald ein Reservelazarett einziehen wird."

1831 Der RU wird auf eine Wochenstunde reduziert.
Protokoll der Sitzung des EOK vom 30. Juli 1940, Ziffer 16; LKA GA 3486

„Pfarrer Eichin – Hasel teilt mit, das Kreisschulamt habe die Zeit des Religionsunterrichts auf 1 Wochenstunde herabgesetzt; ähnliche Meldungen liegen aus den Bezirken Lörrach und Müllheim vor. Die Sache soll mit dem Referenten des Unterrichtsministeriums besprochen werden."

Protokoll der Sitzung des EOK vom 4. Mai 1943, Ziffer 7; LKA GA 3489

„Nach einem Bericht des Dekanats Karlsruhe-Stadt hat das Stadtschulamt Karlsruhe bei einer Rektorenkonferenz die Rektoren angewiesen, bei Aufstellung der Stundenpläne für den Religionsunterricht aller Klassen nur noch 1 Wochenstunde vorzusehen. Einige Rektoren sperren sich, wie das Dekanat mitteilt, gegen den Rel.Unterricht überhaupt, und in manchen Fällen hätten Rektoren den Gemeindehelferinnen mit den Lokalen für den Religionsunterricht alle erdenklichen Schwierigkeiten bereitet. Der O.K.-Rat wird hierwegen in einem Schreiben beim Ministerium Vorstellungen erheben."

1832 Personelle Notlage im Blick auf den RU; Einsatz von ‚Hilfskräften' (Pfarrfrauen, Diakonissen)
Aktenvermerk Dr. Friedrichs über ein Gespräch mit einem Vertreter des Bad. Kultusministeriums vom 29. Oktober 1942, „Die Erteilung des RU betr."; LKA GA 5047

„Nachdem die Fälle sich gemehrt hatten, in welchen von uns zur Erteilung von Religionsunterricht zugezogene Personen vom Unterrichtsministerium abgelehnt worden waren (Frau Pfarrer Bauer-Kandern, Frau Pfarrer Barth Witwe – Tannenkirch, Frau Pfarrer Hoffmann-Neckarzimmern, Frau Pfarrer Kaufmann-Schriesheim), habe ich im Auftrag des Oberkirchenrats mit Oberregierungsrat Dr. Denz im Unterrichtsministerium Rücksprache gehalten. Ich habe darauf hingewiesen, dass wir jetzt, wo über 50% der Geistlichen zum Heeresdienst eingezogen sind, den Anforderungen, die die Erteilung des Religionsunterrichts nach der personellen Seite hin stellen, nur nachkommen können, wenn wir auch noch Hilfspersonen (Pfarrfrauen, Diakonissen usw.) mit heranziehen. Selbstverständlich würden wir nur solche Persönlichkeiten zuziehen, welche die nötige Vorbildung haben und für den Unterricht geeignet sind. Die oben angedeuteten Fälle lassen aber vermuten, dass der Staat der Zulassung von Hilfspersonen ablehnend gegenübersteht. Wenn das der Fall ist und man noch dazu hält, dass der Religionsunterricht nur in Eckstunden erteilt werden kann, so heisst das, dass der Staat zwar den Religionsunterricht als öffentliches Lehrfach zulässt, die Möglichkeit seiner Erteilung durch die Kirche aber derart erschwert, dass der Unterricht tatsächlich doch nicht erteilt werden kann. Frage 1: Will der Staat auf diese Weise den Religionsunterricht aus der Schule herausdrücken? Frage 2: Wenn nicht, warum bereitet er diese Erschwernisse? Der Referent erwiderte: Frage 1 sei eine politische Frage, auf die er eine Antwort nicht zu geben habe. Hinsichtlich der Frage 2 möchte er darauf hinweisen, dass für die Regelung des Religionsunterrichts im Bereich unserer Landeskirche die Verhältnisse, wie sie im Elsass jetzt geregelt sind, vorbildlich sein sollen. Darnach soll der Religionsunterricht letztlich nur durch die Lehrer erteilt werden. Geistliche können zu diesem Unterricht nur zugelassen werden, wenn sie für besonders zuverlässig angesehen werden. Hilfskräfte werden nicht zugelassen. Zwischen Unterrichtsministerium und Partei ist eine Vereinbarung getroffen dahingehend, dass, wenn Hilfskräfte mit dem Religionsunterricht betraut werden sollen, die Kreisleitung um ihr Gutachten gefragt wird. Aeussert die Kreisleitung Bedenken, dann darf die Hilfsperson nicht zugelassen werden.

Ausserdem wies der Referent darauf hin, dass vorerst Bestimmungen dahin bestehen, dass Geistliche, die nebenamtlich an Höheren Schulen Religionsunterricht erteilen, sowohl von der Gestapo wie von der Kreisleitung als politisch einwandfrei bescheinigt sein müssen. Diese Bestimmung ist bisher in Baden noch nicht angewandt worden, weil man es nicht für angängig erachtet, einen Geistlichen etwa in der Höheren Schule abzulehnen und in der Volksschule zuzulassen.

Was die Diakonissen anbetrifft, so dürfte die Ablehnung mit darin ihren Grund haben, dass man die Ordensschwestern unter allen Umständen aus dem Betrieb entfernt wissen will und die Diakonissen in dem einen oder anderen Fall ähnlich behandelt werden. Der Referent räumte ein, dass der Einwand der konfessionellen Bindung nicht durchschlagen könne, da ja der Unterricht, den die Diakonissen erteilen, konfessionell gebunden erteilt werden muss."

1833 Überbeanspruchung der Geistlichen und Kürzung des RU
Erlass des EOK vom 3. Februar 1943; LKA GA 7700

„An sämtliche Evang. Dekanate

In einzelnen Fällen haben Geistliche ein derartiges Deputat an Religionsstunden, daß es uns nicht ganz unbedenklich erscheint, sie auf längere Zeit hin derart zu beanspruchen. Bei aller Anerkennung der Treue, die hier geübt wird, und bei aller Notwendigkeit, die Jugend religiös zu unterweisen, halten wir es doch für angebracht, in besonderen Fällen, wo die Überbelastung eine außergewöhnlich hohe ist, auch eine Kürzung der Religionsunterrichtsstunden vorzunehmen. Dies wird in nächster Zeit wohl unumgänglich sein, wenn Einberufungen und Kriegsdienstverpflichtungen die personelle Notlage der Landeskirche noch wesentlich verschärfen werden. Es muß unter Umständen daran gedacht werden, Religionsunterricht nur 14-tägig in einer Klasse zu erteilen, so wenig erfreulich auch die Erfahrung mit einer solchen Notmaßnahme bisher gewesen ist.

Die Dekanate wollen bereits jetzt schon die Stundenpläne daraufhin überprüfen, ob in einzelnen Fällen eine wesentliche Kürzung eintreten muß. Wo einschneidende Veränderungen getroffen werden müssen, sind wir vorher davon zu benachrichtigen."

Die Schikanen dauerten an und machten den Religionsunterricht gleichzeitig verächtlich. Drei Beispiele hierfür: der Hitlergruß im RU, die Stellung der Geistlichen in der Schule und die Frage des Wochenbeginns.

1834 Hitlergruß im RU

Verordnung des Ministeriums des Kultus und Unterrichts vom 2. Februar 1943; Amtsbl. d. Bad. Min. d. Kultus u. Unterrichts 1943, Nr. 3 vom 12. Februar 1943, S. 13f.

„An die Leiter und Lehrer der unterstellten Schulen

Mit der Bekanntmachung vom 19. Juli 1933 Nr. B 31759 (Amtsblatt 1933 S. 117f.) wurde der Gruß ‚Heil Hitler' für Lehrer und Schüler aller Schularten eingeführt. Unter dem 31. Dezember 1933 Nr. B 220 (Amtsblatt 1933 S. 205f.) ist angeordnet worden, auf welche Weise der Hitlergruß insbesondere auch im konfessionellen Religionsunterricht erwiesen werden muß.

Es besteht Veranlassung, diese Vorschriften für Baden in Erinnerung zu bringen und für das Elsaß ausdrücklich zur Beachtung bekanntzugeben.

Der Hitlergruß ist darnach zu Beginn jeder Unterrichtsstunde durch den Lehrer vor der stehenden Klasse bei gleichzeitigem Erheben des rechten Armes mit den Worten ‚Heil Hitler' zu erweisen; die Schüler der Klasse erwidern den Gruß durch gleichzeitiges Erheben des rechten Armes mit den Worten ‚Heil Hitler'. Der Lehrer beendet die Unterrichtsstunde, nachdem sich die Schüler erhoben haben, wiederum durch Erheben des rechten Armes und die Worte ‚Heil Hitler'; die Schüler antworten in gleicher Weise.

Die Geistlichen sind als Religionslehrer verpflichtet, diesen Vorschriften der Schulordnung genauestens zu entsprechen. Religiöse Wechsel-Sprüche, Bibelsprüche, Liedverse oder Gebete sind bei Beginn des Unterrichts nur *nach* dem Hitlergruß und am Ende der Unterrichtsstunde nur *vor* dem Hitlergruß zulässig.

Lehrer und Schüler erweisen einander im übrigen innerhalb und außerhalb der Schule den Hitlergruß in der üblichen Weise.

Straßburg, den 2. Februar 1943

Der Badische Minister des Kultus und Unterrichts

Der Leiter der Abteilung Erziehung, Unterricht und Volksbildung des Chefs der Zivilverwaltung im Elsaß"

1835 Geistliche keine Erziehungsberechtigte
Schreiben des Erzbischofs von Freiburg Conrad Gröber vom 4. August 1943 an das Bad. Innenministerium wegen Aberkennung der Funktion von Geistlichen als Erziehungsberechtigte unter dem Titel ‚Schutz der Jugend betr.'; LKA GA 5829

An den Herrn Minister des Innern in Karlsruhe

„Nach RdErl. d. RFSSuChdDtPol.*⁾ im RMdI v. 01.07.1943, veröffentlicht im Ministerialblatt der Bad. Inneren Verwaltung, werden die Geistlichen der beiden Konfessionen nicht mehr als Erziehungsberechtigte wie etwa die HJ-Führer und die Lehrer betrachtet. Ich erhebe dagegen Einspruch und berufe mich auf das Gesetz vom 29. Januar 1934 über die Grund- und Hauptschulen. Darin wird bestimmt, dass der Ortspfarrer zur Schulpflegschaft gehört (§ 36 Nr. 3) und dass nach § 16 die Geistlichen den Religionsunterricht in der Schule besorgen und überwachen. Ausdrücklich wird erklärt § 16 Nr. 5: Die Geistlichen gehören als Religionslehrer in den Grund- und Hauptschulen zum Lehrkörper dieser Schulen. Ich verlange deswegen, dass in Baden die Geistlichen, soweit sie in den Schulen beschäftigt sind, auch praktisch als Erziehungsberechtigte anerkannt und behandelt werden. Ich kann es nicht begreifen, dass ausgerechnet in Deutschlands schwerster Zeit die Geistlichen, denen es auf Grund ihres Berufes im Gewissen obliegt, die Jugend zu schützen, als Erziehungsberechtigte ausgeschlossen werden. Ich ersuche um möglichst baldige Abänderung des eingangs genannten Erlasses."

1836 RU – unwürdiger Wochenbeginn
Protokoll der Sitzung des EOK vom 8. Juni 1943, Ziffer 11; LKA GA 3489

„Beim Kultusministerium wird angefragt, ob es zutreffe, daß, wie man höre, eine Anordnung ergangen sei, nach der am Montagmorgen von 8 – 9 Uhr kein Religionsunterricht mehr stattfinden dürfe, da es unwürdig sei, wenn die Woche mit Religionsunterricht anfange."

---

*⁾ Reichsführer SS und Chef der Deutschen Polizei (Heinrich Himmler).

Als der Religionsunterricht in den oberen Klassen der Gymnasien und Mittelschulen ganz wegfiel, versuchte der EOK, mittels freiwillige Arbeitsgemeinschaften eine religiöse Unterweisung in den Schulen zu halten. Die folgenden Dokumente zeigen Erfolge und Schwierigkeiten.

1837 Einrichtung von freiwilligen Arbeitsgemeinschaften

Erlass des EOK vom 8. Juli 1940, Religionsunterricht an Höheren Schulen betr.; LKA GA 4878

„An sämtliche Geistliche

Nachdem der Religionsunterricht als eine Kriegsmaßnahme in den oberen Klassen der Höheren Schule in Wegfall gekommen ist, empfehlen wir unseren Geistlichen und kirchlichen Religionslehrern, sofern sie in solchen Klassen Religionsunterricht erteilt haben und ihnen kircheneigene Räume zur Verfügung stehen, mit den Schülern freie Arbeitsgemeinschaften zu bilden, in denen Glaubensfragen durchzusprechen sind.

Wir ersuchen die Dekanate, die Bildung solcher Arbeitsgemeinschaften zu fördern und über gemachte Erfahrungen bis zum 1.3.1941 zu berichten.

Fritz Voges"

1838 Verhöre von Schülern durch die Gestapo

Brief des Dekanats Heidelberg an den EOK vom 8. Juli 1940; LKA GA 6344

„In Ergänzung zu unserem Bericht Nr. 483 teilen wir der Behörde mit, daß in diesen Wochen in verschiedenen Schulen Vernehmungen evang. und kathol. Schüler über den sogenannten freiwilligen Religionsunterricht durch die Gestapo stattgefunden haben."

1839 Bestandsaufnahme zur Einrichtung freiwilliger Arbeitsgemeinschaften nach 10 Monaten

Schreiben des EOK vom 21. Mai 1941 an sämtliche Geistliche, Religionsunterricht an Höheren Schulen, hier freiwillige Arbeitsgemeinschaften betr.; LKA GA 4878

„Die mit Rundschreiben vom 08. Juli 1940 Nr. 5345 angeforderten Berichte über Bildung und Durchführung freier Arbeitsgemeinschaften in den oberen Klassen der Höheren Schulen, in denen kein Religionsunterricht mehr erteilt werden kann, zeigen, dass in vielen Orten solche Arbeitsgemeinschaften nur schwer durchzuführen sind, weil die Zahl der auswärtigen Schüler so groß ist, dass an Schultagen keine Zeit gefunden werden kann, sie zu Besprechungen zusammenzufassen. Andere Geistliche melden Fehlanzeige wegen Überlastung.

Anderseits ist aber auch da, wo die Bildung solcher Arbeitsgemeinschaften mit Geschick und Energie angefasst wurde, es zu einer sehr fruchtbaren Arbeit gekommen. Hiervon berichten besonders Baden-Baden, Freiburg, Heidelberg, Ettlingen, Überlingen und Wertheim. Wir glauben, nach den in den genannten Gemeinden gemachten Erfahrungen, die Geistlichen ermuntern zu dürfen, diese segensreiche Arbeit trotz aller entgegenstehenden Schwierigkeiten anzufangen und durchzuführen. Die geringe Zahl der Teilnehmer in solchen Besprechungen darf wohl niemanden davon abhalten, der Jugend Höherer Lehranstalten das christliche Glaubensgut zu vermitteln. Es wird durch diese Unterweisung nicht allein der junge Mensch von der Kirche erfasst, sondern es bildet sich dadurch auch ein enges Band zwischen Kirche und Elternhaus. Überdies hört der Katechumenat nicht da auf, wo die Schule die Grenze für den Religionsunterricht zieht. Der Tauf- und Missionsbefehl unseres Herrn bleibt stets in Kraft.

Wir bitten deshalb unsere Geistlichen, bei aller sonstigen Belastung, die wir recht zu würdigen wissen, doch diese Arbeit nicht versäumen zu wollen, und auch da, wo es noch nicht zu dieser Arbeit kam oder wo die ersten Versuche scheiterten, mit Beginn des neuen Schuljahres, etwa mit der 5. Klasse der Höheren Schulen, in der religiösen Unterweisung fortzufahren. Ehe die Schüler der 4. Klasse aus dem Religionsunterricht entlassen werden, sind sie auf die Möglichkeit aufmerksam zu machen, die ihnen in dem freiwilligen Besuch einer christlichen Unterweisung geboten wird. Es wird gut sein, die Eltern hiervon zu verständigen.

Von einer Seite aus sind wir darauf aufmerksam gemacht worden, dass Schüler und Schülerinnen, die diese freiwillige Unterweisung regelmäßig besucht haben, gerne hierüber eine Bescheinigung von dem unterweisenden Pfarrer in Händen haben möchten. Wir halten das für angebracht und ersuchen die Geistlichen, wenn ihnen ein solcher Wunsch nahegelegt wird, ihn auch zu erfüllen.

Da wir diese Arbeit für wesentlich und wichtig erachten, so ist uns wiederum bis zum 1. März 1942 durch die Dekanate zu berichten."

9. Die letzten Kriegsjahre

Neue Religionsbücher durften nicht gedruckt werden, die gebrauchten waren inzwischen sooft weitergegeben worden, dass sie nicht mehr zu verwenden waren. Der Oberkirchenrat wollte vor allem die Arbeit mit evakuierten Kindern unterstützen.

1840 Schaffung eines Lernbüchleins
Schreiben des EOK vom 18. März 1944 an alle Dekanate, Die Schaffung eines Lernbüchleins für den ev. Religionsunterricht als Ersatz der z.Zt. nicht lieferbaren kirchlichen Schulbücher betr.; LKA GA 5034

„In der Anlage übersenden wir ein Lernbüchlein für den evangelischen Religionsunterricht. Das in diesem Lernbüchlein Enthaltene stellt einen Auszug aus dem Katechismus und eine Sammlung von Kernliedern dar und ist vor allem gedacht für evakuierte Mannheimer Kinder, die weithin im Religionsunterricht, den sie in den Unterbringungsgemeinden genießen, keine Religionslehrbücher mehr haben.

Die Dekanate wollen uns in Bälde mitteilen, wieviele Exemplare an Lernbüchlein benötigt werden, wobei wir darauf aufmerksam machen, daß wir insgesamt nur über etwa 5000 Exemplare z.Zt. verfügen."

Die Dekanate forderten rasch eine so große Zahl an, dass der EOK am 10. Juli 1944 folgendes Schreiben an das Gaupropagandaamt der NSDAP richtete:

1841 Bitte des EOK um Druckerlaubnis an das Gauprogandaamt in Straßburg
10. Juli 1944, Az. 05271: Druck eines Lernbüchleins für den evangelischen Religionsunterricht betr.; LKA GA 5034

„Im Bereich der Bad. Landeskirche sind seit geraumer Zeit sämtliche evangelischen Religionslehrbücher so vergriffen, daß bereits im Religionsunterricht ein empfindlicher Mangel sich bemerkbar macht. Der Verlag Moritz Schauenburg-Lahr, der vertragsgemäß bisher den Neudruck der Religionsbücher sowie des Bad. Gesangbuchs in Händen hatte, besitzt z.Zt. nur je ein Verlagsexemplar. In den Buchhandlungen selbst ist nirgends mehr auch nur ein einziges Exemplar aufzutreiben. Auch der Rat, den unsere Geistlichen erteilten, die Lehrbücher abgehender Schüler an neu eintretende Schüler zu übergeben, kann nicht mehr oder nur noch sehr schwer durchgeführt werden, da diese Methode seit über zwei Jahren schon befolgt wurde und bekanntermaßen ein nur verhältnismäßig geringer Prozentsatz von Lehrbüchern auf diese Art Verwendung finden kann, da ein Lehrbuch, wenn es mehrere Jahre gebraucht ist, in den Händen von Schülern stark Not leidet, sodaß es nicht mehr weiter benützt werden kann. Um diesen Mangel an Lernbüchern in etwa zu beheben, beabsichtigt der Evang. Oberkirchenrat, ein kleines Lernbüchlein, das lediglich einen ganz geringen Ausschnitt aus dem Katechismus und aus dem Gesangbuch enthält, drucken zu lassen. Die darin aufgeführten Lehrstücke sowie die Lieder sind den amtlichen Religionslehrbüchern entnommen und bieten nichts Neues gegenüber diesen dar. Das Lernbüchlein soll lediglich dazu dienen, um den Kindern wenigstens die wichtigsten Katechismussätze sowie die bedeutendsten Kernlieder der Evang. Kirche in die Hand zu geben, damit die Kinder in der Lage sind, sich zu Hause die erforderlichen Kenntnisse anzueignen. Das Lernbüchlein soll nicht mehr als 8 Oktav-Seiten überschreiten. Sicher kommen wir beim Druck auf weit weniger als 8 Oktav-Seiten. Es ist geplant, dieses Lernbüchlein in der Auflage von 100 000 – 150 000 Stück drucken zu lassen. Im Interesse eines geordneten Religionsunterrichts bitten wir das Gaupropagandaamt um Bewilligung der erforderlichen Papiermenge.

In der Anlage fügen wir ein Exemplar des Lernbüchleins, wie wir es uns denken, bei."

Das Lernbüchlein umfasste die 10 Gebote mit jeweils 1–3 Merksprüchen, die drei Artikel des Glaubensbekenntnisses mit jeweils 4 Merksprüchen, das Vaterunser mit zwei Merksprüchen, das Taufevangelium mit einem Merkspruch, die Einsetzungsworte zum Abendmahl und die Frage 1 des Heidelberger Katechismus mit zwei Merksprüchen sowie acht Lieder auszugsweise.

1842 Antwortschreiben des Gauprogandaamtes an den EOK
13. Juli 1944, Druck eines Lernbüchleins für den evangelischen Religionsunterricht betr.; LKA GA 5034

„Ich nehme Bezug auf Ihre Zuschrift vom 10. Juli 1944 und teile Ihnen mit, dass gegen den Druck des obigen Lernbüchleins von hier aus keine Bedenken bestehen. Den Druckantrag müssen Sie jedoch bei der Wirtschaftsgruppe Druck in Straßburg einreichen.
Heil Hitler

(Battenhausen) Abschnittsleiter der NSDAP".

Der EOK wandte sich am 10. August 1944 an die „Wirtschaftsgruppe Druck". Am 25. August ging folgendes Schreiben an die Dekanate:

1843   Schreiben des EOK an die Dekanate: Enttäuschte Hoffnungen
25. August 1944; LKA GA 5034

„Druck eines Lerbüchleins für den evangelischen Religionsunterricht btr.

Wir haben uns beim Gaupropagandaamt in Straßburg wie bei dem Produktionsbeauftragten Druck des Reichsministers für Rüstung und Kriegsproduktion Baden-Elsaß schriftlich und persönlich darum bemüht, für ein Lernbüchlein für den evang. Religionsunterricht die Druckgenehmigung zu erhalten. Zu unserm Bedauern müssen wir mitteilen, daß unsere Bemühungen zu keinem Erfolg geführt haben. Der Produktionsbeauftragte Druck hat uns unterm 23. August 1944 folgende Mitteilung zukommen lassen:

,Ich besitze Ihr Schreiben vom 10.8. und nehme Bezug auf die mit Ihnen geführte Unterredung. Zu meinem Bedauern muß ich Ihnen mitteilen, daß über die Dauer des Krieges ein Lernbüchlein dieser Art nicht herausgegeben werden kann. Die neuerliche Abgabe von Arbeitskräften und die Heranziehung zur Wehrmacht aus dem Druckgewerbe lassen es heute nicht mehr zu, Druckschriften dieser Art noch herzustellen. Ich glaube bestimmt, daß den Schulkindern durch die Tat der Inhalt auch übermittelt werden kann. Ich bitte daher, von einer Beauftragung an irgend eine Druckerei abzusehen.'

Diese Entscheidung wolle bei Gelegenheit den Geistlichen mitgeteilt werden."

1844   Kirchliche Unterweisung der Schuljugend betr.
Schreiben des EOK vom 30. Oktober 1944; LKA GA 5037

„An sämtliche Geistliche

Durch die Schließung der Schulen ist für die Kirche im Blick auf die Jugend eine Situation geschaffen, die ihr eine besondere Verpflichtung auferlegt. Aus dem Gebot unseres Herrn Jesus Christus, aller Welt das Evangelium zu verkünden, ergibt sich die Notwendigkeit, der Jugend ohne Unterbrechung das Wort Gottes zu sagen. Erfreulicherweise ist dies auch in einigen Kirchenbezirken als eine unerläßliche Aufgabe in dieser Zeit erkannt und dem entsprechend auch die Einrichtung einer religiösen Unterweisung der Schuljugend ins Werk gesetzt worden.

Wir bitten unsere Geistlichen, sich dieser Aufgabe nicht zu entziehen und mit allen Kräften danach zu trachten, doch mindestens einmal wöchentlich die Schuljugend zusammenzufassen und mit ihr, wenn auch in einer einfachen Form, Gottes Wort zu treiben, wobei Gebet und Lied miteinbezogen werden sollten. Wir glauben, daß bei gutem Willen in den meisten Gemeinden, selbst angesichts des Zeit-, Raum- und Kräftemangels eine solche Unterweisung durchgeführt werden kann. Da diese Arbeit ganz von innen her geschehen muß, sehen wir zunächst von irgendwelchen Anordnungen ab. Wir sind dessen gewiß, daß neben dieser freiwilligen kirchlichen Unterweisung sich die Geistlichen in besonderer Weise des Kindergottesdienstes, des Konfirmandenunterrichts und der Christenlehre annehmen."

B Im kirchlichen Raum

1. Jugendarbeit

1845 Trotz Pressionen gibt es noch Jugendarbeit.
Aus einem Rundschreiben des Landesjugendpfarrers Wilfried Stober an die Bezirksjugendpfarrer vom 26. Februar 1937, Rdschr. Nr. 3; LKA GA 3882

„In eine ernste Stunde fällt das dritte Rundschreiben an die Bezirksjugendpfarrer. Der Rücktritt des R.K.A. [des Reichskirchenausschusses, am 12.2.1937] hat auch allerlei begonnene Besprechungen über die kirchliche Jugendarbeit unterbrochen. [...] Im Land haben sich leider nach allen Beobachtungen die Spannungen zwischen HJ und evang. Jugendarbeit verschärft. Nach Rückkehr des Gebietsführers soll versucht werden, in einer gemeinsamen Besprechung die Lage, soweit möglich, zu klären.

Aus der Arbeit und für die Arbeit ist folgendes zu berichten:

1. [...]

2. Reiche und erfolgreiche Arbeitswochen liegen hinter uns. Vom 1. Advent bis heute wurden im ganzen Land 35 Konfirmandenrüstzeiten gehalten, denen wahrscheinlich noch einige folgen werden. Bevorzugt wurde dabei die Form von anderthalbtägigen Wochenenden, doch waren auch eine Anzahl 3–5-tägiger Freizeiten darunter. Erfasst wurden bei diesen Rüstzeiten bis jetzt gegen 2000 Konfirmanden. Wir danken herzlich für alle treue Mitarbeit und bitten ebenso herzlich um gleich treue Werbung der Konfirmanden für unsere evangelischen Jugendkreise. [...]

3. – 9. [...]

Die Zeit ist für unsere Kirche und unsere evang. Jugendarbeit entscheidend und bitter ernst. Umso mehr gilt es: treu zu sein und alle Kraft einzusetzen. Wir dürfen gerade in letzter Zeit in unserer Jugendarbeit Freude die Fülle erleben. Das ist ein Wunder göttlicher Gnade und verpflichtet uns umso mehr. Stehen wir auf unserem Posten und tun das unsere, dann wird Gott auch das Seine tun. Lasst uns viel treuer sein als bisher in der anhaltenden Fürbitte für unser Volk, unsere Kirche und unsere Jugend."

1846 Beschwerde des Landesjugendpfarrers wegen Übergriffe des HJ-Streifendienstes
Schreiben an die Gebietsführung der HJ vom 27. April 1937; LKA GA 3882

„Der Gebietsführung bringen wir folgende Fälle zur Kenntnis mit der Bitte um Untersuchung und Stellungnahme.

1. Am 27. März wurde [...] einem evangelischen Jungen, der sich auf dem Weg zu einer kirchlichen Veranstaltung befand, von einer HJ-Streife Bibel und evang. Jugendliederbuch abgenommen. Da es sich hierbei um eine widerrechtliche, allen Äußerungen und Anordnungen höchster Staatsstellen über die Freiheit der Kirche entgegengesetzte Maßnahme einer offiziellen Parteistelle handelt, ersuchen wir um strengste Untersuchung und Maßregelung des Schuldigen.

Da außerdem in letzter Zeit in zunehmenden Maße unsere kirchlichen Veranstaltungen von HJ-Streifen überwacht und kontrolliert werden, bitten wir, um Missverständnisse auszuschliessen, um eine Benachrichtigung über den Aufgabenbereich des HJ-Streifendienstes.

2. Aus Hasel wird berichtet [...], dass bei einer HJ-Führerbesprechung in Rheinfelden ein Gesetz vom 1. April 1937 bekannt gegeben wurde, wonach jeder HJ-Angehörige aus HJ und BDM ausgeschlossen würde, der noch einen konfessionellen Jugendabend besuche und dass nach dem gleichen Gesetz die Staatsjugend künftig jeden Sonntag 4 Stunden Dienst tun müsse. Da ein solches Gesetz gleichfalls im Widerspruch gerade auch zu den jüngsten Anordnungen und Äußerungen des Reichsjugendführers [Baldur von Schirach] stünde, ersuchen wir gleichfalls um Untersuchung und Klarstellung bzw. Aufklärung des betr. HJ-Führers."

In ihrer Antwort verteidigte die Gebietsführung das Verhalten des HJ-Streifendienstes, während es zum zweiten Punkt lapidar hieß: „... teilen wir Ihnen mit, dass ein Gesetz wie erwähnt nicht besteht. Wir haben entsprechend nach Hasel berichtet." (Brief vom 17. Juni 1937; LKA GA 3882)

1847 Evangelische Gemeindejugend kein „konfessioneller Jugendverband"
Rdschr. OKR Dr. Bender an sämtliche Geistliche der Landeskirche vom 24. Juni 1937; LKA GA 3882

„Es besteht Anlaß, die Geistlichen daran zu erinnern, dass die ‚Evang Gemeindejugend', soweit die Arbeit an den 10- bis 18jährigen Jugendlichen sich im Rahmen unserer Verordnung vom 16. November 1935

165

vollzieht, ‚*nicht als konfessioneller Jugendverband anzusehen ist*‘ (Erlass des badischen Innenministeriums vom 5. Dezember 1935 (Nr. 111297), vgl. unsern Runderlass vom 17. Dezember 1935 (Nr. 25034).

Daß es sich bei der Zusammenfassung und den Veranstaltungen der Evang. Gemeindejugend *nicht um eine ‚organisatorische Zusammenfassung Jugendlicher' im Sinn eines Verbandes oder Vereins oder Bundes im früheren Sinn* handelt (mit den dafür charakteristischen Kennzeichen der Gleichtracht, Abzeichen und Mitgliedschaft), sondern, dass ‚mit dem Begriff ›Ordnung‹ *lediglich die jugendseelsorgerische Arbeit der Landeskirche, d.h. das Jugendwerk der Landeskirche*', zum Ausdruck gebracht wird – dieser Auffassung ist auch das badische Unterrichtsministerium beigetreten (Erlaß vom 28. Februar 1936, Nr. B 3613), vgl. unsern Runderlass vom 9. März 1936 (Nr. A. 4937).

Im Zusammenhang mit dem Verbot der Beteiligung von Schulkindern unter 10 Jahren an Vereinen oder Verbänden außerhalb der Schule hat der Reichserziehungsminister unterm 3. Februar 1936 in einem Erlass an den Evang. Oberkirchenrat in Berlin festgestellt, dass ‚die *Teilnahme von Kindern unter 10 Jahren am Kindergottesdienst und ähnlichen Veranstaltungen, die rein kirchlich-religiösen Zwecken dienen, und mit denen keine vereinsmässige Zusammenfassung verbunden ist, nicht unter das Verbot fällt*', vgl. unsern Runderlass vom 11. Mai 1936 (Nr. A 9308).

Hinsichtlich der Mitarbeit von Lehrern und Lehrerinnen in der Evang. Gemeindejugend hat das badische Ministerium des Kultus und Unterrichts in einem Schreiben vom 15. Juli 1936 (Nr. B 24565) an den Reichserziehungsminister die Feststellung gemacht: ‚Dem Evang. Oberkirchenrat (in Karlsruhe) gegenüber ist klargestellt worden, dass *nicht die Betätigung in der Kirche den Lehrern verwehrt sei, demnach auch nicht in dem rein religiösen Jugendwerk,* sondern dass die Unterrichtsverwaltung es lediglich nicht dulden könne, wenn Lehrer sich in konfessionellen Jugendorganisationen betätigen'.

Der Reichskirchenausschuß hat in einem Schreiben vom 29. Oktober 1936 (Nr. KK.III. 3225/36) an die obersten Behörden der deutschen evangelischen Landeskirchen ausgeführt:

Wenn Pfarrern, die den Religionsunterricht erteilen, und Lehrern die Betätigung in konfessionellen Jugendverbänden untersagt werde, so seien *von diesen Verboten die in der evangelischen Jugendarbeit stehenden Pfarrer und Lehrer nicht betroffen,* ‚da seit Februar 1934 die Sondermitgliedschaft für Jugendliche unter 18 Jahren in den evangelischen Jugendverbänden aufgehoben ist, die evangelische Jugendarbeit sich insoweit allenthalben in Anlehnung an die Gemeinde vollzieht und somit evangelische *Jugend*verbände mit Mitgliedern unter 18 Jahren auf dem Boden der evangelischen Kirche nicht existieren'. [...]"

1848 HJ-Führer bzw. BDM-Führerinnen zwischen Kirche und Politik
Brief des Landesjugendpfarrers vom 10. Januar 1938 an die Gebietsführung der HJ, Personal – Abteilung – Überwachung, Zugehörigkeit von HJ-Führern bzw. BDM-Führerinnen zur evangelischen Gemeindejugend betr.; LKA GA 5081

„In der letzten Zeit mehren sich die Fälle, in denen unserer evangelischen Gemeindejugend angehörende HJ-Führer bzw. BDM-Führerinnen vor die Entscheidung gestellt werden, entweder der evangelischen Gemeindejugend fernzubleiben oder ihr Führeramt niederzulegen. Ehe wir einzelne Fälle herausgreifen, bitten wir die Gebietsführung um eine klare, eindeutige schriftliche Stellungnahme in dieser Angelegenheit. Nach allen offiziellen Äusserungen der Reichsjugendführung und anderer höchster Partei- und Staatsstellen stellt ein solches Ultimatum mit seinen Folgerungen einen glatten Übergriff dar. Diese unsere Ansicht wurde uns in einem ähnlichen Fall im vorigen Jahr von der Gebietsführung telefonisch ausdrücklich bestätigt. Um Klarheit zu schaffen und schwere Spannungsmomente zu beseitigen, die eine grosse Beunruhigung in die Reihen unserer Jugend hineintragen, erbitten wir baldmöglichst die gewünschte Stellungnahme im obigen Betreff."

1849 Zugehörigkeit von HJ-Führern bzw. BDM-Führerinnen zur evangelischen Gemeindejugend nicht erwünscht!
Antwort der Gebietsführung der HJ, Personal – Abteilung – Überwachung vom 10. März 1938; LKA GA 5081

„In der genannten Angelegenheit gebe ich Ihnen nachstehend die Stellungnahme des Führers des Gebietes Baden (21) – Obergebietsführer Kemper – bekannt:

Die Zugehörigkeit eines Führers oder einer Führerin oder gar die gleichzeitige Führertätigkeit in einem konfessionellen Verband ist grundsätzlich nicht erwünscht, und zwar aus folgenden Motiven heraus:

1. Ein Führer oder eine Führerin ist durch die Fülle der Aufgaben in der HJ derartig in Anspruch genommen, dass für eine weitere Mitgliedschaft in irgendeinem konfessionellen Verband überhaupt keine Zeit mehr vorhanden ist. An die Ausübung von zwei Führerstellen gleichzeitig, also in der HJ und in einem konfessionellen Verband, ist überhaupt nicht zu denken, da der betr. Führer oder die betr. Führerin unweigerlich mit der Zeit die Arbeit in der HJ vernachlässigen musste.

2. Laut Parteibefehl darf keine Konfession irgendwie bevorteilt oder benachteiligt werden. Ein Führer oder eine Führerin, die in einem konfessionellen Verbande führend oder helfend tätig sind, werden bewusst oder unbewusst diejenigen Jg. oder Jgn. bevorzugen, die ihnen aus ihrer Tätigkeit in dem betr. konfessionellen Verband bekannt sind. Die Hitlerjugend umfasst alle deutschen jungen Menschen, und es kann deshalb nicht geduldet werden, dass irgend ein Jg. wegen seiner religiösen Einstellung bevorzugt oder benachteiligt wird.

Ich bitte Sie, von dieser Stellungnahme des Obergebietsführers Kemper Kenntnis zu nehmen und ich betrachte Ihre Anfrage vom 10. Januar 1938 somit als erledigt."

1850 Entgleisung eines Jungvolkführers
Brief des Landesjugendpfarrers an die Gebietsführung der HJ, Personal – Abteilung – Überwachung vom 12. Januar 1938; LKA GA 5081

„Im besonderen Auftrag des Evang. Oberkirchenrats nehmen wir Bezug auf die unter dem 6.12.1937 erfolgte Eingabe eines Teiles der Elternschaft der Gemeinde Auggen bei Müllheim an Obergebietsführer Kemper-Karlsruhe, die noch durch die [...] Eingabe des Kirchengemeinderats von Auggen ergänzt wird. Wir weisen nachdrücklichst auf die in dieser Eingabe geschilderte Unmöglichkeit des Verhaltens von Stammführer Raup-Müllheim hin. Die Eingabe nimmt mit Recht Bezug auf eine der letzten offiziellen Reden von Reichsminister Kerrl, in der er verbietet, das, was Anderen glaubensmässig heilig ist, anzutasten oder herunterzureißen. Beides hat Stammführer Raup nach dem Bericht der Eltern in unmöglicher Weise getan und damit Empörung und Volksgemeinschaft zerstörenden Zwiespalt in die Gemeinde Auggen getragen. Wir bitten deshalb um sofortige Untersuchung und Stellungnahme und Vorbeugungsmaßnahmen gegen etwaige Wiederholung solcher Angriffe. Um eine baldige klare Erledigung wären wir besonders dankbar, damit wir von der Kirche aus die Kirchengemeinde Auggen darüber verständigen können."

1851 Die Gebietsführung distanziert sich.
Antwort der HJ, Personal – Abteilung – Überwachung vom 2. März 1938 an das Landesjugendpfarramt; LKA GA 5081

„In dieser Angelegenheit teile ich Ihnen heute abschließend mit, dass der betr. Stammführer vom Führer des Gebiets 21/Baden eine scharfe Zurechtweisung erhalten hat.

Die Eltern wurden dahingehend unterrichtet, dass der Stammführer seine privaten Meinungen vertreten hat und dass er belehrt worden ist, dass dies in Zukunft zu unterbleiben hat.

Ich nehme an, dass diese Angelegenheit somit als erledigt betrachtet werden kann."

1852 Bedeutung des Elternhauses
Aus einer Rede von Rudolf Heß am 12. September 1938 in Nürnberg, zit. nach: John S. Conway, Die nationalsozialistische Kirchenpolitik 1933–1945, München 1969, S. 195

„Die Kirchenfrage ist auf weitere Sicht im wesentlichen nach wie vor eine Frage der Einstellung des Nachwuchses. Diese Einstellung ist aber wiederum nicht nur eine Frage der Erziehung durch die HJ, sondern doch auch immer noch durch das Elternhaus. Je weniger die Eltern gerade auch in kirchlichen Dingen vor den Kopf gestoßen werden, desto weniger werden sie aus Opposition heraus dem Einfluß der HJ entgegenwirken."

Am 1. Dezember 1936 war in einem „Gesetz über die Hitlerjugend" von der Reichsregierung bestimmt worden: Die Hitlerjugend ist neben Elternhaus und Schule allein zuständig für die Erziehung. 1939 folgten nun die Durchführungsverordnungen:

1853 Kompetenz des Reichsjugendführers von Schirach
Erste Durchführungsverordnung zum Gesetz über die Hitlerjugend vom 25. März 1939; Reichsgesetzbl. I 1939, S. 709, veröffentlicht im Amtsblatt des Bad. Min. d. K. u. U. 1939, Nr. 9 vom 25. April 1939, S. 84

„(1) Der Jugendführer des Deutschen Reiches ist ausschließlich zuständig für alle Aufgaben der körperlichen, geistigen und sittlichen Erziehung der gesamten deutschen Jugend des Reichsgebiets außerhalb von Elternhaus und Schule. Die Zuständigkeit des Reichsministers für Wissenschaft, Erziehung und Volksbildung auf den Gebieten des Privatunterrichts und des sozialen Bildungswesens bleibt unberührt."

1854 Beschlagnahme der „Aschenhütte" (im oberen Gaistal, bei Bad Herrenalb)
Brief des EOK an die Gestapo vom 25. März 1939, Den Bund Christdeutscher Jugend, hier die Sicherstellung des Erholungsheims Aschenhütte betr.; LKA GA 7900

„Im August 1938 wurde der Landesverband des Bundes Christdeutscher Jugend (BCJ) durch die Geheime Staatspolizei aufgelöst. Die Gründe, die für diese Maßnahme bestimmend waren, sind nicht mitgeteilt worden. Das Vermögen des Landesvereins wurde dem Vorsitzen, Stadtpfarrer L. Dreher in Karlsruhe, zur Liquidation überlassen. In Durchführung dieser Liquidation wurde für den Bereich der Kirchengemeinde Karlsruhe ein Verein gegründet, dem die Aufgabe zufiel, das Jugendheim des Ortsvereins Karlsruhe des BCJ, die Aschenhütte, zu einem Erholungsheim der Kirchengemeinde bereitzustellen. Dieser Verein wurde auch in das Vereinsregister eingetragen, nachdem vom Polizeipräsidium Bedenken dagegen nicht erhoben worden sind. Völlig unerwartet wurde nun am 1. März ds.Js. dieser Ev. Erholungsverein Aschenhütte aufgelöst und das Vermögen sichergestellt.

Wir müssen annehmen, dass alle diese Maßnahmen der Geheimen Staatspolizei doch erfolgt sind, weil gegen den Leiter des früheren BCJ und den Vorsitzenden des Vereins Evang. Erholungsheim Aschenhütte e. V., den Stadtpfarrer Dreher, Tatsachen vorliegen, die den Verdacht einer strafbaren Handlung oder zum mindesten nicht einwandfreier staatspolitischer Haltung begründen. Als Aufsichtsbehörde des Geistlichen ist es unsere Pflicht, diesen Dingen nachzugehen, um zu prüfen, ob wir nicht gegen Pfarrer Dreher dienstpolizeilich einschreiten müssen. Wir ersuchen daher das Geheime Staatspolizeiamt, uns die Tatsachen mitzuteilen, die für die Erlassung der angezogenen Verfügungen maßgebend waren."

Die Gestapo würdigte den EOK keiner Antwort. Stattdessen erschien in den Amtlichen Bekanntmachungen des Bad. Innenministeriums unter dem Datum 27. März 1940 folgende Bekanntmachung (LKA GA 7900):

„Einziehung volks- und staatsfeindlichen Vermögens, hier Verein Evangelisches Erholungsheim Aschenhütte e.V. Karlsruhe

Der Reichsminister des Innern hat auf Grund des Gesetzes über die Einziehung volks- und staatsfeindlichen Vermögens vom 14. Juli 1933 (RGBl. I S. 478) festgestellt dass die Bestrebungen des Vereins Evangelisches Erholungsheim Aschenhütte e.V. Karlsruhe staatsfeindlich gewesen sind und dessen Vermögen zu volks- und staatsfeindlichen Zwecken gebraucht oder bestimmt war.

Auf Grund des § 1 des Gesetzes über die Einziehung kommunistischen Vermögens vom 26. Mai 1933 (RGBl. I S. 293) in Verbindung mit dem Gesetz über die Einziehung volks- und staatsfeindlichen Vermögens vom 14. Juli 1933 (RGBl. I S. 479) ziehe ich das Vermögen des genannten Vereins sowie sämtliche Sachen und Rechte, die zur Förderung der Bestrebungen dieses Vereins gebraucht oder bestimmt waren, zugunsten des Landes Baden ein."

1855 Gottesdienstbesuch wird behindert.
Protokoll der Sitzung des EOK vom 24. September 1940, Ziffer 6; LKA GA 3486

„In Emmendingen wurde, wie O.K.Rat Voges mitteilt, geklagt, daß neuerdings der Dienst der H.J. jeden Sonntag von 8–11 Uhr vormittags stattfindet. Es beruht dies, wie O.K.Rat D. Bender mitteilt, auf einer besonderen Anordnung des neuen Reichjugendführers Axmann. Es wird also auf den Gottesdienstbesuch der H.J. überhaupt keine Rücksicht mehr genommen."

1856 Die Hitlerjugend hat Vorrang.
Bekanntmachung des EOK vom 7. März 1940; KGVBl. 1940, Nr. 5 vom 9. April 1940, S. 26

„Die ‚Verpflichtung der Hitler-Jugend' am 31. März 1940 betr. –

An sämtliche Geistliche der Landeskirche (Bereits durch Rundschreiben bekannt gemacht)

Der Herr Reichsminister für die kirchlichen Angelegenheiten hat unterm 4. März 1940 (I 20 520/40,II) an die kirchlichen Behörden folgenden Schnellbrief gerichtet:

‚Der Stellvertreter des Führers hat angeordnet, daß von diesem Jahre ab an Stelle der bisher von der Partei und ihren Organisationen durchgeführten Lebenswendefeiern der Hitler-Jugend einheitlich im ganzen Reich am 31. März 1940 die ‚Verpflichtung der Hitler-Jugend' durchgeführt wird. Der Stellvertreter des Führers hat gebeten, diesen Tag der Verpflichtung der Hitler-Jugend von kirchlichen Veranstaltungen für die Jugend freizuhalten. Ich erwarte, daß die Kirchen diesem Wunsche Rechnung tragen.'

Dem hiermit den Geistlichen übermittelten Wunsch des Stellvertreters des Führers ist Rechnung zu tragen."

1857 Lager und Freizeiten werden verboten.
Vertrauliches Schreiben „Evangelische Jugendlager und Freizeiten" des bayerischen Landesjugendpfarrers [Heinrich Riedel] an den badischen EOK ohne Datum, abgezeichnet 24.9.1940; LKA GA 5081

„Auf Anfragen und neuerlich entstandene Unklarheiten hin gebe ich hiemit den Bezirksjugendpfarrern zur persönlichen Information folgende beide Erlasse des Reichsführers SS über ‚Evangelische Jugendlager und Feizeiten' bekannt, wie sie in dem amtlichen Nachrichtenblatt des Jugendfuhrers des Deutschen Reiches veröffentlicht worden sind:

Der Reichsführer SS und Chef der deutschen Polizei
IV A 4 b – 425/40 – Berlin, den 9. Mai 1940

An alle Staatspolizei(leit)stellen
Nachrichtlich: a) dem Amt II des Reichssicherheitshauptamtes
      b) allen Höheren SS- und Polizeiführern
      c) den Führern der SD-Leit-Abschnitte

Vorgang: Meine Runderlasse v. 24.10.1938 – II B 1985/38E und 24.10.1939 – II B 2 425/39E

Die Durchführung von konfessionellen Jugend- und Bibellagern, von Frei- und Rüstzeiten ist *insbesondere im Blick auf den Kriegszustand* unangebracht, da die Jugendlichen in stärkstem Ausmasse zur vormilitärischen Ausbildung sowie zur Feldbestellungs-, Ernte- und sonstigen staatspolitisch vordringlicheren Arbeiten herangezogen werden müssen.

Ich ersuche daher, grundsätzlich sämtliche Jugend- und Bibellager, Frei- und Rüstzeiten der evangelischen Kirche und aller anderen religiösen Gemeinschaften zu verbieten.

                    i.A. Müller

(Aus: „Der Jugendführer des Deutschen Reiches, Amtliches Nachrichtenblatt" vom 13. Juli 1940, Nr. 8, S. 80)

Der Reichsführer SS und Chef der deutschen Polizei
IV A 4 b – 425/40 – Berlin, den 21. Juni 1940

An alle Staatspolizei(leit)stellen
Nachrichtlich: a) dem Amt II des Reichssicherheitshauptamtes
      b) allen Höheren SS- und Polizeiführern
      c) den Führern der SD-Leit-Abschnitte
Betrifft: Evangelische Jugendlager und Freizeiten
Vorgang: Mein Erlass vom 9. Mai – IV A 4 b – 425/40

Verschiedene Anfragen geben mir Veranlassung, darauf hinzuweisen, dass der Erlass vom 9. Mai – IV A 4 b – 425/40 – betr. Evangelische Jugendlager und Freizeiten – sich nicht nur auf solche Veranstaltungen erstreckt, die von der evangelischen Kirche durchgeführt werden, sondern dass in gleicher Weise Veranstaltungen ähnlicher Art, die von anderen Konfessionen, also insbesondere auch von der katholischen Kirche, von Freikirchen oder anderen religiösen Gemeinschaften durchgeführt werden sollen, verboten sind. Um weiteren Zweifel zu beheben, ist daher der Abschnitt 2 des Erlasses vom 9. Mai 1940 wie folgt zu ändern:

‚Ich ersuche daher, grundsätzlich sämtliche konfessionellen Jugendlager, Freizeiten, Einkehrtage für Jugendliche usw. bis auf weiteres zu unterbinden.'
Ich weise weiter darauf hin, dass der Erlass nicht eng auszulegen ist und gegebenenfalls auch als Grundlage örtlicher Verbote von entsprechenden konfessionellen Veranstaltungen für Erwachsene dienen kann.
Im Auftrage: gez. Müller

(Aus: „Der Jugendführer des Deutschen Reiches, Amtliches Nachrichtenblatt" vom 15. August 1940, Nr. 9, Seite 101/102)
Amt des Landesjugendpfarrers der Evang.-Luth. Kirche in Bayern, Landesjugendpfarrer Riedel, Nürnberg-S, Hummelsteinerweg 100"

1858   Rüstzeiten sind gefährdet.
Protokoll der Sitzung des EOK vom 29. Oktober 1940, Ziffer 4; LKA GA 3486

„Wie eine Besprechung mit Landesjugendpfarrer Stober ergibt, ist die Durchführung eintägiger Rüstzeiten jetzt auch gefährdet, nachdem diese in Württemberg und Bayern schon verboten sind. Zunächst findet bei uns eine Kontrolle durch H.J.-Streifen statt. Das Verbot würde einen neuen Schlag gegen die Jugendarbeit bedeuten."

1859   Kinder aus christlichen Elternhäusern unter Druck
Brief eines Vaters vom 5. Oktober 1940 aus Pforzheim an den Vorsitzenden der staatl. Finanzabteilung beim EOK, betr. Verhalten einer Untergauführerin; LKA GA 5534

„Als Vater einer geplagten Tochter beim BDM gebe ich Ihnen zur Kenntnis, dass wir hier in Pforzheim neuerdings eine Untergauführerin haben, die sich nicht darin genug tun kann, Töchter gegen die Kirche aufzustiften. Es ist die Christa Finkelmann, Mutlacherstr. 55. Dieselbe nötigte neulich meine Tochter, ihre liebgewordene Mitarbeit in einer kirchlichen Tätigkeit aufzugeben, falls sie weiterhin noch beim BDM tätig sein wolle. Dabei machte die Finkelmann die Bemerkung: Wer Nationalsozialist sei, könne nicht mehr bei der Kirche bleiben, da diese ja staatsfeindlich und gegen den Führer eingestellt sei! Woher hat die Finkelmann diese Auffassung? Und ist's im BDM Mode, solche unreifen Urteile sich anzumaßen? Da Sie die Staatsstelle in der Kirche vertreten, gebe ich Ihnen dies Vorkommnis zur gez. Kenntnis mit dem Ersuchen, bei Staat und Partei darauf hinzuwirken, dass solche volkszersetzenden Beeinflussungen von Seiten gewisser Führerinnen im BDM ein für alle mal unterbleiben.

Die christlichen Kreise im Volk wissen es schon lange: Nicht die Kirche ist staatsfeindlich, aber das alte freidenkerische Neuheidentum im dritten Reich hat das Recht, unter dem Schutz von Amtswürden, Kindern christlicher Elternhäuser unnötige Sorgen zu machen, wogegen ich mich als Vater entschieden wehren werde.

Eine Abschrift dieser Zeilen geht an den Herrn Landesbischof.

Da ich Staatsbeamter bin, muss ich leider meinen Namen verschweigen!"

1860 Schule, Hitlerjugend und Elternhaus – keine Zeit für Kirche!
RdErl. d. RMf. Wiss., Erz. u. Volksbildung vom 8. Februar 1941; Amtsbl. d. Bad. Min. d. K. u. U. 1941, Nr. 7 vom 17. April 1941, S. 77

„1. Die Vormittagsstunden (bis spätestens 13.30 Uhr) sämtlicher Wochentage stehen der Schule, die Nachmittage grundsätzlich der Hitler-Jugend und dem Elternhaus zur Verfügung.

2. Der Sonnabendnachmittag und ein weiterer jeweils örtlich gemeinsam von Schule und Hitler-Jugend festzulegender Nachmittag sind schulaufgabenfrei. Die schulaufgabenfreien Nachmittage stehen der Hitler-Jugend uneingeschränkt zur Verfügung. Von Sonnabend auf Montag und von dem Tage des schulaufgabenfreien Nachmittags auf den nächsten Tag sind daher von der Schule Aufgaben nicht zu stellen."

1861 HJ-Sonntagsdienst im Mai 1941
Erlass des Reichsjugendführers [Axmann] vom 15. März 1941, IV J 3335/642/41; LKA GA 5534

„Im Monat Mai 1941 ändert sich der HJ-Dienst durch reichseinheitliche HJ-Veranstaltungen und durch den Muttertag wie folgt:

Am Sonntag, dem 4. Mai, ist HJ-Dienst entsprechend dem Reichsbefehl 26/k. Am 11. Mai, also am 2. Sonntag im Monat, wird HJ-Dienst für die reichseinheitliche Sammlung für das Jugendherbergswerk durchgeführt. Am 3. Sonntag im Monat, dem 18. Mai, ist Muttertag. Dieser wird zur Ehrung der Mutter von jeglichem HJ-Dienst freigehalten. Am 4. Sonntag, dem 25. Mai, finden reichseinheitlich die Reichssportwettkämpfe der HJ (BDM) statt.

Ich bitte, von dieser Sonderregelung für den Monat Mai den in Betracht kommenden Stellen Nachricht zu geben."

1862 Reichssportwettkampf der Hitlerjugend am Trinitatissonntag 1942
Bekanntmachung des EOK vom 12. Februar 1942; KGVBl. 1942, Nr. 3 vom 19. März 1942, S. 18

„Der auf Anordnung des Führers alljährlich durchzuführende Reichssportwettkampf der Hitlerjugend findet in diesem Jahr am 30. und 31. Mai (Trin.) statt. Um ein zeitliches Überschneiden und eine Überbeanspruchung der Jugend zu vermeiden, sollen an diesen Tagen keine *besonderen* kirchlichen Feiern und religiöse Veranstaltungen stattfinden (lt. Anordnung des Jugendführers des Deutschen Reiches und des Reichsministers für die kirchlichen Angelegenheiten)."

1863 Mitwirkung von Angehörigen der HJ bei Familien-Kultfeiern der Partei
Rdschr. des EOK vom 8. April 1942 an sämtliche Geistliche der Landeskirche; LKA GA 5534

„Im Blick darauf, dass Angehörige der Hitlerjugend entgegen ihrem Willen und entgegen dem Willen der Erziehungsberechtigten zur Teilnahme oder Mitwirkung an Kultfeiern der Partei (Namensgebungen bzw. Ehefeiern) gezwungen worden sind, geben wir zur Behebung diesbezüglicher Unklarheiten unseren Geistlichen im folgenden eine Entscheidung der maßgebenden Stelle bekannt. Die Reichjugendführung – der Adjutant des Reichsführers – äußert sich in einem an den Evang. Oberkirchenrat in Stuttgart gerichteten Schreiben (Berlin, 07. März 1942 – Wz./He.):

,Wir bitten zur Kenntnis zu nehmen, dass die Teilnahme von Angehörigen der Hitlerjugend an ähnlichen Feiern grundsätzlich freiwillig ist. Der Reichsjugendführer [Axmann] sieht keine Veranlassung, im Zuge der Gewissensfreiheit, eine freiwillige Mitarbeit der Mitglieder der Hitlerjugend zu verhindern.'"

1864 Ein mutiger Brief aus dem EOK
Schreiben des OKR Dr. Bender vom 18. Mai 1942 an die Gebietsführung der Hitler-Jugend; LKA GA 5534

„Mitwirkung der Angehörigen der HJ bei Familienfeiern betr.

Wie uns berichtet wird, fand in Wolfach (Schwarzwald) am 8. Mai d.Js. die Beerdigung eines Parteigenossen ohne Mitwirkung eines Geistlichen statt. Obwohl der Verstorbene in der Partei oder sonst im öffentlichen

Leben keine führende Stellung einnahm, wurden sämtliche, dem Jungvolk und den Jungmädchen angehörende Schüler zur Teilnahme an dieser von der Partei allein durchgeführten und nichtchristlich ausgestalteten Beerdigung befohlen. Der Unterricht fiel währenddessen aus.

Die erzwungene Teilnahme an einem solchen Begräbnis widerspricht zweifellos dem Grundsatz der Gewissensfreiheit und hat selbstverständlich böses Blut gemacht. Der Vorgang gibt uns Veranlassung, uns auf einen Erlaß zu beziehen, den die Reichsjugendführung – Adjutant des Reichsjugendführers – am 7. März 1942 an den Evangelischen Oberkirchenrat in Stuttgart gerichtet hat als Antwort auf Vorstellungen aus ähnlichem Anlaß. Darin heißt es: ‚Wir bitten, zur Kenntnis zu nehmen, daß die Teilnahme von Angehörigen der Hitler-Jugend in ähnlichen Fällen (es handelt sich um Familienfeiern wie Namensgebungen und Ehefeiern) *grundsätzlich freiwillig* ist. Der Reichsjugendführer sieht keine Veranlassung, im Zuge der Gewissensfreiheit eine freiwillige Mitarbeit der Mitglieder der Hitler-Jugend zu verhindern.' Das letztere wird von uns nicht gewünscht. Was wir aber wünschen müssen, ist dies, daß evangelische Kinder nicht gegen ihren Willen und auch gegen den Willen der Erziehungsberechtigten zur Teilnahme an nichtchristlichen Kultfeiern oder Familienfeiern befohlen werden. Die grundsätzliche Freiwilligkeit darf in solchen Fällen nicht mißachtet und die Gewissensfreiheit nicht verletzt werden.

Wir bitten die Gebietsführung, ihre nachgeordneten Dienststellen im Sinn des genannten Erlasses der Reichsjugendführung belehren zu wollen, damit Unstimmigkeiten wie die oben vorgetragene künftig vermieden werden. Wir wären der Gebietsführung zu Dank verpflichtet für gfl. Mitteilung ihrer Stellungnahme. [...]"

1865   Die kirchliche Jugendarbeit betr.
Rdschr. des EOK an die Dekanate vom 4. Oktober 1943; LKA GA 7925

„Die Kriegsumstände, besonders die Tatsache, dass die männlichen Berufsarbeiter im Ev. Landesjugendpfarramt sich im Dienste der Wehrmacht befinden und wir keine Lehrgänge für die Jugendarbeit halten können, liess es der Kirchenleitung erwünscht erscheinen, als Ersatz für solche Anregung einen anderen Weg zu wählen. Wir übersenden unseren Herren Dekanen in der Anlage ein Referat, das Pfarrer Dr. Pfeil-Hochstetten im Mai d.Js. auf der Pfarrkonferenz des Kirchenbezirks Karlsruhe-Land vorgetragen hat, mit der Auflage, dass dieses Referat – in der vorliegenden Fassung ist es stark zusammengestrichen – auf der nächsten Pfarrkonferenz vorgelesen und zum Gegenstand einer Aussprache gemacht wird. Wir verkennen die Schwierigkeiten nicht, die gerade heute einem Neuanfang auf dem Gebiet der Jugendarbeit entgegenstehen, allein sie ist unseren Geistlichen und Kirchengemeinderäten zur Pflicht gemacht, und ihre Unterlassung müsste sich im Aufbau eines gesunden Gemeindelebens bitter rächen. Wir bitten die Dekane, in Zusammenarbeit mit den Bezirksjugendpfarrern auf die Nutzung der vorliegenden Anregung ernstlich bedacht zu sein."

Das Referat „Praxis der Jugendarbeit" (in: LKA GA 7925) enthielt nach einigen einführenden Bemerkungen didaktische und methodische Hinweise zur Gestaltung von Jugendabenden.

2. Kindergottesdienst[*]

1866   Helfer im Kindergottesdienst haben es schwer.
Zwei Thesen aus einer Vorlage der Leiter-Arbeitstagung des Reichsverbandes für Kindergottesdienst in Rummelsberg bei Nürnberg vom 19.–22.4.1938; LKA GA 6298

„10. Der Weltanschauungskampf der Gegenwart schlägt seine Wellen auch in den Helferkreis hinein und führt dort vielfach zu Erschütterungen und Anfechtung des Glaubens und zu ernstlichen Fragen um Christum und die Bibel. Dem Leiter muss es ein ernstes Anliegen sein, solche Helfer nicht allein zu lassen in ihrem Kampf, sondern hier innerste Handreichung zu tun mit Wort und Gebet.

11. Gibt das Leben eines Helfers in der Gemeinde Anlass zu Ärgernis, so steht der Leiter vor schweren Aufgaben der Ermahnung, die zunächst unter 4 Augen geschieht, wenn nötig aber auch in den Helferkreis verlegt werden muss. Bleibt sie vergeblich, so muss der betreffende Helfer aus der Arbeit ausscheiden. Der Leiter wird darum im Helferkreis immer auf ernste Zucht hinwirken, die sich auch im täglichen Leben beweisen soll."

---

[*]   Vgl. Hans-Georg Ulrichs, Hoffnungen, Irritationen und Auseinandersetzungen: Der Kindergottesdienst im „Dritten Reich", in: Kirche der kleinen Leute. Geschichte u. Gegenwart des evang. Kindergottesdienstes in Baden, im Auftr. des Verbandes für Kindergottesdienstarbeit in der Evang. Landeskirche in Baden hrsg. von Hans-Georg Ulrichs, Ubstadt-Weiher 2003 (zugleich: Sonderveröffentlichungen des Vereins für Kirchengeschichte in der Evang. Landeskirche in Baden, Bd. 3), 144 S., zahlr. Abb., hier S. 31–57

1867 Leben ohne Kirche
Aus: Otto Eberhard, Der Kindergottesdienst, Gütersloh 1939, S. 122

„Ein Weg von tausend Jahren ist zu Ende gegangen. Der Öffentlichkeitswille der Kirche ist nicht erlahmt, aber die Öffentlichkeit gestaltet ihr Leben ohne die Kirche, und der Gesamterziehungsauftrag an dem Volk ist vom Staat in die Hand genommen und wird in der Staatsjugenderziehung ausgerichtet. Das schafft einheitliche deutsche Jugend und hat seine Bedeutung auch für die kirchliche Arbeit. Künftig kann kaum noch die Sorge aufkommen, daß ein Junge sich die Konfirmation erschleicht, weil er hofft, dadurch besser eine Lehrstelle zu erlangen. Es ist nicht mehr Konjunktur, bewußt Christ, und nun gar junger Christ zu sein! Diese Wende hat ungewollt und unbewußt ihre Wirkung. ‚Die Befangenheit vieler Menschen der Kirche gegenüber ist eher größer als kleiner geworden', schreibt ein rühriger Geistlicher aus einer kleinen Dorfgemeinde unweit Berlin im Rückblick auf das Jahr 1938. ‚Sie reicht so weit, daß Eltern im Ungewissen sind, ob es gut ist, ihre Kinder kirchlich erziehen zu lassen oder nicht.'"

1868 Bericht der Kindergottesdiensthelferinnen Ruth Ziegler und Maria Gröbühl aus Berghausen über eine Rüstzeit vom 31.5.–3.6.1939 in Geroldseck
LKA GA 6322

„Auf den bewaldeten Höhen des schönen Schwarzwaldes trafen am 31.5.39 aus verschiedenen Dörfern und Städten des Badnerlandes Leiter und Helfer des Kindergottesdienstes zu einer Rüstzeit zusammen. Gerolseck – ein schöner und stiller Schwarzwaldort – war dazu auserlesen, und es kamen auch etwa 20 meist weibliche Teilnehmer zu dieser Rüstzeit dort zusammen. [...]

Nach allgemeiner Vorstellung durch Herrn Pfarrer [Wilfried] Stober und die Geschäftsführerin Fräulein [Amalie] Bayer sangen wir einige schöne Lieder. Ferner wurde uns die Wichtigkeit unseres Dienstes an den Kindern klargemacht und die gestellten Fragen beantwortet. Nach dem Abendbrot zogen alle, die sich jung fühlten nach Lahr, um dem Spiel der Studentengemeinde Tübingen beizuwohnen. Das ernste Spiel ‚Die Kirche' wurde von den jungen Theologen wahrheitsgetreu dargestellt. Man sah, wie die erste Christengemeinde zusammenhielt und in Kampf und Not, Macht der Sünde und Irrlehre sieghaft blieb, obwohl der Satan immer wieder versuchte, die jungen Männer an sich zu reißen und ihm doch einige zum Opfer fielen. Sind das nicht die gleichen Kämpfe, die zwischen Licht und Finsternis heute noch toben? Diese Frage bewegte uns auf dem Heimweg.

Hell schien die Sonne am anderen Morgen, als wir uns zur Morgenwache vor dem Haus versammelten. Nach dem Frühstück machten wir uns an die Bibelarbeit, sie wurde uns von Herrn Pfarrer Stober gehalten. Gegen Mittag besuchte uns Jörg Erb, dieser erzählte uns die Mosesgeschichten und legte uns deren Inhalt klar. Am Nachmittag erfreuten wir uns an den Liedern, die Jörg Erb selbst gedichtet und in Noten gesetzt hat. Nach dem Abendessen machten wir uns auf den Weg zur Burgruine, von wo aus wir die ganze Gegend überblicken konnten. Nach fröhlichem Gesang und einer kurzen Fragenbesprechung traten wir den Heimweg an, und nach der Abendandacht begaben wir uns zur Ruh. Am anderen Morgen schaute schon wieder die Sonne hinter den Bergen hervor, als wir aus unseren Betten schlüpften. An diesem Tag war es etwas früher, denn wir bekamen Besuch. Herr Pfarrer [Karl] Niemann aus Bielefeld kam zu uns, und wir gingen ihm ein Stück Weg entgegen. Nach der Morgenfeier und dem Frühstück ging es wieder an unsere Arbeit. Diesmal diente uns Herr Pfarrer Niemann mit der Erklärung der zehn Gebote, in denen uns der Wille Gottes gezeigt wird. Wir merkten hier ganz deutlich, daß Gottes Wort nicht zum Ausschöpfen ist. Die Stunden froher Gemeinschaft werden uns unvergesslich bleiben. [...]

Nun durften wir noch kurze Zeit in Gerolseck zusammensein, ach es war zu schade. Noch einmal versammelten wir uns zur Bibelarbeit auf einer Waldwiese. Vor dem Mittagessen zogen wir noch einmal durch und um unser Heim, das uns sehr lieb geworden war, dann wurde das letzte Mahl eingenommen, das mit Raketen beschlossen wurde. Mit frohem Aufwiedersehen nahmen wir Abschied von Köchin, Hausmutter und Herberge, um noch größtenteils nach Offenburg zur Landestagung zu gehen. Jedes nahm dann sehr viel mit von Gott und seinem Wort, um an seinem Platz zu wirken, wie es heißt in jenem Lied:

> Jesus heißt uns leuchten zuerst für ihn.
> Sicher weiß und merkt er's, ob wir für ihn glühn,
> ob wir helle leuchten in der dunklen Welt,
> jedes an seinem Plätzchen, wohin Gott es gestellt.

Allen Teilnehmern wird die Gerolseck-Rüstzeit in froher Erinnerung bleiben, und wir hoffen auf ein Wiedersehen im nächsten Jahr in Gerolseck."

1869 Die Mitarbeit im Kindergottesdienst hat Folgen.
Brief des Landesjugendpfarrers vom 14. Januar 1941 an den Oberkirchenrat Dr. Friedrich; LKA GA 6298

„Das evangelische Pfarramt Heidelberg-Rohrbach teilt uns mit, daß Fräulein Hermine Koch, Hauptlehrerin in Rohrbach, die vor ¾ Jahren ihr 25jähriges Jubiläum als Kindergottesdiensthelferin gefeiert hat, auf Verlangen des dortigen Rektorates ihr Amt als Helferin hat niederlegen müssen: ‚andernfalls das Rektorat sich genötigt sehe, an den N.S.L.B. Ungünstiges über sie zu berichten. Falls sie jedoch weiter den Kindergottesdienst halte, werde er sie kontrollieren lassen.'

Wir geben dem Oberkirchenrat diesen Vorfall zur Kenntnis mit der Bitte um Erledigung."

1870 Aufgabe des Kindergottesdienstes
Erlaß des EOK vom 9. Januar 1941, Kindergottesdienst betr.; KGVBl 1941, Nr. 1 vom 27. Januar 1941, S. 2 f.

„Im Rahmen der christlichen Erziehung unserer Jugend hat der Kindergottesdienst im Laufe der letzten Jahrzehnte eine maßgebende Bedeutung erlangt. In einer Reihe von Erlassen und Anordnungen der Kirchenbehörde wurden die Geistlichen immer wieder auf die Wichtigkeit dieser Art von Gottesdienst hingewiesen. Nachdem es nunmehr kaum eine Gemeinde im Bereich der badischen Landeskirche gibt, wo nicht Kindergottesdienst erteilt wird, möchten wir noch einmal zusammenfassend das Wesentliche zum Kindergottesdienst sagen:

1. Der Kindergottesdienst ist Gottesdienst, und zwar ist er der gegebene Ort der Erziehung zum rechten Hören des Gotteswortes im Gottesdienst. Hier liegt die Möglichkeit, die Kinder zur Anbetung und zur kirchlichen Gemeinschaft anzuleiten. Dazu bedarf es einer echten äußeren und inneren liturgischen Haltung des Geistlichen. [...] Dem Kindergottesdienst ist das Wort Gottes zugrunde zu legen. Es ist nicht angängig, Geschichten ohne Zugrundelegung des göttlichen Wortes den Kindern zu erzählen.

2. Wenn auch der Kindergottesdienst zugleich eine kirchliche Unterweisung sein soll, so ist doch darauf zu achten, dass er sich auf keinen Fall in die Formen der alten Sonntagsschule zurückentwickelt. Er muß bewußt die Erziehung zur Anbetung und zum Gemeindegottesdienst bleiben. Ohne dabei dieses Ziel aus den Augen zu verlieren, wird es doch nötig sein, um einer gedächtnismäßigen Vertiefung der in der Unterweisung gelernten Stücke willen, geeignete Stücke aus dem Katechismus oder Liedverse und Bibelsprüche gemeinsam sprechen zu lassen.

3. Um einer zukünftigen Gesamtplanung der christlichen Unterweisung schon heute die Wege zu ebnen, erscheint es erforderlich, dass die Geistlichen sich im Kindergottesdienst an den jährlichen Textplan des Reichsverbandes des Kindergottesdienstes halten."

1871 Kindergottesdienstarbeit kann gefährlich sein.
Brief des EOK vom 13. Oktober 1943 an die Gestapo, Kindergottesdienst in Lang[e]nau und Wieslet betr.; LKA GA 6298

Ein Fräulein Schaubhut war im Kindergottesdienst in Langenau und Wieslet (KBez. Schopfheim) tätig. Weil sie „Sonntagsschule" hielte, in der die Kinder Gaben gäben (statt etwa zum NS-Winterhilfswerk) und Reisen unternähmen, „wurde Frl. Schaubhut [von der Gestapo] bedeutet, dass sie bis zum Bescheid der Gestapo keine Sonntagsschule mehr halten solle." (Brief des Pfarramtes Wieslet, Pfarer Julius Karl Förster, vom 24. September 1943; LKA GA 6298) Wie vom Ortspfarrer erbeten, fühlt der EOK bei der zuständigen Gestapo-Stelle vor.

„I. An die Geheime Staatspolizei – Leitstelle Karlsruhe.

Auf Grund der am 14.9.1943 stattgefundenen Besprechung bei der dortigen Leitstelle bemerken wir zu dem im Betreff genannten Fall folgendes:

Seit 1934 findet die ehemalige Sonntagsschule als Kindergottesdienst in Wieslet nicht in einem Privathaus, sondern in der Kirche statt. Da die ehemalige Sonntagsschule seit 1927 bereits dem Bad. Landesverband für Kindergottesdienst angeschlossen ist und wie bereits gesagt, in einer Kirche gehalten wird, so ist sie ein rein kirchlicher Dienst, der zu den geordneten Gottesdiensten der Bad. Landeskirche gezählt werden muß und im Auftrag der Bad. Landeskirche geschieht.

Für den Dienst, den Fräulein Schaubhut als Laienhelferin im Kindergottesdienst tätigte, sind von ihr nie Gelder erhoben worden. Es wurden ihr lediglich zum Kinderweihnachtsfest freiwillige Gaben von Gliedern der Gemeinde gegeben. Die Leute sind aber darum nicht angegangen worden. Über diese Gaben und ihre Verwendung hat Fräulein Schaubhut jährlich dem Evang. Pfarramt Wieslet Rechenschaft abgelegt. Nach Prüfung des Kassenbuches gab Pfarrer Förster jeweils seine Unterschrift. Fräulein Schaubhut wird von uns angewiesen, in Zukunft etwaige Gaben, die ihr für das Kinderweihnachtsfest gegeben werden, unmittelbar dem Pfarramt zuzuführen.

Das Evang. Pfarramt bzw. Fräulein Schaubhut wird weiterhin von uns die Weisung erhalten, keine Ausflüge mit Kindern mehr zu unternehmen.

Wir beabsichtigen aber, Fräulein Schaubhut auch fernerhin als Laienhelferin im geordneten kirchlichen Kindergottesdienst zu verwenden und sie auch mit der gelegentlichen Abhaltung von Kindergottesdiensten zu beauftragen. Pfarrer Förster, der z.Zt. mit der nachbarlichen Dienstversehung mehrerer verwaister Gemeinden beauftragt ist, wird nicht an jedem Sonntag in der Lage sein, Kindergottesdienst in Wieslet zu halten. Aus diesem Grund muß Fräulein Schaubhut mit eingesetzt werden.

Wir bitten die Leitstelle, Anweisung an die nachgeordneten Dienststellen zu geben, dass gegen die kirchliche Verwendung des Fräulein Schaubhut nichts einzuwenden ist. Von dieser Weisung erbitten wir Nachricht.

II. Nachricht hiervon dem Evang. Pfarramt Wieslet (d[ur]ch Dekanat Schopfheim)."

1872 EOK: Von der Wichtigkeit des Kindergottesdienstes
Brief an die Dekanate vom 29. Januar 1944, Kindergottesdienst betr.; LKA GA 6298

„Zu unserem Bedauern mußten wir in der jüngsten Zeit die Beobachtung machen, daß an manchen Orten, besonders aber in den Gemeinden unserer großen Städte, der Kindergottesdienst nicht mehr mit der nötigen Sorgfalt und mit der zu erwartenden Einsatzfreudigkeit durchgeführt wird. [...] Wenn uns auch bewußt ist, daß es in manchen Gemeinden durch die überaus zahlreichen Einberufungen der Geistlichen an Kräften mangelt, so sollte der Kindergottesdienst doch nur im äußersten Notfall von Gemeindehelferinnen, Schwestern oder anderen Laienkräften gehalten werden. Wird diese Notstandsmaßnahme nicht zu umgehen sein, so sollen die Dekanate dafür Sorge tragen, daß auch in diesem Fall der Kindergottesdienst regelmäßig erteilt wird. Es geht aber unter keinen Umständen an, daß ein Geistlicher, der in der Heimat verblieben ist, den Kindergottesdienst grundsätzlich der Gemeindehelferin überläßt. Bei einer Vernachlässigung dieser dem Pfarrer obliegenden Pflicht entsteht die große Gefahr, daß die Jugend der Kirche gänzlich entwöhnt wird, zumal sie heute von den Eltern zum Besuch des Hauptgottesdienstes kaum mehr angehalten wird und ihr das aufmunternde kirchliche Beispiel der Erwachsenen fehlt. Wir können es sowohl vor der Kirche und ihrem Herrn, aber auch vor unseren Amtsbrüdern im Feld nicht verantworten, daß diese so überaus wichtige Arbeit durch die Kriegsverhältnisse zum Erliegen kommt. Wenn irgendeine unserer Arbeiten Treue und Regelmäßigkeit erfordert, so gerade der Kindergottesdienst. Wer hier nur sporadisch arbeitet, braucht sich nicht zu verwundern, wenn die Kinder sehr bald Lust und Liebe zum Kindergottesdienst verlieren. Vor allem sollte in den großen Gemeinden das Gruppensystem aufrecht erhalten bleiben, zumal in der Mitarbeit von Helfern und Helferinnen dem Pfarrer für sein Amt wertvolle Kräfte erwachsen. Dazu ist aber gründliche Vorbereitung der Helfer und Helferinnen auch während des Krieges notwendig, eine ernsthafte Vertiefung in die heilige Schrift und eine Besinnung auf liturgische und katechetische Erfordernisse. [...]"

3. Konfirmandenunterricht und Konfirmation

1873 Kein freier Tag mehr für Konfirmandenausflüge
Bekanntmachung des EOK vom 13. Mai 1937; KGVBl. 1937, Nr. 5 vom 4. Juni 1937, S. 39

„Nach Mitteilung des Herrn Ministers des Kultus und Unterrichts kann der Montag nach dem Sonntag Judika zu Konfirmandenausflügen nicht mehr frei gegeben werden. Es wird somit unsere Bekanntmachung vom 9.8.1933 (VBl. S. 114) aufgehoben."

1874 Konfirmation im Sinne eines „deutschen Christentums"
Protokoll der Sitzung des EOK vom 4. Oktober 1938, Ziffer 4; LKA GA 3484

„In den beiden Zeitungen ‚Volksgemeinschaft' und ‚Heidelberger Neueste Nachrichten' hat Prof. Kiefer eine Anzeige erscheinen lassen, in der ‚diejenigen Eltern, die ihre Kinder (vollendetes 14.Lebensjahr) im Sinne und Geist eines deutschen Christentums ordnungsmäßig unterrichtet und konfirmiert haben wollen', aufgefordert werden, ihre Kinder bis Ende Oktober bei ihm anzumelden. Es wird beschlossen, den Geistlichen in Heidelberg zwecks Bekanntgabe an die Gemeinden mitzuteilen, daß Konfirmandenunterricht und Konfirmation Aufgaben des geordneten Gemeindepfarramtes sind, und daß es sich bei der Ankündigung des Prof. Kiefer nicht um einen Konf.Unterricht und eine Konfirmation im Sinne der Landeskirche handle, sondern um eine Sonderaktion im Sinne des sog. ‚deutschen Christentums'".

1875 „Deutsche Konfirmation" in Pforzheim
Protokoll der Sitzung des EOK vom 20. Februar 1940, Ziffer 8; LKA GA 3486

„Wie das Dekanat Pforzheim-Stadt berichtet, wurde in Pforzheim ein Junge vom Konf. Unt. abgemeldet, da er an einer ‚Deutschen Konfirmation' teilnehmen soll, in der nichts anderes zu erblicken ist als ein Ersatz für die frühere freidenkerische Lebensweihe."

1876 Konfirmandenunterricht im Kriegswinter 1939/40 in Baden im Grenzgebiet zum Kriegsgegner Frankreich
Rdschr. des EOK vom 21. September 1939 an sämtliche Pfarrämter, Den Konfirmandenunterricht betr.; LKA GA 4876

„Nach Ziffer 9 des Gesetzes, die Konfirmationsordnung betr., hat der Konfirmandenunterricht mit dem Monat Oktober zu beginnen. Mit Rücksicht darauf, dass Ostern im kommenden Jahr bereits auf den 24. März 1940 fällt, wird der Beginn des Unterrichts nicht weiter hinausgeschoben werden dürfen. Die Zeitverhältnisse werden allerdings der Abhaltung des Unterrichts mancherlei Schwierigkeiten bereiten, denen aber, soweit als möglich, begegnet werden muss.

Wo der Schulunterricht bereits wieder aufgenommen ist oder noch aufgenommen wird, bestehen keine Bedenken, auch mit dem Konfirmandenunterricht zu beginnen. Wir machen es in jedem Fall unseren Geistlichen zur Pflicht, vor der Wiederaufnahme des Unterrichts dafür Sorge zu tragen, dass er nur in einem Raum stattfindet, von dem aus jederzeit die Konfirmanden bei einem drohenden Luftangriff in Sicherheit gebracht werden können. Wenn der bisher benützte Unterrichtsraum diese Voraussetzungen nicht erfüllt, wird nach einem anderen geeigneten Raum gesucht werden müssen. Es darf unter keinen Umständen der Konfirmandenunterricht in einem Raum abgehalten werden, der eine luftschutzsichere Unterbringung der Konfirmanden nicht gewährleistet. Sollte der zur Verfügung stehende Luftschutzraum nicht die ganze Zahl der Konfirmanden beherbergen können, so darf der Konfirmandenunterricht [...] nur gruppenweise erteilt werden, sodaß die Kinder gegen Luftangriffe geschützt werden können.

Weiterhin wird es mit Rücksicht auf die bestehende Verdunklung erforderlich sein, den Konfirmandenunterricht so früh zu legen, dass die Kinder bei anbrechender Dunkelheit wieder ihr Elternhaus erreicht haben.

Wenn irgend angängig, sollte es vermieden werden, dass Kinder aus Nachbarorten zur Teilnahme am Konfirmandenunterricht weite Wegstrecken zurücklegen müssen und sich dann noch bei Dunkelheit auf der Straße befinden.

In den Gemeinden, in denen der Unterricht der öffentlichen Schulen noch nicht aufgenommen ist, in denen aber die Konfirmanden doch anwesend sind, muss versucht werden, den Konfirmandenunterricht in Gang zu bringen. Alles, was oben gesagt ist, gilt in erhöhtem Masse für diese Gemeinden.

Sollten sich Schwierigkeiten ergeben, so wolle an uns berichtet werden. Wir sehen bis Anfang November einem durch das Dekanat vorzulegenden Bericht darüber entgegen, wie sich die Aufnahme des Konfirmandenunterrichts gestaltet hat. [...]"

1877 Feldarbeit behindert Konfirmandenunterricht.
Bericht des Pfarramtes Mühlbach (bei Eppingen) vom Nov. 1939 an den EOK; LKA GA 4876

„Die Aufnahme des Konfirmandenunterrichts hat sich verzögert, weil die wenig begüterte und sehr auf die Hackfruchternte angewiesene Bevölkerung durch den Ausfall der eingezogenen Männer und Tiere, in ganz verheerender Weise, aber auch durch die selten schlechte Herbstwitterung in ihrer Feldarbeit gehemmt und überlastet sind; auch die Schuljugend ist bis in die Unterklassen zu schwerer Mitarbeit herangezogen. Infolgedessen konnte bisher noch wenig Erspriessliches geleistet werden in Schule und Konfirmandenunterricht. [...]

Durch die Teilung in Burschen- u. Mädchengruppe lässt sich durch die im kleinen Kreis mögliche eingehendere Arbeit das im Oktober nicht möglich Gewordene einholen. Als Raum dient ein Zimmer im Pfarrhaus, woselbst der für viele Personen geeignete Pfarrkeller unmittelbar erreichbar ist. Der Luftschutzortswart, welcher im Kirchengemeinderat ist, ist darüber unterrichtet und damit einverstanden."

1878 Frontnähe und Konfirmandenunterricht
Bericht des Pfarramtes Haltingen (KBez. Lörrach) vom 4. November 1939 an den EOK; LKA GA 4876

„Infolge der teilweisen Freimachung der Gemeinde am 3. September d.J. verliessen weit über die Hälfte der Konfirmanden den Ort. Erst Ende Oktober kehrten die meisten wieder zurück. An die Aufnahme eines geregelten Konfirmandenunterrichts war aus diesem Grund und auch der im Rückstand befindlichen Feldarbeit im Oktober nicht zu denken. Der Schulunterricht hat bis heute hier noch nicht begonnen.

Dagegen fange ich mit dem Konfirmandenunterricht am Dienstag, den 7. November an. Im ganzen sind 5 oder 6 Kinder noch nicht zurückgekehrt. Diese besuchen angeblich den Konfirmandenunterricht an ihren augenblicklichen Aufenthaltsorten.

Die Schulsäle sind militärisch belegt. Der Unterricht findet in dem Saal des hiesigen Vereinshauses, das die Gemeinschaft A.B. freundlicher Weise zur Verfügung stellte, statt. Unter demselben befindet sich ein Keller, der genügend Raum für die 20 Konfirmanden bietet im Falle eines Luftangriffes. Die Unterrichtsstunden sind auf den Vormittag gelegt. Sollte der Schulunterricht in der Zwischenzeit aufgenommen werden, so könnten sie event. am Vormittag gehalten werden, oder sie finden in den frühen Nachmittagsstunden statt."

1879   Beschaffung von Konfirmandenkleidung
Brief des Reichsjugendführers {von Schirach] vom 6. März 1940 an den Reichsminister für die kirchl. Angelegenheiten; LKA GA 7125

Anfang 1940 richtete die FA[*), den Bitten des EOK und einiger Dekanate bzw. Pfarrämter folgend, einen Antrag an den Reichsminister für die kirchlichen Angelegenheiten, den Konfirmanden zusätzliche Kleiderpunkte für einen Konfirmandenanzug zu beschaffen. Der Antrag ging von dort an die „Reichsstelle für Kleidung und verwandte Gebiete". Diese lehnte den Antrag ab und empfahl dem Minister, den Reichsjugendführer zu bitten, das „Tragen des Ehrenkleides der Hitlerjugend" am Einsegnungstag zu genehmigen. Dieser wandte sich an den Stellvertreter des Führers. Die Antwort teilte die Reichsjugendführung dem Reichskirchenminister mit.

„Betrifft: Beschaffung der üblichen festlichen Kleidung einschließlich der Schuhe für die Konfirmation. Dortg. Schrb. v. 13.2.40 – I 10 388/40 —

Auf meine erneute Anfrage hin hat der Stellvertreter des Führers entschieden, dass das Verbot Kirchen in Uniform der NSDAP zu betreten, nicht gelockert werden kann, dass auch insbesondere den Angehörigen der Hitler-Jugend verboten ist, zur Konfirmation den Dienstanzug der HJ oder des Jungvolks zu tragen. Auf Grund dieser Entscheidung sehe ich mich nicht in der Lage, dem Gesuch des Vorsitzender Finanzabteilung beim Evangelischen Oberkirchenrat Karlsruhe zu entsprechen.

Die Ansicht, dass der Konfirmandenanzug kein Sonntagsanzug im üblichen Sinn sein soll, kann hier nicht geteilt werden. Wenn von den obersten Kirchenbehörden dem Pfarrer nahe gelegt würde, dass während der Kriegszeit die Kirche nicht nur im schwarzen Anzug betreten werden kann, dürfte schon eine wesentliche Erleichterung geschaffen sein.

Mit diesem Schreiben dürften auch die Schreiben vom 9.2.1940 – I 10242/40 – und vom 24.2.1940 – I 10563/40 erledigt sein."

---

*)   Der gesamte Vorgang befindet sich in der Akte LKA GA 7125.

1880 Gottesdienstbesuch der Konfirmanden zwingend notwendig
Erlass des EOK vom 22. August 1940, Konfirmandenunterricht und Besuch des Gottesdienstes bzw. Kindergottesdienstes durch die Konfirmanden betr.; LKA GA 6298

„An sämtliche Geistliche

Die starke Verkürzung der Wochenstunden im Religionsunterricht lässt es als zweifelhaft erscheinen, ob das geforderte Lehrziel in allen Klassen bei noch so gewissenhafter Unterrichtserteilung erreicht werden kann. Diese Gefahr droht vor allem den oberen Religionsklassen, von denen ein größeres Mass an Unterrichtsstoff schon im Blick auf den Konfirmandenunterricht gefordert werden muss. Bei der Einschränkung der Religionsstunden, die wir zunächst nur als eine Kriegsmassnahme ansehen möchten, wird Vieles nicht mehr gelehrt werden können, was aber als Grundlage zum Konfirmandenunterricht notwendig ist.

Um diesen Notstand einigermassen zu beheben, ist der Besuch des Gottesdienstes bzw. Kindergottesdienstes durch den Konfirmanden von den Eltern zu fordern. Durch entsprechende Hinweise im Gemeindeblatt, durch kirchliche Abkündigung und durch seelsorgerliche Gespräche mit den Eltern sind die Kinder schon *mindestens zwei Jahre* vor der Konfirmation zu einem geordneten Besuch des sonntäglichen Gottesdienstes bezw. des Kindergottesdienstes anzuhalten.

Wir weisen in diesem Zusammenhang nochmals darauf hin, dass die Aufforderung der Kinder zum Besuch dieser Gottesdienste nicht in der Schule erfolgen darf [...]."

1881 Ohne Religionsunterricht keine Konfirmation
Schreiben des EOK an das Pfarramt Leiselsheim vom 8. Februar 1943,; LKA GA 5957

„I. Frau Salomea Grotz geb. Hiß, Leiselsheim

Auf Ihr Gesuch, Ihren Jungen im Konfirmandenunterricht aufzunehmen, teilen wir Ihnen mit, dass es zu unserem Bedauern bei unserem Bescheid vom 30. Oktober 1942 verbleiben muß, dass Ihr Sohn nicht konfirmiert werden kann, da er seit 3 Jahren nicht mehr am Religionsunterricht teilnimmt. Es dürfen nur solche Kinder konfirmiert werden, die den Religionsunterricht regelmäßig besucht haben.

II. Nachricht hiervon dem Evang. Pfarramt Leiselsheim (Dek. Freiburg) zur gefl. Kenntnisnahme. Wegen der Konfirmation des katholischen Schülers, der von Bremen stammt, wolle man zunächst recht vorsichtig verfahren. Er kann am evang. Religionsunterricht nur dann teilnehmen, wenn eine ausdrückliche schriftliche Erklärung seitens der Eltern vorliegt, dass sie gegen den Besuch des evang. Religionsunterrichts nichts einzuwenden haben. Da das dortige Pfarramt vielleicht mit Recht eine Falle hinter der Anfrage des katholischen Schülers, ob er konfirmiert werden könne, vermutet, muß besonders vorsichtig vorgegangen werden."

1882   Notkonfirmation 1945
Schreiben des Dekanats Mannheim vom 5. März 1945 an den EOK, Die kirchliche Lage in Mannheim nach dem Terrorangriff am 1.3.1945 betr.; LKA SpA 7000

„1. – 5. [...]

6. Die kirchliche Gemeindearbeit hat insbesondere im Innenraum von Mannheim einen starken Rückschlag erlitten. Die Konfirmationen, die auf Sonntag Okuli angesetzt waren, wurden in vereinfachter Form vorgenommen. (von 12 Konfirmanden gehörten 6 zu Familien, die bei diesem letzten Terrorangriff ausgebombt worden sind. Einer dieser 6 zum 3. Mal in diesem Jahr).

Nachtrag die Konfirmation betreffend: Bis jetzt haben in 4 Pfarreien die Konfirmationen stattgefunden. In einer weiteren Pfarrei konnte die Konfirmation nicht stattfinden, da von 20 Konfirmanden 18 ausgebombt und zum Teil schon verzogen waren."

XXXV Die Einrichtung und die Arbeit der staatlichen Finanzabteilung beim Evang. Oberkichenrat in Karlsruhe, 1938 – 1945

Die Einrichtung einer Finanzabteilung beim Evangelischen Oberkirchenrat in Karlsruhe im Mai 1938 war der letzte und zugleich heftigste Versuch, die evangelische Kirche in Baden dem NS-Staat unterzuordnen. Seit 1935 bestanden bereits in verschiedenen Landeskirchen und preußischen Kirchenprovinzen sog. Finanzabteilungen. Nach dem Scheitern der Landeskirchenausschüsse sollten nach dem Willen des Staatssekretärs Dr. Hermann Muhs im Reichskirchenministerium die Finanzabteilungen als Werkzeuge zur Durchsetzung einer Staatsaufsicht über die Kirchen eingesetzt werden. Zu diesem Zweck mussten die Finanzabteilungen teils ausgebaut, teils, wie in Baden, ganz neu eingerichtet werden. Die gesetzliche Grundlage für die Kompetenzerweiterungen und die personelle Umstrukturierung der Finanzabteilungen lieferte die 15. Verordnung zur Durchführung des Gesetzes zur Sicherung der Deutschen Evangelischen Kirche vom 25. Juni 1937. Die Rechte der Finanzabteilungen zur Sicherstellung einer geordneten Finanzverwaltung in den evangelischen Landeskirchen wurden auch durch die 17. Durchführungsverordnung vom 10. Dezember 1937 nicht eingeschränkt, durch welche die im Amt befindlichen Kirchenleitungen ausnahmslos bestätigt wurden.

Der äußere Anlass zur Einrichtung der Finanzabteilung in Karlsruhe waren die formal ungeregelten Verhältnisse bei der Aufstellung der Haushaltspläne in der badischen Landeskirche. Am 6. Juli 1934 war mit der Landessynode die Kirchensteuervertretung der Landeskirche aufgelöst worden. Nach Auffassung des badischen Kultusministers Otto Wacker war daher seit 1935 kein Haushaltsplan mehr in rechtsgültiger Weise festgestellt und verabschiedet worden. Obgleich die finanziellen Verhältnisse der Landeskirche durch vorläufige kirchliche Gesetze geordnet waren, bestritt das Kultusministerium die Zuständigkeit des Oberkirchenrats in Finanzangelegenheiten und verwies diese an eine Finanzabteilung, wie sie gemäß der 15. DVO vorgesehen war.

Durch Verordnung vom 18. Mai 1938 wurde die Finanzabteilung eingerichtet; deren Mitglieder wurden am 25. Mai 1938 durch Ministerialdirigent Dr. Stahn und SA-Standartenführer Landgerichtsrat Dr. Albrecht in ihr Amt eingeführt. Zum Vorsitzenden wurde der Mosbacher Bürgermeister Dr. Theophil Lang ernannt. Danach lagen sämtliche Maßnahmen innerhalb der Kirche, die finanzielle Auswirkungen haben konnten, in der Zuständigkeit der neuen Behörde. Der Zweck der Finanzabteilung war aber noch weiter gehend: die „Aushöhlung" der Kirchenleitung und die Okkupation möglichst vieler kirchlicher Angelegenheiten (von der Nutzung kirchlicher Räume bis hin zur Pfarrstellenbesetzung) durch die staatliche Finanzabteilung. Dies wurde auch von der Kirchenleitung und der Mehrzahl der Gemeinden so gesehen. Bereits am 27. Mai legte Landesbischof Kühlewein Protest gegen die Einrichtung der Finanzabteilung bei mehreren Reichsministerien und beim Stellvertreter des Führers ein. Am 31. Mai wurden die Folgen der Einrichtung der Finanzabteilung, nämlich dass die Verwaltung der Kirche einer geordneten Kirchenleitung entzogen und einer Stelle übertragen sei, die nicht der Kirche verantwortlich und nicht an Bibel und Bekenntnis gebunden sei, auf drei Pfarrerkonferenzen in Heidelberg, Karlsruhe und

Freiburg besprochen, worauf auch ca. 450 Gemeinden gleichlautende Protestkundgebungen abgaben.

Die Finanzabteilung versuchte den kirchlichen Protest als unzulässige Aktion gegen eine staatliche Maßnahme darzustellen und die Gemeinden mit Drohungen und Repressalien (zum Beispiel Verweigerung von Geldern) zum Widerruf und zur Unterordnung unter die Finanzabteilung zu zwingen. Dennoch verharrten viele Gemeinden und Geistliche (die als „staatspolitisch unzuverlässig" gebrandmarkt wurden) bei ihrem Widerspruch, auch wenn sie sich vom Landesbischof, den sie mit ihrem Protest unterstützen wollten, deutlichere Weisung und eine starke Führung gewünscht hätten. Die eigentliche kirchliche Opposition gegen die Finanzabteilung lag so bei der Bekennenden Kirche, während sich der Oberkirchenrat in ständigen administrativen Auseinandersetzungen mit der Finanzabteilung aufrieb. Der Versuch der Finanzabteilung, sich als selbständige Kirchenbehörde und als eigentliche kirchenleitende Instanz mit einer klaren kirchenpolitischen Ausrichtung zugunsten der „Nationalkirchlichen Einung Deutsche Christen" zu profilieren, scheiterte freilich nach heftigen Auseinandersetzungen nicht nur am kirchlichen Widerstand in Baden, sondern auch an einem Richtungswechsel im Reichskirchenministerium, das sich seit 1939 zunehmend von der radikalen Finanzabteilung in Karlsruhe distanzierte, da diese nicht nur nicht ihre kirchenpolitischen Ziele durchzusetzen vermochte, sondern darüber ihre eigentlichen finanzpolitischen Aufgaben versäumte. Die Selbstherrlichkeit der Finanzabteilung barg nicht nur die Gefahr in sich, die geordneten Finanzen der Landeskirche zu zerrütten und notwendige Maßnahmen zu unterlassen, sondern bot zugleich eine Folie, vor der sich unterschiedliche landeskirchliche Richtungen in ihrem Widerspruch vereint fanden.

Dennoch gelang es trotz intensivster Bemühungen der Kirchenleitung nicht, die Finanzabteilung und deren Bevollmächtigte in zahlreichen Gemeinden zur Aufgabe ihrer Tätigkeit zu bewegen. So brachte erst der Zusammenbruch des „Dritten Reiches" auch das Ende einer ganz und gar unkirchlichen Finanzabteilung beim Evangelischen Oberkirchenrat in Karlsruhe.

Literatur: Geschichte der badischen evangelischen Kirche seit der Union in Quellen, Karlsruhe 1996 (Veröffentlichungen des Vereins für Kirchengeschichte in der Evang. Landeskirche in Baden, 53), S. 390–401; Johannes Frisch, Die Finanzabteilung beim Evangelischen Oberkirchenrat 1938–1945, in: Die evangelische Kirche in Baden im Zweiten Weltkrieg und in der Nachkriegszeit, hrsg. von E. Marggraf, J. Thierfelder und U. Wennemuth, Karlsruhe 2004 (Veröffentlichungen des Vereins für Kirchengeschichte in der Evang. Landeskirche in Baden, 61) (in Vorber.)

Zu Finanzabteilungen allgemein vgl. auch die Dokumente 1722, 1723, 1735, 1741.

Zur Finanzabteilung beim EOK Karlsruhe vgl. auch folgende Dokumente: 1779, 1797–1799, 1806, 1859, 1879, 2001, 2007, 2009, 2013, 2044, 2053 f. und 2060 f.

Zu Finanzbevollmächtigten in Kirchengemeinden vgl. auch die Dokumente 2014 (Pforzheim) sowie 2020 f. und 2024 (St. Georgen).

A Vom Mai 1938 bis zum Beginn des Kriegs

1883   Die gesetzliche Grundlage für die Einrichtung der FA beim EOK

Die 15. Verordnung zur Durchführung des Gesetzes zur Sicherung der Deutschen Evangelischen Kirche vom 25. Juni 1937; KGVBl. 1938, S. 11–13

„[...]

§ 1

(1) Der Reichsminister für die kirchlichen Angelegenheiten bildet bei der Deutschen Evangelischen Kirchenkanzlei und bei den Verwaltungsbehörden der deutschen evangelischen Landeskirchen je eine Finanzabteilung.

[...]

§ 2

(1) Die Finanzabteilung leitet die Vermögensverwaltung der Kirche, für deren Bezirk sie gebildet ist. Sie vertritt die Kirche.

(2) Die Finanzabteilung setzt den Haushaltsplan und die Umlage der Kirche fest. Sie bestimmt die Art der Aufbringung der Umlage und überwacht die Verwendung der Haushaltsmittel.

§ 3

(1) Der Finanzabteilung liegt es ob, dafür Sorge zu tragen, daß eine den öffentlichen Belangen entsprechende ordnungsmäßige Verwaltung gewährleistet bleibt, daß größte Sparsamkeit beobachtet wird und daß die staatlichen und kirchlichen Bestimmungen von allen Beteiligten eingehalten werden. [...]

§ 4

(1) In den Landeskirchen übt die Finanzabteilung die kirchliche Aufsicht über die Verwaltung des Vermögens und der Kirchensteuermittel der Kirchengemeinden und der kirchlichen Verbände aus. Sie ist befugt, falls infolge Weigerung oder aus anderen Gründen ein Beschluß der zuständigen kirchlichen Organe nicht zustande kommt oder falls diese Organe der kirchlichen oder staatlichen Ordnung zuwiderhandeln, deren Rechte selbst auszuüben. Das gleiche gilt, wenn zweifelhaft oder streitig ist, welche Organe für die Verwaltung des Vermögens und der Kirchensteuermittel zuständig sind. [...]

(3) Die Finanzabteilung kann zur Durchführung der von ihr in den Kirchengemeinden und kirchlichen Verbänden zu treffenden Anordnungen Bevollmächtigte bestellen. Im Falle des Absatzes 1 Satz 2 und 3 fallen die Kosten dem Verband oder der Kirchengemeinde zur Last. [...]

§ 6

Die Finanzabteilung kann im Rahmen ihrer Befugnisse rechtsverbindliche Anordnungen treffen. Sie kann insbesondere die Dienst- und Versorgungsbezüge der Beamten der allgemeinen kirchlichen Verwaltung, des Pfarrerstandes, der Kirchengemeindebeamten und der Angestellten regeln.

§ 7

(1) Die Finanzabteilung hat sich in enger Fühlung mit der zuständigen Kirchenleitung zu halten.

(2) Anordnungen und Maßnahmen der Kirchenleitung und der kirchlichen Verwaltungsbehörden, die mit finanzieller Auswirkung verbunden sind, bedürfen der Zustimmung der Finanzabteilung. Sie verpflichten die Kirche nur dann, wenn diese Zustimmung erteilt und den Beteiligten bekanntgegeben ist. [...]

Der Reichsminister für die kirchlichen Angelegenheiten, Kerrl"

1884 Die Einrichtung einer Finanzabteilung beim Evang. Oberkirchenrat in Karlsruhe
Bekanntmachung des Reichsministers für die kirchlichen Angelegenheiten vom 18. Mai 1938; KGVBl. 1938, S. 61, Nr. 12 vom 27. Mai 1938

„Der Herr Reichs- und Preußische Minister für die kirchlichen Angelegenheiten hat folgendes verfügt:

Bekanntmachung betreffend die Finanzabteilung beim Evangelischen Oberkirchenrat in Karlsruhe.

Auf Grund des § 1 der Fünfzehnten Verordnung zur Durchführung des Gesetzes zur Sicherung der Deutschen Evangelischen Kirche vom 25. Juni 1937 (Reichsgesetzblatt I S. 697) wird bei dem Evangelischen Oberkirchenrat in Karlsruhe eine Finanzabteilung gebildet.

Der Bürgermeister Dr. Theophil Lang in Mosbach wird zum Vorsitzenden, der Oberkirchenrat Dr. Doerr in Karlsruhe wird zum Mitglied und ständigen Vertreter des Vorsitzenden, der Oberfinanzrat [Friedrich] Guttenberg in Heidelberg und der Finanzrat Dr. [Heinrich] Kaeser in Karlsruhe werden zum Mitglied der Finanzabteilung bestellt.

Vorstehenden Erlaß gebe ich hiermit bekannt.
Karlsruhe, den 25. Mai 1938.
Der Vorsitzende der Finanzabteilung beim Evangelischen Oberkirchenrat:
Dr. Lang."

1885 Bekanntgabe der Einrichtung der FA an sämtliche kirchliche Bezirksvermögensverwaltungen, Dekanate, Pfarrämter und Kirchengemeinderäte
Schreiben der FA vom 25. Mai 1938; LKA GA 9075

„I. An die Evang. kirchl. Bezirksvermögensverwaltungen, die Evang. Dekanate, Pfarrämter und Kirchengemeinderäte.

[...]

Mit der Errichtung der Finanzabteilung geht die gesamte Vermögensverwaltung der Evang. Landeskirche Badens auf diese neue Behörde über, der die alleinige Befugnis zusteht, die Bad. Evang. Landeskirche rechtswirksam zu vertreten. [...]

Wenn diese Neugestaltung der kirchl. Vermögensverwaltung naturgemäss auch einschneidende Veränderungen gegenüber dem bisherigen Zustande mit sich bringt, so darf doch dabei nicht übersehen werden, dass der Herr Reichskirchenminister damit lediglich diejenigen Grundsätze auch in Baden in Anwendung gebracht hat, die nach der Fünfzehnten Verordnung für die gesamte deutsche ev. Kirche hinsichtlich der Vermögensverwaltung bereits seit längerer Zeit vorgesehen waren und auch schon bei zahlreichen Landeskirchen eingeführt sind. Zum andern dient gerade diese Massnahme der Sicherung der Deutschen Evang. Kirche und damit letztlich kirchlichen Interessen. Freilich darf zu keiner Zeit verkannt werden, dass die Einrichtung der Finanzabteilung auf Grund eines staatlichen Hoheitsaktes erfolgte, und dass demgemäss diese Abteilung gegenüber dem heutigen Staate eine besonders hohe Verantwortung hat. Wir sind dabei überzeugt, dass, wenn wir unter diesem Gesichtspunkt die Geschäfte der Finanzabteilung führen, wir dazu beitragen, die Evang. Kirche mehr und mehr zu befähigen, Dienerin am Volke zu sein.

Die Bezirksverwaltungen, Dekanate, Kirchengemeinderäte und Pfarrämter werden von Vorstehendem in Kenntnis gesetzt mit dem Anfügen, dass Weisungen in kirchl. Vermögensangelegenheiten fortan ausschliesslich durch die neugebildete Finanzabteilung – also nicht wie bisher durch den Evang. Oberkirchenrat in Karlsruhe – ergehen. Daraus folgt, dass der gesamte Geschäftsverkehr der Bezirks- und örtlichen Stellen sich künftig zwischen diesen und der Finanzabteilung abzuspielen haben. Besonders sei hervorgehoben, dass in denjenigen Fällen, wo bisher der Evang. Oberkirchenrat Genehmigungsbehörde war, an seiner Stelle die Finanzabteilung tätig werden muss.

Wir erwarten, dass dieser Neuordnung von allen Stellen in bereitwilligster Weise Rechnung getragen wird, damit Schwierigkeiten im Geschäftsgang vermieden werden.

II. Nachricht hiervon dem Herrn Landesbischof D. Kühlewein"

1886 Rückblick des Vorsitzenden der FA vom 25. Juni 1940 auf die Einsetzung der FA in Karlsruhe 1938
LKA GA 7477

„[...]
Zwar hatte sich der Evang. Oberkirchenrat durch das vorläufige kirchliche Gesetz vom 14. Dezember 1934 über die Abänderung der Kirchenverfassung alle Befugnisse des Kirchenregiments, also die Befugnisse, welche der Erweiterte Evang. Oberkirchenrat hatte, übertragen lassen und ist seitdem Alleininhaber der Kirchengewalt in der Bad. Evang. Landeskirche. Er erläßt kirchliche Gesetze, allerdings in der Form von vorläufigen kirchlichen Gesetzen, die nach der Kirchenverfassung der späteren Zustimmung der Landessynode noch bedürfen. Diese Alleinherrschaft des Evang. Oberkirchenrats erstreckt sich aber nur auf die rein kirchlichen Angelegenheiten und nicht auf die Zuständigkeiten der Evang. Landessynode als Steuervertretung nach den Bestimmungen des Kirchensteuergesetzes.

Um die Feststellung des Haushaltsplanes zu ermöglichen, hat der Evang. Oberkirchenrat am 10. Februar 1938 beim Herrn Minister des Kultus und Unterrichts den Antrag gestellt, daß der Herr Minister des Kultus und Unterrichts seine Zustimmung dazu gebe, daß der Evang. Oberkirchenrat den Haushaltsplan der Bad. Evang. Landeskirche ohne Mitwirkung einer Steuervertretung von sich aus erlasse. Der Evang. Oberkirchenrat stützte sich dabei auf die Siebzehnte Verordnung zur Durchführung des Gesetzes zur Sicherung der Deutschen Evang. Kirche vom 10.12.1937 (RGBl. I S. 1346), durch welche die im Amt befindlichen Kirchenleitungen vorbehaltlos bestätigt worden sind. Der Evang. Oberkirchenrat vertrat die Auffassung, daß damit auch die im kirchlichen Gesetz vom 14. Dezember 1934, die Abänderung der Kirchenverfassung betr., ihm übertragene Leitung der Bad. Evang. Landeskirche als rechtsgültig anerkannt und ihm damit auch die Zuständigkeit zur Erlassung des Haushaltsplanes zugesprochen worden sei.

Der Herr Minister des Kultus und Unterrichts vertrat demgegenüber die Auffassung, daß der Evang. Oberkirchenrat bei seinen Ausführungen die vorgesehene Einrichtung einer Finanzabteilung unberücksichtigt gelassen habe. Nach § 2 Absatz 2 der Fünfzehnten Verordnung zur Durchführung des Gesetzes zur Sicherung der Deutschen Evang. Kirche vom 25.6.1937 (RGBl. I S. 697) [Dok. 1883] setze die Finanzabteilung den Haushaltsplan und die Umlage der Kirche fest. Die in Artikel 5 des badischen Landeskirchensteuergesetzes vorgesehenen Befugnisse der obersten Kirchenbehörde und der kirchlichen Steuervertretung würden für die Dauer des Bestehens der Fünfzehnten Durchführungsverordnung auch im Bereiche der Bad. Evang. Landeskirche von der Finanzabteilung wahrgenommen. [...]

Am 25. Mai 1938 wurde die Finanzabteilung durch die Herren Ministerialdirigent Dr. Stahn und SA-Standartenführer Landgerichtsrat Dr. Albrecht in Karlsruhe selbst gebildet und in ihr Amt eingeführt. Die Finanzabteilung erhielt in einer gemeinsamen Sitzung der beiden Herren des Reichskirchenministeriums mit den Mitgliedern der Finanzabteilung den Auftrag, ihre Zuständigkeit als möglichst weitgehend anzusehen und auf diesem Wege die Kirchenleitung nach und nach dadurch auszuhöhlen, daß die Finanzabteilung eine Angelegenheit nach der anderen an sich ziehe. Es wurde seitens einzelner Mitglieder der Finanzabteilung darauf hingewiesen, daß die in § 7 Absatz 1 der Fünfzehnten Durchführungsverordnung vorgeschriebene enge Fühlungnahme mit der Kirchenleitung bei der Einstellung der Mitglieder der Kirchenleitung zu der Einrichtung der Finanzabteilung sich außerordentlich schwierig gestalten werde. Daraufhin wurde von Herrn Ministerialdirigent Dr. Stahn erwidert, daß es sich nur um eine Formsache handle. [...]

gez. Dr. Lang"

1887 Protest von LB Kühlewein gegen die Einrichtung der FA, 27. Mai 1938
LKA GA 4899

„Am Mittwoch, dem 25. Mai 1938, erschien bei mir Herr Ministerialrat Stahn in Begleitung mehrerer Herren und überreichte mir das Schreiben des Herrn Ministers vom 18. Mai 1938 I 18493/37, wonach beim Evang. Oberkirchenrat Karlsruhe eine Finanzabteilung gebildet sei. Ich erklärte dem Herrn Ministerialrat, dass ich gegen die Bildung dieser Finanzabteilung Widerspruch erhebe und diesen Widerspruch auch in schriftlicher Form beim Herrn Reichskirchenminister einreichen werde, was ich hiermit tue.

Ich habe mir bereits erlaubt, [...] den Herrn Reichsminister darauf hinzuweisen, dass für den Bereich der Bad. Landeskirche die Einsetzung einer Finanzabteilung nicht notwendig, rechtlich nicht zulässig und auch nicht zweckmässig sei. Im einzelnen möchte ich dazu noch folgendes ausführen:

I. [...] Ich bin genötigt festzustellen, dass in einer Kirche wie der Mecklenburgischen, die ausgesprochen nationalkirchlich geführt wird, das Finanzgesetz durch die im Amt befindliche oberste Kirchenleitung verabschiedet werden kann, während in einer Landeskirche wie der badischen, die auf Artikel 1 der Reichskirchenverfassung steht, dazu die Einrichtung einer Finanzabteilung erforderlich sein soll.

II. [...] ist die Anwendung der 15. Durchführungsverordnung vom 25.6.1937 auf die Bad. Landeskirche rechtlich nicht zulässig. [...] Voraussetzung für die Erlassung einer solchen Verordnung oder die konkrete Anwendung einer generell erlassenen Verordnung ist, daß ungeordnete Zustände in der Landeskirche vorliegen. Dies ist in unserer Landeskirche nicht der Fall. [...]

III. Die Errichtung einer Finanzabteilung in der badischen Kirche muss ich aber schliesslich als eine in jeder Hinsicht unzweckmässige Handlung bezeichnen. [...] Wenn die Finanzabteilung als eine Maßnahme des Aufsichtsrechts über die Kirchen in ihrer Eigenschaft als öffentlich rechtliche Körperschaften erfolgt, warum erfolgt sie dann nicht auch gegenüber der katholischen Kirche? [...]

Wenn man sieht, dass eine Reihe nationalkirchlich geführter Kirchen, obwohl deren Finanzgebarung vielleicht mehr Grund zur Beanstandung gäbe, bis jetzt ohne Finanzabteilung geblieben und, wie ich oben hinsichtlich Mecklenburg nachgewiesen, auch ohne Finanzabteilung den Haushaltsplan durch ihre oberste Kirchenleitung feststellen lassen kann, wenn man weiter bedenkt, dass jedenfalls der Stellvertreter des Vorsitzenden unserer Finanzabteilung, Oberkirchenrat Dr. Doerr, und Oberfinanzrat Guttenberg Anhänger der nationalkirchl. Bewegung sind, dann drängt sich mir, wie sehr ich mich auch dagegen wehren mag, der Schluss auf, dass die Einsetzung der Finanzabteilung nicht ohne kirchenpolitische Absichten geschieht. Es soll auf diesem Weg der nationalkirchl. Bewegung Vorschub geleistet werden. Wenn die Finanzabteilung auch nicht in Bekenntnis und Kultus, wie man sagt, eingreifen darf, so liegt es ohne weiteres auf der Hand, dass man auf dem Wege finanzieller Maßnahmen die bekenntnismässige Leitung der Landeskirche erschweren und schließlich erdrücken kann. Die Bad. Landeskirche steht nun in der überwiegenden Mehrzahl ihrer Geistlichen und ihrer Gemeinden auf dem Boden des Evangeliums, wie es in den reformatorischen Bekenntnissen seinen Ausdruck gefunden hat, und lehnt die nationalkirchl. Bewegung ab. Es wird deshalb die Einrichtung der Finanzabteilung die Ordnung und den ruhigen Verlauf der Kirchenverwaltung, wie er bisher hier gegeben war, beeinträchtigen und stören. Welche Folgen die Maßnahme im einzelnen auslösen wird, kann ich heute noch nicht übersehen. Es ist aber für mich und alle, die die Verhältnisse kennen, sicher, dass die Geordnetheit unserer Kirche nunmehr schweren Schaden nehmen wird. Ich bedaure dies nicht nur für die Kirche, sondern auch für mein Volk und mein Vaterland, das in diesen Tagen in schwerster aussenpolitischer Bedrohung steht. Bei dieser Lage muss doch wohl alles vermieden werden, um innere Unruhe und Erbitterung auch von dem evangelischen Volksteil fernzuhalten. Die Einrichtung einer Finanzabteilung aber, die tatsächlich nicht notwendig, rechtlich nicht zulässig und auch nicht zweckmässig ist, wird nach dieser Seite hin sicherlich das Gegenteil bewirken. [...]"

1888 Verpflichtung der kirchlichen Beamten und Angestellten im Bereich der Vermögensverwaltung auf die FA

Bekanntmachung der FA an Beamte und Angestellte des EOK, der kirchlichen Bezirksverwaltungen und Kirchengemeinden, 30. Mai 1938; LKA GA 4899; auch LKA Dek. Müllheim 48

„[...]
Wie bereits im kirchl. Gesetzes- und Verordnungsblatt vom 27. Mai 1938 S. 61 von mir bekanntgegeben wurde, hat der Herr Reichsminister für die kirchl. Angelegenheiten mit Verfügung vom 18. Mai 1938 eine Finanzabteilung beim Evang. Oberkirchenrat Karlsruhe gebildet. [...] Insbesondere gibt der § 5 Absatz 2 dieser Verordnung dem Vorsitzenden der Finanzabteilung die Möglichkeit ‚zur Unterstützung bei der Erledigung der Geschäfte die Beamten und Angestellten der allgemeinen kirchl. Verwaltung heranzuziehen'.

Indem ich alle kirchl. Beamte und Angestellte hiervon in Kenntnis setze und auf diese reichsrechtliche Regelung nachdrücklich hinweise, gebe ich der unbedingten Erwartung Ausdruck, daß keiner der kirchl. Beamten und Angestellten sich dieser seiner eindeutigen Verpflichtung gegenüber der Finanzabteilung als der ihm fortan vorgesetzten Dienstbehörde in Vermögens- und Finanzverwaltungsangelegenheiten zu widersetzen versucht.

Zur Behebung jedes Zweifels stelle ich hiermit fest, daß der erwähnte § 5 Absatz 2 für sämtliche der kirchl. Verwaltung angehörenden Beamte und Angestellte gilt. Es gibt also keinen kirchl. Beamten oder Angestellten in der Bad. Evang. Landeskirche, der nicht in einem Gehorsams- und Treuverhältnis zur Finanzabteilung stände und demgemäß seine Pflichten in vollem Umfang der Finanzabteilung gegenüber wahrzunehmen hätte.

Ich hoffe übrigens, daß es eines weiteren Hinweises über den Pflichtenkreis der Beamten und Angestellten gegenüber der Finanzabteilung schon deshalb nicht bedarf, weil ja sämtliche Beamte und Angestellte durch Eid bzw. feierliches Handgelübde auf den Führer und Reichskanzler verpflichtet sind. Da [...] die Einsetzung der Finanzabteilung durch den Herrn Reichskirchenminister mittelbar eine Willensäußerung des Führers darstellt, wäre jede gegenüber der Finanzabteilung zum Ausdruck gebrachte dienstliche Nachlässigkeit oder gar Widersetzlichkeit seitens der kirchl. Beamten und Angestellten als ein Akt anzusehen, der einen Treubruch darstellt und entsprechende Folgen nach sich ziehen müßte. [...]

Dr. Lang"

1889 Protest der bekenntnisorientierten Pfarrerschaft gegen die Einsetzung der FA

Schreiben an das Reichskirchenministerium und fünf weitere Reichsministerien, 31. Mai 1938; LKA GA 9075; LKA D 9, Nr. 84, auch LKA Dek. Müllheim 48

„[...]
Die heute hier*) versammelten evangelischen Pfarrer erheben nachdrücklich Einspruch gegen die Einsetzung einer Finanzabteilung für die Badische Landeskirche.

Da es kaum ein Leitungsgeschäft der Kirche ohne finanzielle Auswirkung gibt, so stellt diese Maßnahme des Reichskirchenministeriums einen schweren Eingriff in die inneren Angelegenheiten der Kirche dar. Während in der Kirche die Finanzen dem Aufbau des geistlichen Lebens dienen sollen, wird nun dieses abhängig gemacht von den Finanzen. Und zwar deuten alle Anzeichen zwingend darauf hin, dass diese Finanzgewalt dazu gebraucht werden soll, den Gemeinden unserer Landeskirche die bekenntniswidrige Nationalkirche aufzudrängen. Unsere Gemeinden aber mit ihren Pfarrern stehen zum weitaus grössten Teil auf dem Boden des Bekenntnisstandes unserer Kirche und lehnen darum entschlossen die überkonfessionelle Nationalkirche ab. Die bisher geordnete Kirche muss darum notwendiger Weise durch die ihr drohende Vergewaltigung in tiefste Unruhe und Verwirrung geraten. [...]"

1890 Beratung des EOK über die Einrichtung der FA und einzuleitende Maßnahmen

Protokoll der EOK-Sitzung vom 31. Mai 1938; LKA GA 9050

„[...]
Der Landesbischof bringt zu Beginn der Sitzung die in der vorigen Woche erfolgte Errichtung einer Finanzabteilung beim Bad. Ev. OKRat zur Sprache. Dieselbe sei dem O.K.R. einfach über den Kopf gestülpt worden ohne Verbindung mit ihm, ja sogar ohne Mitteilung an ihn. Am Mittwoch voriger Woche habe MinRat Stahn mit den Mitgliedern der neuen Finanzabteilung bei ihm, dem L.bisch., einen Besuch gemacht und dabei ein Schreiben des Reichskirchenministers vom 18. Mai überreicht.

---

*) BK-Versammlungen fanden gleichzeitig in Freiburg, Heidelberg und Karlsruhe statt.

[...] Der L.bischof [... habe] erklärt, daß er auf dem Einspruch gegen die Errichtung der Finanzabteilung beharre, da dieselbe
1.) vollkommen unnötig sei, weil unsere Finanzen in Ordnung seien,
2.) das unausbleibliche Eingreifen der Finanzverwaltung in die geistl. Leitung der Kirche abgelehnt werden müsse und
3.) außerdem die Gefahr bestehe, daß kirchenpolit. Gesichtspunkte in die Arbeit der Kirche hineingetragen würden, wodurch das kirchl. Leben schweren Erschütterungen ausgesetzt werde.

Ein solch verhängnisvolles Eingreifen in die Leitung der Kirche sei unerträglich. Wie begründet diese Befürchtungen seien, beweise z. B., daß von der FinAbt. Weisung gegeben worden sei, die gesamte Post ihr vorzulegen, ehe sie der Kirchenleitung vorgelegt werde. [...]

Der Rechtsreferent beleuchtet die Sache vom rechtlichen Standpunkt aus [...]. Auf Anfrage des Rechtsreferenten gibt Dr. Dörr dann Auskunft über die Verteilung der Arbeit unter den Mitgl[iedern] der Finanzabteilung. [...] D. Dr. Friedrich frägt sich: Warum baut man nun die bisherige Finanzverwaltung völlig um und holt Leute von draußen hier herein? Das sei einmal unpraktisch und zweitens sehr kostspielig. [...] Wozu das alles? Aus dem Glauben? Gewiß nicht. Bloß wegen der Aufsicht? Auch das glaubt niemand. Sonst müßte man's doch bei der kathol. Kirche ebenso machen und dort noch viel mehr. Es bleibt nur übrig anzunehmen, daß diese ganze unpraktische u. dazu noch sehr kostspielige Umkrempelung aus bestimmten kirchenpolitischen Gründen erfolgt. [...] Da man auf andere Weise eine kleine Minorität nicht an die Macht bringen konnte, so versucht man es nun auf diesem Wege. [...] Sagen wir's doch frei heraus: Die Staatskirche ist da, die Staatskirche, von der man doch immer und immer wieder in Reden der führenden Männer die Versicherung hören konnte, daß sie nicht beabsichtigt sei. [...]

Wird eine gedeihliche Zusammenarbeit zwischen Kirchenleitung u. Finanzabteilung möglich sein? Die Antwort wird subjektiv ausfallen, und er, O.K.R. Rost bezweifle in keiner Weise die bona fides des Herrn Dr. Dörr. Aber auch darüber könne kein Zweifel bestehen, daß unsere bad. Landeskirche nunmehr in den schwersten aller ihr bisher verordneten Kämpfe gestürzt werde. Bisher war sie eine geordnete Kirche. Damit ist es nun aus. [...] Man wird fragen, warum wir, die bisherige Kirchenleitung, unter diesen Umständen nicht zurücktreten. Darauf sage ich: Ich bleibe nur hier um des Bekenntnisses willen und um meiner Kirche willen, weil ich mich in meinem Gewissen gebunden fühle an den Namen des Einen, der allein der Herr der Kirche ist und dem allein ich mich zum Dienst verpflichtet weiß. Darum gibt es kein Weichen, komme was kommen mag, sondern nur ein Aushalten bis zum Äußersten, damit die Kirche nicht ganz zerstört werde. – So stehen wir jetzt am Anfang der allerschwersten Erschütterung unserer Bad. Landeskirche. [...]"

1891 Geschäftsverteilungsplan der FA für den EOK nach Einrichtung der FA, [31. Mai 1938]
LKA GA 9051

„Mit sofortiger Wirkung tritt folgende Geschäftsverteilung in Kraft; die bisherige Verteilungsordnung und alle damit zusammenhängenden Verfügungen werden hiermit ausdrücklich aufgehoben.

A. Finanzabteilung.

Die Finanzabteilung leitet die Vermögensverwaltung der Landeskirche und vertritt die Landeskirche nach Maßgabe der Bestimmungen der 15. Verordnung zur Durchführung des Gesetzes zur Sicherung der Deutschen Evang. Kirche vom 25. Juni 1937 (Reichsges.Bl. 1 S. 697). Ihr sind insbesondere folgende Gegenstände zur ausschliesslichen Bearbeitung und Entscheidung vorbehalten:

1. Finanzangelegenheiten der Landeskirche, der Kirchenbezirke, der Kirchengemeinden und Kirchengemeindezweckverbände im allgemeinen. (6)*⁾
2. Verwaltungs- und Rechnungswesen im allgemeinen. (Gutt.) [= Oberfinanzrat Guttenberg]
3. Verwaltungs- und Rechnungswesen der Kapitalienverwaltungsanstalt und des Landeskirchenfonds. (Gutt.)
4. Verwaltungs- und Rechnungswesen der Allg. Ev. Kirchenkasse. (6)
5. Verwaltungs-, Rechnungs- und Bausachen (Voranschlagsaufstellung und Vollzug) folgender unmittelbarer Fonds und Kassen: (10)
   Unterländer Evang. Kirchenfonds, Evang. Stiftschaffnei Lahr, Kirchenschaffnei Rheinbischofsheim, Zentralpfarrkasse, Neuer Evang. Kirchenfonds, Züllig'hillsche Stiftung.
6. Angelegenheiten des Dienstgebäudes des Oberkirchenrats (10)
7. Verwaltungs-, Rechnungs- und Bauwesen des gesamten örtlichen Kirchenvermögens sowie des Orgel- und Glockenwesens (Gutt.)
8. Dienstprüfung der Verwaltung des örtl. evang. Kirchenvermögens sowie des Ortskirchensteuerwesens. (Gutt.)
9. Bausachen im allgemeinen und grundsätzliche Fragen aus dem Bauwesen. (Bauedikt, Verdingungswesen, Vierjahresplan, Handwerkerempfehlungen usw.) (Gutt.)

---

*⁾ Diese und die folgenden Ziffern stehen für OKR Dr. Dörr (6) bzw. einen leitenden Mitarbeiter der Vermögensverwaltung (10).

10. Dienst- und Besoldungsverhältnisse der sämtl. Beamten, Religionslehrer und Angestellten der kirchl. Verwaltung, des Gesamtverbandes der Inneren Mission und des Kirchenmusik. Instituts. (6)
11. Dienstreise- und Umzugskosten sowie Beihilfen der unter Ziff. 10 Genannten.
12. Dienst- und Besoldungsverhältnisse der Geistlichen und ihrer Hinterbliebenen.
13. Diasporadienstvergütungen und Filialdienstvergütungen. (Gutt.)
14. Stipendienbewilligung an Studierende der Theologie. (Gutt.)
15. Theologische Studentenheime u. dergl. (6)
16. Dienstreise- und Umzugskosten sowie Beihilfen der unter Ziff. 12 Genannten. (Gutt.)
17. Aufstellung und Vollzug des Landeskirchensteuervoranschlages. Staatsvoranschlag und Staatsdotation. (6)
18. Angelegenheiten der Landes- und Ortskirchensteuer. (6)
19. Angelegenheiten aus dem Gebiet der Verwaltung und Erhebung der Reichs-, Landes- und Gemeindesteuern. (6)
20. Das gesamte Kollektenwesen (Bewilligung, Ausschreibung und Verteilung). (Gutt.)
21. Kleinkindergartenangelegenheiten. (Gutt.)
22. Haftpflicht- und Unfallversicherung. (10)
23. Kranken- und Invalidenversicherung; Angestelltenversicherung. (10)
24. Angelegenheiten aus dem Gebiete des bürgerlichen und öffentlichen Rechts; Rechtsstreite, Grundbuchsachen. (10)
25. Vertrag mit Schauenburg über den Verlag der kirchl. Schulbücher und alle aus dem Vertrag sich ergebenden Verpflichtungen. (Neuauflage von Büchern siehe Respiziat der geistlichen Bank) (10)
26. Drucksachenverlag.

B. Oberkirchenrat

Dem Oberkirchenrat verbleiben folgende Gegenstände, wobei zu beachten ist, dass, soweit dies nicht nachstehend bei den einzelnen Ziffern bereits ausdrücklich vorgesehen ist, allgemein alle Maßnahmen, die eine finanzielle Auswirkung haben, der Zustimmung der Finanzabteilung bedürfen.

Landesbischof D. Kühlewein [Referent 1].

[...]

3. Die Besetzung des Oberkirchenrats mit Zustimmung der Finanzabteilung.
4. Die Personalangelegenheiten der Oberkirchenräte, die Dienstaufsicht über dieselben und ihre Zurruhesetzung mit Zustimmung der Finanzabteilung.

[...]

8. Die Ernennung der Pfarrer und der Dekane mit Zustimmung der Finanzabteilung.
[…]
12. Ernennungen, Festsetzung von Amtsbezeichnungen und Verleihung von Titeln; soweit diese jedoch eine finanzielle Auswirkung haben, nur mit Zustimmung der Finanzabteilung.
13. Besetzung von staatlichen Stellen, die ein kirchliches Amt in sich schließen, mit Zustimmung der Finanzabteilung.
[…]

Oberkirchenrat D. Bender [Stellvertreter des LB, Referent 2].

[…]
3. Personalangelegenheiten der unständigen Geistlichen, Verfügung über die Pfarrkandidaten und unständigen Geistlichen (mit Ausnahme der Besoldungsverhältnisse). Versetzungen und Ernennungen mit Zustimmung der Finanzabteilung.
[…]
5. Landeswohlfahrtsdienst; Besetzung desselben und Fürsorgewesen im allgemeinen mit Zustimmung der Finanzabteilung.
[…]
8. Angelegenheiten des Gesamtverbandes der Inneren Mission in Baden; Besetzung seiner Geschäftsstelle mit Zustimmung der Finanzabteilung.
9. Angelegenheiten des Kirchenmusikalischen Instituts in Heidelberg einschl. der Besetzung der Lehrstellen. (Organisations-, Personal- und Finanzangelegenheiten mit Zustimmung der Finanzabteilung.)
[…]

Oberkirchenrat Rost [Referent 4].

[…]
6. Angelegenheiten der Gemeindehelferinnen (Anstellung und Besoldung mit Zustimmung der Finanzabteilung).
[…]

Oberkirchenrat D. Dr. Friedrich [Rechtsreferent, Referent 7].

1. Angelegenheiten der Kirchenverfassung und der kirchlichen Wahlordnungen, insbesondere Wahlprüfungen; Neubildung, Teilung und Aufhebung von Kirchengemeinden, Errichtung von Pfarrämtern mit Zustimmung der Finanzabteilung.
[…]
3. Redaktion des Kirchl. Gesetzes- und Verordnungsblatts unter Mitwirkung der Finanzabteilung.
[…]"

1892 Protest des Kirchengemeinderats Bickensohl gegen die Einsetzung der FA, 6. Juni 1938
LKA GA 9075

„[...]
Im Gesetz- und Verordnungsblatt der Evang.-Protest. Landeskirche Badens ist in der No 12 vom 27. Mai d.Js. eine Bekanntmachung erschienen [Dok. 1884], die mit dem Artikel II unseres Kirchenvertrags in schroffem Widerspruch steht, und gegen die wir deshalb nachdrücklichst Einspruch erheben! [...]

Aber auch abgesehen von dieser Nichtbeachtung der 1933 feierlich vom Führer und Reichskanzler des Deutschen Volkes anerkannten Kirchenverträge muss auch die Art der Besetzung der Stellen mit Männern einer Richtung, die unter Kirche als DC nicht einzig und allein das verstehen, was sie dem Namen nach schon nur sein kann und darf, Kyriakä – Gemeinschaft, Gemeinde des Herrn, die, wie ihre wenigen Kameraden in Baden bei sogenannten Amtshandlungen es schon zur Genüge bewiesen haben, nicht mehr auf dem Boden des Bekenntnisstandes unserer Landeskirche stehen, muss auch diese Art der Besetzung grösste Sorge und Unmut erwecken. So wird in unsere bisher noch geordnete Landeskirche nun auch Unfriede und Unordnung hineingetragen & in unserer katholischen Umgebung mit den untragbaren nationalkirchlichen Ideen erneut zu unserem Entsetzen nur der Evang. Bevölkerungsteil belastet. [...]

In unserem Gewissen beschwert um die Reinheit unseres Glaubens und unserer evangelischen Lehre sind wir zu diesem Einspruch gezwungen. [...]

    Im Namen der Evang. Kirchengemeinde Bickensohl
    Der Ev. Kirchengemeinderat [...]"

1893 Ablehnung der Rechtmäßigkeit und Zuständigkeit der FA durch den Oberkirchenrat
EOK an FA, 9. Juni 1938; LKA GA 4899

„[...]
Die Finanzabteilung hat unterm 25.5.1938 Nr. A 12385 ein Schreiben an die Evang. kirchl. Bezirksverwaltungen, die Evang. Dekanate, Pfarrämter und Kirchengemeinderäte und unterm 30.5.1938 Nr. A 12636 ein Schreiben an die Beamten und Angestellten des Evang. Oberkirchenrats, der kirchl. Bezirksverwaltungen und der Evang. Kirchengemeinden gerichtet, die beide nicht ohne eine Erinnerung von Seiten des Evang. Oberkirchenrats bleiben können. [...]

1. Wir müssen es lebhaft bedauern, dass die beiden Erlasse hinausgegeben wurden, ohne dass vorher der Kirchenleitung Gelegenheit zur Stellungnahme gegeben wurde. [...]

2. [...] Aus diesen Darlegungen kann zum Mindesten entnommen werden, als sei die Finanzabteilung beim Evang. Oberkirchenrat eine vorgesetzte Dienstbehörde sämtlicher kirchlichen Beamten und Angestellten. [...] Demgegenüber müssen wir darauf hinweisen, dass eine solche Auffassung der Rechtslage, wie sie selbst durch die Fünfzehnte Durchführungsverordnung geschaffen ist, nicht entspricht.

3. [...] Jede Art des Staatskirchentums wird hier abgelehnt und hat auch seitdem in Bekundungen des zuständigen Herrn Reichsministers ihre Ablehnung erfahren. [...] Wir nahmen deshalb an, dass das Selbstverwaltungsrecht der Kirche unberührt bleibt [...].

Die Darlegungen zeigen in schlüssiger Form, dass der Oberkirchenrat einfach nicht in der Lage sein kann, die Einsetzung einer Finanzabteilung als rechtlich zulässige Massnahme anzuerkennen. [...]"

1894 Erklärung des Kirchenbezirks Müllheim
Dekanat an RKM, 12. Juni 1938; LKA Dek. Müllheim 48

„[...]
Wir beehren uns, anlässlich der Errichtung einer Finanzabteilung beim Evang. Oberkirchenrat in Karlsruhe Ihnen folgende Erklärung abzugeben:

1. Wir haben zu unserer derzeitigen Kirchenleitung mit Herrn Landesbischof D. Kühlewein an der Spitze volles Vertrauen und können eine Änderung des Kurses unserer Landeskirche im Sinne der Nationalkirchlichen Einung nicht verantworten [...].

2. Wir empfinden die Errichtung einer Finanzabteilung beim Evang. Oberkirchenrat in Karlsruhe als einen unbegründeten Eingriff in die bis jetzt im wesentlichen ungestörte Ordnung unserer Landeskirche und können daher nur schwerste Beunruhigung und Verwirrung von dieser Massnahme erwarten. Wir haben den Eindruck, dass sie auf irreführender Berichterstattung einer verhältnismässig kleinen Gruppe unserer Landeskirche beruht.

3. Wir können nicht anerkennen, dass die äußere Leitung einer Kirche unabhängig von deren innerem Glaubenstand ausgeübt werden kann. Auch die Verwaltung des kirchlichen Vermögens muss von Wesen und Aufgabe der Kirche bestimmt sein.

Wir bitten und beantragen deshalb, es wolle die Finanzabteilung beim Evang. Oberkirchenrat in Karlsruhe wieder aufgehoben und der ruhigen Weiterentwicklung, die mit der 17. Durchführungsverordnung angebahnt ist, Raum gegeben werden. [...]"

[46 Kirchenälteste und 14 Geistliche aus 17 (von 20) Gemeinden des Kirchenbezirks Müllheim.]

1895 Protest der Evang. Kirchengemeinde Gernsbach gegen die Einsetzung der Finanzabteilung, 14. Juni 1938
LKA GA 4899

„[...]
Der ev. Kirchengemeinderat Gernsbach erhebt hiermit einmütig und ernstlich Einspruch gegen die Einsetzung einer Finanzabteilung beim Bad. ev. Oberkirchenrat. Die Einsetzung einer Finanzabteilung verbittert nur weite Kreise unseres Kirchenvolkes, weil sie völlig ungerechtfertigt und einseitig ist. Sie gefährdet das geschlossene und bisher ruhige Leben unserer Landeskirche. Eine solche Gefährdung aber bedeutet besonders in unseren Diasporagemeinden immer eine Stärkung der katholischen Kirche, die nach wie vor geschlossen ist und durch keine Finanzabteilung belastet wird. [...]"

1896 Protest der BK-Pfarrer in Freiburg gegen die FA, 14. Juni 1938
LKA GA 9075

„[...]
Die unterzeichneten Geistlichen des Kirchenbezirks Freiburg haben mit Entrüstung das Gesetzblatt Nr. 13[*)] gelesen, in dem die Finanzabteilung in kirchenregimentliche Rechte eingreift, die ihr nicht zustehen. [... Es] muss eine solche Einmischung in kirchliche Angelegenheiten, die mit den Finanzen nichts zu tun haben, auf das entschiedenste zurückgewiesen werden. Die Herausgabe des Gesetz- und Verordnungsblattes ist allein Sache der Kirchenleitung. Wenn die Finanzabteilung etwas zu veröffentlichen hat, hat sie den geordneten Weg über den Oberkirchenrat zu wählen. [...]"

[*)] KGVBl. Nr. 13 vom 11. Juni 1938, S. 63, worin die FA mitteilt, dass das vom Oberkirchenrat am 22. Juni 1937 verkündete vorläufige kirchliche Gesetz über die Rechtsverhältnisse der Kirchenbeamten vom RKM für rechtsungültig erklärt worden sei.

1897 Erlass der FA, betreffend Dienstreisekosten und die Abgabe von Briefmarken, 16. Juni 1938
LKA GA 4899

„[...]
In letzter Zeit sind Dienstreisekosten angewiesen worden für Reisen von Mitgliedern des Oberkirchenrats zu den Pfarrversammlungen in Heidelberg und Freiburg.

Die Finanzabteilung bedauert, in Zukunft Reisekosten nicht als erstattungsfähig ansehen und behandeln zu können, wenn diese wieder aus Anlässen entstehen, welche Demonstrationen oder Stellungnahmen gegen die Einrichtung oder Tätigkeit der Finanzabteilung zum Gegenstand haben.

Ebenso können Reisen, welche die Teilnahme am sog. Lutherischen Rat oder das Benehmen mit ihm betreffen, nicht als ersatzfähig anerkannt werden.

[...] Die Expeditur hat von uns Weisung, in Zukunft keine Briefmarkenmengen mehr abzugeben. [...]"

1898 Staatliche Behörden sollen nur noch mit der FA in allen kirchlichen Angelegenheiten verkehren.
Erlass des RKM an die staatlichen Dienststellen in Baden vom 18. Juni 1938; LKA GA 9075

„[...]
Nachdem ich beim Evangelischen Oberkirchenrat in Karlsruhe eine Finanzabteilung eingesetzt habe, bitte ich nur noch mit dieser in allen kirchlichen Angelegenheiten und nicht mehr mit dem Evangelischen Oberkirchenrat zu verkehren. In diesem Sinne bitte ich gleichfalls die Ihnen nachgeordneten Dienststellen anzuweisen. [...]"

1899 Protest des EOK gegen Kompetenzüberschreitungen der FA, 21. Juni 1938
LKA GA 4899

„[...]
Wir bedauern, erneut die Finanzabteilung darauf hinweisen zu müssen, dass sie [...] erneut über ihre Zuständigkeit hinausgegangen ist. Wie der § 2 der 15. Durchführungsverordnung deutlich ausspricht, kommt der Finanzabteilung die Leitung der Vermögensverwaltung der Landeskirche und insoweit auch ihre Vertretung zu. [...] Auf allen übrigen Gebieten

der kirchlichen Leitung und Verwaltung kommt ihr eine Zuständigkeit nicht zu; ihr steht insbesondere auch nicht die Rechtssetzung [...] zu. Sie hat deshalb auch nicht in Nachprüfungen darüber einzutreten, ob ein von der Kirchenbehörde erlassenes Gesetz rechtswirksam ist oder nicht, und da sie auch niemals eine vom Reichskirchenminister eingesetzte allgemeine Aufsichtsstelle für den Oberkirchenrat ist mit dem Auftrag, Anordnungen des Reichskirchenministers, die außerhalb des Gebietes der Vermögensverwaltung liegen, zur Durchführung zu bringen, so fehlte es der Finanzabteilung an der Befugnis, die erwähnte Bekanntmachung vom 3.6.1938*⁾ herauszugeben. [...]"

1900 Erfordernis der Zustimmung der FA zur Veröffentlichung von Dienstnachrichten, 22. Juni 1938
LKA GA 4899

„[...]
Wir ersuchen [...] unter der Überschrift ‚Entschließungen des Landesbischofs' einzuschalten: ‚soweit erforderlich, mit Zustimmung der Finanzabteilung'.

[...] Allgemein gestatten wir uns, im Interesse eines reibungslosen Geschäftsverkehrs darauf hinzuweisen, dass [...] sämtliche Personalveränderungen auch bei den Geistlichen, wie Übernahmen in den Dienst der Landeskirche, Versetzungen, Entlassungen, Zurruhesetzungen usw., da mit finanzieller Auswirkung verbunden, unserer Zustimmung bedürfen, und daher diese Zustimmung jeweils rechtzeitig bei uns zu beantragen ist.

Damit hierdurch keine unliebsame Verzögerung entsteht, haben wir gleichzeitig der Registratur Weisung gegeben, dass derartige Beschlüsse des Oberkirchenrats uns vor der Ausfertigung mit entsprechendem, von einem der Herren Referenten unterschriebenen Antrag zuzuleiten sind. [...]"

1901 Zurechtweisung des EOK durch FA (auf Schreiben vom 21. Juni, Dok. 1899), 23. Juni 1938
LKA GA 4899

„[...]
Die Finanzabteilung hat in keiner Weise ihre Befugnisse überschritten [...].

---
*⁾ Vgl. KGVBl. Nr. 13 vom 11. Juni 1938 (wie bei Dok. 1896).

Was im übrigen den Schlußabsatz Ihres Schreibens betrifft, so habe ich umso weniger Anlass, auf denselben einzugehen, als [...] daraus lediglich der mißglückte Versuch spricht, die seit Wochen im Lande aufgezogene Protestaktion gegen die Finanzabteilung nachträglich durch an den Haaren beigezogene ‚deutliche Beweise' zu unterbauen. [...]"

1902 „Weisung an die Pfarrer" von LB Kühlewein, 22. Juni 1938
LKA GA 9075

„Die vielfältigen Anfragen, die wegen der Errichtung der Finanzabteilung von Pfarrern und Kirchengemeinderäten an die Kirchenbehörde ergangen sind, haben die Befürchtung, dass durch den staatlichen Eingriff die rechtmäßige Ordnung der Kirche gestört und mancherlei äußere und innere Not geschaffen wird, nur bestätigt. Bei der Beantwortung der Frage, wie der Finanzabteilung begegnet werden soll, ist einmal grundsätzlich an dem von der Kirchenleitung erhobenen Widerspruch festzuhalten. Zudem muss aber auch bedacht werden, dass selbstverständlich vordringlichstes Anliegen der Kirchenleitung, der Geistlichen und der Kirchengemeinderäte sein muss, alles zu tun, damit die Kirche ihren Auftrag ganz und richtig erfüllt. Daraus ergibt sich im einzelnen, dass Massnahmen der Finanzabteilung, die sie im Rahmen ihrer Zuständigkeit trifft und die weder mittelbar noch unmittelbar die Erfüllung dieser Aufgaben beeinträchtigen, ja sie sogar fördern, unter Aufrechterhaltung des grundsätzlichen Widerspruchs hingenommen werden müssen. [...] In all den Fällen aber, in denen es sich zeigt, dass die Finanzabteilung ihre Zuständigkeit überschreitet oder durch ihre Anordnung eine Beeinträchtigung des schrift- und bekenntnismässigen Handelns der Kirche gewollt oder möglich ist, steht es den Geistlichen und Kirchengemeinderäten zu, bei ihrer ordnungsmässigen Kirchenbehörde, dem Herrn Landesbischof, unter Vorlage der betreffenden Verfügungen der Finanzabteilung anzufragen, welche Stellung zu der Sache einzunehmen ist. Auf diese Weise wird die Finanzabteilung auch genötigt, in enger Fühlung mit der zuständigen Kirchenleitung zu bleiben [...].

Wir regen an, dass im Laufe der nächsten 8 Tage von allen Kirchengemeinderäten der protestierenden Pfarrer der Beschluss gefasst wird, den am 20.VI. der Kirchengemeinderat Karlsruhe fasste: ‚Wir sprechen unserem Herrn Landesbischof als unserer rechtmässigen Kirchenleitung das Vertrauen aus.' [...]

In das Fürbittegebet des Sonntags ist die Fürbitte für Landeskirche und Landesbischof aufzunehmen etwa so: ‚Erhalte unserer Landeskirche das reine und lautere Evangelium und stehe unserem Landesbischof und seinen Räten bei!'

Wir schlagen vor, am Schluss des Gottesdienstes zur Kennzeichnung unseres Notstandes in den nächsten Wochen stereotyp einen passenden Vers aus dem Lied 21*⁾ singen zu lassen.

Gott erhalte unsrer lieben Heimatkirche die Ordnung, die der Verkündigung des reinen Evangeliums dient!"

1903 „Wort an die Gemeinden" von LB Kühlewein vom 22. Juni 1938, zur Verlesung im Gottesdienst am 26. Juni 1938
LKA GA 9075

„Liebe Glaubensgenossen!

Es ist euch bekannt geworden, daß kurz vor Pfingsten eine Finanzabteilung beim Evang. Oberkirchenrat eingesetzt worden ist. Dadurch ist der geordneten Kirchenleitung die Verwaltung der Kirche zum großen Teil aus der Hand genommen und einer Stelle übertragen worden, die in keiner Weise der Kirche verantwortlich und die an Bibel und Bekenntnis nicht gebunden ist.

Eine Notwendigkeit zu dieser Maßnahme lag nach unserer Überzeugung nicht vor. Unsere Landeskirche befindet sich in einem durchaus geordneten Zustand. [...]

Der Oberkirchenrat mußte gegen die Errichtung der Finanzabteilung Einspruch erheben und hat dies im Einvernehmen mit benachbarten Landeskirchen getan. Denn sie steht in Widerspruch zum Selbstverwaltungsrecht der Kirche als einer auch vom 3. Reich anerkannten öffentlich rechtlichen Körperschaft [...].

Sie *[die Einrichtung der FA]* bedeutet aber weiter auch einen Eingriff in die innere Verwaltung und Leitung der Kirche, die nur aus den Grundsätzen des Evangeliums und des evangelischen Bekenntnisses heraus und nach den Forderungen der Bedürfnisse der Kirche wie der einzelnen Gemeinden geschehen kann. Da sämtliche Verwaltungsmaßnahmen der Kirche, auch diejenigen, die sich unmittelbar auf ihr inneres und geistliches Leben beziehen, mehr oder weniger mit finanziellen Auswirkungen verbunden sind, so muß die Finanzabteilung eine Quelle beständiger Konflikte mit der Kirchenleitung werden, die sich allein der Kirche und dem Evangelium

---

*) Ach bleib bei uns, Herr Jesu Christ, weil es nun Abend worden ist; dein göttlich Wort, das helle Licht, laß ja bei uns auslöschen nicht! (nach der Melodie „Erhalt uns, Herr, bei deinem Wort")

verantwortlich weiß, und es besteht außerdem die Gefahr, daß die ganze Einrichtung kirchenpolitischen Zielen dienstbar gemacht wird.

Landesbischof und Oberkirchenrat sind [...] verpflichtet, sowohl für die äußere Ordnung der Kirche als insbesondere für die volle Freiheit der Verkündigung des Evangeliums besorgt zu sein. [...] Es liegt uns dabei vollständig fern, dem Staat irgend ein Recht zu bestreiten, das er auch gegenüber der Kirche hat, oder uns in Aufgaben einzumischen, die der Staat zu erfüllen hat und besser erfüllt, als die Kirche es könnte. Wir halten uns peinlich an die uns als Kirche gestellte Aufgabe, müssen aber dafür allerdings auch die wiederholt feierlich zugesagte Freiheit fordern, ohne die unsere Kirche ihren Dienst an unserem Volk nicht erfüllen kann. [...]

Es ist daher das Gebot der entscheidenden Stunde, in der wir stehen, daß wir alle dieser unserer Kirche, der Kirche des Evangeliums und der Reformation die Treue halten, mag kommen, was da will, und daß wir uns freudig einsetzen für das Evangelium von Jesus Christus, der auch heute der Weg, die Wahrheit und das Leben ist.

Seid fest, unbeweglich und nehmet immer zu in dem Werk des Herrn; denn ihr wisset, daß unsre Arbeit nicht vergeblich ist in dem Herrn.

Der Landesbischof."

1904 Wiederbesetzung der erledigten Patronatspfarrei Neckarzimmern
EOK an FA, 28. Juni 1938; LKA GA 4899

„[...]
Durch die Vorlage, die hier erfolgt, wird in keiner Weise der Widerspruch, den wir grundsätzlich gegen das Bestehen der Finanzabteilung erheben, eingeschränkt. Nach § 7 der 15. DVO. bedürfen Anordnungen und Massnahmen der Kirchenleitung, die mit finanziellen Auswirkungen verbunden sind, der Zustimmung der Finanzabteilung. Da die Ernennung des Pfarrverwalters Erwin Hoffmann zum Pfarrer in Neckarzimmern gehaltliche Auswirkungen hat, ist die Zustimmung der Finanzabteilung erforderlich; die wir deshalb hiermit beantragen. [...] Die Finanzabteilung ist nur berechtigt, innerhalb des Rahmens dieser Zuständigkeit zu prüfen, ob eine Ernennung oder Versetzung eines Geistlichen zu beanstanden ist. Muss unter Berücksichtigung einer geordneten und sparsamen Vermögensverwaltung die Frage bejaht werden, so ist die Zustimmung zu erteilen. Jede weitere Nachprüfung oder Beanstandung wäre ein Eingriff in das der Finanzabteilung nicht zustehende Gebiet der Kirchenleitung

und müßte, wenn sie erfolgen sollte, auf das allerschärfste von uns zurückgewiesen werden. [...]"

1905 Protest des EOK gegen die Festsetzung und Bestimmung der Landeskollekte durch die FA
EOK an RKM, 29. Juni 1938; LKA GA 4899

„[...]
Wie wir erfahren, ist der Finanzabteilung beim Evang. Oberkirchenrat die Festsetzung und Bestimmung der Landeskollekten zugewiesen worden. Gegen diese Anordnung, die durch Herrn Ministerialrat Dr. Stahn bei der Einrichtung der Finanzabteilung mündlich erfolgt sein soll, erheben wir Einspruch und bitten den Herrn Minister ergebenst, die Zurücknahme dieser Anordnung verfügen zu wollen. [...]

Es ist aber weiterhin im Blick auf die Festsetzung einer Kollekte zu sagen, dass sie eine ausschliesslich geistliche Angelegenheit ist. Die Frage, ob eine Gemeinde oder ein christliches Werk einer Kollekte bedarf, muss aus der kirchlichen Situation und aus den kirchlichen Bedürfnissen heraus entschieden werden. Diese Entscheidungen zu treffen ist Sache der Kirchenleitung, die auch allein dazu in der Lage ist.

[...] Es würde die Opferfreudigkeit der Gemeinden lähmen und weithin das Kollektenwesen in unserer Landeskirche zerstören, wenn die Ausschreibung der Kollekten nicht mehr von der Stelle ausginge, die von dem Vertrauen der Gemeinden getragen ist. [...]"

1906 Liste der Finanzbevollmächtigten (Bevollmächtigte der FA beim EOK) in 51 Gemeinden, 1938/39
Gekürzte Zusammenstellung nach LKA GA 9050 und 7270 (hier i.a. ohne die auch benannten Stellvertreter)

Lfd. Nr., Kirchengemeinde, Zu- und Vorname, Beruf, Wohnort, Daten der Berufung u. ggf. der Abberufung

[Es wird darauf verzichtet, die folgenden Personen in das Personenregister am Ende des Bandes aufzunehmen, es sei denn, dass einzelne auch in anderen Dokumenten auftauchen. Wechsel der Bevollmächtigten sind nicht vermerkt.]

1 Karlsruhe u. Gesamtkirchengemeinde Karlsruhe: Dr. Kaeser, Heinrich, Finanzrat, Karlsruhe; Stellvertreter: Dr. Doerr, Emil, Oberkirchenrat; 29.08.38

2 St. Georgen: Erchinger, Jakob, Schmiedemeister, St. Georgen; Stellvertreter: Thieringer, Kurt, Pfarrer, St. Georgen; 29.08.38

3 Heidelberg (sämtliche Heidelberger KGemeinden): Soellner, Otto, Professor, Heidelberg, 28.09.38
4 Karlsruhe-Rüppurr: Laade, Albert, Abteilungsleiter, Karlsruhe-Rüppurr, 07.10.38; 15.07.44 auf Minderheitenversorgung beschränkt
5 Sulzbach: Fischer, Otto, Finanzsekretär, Mosbach, 14.10.38, abberufen 01.04.45
6 Mannheim: Dr. Gérard, Karl, Landgerichtsrat, Mannheim-Waldhof-Gartenstadt, 21.10.38
7 Kehl a.Rh.: Anstett, Hermann, Kaufmann, Kehl, 21.10.38, abberufen 01.09.43
8 Neckarelz: Elsasser, Julius, Finanzinspektor, Mosbach, 01.11.38
9 Neckargerach mit Guttenbach u. Reichenbuch: Elsasser, Julius, Finanzinspektor, Mosbach, 01.11.38, abberrufen 01.12.41
10 Obrigheim: Fischer, Otto, Finanzinspektor, Mosbach, 01.11.38
11 Lohrbach: Kirschenbauer, Wolfgang, Finanzsekretär, Mosbach, 11.11.38, abberufen 01.07.44
12 Durlach: Schmitt, Anton, Hauptlehrer, Karlsruhe-Durlach, 30.11.38, abberufen 01.02.42
13 Konstanz: Schäfer, Hugo, Bauoberinspektor, Konstanz, 30.11.38; 24.11.44 auf Minderheitenversorgung beschränkt
14 Singen a.H.: Geißler, Oskar, Prokurist, Singen a.H., 30.11.38
15 Neckarzimmern und Hochhausen: Kirschenbauer, Wolfgang, Finanzsekretär, Mosbach, 13.12.38
16 Söllingen: Dahlinger, Karl, Finanzinspektor,Karlsruhe, 10.01.39, abberufen 01.01.43
17 Berghausen: Hummel, Hans, Finanzinspektor, Karlsruhe, 10.01.39, abberufen 01.04.42
18 Freiburg i.Br.: Fitzer, Eugen, Landgerichtsdirektor, Freiburg, 31.01.39
19 Liedolsheim: Schroth, Erich, Finanzinspektor, Karlsruhe, 07.02.39, abberufen 15.06.44
20 Grötzingen: Wolf, Philipp, Finanzinspektor, Karlsruhe, 14.02.39, abberufen 01.06.44
21 Hochstetten: Schroth, Erich, Finanzinspektor, Karlsruhe, 07.02.39, abberufen 01.04.42
22 Gottmadingen: Felsner, Fritz, Kaufmann, Singen a.H., 28.02.39, abberufen 01.04.45
23 Denzlingen: Kissel, Hans, Rechnungsrat, Freiburg, 07.03.39, abberufen 01.02.41
24 Aglasterhausen u. Unterschwarzach: Walther, Karl, Kaufmann, Aglasterhausen, 11.03.39, abberufen 15.06.44
25 Dossenheim: Soellner, Otto, Professor, Heidelberg, 10.03.39
26 Hilsbach u. Weiler: Stierle, Adolf, Kaufmann u. Kirchensteuererheber, Sinsheim a.E., 17.03.39, abberufen 01.08.44

27 Rußheim: Schroth, Erich, Finanzinspektor, Karlsruhe, 11.03.39, abberufen 01.04.42
28 Gundelfingen: Kissel, Hans, Rechnungsrat, Freiburg, 21.03.39, abberufen 01.04.42
29 Lörrach: Frey, Wilhelm, Steuerinspektor, Lörrach, 31.03.39; 01.05.44 auf Minderheitenversorgung beschränkt
30 Rötteln: Frey, Wilhelm, Steuerinspektor, Lörrach, 31.03.39, abberufen 01.07.44
31 Schönau i. Schw. u. Todtnau: Kuhny, Eugen, Kaufmann, Schönau, 31.03.39, abberufen 01.07.44
32 Pforzheim, Pforzheim-Dillweißenstein und Pforzheim-Brötzingen: Schwender, Walter, Assessor bei der DAF, Pforzheim, 31.03.39
33 Ruit: Dürr, Hermann, Justizinspektor, Bretten, 18.04.39, abberufen 04.03.44
34 Ettlingen: Hummel, Hans, Finanzinspektor, Karlsruhe, 18.04.39
35 Gengenbach: Dick, Heinrich, Finanzinspektor, Offenburg, 18.04.39, abberufen 01.07.42
36 Bretten: Dürr, Hermann, Justizinspektor, Bretten, 18.04.39, abberufen 01.10.43
37 Kirchzarten: Kissel, Hans, Rechnungsrat, Freiburg, 26.04.39, abberufen 01.10.42
38 Bickensohl: Grether, Gustav, Sparkassendirektor a.D., Freiburg, 26.04.39
39 Emmendingen: Hoch, Gustav Adolf, Oberrechnungsrat, Emmendingen, 10.05.39, abberufen 01.07.42
40 Gernsbach: Fieg, (Vorname unbek.), Beigeordneter u. stellv. Bürgermeister, Gernsbach, 10.05.39; 15.07.44 auf Minderheitenversorgung beschränkt
41 Stein: Morlock, Adolf, Landwirt u. Rechner, Stein, 10.05.39, abberufen 20.03.44
42 Wertheim: Haupt, Emil, Buchhalter, Wertheim, 10.05.39, abberufen 10.10.42
43 Dietenhan u. Kürnbach: Götzelmann, Ludwig, (Beruf unbek.), Kürnbach, 19.05.39, abberufen 20.03.44
44 Auenheim: Dietrich, Georg, Gemeinderechner, Auenheim, 19.05.39, abberufen 20.03.44 (übte sein Amt nicht aus)
45 Würm: Waigel, Albert, Finanzrat, Pforzheim, 19.05.39
46 Strümpfelbrunn: Hefft, Ludwig: Ratschreiber, Schollbrunn, 05.05.39, abberufen 01.04.40
47 Stühlingen u. Wutöschingen: Müller, Emil, Bauinspektor, Waldshut, 10.05.39
48 Lauda: Friedrich, Georg: Hauptlehrer, Lauda, 14.06.39, abber. 01.07.44
49 Dertingen: Fiederling, Andreas, Gemeinderechner, Dertingen, 19.06.39, abberufen 15.07.44

50 Baden-Baden: Dr. Koelle, Julius, Oberlandesgerichtsrat a.D., Baden-Baden, 05.06.39
51 Blumberg: Müller, Emil, Bauoberinspektor, Waldshut, 05.06.42

1907 Erlass des RKM über die Befugnisse der FA vom 1. Juli 1938
Schreiben des Badischen Ministers des Kultus und Unterrichts an EOK, 7. Sept. 1938; LKA GA 4899 *[vgl. Dok. 1920]*

„[...]
Zur Behebung von Zweifeln weise ich darauf hin, daß auf Grund der Fünfzehnten Verordnung zur Durchführung des Gesetzes zur Sicherung der Deutschen Evangelischen Kirche vom 25. Juni 1937 die gesamte Verwaltung aller finanziellen Angelegenheiten und die Verfügung über das Vermögen der Landeskirche sowie deren Stiftungsfonds und Werke ausschließlich der Finanzabteilung zusteht. Für die Bearbeitung der einschlägigen Angelegenheiten ist allein die Finanzabteilung zuständig (§§ 2, 3, 4, 6, 7 der Verordnung).
In Vertretung: gez: Dr. Muhs."

1908 Vertrauensbekundung des Kirchengemeinderats Tiengen an den Landesbischof, 3. Juli 1938; gleichlautend: Kirchengemeinde Egringen an den Landesbischof, 20. Juli 1938
LKA GA 5878 bzw. LKA GA 4899

„[...]
Wir sprechen Ihnen, unserem Herrn Landesbischof, als unserer rechtmäßigen Kirchenleitung das Vertrauen aus. Es ist der Wunsch der Kirchengemeinde Egringen, daß unserer lieben Badischen Landeskirche die wahre Ordnung erhalten und die Verkündigung des lauteren Evangeliums unverwehrt bleibt."

1909 Ultimatum der FA an Kirchengemeinde Überlingen, 30. Juni 1938 und Einlenken der Kirchengemeinde, 14. Juli 1938, sowie Belehrung durch FA vom 23. Juli 1938
LKA GA 4899

1909a

„[...] Der Evang. Kirchengemeinderat Überlingen hat uns mit Bericht vom 9.6.1938 Nr. 22 mitgeteilt, daß er in der Sitzung vom 8. Juni 1938 einstimmig beschlossen hat, daß der Evang. Kirchengemeinderat Überlingen a. See den Verkehr mit der Finanzabteilung nicht aufnehme.

Wir machen den Kirchengemeinderat auf die Bestimmung in § 4 der Fünfzehnten Durchführungsverordnung zum Gesetz zur Sicherung der Deutschen Evang. Kirche R.G.Bl.I S. 697 aufmerksam. Ehe wir von der in der genannten Gesetzesbestimmung uns gegebenen Ermächtigung Gebrauch machen, geben wir dem Evang. Kirchengemeinderat Gelegenheit, uns binnen zwei Wochen mitzuteilen, daß er seinen Beschluß vom 8. Juni 1938 aufgehoben hat und bereit ist, mit der durch Entschließung des Herrn Reichsministers für die kirchlichen Angelegenheiten vom 18.5.1938 I 18493/37 beim Evang. Oberkirchenrat in Karlsruhe eingesetzten Finanzabteilung als der ihm in Angelegenheiten der Vermögensverwaltung vorgesetzten Dienststelle den Dienstverkehr aufzunehmen.

Solange die verlangte Erklärung des Kirchengemeinderats bei uns nicht vorliegt, werden wir dem Ortskirchensteuervoranschlag der Evang. Kirchengemeinde Überlingen a. See unsere Genehmigung nicht erteilen und damit die Ausübung des Ortskirchensteuerrechts verhindern. [...]"

1909 b

„[...] Der Kirchengemeinderat Überlingen hat am 8. Juni während des Urlaubs seines Vorsitzenden beschlossen, ‚in Übereinstimmung mit der grundsätzlichen Haltung des Herrn Landesbischofs und des Oberkirchenrats vorläufig den Verkehr mit der Finanzabteilung nicht aufzunehmen'. Nachdem nun am Sitz der Behörde eine Zusammenarbeit möglich geworden ist, sehen wir keinen Grund, auf dem Beschluß vom 8. Juni zu verharren und erklären uns bereit, mit der beim Evang. Oberkirchenrat eingesetzten Finanzabteilung den Dienstverkehr aufzunehmen. [...]"

1909 c

„[...] Von dem dortigen Schreiben vom 14.7.1938 Nr. 46 habe ich mit Befremden Kenntnis genommen. Wenn auch in demselben der dortige Kirchengemeinderat jetzt – übrigens reichlich spät! – seine Bereitschaft erklärt, ‚mit der Finanzabteilung den Dienstverkehr aufzunehmen', so atmet das Schreiben doch eine Haltung, gegen die ich mich verwahre.

Es steht nicht im Belieben und der Laune der Kirchengemeinderäte und der Geistlichen, ob sie den Dienstverkehr mit der Finanzabteilung ablehnen oder aufnehmen wollen. Die Kirchengemeinderäte und Geistlichen sind – das muß endlich auch der Kirchengemeinderat Überlingen begreifen lernen! – in Vermögensangelegenheiten Dienststellen, die der vom Reichskirchenministerium eingesetzten Finanzabteilung nachgeordnet und zum Dienstgehorsam verpflichtet sind. Prüfungen anzustellen, ob ‚am Sitz der Behörde eine Zusammenarbeit möglich geworden ist', bedeutet eine Anmaßung des dortigen Kirchengemeinderats, die ich mir entschieden verbitte. [...]"

1910 Darlegung der „tatsächlichen und rechtlichen Stellung" der FA als „Behörde selbständiger Art" und der Regeln des Verkehrs zwischen FA und EOK. FA an EOK, 13. Juli 1938
LKA GA 4899   [vgl. Dok. 1907 und 1917]

„[...]
Die wiederholte Nichtbeachtung der tatsächlichen und rechtlichen Stellung der Finanzabteilung bei der Redigierung des kirchl. Gesetzes- und Verordnungsblattes durch Sie, bezw. den von Ihnen damit beauftragten Finanzrat [Theodor] Vögelin, veranlaßt mich, die Herausgabe des kirchl. Gesetzes- und Verordnungsblattes in die Zuständigkeit der Finanzabteilung nunmehr endgültig zu übernehmen; damit ist endlich die notwendige Gewähr dafür gegeben, daß auch seitens des Oberkirchenrats die Bestimmungen der Fünfzehnten Durchführungsverordnung eingehalten werden. Es ist ein unerträglicher Zustand, daß seitens des Oberkirchenrats immer wieder versucht wird, die Zustimmung der Finanzabteilung entweder als nicht notwendig anzusehen, oder aber es der Finanzabteilung zu überlassen, wenn ihr die Bürstenabzüge des Gesetzblattes vorliegen, den Inhalt des Gesetzblattes zu beanstanden und darauf zu dringen, daß ihre Zustimmung in den Drucksatz noch hereingenommen wird. [...]

Ich benutze die Gelegenheit, meinem Befremden darüber Ausdruck zu geben, daß diese seltsame Art der Geschäftsgebarung, wie sie der Oberkirchenrat in diesem Falle an den Tag legt, auch im sonstigen Geschäftsverkehr eingerissen ist. Ich habe diesen Zustand bisher hingenommen in der Erwartung, daß seitens des Oberkirchenrats doch die nötige Einsicht eines Tages gezeigt wird. Nachdem dies nicht geschehen ist, teile ich mit, daß ich Schriftstücke, Verwaltungsakte und dergl., soweit sie vom Oberkirchenrat ausgehen, künftig als nicht vorhanden ansehen werde, wenn nicht in jeder Beziehung die unter Behörden übliche korrekte Form eingehalten wir. Es gilt dies auch für die Übung, Schriftstücke, die an die Adresse der Finanzabteilung zu richten wären, einfach mit der für Herrn Oberkirchenrat Dr. Doerr in seiner Eigenschaft als Sachbearbeiter des Oberkirchenrats festgelegten Ziffer 6 zu versehen. Es unterliegt für mich keinem Zweifel, daß hierin eine vom Oberkirchenrat gewollte Mißachtung der Stellung der Finanzabteilung zu erkennen ist. Wie dem Oberkirchenrat bekannt ist, ist die Finanzabteilung eine Behörde selbständiger Art, in welcher Herr Oberkirchenrat Dr. Doerr die Stellung eines stellvertretenden Vorsitzenden einnimmt. Es ist ein Unding, mit einer Behörde nicht in der sonst üblichen Form eines Schreibens, sondern unter Anbringung einer Ziffer in amtlichen Verkehr zu treten.

[... Dies gibt] Anlaß zu dem Hinweis, daß ich von jetzt an grundsätzlich Zustimmungen nicht mehr erteilen werde, wenn nicht *vor* der Ausfertigung der Entschließungen des Oberkirchenrats rechtzeitig eine ordnungsgemäße und einwandfreie Vorlage seitens des Oberkirchenrats an die Finanzabteilung erfolgt. [...]"

1911 Aufforderung der FA an Dekanate, Kirchengemeinderäte und Pfarrämter zur Rücknahme ihres Protestes gegen die Einrichtung der FA, 14. Juli 1938
LKA GA 4899

„[...]
Zahlreiche Kirchengemeinderäte und Geistliche haben es in den letzten Wochen für nötig gefunden, aus eigenem Antrieb oder auf höhere Weisung gegen die Verfügung des Herrn Reichskirchenministers betr. die Einsetzung einer Finanzabteilung förmlich Protest zu erheben oder in sonstiger Weise gegen die Einsetzung und das Vorhandensein der Finanzabteilung Stellung zu nehmen. Die von mir am 30.5.1938 Nr. A 12636 hinausgegebene Mitteilung an die kirchlichen Beamten und Angestellten der Kirchengemeinden betr. die Einrichtung der Finanzabteilung wurde vielfach nicht wie verlangt unterschriftlich zur Kenntnis genommen, oder doch die Kenntnisnahme – ebenfalls auf höhere Weisung – mit dem Zusatz ‚unter Aufrechterhaltung des grundsätzlichen Widerspruchs' vollzogen.

Wenn ich mir auch darüber im klaren bin, daß wohl von vielen der an den Protestaktionen Beteiligten die Tragweite dieser Handlungsweise nicht erkannt worden ist, so erfordert doch die Disziplin, daß im Interesse einer geordneten Vermögens- und Finanzverwaltung der Kirche derartige gegen die Staatsautorität gerichtete Aktionen endlich die gebührende Antwort finden und abgestellt werden.

Ich gebe daher hiermit bekannt, daß ich es fortan *ablehne*, Anträge und Gesuche jeder Art, wie auch überhaupt Zuschriften von solchen Dekanaten, Kirchengemeinderäten und Geistlichen entgegenzunehmen und amtlich zu behandeln, die gegen die Einrichtung der Finanzabteilung protestiert oder in sonstiger Weise ihren Widerspruch gegen die Finanzabteilung zum Ausdruck gebracht haben. Es ist selbstverständlich, daß insbesondere Gesuche um finanzielle Vergünstigungen und Zuwendungen aus landeskirchlichen Mitteln völlig zwecklos sind; desgleichen kommt eine Bearbeitung und soweit notwendig eine Genehmigungserteilung auf dem Gebiete der örtlichen Kirchensteuer- und Vermögensverwaltung seitens der Finanzabteilung künftig nicht in Frage.

Es bleibt den betreffenden Dekanaten, Kirchengemeinderäten und Geistlichen überlassen, ihren durch nichts begründeten Widerstand gegen die Finanzabteilung aufzugeben und zwar mindestens in der gleichen Form, in welcher s.Zt. ihr Protest zum Ausdruck gebracht wurde. Es ist dies der einzige Weg und die einzige Möglichkeit für die betreffenden protestierenden Stellen, mit der kirchlichen Vermögensverwaltung, die allein durch die Finanzabteilung vertreten ist, wieder in geordnete Beziehungen zu treten.

Berichte, Eingaben und dergl., die künftig in Außerachtlassung dieser Bedingung an die Finanzabteilung gelangen (auch wenn sie an den Evang. Oberkirchenrat adressiert sind), werden unbearbeitet zu den Akten genommen.

Dr. Lang"

1912 Widerspruch gegen die Drohung der FA vom 14. Juli 1938
undat. Schreiben ohne Absenderangabe, Juli 1938; LKA GA 4899

„[...]
Den von uns zusammen mit unserer Kirchenleitung bei den zuständigen Stellen in Berlin erhobenen Einspruch gegen die Einsetzung einer Finanzabteilung in unserer Bad. Landeskirche zurückzunehmen, sehen wir uns nicht im Stande, zumal eine Antwort auf unsern Einspruch und unsere Bitte noch gar nicht erfolgt ist. Es hat sich unser Einspruch gar nicht in erster Linie gegen die der Finanzabteilung angehörenden Persönlichkeiten gerichtet, sondern grundsätzlich gegen seine Einsetzung; wir müssen aber heute feststellen, dass die Finanzabteilung unter Ihrer Leitung ihre Befugnis gemäss der 15. Durchführungsverordnung des Herrn Reichskirchenministers insofern überschritten hat, als sie statt der Überwachung der kirchlichen Vermögensverwaltung diese Vermögensverwaltung selbst ausübt und in die unmittelbare Leitung der Kirche eingegriffen hat. [...]

Zuletzt verwahren wir uns ausdrücklich gegen den Vorwurf, mit unserm an die zuständige Stelle gerichteten und sachlich wohlbegründeten Einspruch eine gegen die Staatsautorität gerichtete Aktion unternommen zu haben. Wenn die Finanzabteilung versucht, durch Drohungen und Versprechungen uns zum Widerrufen unserer in der Heiligen Schrift begründeten Ueberzeugung zu bringen, so können wir hier nicht willfährig sein. Denn damit hätten wir nicht nur unseren Charakter als aufrichtige Männer aufgegeben, sondern unsere Ueberzeugungskraft und Vertrauenswürdigkeit für unsern ganzen kirchlichen Dienst verloren. [...]"

1913 Zweifel an der kirchenpolitischen Neutralität der FA
Dekan Fritz Mono (Müllheim) an FA, 18. Juli 1938; LKA Dek. Müllheim 48

„[...]
1. Die Finanzabteilung nimmt mit Schreiben No. A 12636 vom 30. Mai 1938 die örtlichen Kirchenbediensteten, sofern sie mit der Vermögensverwaltung zu tun haben, in ihre Pflicht. Wir haben die Befürchtung geäussert, hierdurch entstünde eine für die Betreffenden von vornherein unerträgliche Doppelverpflichtung. [... Aus allem] ergibt sich, dass die gesamten Instanzen und Organe der kirchlichen Vermögensverwaltung verstaatlicht sind. Und es wird von ihnen verlangt, – das bringt die Bezugnahme auf den Eid bezw. die handgelübdliche Verpflichtung in Ihrem Schreiben No. A. 12636 zum Ausdruck –, dass sie zugleich der Kirche und dem Staate dienen, wobei, der allgemeinen Lage entsprechend, anzunehmen ist, dass die Verpflichtung gegenüber dem Staat als die vordringlichere empfunden wird. Damit ist aber die eigentliche, ursprüngliche und *vordringlichste* Pflicht aller dieser Organe, nämlich die Pflicht gegenüber dem Herrn der Kirche, Jesus Christus, [...] mindestens ihrer Alleingültigkeit entkleidet, wenn nicht gar in den Hintergrund gedrängt. Aus diesem Grunde muss die ganze Kette der Massnahmen, die in dieser Richtung getroffen wurden, um der Kirche und des Glaubens willen schwersten Bedenken bei einem seiner kirchlichen Verantwortung bewussten Kirchengemeinderat begegnen, zumal die Vollmachten der Finanzabteilung weit über das bisher vom Staate geübte Aufsichtsrecht hinausgehen.

2. [...] Es liegt überdies die Vermutung nahe, dass zwischen der Tatsache ihrer Einrichtung und den Andeutungen über ‚die entscheidende Bedeutung, die der Nationalkirchlichen Bewegung ›Deutsche Christen‹ in diesem Jahre zufallen wird‘, welche Herr Pfarrer Kölli-Freiburg in seinem an alle Pfarrer gerichteten Brief vom 5. Januar 1938 machte, eine kausative Verbindung besteht. [...]

Aus diesen Gründen mussten und müssen wir befürchten, dass die kirchliche Vermögensverwaltung nach den kirchenpolitischen und theologischen Gesichtspunkten dieser Gruppe vor sich gehen soll [...].

3. [...] § 7 der 15. Durchführungsverordnung setzt voraus, dass Kirchenleitung und Finanzabteilung in enger Fühlungnahme miteinander stehen, anders ausgedrückt, dass die Finanzabteilung *bei* der Kirchenleitung steht, nicht neben oder über ihr. Der ganzen Geschichte ihres Werdens, ihrer Einsetzung und ihres Verhältnisses zur (anerkannten!) Bad. Kirchenleitung nach ist aber diese Voraussetzung nicht erfüllt. Sondern: es hat den Anschein, als ob die Finanzabteilung der kirchenregimentliche Exponent der schärfsten Oppositionsgruppe, die in Baden gegen die Kirchenleitung steht, ist, auch wenn sie sich noch so sehr bemüht, ihre Tätigkeit auf die Vermögensverwaltung zu beschränken.

[...] Nur andeuten möchten wir, dass auch politische Gründe ins Feld geführt werden können, um gegenüber der Errichtung der Finanzabteilung bedenklich zu werden; nämlich etwa die feierlich erklärte Absicht, Kirchliches und Staatliches nicht zu vermengen [...]."

1914 Zurechtweisungen von Kirchengemeinden und Geistlichen durch die FA
LKA GA 7345

1914a Vorsitzender der FA an Dekanat Baden-Baden, 23. Juli 1938

„[...]
Wenn das dortige Dekanat jetzt die Ansicht vertritt, dass die Einsetzung der Finanzabteilung rechtmässig erfolgt sei, verstehe ich nicht, warum es vordem denselben Standpunkt nicht mit Erfolg in der protestierenden Bezirkssynode durchzusetzen vermochte.

Auf die im letzten Absatz des dortigen Schreibens vom 9.7.1938 enthaltene Andeutung, die Finanzabteilung werde schon mal wieder verschwinden, muss ich erwidern, dass diese Meinung irrig ist. Es würde viel zur Klärung der Lage beitragen, wenn das dortige Dekanat, nachdem es sich jetzt zur Anerkennung der Rechtmässigkeit der Finanzabteilung entschlossen hat, nun noch einen Schritt weiter ginge und den ihm unterstellten Pfarrern klarmachte, dass mit dem Verschwinden der Finanzabteilung nie mehr zu rechnen ist. [...]"

1914b Vorsitzender der FA an Dekanat Konstanz, 23. Juli 1938

„[...]
Von Ihren Ausführungen vom 14. Juli 1938 habe ich mit Befremden Kenntnis genommen. Die vom Reichskirchenministerium verfügte Einsetzung der Finanzabteilung ist ein Hoheitsakt, den zu überprüfen Ihnen

nicht zusteht. Ihr Beschluss vom 3. Juni 1938 bedeutet eine Anmassung, die nicht dadurch beschönigt wird, dass Sie vorsichtshalber das Wörtlein ‚vorläufig' einfügten. Es gibt keine ‚vorläufige' Auflehnung gegen Hoheitsakte des Staates! Das muss endlich auch der dortige Kirchengemeinderat begreifen. Es erübrigt sich hierüber jedes weitere Wort. [...]

Sie müssen endlich erkennen, dass eine weitere Verklausulierung oder gar ein Versteckspiel keinen Zweck mehr hat. [...]

Ich kann mich mit derartigen ‚Erklärungen' nicht zufrieden geben. Die für eine Dienstaufnahme gemäss meinem Erlass vom 14.7.1938 Nr. A 596 nötigen Voraussetzungen sind mit Ihrem Beschluss vom 14. Juli 1938 nicht gegeben. Es steht bei Ihnen, einen befriedigenden Zustand herbeizuführen. [...]"

1915 Beschluss des Kirchengemeindeausschusses der Kirchengemeinde Reihen, 24. Juli 1938
LKA GA 7345

„[...]
Die Einsetzung einer Finanzabteilung beim Evang. Oberkirchenrat in Karlsruhe wurde vom Herrn Landesbischof als unnötiger und unberechtigter Eingriff in die Leitung unserer Landeskirche gekennzeichnet und dagegen schärfsten Protest erhoben. Mit dieser Stellungnahme des Herrn Landesbischof geht der gesamte Kirchengemeinderat Reihen einig und spricht ihm für seinen Abwehrkampf das volle Vertrauen aus. [...]"

1916 Bitte des Landesbischofs an sämtliche Geistliche der Landeskirche um einstweilige Zurückhaltung, 26. Juli 1938
LKA Dek. Müllheim 48

„[...]
Nach erneuter Prüfung bitte ich die Geistlichen, die zu dem von der Finanzabteilung an sie ergangenen Schreiben vom 14. Juli gemeinsam unterschriftlich Stellung nehmen wollten, dies vorerst zu unterlassen. Ich danke den Herren Amtsbrüdern für ihre Vertrauens- und Treuekundgebungen herzlich und werde wegen der sie jetzt bedrängenden Fragen mich an den Herrn Reichsminister für kirchliche Angelegenheiten wenden.

D. Kühlewein"

1917 Stellungnahme des EOK zur Rechtsstellung der FA

EOK an FA, 27. Juli 1938; LKA GA 4899 *[zu Dok. 1910]*

„[...]
Wir müssen erkennen, dass man vielmehr sich als selbstständige Behörde dem Oberkirchenrat gegenüber sieht und von ihm so behandelt werden will, wie eine ausserhalb des kirchl. Organismus stehende Behörde. Wir können auch hier nichts tun, als uns vorerst der Macht zu fügen. Richtig ist die Ansicht von der selbständigen Behörde nicht, und zwar schon deswegen, weil die Finanzabteilung nur einen Kreis von Aufgaben hat, die im Verhältnis zu der eigentlichen Aufgabe der Kirche in einer inneren sachlichen Abhängigkeit stehen und deswegen richtigerweise immer nur im Blick auf seine beherrschende Aufgabe erledigt werden können. Weiter, weil mit Ausnahme des Vorsitzenden alle Mitglieder der Finanzabteilung Kirchenbeamte sind, und schliesslich, weil die Finanzabteilung sich in enger Fühlungnahme mit der zuständigen Kirchenleitung zu halten hat. Es ist uns verwaltungsrechtlich nicht vorstellbar, wie eine Behörde mit diesen Einschränkungen sich als selbständige Behörde hinstellen und verlangen kann, dass ebenso wie an ausserkirchliche Behörden jede einzelne Sache in einem förmlichen Schreiben behandelt wird. Die Verantwortung für den durch dieses umständliche Verfahren erwachsenen Mehraufwand im kirchlichen Haushalt trägt allein die Finanzabteilung. [...]"

1918 Rückzug von OKR Dr. Emil Doerr aus den Sitzungen des EOK

Doerr an LB, 30. Juli 1938; LKA GA 9075

„[...]
Die Vorgänge auf den Protestkundgebungen und den Bezirkssynoden, an denen sich Mitglieder des Evang. Oberkirchenrats beteiligt haben, und der inzwischen in dem Schreiben des Evang. Oberkirchenrats vom 4.7.1938 Nr. A 14419 an die Finanzabteilung zum Ausdruck gebrachte Vorwurf, der gegen Herrn Oberfinanzrat Guttenberg und meine Person gerichtet ist, machen es mir [...] unmöglich, an den Sitzungen des Oberkirchenrats, in denen das leider gespannt gewordene Verhältnis zwischen Evang. Oberkirchenrat und Finanzabteilung immer wieder zu Angriffen gegen die Finanzabteilung führen muß, teilzunehmen. [...]
Ich bedaure dies persönlich außerordentlich, da ich mich bei Aufnahme der Tätigkeit der Finanzabteilung der festen Hoffnung hingegeben habe, daß es bei dem seitens des Herrn Landesbischofs am 25. Mai ds. Js. gegen-

über Herrn Ministerialrat Dr. Stahn ausgesprochenen förmlichen Protest sein Bewenden haben werde, im übrigen aber eine das Wohl der Kirche fördernde gemeinsame Arbeit möglich ist. So wie die Dinge nunmehr geworden sind, ist es mir innerlich eine Unmöglichkeit, an den Beratungen beider Behörden teilzunehmen. [...]

1919 Beschwerde des EOK über die Einrichtung der FA und die Praktiken der FA beim Reichsministerium für die kirchlichen Angelegenheiten, 2. August 1938
LKA GA 4899

„[...]
Wie dem Herrn Reichsminister aus Eingaben wohl bekannt ist, haben auch rund zwei Drittel aller Geistlichen seinerzeit Widerspruch erhoben. Dazu sind mir und dem Oberkirchenrat unterdessen zahlreiche Vertrauenskundgebungen zugegangen. Es wird eben einfach nicht verstanden, warum man einer Landeskirche, deren Steuer- und Vermögensverwaltung in durchaus geordneten Bahnen verlief, diese Verwaltung kurzerhand wegnimmt und sie einer vollkommen ‚selbständigen Behörde‘, wie sich hier die Finanzabteilung bezeichnet, überträgt. [...]
Abgesehen von der fehlenden Landessynode ist die Vermögensverwaltung unserer Landeskirche sowohl was die vertretungsberechtigten Organe anbetrifft, wie auch hinsichtlich der ordnungsmässigen Verwendung der Mittel völlig in Ordnung. [...]
Sowohl in weiten Kreisen der Kirchenglieder wie auch bei der gesamten Pfarrerschaft ist bekannt, dass der Landeskirche ihr eigenes Vermögensverwaltungsrecht vertraglich gewährleistet [wurde], dass die Vermögensverwaltung wie auch die gesamte Leitung und Verwaltung der Landeskirche in geordneten Bahnen verlief, dass die katholische Kirche von jedem Eingriff frei ist und dass eine Reihe nationalkirchlich geführter Kirchen eine Finanzabteilung bisher nicht erhalten haben. Bei dieser Sachlage muss sich die Befürchtung aufdrängen, dass die Einrichtung einer Finanzabteilung nicht nur geschieht, um der Schwierigkeit, die die Fassung des Landeskirchensteuerbeschlusses in der mangelnden Landessynode findet, zu begegnen, sondern um auf die Leitung der Landeskirche nach einer ganz bestimmten Richtung hin einen Druck auszuüben. Diese Sicht der Dinge ist auch deswegen eine notwendige, weil eine Trennung zwischen geistlicher Leitung der Kirche und Finanz- und Vermögensverwaltung derart, dass die eine unabhängig von der andern von jeweils ‚selbständigen‘ Behörden geführt werden könnte, eine Unmöglichkeit ist. Schliesslich aber hat die Art und Weise, wie die Finanzabteilung ihre Geschäfte führt

und die Grenzen ihrer Zuständigkeit ausgedehnt hat, die schlimmsten Erwartungen noch übertroffen. [...]

Neuerdings hat der Vorsitzende der Finanzabteilung sogar unmittelbare förmliche Versetzung von Beamten nach den Bezirksverwaltungen und von diesen hierher vorgenommen, eine Massnahme, die nur dem Dienstherrn, d.h. dem Oberkirchenrat, zusteht.

Weiterhin hat jetzt die Finanzabteilung die Redaktion und Herausgabe des Verordnungsblattes an sich genommen und der Druckerei mitgeteilt, dass sie die einzige zur Vertretung der Landeskirche berechtigte Stelle sei, obwohl doch gar kein Zweifel darüber bestehen kann, dass die Landeskirche von der Finanzabteilung nur in unmittelbaren Vermögensangelegenheiten, d.h. für Verwaltungsakte, die als solche vermögensrechtliche Verfügungen darstellen, vertreten wird. Alle anderen Verwaltungsakte, auch wenn sie finanzielle Auswirkung haben, sind, nachdem die Zustimmung gegeben, von der Kirchenbehörde als der die Landeskirche vertretenden Stelle zu vollziehen. Darunter fällt naturgemäss auch die Herausgabe des Verordnungsblattes.

Überblickt man all diese Tatsachen, so muss auch der Fernerstehende zwangsläufig erkennen, dass die Finanzabteilung nicht dazu da ist, um der Landeskirche über etwaige Hemmungen, die das Fehlen der Landessynode zur Folge haben könnte, zu helfen, sondern dass sie eine Art Staatskommissariat über die Kirche, eine bis ins einzelne gehende staatliche Verwaltung der Kirche ist, die doch in Gesetzen und Verträgen die feierliche Zusage hat, dass sie keine Staatskirche sein soll. Was hier aufgerichtet ist, stellt, wenn man es auch mit andern Namen belegt, nichts anderes als eine Wiederherstellung des Staatskirchentums aus der Zeit des strengsten Territorialismus dar. Die Kirchenleitung ist bis in jede einzelne Handlung hin abhängig von den Weisungen staatlicher Behörden, die maßgeblich besetzt sind von Beamten, die weltanschaulich völlig gebunden dastehen.

Ein grosser Teil unserer Gemeinden und Geistlichen haben diese Situation und die für die freie Verkündung des ganzen Evangeliums daraus gegebene Bedrohung sehr wohl erkannt und nur deshalb gegen die Einsetzung der Finanzabteilung Widerspruch erhoben. [... Es] wird [...] in vielen Verlautbarungen der Finanzabteilung eindeutig klar, dass man in dieser Behörde keinerlei Verständnis für das Anliegen der Kirche und ihrer Diener aufbringen kann. Man glaubt, eine Kirche ebenso verwalten zu können, wie man irgendeine andere Körperschaft des öffentlichen Rechts verwaltet, indem man von ihren Beamten und Dienern unbedingten Gehorsam fordert. Demgegenüber muss aber gesagt werden, dass eine Kirchenleitung stets ihre Grenzen findet an dem an Gottes Wort gebundenen Gewissen der Kirchenglieder und ihrer Diener. Ich weiss sehr wohl, dass mit der Berufung auf das Gewissen auch Mißbrauch geübt werden kann. Wenn aber eine Kirchenleitung in eine Lage völliger Entmächtigung und Bevormundung gekommen ist, wie die unsere, und abhängig werden kann von Mächten, die den biblisch- und bekenntnismässig begründeten evangelischen Glauben nicht mehr anzuerkennen vermögen, dann geschieht diese Berufung auf das in Gottes Wort gebundene Gewissen niemals und nirgends in mißbräuchlicher Weise. Es ist nichts anderes als eine mit dem Wesen kirchlicher Führung in unlösbarem Widerspruch stehende Vergewaltigung der Gewissen, wenn man den Einspruch der Geistlichen und der kirchl. Körperschaften dadurch brechen will, dass man materielle Nachteile oder eine Stillegung der gemeindlichen Verwaltung androht, wenn dieser berechtigte Einspruch nicht zurückgenommen wird. Dagegen muß ich auf das schärfste Protest erheben.

Ebenso muss ich mich weiter dagegen entschieden verwahren, dass man den aus Gewissensnot erzeugten Widerspruch der Geistlichen als Auflehnung gegen die Staatsautorität bezeichnen und die Geistlichen damit als Staatsfeinde brandmarken will. [...]"

1920 Zuständigkeit der Finanzabteilung; Bekanntmachungen der Finanzabteilung beim Oberkirchenrat, die Einrichtung der FA beim EOK in Karlsruhe betr., 4. August 1938
KGVBl. 1938, S. 88

„[...]
Der Herr Reichsminister für die kirchlichen Angelegenheiten hat nachstehenden Erlaß [vom 1. Juli 1938] an alle Finanzabteilungen gerichtet:

[...]
‚Zur Behebung von Zweifeln weise ich darauf hin, daß auf Grund der Fünfzehnten Verordnung zur Durchführung des Gesetzes zur Sicherung der Deutschen Evangelischen Kirche v. 25. Juni 1937 die gesamte Verwaltung aller finanzieller Angelegenheiten und die Verfügung über das Vermögen der Landeskirche sowie deren Stiftungsfonds und Werke ausschließlich der Finanzabteilung zusteht. Für die Verarbeitung der einschlägigen Angelegenheiten ist allein die Finanzabteilung zuständig (§§ 2, 3, 4, 6, 7 der Verordnung).
In Vertretung:
gez. Dr. Muhs.'   [vgl. Dok. 1907]
Ich gebe hiervon Kenntnis, weil auch der badische Evang. Oberkirchenrat die Zuständigkeit der Finanzabteilung hinsichtlich der Verwaltung

des gesamten Kirchenvermögens der badischen Evang. Landeskirche wiederholt bestritten hat, und ersuche die mit der Verwaltung des Kirchenvermögens beauftragten Dienststellen, sich streng nach der erneuten Anordnung des Herrn Reichsministers für die kirchlichen Angelegenheiten zu richten. [...]"

1921 Disziplinierung von Beamten, die den Protest gegen die FA unterstützt haben.
Badische Staatskanzlei an den EOK, 10. August 1938; LKA GA 4899

„[...]
Wie der vom Reichsminister für kirchl. Angelegenheiten aufgrund der 15. Verordnung zur Durchführung des Gesetzes zur Sicherung der deutschen evangel. Kirche vom 25. Juni 1937 (RGBL. I S. 697) eingesetzte Vorsitzende der Finanzabteilung beim Ev. Oberkirchenrat in Khe mitteilt, sind in den letzten 2 Monaten, seit denen die Finanzabteilung ihren Dienst aufgenommen hat, auf Veranlassung des Oberkirchenrats u. unter Mitwirkung seiner Mitglieder in Versammlungen von Pfarrern, in Versammlungen von Kirchengemeindevertretungen (Kirchengemeinderäten, Kirchengemeindeausschüsse), in Bezirkssynoden u. bei sonstigen Anlässen scharfe Protesterklärungen gegen die Massnahmen des Reichskirchenministers gefasst worden, denen in weitgehendem Umfange auch Mitglieder dieser Körperschaften, die Reichs-, Staats-, Gemeinde-, oder sonstige Körperschaftbeamte sind, zugestimmt haben, ohne sich dessen bewusst zu sein, dass sie damit gegen Massnahmen der Reichsregierung Stellung nehmen. Es sei ihnen von geistlicher Seite vorgetragen worden, dass die Einsetzung der Finanzabteilung ein Unrecht gegen die Kirche sei, dass man bestimmte kirchenpolitische Ziele seitens des Staates damit verfolge u. dass es eine Verschlechterung der Verwaltung des Kirchenvermögens bedeute, wenn heute nicht mehr die Kirchenleitung selbst, sondern ein besonderes staatliches Organ die Verwaltung des Kirchenvermögens ausübe.

In Übereinstimmung mit dem Vorsitzenden der Finanzabteilung hält es der Herr Ministerpräsident für einen untragbaren Zustand, dass öffentliche Beamte u. Angestellte des Landes, der Gemeinden oder sonstiger öffentlicher Körperschaften bei derartigen Protesterklärungen mitwirken. Denn gerade durch ihre Mitwirkung wird bei den urteilslosen Laienmitgliedern der kirchlichen Körperschaften die Meinung erweckt, dass das Protestieren gegen die Massnahmen des Reichskirchenministers erlaubt u. richtig sei.

Der Herr Ministerpräsident lässt daher bitten, die nachgeordneten Dienststellen dahin anzuweisen, dass sie die ihnen unterstellten Beamten usw. von dieser Auffassung des Herrn Ministerpräsidenten unterrichten

u. darauf aufmerksam machen, dass sie sich durch die Beteiligung an solchen Protesterklärungen unter Umständen der Gefahr strafrechtlichen u. dienstpolizeilichen Einschreitens aussetzen. In gleicher Weise lässt der Ministerpräsident bitten, auch die Gemeindebehörden u. sonstigen Körperschaften anzuweisen. [...]"

1922 Begründung des Protests des Kirchenbezirks Wertheim gegen die Einrichtung der FA
Evang. Dekanat Wertheim an Vorsitzenden der FA, 14. August 1938; LKA GA 9075

„[...]
Die von der Bezirkssynode Wertheim am 24. VI. 1938 gefaßte Entschließung entsprang der kirchlichen Verantwortung, die einer evangelischen Synode auferlegt ist, und hatte zum Ziele, daß unsere Kirche Kirche bleibe. Dies ist nur dann möglich, wenn die rechtmäßige Leitung unserer Kirche (Landesbischof und Ev. Oberkirchenrat) den ihr gewordenen Auftrag, geistliche Dinge geistlich zu richten, erfüllen und dabei alle ihre Entscheidungen ungehemmt und ungehindert treffen kann in der alleinigen Bindung an den Herrn der Kirche: Jesus Christus.

I.V. A. Frank"

1923 Darlegung der Behinderungen durch die FA bei der „Erfüllung des Auftrags der Kirche"
Landesbischof an FA, 16. August 1938; LKA GA 4899

„[...]
– Auf Schreiben vom 10.8.1938 Nr. A 195. –

In obigem Schreiben wird der Oberkirchenrat aufgefordert, ‚endlich einmal diejenige Massnahme der Finanzabteilung namhaft zu machen, welche angeblich die Erfüllung des Auftrags der Kirche aufhält'.
Ich beehre mich, hierauf folgendes zu erwidern.
Es liegt bereits eine Reihe von Fällen vor, in denen die Finanzabteilung zu beabsichtigten notwendigen Massnahmen der Kirchenleitung ihre Zustimmung versagt hat. Ich nenne: die Verwendung des Kandidaten Schneider, der ordnungsmässig die 2. theologische Prüfung vor der hiesigen Prüfungsbehörde abgelegt hat, die Besetzung der Pfarreien Neckarzimmern, Lutherpfarrei Freiburg und 2. Pfarrei Schopfheim, die Besetzung der Dekanate Hornberg und Mosbach, die Ernennung eines Dekanatsstellvertreters für den Kirchenbezirk Mosbach. Ferner kann die Versetzung verschiedener Vikare, die z.T. dringend ist (Mannheim Friedens-

kirche ist seit Wochen ohne jeglichen Geistlichen) nicht ausgeführt werden, da die Finanzabteilung ihre Zustimmung zurückhält. In allen diesen Fällen handelt es sich um Massnahmen, die zur geordneten Durchführung des kirchlichen Dienstes in unserer Landeskirche und also zur Erfüllung des ihr gegebenen Auftrags notwendig sind und an denen die Kirchenleitung durch die Finanzabteilung gehindert wird.

Die Zustimmung wird von der Finanzabteilung teils mit Begründung, teils ohne Begründung in diktatorischer Weise abgelehnt. Offensichtlich aber sind es in allen angeführten Fällen kirchenpolitische Gesichtspunkte, durch welche die Ablehnung bestimmt ist. Denn es handelt sich durchweg um Geistliche derselben Richtung. Wenn in einzelnen Fällen als Grund für die Ablehnung die Beteiligung an dem von der Kirchenleitung grundsätzlich erhobenen Einspruch gegen die Finanzabteilung aufgeführt wird, so ist dazu zu bemerken, dass dieser Einspruch aus Gründen kirchlicher Ueberzeugung geschah. Es kann aber wohl einem ehrenhaften deutschen Mann nicht zugemutet werden, dass er aus Opportunitätsgründen seine Ueberzeugung verleugnet oder preisgibt. [...]"

1924 Überlegungen des Pfarrers Max Haag, Bobstadt, ob und wie man mit der FA zu einem Ausgleich kommen könnte
Schreiben an den EOK vom 23. August 1938; LKA GA 9075

„[...]
Die Herren Pfarrer des Kirchenbezirks Boxberg, die szt. [seinerzeit] in Heidelberg den Einspruch gegen die Einsetzung der FA unterzeichnet haben, erhielten am Freitag vergangener Woche Schriftstücke, wie die beiliegenden.

Der Sachverhalt: Dekan [Heinrich Schulz] richtet an die Pfarrämter inquisitorische Fragen: Haben Sie den Widerspruch unterzeichnet? Hat sich der Kirchengemeinderat angeschlossen? Haben Sie den letzten Hirtenbrief verlesen, u. wann? Wie stellen Sie sich ferner zur FA? Wir werden mißtrauisch. In keiner Weise gibt sich das Schreiben als veranlaßt zu erkennen. Wir geben darum über 14 Tage keine Antwort. Dann kommt ein Schreiben des Dekans: Wenn ich innerhalb 3 Tagen keine Berichtigung erhalte, nehme ich an, daß Sie beteiligt sind. Wir antworten darauf mit einem gemeinsam unterschriebenen Satze nach etwa 8 Tagen. Der Satz hat den Wortlaut: ,Die Weiterbehandlung der Angelegenheit, die weit über 400 Pfarrer der bad. Landeskirche berührt, können u. dürfen wir nicht einzeln und persönlich in die Hand nehmen.' Diese Antwort hat der Dekan weitergeleitet, u. dann wurde aus ihr das gemacht, was die Beilagen zeigen. ,Weiterbehandlung' wurde in ,Weigerung' umgedreht, u. die hinter dem ‚nicht einzeln u. persönlich' stehende Auffassung, daß wenn eine Anerkenntnis ausgesprochen werden mußte, diese ebenso kollektiven Charakter tragen sollte wie der s[einer]zeitige Einspruch, wurde nicht verstanden.

Ich sehe nun in der Entscheidung, vor die wir 7 gestellt sind, eine solche, vor die die Unterzeichner des Einspruchs alle gestellt sind. Ohne über die Konstellation der Dinge im Bilde zu sein, bewegt mich die Frage, die ich zum Ausgangspunkt meiner Überlegungen mache: Besteht eine Aussicht dafür, daß die FA zum Rückzug veranlaßt werden kann? Ich vermag dies fast nicht mehr zu glauben. Wenn dies aber nicht möglich ist, u. wir also eines Tages die FA werden anerkennen müssen, dann möchte man dafür wie keinen zu frühen, so keinen zu späten Zeitpunkt wählen. Zu spät würde offenbar das sein, wenn wir uns mit der FA so zerschlagen hätten, daß bei ihr nur noch die Bitterkeit das Wort hätte. Zu früh wird man heute schon kaum mehr sagen können. Ob der Zeitpunkt zum Handeln nicht gekommen ist? Einmal wäre jetzt noch möglich, daß ein gutes Wort ausgleichend wirkte, jetzt auch noch möglich, daß die Unterzeichner des Einspruchs nicht in einen aussichtslosen Guerilla-Kampf zerfielen, sondern geschlossen u. aufräumend mit einem letzten Wort anträten.

Sollte es unmöglich sein, ein solches Wort zu finden? Für mein Empfinden müßte es ein Doppeltes verbinden: Die Anerkennung der Situation, u. mit dieser unbedingt ein Wort für die geistlichen Führer unserer bad. Landeskirche. Der Großteil der Pfarrer, die dem Wort des Einspruchs zustimmten, müßte jetzt gemeinsam mit seiner Anerkenntnis der Tatsachen den inneren Grund seines Handelns aufzeigen. Auf die juristische Seite der Sache einzugehen, können wir uns schenken. Aber die Möglichkeit hätten wir jetzt noch, eine Sprache zu sprechen, die unserer Stellung würdig [ist], in der wir uns vereinten, ohne daß jedem Einzelnen ein je länger je schmählicherer Rückzug bereitet wird. Was ich meine, suchte ich in anliegendem Entwurf zu fassen.

Wenn der Herr Landesbischof eine derartige Erklärung an den Herrn Vors. d. FA, in welcher Korrektur immer, gutheißen könnte, wollte ich bitten, ob nicht veranlaßt werden könnte, daß sie durch die Volksmission ausgegeben u. bezirks-kollektiv unterschrieben wird. Ich glaube, daß sich dieser Erklärung mancher anschlösse, der in Gefahr ist, mit seinem äußeren Einlenken auch sein inneres Abrücken zu verbinden, u. m.E. würde der 2te Satz auch den schärfsten Kämpfern den 1ten Satz leichter machen. Das 2te Wort muß gesprochen werden, solange man noch eine Resonanz erhoffen darf; zugleich erscheint dadurch das 1te Wort in einem ganz anderen Lichte, nämlich als ein Wort von Männern, die zeigen, daß sie wissen, was Haltung und Dank ist.

Ich bitte, hochverehrter Herrn Landesbischof, mein Schreiben als ein persönliches u. vertrauliches zu behandeln. [...] Die Amtsbrüder haben mich gebeten, um Rat zu fragen. In welchem Sinne ich schrieb, wissen sie nicht. [...]"

1925   Empfehlung einer Formulierung zur Rücknahme des Protests gegen die FA
Dekan Viktor Renner, Karlsruhe-Stadt, Vorsitzender des Badischen Pfarrvereins, 29. August 1938; LKA GA 4899 (auch GA 9075)

„[...]
Im Einverständnis mit 4 Dekanen habe ich wegen der Durchführung des Erlasses des Vorsitzenden der Finanzabteilung vom 14. Juli 1938 Nr. A 596 [Dok. 1911] eine Rücksprache erbeten und bewilligt erhalten. Im Auftrag des Herrn Vorsitzenden der Finanzabteilung hat mich sein ständiger Stellvertreter, Herr Oberkirchenrat Dr. Doerr, empfangen. Ich darf als erfreuliches Ergebnis der Aussprache mit Herrn Oberkirchenrat Dr. Doerr mitteilen, dass nachstehende Erklärung zur Erfüllung von Abs. 4 des genannten Erlasses als befriedigend angenommen wird:

,Wir werden (bezw. Ich werde) die Rechtmässigkeit der Anordnungen des Herrn Reichskirchenministers hinsichtlich der Einrichtung einer Finanzabteilung nicht mehr weiter bestreiten und fernerhin den geordneten Dienstverkehr mit der Finanzabteilung beim Evangelischen Oberkirchenrat aufnehmen und einhalten.'

Durch die Abgabe dieser Erklärung vonseiten der Geistlichen und Kirchengemeinderäte, die gegen die Einrichtung der Finanzabteilung beim Evangelischen Oberkirchenrat in Karlsruhe Einspruch erhoben haben, wird die bestehende Spannung beseitigt werden. Ich bitte deshalb die Herren Amtsbrüder und ihre Kirchengemeinderäte, soweit sie Einspruch erhoben haben, die vereinbarte Erklärung an die Finanzabteilung z.Hd. d. Vorsitzenden, Herrn Bürgermeister Dr. Lang, einzusenden. [...]"

1926   Erlass der FA über die Benutzung von Dienstkraftwagen, 1. September 1938
LKA GA 9075

„[...]
Für die Benützung der kircheneigenen Dienstkraftwagen wird bis zur Herausgabe der in Bearbeitung befindlichen, sich an die staatlichen Be-

stimmungen anlehnenden Dienstanweisung für den Betrieb von Dienstkraftwagen mit sofortiger Wirkung folgende Regelung getroffen:

1.) Die beiden Dienstkraftwagen stehen zur Erleichterung der Dienstreisen, die mit öffentlichen Verkehrsmitteln nicht oder nicht mit der gebotenen Schnelligkeit ausgeführt werden können, zur Verfügung:
   a) dem Landesbischof
   b) dem Vorsitzenden der Finanzabteilung
   c) den Mitgliedern des Ev. Oberkirchenrats und der Finanzabteilung beim Ev. Oberkirchenrat
   d) soweit verfügbar auf Antrag der Bauabteilung oder sonstigen mit Spezialaufträgen versehenen Beamten.

2.) Die Dienstwagen sind bei dem mit der Aufsicht über die Verwendung der Dienstkraftwagen betrauten Beamten der Abteilung I (Verwaltungsabteilung) der Finanzabteilung, Oberrechnungsrat [Ernst] Kistner bezw. dessen Stellvertreter, rechtzeitig anzufordern; in Zweifelsfällen entscheidet der Vorsitzende der Finanzabteilung über die Zuteilung.

3.) Im übrigen wird bestimmt:
Grundsätzlich sind Reisen mit Dienstkraftwagen nur zulässig, wenn es sich tatsächlich um Dienstreisen handelt, diese Dienstreisen notwendig sind und ihre Ausführung mit Kraftwagen wirtschaftlich gerechtfertigt ist. Bei der Prüfung der Frage, ob eine Dienstreise notwendig ist, darf aus dem Grunde, dass ein Kraftwagen vorhanden ist, kein weniger strenger Maßstab angelegt werden, als wenn die Dienstreise mit öffentlichen Verkehrsmitteln auszuführen wäre. Ferner ist auch im Interesse der Rohstoffersparnis der Verkehr mit kircheneigenen Dienstkraftwagen auf das zur Aufrechterhaltung des Geschäftsverkehrs unabweisbar notwendige Maß einzuschränken. (vergl. Erl. vom 6.7.1937 Nr. A 14657). Die Einsparung von Tagegeldern und dergl. kann eine Verwendung des Wagens nicht mehr begründen.
Für dienstliche Fernfahrten von längerer Dauer ist die Benutzung öffentlicher Verkehrsmittel in der Regel wirtschaftlicher. Die kircheneigenen Kraftwagen sind daher zu solchen Fernfahrten nur in besonders begründeten Fällen zu verwenden.

4.) Die Mitnahme von Familienangehörigen oder anderen dienstlich nicht beteiligten Personen zu Dienstfahrten ist mit Rücksicht auf das Ansehen der Behörde in der Oeffentlichkeit grundsätzlich zu vermeiden.

Zu ausserdienstlichen Fahrten dürfen Dienstkraftwagen nicht verwendet werden.

Obiger Anordnung entgegenstehende frühere Erlasse sind aufgehoben."

1927 Vereinbarung zwischen EOK und FA über die Verlegung des Dienstsitzes bei Gefährdung Karlsruhes durch Kriegshandlungen [angesichts der sog. Sudetenkrise]
EOK an FA, 28. September 1938; LKA GA 9075

„[…]
Wir geben im Nachstehenden eine Mitteilung von den Besprechungen und Entschliessungen, die durch die gegebene politische Lage notwendig geworden sind. Am 27. September fand eine Aussprache zwischen dem Herrn Landesbischof, dem Herrn Oberkirchenrat D. Bender und dem Unterzeichneten [Oberkirchenrat Dr. Friedrich] einerseits und Herrn Oberkirchenrat Dr. Doerr andererseits statt. Herr Oberkirchenrat Dr. Doerr teilte dabei mit, dass er veranlasst habe, wichtige Akten der Finanz- und Vermögensverwaltung nach der Evang. Stiftschaffnei Mosbach bringen zu lassen und daß die Absicht bestehe, im Falle der Räumung Karlsruhes den Sitz der Finanzabteilung nach Mosbach zu verlegen. […] Von dem Herrn Landesbischof wurde geltend gemacht, dass es das Bestreben der Kirchenleitung sein muss, so nahe wie möglich im Kirchengebiet zu bleiben, daß der Ort aber so gewählt werden muss, daß es der Kirchenbehörde möglich ist, an alle Teile des nicht geräumten Kirchengebiets heranzukommen und zu versuchen, Fühlung mit den Kirchengliedern aufzunehmen, die ihren Heimatsort [!] verlassen müssen. Dazu scheine Eberbach nicht geeignet […]. Man einigte sich dahin, dass der Unterzeichnete alsbald mit Stuttgart Verhandlungen aufnehmen sollte, ob dort die Behörde unterkommen könnte. […] Direktor Müller hat fernmündlich nun mitgeteilt, dass in dem Haus Stuttgart-S, Paulinenstr. 30, 4 – 5 Zimmer zur Verfügung gestellt werden können und daß man bereit ist, die nun zu übersendenden Akten dort in Verwahr zu nehmen. […]
Friedrich."

1928 „Rücknahme" des Einspruchs gegen die FA durch das Dekanat Müllheim, 29. September 1938, und Antwort der FA vom 3. November 1938
LKA Dek. Müllheim 48

1928 a

„[…]
Der Finanzabteilung gegenüber gebe ich für die nachgenannten Geistlichen und Gemeinden des Kirchenbezirks und für mich selbst folgende Erklärung ab:

,Mit unserem Einspruch haben wir nicht die staatsrechtliche Gesetzmäßigkeit der Finanzabteilung bestritten, sondern unserer Sorge um eine am Evangelium ausgerichtete einheitliche Leitung unserer Kirche Ausdruck verliehen.
Den Geschäftsverkehr mit der Finanzabteilung haben wir aufgenommen und eingehalten.'
Wir glauben, hierdurch dem nebenerwähnten Erlass Abs. 4 entsprochen zu haben, da die Finanzabteilung erwiesenermassen auf die Anerkennung ihrer staatsrechtlichen Gesetzmässigkeit und auf die Aufnahme des Geschäftsverkehrs mit ihr vordringlich Wert legt.
[Fritz Mono, Dekan]"

1928 b

„[...]
Die vom Dekanat namens der Acht Pfarrer und Kirchengemeinden abgegebene gewundene ‚Erklärung' vom 29.9.1938 ist keine Protestzurücknahme gemäss unserem Rundschreiben. Wir müssen es ablehnen, uns auf Erörterungen im Sinn der dortigen Berichte einzulassen, da die Auslegung der bezüglichen staatlichen Maßnahmen sowie unserer eigenen Verlautbarungen nicht Sache des Dekanats oder der Pfarrer ist, und die Finanzabteilung schon selbst weiss, auf was sie Wert zu legen hat. Wir stellen den protestierenden Gemeinden und Pfarrern anheim, klipp und klar und vorbehaltslos entweder ihre Proteste zurückzunehmen oder mindestens zu erklären, dass sie die Rechtmäßigkeit und Zuständigkeit der Finanzabteilung in demjenigen Umfange anerkennen [...].

Solange diese Voraussetzung nicht erfüllt ist, müssen die Kirchengemeinden und Pfarrer für die sich aus ihrer Haltung zwangsläufig ergebenden Folgen die alleinige Verantwortung tragen. [...]"

1929 Bitte des Dekans Fritz Joest aus Mannheim um eine Wegweisung für ehrenvolles und kirchliches Handeln im Streit mit der FA
Schreiben vom 4. Oktober 1938 an den Landesbischof; LKA GA 9075

„Hochverehrter Herr Landesbischof!
Eine Unterredung, die ich gestern mit dem Dekan eines anderen Bezirks hatte, sowie viele und dringende Anfragen jüngerer und älterer Amtsbrüder, die seinerzeit Ihren Einspruch gegen die Einsetzung der Finanz-Abteilung mit ihrer Unterschrift unterstützt, veranlassen mich, diese Zeilen an Sie, hochverehrter Herr Landesbischof, zu richten.

Viele von uns sind innerlich nicht in der Lage, den Protest in der Weise fortzusetzen wie es neuerdings in einem von J. Bender, Dürr, Hof und Mondon unterzeichneten Rundschreiben empfohlen wird. Wir sehen in der Befolgung dieses Rats die Auflösung jeder kirchlichen Ordnung und das Hereinbrechen eines gemeindlichen Individualismus, der dem Ganzen nimmer zum guten dienen kann.

Wir fühlen uns aber auch außerstande, in dieser Sache Parolen Einzelner zu befolgen, die für uns nur privaten Charakter tragen. Wir haben uns hinter Sie, hochverehrter Herr Landesbischof, als der rechtmäßigen Leitung unsrer Kirche gestellt und können deshalb auch nur von Ihnen Rat und Weisung erbitten. Dabei sind wir uns durchaus bewußt, wie sehr Sie persönlich an der Not Ihrer Pfarrer leiden und unaufhörlich darum ringen, daß dem unerträglichen Zustand ein Ende gesetzt werde. Wenn ich Sie in diesem Schreiben nun trotzdem darum bitte, auch das Äußerste zu versuchen, um die Spannungen zu lösen und den Weg für ein ehrenvolles und kirchliches Handeln frei zu machen, so mögen Sie, hochverehrter Herr Landesbischof, darin nur den Beweis unsres großen Vertrauens in Ihre Führung und den Ausdruck einer Ihrer stets gedenkenden Liebe sehen. [...]"

1930 Bitte des Kirchenbezirks Wertheim um Beilegung des Streits mit der FA und um Handlungsanweisungen durch den EOK, 5. Oktober 1938

LKA GA 4899

„[...]
Die in letzter Zeit im Kirchenbezirk Wertheim zutage getretenen Hemmungen des kirchlichen Lebens, die im Zusammenhang stehen mit den s.Zt. vom Oberkirchenrat veranlassten Protestaktionen von Pfarrern und kirchlichen Körperschaften gegen die Einrichtung einer Finanzabteilung beim Oberkirchenrat, machen uns ernstliche Sorge. Die Finanzabteilung verlangt auf ihren Runderlass vom 14. Juni d.J. Nr. A 596 eine Erklärung der Beteiligten, wonach sie bereit sind, den geordneten Dienstverkehr mit der Finanzabteilung aufzunehmen und einzuhalten. Mancherorts, wo eine solche Erklärung bis jetzt noch nicht abgegeben worden ist, setzen nun Druckmassnahmen ein, die auf die Dauer – wenn nicht vonseiten des Oberkirchenrates eine Verständigung mit der Finanzabteilung herbeigeführt wird – zu katastrophalen Zuständen und einer schweren Vertrauenskrise führen müssen. In Bettingen wurde die Behandlung der Gemeindesaal-Angelegenheit (Bauvorhaben) einstweilen abgelehnt. In Dertingen und Lauda wurde die Genehmigung des Ortskirchensteuer-

voranschlags ausgesetzt. Pfarrer Frank in Lauda kann auf seiner neuen Pfarrstelle in Schopfheim nicht aufziehen und muss weiter in dem für seine gesundheitlich schwer leidende Frau ungünstigen Klima ausharren. Der Kirchengemeinde Niklashausen wird die Auszahlung der für die Erneuerung ihrer Kirche eingesammelten Landeskollekte vorenthalten. In denjenigen Gemeinden, die [!] infolge Nichtgenehmigung ihrer Voranschläge eine geordnete Erhebung der Ortskirchensteuer unmöglich gemacht ist, werden die Mitglieder des Kirchengemeinderates für den Steuerausfall oder die Verzögerung in der Steuererhebung verantwortlich gemacht.

Andererseits ist uns bekannt geworden, dass dort, wo eine Beteiligung an der Protestaktion nicht vorliegt oder wo die an dieser Aktion Beteiligten inzwischen gegenüber der Finanzabteilung eine Bereitwilligkeitserklärung abgegeben haben, die Finanzabteilung durchaus ihren guten Willen gezeigt hat und die erforderlichen Mittel für die Aufrechterhaltung und Förderung des kirchlichen Lebens bereit stellt.

Bei dieser Entwicklung der Dinge bedürfen Pfarrer und Gemeinden eines klärenden und richtungweisenden Wortes ihrer obersten Kirchenbehörde. Nicht wenige Geistliche, die im Gehorsam gegen den Oberkirchenrat s.Zt. den Protest unterschrieben haben, tragen Gewissensbedenken, eine Bereitwilligkeitserklärung an die Finanzabteilung abzugeben, ehe sie dazu vom Oberkirchenrat aufgefordert worden sind. Sehr lebhaft ist der Wunsch, Hoher Oberkirchenrat möchte den Geistlichen, die doch schliesslich die ganze Aktion nicht von sich aus unternommen haben, diese Einzel-Erklärungen ersparen und für alle Beteiligten insgesamt eine Verständigung mit der Finanzabteilung herbeiführen und dann den Pfarrern und Kirchengemeinden für ihr dienstliches Verhalten eine entsprechende Weisung erteilen. [...]"

1931 Rücknahme des Protestes gegen die FA aus einer Haltung der Liebe und des Glaubens

Pfarrer Julius Ziegler, Bad Rappenau an den Vorsitzenden der FA, 7. Oktober 1938; LKA GA 9075

„[...]
Als ich, der Unterzeichnete, mit der grossen Mehrheit der bad. Pfarrer den Protest gegen die Finanzabteilung unterzeichnete, folgte ich allein meinem an das Wort Gottes durch meine Ordination gebundenen Gewissen.

Als deutscher Offizier und Mann mit christlichem Ehrgefühl bin ich durch Ihre Forderung, diesen Protest zurückzuziehen, in einen qualvollen Gewissenskonflikt gekommen; denn ich möchte dem Staate geben, was des Staates ist, und Gott, was Gottes ist. [...]

So will ich nun als Diener der Kirche Jesu und als verantwortlicher Seelsorger meiner Gemeinde in der Haltung stehen, zu der mir allein der Glaube und die Liebe Christi die Kraft und den Mut gibt, – in der Haltung der Liebe!

Darum ziehe ich meinen Protest gegen die Einrichtung einer Finanzabteilung beim Evang. Oberkirchenrat in Karlsruhe vorbehaltlos zurück, und bitte Sie, die verschiedenen bereits vorliegenden Anträge und Anfragen erledigen zu lassen. – Um der Liebe willen und aus Glauben aber nicht aus taktischen Erwägungen tue ich das heute. [...]

Geben Sie endlich der christlichen Liebe Raum in unserer Kirche und verlassen Sie den die Kirche entehrenden Weg der Gewalt, dann werden Sie schnell auch die heute noch im Protest gegen die staatlichen Eingriffe stehenden Pfarrer u. Gemeinden gewinnen und einen zu freudigem Dienst an Kirche u. Volk. [...]

Wir stehen hier in Baden zu mindestens 90 % hinter unserem ehrwürdigen Herrn Landesbischof, der für Sie gewiss kein unnachgiebiger und starrer Partner ist, der schon vielmal seine gütige und vornehme Mässigung unter Beweis gestellt hat, wenn es galt, den Frieden zu wahren um des Dienstes willen, den wir unserem Volke schuldig sind. [...] Es muss Friede werden und es kann Friede werden, wenn man uns die bisherige geistliche Leitung völlig belässt, und wenn unsere Finanzabteilung ihr brüderlich und hilfreich zur Seite steht. – Einer ist unser Meister – wir aber seien alle Brüder! [...]

Ziegler, Pfr."

1932 Reglementierung von Landeskollekten durch die FA
Erlass der FA an sämtliche Kirchengemeinden, 7. Oktober 1938; LKA GA 4899

„[...]
Der Evang. Oberkirchenrat hat mir von seinem Erlass vom 28.9.1938 Nr. 17405 an die Evang. Kirchengemeinderäte Nachricht gegeben. Ich stelle dazu folgendes fest:

1. Ich kann nicht anerkennen, dass Kollektenbeträge, welche für Geistliche, die in ordnungswidriger Weise Anordnungen ihrer rechtmäßigen Kirchenleitung Widerstand entgegengesetzt haben, zur Behebung von

deren wirtschaftlichen Not, in die sie durch eigenes Verschulden geraten sind, verwendet werden, dem kirchlichen Aufbau dienen. Wiederholt muss ich darauf hinweisen, dass Kollekten für den Lutherischen Rat nach der Anordnung des Herrn Reichsministers für die kirchl. Angelegenheiten nicht erhoben werden dürfen, auch nicht in einer verdeckten Form.

2. Die Volksmission der Bad. Evang. Landeskirche ist eine einseitig völlig nach den Forderungen der Bekenntnisfront arbeitende Einrichtung, die in den letzten Monaten als eine ihrer Hauptaufgaben die Organisation der Bekämpfung der Maßnahmen des Herrn Reichsministers für die kirchl. Angelegenheiten in Bezug auf die Einsetzung der Finanzabteilung beim Evang. Oberkirchenrat Karlsruhe gesehen hat. Auch die für die Arbeit der Volksmission verwendeten Beträge haben also nicht der kirchl. Beruhigung, d.h. dem kirchl. Aufbau, sondern der Aufpeitschung der Gegensätze gedient. [...]"

1933 Stellungnahme des Landesbruderrats zu den Eingriffen der FA in die Befugnisse der Kirchenleitung und Kirchengemeinden (betr. Zurückhaltung von Kollekten, Eignung von Pfarrkandidaten, kirchliche Ergänzungswahlen)

Pfr. Karl Dürr an LB Kühlewein, 17. Oktober 1938; LKA GA 9075

„[...]
1. Die Tatsache, dass die Finanzabteilung erhobene Kollekten zurückhält, bezw. die Auszahlungen von Bedingungen abhängig macht, die bei der Ausschreibung der Kollekten nicht gemacht worden sind, kann von den Gemeinden und von uns Pfarrern nicht länger stillschweigend ertragen werden. [...] Der Landesbruderrat weiss sich gewissenmäßig gebunden, nach Kräften dahin zu wirken, dass alles, was in der Kirche geschieht, unter dem Gehorsam gegen die Heilige Schrift und das Bekenntnis der Kirche steht. [...] Sollte jedoch die Verteilung der Kollekten in den Händen der Finanzabteilung bleiben, dann müssen wir darauf bestehen, dass die Finanzabteilung eine bindende Erklärung darüber abgibt, dass die zurückgehaltenen Kollekten unverzüglich ausbezahlt und künftig keine vom Evang. Oberkirchenrat angeordnete und von den Gemeinden durchgeführte Kollekte widerrechtlich zurückgehalten wird. Wenn Herr Dr. Lang diese Erklärung nicht abgibt, – und wir bitten den Herrn Landesbischof herzlich, Herrn Dr. Lang dies deutlich zu sagen – werden wir unverzüglich unsere Gemeinden davon in Kenntnis setzen, welche Kollekten die Finanzabteilung nicht ausbezahlt hat. Die Folgen, die das für die Erhebung der Kollekten in Zukunft haben wird, sind nicht zweifelhaft.

Aber Herr Dr. Lang soll es wissen, dass in einer evangelischen Kirche das an Gottes Wort gebundene Gewissen stärker ist als alle Gewaltanwendung.

2. [...] Es kann nicht zugegeben werden, dass die Finanzabteilung sachliche Prüfungen über die Eignung der künftigen Diener der Kirche anstellt. Die Entscheidung darüber, wer zum Pfarramt zugelassen werden soll, steht allein der Kirchenleitung zu. Der Evang. Oberkirchenrat wird gebeten, darauf zu bestehen, dass die Entscheidung über die Eignung der Kandidaten ihm allein überlassen bleibt. Wir bitten den Herrn Landesbischof, die Rechte der geistlichen Leitung gegenüber diesem erneuten Eingriff der Finanzabteilung nicht preiszugeben. [...] Dass die Finanzabteilung die Entscheidung des Oberkirchenrates durch Führung eigener Akten-Nachweise nachprüfen will, empfinden wir als eine beleidigende Anmaßung der rechtmäßigen Kirchenleitung gegenüber, die uns empört. Wir bitten den Herrn Landesbischof, den Kandidaten Weisung zu geben, wie sie sich dieser Forderung der Finanzabteilung gegenüber verhalten sollen.

3. [...] Unter keinen Umständen wird bei Ersatzwahlen zu den kirchlichen Körperschaften eine Vorlage an die Finanzabteilung gemacht. Die Zuwahl von örtlichen Vertretern ist allein Sache des Kirchengemeindeausschusses, der sich seine Rechte von der Finanzabteilung, die dafür keinerlei Zuständigkeit hat, nicht bestreiten lassen darf. Die Absicht ist klar: Die Finanzabteilung will die Herrschaft in unserer Kirche und braucht deshalb die Herrschaft in jeder einzelnen Gemeinde. [...]

Der Landesbruderrat war der Meinung, es könnte dem Herrn Landesbischof erwünscht sein, wenn er vor der Unterredung mit Herrn Dr. Lang von vorstehenden Beratungen und Beschlüssen Kenntnis erhält. Auch versichern wir dem verehrten Herrn Landesbischof unseres fürbittenden Gedenkens am Tag der Unterredung. [...]"

1934 Aufrechterhaltung und Bestärkung des Protests der Kirchengemeinde Singen a.H. gegen die „rechtswidrige" Finanzabteilung

Pfarrer Dr. Helmut Bier an den Vorsitzenden der FA, 21. Oktober 1938; LKA GA 9075

„[...]
Auf die dauernden, einer kirchlichen Verwaltungsbehörde unwürdigen Drohungen erkläre ich der rechtswidrigen Finanzabteilung:

[...] Im Hinblick auf die Nähe der Schweiz, welche die kirchlichen Vorgänge in Singen genau beobachtet, – wir haben viele Schweizer in unseren

Gottesdiensten –, ersuchen wir die Finanzabteilung, jede Maßnahme gegen unsere Kirchengemeinde, die geeignet ist, das Ansehen des Staates zu schädigen, künftig zu vermeiden. Wir haben mit der dortigen Dienststelle nur auf dringenden Wunsch der Kirchenbehörde den Geschäftsverkehr aufgenommen; ein weiteres Entgegenkommen unsererseits ist unmöglich. [...]

Da wir nicht wie andere bereit sind, Christus zu verraten, hat unser Kirchengemeinderat und -ausschuß am 9. Okt. 38 einstimmig beschlossen:

> ,Aus Gründen des Gewissens und der Ehre ist es der Evgl. Kirchengemeinde Singen-Hohentwiel unmöglich, ihren Protest gegen die rechtswidrige Finanzabteilung, welche die Kirche Christi der Nationalkirche ausliefern will, zurückzunehmen!'

Bier
Soldat, alter Kämpfer u. Christ"

1935 Aufrechterhaltung des Protests gegen die FA durch den Dekan des Kirchenbezirks Sinsheim
Dekan Karl Nerbel an LB, 23. Oktober 1938; LKA GA 9075

„[...]
Am 3. Oktober waren die Geistlichen des Kirchenbezirks Sinsheim zum Pfarrkranz versammelt. Dabei brachte ich die Ablehnung der Ortskirchensteuervoranschläge der Kirchengemeinden Michelfeld und Hoffenheim seitens der Finanzabteilung zur Sprache. Als Ergebnis der Aussprache erhielt ich von den Geistlichen den Auftrag, mich noch einmal an Sie, Herr Landesbischof, in einem persönlichen Schreiben zu wenden. [...]

Bei der Vorlage der Eingabe des Pfarramts Hoffenheim an die Finanzabteilung fügte ich am 6. Oktober der Eingabe eine Bemerkung meinerseits hinzu [...]: Die Geistlichen könnten es nicht verstehen, dass von ihnen die Zurücknahme eines grundsätzlichen Protestes verlangt werde, den sie s.Zt. auf Veranlassung der Oberkirchenbehörde und im Treugehorsam, den wir unserem Landesbischof schuldig sind, unterzeichnet hätten. [...]

Aber nach wie vor stehe ich auf dem Standpunkt, dass ich in erster Linie Ihnen, Herr Landesbischof, Treue und Gehorsam schuldig bin, und kann mich deshalb nicht entschliessen, den von mir unterzeichneten Protest zurückzunehmen. [...]"

1936 Beharren der BK-Pfarrer bei ihrem Protest gegen die FA: Mahnung an die jungen Brüder, nicht ihr Gewissen zu belasten [vgl. Dok. 1933, 1952 und 1953]

Pfarrer Karl Dürr an den Pfarrkandidaten Reinhold Guggolz, 18. Oktober 1938; LKA D 23, Nr. 18

„[...]
herzlichen Dank für ihre Mitteilung der FA vom 12.10., die mir sehr wertvoll gewesen ist. Als Antwort darauf teile ich Ihnen mit, was ich gestern im Auftrag des Landesbruderrats in dieser Angelegenheit dem Herrn Landesbischof geschrieben habe:

‚Wir haben von einem Schreiben der FA an die Kandidaten, die jetzt die 2. Prüfung bestanden haben und in die Zahl der Pfarrkandidaten aufgenommen werden sollen, Kenntnis bekommen. Dazu erklärt der Landesbruderrat: Es kann nicht zugegeben werden, dass die FA sachliche Prüfungen über die Eignung der künftigen Diener der Kirche anstellt. Die Entscheidung darüber, wer zum Pfarramt zugelassen werden soll, steht allein der Kirchenleitung zu. Der Evang. Oberkirchenrat wird gebeten darauf zu bestehen, dass die Entscheidung über die Eignung der Kandidaten ihm allein überlassen bleibt. Wir bitten den Herrn Landesbischof, die Rechte der geistlichen Leitung gegenüber diesem erneuten Eingriff der FA nicht preiszugeben. Die durch die FA von den Kandidaten angeforderten Nachweise sind zum großen Teil schon bei den Personalakten des Evang. Oberkirchenrates. Die Forderung darüber hinausgehender Nachweise, die einer stillschweigenden Einführung des Beamtengesetzes für die Träger des geistlichen Amtes bedeuten würde, bitten wir nicht zuzulassen. Dass die FA die Entscheidung des Oberkirchenrates durch Führung eigener Akten Nachweise nachprüfen will, empfinden wir als eine beleidigende Anmaßung der rechtmäßigen Kirchenleitung gegenüber, die uns empört. Wir bitten den Herrn Landesbischof, den Kandidaten Weisung zu geben, wie sie sich dieser Forderung gegenüber verhalten sollen.'

[...] Der Landesbruderrat möchte die jungen Brüder herzlich bitten, falls die FA es verlangte, keinen Revers zu unterschreiben, der die Rechtmäßigkeit der FA anerkennen würde. Soweit junge Brüder um ihres bekenntnismäßigen Handelns willen von der Kirchenleitung nicht ins Amt eingewiesen werden würden, weil die FA die Zustimmung dazu nicht gibt, weiß sich der Landesbruderrat verpflichtet, seinerseits nach Möglichkeit diese Brüder in die Gemeindearbeit einzuweisen (etwa als Personalvikar). Freie Kost und Wohnung und ein monatliches Taschengeld würden wir zusichern, solange wir dazu in der Lage sind. Falls Einweisungen in die Gemeindearbeit nicht in allen Fällen möglich wären, würde ich raten, lieber zunächst eine andere Verdienstmöglichkeit zu suchen, als mit verletztem Gewissen ins Pfarramt zu kommen. [...]"

1937 Reglementierungen seitens der FA bei der Aufnahme von Kandidaten der Theologie unter die badischen Pfarrkandidaten
Stellungnahme des Landesbischofs vom 22. Oktober 1938; LKA GA 4899

„[...]
Der Vorsitzende der Finanzabteilung beim Evang. Oberkirchenrat hat unterm 12. ds.Mts. an die Kandidaten, welche die Herbstprüfung bestanden haben, ein Schreiben gerichtet und um gewisse Nachweise ersucht. Da mir von verschiedenen Seiten Mitteilungen zugegangen sind, aus denen ich entnehmen muss, dass die Bedeutung und Tragweite der Anfrage der Finanzabteilung nicht richtig verstanden wird, möchte ich auf folgendes hinweisen. Nach der kirchlichen Ordnung kommt es allein mir zu, Kandidaten der Theologie in das geistliche Amt zu berufen und hierzu die Vollmacht der Kirche durch die Ordination zu erteilen [...]."

1938 Schwierige Position der Kirchengemeinden
Votum des BK-Vertreters des Bezirks Eppingen, Pfr. Christian Günther in Gemmingen, an Dürr, 28. Oktober 1938; LKA D 9, Nr. 157d

„Lieber Freund Dürr!

Ich kann erst antworten, da ich mich genau erkundigen wollte über die Zurücknahme der Prot. Ich muß leider sagen, daß ich keine Hoffnung habe, daß wir noch etwas erreichen werden. Die Zeit ist dafür längst verstrichen. Ich habe bei unserer ersten Zusammenkunft in K[arlsruhe] gesagt, daß ich nicht glaube, daß die Herren wieder gehen werden. Ich wurde damals ausgelacht. Ich glaube es aber heute auch noch nicht. Wir hatten gestern eine Zusammenkunft bei mir von württemb. Kollegen. Sie sind der festen Zuversicht, ja sie wollen Beweise haben, daß man bei ihnen nicht einbricht. Die ganze Sache ist zu verfahren und zu alt. Damals hätte alles getan werden müssen. Man hätte in K. erklären müssen, entweder geht ihr oder wir gehen.

Auch ist die Sache von vielen Kollegen zurückgenommen, weil keine Einigkeit erzielt werden konnte. Wie haben wir gewartet, was uns der L.B. zu sagen hat; was er tun werde. Es ist nichts erfolgt. Die Freunde kamen zu mir und fragten, was zu tun sei. Immer habe ich sie ermahnt, fest zu bleiben. Einige kamen in Not und nahmen es zurück. So Ittlingen, Mühlbach, Elsenz. Von den andern weiß ich nicht genau. Ich muß sagen, die kühle Haltung des L.B. und die Hinausschiebung seiner für uns klaren Stellungnahme tragen die Schuld. Aber nicht nur des L.B. allein, auch der andern Herren B[ender] und R[ost]. Wir wären mit ihnen gegangen, es hätte kosten mögen, was es hätte wollen. Die Brüder im Bezirk sagten oft, ich könne sie wohl bestärken in ihrer Haltung, aber von K. höre man nichts. Es war nicht genug, daß der L.B. seine Sache nicht zurückgenom[men hat.] Aller Augen waren auf ihn gerichtet, was zu tun sei.

[...] In Adelshofen ist ein Bruder Koch, ein vertriebener Thüringer. Er hat noch nichts zurückgenommen, obwohl man ihm den Religionsunterricht in der Schule entzogen hat. Es war mitbestimmend. Rothenhöfer aus Richen, ein DC, gibt in der Gemeinde den Religionsunterricht. Er lernt nationale Lieder und erzählt Geschichtchen. Er [Koch] leidet furchtbar unter diesem Zustand. Er ist ganz treu auf unserer Seite. Er wurde ja wegen seiner B.K. Zugehörigkeit aus Thüringen verwiesen. Also ihm sollte man auch alles zusenden. [...]"

1939 Ultimatum der FA an zahlreiche Kirchengemeinden, ihren „illegalen" Widerstand gegen die FA aufzugeben, 31. Oktober 1938
LKA GA 4899

„[...]
Der Führer und Reichskanzler hat im Gesetz zur Sicherung der Deutschen Evang. Kirche vom 24.9.1935 (RGBl. I. S. 1178) bestimmt, daß der Reichsminister für die kirchl. Angelegenheiten zur Wiederherstellung geordneter Zustände in der Deutschen Evang. Kirche und in den Evang. Landeskirchen ermächtigt ist, Verordnungen mit rechtsverbindlicher Kraft zu erlassen. Da das Gesetz die Sicherung der vom deutschen evang. Kirchenvolk begrüßten Einheit der Deutschen Evang. Kirche verfolgt, ist jeder Zustand als nicht der Ordnung entsprechend anzusehen, der die Einigkeit des evang. Kirchenvolkes zerreißt, die Glaubens- und Gewissensfreiheit des Einzelnen beeinträchtigt, die Volksgemeinschaft schädigt und den Bestand der Evang. Kirche selbst schwersten Gefahren aussetzt. In diesem Sinne sind auch die Verhältnisse in der Bad. Evang. Landeskirche ungeordnete. [...]

Durch die Einrichtung der Finanzabteilung soll nur verhütet werden, daß die vom Staate zur Verfügung gestellten Kirchensteuermittel in einem Sinne verwendet werden, der den Absichten des Staates in Bezug auf die Sicherung der Einheit der Deutschen Evang. Kirche Abtrag tut. Daß bei dem Ringen der verschiedenen kirchlichen Strömungen innerhalb der Evang. Kirche diese Gefahr auch in der Bad. Evang. Landeskirche besteht, bedarf wohl keiner weiteren Begründung. Unter diesem Gesichtspunkt muß es auch verständlich erscheinen, weshalb zunächst bei der Katholischen Kirche staatliche Maßnahmen in Bezug auf die kirchl. Vermögensverwaltung unterblieben sind. Wer sich aber gegen die Einrichtung der Finanzabteilung wendet, begibt sich auf den Boden der Illegalität, weil er gegen das obengenannte Gesetz und die obengenannte Fünfzehnte Durchführungsverordnung verstößt.

Da die Finanzabteilung einen staatlichen Auftrag zu vollziehen hat, kann es nicht ihre Aufgabe sein, von sich aus Anstoß dazu zu geben, daß die Spannungen, welche durch die Protestaktionen des Ev. Oberkirchenrats und des Landesbischofs hervorgerufen worden sind, beseitigt werden. Es wird vielmehr Aufgabe derjenigen Stellen sein, welche die Pfarrerschaft und das evang. Kirchenvolk gegen den Herrn Reichsminister für die kirchl. Angelegenheiten und die von ihm eingesetzte Finanzabteilung aufgerufen haben und welche sie damit auf den Boden der Illegalität gedrängt haben, diejenigen Schritte zu tun, die zu einer Beseitigung der Spannungen und zum Anbahnen einer geordneten sachlichen Zusammenarbeit notwendig sind.

Ich ersuche den Herrn Vorsitzenden des Kirchengemeinderats, seine bisherige ordnungswidrige Stellungnahme gegenüber der Finanzabteilung beim Evang. Oberkirchenrat einer nochmaligen Prüfung zu unterziehen und mir mitzuteilen, ob er bei seiner gegensätzlichen Stellung zur Finanzabteilung beharrt, oder ob er sich auf den Boden der Legalität zurückbegibt und die Rechtmäßigkeit der Einrichtung der Finanzabteilung anerkennt, sowie den Geschäftsverkehr mit ihr aufnimmt und einhält. [...]"

1940 Entwurf einer gemeinsamen Antwort des Kirchenbezirks Müllheim an die FA, Anfang November 1938

LKA Dek. Müllheim 48[*)]

„[...]
,Unter Bezugnahme auf Erlass No. A. 596 v. 14.7.1938 [Dok. 1911] und auf Schreiben No. A. 8181 v. 3.11.1938 [Dok. 1928b] an das Evang. Dekanat Müllheim, 1. Absatz, letzter Satz, erklären wir:

1. Da wir unter dem Wort der Schrift stehen: ›Seid untertan der Obrigkeit, die Gewalt über euch hat‹, können – und konnten wir bisher – die Rechtmässigkeit und Zuständigkeit der Finanzabteilung in dem Umfange anerkennen, wie er sich aus den staatlichen Gesetzen ergibt.

[*)] Vgl. Dok. 1928.

Deshalb haben wir den Geschäftsverkehr mit der Finanzabteilung aufgenommen und eingehalten, ganz abgesehen davon, dass unsere Kirchenleitung uns dazu riet.

2. Wir lassen uns aber durch diese Anerkennung nicht hindern, die glaubensmässige und kirchliche Beurteilung der Finanzabteilung, wie sie in unseren Protesten zum Ausdruck kam, solange beizubehalten, als wir nicht durch ihre tatsächlichen Massnahmen eines Besseren belehrt sind.

3. Dem etwaigen Versuch, uns unsere Überzeugung durch Drohungen oder Strafmassnahmen finanzieller Art abzukaufen oder abzudringen, werden wir damit begegnen, dass wir leiden, was es zu leiden gibt.'

Liebe Amtsbrüder!

Das ist das Ergebnis der Eindrücke, die ich aus dem Nebeneinander unserer besonderen Müllheimer Situation und der Beratungen in Karlsruhe empfing. Wer sich nun damit einverstanden erklären kann, obige Erklärung als letzte Antwort abgehen zu lassen, der ist gebeten, sie in ein entsprechendes Schreiben an die FA. aufzunehmen. Ich kann, wenn ich ehrlich bleiben will, jedenfalls nicht weniger, aber auch nicht mehr sagen. Bezüglich des Wortlauts obiger Antwort bitte ich, ihn zu belassen, damit die Einheit der Stellungnahme gewährleistet ist.

Die in Karlsruhe beschlossene Antwort lautet *[vgl. Dok. 1942]*:

‚Wir haben den Geschäftsverkehr mit der FA. aufgenommen, aber unsern Einspruch vom 31. Mai können wir nicht zurück nehmen aus folgenden Gründen:
Wir haben in diesem Einspruch zwei Befürchtungen ausgesprochen: 1. dass die Finanzen nun eine herrschende Stellung bekommen sollen, wo sie doch dem Evangelium zu dienen haben (Ap.Gesch.6); 2. dass durch die FA. der Nationalkirchlichen Einigung (Deutsche Christen) Vorschub geleistet wird.
Wir können beide Befürchtungen, die sich bewahrheitet haben, nicht widerrufen. Wir sind in unserem Gewissen durch das Ordinationsgelübde an die Lehre von der Kirche, wie sie in der Heiligen Schrift und in den Bekenntnissen der Reformation festgelegt ist (CA. XXVIII), gebunden.'

Ultra non possumus!

In brüderlicher Verbundenheit!
[Dekan Fritz] Mono"

1941 Ermächtigung des Landesbischofs an die Gemeinden und Pfarrer zum Einlenken gegenüber der FA, 2. November 1938
LKA GA 4899

„[...]
In weiten Kreisen unserer Geistlichen war seit Wochen die Meinung verbreitet, daß zwischen dem Landesbischof und dem Herrn Vorsitzenden der Finanzabteilung eine Aussprache bevorstehe, von deren Ausgang eine bedeutsame Entscheidung für die Lösung der seit Einsetzung der Finanzabteilung in unserer Landeskirche bestehenden Schwierigkeiten zu erwarten sei. Nachdem diese Unterredung stattgefunden hat, halten wir es für geboten, folgendes mitzuteilen.

I. Der Herr Vorsitzende der Finanzabteilung hat erklärt, allein der Landesbischof und der Oberkirchenrat trügen die Schuld daran, daß seinerzeit mehr als 400 Geistliche einen Einspruch gegen die Einsetzung der Finanzabteilung unterzeichnet hätten. Ohne die Anregung von Seiten der Kirchenleitung wäre es zu derartigen Kundgebungen nie gekommen. Der Herr Vorsitzende der Finanzabteilung konnte sich darauf berufen, daß Eingaben von Geistlichen aus allen Gruppen, die ihren Widerspruch zurücknahmen, ihn durch ihre Darstellung der Vorgänge in dieser seiner Sicht der Dinge bestärkt hätten. [...]

Die Einsetzung der Finanzabteilung bedeutet im Blick auf die Geschichte wie die Zukunft der Landeskirche einen derartigen Eingriff, daß die Kirchenleitung die Stunde gekommen glaubte, wo sie gewissensmässig verpflichtet sei, die Geistlichen über die Ereignisse und ihre Auswirkung in Kenntnis zu setzen.

Der Gedanke eines gemeinsamen Einspruchs der Geistlichen ist allein aus dem Kreis der Pfarrerschaft hervorgegangen; ihre Erklärung ist vom Oberkirchenrat weder angeregt noch verfasst worden. Weil aber die Erklärung ebenso dem Gefühl und Äusserungswillen der Geistlichen wie der Überzeugung des Oberkirchenrats entsprach, haben der Landesbischof und die übrigen Mitglieder der Kirchenleitung keine Bedenken gehabt, die in den 3 Versammlungen vorgelegte Entschliessung zuzulassen. Dabei muss auch die Tatsache festgehalten werden, daß, wenn in den Versammlungen Stimmen laut wurden, die einen aktiven Widerstand gegen die Finanzabteilung forderten, die Vertreter der Kirchenbehörde dies eindeutig und ausdrücklich ablehnten. Sie haben vielmehr erklärt, dass sie nicht in der Lage seien, den geschäftlichen Verkehr mit der Finanzabteilung zu verweigern.

Die Deutung, als habe der Einspruch bewußt eine staatliche Einrichtung treffen und sich damit offen oder versteckt gegen eine staatliche Maßnahme auflehnen wollen, ist eine objektive Mißdeutung. Der Einspruch erweist eindeutig, daß evangelische, in ihrem Gewissen an Gottes Wort und an das Bekenntnis der Väter gebundene Geistliche allein der Sorge um die Erhaltung des Wesens und der Lehre ihrer Kirche, für die sie Gott und dem deutschen evangelischen Volk verantwortlich sind, Ausdruck gegeben haben.

II. [...] Die Kirchenleitung hat keinen einzigen Geistlichen gebeten, ermahnt oder gedrängt, jenen Einspruch zu unterzeichnen. Sie hätte jede ihr zugemutete Ausübung eines Gewissenszwangs für die Unterzeichnung des Einspruchs abgelehnt, wie sie ihn jetzt zur Zurücknahme des Einspruchs ablehnen müsste. In freier persönlicher Entscheidung ist widersprochen worden. In freier persönlicher Entscheidung mag der Einspruch zurückgenommen werden.

III. [...] Die Kirchenleitung weiß um evangelischen Gehorsam gegen die weltliche Obrigkeit und übt ihn. Ihre Geistlichen werden sich dem gleichen Gehorsam nicht entziehen. Unbeschadet ihrer glaubensmässigen Haltung und Überzeugung gegenüber der Einsetzung einer Finanzabteilung hat die Kirchenleitung und haben mit ihr wohl ausnahmslos sämtliche Pfarrämter seither den dienstlichen Verkehr mit ihr aufgenommen und Weisungen innerhalb ihrer Zuständigkeit beachtet. [...]"

1942 Widerspruch der BK gegen die Empfehlung LB Kühleweins
Sitzungsprotokoll der BK-Bezirksvertreter vom 9. November 1938; LKA D 9, Nr. 157a

„Es wird in die Besprechung des Laki-Schreibens vom 2.11.38 [Dok. 1941] an alle Pfarrer eingetreten und zunächst über die Lage in den Bezirken berichtet. [...]

Wir sind gefragt, ob wir in bündiger Form unseren Einspruch gegen die FA als einer unkirchl. Einrichtung zurücknehmen wollen oder nicht. Der künftige Kurs der FA liegt klar vor aller Augen. [...]

In Lützelbach und Obrigheim würde ein Widerruf gar nicht mehr verstanden werden. Br. Dürr bezeugt noch einmal, dass ein Widerruf für ihn nicht in Frage kommt. Aber jeder stehe und falle seinem Herrn. J. Bender entkräftigt den Vorwurf der staatsfeindlichen Gesinnung, der von seiten der FA erhoben wird; [Max] Bürck-Mannheim spricht für die 4 Brüder von M[ann]heim, die bereit sind, an ihrem Protest festzuhalten. Br. Dürr beantwortet 1 Frage nach der Arbeit der FA in Norddeutschland, die einfach Schrittmacherin der staatl. Gewalt in der Kirche ist. [Karl] Forschner-Sulzbach bezeugt seine Stellung nach Einsetzung eines Bevollmächtigten in seiner Gemeinde; und fordert zum Festhalten auf. Prof. [Renatus] Hupfeld stellt fest, dass der Herr Labi durch sein letztes Schreiben die geistliche

Leitung der Kirche aus der Hand gegeben hat. Wie steht es da mit der Autorität des Labi? Besonders schwierig ist die Lage der Kandidaten, die ohne Unterschrift nicht mehr von der FA angestellt werden. Pf. [Gerhard] Kühlewein verteidigt den Herrn Labi gegen den Vorwurf, er habe die geistliche Leitung der Kirche aus der Hand gegeben und sucht Verständnis für dessen letztes Schreiben zu schaffen. Er habe auch Rücksicht zu nehmen auf die äussere Existenz seiner Pfarrer. Pfr. Mondon berichtet über das Verhältnis zwischen dem Herrn Labi und der BK. An Versuchen von Leuten der BK, ein geordnetes Verhältnis herzustellen, hat es nicht gefehlt.

Die Karlsruher Brüder werden ihren Einspruch nicht zurücknehmen. Es gibt nur noch ein Entweder-Oder. Alle Zusätze werden uns nichts nützen.

Wir haben uns verantwortlich zu fühlen für die, die stehen, sagt Pfr. [Gustav Adolf] Meerwein-Wertheim.

Br. Dürr schliesst die Rednerliste und liest ein vom Bruderrat verfasstes Schreiben vor [vgl. Dok. 1940]: ‚Wir haben den Geschäftsverkehr mit der FA aufgenommen, aber unseren Einspruch vom 31.V.38 [Dok. 1889] können wir nicht zurücknehmen aus folgenden Gründen: Wir haben in ds. Einspruch 2 Befürchtungen ausgesprochen, 1. dass die Finanzen nun eine herrschende Stellung bekommen werden, wo sie doch dem Evgl. zu dienen haben (Apg.6). 2. Dass durch die FA der nationalkirchlichen Einung (§ 4) Vorschub geleistet wird. Wir können beide Befürchtungen, die sich bewahrheitet haben, nicht widerrufen. Wir sind in unserem Gewissen durch das Ordinationsgelübde an die Lehre von der Kirche gebunden, wie sie in der Hl. Schrift und den Bekenntnissen der Reformation festgelegt ist ([Confessio] Aug. 28).'

Die Bezirksvertreter sind gefragt, ob sie dem zustimmen: 28 Ja, 4 Nein.

Br. Dürr kommt auf die Kollektenfrage zu sprechen. (Das Studienhaus bekommt die Kollekte vom 1. Adv[ent] nicht). Es wird empfohlen, Gelder unmittelbar an das Studienhaus zu schicken.

Mitteilungen an die Mitglieder werden bekanntgegeben: zur Kollektenfrage, keine Einzelaktionen. [...]"

1943 Beschwerde der FA, dass immer noch zahlreiche Pfarrer und Gemeinden den Verkehr mit der FA (angeblich auf Druck der Kirchenleitung) verweigern.
FA an LB Kühlewein, 9. bzw. 18. Nov. 1938; LKA GA 4899, Bl. 290 bzw. 304

„[...]
Ich habe davon Kenntnis genommen, dass Sie den Geistlichen der Evang. Landeskirche Badens die Zurücknahme ihres Protestes gegen die Ein-

richtung der Finanzabteilung nunmehr freigegeben haben. [Vgl. Dok. 1941, II.] Es ist damit wenigstens ein erster Schritt getan auf dem Wege, der nach meiner Ihnen in unserer kürzlichen Besprechung bekanntgegebenen Überzeugung allein geeignet ist, einige Beruhigung in die badische Pfarrerschaft zu bringen. Wenn die Pfarrerschaft dieser Ihrer Aufforderung demnächst tatsächlich nachkommt – und das wird sie in ihrer Mehrzahl tun, sofern nicht Gegenparolen ausgegeben werden –, wird dies eine spürbare Erleichterung der Zusammenarbeit zwischen der Finanzabteilung und den dem Oberkirchenrat nachgeordneten Stellen mit sich bringen.

Dessen ungeachtet muss ich zu einzelnen Ihrer im oben genannten Erlass enthaltenen Ausführungen besonders Stellung nehmen [...].

Es trifft nicht zu, dass sämtliche Pfarrer und Kirchengemeinderäte den dienstlichen Verkehr mit der Finanzabteilung aufgenommen haben oder aufzunehmen bereit sind. Im Gegenteil folgen noch heute zahlreiche Pfarrämter und Kirchengemeinderäte getreulich der in den Protestkundgebungen seitens der Mitglieder der Kirchenleitung gegebenen Parole und leiten deshalb alle für die Finanzabteilung bestimmten Vorlagen ausschliesslich dem Oberkirchenrat zu. Wenn die Kirchenleitung wirklich ein derartiges Verhalten, das bewusst jede Befriedung vereiteln soll, verurteilt, dann hätte sie schon längst eindeutig hiervon abrücken, ihre früher gegebenen Weisungen zurückziehen und einen klaren Ordnungsruf an die permanenten Störenfriede im Lande richten müssen. Ich habe in unserer kürzlichen Aussprache hierauf besonders hingewiesen; etwas erfolgt ist bis jetzt nicht. [...]"

1944 Anerkennung der Rechtmäßigkeit der FA durch die Gemeinden in Heidelberg, 9./10. November 1938
LKA GA 9075

1944a Mitteilung an FA vom 9. November 1938

„[...] Wir erkennen die Gesetzmässigkeit der Einsetzung der Finanzabteilung beim Evangelischen Oberkirchenrat in Karlsruhe an und beachten ihre Weisungen innerhalb ihrer Zuständigkeit.

Unsere glaubensmässige Haltung teilen wir mit dem Herrn Landesbischof, der unser Vertrauen als der geistliche Leiter unserer Landeskirche hat."

gez. [Theodor] Oestreicher, [Hermann] Maas, [Heimo Willimar] Lemme, [Wilhelm Ludwig] Frantzmann, [Karl Arthur] Scharf, [Heinrich Wilhelm] Vogelmann, [Karl Ernst Adolf] Nieden, [Wilhelm] Kumpf, [Heinrich] Schmidt, [Karl-Heinz] Schoener, [Ernst] Köhnlein, [Herbert] Schulz, [Siegfried] Heinzelmann, [Gerhard] Müller.

1944b Mitteilung von Dekansstellvertreter Oestreicher an LB, 10. November 1938

„[...] Auf Ihr letztes Schreiben an uns Pfarrer in der Sache der Finanzabteilung hin sind wir am vergangenen Freitag und erneut wieder gestern Abend zur Beratung beisammen gewesen. Das gemeinsame Schreiben an die Finanzabteilung [...] ist uns allen sehr schwer geworden; einige von uns konnten sich nicht zur Unterschrift entschließen. Wir alle waren der Überzeugung, daß wir berechtigt waren zu der s. Zt. erfolgten begründeten Eingabe um Zurücknahme der Finanzabteilung [...]. Antwort oder Widerlegung unserer Gründe ist uns nicht zu teil geworden. Darum ist es uns unmöglich, unsere Unterschrift zurückzuziehen. Nur die Sorge, daß unser jetziges Schreiben dahin ausgelegt würde, veranlaßte einige, dieses nicht mit zu unterzeichnen.

In der Mehrheit aber waren wir der Meinung, daß wir alles, was unser Gewissen uns erlaubt, um des Friedens u. unserer Kirche willen tun sollten, das geeignet wäre, den normalen Gang der Arbeit in den Gemeinden zu sichern. Wir haben nie die Legalität der Finanzabteilung bestritten u. den ordnungsmäßigen Geschäftsverkehr mit ihr unsererseits stets eingehalten. Das konnten wir ihr also erklären u. haben es getan. Wir hoffen, daß das genügen wird. Wir haben aber ausdrücklich hinzugefügt, daß wir nach wie vor an Ihrer geistlichen Leitung festhalten u. treu zu Ihnen stehen wollen.

Unsere Bitte an Sie ist es, diese geistliche Leitung ungeschmälert festzuhalten und jede Gelegenheit zu benutzen, sie recht intensiv zu gestalten. In solchen unruhigen und schweren Zeiten bedarf die Gemeinde Jesu Christi nichts so sehr als eine starke Führung. Gott den Herrn aber bitten wir, er möge Ihnen Tag für Tag die Kraft dazu schenken. [...]"

1945 Verzögerung der Zustimmung der FA zur Übernahme der Pfarrvikare in den kirchlichen Dienst
EOK an FA, 25. November 1938; LKA GA 7084

„[...]
Nachdem wir unterm 29. September 1938 den Antrag gestellt haben, die nach § 7 Absatz 1 der 15. DVG erforderliche Zustimmung zur Einstellung der Pfarrkandidaten zu erteilen, hat die Finanzabteilung mit Schreiben vom 12.10.1938 von den einzelnen Kandidaten eine Reihe von Nachweisen verlangt, die z.T. bereits erbracht waren. Diese Nachweise mußten bis zum 1. November 1938 vorgelegt werden, und wir nehmen an, daß dies auch geschehen ist, nachdem der unterzeichnete Landesbischof den jungen Geistlichen die erforderliche Belehrung hat zuteil

werden lassen. Nun sind abermals über 3 Wochen verstrichen, ohne daß die Zustimmung gegeben ist und obwohl der kirchliche Dienst dringendst nach der Einstellung der jungen Geistlichen verlangt. Solche Erwägungen dürften doch der Finanzabteilung nicht gleichgültig sein. Auch ist zu bedenken, daß sich unter den Kandidaten Leute befinden, die es sehr notwendig haben, nun endlich in Stellung und Brot zu kommen. Wir ersuchen um Mitteilung, welche Hindernisse der Einstellung der Geistlichen denn noch im Wege stehen. [...]"

1946 Resümee über die Arbeit der FA und Rechtfertigung ihrer Maßnahmen gegenüber dem Bad. Ministerpräsidenten, 18. Nov. 1938
LKA GA 9075

„[...]
Der Kreis der Geistlichen und Kirchengemeinden der Bad. Evang. Landeskirche, in dem die Einrichtung der Finanzabteilung am 25. Mai 1938 Beunruhigung hervorgerufen hat, ist zunächst verhältnismäßig klein gewesen. Wie ich in den zurückliegenden fünf Monaten aus Äußerungen von Geistlichen feststellen konnte, ist die Beunruhigung erst durch die seitens des Evang. Oberkirchenrats mit Hilfe des landeskirchl. volksmissionarischen Amts veranstalteten Protestkundgebungen vom 31. Mai 1938 in Freiburg, Karlsruhe und Heidelberg in die evang. Geistlichkeit und in das evang. Kirchenvolk hineingetragen worden. Die treibende Kraft bei diesen Protestkundgebungen war der Landesbruderrat der Bekennenden Kirche, der sich sehr darum bemüht hat, eine möglichst alle erfassende Protestbewegung durch Unterschriftsleistung unter eine vorher unter Mitwirkung von Mitgliedern des Evang. Oberkirchenrats im Wortlaut festgelegte Protestkundgebung durchzuführen. [...] Die Protestkundgebungen vom 31. Mai 1938, wie die später von einzelnen kirchl. Vertretungskörperschaften abgegebenen Protesterklärungen und auch diejenigen der Bezirkssynoden sind übereinstimmend an 6 Reichsministerien (Reichskanzlei, Stellvertreter des Führers, Reichsminister für die kirchl. Angelegenheiten, Reichsminister der Luftfahrt, Reichsminister des Auswärtigen, Reichsminister des Innern) gerichtet worden. Sie sind dann allerdings von den angegangenen Reichsministerien alle dem Herrn Reichsminister für die kirchl. Angelegenheiten zugeleitet worden. Die Kirchengemeinden, die zu diesen Protestkundgebungen veranlasst worden sind, haben sie durch ihre Vertreter sicher abgeben lassen, ohne zu wissen, um was es geht. Sie wurden eben von den Pfarrern dazu gepresst, genau wie diese von der Kirchenleitung dazu bestimmt worden sind, zu protestieren. Denn die 447 Geistlichen, die protestiert haben, haben nicht allein in geschlossenen Massenkundgebungen, sondern auch nach Be-

arbeitung im einzelnen ihre Unterschrift abgegeben. Inzwischen haben bis heute nahezu 100 Geistliche ihre Unterschrift unter die Protestkundgebung wieder zurückgezogen. Aus den Erklärungen, mit denen die Zurücknahme der Unterschrift erfolgt ist, geht eindeutig hervor, dass die protestierenden Geistlichen unter dem Druck der Kirchenbehörde und nach einer irreführenden Darstellung der Sachlage seitens der Vertretung der Kirchenleitung ihre Unterschrift geleistet haben. [...] Bevollmächtigte sind inzwischen für die Evang. Kirchengemeinden Mannheim, Heidelberg, Karlsruhe, Karlsruhe-Rüppurr, Kehl, Lohrbach, Neckarelz, Neckargerach, Obrigheim, St. Georgen und Sulzbach b.Mosbach eingesetzt worden. Weitere werden noch für andere Kirchengemeinden bestellt werden. Bei der Auswahl der in Betracht kommenden Persönlichkeiten ist für mich lediglich der Gedanke maßgebend, für dieses Amt restlos auf dem Boden des nationalsozialistischen Staates stehende Personen zu gewinnen, die Kraft ihrer Beziehungen zur Evang. Kirche die Gewähr dafür bieten, dass sie die kirchlichen Belange im nationalsozialistischen Staat richtig vertreten. Dass die ausgewählten Persönlichkeiten zum Teil der religiösen Bewegung „Deutsche Christen", Nationalkirchl. Einung, angehören, ist richtig. Sie bieten eben als Nationalsozialisten die für mich erforderliche Gewähr. [...] Dass ich keine Mitglieder der Bekenntnisfront oder gar des Bruderrates eingesetzt habe, bedarf wohl im Hinblick auf die staatspolitische Einstellung der Bekenntnisfront keiner besonderen Begründung. [...]

Wenn in den letzten Tagen der Herr Landesbischof sich veranlaßt gesehen hat, den Geistlichen die Zurücknahme der abgegebenen Protesterklärungen auf Verlangen der Finanzabteilung freizustellen, damit zwischen Finanzabteilung und örtlichen kirchl. Verwaltungsbehörden ein tragbares Verhältnis geschaffen wird, so ist das ein Zeichen eintretender Ernüchterung, die durch die Anordnung des Herrn Ministerpräsidenten und der im badischen Kirchengebiet befindlichen obersten Reichsbehörden ganz wesentlich herbeigeführt worden ist. [...]"

1947 Stellungnahme der Geistlichen aus Gernsbach zur Finanzabteilung

Evang. Pfarramt Gernsbach an Vorsitzenden der FA, 29. November 1938[*]; LKA GA 9075

„[...]
Auf das Schreiben der FA haben die unterzeichneten Geistlichen folgendes zu erwidern:

---

[*] Vgl. dazu Antwort der FA an Pfr. Johann Diemer vom 25. Jan. 1939 und Mitteilung von Pfr. [Walter Karl Erich] Brandl an LB, 11. Febr. 1939 (GA 9075).

Wir bezeugen hiermit noch einmal vor Gott, daß uns bei unserem Einspruch gegen die FA eine Auflehnung gegen den Staat völlig fern lag, ebenso wie eine Opposition gegen die Männer der FA. Vielmehr haben wir die Einsprache gegen die Einsetzung der FA lediglich erhoben aus Liebe zu unserer Kirche und zu unserem Volk, dem die Kirche nur dann dienen kann, wenn sie den Auftrag ihres Herrn Christus ungehemmt erfüllen kann und darf. Darum erfolgte der Einspruch aus Bedenken und Befürchtungen um das Wesen und die Arbeit der Kirche; dass aber solche Bedenken und Befürchtungen nicht unbegründet waren, beweist die Geschichte unserer Kirche seit dem Mai d.J. [...].

Ganz besonders aber sind wir vom Standpunkt des Neuen Testaments aus der Überzeugung, daß die Kirche ihre eigenen Gesetze hat, nach denen sie lebt und leben muß, obwohl sie wahrlich um den Gehorsam gegen die Obrigkeit nach demselben NT weiß. Auch die beiden Unterzeichneten wissen das und weisen den Vorwurf der Illegalität entschieden zurück. Uns trieb wahrlich keinerlei Absicht, gegen den Staat zu opponieren, wie es uns jetzt im völligen Verkennen unserer Stellung und Absicht vorgehalten wird. Darum kann dieser Vorwurf wohl wehe tun, aber er trifft uns nicht.

Trotz dieser unserer Bedenken, die hier nur angedeutet werden können, haben wir uns den Anordnungen der FA gefügt und den Geschäftsverkehr mit ihr aufgenommen. Dagegen ist es uns aus den angegebenen Gründen unmöglich, die Einsprache gegen die Einsetzung der FA zurückzunehmen. Soll es denn im Raum der Kirche Männern, die an ihr Gewissen und an ihr Ordinationsgelübde gebunden sind, nicht mehr möglich sein, ihrer Überzeugung und ihren Bedenken Ausdruck zu geben? [...]

Endlich glauben wir auch, daß aufrechten deutschen Männern die Zurücknahme einer aus bestem Wissen und Gewissen und aus biblischer Überzeugung gegebenen Erklärung nicht zugemutet werden kann. [...]

Darum sei es uns, einem der älteren und einem der jüngeren Diener der Kirche – ohne Verabredung mit anderen Amtsbrüdern, aber gewiß im Namen vieler – erlaubt, die Bitte auszusprechen: Der Vorsitzende der FA ziehe die für uns unerfüllbare Forderung zurück, unseren Einspruch zu widerrufen, unter Anerkennung der reinen, nur dem Evangelium entnommenen Motive. Er begnüge sich mit dem – wohl von allen Geistlichen – aufgenommenen Geschäftsverkehr mit der FA.

[Pfr. Johannes Diemer, Pfr. Walter Brandl, für die meisten Geistlichen des KBez. Baden-Baden]"

1948 Druck auf Beamte, die sich dem Protest gegen die FA angeschlossen hatten.
Rundschreiben der FA mit Bezug auf einen Erlass des badischen Kultsministers, 30. November 1938; LKA Dek. Müllheim 48

„[…]
Ich habe bereits vor einiger Zeit darauf hingewiesen, dass Staatsbeamte, die in ihrer Eigenschaft als Kirchenälteste oder Kirchenausschussmitglieder gegen die Einrichtung der Finanzabeilung protestiert haben, sich hierdurch in besonderm Masse einer Pflichtverletzung gegenüber dem Staate schuldig gemacht haben. Die Herren Badischen Minister sowie neuerdings die obersten Reichsdienststellen in Baden haben die ihnen unterstellten Beamten durch besonderen Erlass ebenfalls in diesem Sinne belehrt.

Es liegt mir nur ein Fall vor, in welchem ein dem Herrn Bad. Kultusminister unterstellter, im Ruhestand befindlicher Beamter, der Mitglied des Kirchengemeinderats einer mittelbadischen Gemeinde ist, seinen Protest gegen die Finanzabteilung *nicht* zurückgenommen hat. Dem betreffenden Beamten ist daraufhin vom Herrn Kultusminister nunmehr folgender Erlass zugegangen:

‚In einem an die Finanzabteilung beim Evangelischen Oberkirchenrat Karlsruhe gerichteten von Ihnen als evangelischem Kirchengemeinderat mitunterzeichneten Schreiben des Evangelischen Pfarramts G. vom 1. Oktober 1938 Nr. 381 haben Sie zum Ausdruck gebracht, dass Sie den von dem Evangelischen Kirchengemeinderat und damit auch von Ihnen erhobenen Einspruch gegen die Einrichtung einer Finanzabteilung beim Evangelischen Oberkirchenrat nicht zurückzunehmen in der Lage sind. Sie haben damit gegen eine Massnahme der Reichsregierung Stellung genommen. Dies verträgt sich nicht mit Ihrer Stellung als staatlicher Ruhegehaltsbeamter. Sie werden deshalb darauf aufmerksam gemacht, dass Sie sich durch die Beteiligungen an solchen Protesterklärungen unter Umständen der Gefahr dienstpolizeilichen Einschreitens aussetzen.'
[…]"

1949 „Die Zerstörung der Kirche durch die Finanzabteilung"
Rundschreiben der BK, November 1938; LKA Dek. Müllheim 48

„[…]
Was tut die Finanzabteilung?

Sie „sichert" die Kirche, indem sie die kirchliche Arbeit auf jede mögliche Weise behindert. Beispiele:

1. Notwendige Veränderungen in der Besetzung vieler Pfarreien und Vikariate sind unmöglich, weil die FA sie nicht genehmigt.

2. Die Auszahlung der am 15. Mai gesammelten Kollekte für die evangelische Frauenarbeit erfolgte bis jetzt nicht. Diese Arbeit scheint in den Augen der FA also unnötig zu sein!

3. Das Verbot der Rüstzeit, die in Karlsruhe vom 18.–22. Sept. stattfinden sollte, geht auf das Betreiben der FA zurück. Diese Arbeit – es handelt sich dabei um die Verkündigung des Evangeliums – scheint in den Augen der FA also auch unnötig zu sein!*⁾

4. Die Auszahlung eines Zuschusses an die Karlsruher Kindergärten in Höhe von mehreren tausend Mark an das Mutterhaus Bethlehem wurde nicht genehmigt. Dadurch stehen die meisten Kindergärten Karlsruhes auf dem Spiel. Es scheint also auch diese Arbeit der Kirche der FA nicht allzu wichtig zu sein!

5. Ja auch die Vertretungen der Kirchengemeinden scheinen der FA nicht nötig zu sein. Denn Karlsruhe, Heidelberg und St. Georgen haben bereits ihre ‚Finanzbevollmächtigten', die die Arbeit der Kirchengemeinderäte behindern. Sie helfen also die Bad. Landeskirche ‚sichern'.

[…] Störung der geordneten kirchlichen Arbeit an allen Enden. Das ist das Wesen der FA!! Es muss ja eine Kirche zerstört werden, wenn in ihr Leute eine Gewaltherrschaft aufrichten, unter dem Vorwand der Sicherung der Kirche, die keine berufenen Diener Christi sind, sondern Eindringlinge, die nicht im geringsten daran denken, ihr angemasstes Amt im Gehorsam gegen den Herrn Jesus und sein Wort zu führen. Sein Wort aber sagt deutlich, dass alles, was in der Kirche geschieht, in seinem Namen geschehen soll, wohlverstanden alles, auch die Verwaltung des Vermögens. […] Es ist ein unerträglicher Zustand, wenn die Pfarreien nicht mehr so besetzt werden können, wie es der Lage der Gemeinden entspricht. Es ist unerträglich, wenn der Landesbischof und seine Oberkirchenräte nicht einmal mehr in der Kirche Gottes Wort verkündigen dürfen, wie das bei der Rüstzeit in Karlsruhe geschehen ist, „weil solche Veranstaltungen nicht in kircheneigenen Räumen stattfinden dürfen". Wozu haben wir denn Kirchen? Es ist unerträglich, wenn von den Gemeinden gesammelte Gaben nicht denen gegeben werden, für die sie gesammelt werden. Wozu werden denn Kollekten erhoben? Es ist unerträglich, wenn die Vertretungen der Kirchengemeinden durch sogenannte „Finanzbevollmächtigte" entrechtet werden. Wozu haben wir denn Kirchengemeinderäte?

---

*⁾ Diese ‚21. Freizeit der Badischen Pfarrbruderschaft' konnte dann doch in Nonnenweier statt in Karlsruhe stattfinden – vgl. Dok. 2004.

Das aber sind die Früchte einer FA, die ohne und gegen Gottes Wort sich die Herrschaft über die Kirche anmasst. Eine solche FA ist für die Kirche unerträglich. Darum muss man gegen sie protestieren. [...]

Was tut die FA wider die ‚Protestanten'?

Sie will sie charakterlich und materiell vernichten! Der Pfarrer der protestiert hat, soll seinen Protest zurücknehmen – zurücknehmen heisst aber in diesem Fall wider besseres Wissen und Gewissen handeln und die Kirche um klingenden Judaslohn an die Welt verkaufen – oder er wird schamlos schikaniert. [...]

In diesen Tagen beschlossen badische Pfarrer: ‚*unser gewissensmässiger Protest* dagegen, dass durch die FA die Leitung der Kirche der Kirche Christi genommen und der Nationalkirche ausgeliefert wird, ist unaufgebbar. Wir wissen, dass uns diese Haltung ins Leiden bringt; wir sind bereit und empfehlen unsre Sache Gott'. [...]"

1950 Protest gegen die Bestellung eines Bevollmächtigten der Finanzabteilung für die Evang. Kirchengemeinde Singen a.H., 4. Dezember 1938[*]

LKA GA 9075

„[...]
Der Kirchengemeinderat hat von dem dortigen Schreiben vom 30. Nov. 38 Kenntnis genommen und festgestellt, daß die ihr durch feierlich gegebenes Versprechen des Führers allein zu stehenden Befugnisse zwei Männern übertragen wurden, welche das Vertrauen unserer Kirchengemeinde in keiner Weise besitzen, da sie einer kirchenpolitischen Gruppe (D.C.) angehören, die nach Zerschlagung der Kirche Christi die Errichtung der Nationalkirche erstrebt.

Durch die bereits ausgesprochene Bestellung eines Bevollmächtigten ist unsere mit unendlichem Fleiß aufgebaute, blühende Gemeinde aber auch den schwersten Erschütterungen ausgesetzt, für welche der Kirchengemeinderat unmöglich die Verantwortung tragen kann. Er hat deshalb – aufs tiefste empört durch das ihm zugefügte Unrecht – gestern folgenden Beschluß gefaßt:

‚Da die Finanzen der evang. Kirchengemeinde Singen in jeder Weise in Ordnung sind, kann sich der Kirchengemeinderat mit der Einsetzung eines Finanzbevollmächtigten nicht einverstanden erklären!'

---

[*] Vgl. dazu oben Dok. 1934; vgl. dazu auch Pfr. Dr. Helmut Bier an Reichsstatthalter Robert Wagner, 17. Januar 1939 (GA 9075) und Dok. 1959.

Dieser Beschluß wurde gestern Herrn [Oskar] Geißler und [Fritz] Fesner in freundlicher Weise mit dem Bemerken bekanntgegeben, daß der Vorsitzende nur der Gewalt weichen und nur dann die Dienstgeschäfte übergeben wird, wenn ihn die Staatspolizei dazu zwingt. Denn dann trägt nicht mehr er, sondern allein der Staat die Verantwortung für eine Maßnahme, die den letzten Rest des Vertrauens zur Staatsführung beseitigen muß. Und diese Verwantwortung kann der Unterzeichnete, der von Beginn der Kampfzeit an die Bewegung gestützt und seine Gesundheit dafür geopfert hat, nicht tragen.

[Pfr. Dr. Helmut Bier]"

1951 Dringliches Anmahnen der „Freigabe" der Pfarrkandidaten zum Pfarrdienst

LB an FA, 21. Dezember 1938[*]; LKA GA 4899

„[...]
Am 23. September 1938, also genau vor einem Vierteljahr, haben 25 Kandidaten vor der rechtmäßigen Prüfungskommission ihre 2. theologische Prüfung bestanden und sind als befähigt erklärt worden, ein kirchliches Amt in der badischen Landeskirche zu verwalten. Von diesen 25 sind bis heute nicht mehr als 8 von der Finanzabteilung freigegeben worden. Die anderen werden trotz wiederholten Ersuchens seitens des Oberkirchenrats zurückgehalten. Dabei ist eine ganze Reihe von Pfarreien und Vikariaten infolge Zurruhesetzung, Todesfall oder Erkrankung von Pfarrern unbesetzt, und auf andere Stellen brauchen wir notwendig Hilfskräfte. [...]

Ohne irgendwelchen ersichtlichen Grund, in einer ganz willkürlichen Weise werden über die Kandidaten und zwar z.T. die Tüchtigsten und Fähigsten vorenthalten [!]. Diese sitzen untätig herum, und die kirchliche Arbeit liegt zugleich darnieder, viele Gemeinden sind ohne ausreichende geistliche Versorgung.

Ich ersuche daher die Finanzabteilung wiederholt und aufs allerdringendste, endlich diesem unhaltbaren Zustand ein Ende zu machen und die Kandidaten freizugeben bezw. die Gründe anzuführen, aus denen die F.A. ihre Zustimmung versagt. Anderenfalls bin ich genötigt, mich in dieser Angelegenheit unmittelbar an den Herrn Reichsminister zu wenden und ihn um Abhilfe zu bitten. [...]"

---

[*]) Vgl. dazu LB Kühlewein an RKM Kerrl, 14. Januar 1939 (GA 9075). Vgl. auch Dok. 1937, 1945, 1952 und 1953.

1952 Verhinderung der Berufsausübung durch die FA [vgl. Dok. 1936 und 1953]
Notiz des Landesbischofs über den Besuch eines jungen Theologen, 22. Dezember 1938; LKA GA 4899

„[...]
Am 21.12.38 kam Pfarrkandidat [Reinhold] Guggolz aus Eppingen, um sich nach der Möglichkeit seiner Verwendung zu erkundigen. Ich sagte ihm, daß die FA gelegentlich geäußert habe, er würde voraussichtlich nicht übernommen.

Er meldete sich bei OKr Doerr an, der aber in Urlaub war, und dann bei Oberfinanzrat Gut[t]enberg. Auf den Hinweis, daß er schon 1/4 Jahr untätig warten müsse, auch finanziell auf Beschäftigung angewiesen sei, wurde ihm nur erwidert, ob er denn ‚das theol. Studium als Brotstudium' angesehen habe.

Auf die Frage, ob er in absehbarer Zeit verwendet werde, erhielt er die Antwort, die FA sei nicht gesonnen, ihre Zustimmung zu seiner Übernahme zu geben. In weitere Diskussionen lasse man sich hierüber nicht ein.

Auf eine letzte Frage des Kandidaten, ob ihm die Gründe seiner Nichtzulassung mitgeteilt würden, wurde ihm schroff und kurz geantwortet, dies komme nicht in Frage, es gebe nur ein Ja oder Nein.

Nach dieser ‚Unterredung' mit dem Vertreter der FA kam der Kandidat erschüttert zu mir zurück und sagte, er stehe jetzt nach Vollendung seines Studiums und Ablegung der Prüfung vor dem Nichts und wisse nicht, ob er im geistl. Beruf bleiben oder den Beruf wechseln solle. Ich versprach ihm, im ersteren Falle ihm zu helfen, daß er in Württemberg übernommen werde.

Gefragt, ob er mit der Partei oder mit der Gestapo Zusammenstöße gehabt habe, erklärte er, 2mal sei er verhört worden. [...] Beide Male sei die Sache vom Vertreter der Gestapo als erledigt erklärt worden [...]."

1953 Anmahnung einer „gleichmäßigen und gerechten" Behandlung der Pfarrkandidaten seitens der FA
FA an RKM, 6. Januar 1939; LKA GA 7084

„[...]
Laut angeschlossenem Verzeichnis sind in der 2. theol. Prüfung im Spätjahr 1938 23 Kandidaten der Theologie als bestanden erklärt worden.

[…] Auf Antrag des Oberkirchenrats haben wir zugestimmt, daß von den 23 verbleibenden Kandidaten 18 Kandidaten unter die bad. Pfarrkandidaten aufgenommen werden. Unsere Zustimmung ist gemäß §7 Abs. 2 der 15. DVG. erforderlich.

Bei den Kandidaten Ziff. 3 Gottfried Auffahrt, Ziff. 4 Erhard Bühler, Ziff. 10 Reinhold Guggolz, Ziff. 16 Rudolf Kühnrich und Ziff. 17 Willi Moser beabsichtigen wir, unsere Zustimmung zur Aufnahme unter die bad. Pfarrkandidaten nicht zu erteilen, und zwar als Ergebnis von eingehenden Ermittlungen und Erwägungen, die wir angestellt haben. […]

Wenn wir hinsichtlich der oben aufgeführten 5 Kandidaten unsere Zustimmung zur Aufnahme unter die Pfarrkandidaten nicht erteilen konnten, so war hierfür die Erwägung maßgebend, daß es sich nach unseren durchaus einwandfreien Ermittlungen um junge Theologen handelt, die sich schon bisher vollständig und einseitig im Fahrwasser der sog. Bekenntnisfront hielten und zu der begründeten Befürchtung Anlaß geben, daß sie im Dienste unserer Landeskirche nicht zur Befriedung und Überbrückung der Gegensätze, sondern zu deren Verschärfung beitragen werden. Wir können es aber nicht verantworten, daß durch einen im Sinne der Bekenntnisfront einseitig und scharf eingestellten Nachwuchs die Gegensätze noch weiter verschärft werden, während andererseits durch den Oberkirchenrat bezw. einzelne seiner Mitglieder bisher denjenigen Theologiestudierenden, die z.B. mit der theologischen Richtung der Deutschen Christen nationalkirchliche Einung sympatisierten [!], unumwunden bedeutet wurde, daß für sie in der Bad. Landeskirche kein Platz und keine Möglichkeit vorhanden sei. Bezeichnend für diesen ganz untragbar gewordenen Zustand ist die Tatsache, dass aufgrund der Haltung des Oberkirchenrats Theologiestudierende, die aus ihrer Zuneigung für die Deutschen Christen kein Hehl machen und sich zu einer Änderung ihrer Überzeugung nicht entschliessen können, es schon für zwecklos ansehen, sich überhaupt der Theologieprüfung in Baden zu unterziehen. […]

Überdies erscheint die Versagung der Zustimmung hinsichtlich der zur scharfen Richtung der Bekenntnisfront gehörigen Theologiekandidaten zurzeit und auch in Zukunft als das einzige geeignete Mittel, den Oberkirchenrat zu einer gleichmäßigen und gerechten Behandlung der Kandidaten, ohne Unterscheidung ihrer kirchenpolitischen bezw. theologischen Richtung oder Hinneigung, zu veranlassen. […]"

1954 Die Kirchengemeinde Legelshurst bekräftigt ihren Protest gegen die FA, 20. Januar 1939
LKA GA 4899

„[...]
Der Evgl. Kirchengemeinderat verwahrt sich für seinen Vorsitzenden aufs neue und nachdrücklichste dagegen, [dass] dieser für die ordnungsgemäße Ausführung von einstimmigen Beschlüssen der kirchl. Köperschaften mit einer Ordnungsstrafe bedroht wird und so der Vorsitzende in seiner selbstverständlichen Pflicht, die Beschlüsse des Kirchengemeinderats auszuführen, gehemmt werden soll. Gerade weil der Kirchengemeinderat und dessen Vorsitzender die Vorschriften für die Geschäftsführung und seine Obliegenheiten kennt, beachtet und nicht vernachlässigt, nimmt er nach wie vor diese Haltung ein.

Sollte es die Finanzabteilung erneut für richtig halten, mit diktatorischen Maßnahmen anstatt mit rechtlicher und sachlicher Begründung auf Grund der Kirchenverfassung, der Verwaltungsvorschriften und der ihre Rechte umgrenzenden ministeriellen Verordnungen vorzugehen, so werden sich u.U. der Evgl. Kirchengemeinderat und Kirchengemeindeausschuß in ihrer Gesamtheit genötigt sehen, Rechtshilfe zu suchen. [...]"

1955 Streit zwischen Landesbischof und FA wegen des „Betriebsappells" anlässlich des Jahrestages der Machtübernahme am 30. Januar 1939
LB Kühlewein an RKM, 31. Januar 1939; LKA GA 4899

„[...]
Als Vorsitzender des Evang. Oberkirchenrats, der nach wie vor die oberste Dienstbehörde sämtlicher kirchlichen Beamten und Angestellten ist, habe ich [...] unterm 26. Januar d.J. angeordnet, dass am 30. Januar d.J., dem Tage der Machtübernahme durch die NSDAP, vormittags 9 Uhr, ein Betriebsappell stattfindet, bei welchem ich beabsichtigte, zu den Beamten und Angestellten zu sprechen. Nachdem meine Verfügung heraus war, erliess der Vorsitzende der Finanzabteilung beim Evang. Oberkirchenrat unterm 27. Januar d.J. in voller Kenntnis meiner Verfügung eine Anweisung an die Gefolgschaft der Finanzabteilung beim Evang. Oberkirchenrat, wonach am 30. Januar d.J., vormittags 8 Uhr, ein entsprechender Betriebsappell stattfindet [...]. Ich war daher gezwungen, mit Verfügung vom 28. Januar d.J. Nr. 591 die auf 9 Uhr angesetzte Veranstaltung abzusagen.

Auch dieser Vorgang zeigt wieder, dass die Finanzabteilung keineswegs sich in den durch die 15. DVO gezogenen Zuständigkeitsgrenzen bewegt, sondern darüber hinaus es darauf ablegt, in allen Dingen die massgebliche Kirchenbehörde zu sein. [...]"

1956 Auseinandersetzung zwischen EOK und FA über die Besetzung von Gemeindehelferinnenstellen
EOK an Fa, 31. Januar 1939; LKA GA 9075

„[...]
Der Oberkirchenrat sieht sich gezwungen, gegen das Verfahren der Finanzabteilung bei der Besetzung von Gemeindehelferinnenstellen auf das nachdrücklichste Verwahrung einzulegen.

Das bisher gepflogene und in jeder Hinsicht bewährte Vorgehen bei der Berufung und Anstellung von Gemeindehelferinnen schied in so klarer und einwandfreier Weise zwischen den dabei vorwiegenden geistlichen Belangen und den rechtlich-wirtschaftlichen Maßnahmen, dass auch nach Einrichtung einer Finanzabteilung keinerlei Veranlassung bestand, eine Änderung vorzunehmen. [...]

Diese Bestimmungen lassen nicht den geringsten Zweifel darüber, dass es sich bei den Gemeindehelferinnen nicht um Sekretärinnen, Bürobeamtinnen oder Schreibhilfen handelt. [...] Das Herzstück des Amtes einer Gemeindehelferin ist ebenso wenig ihre fürsorgerische oder wohlfahrtspflegerische Tätigkeit, sondern geistlicher Laiendienst mit ausgesprochen seelsorgerischer Ausrichtung. [...]

Weil es sich um eine mit der pfarrerlichen Tätigkeit äusserlich und innerlich verbundene Arbeit handelt, hat der Oberkirchenrat in enger Fühlung mit der Ev.-soz. Frauenschule in Freiburg an der Aufstellung des Lehrplanes für die Ausbildung der Gemeindehelferinnen, am ganzen Ausbau dieses für unsere Kirche immer mehr unentbehrlich werdenden Dienstes, an den jährlichen Abschlussprüfungen bestimmenden und wirksamen Anteil genommen. [...]

Wie bei Pfarrern und Vikaren ist [...] die Frage der persönlichen Eignung und das Urteil über vorhandene oder mangelnde Fähigkeiten von entscheidender Bedeutung. [...] Wir stellen lediglich die Tatsache fest, dass für die Finanzabteilung eine solche Möglichkeit nicht besteht.

[Es folgt die Zusammenfassung dreier Einzelfälle aus Pforzheim, Mannheim-Neckarau und nochmals Pforzheim].

[...] Der Oberkirchenrat lehnt jedenfalls das Vorgehen der Finanzabteilung in Gemeindehelferinnenangelegenheiten entschieden ab. Unter den dargelegten Verhältnissen lehnt er es ab, die bis jetzt ergangenen Entscheidungen „zur Kenntnis zu nehmen", sich dazu zu äussern, oder was ihm sonst an Stellungnahme dazu angesonnen wird. Er lehnt es aber auch ab, zu diesem Verfahren wie zu den bisherigen Vorgängen zu schweigen. [...]"

1957 Ablehnung eines Anhangs zum Gesangbuch durch die FA
Vors. der FA an den EOK,14. Februar 1939; LKA GA 9075

„[...]
Für die Entscheidung der Finanzabteilung darüber, ob sie ihre Zustimmung dazu geben kann, daß der ihr vorgelegte Entwurf für einen kirchenamtlichen Anhang zum badischen evang. Gesangbuch auf Grund des Verlagsvertrags mit der Verlagsbuchhandlung Schauenburg in Lahr herausgegeben werden kann, ist maßgebend, ob der Badischen Landeskirche durch die Herausgabe des Anhangs aus dem Verlagsvertrag mit der Verlagsbuchhandlung Schauenburg finanzielle Verpflichtungen erwachsen können. Um darüber ein sachlich begründetes Urteil gewinnen zu können, habe ich drei Gutachten über die in den Anhang aufzunehmenden Lieder bei den auf hymnologischem Gebiet als Sachverständige anzusprechenden Professoren Lic. Paul Sturm in Heidelberg, Professor Dr. [Wilhelm] Knevels in Heidelberg und Pfarrer Dr. [Hermann] Wallenwein in Heddesheim erhoben. Ich bin auf Grund dieser drei Gutachten, von welchen ich Abschriften zur gefl. Kenntnisnahme mitteile, zu der Überzeugung gekommen, daß die Herausgabe des Anhangs nicht ohne Risiko für die Badische Landeskirche ist, denn der Anhang wird nach meinem Ermessen bei dem überwiegenden Teil der Gottesdienstbesucher in Stadt und Land nur geringe Gegenliebe finden, dagegen in hohem Maße, sei es durch passiven oder offenen Widerstand, weithin Ablehnung erfahren. Ich bin wegen dieses Risikos [...] nicht in der Lage, der Herausgabe des vorliegenden Entwurfs eines Gesangbuchanhangs zum badischen evang. Gesangbuch meine Zustimmung zu geben. [...]

Ich darf darauf hinweisen, daß den bisherigen Versuchen, das badische Gesangbuch durch altes Liedergut zu ergänzen, ein Erfolg nicht beschieden war. [...] Das, was den Kirchenbesuchern und den Geistlichen fehlt, ist ein den wirklichen Bedürfnissen der Gegenwart dienender Anhang zum Gesangbuch, solange es nicht möglich ist, ein völlig neues Gesangbuch zu schaffen. Dieser Anhang müsste in der Hauptsache das neue Liedergut bringen, das aus dem Glauben und inneren Erleben der Gegenwart heraus geboren ist und deshalb unser Volk wieder in die evang. Kirche herein- und nicht heraussingen wird. Damit würde in bestem Sinne volksmissionarischer Dienst geleistet werden. Dem steht nicht im Wege, dass etwa ein Dutzend der uns noch fehlenden kernigsten und auch kirchenmusikalisch ansprechenden Lieder des Reformationsjahrhunderts in den Anhang aufgenommen werden.

[...] Da mir sehr viel daran gelegen ist, daß ein den Bedürfnissen der Gegenwart entsprechender Gesangbuchanhang zustande kommt, gebe ich dem Oberkirchenrat anheim, unter Benützung der vorliegenden Gutachten und unter Zuziehung der bereits gehörten Sachverständigen einen neuen Anhang zum badischen Gesangbuch zusammen stellen zu lassen.

[Dr. Lang]"

1958 Forderungen der FA an die Pfarrkandidaten, Schreiben vom Mai 1939
LKA GA 7084[*)]

„[...]
Zur Entscheidung darüber, ob die Finanzabteilung ihre Zustimmung dazu geben kann, daß Sie in den Dienst der Bad. Evang. Landeskirche aufgenommen werden, ist notwendig, daß Sie uns bis spätestens 15. Mai 1939 [...] folgende Unterlagen einreichen:

1. einen selbstgeschriebenen Lebenslauf, aus dem insbesondere Ihre Betätigung in der NSDAP, in ihren Gliederungen und in den ihr angeschlossenen Verbänden ersehen werden kann,

2. den Nachweis Ihrer arischen Abstammung in dem Umfange, wie er für die Beamten des Reichs vorgeschrieben ist, also bis einschließlich der Großeltern,

3. Bescheinigungen der NSDAP, ihrer Gliederungen oder der ihr angeschlossenen Verbände über Ihre Mitgliedschaft, die Dauer derselben und Ihre Mitgliedsnummer,

4. im Falle der bereits erfolgten Ableistung der Wehrpflicht, Bescheinigungen des Bürgermeisteramts über die Dauer des abgeleisteten Wehrdienstes, über Übungen in der Wehrmacht und den dabei erreichten Dienstgrad,

5. eine Erklärung über Ihre staatspolitische Einstellung und Ihre Unterstellung unter die Anordnungen des Herrn Reichsministers für die kirchl. Angelegenheiten unter Benützung des anliegenden Vordruckes.

[...]"

[*)] Vgl. Dok. 1937 und 1945.

1959 Abbruch jeder Verbindung mit dem Finanzbevollmächtigten durch die Kirchengemeinde Singen a.H., 12. März 1939
LKA GA 9075 *[vgl. Dok. 1950]*

1959a Darstellung der kirchenpolitischen Lage in Singen

„[...]
Der Kirchengemeinde Singen wurde am 15.12.38 unter Androhung von Polizeimaßnahmen grundlos ihr gesamtes Vermögen (zus. c. 30.000 Mk) genommen u. ein Finanzbevollmächtigter eingesetzt. Dieser droht dem Pfarrer dauernd mit der Polizei, will den Inhalt eines jeden Ferngesprächs gemeldet haben, versucht, den kirchenfeindlichen Thüringer „D. Christen" unsere Kirche zu öffnen, prüft die kleinste Bestellung, lehnt den Bau eines dringend notwendigen Gemeindehauses ab, weigert sich, den ‚Gelben Monatsspruch' künftig zu bezahlen u. versucht, den Pfarrer zu seinem willenlosen Werkzeug u. sich zum ‚Bischof von Singen' zu machen.

[...] Empört über diese Gewaltmaßnahmen opfert die Gemeinde weithin nicht mehr. Im Vergleich mit dem Vorjahr beträgt der Opferausfall bis Ende Februar 421 Mk. [...]

In dieser Notlage hatte eine Gemeindeversammlung vom 5.2.39 beschlossen: a.) Wenn uns kein Einblick in die Verwendung unserer Gelder gewährt wird, ist jede Verbindung mit dem Bevollmächtigten (Geissler) abzubrechen. Die Gemeinde wird dann durch freiwillige im Pfarrhaus abzugebende Gaben die laufenden Ausgaben der Kirchengemeinde bestreiten. b.) Gleichzeitig wurde der Bevollmächtigte als jahrzehntelang unkirchlich, heute kirchenfeindlich abgelehnt. Denn niemals können wir einem Freund der Nationalkirche unser stattliches Vermögen anvertrauen!! – –

Der Unterzeichnete, dem die Bewegung nach ihren eigenen Worten zu großem Dank verpflichtet ist, hat seit Jahren die gemeinste Hetze aus dem Hinterhalt der Gemeinde wegen ertragen. Er hat in letzter Zeit bei den höchsten Stellen der Kirche, des Staates, der Partei u. der Wehrmacht um Beseitigung dieses ungerechten u. daher undeutschen Zustandes dringend gebeten – – leider ohne Erfolg. [...]

[So] haben wir uns – gestützt auf die Gemeindeversammlung vom 5.2. – entschlossen, von heute an jede Verbindung mit dem Finanzbevollmächtigten zu lösen. 4 Jahre haben wir Tag und Nacht um die Seele der Gemeinde gerungen. Der Herr über Leben und Tod stärke uns nun in dem Kampf, den wir zu seiner Ehe führen. Ich grüße alle Leser mit Matth. 10, 32–33.

[...] Dr. Helmut Bier, Pfr."

1959b Schreiben an die FA, 12. März 1939

„[...]
Die Kirchengemeinde Singen hat wiederholt versucht, mit der Finanzabteilung friedlich zusammenzuarbeiten. [...] Es bestand also kein Grund, unsere erfolgreiche Aufbauarbeit durch die Einsetzung eines Bevollmächtigten in empfindlichster Weise zu stören und durch diesen unberechtigten Eingriff die Gemeinde bis tief hinein in die Reihen der Formationen zu verbittern und vor den Kopf zu stoßen.

Herr Dr. Doerr und Herr Dr. Lang haben es nicht einmal für notwendig gehalten, eine Abordnung von Singen in ihrem eigenen Hause zu empfangen, obwohl diese von dem aufrichtigen Wunsche beseelt war, die schwebenden Fragen auf friedlichem Wege zu lösen! Wie Bettler wurden Männer nach Hause geschickt, die Staat und Kirche treu und selbstlos jahrzehntelang gedient hatten!

Trotzdem haben wir im Februar 39 versucht, durch maßvolle Vorschläge eine weitere Zusammenarbeit mit der F.A. zu ermöglichen. Aber auch dieser Versuch scheiterte an der unverständlichen Haltung der Finanzabteilung.

Wie aus der Anlage hervorgeht, haben wir uns nun entschlossen, von heute an alle Beziehungen mit dem Bevollmächtigten abzubrechen. Wir sind bereit, nur dann den Verkehr mit der F.A. wieder aufzunehmen, wenn Herr Geissler durch einen kirchentreuen Mann ersetzt wird, und wir mindestens vierteljährlich Einblick in die laufende Rechnung erhalten. [...]"

1960 Feststellung der FA, dass zahlreiche Proteste gegen die FA zurück genommen worden seien und dass weitere Erklärungen über die Rücknahme des Protestes nicht mehr zur Kenntnis genommen würden
FA an alle Evang. Dekanate, Evang. Pfarrämter und Evang. Kirchengemeinderäte, 28. März 1939; LKA GA 4899

„[...]
Auf meine Aufforderung vom 14. Juli 1938 Nr. A 596 [Dok. 1911] haben weitaus die meisten derjenigen Geistlichen und Kirchengemeinderäte, welche bei den vom Evang. Oberkirchenrat veranstalteten Protestkundgebungen am 31.5.1938 und späterhin bei anderen Anlässen gegen die Einrichtung der Finanzabteilung beim Evang. Oberkirchenrat Karlsruhe durch den Herrn Reichsminister für die kirchlichen Angelegenheiten protestiert hatten, im Laufe der letzten Monate ihre Unterschrift und die

Protestkundgebung durch ausdrückliche Erklärung zurückgezogen. Ich nehme an, daß diejenigen Geistlichen und Kirchengemeinderäte, welche aus besserer Einsicht ihre Meinung über die Rechtmäßigkeit der Massnahme des Herrn Reichsminister für die kirchlichen Angeleneheiten geändert haben, nunmehr sich wieder wohl alle auf den Boden der Legalität gestellt haben und daß diejenigen Geistlichen, welche erst jetzt sich veranlaßt sehen, ihren Protest zurückzunehmen, dies nur aus dem Grunde tun, um keine persönliche Benachteiligung durch die Finanzabteilung dann zu erfahren, wenn sie, sei es zu einer Versetzung, sei es zur Erlangung einer geldlichen Hilfe für ihre Kirchengemeinde oder für sich selbst, der Hilfe der Finanzabteilung bedürfen. Ich bin deshalb von jetzt an nicht mehr in der Lage, Geistlichen und Kirchengemeinderäten, welche in der Zukunft ihre Unterschrift unter eine Protestkundgebung zurücknehmen, genau so zu behandeln wie diejenigen Geistlichen und Kirchengemeinderäte, welche sich von jeder Protestkundgebung ferngehalten haben oder sehr bald die Irreführung, der sie zum Opfer gefallen sind, eingesehen haben. Ich sehe mich außerstande, noch einkommenden Erklärungen über die Rücknahme des Protestes eine Bedeutung beizumessen.

gez. Dr. Lang"

1961 Reaktion der Kirchengemeinden Pforzheim und Brötzingen auf die Einsetzung eines Bevollmächtigten der FA in Pforzheim, 17. Mai 1939

LKA GA 4899

„[...]
Sie haben mit Verfügung vom 31. März 1939 in den Kirchengemeinden Pforzheim und Pforzheim-Brötzingen auf Grund der 15. Verordnung vom 25. Juni 1937 zur Durchführung des Gesetzes zur Sicherung der deutsch-evangelischen Kirche vom 24. September 1935 einen Finanzbevollmächtigten eingesetzt, der ausschliesslich Ihnen als einer staatlichen Stelle für Verwaltung und Finanzgebahren [!] der Kirchengemeinden verantwortlich ist. Als Mitglieder der Kirchengemeinderäte, die [...] Recht und Pflicht an der Verwaltung- und Geschäftsführung der Kirchengemeinden hatten, gestatten wir uns, Ihnen folgende Erklärung abzugeben:

Wir können und wollen Ihnen nicht bestreiten, dass Ihre Verfügung nach der 15. Verordnung dem Buchstaben nach legal ist. Wir sehen zu deutlich die Kannvorschrift in Absatz 3 des § 4. Allerdings sehen wir nicht ein, wieso die staatliche Aufsicht über die kirchlichen Finanzen nach § 4 Absatz 1 Satz 1 die Entmündigung der Kirchengemeinden verlangt. [...]

Darum steht uns fest, dass der Weg Ihrer Verfügung nicht dem Wesen der deutsch-evangelischen Kirche entspricht und im Widerspruch 1. mit der Kirchenverfassung und 2. mit dem Bekenntnis unserer Kirche steht.

[...] Darnach ist die Kirche in Sachen der Kirche, ihrer Lehre und Ordnung, allein zu urteilen und zu entscheiden berufen. [...]"

1962 Diskreditierung des EOK durch die FA beim Reichskirchenminister, 4. Juli 1939
LKA GA 9075

„[...]
Auf den Erlass vom 17.2.39 – I/LO/808/39.

Ich bin nicht in der Lage, den OKR zu einer Stellungnahme über die von mir beabsichtigten Massnahmen und über etwaige, von mir zu treffenden Entscheidungen organisatorischer Art aufzufordern. Ich habe dem OKR einige Vorschläge über Massnahmen, welche sich auf die Aufhebung von kleinen Pfarrstellen beziehen, gemacht. Der OKR hat, statt in eine sachliche Erörterung seinerseits einzutreten, sie dazu benützt, erneut gegen die FA im Kirchenvolk zu hetzen, indem er den in Betracht kommenden Kirchengemeinden bzw. ihren Vertretungskörperschaften von den Vorschlägen der FA Kenntnis gegeben und die zuständigen Dekane veranlasst hat, Versammlungen dieser Vertreterkörperschaften abzuhalten, in welchen eine Ablehnung der Vorschläge der FA beschlossen wurde. [...]

Bei der ganzen Einstellung des OKR Karlsruhe zur Einrichtung der FA durch den RKM ist eine erspriessliche Fühlungnahme mit dem OKR zur Herbeiführung sachlicher Entscheidungen ganz ausgeschlossen. Wenn sie trotzdem von mir verlangt werden sollte, bin ich vor die Entscheidung gestellt, zu prüfen, ob mir unter diesen Umständen die Leitung der FA noch möglich ist.

Ich werde in Bälde zu der Beschwerde des Landesbischofs vom 18.2.39, welche mir mit Aufschriftserlass des Herrn RM vom 9.3.39 – I/II/245/39 – zur Stellungnahme mitgeteilt wurde, Stellung nehmen und den Beweis dafür antreten, dass der OKR Khe. als ein die staatliche Ordnung und die Ruhe der Kirchengemeinden bedrohender Gefahrenherd längst den Anspruch darauf verwirkt hat, seitens des Herrn RM oder seitens einer anderen staatlichen Stelle noch als eine sachlich urteilende Behörde, welche ihre Aufgabe in einer sachgemässen Ausübung der Kirchenleitung sieht, gewertet zu werden. Der OKR Khe. ist völlig unfähig, anders als in einer übersteigerten Intoleranz und giftigen Unsachlichkeit und voll Hass gegen die den Staat und seine Massnahmen gegenüber der Kirche vertretende FA zu handeln. [...]"

1963 Wunsch der FA nach Abänderung der Kirchenverfassung bezüglich der Besetzung von Pfarrstellen

FA an Präsidenten der Deutschen Kirchenkanzlei, 28. Juni 1939[*)]; LKA GA 9075

„[...]
Es wurde durch das [...] kirchl. Gesetz vom 19. September 1933 vorgeschrieben, daß bis zum Inkrafttreten des Pfarrbesetzungsgesetzes die Besetzung der Pfarrstellen, soweit sie nicht Patronatspfarreien sind, ausschließlich im Wege der Ernennung durch den Landesbischof nach Anhörung des Evang. Oberkirchenrats erfolgt. [...]
Ich bitte den Herrn Präsidenten der Deutschen Evang. Kirchenkanzlei [...] vorzuschreiben, daß für den Übergang folgendes Pfarrbesetzungsverfahren mit Wirkung vom 1. Juli 1939 Anwendung findet.
1. Die zur Besetzung freiwerdenden Pfarrstellen sind durch den Evang. Oberkirchenrat zur Bewerbung öffentlich auszuschreiben.
2. Die Bewerber haben ihre Bewerbungen beim Evang. Oberkirchenrat einzureichen.
3. Der Evang. Oberkirchenrat übersendet alsdann die eingegangenen Bewerbungen unverzüglich der Finanzabteilung.
4. Die Finanzabteilung bespricht mit dem Kirchengemeinderat (bei zusammengesetzten Kirchengemeinden mit dem Gesamtkirchengemeinderat) die eingegangenen Bewerbungen und hört die Wünsche derselben an.
5. Die Finanzabteilung wählt nach Anhörung des Kirchengemeinderats oder des Gesamtkirchengemeinderats aus den eingegangenen Bewerbungen drei aus und schlägt dieselben dem Landesbischof zur Ernennung nach Auswahl vor.
6. Der Landesbischof ernennt aus den drei von der Finanzabteilung vorgeschlagenen Bewerbern einen derselben zum Pfarrer.

Zur Begründung dieses meines Vorschlags trage ich vor: Das [...] Pfarrbesetzungsrecht in der Badischen Evang. Landeskirche [ist] die Quelle der starken Unzufriedenheit, welche land auf land ab gegen die derzeitige Kirchenleitung vorhanden ist, indem in außerordentlich rücksichtsloser Weise auf dieses Pfarrbesetzungsrecht gestützt die Besetzung der Pfarrstellen im wesentlichen mit Pfarrern der Bekennenden Kirche oder doch mit solchen Pfarrern, welche ihr nahestehen, durch die Kirchenleitung erfolgt. In der Badischen Evang. Landeskirche ist seit dem Jahr 1933 jede Mitwirkung des Laienelements bei der Besetzung der Pfarrstellen ausgeschlossen, es ist also ein durchaus protestantischer Gedanke seitdem völlig unterdrückt. Die Folge davon ist, daß die jungen Geistlichen, welche ein Pfarramt in der Badischen Evang. Landeskirche anstreben, der Kirchen-

---
[*)] Vgl. dazu die Entgegnung von LB Kühlewein vom 2. August 1939 (ebd.).

leitung unbedingt genehm sein müssen. So ist es gekommen, daß in Baden ein junger Theologenstand besteht, dem völlig das Rückgrat gebrochen ist, weil er im Interesse seines Ankommens als Pfarrer und seines Fortkommens als Pfarrer sich ganz auf die Wünsche der Kirchenleitung einstellen muß. Pfarrer, welche in kirchenpolitischer Hinsicht der sogenannten Mitte angehören, sind nur in ganz geringer Anzahl auf Pfarrstellen angekommen. Noch weniger sind junge Vikare, von denen bekannt war, daß sie sich zu den ‚Deutschen Christen' rechnen, Pfarrer geworden, ohne daß die Kirchenleitung sich vorher von ihnen hat Versprechungen machen lassen, die dieselben in ihrer kirchlichen Haltung binden sollten. Es ist deshalb dringend notwendig, daß der protestantischen Forderung, daß die Gemeinde bei der Besetzung einer Gemeindepfarrstelle mitzuwirken habe, wieder zu ihrem Rechte verholfen wird und daß die der katholischen Kirche entnommene Diktatur des Priesterelementes gebrochen wird. […]"

B Während des Zweiten Weltkriegs

1964 Verzögerung von Pfarrstellenbesetzungen durch die FA aus kirchenpolitischen Gründen
LB an RKM, 13. Oktober 1939*⁾; LKA GA 4899

„[...]
In einer Anzahl von Fällen, in denen die Kirchenbehörde bei der Finanzabteilung den Antrag auf Zustimmung nach § 7 Abs. 2 der 15. DVO. gestellt hat, ist diese Zustimmung entweder ohne Angabe von Gründen oder bei der Besetzung von Pfarr- und Dekanatsstellen unter dem Hinweise versagt worden, daß die Gründe hierfür staatspolitischer Art seien. Das Ersuchen der Kirchenbehörde, die einzelnen Tatsachen, die einen solchen schwerwiegenden Verdacht rechtfertigen, mitzuteilen, wurde immer kurzerhand abgelehnt. Dieses fortgesetzte, für eine geordnete Kirchenverwaltung unerträgliche Verfahren und ein eben sich wieder zutragender Fall gibt mir Veranlassung, mich beschwerdeführend an den Herrn Reichsminister zu wenden. [...]

Ich bitte den Herrn Reichskirchenminister, der Finanzabteilung Anweisung zu erteilen, im vorliegenden Fall umgehend ihre Zustimmung zu geben und in künftigen Fällen, wenn wirklich staatspolitische Bedenken bestehen, die Kirchenbehörde über die dahinweisenden Vorgänge ins Bild zu setzen, damit ich mit dem Oberkirchenrat bei Begründetheit der Vorwürfe für Abstellung der Mängel Sorge tragen kann. [...]"

1965 Verweigerung der Zustellung der Runderlasse der FA an den EOK
EOK an FA, 13. Oktober 1939; LKA GA 4899

„[...]
Wir haben die Expeditur des Evang. Oberkirchenrats angewiesen, alle Runderlasse, die die Finanzabteilung herausgibt, alsbald dem Herrn Landesbischof und den Mitgliedern des Oberkirchenrats zuzustellen. Der Vorstand der Expeditur hat uns erklärt, dass er dies nur mit Genehmigung der Finanzabteilung tun dürfe [...]."

---

*⁾ Vgl. Beschwerde LB Kühleweins gegenüber RKM wegen Nichtbesetzung von Pfarreien, 15. Juli 1939 (GA 9075).

1966 Erörterung von Maßnahmen, um dem Treiben der FA in Baden Einhalt zu gebieten.
LB Kühlewein an LB Marahrens, 13. November 1939; LKA GA 9075

„[...]
In der ganzen Angelegenheit scheint mir die Ebene, auf der sie [eine Beschwerde vom 20. Oktober 1939] ordnungsmässig nur behandelt werden kann, völlig verschoben. Nach dem Schreiben des Herrn Reichsministers vom 9.11.1939 hat es den Anschein, als ob meine Beschwerden gegen die Finanzabteilung so erledigt werden sollen, daß ich mit dem Vorsitzenden der Finanzabteilung als klagende oder beklagte Partei vor dem Herrn Ministerialdirigenten Dr. Stahn erscheinen soll, der gewissermaßen als Unparteiischer dann die Entscheidung fällt. In Wirklichkeit liegen aber doch die Dinge so, daß der Vorsitzende der Finanzabteilung nichts anderes ist als der Beauftragte des Herrn Ministerialdirigenten bezw. des Herrn Ministers. Der entscheidende Richter ist also Partei. [...] Darüber hinaus glaube ich aber, daß unser Angehen gegen die fortgesetzten Übergriffe der F.A. nicht nur eine badische Sache ist, sondern alle deutschen Landeskirchen berührt. Denn wenn hier die F.A. schließlich mit Erfolg arbeiten würde, bezweifle ich nicht, daß die Methode auch noch an anderer Stelle angewendet würde. Ich habe mir daher erlaubt, den Herrn Reichsminister, da es sich hier um eine ganz grundsätzliche Sache handelt, um eine persönliche Besprechung mit ihm selbst zu bitten und wäre dankbar, wenn Sie, sehr verehrter Herr Kollege, mit dabeisein könnten. [...]"

1967 Unterstützung der Nationalkirchlichen Einung Deutsche Christen durch die FA
Protestschreiben von LB Kühlewein an das RKM, 5. April 1940; LKA GA 4899

„[...]
Wie ich in Erfahrung bringen musste, hat die Finanzabteilung beim Evang. Oberkirchenrat Karlsruhe die Evang. Landeskirchenkasse angewiesen, an die ‚Arbeitsgemeinschaft nationalsozialistisch geführter Kirchen' in Eisenach' ‚zur Stärkung des Fonds und Förderung des religiösen Friedens' 15.000 RM auszuzahlen. Ich muss annehmen, dass diese Auszahlung auch tatsächlich erfolgt ist. [...]

Eine ‚Arbeitsgemeinschaft nationalsozialistisch geführter Kirchen' ist mir nicht bekannt. Ich vermute aber, dass es sich hier um die Reichsleitung der Nationalkirchlichen Einung Deutsche Christen in Eisenach handelt. Jedenfalls dürfte kein Zweifel sein, dass hier aus allgemein kirchlichen Mitteln eine kirchenpolitische Gruppe geldlich unterstützt worden ist in einem Ausmass, das in keinerlei Verhältnis zu der Bedeutung dieser Gruppe im Bereich unserer Landeskirche steht. Es wird mir nun auch klar, woher die Nationalkirchliche Einung Deutsche Christen die Geldmittel genommen hat, um eine Versammlungswelle nach der anderen über den Bereich unserer Landeskirche ergehen zu lassen, deren Gemeinden so gut wie in allen Fällen diese kirchenpolitischen Bestrebungen abgelehnt haben und ablehnen. Es liegen mir Berichte vor, wonach die Thüringer und anderwärts in das Land gekommene Redner ihre Versammlungen nicht abhalten konnten, weil keine oder nur wenig Zuhörer erschienen waren. Ich bin der Auffassung, dass die Finanzabteilung mit dieser Geldauszahlung, durch die alles andere geschehen war als die Förderung des religiösen Friedens, sich für kirchenpolitische Ziele eingesetzt hat und bei dem Ausmass, wie dies geschehen ist, in gröblicher Weise ihre Zuständigkeit überschritten hat.

Ich darf den Herrn Reichsminister bitten, die Angelegenheit zu untersuchen, und wenn meine Angaben richtig sind, die Finanzabteilung zur Rechenschaft zu ziehen. Für eine Mitteilung des Veranlassten wäre ich dem Herrn Reichsminister zu Dank verpflichtet. [...]"

1968 Vorschläge LB Kühleweins für eine Besprechung im RKM am 19. Januar 1940 und Absage der Besprechung durch das RKM, 6. Januar bzw. 9. Januar 1940
LKA GA 4899

1968a

„[...]
Den Eingang Ihrer Einladung zu einer Besprechung verschiedener Angelegenheiten auf Freitag, den 19. Januar 1940, vormittags 11 Uhr, bestätige ich und werde zur genannten Zeit bei Ihnen erscheinen. Aus der Einladung ersehe ich, dass auch der stellvertretende Vorsitzende der Finanzabteilung, Herr Oberkirchenrat Dr. Doerr, zu der Besprechung geladen ist. [...]

Sie wissen, Herr Reichsminister, dass ich zusammen mit dem Oberkirchenrat und etwa zwei Drittel der Geistlichen seinerzeit gegen die Einrichtung einer Finanzabteilung die ernsthaftesten Bedenken erhoben habe, weil ich in dieser Massnahme eine Gefährdung, ja Zerstörung der Ordnung und des Bekenntnisstandes der Landeskirche befürchtet habe. Diese Befürchtungen sind leider durch den Lauf der Geschehnisse bestätigt. Ich war im Lauf der anderthalb Jahre, seitdem die Finanzabteilung besteht, genötigt, immer wieder mich beschwerdeführend an Sie, Herr Reichsminister, zu wenden. Diese Beschwerden haben, wie ich glaube, den eindeutigen Beweis dafür erbracht, dass durch die Einrichtung einer Finanzabteilung [...] die Ordnung der Landeskirche, wie sie durch ihren Bekenntnisstand und ihren rechtlichen Aufbau gegeben ist, nach und nach ihrer Auflösung entgegengehen muss. [...] Wenn ich nunmehr aus den [...] zuletzt genannten Schreiben sogar entnehmen muss, dass die Finanzabteilung als ‚Kirchenbehörde' bezeichnet wird, was sie doch rechtlich gar nicht sein kann, so müssen sich meine Befürchtungen auf das äusserste steigern [...]. Es wird niemanden [!] begreiflich gemacht werden können, wie eine solche Gestaltung der Dinge erfolgt sein soll ‚zur Wiederherstellung geordneter Zustände' in unserer Landeskirche [...]. Da es sich hierbei aber keineswegs nur um Dinge handelt, die allein für die badische Landeskirche in Betracht kommen, sondern ganz allgemein um die Frage der Möglichkeit und Aufrechterhaltung von Finanzabteilungen bei den Landeskirchen, so halte ich es für erforderlich, dass auch der Herr Vorsitzende des Vertrauensrats der DEK, Herr Landesbischof D. Marahrens, an der Besprechung teilnimmt. [...]"

1968 b

„[...]
Ich sehe mich auf Grund Ihres Schreibens veranlaßt, die für den 19. Januar d.Js. vorgesehene Besprechung mit Ihnen hierdurch abzusagen. Ich werde lediglich den stellvertretenden Vorsitzenden der Finanzabteilung am 19. Januar empfangen. [...]"

1969 Erklärung der FA zur Aufstellung des Haushalts-Voranschlags, 2. Februar 1940
LKA GA 4899

„[...]
Um aber den wiederholt vom Evang. Oberkirchenrat geäusserten Wünschen auf möglichst frühzeitige Beteiligung bezw. Anhörung zur Haushaltsfestsetzung entgegenzukommen, behändigen wir in der Anlage [...] einen Stellenplan und ein Verzeichnis nebst Veränderungsliste Nr. 1 für die vorhandenen Pfarrstellen als Grundlage des Besoldungsaufwandes, die wir mit der Bestimmung aufgestellt haben, auf die zukünftige Entwicklung im Sinne von Einsparungen hinzuwirken. Denn es sei bereits in diesem Zusammenhang darauf hingewiesen, dass, soweit wir dies jetzt schon überblicken können, mit einem Fehlbetrag zu rechnen sein wird, und deshalb auf tunlichste Sparsamkeit Bedacht genommen werden muss. Dies gilt erst recht angesichts der gegenwärtigen Kriegslage und der

dadurch hervorgerufenen oder als möglich in Rechnung zu stellenden Auswirkungen auf die kirchliche Finanzwirtschaft. [...] Nach unseren Erfahrungen wird leider zu erwarten sein, dass der Evang. Oberkirchenrat hier das Ziel verfehlt. [...]"

1970 Stellungnahme des EOK zur Aufstellung des Haushalts-Voranschlags, 22. Februar 1940
LKA GA 4899

„[...]
Die Kirche hat allein ihre Daseinsberechtigung aus dem ihr gewordenen Auftrag, das Evangelium zu verkünden und die daraus sich ergebende Tat der Liebe zu tun. Soweit die Kirche hierfür einer Organisation bedarf, kann diese logischerweise nur so aufgebaut sein, daß alles darauf abgestellt wird, in möglichst weitem Kreis und in möglichst nachdrücklicher Form den Auftrag zu erfüllen. [...] Das ist der Maßstab, an welchem Einrichtung, Umfang und Arbeitsweise kirchlicher Oberbehörden gemessen werden müssen. [...] Wohl aber haben wir der Finanzabteilung zu sagen, daß Sie vom ersten Tage ihres Daseins an bestrebt war, sämtliche Leitungs- und Verwaltungsgeschäfte der Landeskirche in irgend einer Weise an sich zu ziehen [...]. Hätte die Finanzabteilung sich mit einer strengen Einhaltung ihrer Befugnisse begnügt, ja sich sogar darum bemüht, sich im wesentlichen nur um die Wahrnehmung der jura circa sacra zu kümmern, [...] wäre es nicht nötig gewesen, die Zahl der Mitglieder [...] zu vermehren [...] und etwa 10 neue Büroräume zu beanspruchen und dafür das Inventar anzuschaffen. All diese Ausgaben sind deshalb völlig unnötig. [...]

Es handelt sich aber nicht nur um diese Dinge, sondern auch darum, daß in etwa 50 Fällen Finanzbevollmächtigte eingesetzt worden sind, die allenthalben Geldentschädigungen erhalten, ohne daß jedenfalls in den allermeisten Fällen die von der 15. DVO geforderten Voraussetzungen dafür vorlagen. Schließlich – um nur noch ein weiteres anzuführen – hat durch die Art und Weise, wie die Finanzabteilung die Geschäfte und den Verkehr mit der Kirchenbehörde führt, das Schreibwerk einen Umfang angenommen, der nur als künstlich aufgeblasen und überflüssig bezeichnet werden kann.

[...] Die Erkenntnis, daß die Kirche kein Staat ist, und daß eine kirchliche Verwaltung vom Ausmaß derjenigen unserer Landeskirche nicht so geführt werden kann wie eine Staatsverwaltung, bleibt der Finanzabteilung offenbar verschlossen. [...]"

1971 Verweigerung der Ernennung des Dekans von Pforzheim-Stadt durch die FA trotz Anweisung des RKM

LB an RKM, 5. März 1940; LKA GA 4899

„[…]
Zu meinem lebhaften Bedauern sehe ich mich genötigt, in Sachen der Besetzung des Evang. Dekanats Pforzheim-Stadt mich noch einmal an den Herrn Reichsminister zu wenden. Nachdem der Herr Reichsminister mit Erlaß vom 14. Dezember 1939 I 14442 II/39 und 15223/39 entschieden hat, daß seitens der Finanzabteilung zu der Wiederernennung des Pfarrers Oskar Weber zum Dekan die Zustimmung erteilt werden kann, hat die Finanzabteilung unterm 9. Januar 1940 Nr. A 198 mitgeteilt, daß sie nicht in der Lage ist, diese Zustimmung zu erteilen, da Dekan Weber sich immer noch nicht veranlaßt gesehen hat, seinen Widerspruch gegen die Errichtung der Finanzabteilung zurückzunehmen. Der Oberkirchenrat hat darauf Dekan Weber nahegelegt, eine entsprechende Erklärung abzugeben, und diese Erklärung unterm 25. Januar 1940 der Finanzabteilung zugehen lassen mit dem erneuten Antrag um Zustimmung. Die Finanzabteilung hat die ganze Angelegenheit nun wiederum einen Monat liegen lassen und unterm 1. März 1940 von Dekan Weber die Unterzeichnung der in Abschrift angeschlossenen Erklärung verlangt mit dem Bemerken, daß sie bereit ist, seiner Wiederernennung zum Dekan zuzustimmen, sobald diese Unterschrift geleistet ist.

Dies tut der stellvertretende Vorsitzende der Finanzabteilung, obgleich der Herr Reichsminister in den Erlassen an die Finanzabteilung vom 6. Februar 1940 I 10238/40 und vom 14. Februar 1940 I 10389/40 einmal empfohlen und dann ersucht hat, von der Ausstellung solcher Reverserklärungen Abstand zu nehmen, ‚da diese Reverserklärungen erfahrungsgemäß zu vielfachen Weiterungen führen'. Diese Entscheidungen des Herrn Reichsministers habe ich auf das lebhafteste begrüßt, weil ich aus vielen seelsorgerlichen Aussprachen mit den Geistlichen unserer Landeskirche weiß, welche Not durch das Verlangen der Finanzabteilung nach Unterzeichnung solcher Erklärungen in den Pfarrstand hineingetragen worden ist. […] Ich habe angenommen, daß durch die erwähnte Anweisung des Herrn Reichsministers und durch den Umstand veranlaßt, daß unsere Pfarrer heute, wo über 30 % der Geistlichen unter den Fahnen stehen, bis an die Grenze ihrer Leistungsfähigkeit mit Dienst belastet sind, der hier im Grenzland seine besonderen Eigenarten hat, die Finanzabteilung nun endlich mit den Quälereien der Pfarrer aufhören wird. Ich habe mich darin getäuscht und muß mich deshalb nochmals an den Herrn Reichsminister wenden mit der Bitte, die Finanzabteilung eindeutig anzuweisen, daß sie nunmehr von der Ausstellung solcher Reverse Abstand nimmt. […]"

1972 Erklärung zur rückhaltlosen Anerkennung der FA, Revers von 1940
LKA GA 4899

„[...]
Ich erkläre, daß ich vorbehaltlos auf dem Boden des nationalsozialistischen Staates stehe, und daß ich die Fünfzehnte und Siebzehnte Verordnung zur Durchführung des Gesetzes zur Sicherung der Deutschen Evang. Kirche anerkenne und befolgen werde.

Ich bin mir bewußt, daß ich auf Grund dieser Erklärung gehalten bin, mich von allen Unternehmungen fernzuhalten, durch welche ich mich in Widerspruch zu meiner eigenen Erklärung setzen werde. [...]"

1973 Bestätigung und Begründung der Haltung, den Revers nicht zu unterzeichnen
Prof. Hans von Soden, Marburg, an cand. theol. Gertrud Harsch, 9. März 1940; Evang. Arbeitsgemeinschaft für kirchl. Zeitgeschichte, München, NL von Soden, Nr. 21

„[...]
Gern will ich versuchen, Ihre Frage wegen des eventuell zu erwartenden Reverses der Badischen Finanzabteilung zu beantworten. Wenn es sich um einen Revers in der Fassung handelt, in der er mir voriges Jahr durch Kandidaten, die das erste Examen machten, bekannt geworden ist, so kann ich persönlich nicht dazu raten, ihn zu unterzeichnen, so fern es mir liegt, diejenigen richten zu wollen, die sich in der Schwierigkeit der Lage dazu entschließen.

Was in jenem Revers gefordert wurde, ging zwar über die Zuständigkeit der Finanzabteilung weit hinaus. Es ist aber nicht damit zu rechnen, daß die Finanzabteilung etwa auf Beschwerde von Ihnen oder einem Ihrer Mitprüflinge in dieser Beziehung vom Kirchenministerium rektifiziert wird. Da der badische Landesbischof ebenso wie der bayrische und der württembergische bei den Verhandlungen im vorigen Sommer die Unterzeichnung einer vom Reichsminister Kerll [= Kerrl] den Kirchenführern vorgelegte [!] Erklärung abgelehnt hat, ist nicht damit zu rechnen, daß das Joch der Finanzabteilung in Baden irgendwie erleichtert wird. Es kommt hinzu, daß der Landesbischof im vorigen Jahr den betreffenden Kandidaten selbst geraten hat, den Revers zu unterzeichnen, wie es denn auch die meisten meines Wissens getan haben, freilich nicht alle!

Juristisch dürfte also nichts zu machen sein. Sachlich ist es für die gewissenhafte Entscheidung der Betroffenen weniger wichtig, ob die Finanzabteilung hier ihre Befugnis überschreitet; darüber zu wachen, kann schließlich nicht Sache von Examenskandidaten sein. Entscheidend ist vielmehr, ob die in dem Revers geforderten Verpflichtungen, wie immer es mit dem Recht der Finanzabteilung zu solchen Forderungen stehe, von einem an das Bekenntnis der Kirche gebundenen Gewissen übernommen werden können oder nicht. Wird sie an sich verneint werden müssen, wie wohl bei der mir bekannten Fassung des Reverses nicht zu bestreiten ist, so kann die Unterzeichnung nur in der Erwägung vertreten werden, daß eben nur über diesen Revers der Zugang zu dem erstrebten Amt der Verkündigung gewonnen werden kann, und daß ein solcher gleichsam erpreßter Revers das spätere Verhalten nicht bindet. Ich selbst will, wie gesagt, diejenigen, die solche Erwägungen anstellen und nach ihnen handeln, nicht richten. Aber meine Meinung ist allerdings, daß wer nach einem solchen Revers nicht zu handeln entschlossen ist, ihn auch nicht unterzeichnen sollte. Die Gegner sollten es m.E. nicht sagen dürfen, daß sich jemand die Möglichkeit zu bekenntnismäßiger Verkündigung und Amtsführung durch eine Unwahrhaftigkeit verschafft habe. Es kommt hinzu, daß sich diese Situation auch ferner immer wiederholen wird: Immer wieder wird es zur Frage stehen, ob man nicht etwas zugestehen soll, um das Amt weiter führen zu können. [...]"

1974 Eine Vereinbarung zwischen EOK und FA macht den Protest gegen die FA gegenstandslos.
FA an EOK, 22. April 1940; LKA GA 7271

„[...]
Herr Landesbischof D. Kühlewein hat am 14. März d.J. dem Herrn Ministerialdirigenten beim Reichsministerium für die kirchlichen Angelegenheiten Dr. Stahn gegenüber erklärt, daß er gegen das Fortbestehen der Finanzabteilung beim Evang. Oberkirchenrat Karlsruhe dann nichts einwenden wolle, wenn diese sich auf ihre Funktionen als finanzielle Aufsichtsbehörde zurückziehe. [... Somit] stellt die Finanzabteilung fest, daß damit der im Mai 1938 eingelegte Protest des Herrn Landesbischofs gegen die Einrichtung der Finanzabteilung hinfällig geworden ist. Nachdem weiter der Herr Reichsminister für die kirchlichen Angelegenheiten durch Herrn Ministerialdirigenten Dr. Stahn der Finanzabteilung mündlich neue Weisungen für ihre weitere Arbeit gegeben hat, sieht auch die Finanzabteilung mit Zustimmung des Herrn Reichsministers für die kirchlichen Angelegenheiten die noch nicht zurückgenommenen Proteste badischer evang. Geistlicher gegen die Einrichtung der Finanzabteilung nunmehr als gegenstandslos an. [...]"

1975 Ausbreitung der FA im EOK
LB an RKM, 23. April 1940; LKA GA 4899

„[...]
Mit Schreiben vom 20. Oktober 1939 habe ich dem Herrn Reichsminister davon Kenntnis gegeben, wie durch die Einrichtung der Finanzabteilung der Verwaltungsapparat unserer Landeskirche eine immer grösser werdende Ausdehnung und dadurch bedingt eine Verteuerung erfährt. [...] Mit Ende ds. Monats werden nun die Räume im Gebäude des Oberkirchenrats, die bisher zu Wohnzwecken benutzt wurden, auf Veranlassung der Finanzabteilung freigemacht werden, so daß diese die beabsichtigte räumliche Ausdehnung durchführen kann. In diesem Zusammenhang muss ich darauf hinweisen, daß die Finanzabteilung diese ganzen Maßnahmen, auch die Verteilung der Diensträume, ohne jede Fühlungnahme mit dem Oberkirchenrat durchgeführt hat. Ich weiß bis zur Stunde noch nicht, wie künftig die für die Mitglieder des Oberkirchenrats und die für seine Beamten bestimmten Diensträume im einzelnen liegen. Die Finanzabteilung verfügt hier völlig selbstherrlich [...]."

1976 Stellungnahme der FA zum Verhältnis FA – EOK und zu den Zuständigkeiten beider Behörden

1976a FA an Bevollmächtigte der FA und Pfarrämter, 18. Mai 1940; LKA GA 4899

„[...]
Ich nehme Bezug auf den Runderlaß des Evang. Oberkirchenrats vom 26. April 1940 Nr. 2872, mit welchem der Ev. Oberkirchenrat darauf aufmerksam gemacht hat, daß alle Berichte und Anträge, die sich auf die persönlichen und dienstlichen Verhältnisse der Geistlichen beziehen (z.B. Heiratserlaubnis, Versetzung, Vertretung, Beschwerde usw.) ausschließlich an den Ev. Oberkirchenrat zu richten sind.

Um Mißverständnisse zu vermeiden, weise ich darauf hin, daß sich an den Zuständigkeiten des Ev. Oberkirchenrats und der Finanzabteilung beim Ev. Oberkirchenrat nichts geändert hat, und daß es sich bei den von dem Runderlaß des Ev. Oberkirchenrats betroffenen Angelegenheiten nur um Angelegenheiten handelt, bei deren Erledigung entweder der Ev. Oberkirchenrat allein oder der Ev. Oberkirchenrat und die Finanzabteilung – die Letztgenannte wegen der mit der vom Ev. Oberkirchenrat in Aussicht genommenen Maßnahme verbundenen finanziellen Auswirkung – eine Entscheidung zu treffen haben. In allen Angelegenheiten von nur finanzieller Bedeutung z.B. Besoldungsangelegenheiten, wie Gewährung von Kinderzulagen, Kinderbeihilfen, Notstandsbeihilfen und dergl. ist ausschließlich die Finanzabteilung zuständig. Berichte und Anträge in diesen Angelegenheiten sind daher an die Finanzabteilung zu richten, welche erforderlichenfalls vor ihrer Entscheidung den Ev. Oberkirchenrat hören wird. [...]"

1976b FA als Fremdkörper in den kirchenpolitischen Zielsetzungen des NS-Staates
OKR Dr. Doerr an KFinR Bacmeister (FA Hannover), 16. Mai 1940; LKA GA 7271

„[...]
Der Herr Landesbischof hat sich neuerdings wieder über die Finanzabteilung in Berlin beschwert, hat aber dadurch selbst im Reichskirchenministerium offenbar angestoßen, da er sich zu einer friedlichen Zusammenarbeit mit der Finanzabteilung nicht bereitfinden lassen will. Diese Sperrigkeit des Herrn Landesbischofs scheint nun dem Herrn Reichskirchenminister nicht in seinen Plan zu passen. Er möchte offenbar eine friedliche Einstellung des Landesbischofs und des Oberkirchenrats zur Finanzabteilung sehen, um diese wohl verschwinden lassen zu können. Wenigstens konnte ich das gestrige Ferngespräch mit Herrn Ministerialdirigent Dr. Stahn nicht anders verstehen. Er hat für die Finanzabteilung wegen ihrer Haltung in den letzten Wochen nur Anerkennung gehabt, hat sich sehr gereizt über den Evang. Oberkirchenrat ausgesprochen, hat aber gleichzeitig erklärt, daß die allgemeine Lage nicht zulasse, daß die Finanzabteilung weiter gestärkt werde. Er hat sich darauf berufen, daß der Stellvertreter des Führers, also die Partei, das Verschwinden der Finanzabteilungen wünsche, weil sie ein Staatskirchentum im Dritten Reich anstrebten, welches seitens der Partei rundweg abgelehnt werde. Die Kirchenleitungen sollten sich ganz selbst überlassen werden, der Staat wolle mit ihnen nichts zu tun haben. Wo die Finanzabteilungen mit den Kirchenleitungen in Harmonie zusammenarbeiten würden, hätten sie eine Stärkung der Kirche zur Folge. Auch das könne die Partei nicht dulden.

[...] Denn er [Dr. Stahn] warf plötzlich die Frage auf, wer denn wisse, womit in Beziehung auf die Kirche dem nationalsozialistischen Staat gedient werde. Ich verstehe diese Frage dahin, daß Herr Ministerialdirigent Dr. Stahn sagen wollte, daß es fraglich erscheine, ob nationalsozialistischer Staat und Kirche Beziehungen zueinander hätten. Wenn natürlich die Dinge im Reichskirchenministerium augenblicklich unter dieser Sicht behandelt werden, dann scheint mir es geboten zu sein, daß durch Besprechung bei der höchsten Parteistelle geklärt wird, wie sich Parteigenossen zu den gegenwärtigen Kirchen zu verhalten haben. Denn schließlich können ja die Finanzabteilungen keine Arbeit tun, die nicht von der Partei her gutgeheißen wird. [...]"

1977 Konflikt des Finanzbevollmächtigten Landgerichtsdirektor Eugen Fitzer in Freiburg mit OKR Dr. Friedrich und der Kirchenleitung allgemein
Fitzer an EOK, 21. Mai 1940; LKA GA 4899

„[...]
Was mich als Richter in Gegensatz zu dem Verwaltungsbeamten Dr. Friedrich stellt, ist dessen mangelnde Objektivität. Der augenscheinlichste Beweis hierfür ist die von ihm angeordnete Sonderverwaltung der hiesigen evangelischen Kirchengemeinde. Ich habe in meiner vierzigjährigen Dienstzeit noch keine Entscheidung zu Gesicht bekommen, die so mit Unwahrheiten und Verdrehungen begründet wurde wie diese Verlautbarung, die mit aller Deutlichkeit erkennen lässt, dass dem Verfasser alle Mittel recht sind, um eine ihm missliebige kirchliche Richtung in einer Kirchengemeinde zu unterdrücken. [...]

Ich stehe als Richter und besonders ausgezeichneter Frontkämpfer geachtet unter meinen Volksgenossen und muss es erleben, dass demgegenüber der Herr Landesbischof mein Ansehen und meine Ehre herabzusetzen unternimmt. [...] Nachdem ich früher schon aus Anlass der Auseinandersetzungen über die für die hiesige Kirchengemeinde angeordnete Sonderverwaltung die gegen mich und die Deutschen Christen gerichteten Angriffe der beiden Kirchenbeamten bei den vorgesetzten höheren kirchlichen und staatlichen Behörden richtiggestellt hatte, habe ich zusammenfassend [...] das ganze Gebahren des Versuchs der Unterdrückung der hiesigen Deutschen Christen und der Herabsetzung meiner Person in dem Berichte vom 12.3. v.Js. eingehend geschildert und [...] dem Vorsitzenden des hiesigen Kirchengemeinderats mitgeteilt [...].

[Ich verstehe die Auseinandersetzung als] Mahnung für die Leitung der evang. Kirche in Baden. Sie nämlich möge endlich mit der ungerechten Behandlung und Unterdrückung einer kirchlichen Richtung aufhören, die bestrebt ist, die evangelische Kirche im Dritten Reiche zu erhalten und zu verhindern, dass sie zu einer Sekte herabsinkt. Wenn nicht meine und meiner Ehefrau Vorfahren so treue Anhänger unserer Kirche gewesen wären und vielfach Kirchenämter bekleidet hätten, dann wäre ich schon längst aus der Kirche ausgetreten, da ich ohne das jetzige äussere Gefäss der Kirche meines Glaubens ruhiger und zufriedener leben könnte. Denn so wie es jetzt bei den Auseinandersetzungen in der evang. Kirche in Baden zugeht, widerspricht nach meiner Ansicht dabei alles dem Geiste und Sinne der Lehre Jesu Christi. [...]"

1978 Besetzung der Dekanate Mosbach und Rheinbischofsheim
LB an RKM, 15. Juni 1940; LKA GA 4899

„[...]
Seit Anfang des Jahres bemüht sich der Oberkirchenrat, die Besetzung des Evang. Dekanats Mosbach in Ordnung zu bringen, nachdem es nicht möglich war, den bisherigen Dekan, Kirchenrat Eberhardt, erneut auf diese Stelle zu ernennen, da die Finanzabteilung die Zustimmung versagte. [...] Auch mein Versuch, den Pfarrer Junker in Mittelschefflenz wenigstens mit der Vertretung des Dekans zu betrauen, ist misslungen. [...] Nunmehr habe ich mit Schreiben vom 17.4.1940 Nr. 2505 die Finanzabteilung um Zustimmung ersucht, den Pfarrer Ludwig Herrmann in Mosbach zum Dekan zu ernennen. Nach mehrmaligen Erinnerungen teilt mir die Finanzabteilung mit Schreiben vom 31. Mai 1940 Nr. A 1344 mit, dass die von ihr angestellten Erhebungen noch nicht abgeschlossen sind. Es ist mir nicht verständlich, welche Gründe für die Finanzabteilung dafür vorliegen, nun auch über Pfarrer Herrmann [...] Erhebungen anzustellen, welche die Erledigung der so dringenden Angelegenheit weiter um Monate hinausschiebt. Es wird dem Herrn Reichsminister vielleicht nicht entgangen sein, dass gerade die Besetzung des Evang. Dekanats Mosbach fortgesetzt Schwierigkeiten bereitet. [...]

Bei der Besetzung der Stelle des Dekanatstellvertreters für Rheinbischofsheim ist mir ebenfalls von der Finanzabteilung mitgeteilt worden, dass über den von mir vorgeschlagenen Pfarrer Batz Erhebungen angestellt werden müssen. [...]

Diese fortgesetzte Anstellung von Erhebungen über Geistliche, die wohl durch die Geheime Staatspolizei erfolgt, gibt mir Veranlassung, bei dem Herrn Reichsminister anzufragen, ob die Finanzabteilung grundsätzliche Anweisungen hat, solche Erhebungen in die Wege zu leiten. Wenn das der Fall ist, so muss ich hierin eine schwere Beeinträchtigung unseres Pfarrstandes nach der politischen Seite hin erblicken. [...]"

1979 Klagen über die FA

Protokollvorlage einer Besprechung im RKM (Protokollant OKR Dr. Friedrich), o.D. [04. Oktober 1940]*⁾ Die Niederschrift des Protokolls datiert: Karlsruhe, 7. Okt. 1940, in: LKA GA 7477; Bundesarchiv, Außenstelle Berlin/Potsdam: Reichsministerium für die kirchlichen Angelegenheiten (RKM), R 51.01.23780, o.D. I 865/40 (vgl. LKA GA 4899, Bl. 605–611)

„[...]

Vormittags ½ 11 Uhr – ½ 1 Uhr Besprechung mit Herrn Stahn und Herrn Dickmann einerseits, Landesbischof und Dr. Friedrich andrerseits.

Dr. Stahn erklärt in seiner einleitenden Rede u.a., die Finanzabteilungen könnten z.Z. nicht aufgehoben werden, aber er wolle einen Weg der Zusammenarbeit suchen zwischen Oberkirchenrat und der Finanzabteilung. Die F.A. sei als Hilfe für die Kirche gedacht, damit sie nicht unter die Räder komme.

Auf die Frage, warum in den Kirchen mit nationalkirchlicher Leitung, ferner in Hamburg, Württemberg und Bayern keine F.A. eingerichtet werde, antwortete Dr. Stahn, das Werk der Finanzabteilungen sei abgebrochen und dass keine weiteren Finanzabteilungen errichtet werden, weil die Partei dagegen sei.

Von unserer Seite wurde erklärt, dass wir nach wie vor die F.A. für unnötig und unerwünscht halten, weil die nötige Staatsaufsicht über die Finanzen und den Voranschlag ohnedies gewährleistet sei, wir die Verbindung mit den staatlichen Stellen hätten, und weil die F.A. in kirchenpolitischer Einseitigkeit sich überall in die Aufgaben und Befugnisse der Kirchenleitung einmische und dadurch dieser nicht nur ihre Aufgabe erschwere, sondern die kirchliche Lage in unerträglicher Weise verwirre und kirchenzerstörend wirke.

Dr. Stahn erklärte dazu, dass die F.A. nicht befugt sei zur Kirchenleitung, dass aber eine Möglichkeit gegenseitiger Fühlungnahme und Einvernahme gesucht werden solle.

Darauf wurde unsrerseits ausgeführt, dass von Seiten der F.A. gar kein Einvernehmen erstrebt werde. Unsere anfänglichen Versuche seien von Dr. Lang in barscher Weise zurückgewiesen worden, Dr. Doerr habe u.E. nicht nur das Recht, sondern die Pflicht, an den Sitzungen des Oberkirchenrats als Mitglied des Oberk. teilzunehmen, und man könnte von ihm mindestens erwarten, dass er an denjenigen Sitzungen teilnehme, in denen es sich um gemeinsam zu entscheidende Gegenstände handle. Anderenfalls müsse er eigentlich sein Amt als Oberkirchenrat niederlegen.

---

*) Vgl. Richtlinien für das Verhältnis zwischen FA und EOK und Protokoll der Besprechung am 4.10.1940 in LKA GA 9075.

In der Sache des Voranschlags z.B. hätte in gemeinsamer Aussprache in zwei Sitzungen der Voranschlag beraten werden können, statt dass durch ein endloses Schreibwerk hinüber und herüber die Sache nicht nur hinausgezogen, sondern aufs äusserste erschwert und durch Missverständnisse belastet wurde. Und schliesslich habe die F.A. den Voranschlag ohne Rücksicht auf die Einwendungen des Oberkirchenrats z.B. bezüglich der Aufhebung der Pfarrstellen, dagegen Vermehrung der Stellen in der Zentralverwaltung, fertiggestellt. Allerdings, so wurde von uns betont, sei die Zusammenarbeit mit der F.A für uns dadurch erschwert, dass sie in ihrem Schriftwechsel mit der [!] RKM wiederholt den Oberkirchenrat als politisch nicht einwandfrei diffamiert habe. Besonders gegen Oberk. Bender habe sie ohne jegliche Berechtigung auf Grund haltloser Gerüchte ein Uschlaverfahren [Unterschlagungsverfahren] veranlasst, dessen Ergebnis die Entlassung des Herrn Bender aus der Partei gewesen sei.

[...] Niemand von der F.A. erschien am Nachmittag. Sondern die Besprechung ging am Nachmittag zwischen Dr. Stahn und Herrn Dickmann einerseits, dem Landesbischof, Dr. Friedrich, Dr. Bender und Rost andrerseits, weiter und währte bis 7 Uhr. Ein Beweis, dass Dr. Doerr an den Sitzungen des OKR auch fernerhin nicht teilnehmen wird. [...]"

1980 Vorschlag des EOK zur Abgrenzung der Zuständigkeiten zwischen EOK und FA
LB an RKM, 7. Oktober 1940; LKA GA 4899

„[...]
Die Herren Vertreter des Herrn Reichsministers werden die Überzeugung gewonnen haben, dass die Beziehungen zwischen der Kirchenbehörde und der Finanzabteilung einer geordneten Leitung der Kirche im ganzen abträglich sind. Die Gründe hierfür liegen nicht nur darin, dass durch die Einrichtung der Finanzabteilung der Ablauf einer einheitlichen Verwaltung auseinandergerissen ist, sondern neben anderem auch darin, dass die Finanzabteilung sich fortgesetzt kirchliche Leitungsbefugnisse anmaßt, und in den konkreten Personen, die für die Art und Weise der Führung der Geschäfte massgebend sind, kirchenpolitische Zwecke verfolgt. Durch den Verlauf der Geschehnisse ist für mich eindeutig geworden, dass die Finanzabteilung zum Werkzeug benützt wird, um die Geschäfte des an sich abgedankten kirchlichen Liberalismus und der ‚Nationalkirchlichen Einung Deutscher Christen' zu besorgen. [...] Alle Befürchtungen, die ich bei Einrichtung der Finanzabteilung zum Ausdruck gebracht habe, sind leider richtig gewesen, und ich muss daher mit dem Oberkirchenrat bei aller

Würdigung der Gründe, die Herr Ministerialdirigent Dr. Stahn für die Erhaltung der Finanzabteilung angeführt hat, gegen ihren Bestand nach wie vor meinen Widerspruch geltend machen, und um ihre schliessliche Beseitigung bitten. [...]

Im Anschluss an die stattgehabten Besprechungen darf ich daher folgende Bitten aussprechen.

A.

1. Die laufende Vermögensverwaltung geht an den Oberkirchenrat über, der sie unter der Leitung der Finanzabteilung führt. [...]
2. Der Haushaltsplan wird vom Oberkirchenrat aufgestellt. [...]
3. Dienstherr der Beamten und Angestellten ist allein der Oberkirchenrat, der die Dienstaufsicht führt, Betriebsappelle abhält und die Beziehungen zu dem Vertrauensmann der NSDAP pflegt. Zu den Angestellten zählen auch die Gemeindehelferinnen, deren Anstellung und Beaufsichtigung dem Oberkirchenrat zukommt. [...]
4. Die Herausgabe des Verordnungsblattes [...] geht wieder in die Hände der Kirchenbehörde über [...].

B.

[...]
2. [...] Geht die Verwaltung einer Kirchengemeinde durch den Kirchengemeinderat in Ordnung, und erklärt der Kirchengemeinderat, dass er den aus dem Aufsichtsrecht der Finanzabteilung sich ergebenden Anweisungen nachkommen wird und ihnen auch tatsächlich nachkommt, so besteht zur Bestellung von Finanzbevollmächtigten kein Anlass. [...]

C.

[...]
2. [...] a) Kirchensteuermittel dürfen nicht verwendet werden zur Besoldung von Geistlichen, die als politisch untragbar anzusehen sind. [...]
b) Um dem von mir stets verfolgten Grundsatz, dass die Geistlichen sich politisch einwandfrei zu halten haben, gerecht zu werden, will ich keine Einwendungen dagegen erheben, wenn bei der Aufnahme von Theologiekandidaten unter die Geistlichen und bei der ersten planmässigen Anstellung von Geistlichen Erhebungen durch die Finanzabteilung angestellt werden. In allen übrigen Fällen unterbleiben die Erhebungen. Sollte aufgrund der Erhebungen die Finanzabteilung dazu kommen, hier die Zustimmung zu versagen, so muss sie der Kirchenleitung Gelegenheit geben, sich zu den festgestellten Tatsachen zu äussern. Erhebt die Kirchenleitung begründete Gegenvorstellungen, so werden die Ermittlungen fortgesetzt. [...]
c) Die Anforderung von Reversen jeglicher Art ist der Finanzabteilung untersagt. [...]

Oberkirchenrat Dr. Doerr nimmt schon seit mehr als zwei Jahren an den Sitzungen des Oberkirchenrats nicht teil. Wie die Herren Vertreter des Herrn Reichsministers wohl erkannt haben werden, lehnt er auch eine weitere Zusammenarbeit in Sitzungen des Oberkirchenrats mit mir und den Mitgliedern des Oberkirchenrats ab. [... Ich bin] auch damit einverstanden, dass Oberkirchenrat Dr. Doerr an der Ausarbeitung des Haushaltsplans in seiner Eigenschaft als Oberkirchenrat mitwirkt. [...] Alle weiteren Zuständigkeiten aber, die Oberkirchenrat Dr. Doerr als Oberkirchenrat bisher wahrgenommen hat, insbesondere die Bearbeitung der Personalsachen, muss künftig allein vom Oberkirchenrat wahrgenommen werden. [...]
Ich möchte glauben, dass, wenn diesen Vorschlägen entsprochen wird, die Landeskirche vor weiteren hohen Ausgaben und vor Beeinträchtigung ihrer Ordnung bis zur endgültigen Aufhebung der Finanzabteilung bewahrt wird. [...]"

1981 Regelung des Verhältnisses zwischen FA und EOK durch Erlass des RKM, 14. Oktober 1940

LKA GA 9075

„[...]
1.) Wenn es auch – wie leider festgestellt werden muß – nicht möglich ist, die bestehenden persönlichen Spannungen zwischen den Mitgliedern des Evangelischen Oberkirchenrats und den Mitgliedern der Finanzabteilung auszugleichen, so muß ich doch nach wie vor verlangen, daß gemäß der Bestimmung des § 7 Abs. 1 der 15. Durchführungsverordnung zwischen der Finanzabteilung und der Kirchenleitung und umgekehrt in allen sachlichen Fragen enge Fühlung gehalten wird. Die Finanzabteilung hat dem Oberkirchenrat in allen wichtigen Finanz- und Vermögensangelegenheiten rechtzeitig vorher Gelegenheit zur Stellungnahme zu geben; umgekehrt muß der Oberkirchenrat die Finanzabteilung an solchen Angelegenheiten rechtzeitig beteiligen, die möglicherweise von finanzieller Auswirkung sein könnten. Die gegenseitigen Vorlagen müssen von beiden Seiten mit möglichster Beschleunigung in sachdienlicher Weise beantwortet werden.

2.) Nach der besonderen Lage der Dinge, insbesondere im Hinblick auf die fehlende Gewähr für eine gute Zusammenarbeit, ist es nicht möglich, die laufende Vermögensverwaltung dem EOK zu übertragen. [...]

3.) Die Frage der Versetzung der Finanzbevollmächtigten soll noch näher geprüft werden: Der EOK wird bei sämtlichen Kirchengemeinden, bei denen die Einsetzung des Bevollmächtigten auf der Verweigerung der

Zusammenarbeit mit der Finanzabteilung beruht, feststellen, ob sie nunmehr gewillt sind, vorbehaltlos mit der Finanzabteilung zusammenzuarbeiten und deren Anordnungen Folge zu leisten, auch soweit es sich um Anordnungen betreffend Gottesdienste für Minderheiten auf Grund des Erlasses des Reichsministers für die kirchlichen Angelegenheiten vom 3.9.1938 – I 15008/38 – handelt. Wenn diese Gewähr gegeben ist, und wenn nicht auf anderem Gebiet liegende Gründe für die Beibehaltung der Bevollmächtigung vorliegen, sollen die Finanzbevollmächtigten abberufen werden. Im übrigen sind die Bevollmächtigungen nach Möglichkeit auf den zur Beseitigung vorhandener Mißstände erforderlichen Umfang zu beschränken. [...]

4.) Die Beschwerde des EOK wegen der von der Finanzabteilung im Haushaltsplan 1940 vorgesehenen Einsparung von Pfarrstellen bedarf ebenfalls noch einer weiteren Prüfung. Grundsätzlich begrüße ich die Maßnahmen der Finanzabteilung zur Einsparung sogenannter Zwergpfarrstellen. Die allgemeine Erfahrung meines Ministeriums geht dahin, daß ein Geistlicher in Gemeinden unter 800 – 1000 Seelen nicht als vollbeschäftigt gelten kann. [...]

5.) Eine weitere Beschwerde des EOK betrifft die Einsparung der in 5 badischen Stadtkirchengemeinden eingerichteten besonderen Pfarrstellen für ‚Jugend- und Wohlfahrtsdienst'. Die besonders eingehende Besprechung meiner Kommissare hierüber mit der Finanzabteilung läßt jedoch im vorliegenden Fall die Maßnahmen der Finanzabteilung als sachlich berechtigt erscheinen. Die Aufrechterhaltung eines besonderen evangelischen ‚Wohlfahrtsdienstes' in einigen Stadtkirchengemeinden erscheint nicht angängig. Die Arbeit an der allgemeinen Wohlfahrt der Jugend (Vormundschafts-, Fürsorgesachen usw.) ist heute ausschließlich Angelegenheit der NS-Volkswohlfahrt. [...] Es ist anerkanntermaßen Aufgabe eines jeden Geistlichen, auch in einer Stadtkirchengemeinde, innerhalb seines Seelsorgebezirks sich um die zur Kirche gehörende Jugend zu kümmern. In größeren Gemeinden mit mehreren Pfarrern wird es auch ohne weiteres möglich sein, einem ordentlichen Pfarrer unter entsprechender Entlastung von anderen Aufgaben die Jugendarbeit zu übertragen. Darüber hinaus noch einen besonderen Jugendpfarrer für den Seelsorgebezirk der Stadt einzusetzen, kann umso weniger verantwortet werden, als die Veranstaltung von Freizeiten, Rüstzeiten usw. für Jugendliche während des Krieges untersagt ist. [...]

6.) Hinsichtlich der kirchlichen Frauenarbeit in Baden bestätige ich den von meinen Kommissaren ausgesprochenen Grundsatz, daß auch die Frauenarbeit grundsätzlich in der Gemeinde durch die zuständigen Geistlichen erfolgen soll. [...]

7.) Die Anstellung von Gemeindehelferinnen ist grundsätzlich eine Angelegenheit des EOK [...].

8.) Die Besetzung von Pfarrstellen wird federführend vom EOK bearbeitet. [...] Die Finanzabteilung wirkt bei der Pfarrstellenbesetzung in der Weise mit, daß sie durch Rückfragen bei der Geheimen Staatspolizei feststellt, ob gegen den vorgeschlagenen neuen Stelleninhaber staatspolitische Bedenken bestehen. Die Feststellungen sind in jeder Weise zu beschleunigen. Wenn staatspolitische Bedenken seitens der Geheimen Staatspolizei nicht erhoben werden, hat die Finanzabteilung die erforderlichen Besoldungsmittel zur Verfügung zu stellen. [...]

9.) Bei der Besetzung nicht ständiger Vikare, insbesondere in Vertretungsfällen, hat eine Mitwirkung der Finanzabteilung künftig im Interesse der notwendigen Vereinfachung der Verwaltung nicht mehr zu erfolgen. [...]

[...]

11.) Bei der Herausgabe eines Gesangsbuches oder Gesangbuchanhanges hat die Finanzabteilung davon Abstand zu nehmen, den Inhalt des Gesangbuches oder des Gesangbuchanhanges zu prüfen. Die Verantwortung für dessen Inhalt trägt allein der EOK. Die vom EOK angeforderten Finanzmittel sind zur Verfügung zu stellen.

[...]

14.) Bei Sammelkollekten hat die Finanzabteilung die Auszahlung gemäß dem Verteilungsplan der Kirchenbehörde zu veranlassen [...]."

1982 Ablehnung einer Mitwirkung der FA bei der Verwendung ‚unständiger' Vikare
EOK an FA, 20. November 1940; LKA GA 4899

„[...]
Bei der Verwendung von unständigen Vikaren hat nach dem Erlaß des Herrn Reichsministers für die kirchlichen Angelegenheiten vom 14. Oktober 1940 (I. 12.925/40) [Dok. 1982] eine Mitwirkung der Finanzabteilung nicht mehr zu erfolgen. Die Versetzungen der Vikare Kumpf nach Durmersheim und Gorenflo nach Lauda tragen der Sachlage nach beide nur vorübergehenden Charakter, was beiden Geistlichen ausdrücklich bei Einholung mündlicher Instruktion für ihre Arbeit persönlich eröffnet wurde. [...]

Bei diesem Sachverhalt sehe ich mich künftig außerstande, zur Versetzung von Vikaren als Dienstverweser oder Pfarrverwalter vorher die Zustimmung der Finanzabteilung herbeizuführen. [...]"

1983 Behinderung von Pfarrstellenbesetzungen
Bescheid des Vorsitzenden der FA vom 20. Dezember 1940; LKA GA 4899

„[...]
Die Finanzabteilung kann die erbetene Zustimmung erst erteilen, wenn die von ihr veranlassten Feststellungen abgeschlossen sind.

Bei der mündlichen Besprechung mit den Herren Vertretern des Reichsministeriums für die kirchl. Angelegenheiten am 4. und 5. Oktober 1940 wurde der Finanzabteilung die Weisung gegeben, dass sie sich über die politische Haltung der Geistlichen in allen ihr geeignet erscheinenden Fällen unterrichten soll. Es wurde deshalb der Finanzabteilung empfohlen, politische Beurteilungen über Geistliche nicht bloss dann zu veranlassen, wenn hierzu ein gegebener Anlass vorliegt, sondern schon zu einem Zeitpunkt, wo solche Erhebungen noch mit der notwendigen Gründlichkeit und innerhalb des hierzu erforderlichen Zeitraums gemacht werden können. Hiernach wird die Finanzabteilung verfahren. Da Pfarrer Engler, wie aus dem Schreiben des Evang. Oberkirchenrats vom 29. November 1940 Nr. 9628 hervorgeht, in seiner bisherigen Gemeinde Ilvesheim Schwierigkeiten gehabt hat, hat die Finanzabteilung es für erforderlich gehalten, auch seine politische Haltung zu prüfen. [...]"

1984 Besprechung zwischen Reichskirchenministerium, FA der DEK, FA beim EOK und dem Oberkirchenrat am 4. u. 5. Febr. 1943 im Sitzungssaal des Oberkirchenrats.

LKA GA 9075, Protokollnotizen von LB Kühlewein. – Das RKM war vertreten durch Landgerichtsrat Dr. Haug[g], die FA der DEK durch dessen Vorsitzenden Dr. Georg Cölle und eine Gerichtsassessorin, die FA beim EOK durch Dr. Doerr und Finanzrat Guttenberg; der Oberkirchenrat war vollzählig anwesend. Die Sitzung fand im Karlsruhe im Sitzungssaal des EOK statt.

„Gegenstände:

1. Finanzwirtschaft der Landeskirche.
Seit 1940 kein Voranschlag. Wir werden nicht über den Vermögensstand, über d. Eingang der Kirchensteuer, über den Stand der kirchl. Liegenschaften u.s.w. orientiert. Beschluß: Der Voranschlag wird festgestellt u. 1/4 jährlich wird dem Oberk. ein kurzer Lagebericht zugehen. Bei dieser Gelegenheit wurde auch bereits der FA vorgehalten [...], daß sie mit ihren eigentl. Aufgaben nicht so im Rückstand wären, wenn sie sich aus kirchenpolit. Geschäften u. Eingriffen in d. Kirchenleitung draußen hielten.

2. Die Aufhebung von Pfarrstellen. [...]

3. Die Gemeindehelferinnen. [...]

4. Die Dienstaufsicht über die Beamten. [...]

5. Die Minderheitenversorgung. [...]

6. D[ie] Abberufung der Finanzbevollmächtigten.
D[ie] FA wurde veranlasst [?], diese nach u. nach abzubauen, wenn die Voraussetzungen dazu vorhanden sind. Sie hat ganz windige Ausreden in Fällen der bisherigen Nichtabberufung vorgebracht, z.B. in Heidelberg, der Vorsitzende des K[irchengemeinde]rats sei ungesetzlich (da Frantzmann auf ein weiteres Jahr nach d. Beschluß des K[irchengemeinde]rats d. Vorsitz übernommen hat, während Schloen [?] eigentlich ihn führen sollte). Soellner ist Erbkind [?] der F.A., hat sich als Bevollm. einen Nebengehalt von 1200 M. u. eine schöne Wohnung gesichert. Aber er wird jetzt auch aufgehoben werden. Grundsätzlich hat d. R.K.M. bestimmt: Sie sind aufzuheben.

7. Die Studentenseelsorge in Heidelberg. [...]

8. Das Theologische Studienhaus in Heidelberg. [...]

9. Die Besetzung der Westpfarrei in Pforzheim. [...]

10. Besetzung der Ludwigspfarrei in Freiburg. [...]

11. Besetzung der Heiliggeistpf[arrei] II in Heidelberg. [...]

12. Die Versetzung von Vikaren u. Pfarrern zur vorübergehenden Versehung (bes. Kriegsmaßnahmen) [...]

13. Errichtung hauptamtlicher Dekanate. [...]

14. Nichtordnungsgemäße Besetzung des Amtes des Vorsitzenden der Kirchengemeinderäte. [...]

15. Die Angelegenheit des Pfarrers Schwaab in Überlingen. [...]

16. Die Angelegenheit des Vikars Hertenstein.
Dieser wurde wegen polit. Äußerungen vom Offizier degradiert u. zur Bewährung an die Ostfront versetzt (was ihm übrigens von Singen [a.H.] her besorgt wurde). Die FA verlangte von uns s. Entlassung, das wir verweigerten, jedenfalls für die Dauer seines Heeresdienstes. [...] Das Ganze ist ein ganz gemeines Stück wahrsch[einlich] des Finanzbevollm. von Singen [Geißler], der ein heftiger persönl. Gegner v. H. war.

17. Pfarrbüchereien. [...]

Im großen und ganzen haben wir auf der ganzen Linie gesiegt und im einzelnen erreicht, was wir wollten. Es bleibt nat[ürlich] der üble Geschmack zurück, daß wir aber zu Unrecht üb[er]h[aupt] die FA haben und uns ständig mit ihr herumrechten müssen und [...] von der Entscheidung staatlicher Stellen abhängig machen müssen [...]."

1985 Ernennung des Fabrikanten Dr. med. Leopold Engelhardt, Karlsruhe, zum neuen Vorsitzenden der FA durch den RKM, 25. Februar 1943
LKA GA 9075

„[...]
Auf Grund des § 1 der Fünfzehnten Verordnung zur Durchführung des Gesetzes zur Sicherung der Deutschen Evangelischen Kirche vom 25. Juni 1937 – RGBl. I S. 697) entbinde ich auf seinen Antrag den bisherigen Vorsitzenden der Finanzabteilung beim Evangelischen Oberkirchenrat Dr. Dörr von dem Amt als Vorsitzender der Finanzabteilung[^*] und berufe zum Vorsitzenden der Finanzabteilung beim Evangelischen Oberkirchenrat in Karlsruhe den Fabrikanten Dr. med. Leopold Engelhardt in Karlsruhe. Die Stellvertretung des Vorsitzenden nimmt Oberkirchenrat Dr. Dörr wahr. [...]"

1986 Meinungsverschiedenheiten in der Frage der Dienstreisekosten
LKA GA 7057

1986a FA an RKM, 29. Juli 1943

„[...]
Zu dieser Verfügung bin ich dadurch veranlaßt worden, dass der Ev. Oberkirchenrat es seit Einrichtung der Finanzabteilung unterlassen hat, vor Ausführung von Dienstreisen von Mitgliedern und Beamten des Ev. Oberkirchenrats die Zustimmung der Finanzabteilung zur Vornahme der Dienstreisen einzuholen. Insbesondere hat der Ev. Oberkirchenrat es unterlassen, die Dienstreisen zu Tagungen des Lutherrates vor Ausführung der Dienstreisen von der Finanzabteilung genehmigen zu lassen, bis die Finanzabteilung mit Zustimmung des Herrn Reichsministers für die kirchlichen Angelegenheiten die Bewilligung von Dienstreisekosten für Dienstreisen zu diesen Tagungen untersagt hat. [...]"

[^*]: OKR Dr. Doerr wurde mit Erlass des RKM I 13687/40 vom 7. Januar 1941 zum Vorsitzenden der FA bestellt, nachdem Dr. Lang auf seinen Antrag von diesem Amt entbunden worden war (vgl. LKA GA 4900).

1986b Erlass des RKM an FA vom 27. September 1943

„[...]
Die Dienstreisen der Mitglieder des Evangelischen Oberkirchenrates bedürfen keiner besonderen Zustimmung der Finanzabteilung. Weil jedoch durch die Dienstreisen finanzielle Aufwendungen entstehen, sind die Dienstreiseanträge vor Antritt der Dienstreise der Finanzabteilung zwecks Anbringung eines Sichtvermerks vorzulegen. Unterliegt eine Dienstreise Bedenken, so hat ein solcher Sichtvermerk der Finanzabteilung den Zweck, den Oberkirchenrat rechtzeitig vorher darauf hinzuweisen, daß für die betreffende Dienstreise, wenn sie gleichwohl ausgeführt wird, landeskirchliche Mittel nicht zur Verfügung stehen. [...]"

1987 Protokoll der Besprechung des EOK mit den Vertretern des RKM und der FA am 7. und 8. März 1944
LKA GA 9075

„1. Seit dem Jahre 40 (!) besteht kein kirchlicher [Haushalts-]Voranschlag mehr. Über den Vermögensstand und die Finanzlage der Kirche wird der OK nicht in Kenntnis gesetzt. Die FA erklärt das mit der zunehmenden schweren Erkrankung Doerrs, der seit einem Jahr halb dienstunfähig ist u. voraussichtlich in Ruhestand treten wird. Der FA wird entgegnet, daß es wohl möglich gewesen wäre, diese in 1. Linie ihr zustehenden Aufgaben zu erledigen, wenn sie sich nicht fortwährend in die Zuständigkeiten der Kirchenleitung einmischte, kirchenpolitisch sich betätigte und die Geschäfte der D.C. führte.

2. [...] 50 Finanzbevollmächtigte in den Gemeinden noch vorhanden. Trotz Weisung im vergangenen Jahr wurden nur 3 abberufen. Angeblich haben die Gemeinden den Revers vorbehaltloser Anerkennung der FA nicht unterschrieben. [...] Besonders zäh wird in Mannheim u. Heidelberg festgehalten, obwohl doch keinerlei Grund mehr vorhanden ist. Söllner in Heidelberg bezieht einen Gehalt von 1200 M als F[inanz]bevollm[ächtigter] und Dienstwohnung!!! Innerhalb eines Vierteljahres muß die Abberufung auch da stattfinden.

3. Die Auszahlung der Kollekten wird über Gebühr verzögert, die Missionskollekte 1943 z.B. 14 Monate! Bei Sammelkollekten (Koll. für verschiedene Zwecke) will die FA natürlich auch bei der Verteilung mitwirken [...].

4. Besetzung von Pfarrstellen. Die FA mischt sich in zunehmender Weise in die Besetzung ein u. macht Erhebungen nicht nur über die politische Zuverlässigkeit, sondern auch über die theol. und relig. Richtung der

Bewerber. [*FA will bestimmte Pfarrstellen für DC-Kandidaten erhalten wissen...*].

5. [*Frage der Zuständigkeit der FA*]

Im ganzen ist nicht viel herausgekommen. Umsonst war es nicht. Aber die Hauptanstöße bleiben. Und die ganze Geschichte muß eben getragen werden, solange ... Gott will."

1988 „Rechtsverbindliche Anordnung über die Besetzung von freien Pfarrstellen", Entwurf, vorgelegt von der FA, und „Erläuterungen" dazu durch den EOK, Juni 1944.
LKA Dek. Müllheim 48

1988a Entwurf der FA

„[...]
Mit Zustimmung des Herrn Reichsministers für die kirchlichen Angelegenheiten wird auf Grund von §§ 2, 3, 6 und 9 der Fünfzehnten Verordnung zur Durchführung des Gesetzes zur Sicherung der Deutschen Evang. Kirche vom 23. Juni 1937 (RGBl. I S. 697 und Kirchl. Ges.u.VBlatt 1938 S. 11) folgendes angeordnet:

§ 1.

Die in § 1 Abs. 1 des vorläufigen kirchlichen Gesetzes vom 9. Dezember 1940, die Besetzung der Pfarrstellen betr. (VBl.S. 117), vorgesehene Ausschreibung einer freien Pfarrstelle, die besetzt werden soll, durch den Evang. Oberkirchenrat zur Bewerbung und die Einleitung des Verfahrens zum Zwecke der Besetzung einer freien Pfarrstelle ohne Ausschreibung der Pfarrstelle in dem in § 1 Absatz 2 des vorläufigen kirchlichen Gesetzes vorgesehenen Falle durch den Evang. Oberkirchenrat dürfen erst erfolgen, wenn die Finanzabteilung beim Ev. Oberkirchenrat diese Pfarrstelle auf Antrag des Evang. Oberkirchenrates zur Wiederbesetzung freigegeben hat. Pfarrstellen, welche im Haushaltsplan der Landeskirche als künftig, d.h. beim nächsten Freiwerden dieser Pfarrstellen, wegfallende Stellen bezeichnet sind, dürfen nicht wieder besetzt werden.

§ 2.

Die Finanzabteilung kann eine unbesetzte Pfarrstelle zur Wiederbesetzung unter einer dem Evang. Oberkirchenrat schriftlich erklärten Bedingung oder Auflage freigeben.
Ist die Freigabe unter einer schriftlich erklärten Bedingung oder Auflage erfolgt, und wird diese Bedingung oder Auflage später auch ohne Ver-

schulden des Stelleninhabers nicht erfüllt oder fallen die Voraussetzungen für die Bedingung oder Auflage später fort, so ist die Finanzabteilung berechtigt, die Freigabe zu widerrufen. Das gleiche Recht steht der Finanzabteilung zu, wenn eine Veränderung der für die Freigabe wesentlichen Umstände von der Finanzabteilung festgestellt wird.
Der Widerruf ist gegenüber dem Evang. Oberkirchenrat schriftlich zu erklären. Der Inhaber der Pfarrstelle deren Freigabe widerrufen wird, ist von dem Widerruf schriftlich zu benachrichtigen.

§ 3.

Macht die Finanzabteilung von dem Recht des Widerrufes Gebrauch, so erlischt der Anspruch des Inhabers der Pfarrstelle, deren Freigabe widerrufen worden ist, gegen die Landeskirche auf die ihm nach dem Kirchlichen Gesetz vom 25. Mai 1928, die Dienstbezüge der Geistlichen betr. (VBl. S. 29), und den dazu ergangenen Ergänzungen und Abänderungen von der Landeskirche zu gewährenden Dienstbezüge nicht.
Sein Anspruch gegen die Kirchengemeinde auf die ihm nach dem im ersten Absatz genannten Gesetz und nach sonstigen Bestimmungen mit der Übertragung der Pfarrstelle zugefallenen Bezüge erlischt mit Wirkung vom Ersten des siebten Monats an, der auf den Monat folgt, in welchem der Widerruf dem Inhaber der Pfarrstelle bekanntgegeben worden ist.
Von dem in Absatz 2 genannten Zeitpunkt an ist die Landeskirche zur Zahlung eines Wohnungsgeldzuschusses nach Maßgabe der Vorschriften des Kirchlichen Gesetzes vom 25. Mai 1928, die Dienstbezüge der Geistlichen betr. (VBl. S. 29), und der dazu ergangenen oder noch ergehenden Ergänzungen und Abänderungen verpflichtet, dessen Höhe sich nach dem Ort, in welchem sich die in Betracht kommenden Pfarrstelle befindet, richtet. Der Anspruch des Geistlichen gegenüber der Landeskirche nach den Absätzen 1 und 2 vermindert sich auf denjenigen Betrag, der sich errechnet, wenn die Vorschriften, welche bei den landeskirchlichen Beamten bei einer Versetzung in den Wartestand für die Berechnung des Wartegeldes anzuwenden sind, auch auf die Berechnung der Bezüge des in Betracht kommenden Geistlichen angewendet werden, in dem Falle, daß der Geistliche sich nicht bis zum Ersten des siebten Monats, der auf den Monat folgt, in welchem ihm der Widerruf bekanntgegeben worden ist, zur Versetzung auf eine andere Pfarrstelle innerhalb der Landeskirche bereit erklärt. Die Minderung der Bezüge tritt mit Wirkung von diesem Tage an ein.

§ 4.

Die Erklärung des Geistlichen, daß er bereit ist, sich auf eine andere Pfarrstelle innerhalb der Landeskirche versetzen zu lassen, ist gegenüber der Finanzabteilung schriftlich abzugeben. Sie muß der Finanzabteilung vor dem Eintritt des in § 3 Absatz 3 genannten Zeitpunktes ohne besondere Aufforderung zugegangen sein. Die Finanzabteilung ist verpflichtet, die Erklärung in Urschrift binnen einer Woche nach ihrer Einkunft dem Evang. Oberkirchenrat zur Veranlassung der Versetzung zuzuleiten.

§ 5.

Scheidet der Geistliche im Falle des Widerrufes der Freigabe der Pfarrstelle nach der Bekanntgabe des Widerrufes an ihn aus dem Dienste der Landeskirche aus, so erlischt der ihm nach § 3 zustehende Anspruch nach Maßgabe der hierwegen geltenden Vorschriften in der gleichen Weise, wie wenn der Widerruf nicht ausgesprochen worden wäre.

§ 6.

Die gemäß § 5 Absatz 3 des vorläufigen kirchl. Gesetzes vom 9. Dezember 1940, die Besetzung der Pfarrstellen betr. (VBl.S. 117), erfolgte Ernennung eines Geistlichen zum Pfarrer einer Kirchengemeinde durch den Landesbischof wird in besoldungsrechtlicher Hinsicht erst wirksam, wenn die Finanzabteilung den ernannten Pfarrer in die Bezüge der ihm übertragenen neuen Pfarrstelle eingewiesen hat. Die Einweisung erfolgt durch eine schriftliche Mitteilung der Finanzabteilung an den ernannten Pfarrer und an den Evang. Oberkirchenrat.

Die Einweisung muß erfolgen, wenn die Finanzabteilung der Ernennung des Pfarrers gemäß § 7 Absatz 2 der Fünfzehnten Verordnung zur Durchführung des Gesetzes zur Sicherung der Deutschen Evang. Kirche vom 25.6.1937 (RGBl. 1 S. 697) zugestimmt hat und seitdem keine in der Person des ernannten Pfarrers begründeten Umstände bekannt geworden sind, die nach § 3 der Fünfzehnten Verordnung zur Durchführung des Gesetzes zur Sicherung der Deutschen Evang. Kirche vom 25. Juni 1937 (RGBl. I S. 697) die Versagung der Zustimmung der Finanzabteilung begründen würden.

§ 7.

Die Vorschriften der §§ 1 bis 6 finden auch Anwendung auf die Besetzung der übrigen geistlichen Amtsstellen, welche in Kirchengemeinden bestehen. (Stellen der Vikarinnen, Stellen der wissenschaftlich theologisch und seminaristisch vorgebildeten Religionslehrer.)

§ 8.

Diese rechtsverbindliche Anordnung tritt mit Wirkung vom 1. Juli 1944 an in Kraft. Sie gilt auch für die Fälle von Besetzung von Pfarrstellen, bei denen Patronatsherren mitzuwirken haben, und finden auf alle im Zeitpunkt des Inkrafttretens im Gange befindlichen Besetzungsverfahren Anwendung sofern die Finanzabteilung ihre Zustimmung zur Ernennung eines Geistlichen auf die zu besetzende Pfarrstelle noch nicht erteilt hat.

Die Finanzabteilung erläßt die zur Durchführung dieser Anordnung erforderlichen Bestimmungen.

Karlsruhe, den   1944
                    Finanzabteilung beim Evangelischen Oberkirchenrat."

1988b Erläuterungen zu dem Entwurf der FA[*]

„[...]
Es handelt sich um das Pfarrbesetzungsgesetz. Die FA. hat sich sofort geregt, um den ‚klerikalen' Umtrieben der OKR und des LBischofs entgegenzutreten. Ein erster Vorschlag, die Pfarreien nach einem Ternaverfahren zu besetzen, wurde vom OKR abgelehnt. Die Situation war nicht einfach, weil auch die DEK Bedenken gegen den Entwurf des OKR geltend machte. Schließlich wurde das Pfarrstellenbesetzungsgesetz nach dem Entwurf des OKR angenommen.

Vor einem Jahr kam ein neuer Vorstoß. Die FA verlangte, ein Bewerber müsse zuerst der FA genannt werden, bevor er der Gemeinde genannt werde; erst dann solle das Verfahren weitergehen. Der OKR erklärte, da die FA eine staatliche Stelle sei, müsse die Angelegenheit erst innerhalb der kirchlichen Stellen erledigt werden. Im Juni wurde dann dem OKR der Entwurf zur Stellungnahme vorgelegt, bevor ihn die FA an das Reichskirchenministerium zur Zustimmung weiterleiten wollte.

Zu § 1.) Bisher wurde jede frei werdende Pfarrstelle zur Bewerbung ausgeschrieben. Hier soll nun gleich ein Bremsklotz vorgelegt werden. Die FA begründet das damit, daß schon das Ausschreiben Maßnahmen zur Folge habe, die zur Zuständigkeit der FA gehören. – 1939 hat die FA ein großes Programm aufgestellt, nach welchem verschiedene Pfarrstellen aufgehoben werden sollen; es wurden rund 50 Pfarrstellen als künftig wegfallend bezeichnet. Der OKR hat jeden einzelnen Fall geprüft und kam auf vorerst 39 Stellen. Grund zur Aufhebung einzelner Pfarrstellen ist vor allem Pfarrermangel. Eine Antwort hat die FA auf den Vorschlag des OKR nicht gegeben. Seit 1940 besteht kein [Haushalts-]Voranschlag mehr für die Landeskirche; jetzt soll alles gesetzlich festgelegt werden. Man tut das, weil man glaubt, alle Macht in Händen zu haben.

§ 1 ist noch verhältnismäßig harmlos.

§ 2 bietet der FA besonders große Möglichkeiten. Sie kann bis ins Lehrmäßige hinein alles regeln.

---

[*] Vorlage von OKR Dr. Friedrich zur Sitzung des EOK am 13. Juni 1944 (vgl. LKA GA 4791, S. 122); der EOK befasste sich auch in den Sitzungen am 20. Juni (ebd., S. 125f.) und an 27. Juni 1944 (ebd., S. 133) mit der Sache.

§ 3, Abs. 2: kann z.B. den Verlust des Wohnrechts im Pfarrhaus nach sich ziehen. Der Pfarrer wird hier behandelt, wie wenn er unter dem Disziplinargericht gestanden hätte, und zwar verurteilt zu einer der beiden höchsten vorgesehenen Strafen.

zu § 6: Hier greift die FA eine Sache des alten kanonischen Rechts auf, auf die sie sich berufen kann: der OKR weist in die Spiritualia ein, die FA in die Temporalia.

Die FA hat es also in der Hand, Erwägungen, die der OKR für wichtig und richtig hält, einfach auszuschalten. Wenn die Besetzung erfolgt, kann die FA Bedingungen stellen und Auflagen machen, die der neue Pfarrer erfüllen muß; worin sie bestehen, ist im Gesetz nicht gesagt. Die FA kann aber außerdem für sich gewisse Erwartungen hegen, ohne sie als Bedingungen schriftlich auszusprechen. Entspricht der Pfarrer diesen Erwartungen nicht, so kann die FA widerrufen. Der Pfarrer erhält zunächst seinen Gehalt weiter, verliert aber nach 6 Monaten einen Teil des Gehalts, verliert den Anspruch auf Wohnung, bekommt jedoch ein gekürztes Wohnungsgeld. Er kann sich der FA fügen; das wird dann dem OKR gemeldet, und dieser hat dann die Möglichkeit, den betr. Geistlichen alsbald zu versetzen. Man hofft aber wohl, daß ein solcher Pfarrer vielleicht lieber in einer anderen Landeskirche unterzukommen sucht. Vielleicht wird dadurch dann doch noch die Möglichkeit eines DC-Regiments erreicht. Es sind 5 oder 6 Stellen, bei denen die FA der Meinung war, der Geistliche müßte pensioniert werden; der OKR hat in keinem dieser Fälle nachgegeben.

Die FA kann nach diesem Entwurf völlig über die Pfarrer verfügen. Aus der FA wird der Staatskommissar gemacht. Der Entwurf geht über die 15. Durchführungsverordnung weit hinaus. Die Besetzung einer Pfarrei ist doch nicht in erster Linie eine wirtschaftliche Frage.

Der OKR hat sich über den Entwurf dem Reichskirchenministerium gegenüber sofort eingehend geäußert; auch der geistliche Vertrauensrat wurde befragt. Dieser hat eine gute Eingabe an den Reichskirchenminister gerichtet und dargelegt, daß das, was hier geplant ist, unmöglich sei. Die Kirchenführer-Konferenz hat einen kurzen energischen Protest eingelegt. Vom Reichskirchenminister ist eine Antwort noch nicht eingetroffen. Jeder Verwaltungsgerichtshof würde dem OKR Recht geben müssen. Hier will der Staat an entscheidenden Punkten die Leitung der Kirche in die Hand nehmen.

Verfasser des Entwurfs ist Dr. Doerr, der auch eine Begründung dazu gegeben hat. Dahinter steckt wohl auch Herr Dr. Koelle [= Dr. Georg Cölle, Vorsitzender auch der FA in Hannover], der in seinen Anschauungen die Allmacht des Staates vertritt.

Sollte das Gesetz rechtskräftig werden, so wird der schärfste Kampf zu beginnen haben, durch passiven Widerstand vor allem. Nachgeben oder sich darauf einlassen, wäre der Untergang des Pfarrerstandes und der Kirche. Es kommt zweifellos etwas Diabolisches in diesem Entwurf zum Ausdruck. Der OKR dachte daran, die Frage als eine Standesfrage anzusehen und sie dem Pfarrverein vorzulegen. Es ist aber eine Frage der inneren Stellung zu Amt und Kirche. Es soll zunächst keine Aktion oder Agitation erfolgen; diese Darlegungen dienen lediglich der Aufklärung. Oberster Gesichtspunkt muß sein: wir sind um der Gemeinde willen da, nicht die Gemeinde um unseretwillen.

Das geistliche Leben erstickt, wenn der Pfarrer nicht am Ort wohnt. Das Pfarrhaus ist sozusagen radioaktiv. Nach dem Kriege wird eine Reihe kleinerer Gemeinden gebraucht, zur Besetzung durch kriegsbeschädigte Geistliche und auch durch Pfarrer, die sich in der Stadt müde gearbeitet haben. Deshalb hat der OKR dafür gekämpft, daß die Zahl der künftig nicht mehr zu besetzenden Gemeinden möglichst klein bleibt.

(In Hannover besteht die Bestimmung schon seit längerer Zeit, daß die Pfarreien nur mit Zustimmung der FA freigegeben werden. Die Gemeinden sind vollständig rechtlos.)

[...]"

1989 Neugestaltung des Briefkopfs der FA und der Verbescheidung, 12. Januar 1945
LKA GA 7264

„[...]
Mit Zustimmung des Herrn Reichsministers für die kirchlichen Angelegenheiten hat der Herr Leiter der Finanzabteilung bei der Deutschen Evang. Kirchenkanzlei angeordnet, dass die Vorsitzenden der Finanzabteilungen sich in ihren dienstlichen Schreiben als ‚Leiter der Finanzabteilung' bezeichnen, und dass rechtsverbindliche Anordnungen und sonstige Beschlüsse der Finanzabteilung nicht unter der Bezeichnung „Finanzabteilung beim Evang. Oberkirchenrat Karlsruhe", sondern unter der Bezeichnung ‚Der Leiter der Finanzabteilung beim Evang. Oberkirchenrat Karlsruhe' herausgehen. Sie werden ersucht, dafür Sorge zu tragen, dass diese Anordnung pünktlich durchgeführt wird. [...]"

C Nach Ende des Kriegs

1990 Formlose Auflösung der FA, aber Weiterführung der Geschäfte
Mitteilung des stellv. Vorsitzenden der FA Dr. Doerr an den Landesbischof, 19. Mai 1945; LKA GA 7276 (auch LKA GA 4900)

„[…]
Die Finanzabteilung hat sofort nach der Besetzung der Stadt Heidelberg durch die 6. USA-Armeegruppe am 30. März d.J. geprüft, ob sie unter der Militärregierung Deutschland der Alliierten Mächte eine Wirksamkeit noch ausüben kann. Sie ist zu dem Ergebnis gekommen, daß die Fünfzehnte Verordnung zur Durchführung des Gesetzes zur Sicherung der Deutschen Evang. Kirche zwar nicht aufgehoben ist, daß aber tatsächlich die Finanzabteilung keine Tätigkeit mehr ausüben kann und daher als außer Wirksamkeit gesetzt anzusehen ist. Die Finanzabteilung ist also der Rechtsauffassung des Evang. Oberkirchenrates insoweit beigetreten und erkennt an, daß die der Finanzabteilung durch die Fünfzehnte Durchführungsverordnung zugewiesene Zuständigkeit wieder an die Kirchenbehörde zurückgefallen ist. Die Finanzabteilung hat sich deshalb seit dem 30. März 1945 als eine abgesonderte Abteilung der landeskirchlichen Vermögensverwaltung angesehen und hat seitdem in diesem Sinne die Geschäfte weitergeführt. Infolge der bisher bestehenden Unmöglichkeit, mit dem Herrn Landesbischof oder mit dem Evang. Oberkirchenrat in Verbindung zu treten, ist eine schriftliche Verständigung der obersten Kirchenbehörde bis jetzt unterblieben. Ich bitte, mir ausdrücklich zu bestätigen, daß die durch die Zwangslage gegebene Weiterführung der Dienstgeschäfte durch die frühere Finanzabteilung in der Vergangenheit die Billigung der Kirchenleitung findet.

Bezüglich des Weiterganges der Geschäfte der in Heidelberg befindlichen Abteilung der landeskirchlichen Vermögensverwaltung erbitte ich mir weitere Weisungen. Die räumliche Vereinigung der in Heidelberg befindlichen Abteilung mit dem Evang. Oberkirchenrat in Karlsruhe wird infolge der bestehenden Schwierigkeiten, die in Heidelberg befindlichen Einrichtungsgegenstände und Akten nach Karlsruhe zurückzuverbringen, und infolge der bestehenden Schwierigkeit bei der Erteilung von Passierscheinen für die in Heidelberg befindlichen Gefolgschaftsmitglieder durch die Militärregierung in kurzer Zeit sich nicht bewerkstelligen lassen. Für die Zwischenzeit erlaube ich mir folgenden Vorschlag zur Genehmigung zu unterbreiten.

Falls es seitens des Herrn Landesbischofs gewünscht wird, bin ich bereit, die in Heidelberg notwendig werdenden Dienstgeschäfte weiterzuführen, bis die Zurückverlegung der in Heidelberg befindlichen Abteilung nach Karlsruhe möglich ist. Die Weiterführung der Dienstgeschäfte könnte unter der Dienststellenbezeichnung „Evang. Oberkirchenrat Karlsruhe – Abteilung Vermögensverwaltung in Heidelberg" erfolgen. Die Unterzeichnung der bei der Erledigung der Geschäfte anfallenden Beschlüsse würde durch mich erfolgen [...] und mit dem Zusatz „Im Auftrage" ausgefertigt werden. Die bisher von Oberfinanzrat Guttenberg bearbeiteten Angelegenheiten würde ich ihm auch weiter zur Bearbeitung überlassen. [...]"

1991 Der EOK untersagt OKR Dr. Doerr, weiterhin im Namen der FA zu agieren.
OKR Dr. Friedrich an OKR Dr. Doerr, 1. Juni 1945; LKA GA 7276

„[...]
Wie wir aus einer Reihe von Schreiben, zuletzt noch vom 9. Mai d.J. feststellen mußten, glauben Sie immer noch berechtigt zu sein, als Stellvertreter des Leiters der Finanzabteilung Verfügungen von sich zu geben. Wir haben Ihnen bereits vor 4 Wochen mitgeteilt, daß wir durch die politischen Verhältnisse die Finanzabteilung für außer Wirksamkeit gesetzt ansehen. Wir haben angenommen, daß diese Mitteilung für Sie genügen dürfte, nun nicht mehr unter der Firmierung Finanzabteilung irgendwie Amtsgeschäfte vorzunehmen. Wie uns nunmehr zuverlässig berichtet wird, ist durch Ihr Verhalten bei der amerikanischen Besatzungsbehörde ein Mißtrauen gegen die Landeskirche hervorgerufen worden, weil die Besatzungsbehörde aus dem Umstand, daß die Finanzabteilung immer noch in Erscheinung tritt, mit einem gewissen Recht glauben kann, daß die Landeskirche an der Einrichtung der Finanzabteilung festhält und damit eine Maßnahme des doch nun zusammengebrochenen nationalsozialistischen Staates aufrechtzuerhalten versucht. Aus dieser Erscheinung wollen Sie erkennen, wie unverantwortlich Ihr Handeln war. Dem Schaden, den die Finanzabteilung in 7 Jahren der Landeskirche zugefügt hat, reihen Sie nun auch noch diese neue schwere Gefahr für unsere Landeskirche an. Wir untersagen Ihnen daher jedes weitere Amtieren, sei es als Vertreter der Finanzabteilung, sei es als Mitglied des Evang. Oberkirchenrats. Sie werden hiermit von Ihrem Amt suspendiert. Weitere Weisungen werden ergehen.
                                                        gez. Dr. Friedrich."

XXXVI Das Verhalten in Kirchenleitung und Pfarrerschaft und die Situation in den Gemeinden unter wachsendem Druck in den Jahren 1938 und 1939 – Anpassung und kleine Signale des Widerspruchs

Nach dem Scheitern der „Befriedungsaktion" mit der Einsetzung eines Reichskirchenausschusses – dieser trat am 12. Februar 1937 zurück – und der Bildung von Landeskirchenausschüssen begann im Frühjahr 1937 wiederum eine neue Phase in dem Verhältnis von Kirche und Staat, welche erst mit dem Beginn des Zweiten Weltkriegs am 1. September 1939 zu einem nicht geplanten Ende kam. Zwar versuchte Hitler durch einen Erlass vom 15. Februar 1937 zur Wahl einer Generalsynode der Deutschen Evangelischen Kirche noch einmal, alle widerstrebenden Kräfte zusammenzubinden. Doch diese Wahl fand nie statt, weil sich sogleich unüberwindbare Schwierigkeiten ergaben.

Einerseits wurde die Position von Reichskirchenminister Hanns Kerrl gestärkt, dem nun gleichsam die Oberaufsicht über alle Landeskirchen zustand. Andererseits wurde die Kompetenz der DEK neu begründet, als Kerrl im Dezember 1937 anstelle der „Vorläufigen Kirchenleitung" die Leitung der DEK mit neuen Vollmachten einer Kirchenkanzlei unter dem Präsidenten Dr. Friedrich Werner übertrug, welche sich bald als ein Druck- und Kontrollinstrument erwies, vor allem durch mehrere ‚Verordnungen zur Durchführung des Gesetzes zur Sicherung der DEK'. Aber auch weitere Reichsministerien ergriffen im Zusammenwirken mit dem Reichskirchenminister und der DEK-Kirchenkanzlei kirchenpolitische Maßnahmen. Zu nennen sind eine besondere Verpflichtung der Religionslehrer, in Württemberg und Baden gefolgt von der Forderung nach einem Treuegelöbnis auch der nichtstaatlichen Religionslehrer; vor allem aber schlossen sich Auseinandersetzungen um den Inhalt des Religionsunterrichts an (siehe das Kapitel XXXIV). Andere Erlasse betrafen das Verbot von Kollekten für die Bekennende Kirche oder das Verbot namentlicher Abkündigungen von Kirchenaustritten im Gottesdienst. Im Zusammenhang damit ist die massenhafte Niederlegung des Religionsunterrichts durch staatliche Religionsleher und eine bis dahin nicht gekannte Kirchenaustrittsbewegung zu sehen.

Hinzu traten innerkirchlich sowohl Verordnungen der DEK-Kirchenkanzlei zur Disziplinierung der Landeskirchen als auch Kundgebungen gleichsam vorauseilenden Gehorsams von Kirchenkanzlei und Landeskirchenleitungen. Zu nennen ist die folgenreiche Verordnung über die Einrichtung von Finanzabteilungen bei den Landeskirchenämtern, später zusätzlich von deren Finanzbevollmächtigten in einzelnen Kirchengemeinden (siehe Kapitel XXXV) oder eine enorm detaillierte Disziplinarordnung. Die Volksabstimmung vom 10. April 1938 über Adolf Hitlers aggressive Großdeutschland-Politik wurde ebenso unterstützt, wie man sich der Loyalität der Geistlichen gegenüber dem Führer durch einen vom Staat nicht geforderten Treueid versicherte. Angeordnete Dankgottesdienste und Fürbittgebete, so 1939 zum 50. Geburtstag des Führers und zum Kriegsbeginn bzw. 1940 nach dem siegreich beendeten Feldzug gegen Frankreich, waren weitere Zeichen loyalen Entgegenkommens der Kirche gegenüber Führer und Partei, von dem überaus häufigen und wohl kaum ver-

meidbaren Beflaggen kirchlicher Gebäude und dem anhaltenden Glockengeläut bei politischen Anlässen ganz zu schweigen. (Die von der Vorläufigen Leitung der DEK angesichts der Sudetenkrise und eines drohenden Krieges herausgegebene Bittgottesdienstordnung („Gebetsliturgie") für Sonntag, den 30. September 1938, deren Verfasser und Anwender von den Deutschen Christen als Staatsfeinde und Volksschädlinge denunziert wurden, spielte in Baden anscheinend keine Rolle, wenigstens öffentlich nicht.)

Dass unter diesen Bedingungen in den Gemeinden die Forderungen der Deutschen Christen nach Minderheitenversorgung und nach Minderheitengottesdiensten immer lauter erhoben wurden, überhaupt Polemik und Polarisierung zunahm, ist nicht verwunderlich. Dasselbe gilt für das verbreitete Unwesen von Bespitzelungen und Denunziationen missliebiger Pfarrer bei der übermächtigen Gestapo, die immer wieder zu Strafverfolgungen führten, wobei das sogenannte Heimtückegesetz von 1933/34 nun eine leicht anwendbare Handhabe bot.

Die Abwehr des wachsenden Drucks und mancher entnervenden Bedrängnis war im Ganzen gering. Die Kirchenbehörde beschränkte sich auf gelegentliche Proteste und auf einen schriftlichen kirchenrechtlichen Kleinkrieg. Die Pfarrerschaft suchte stärkende Gemeinschaft, durchaus nicht nur in der Bekenntnisgemeinschaft, sondern ebenso auf den Tagungen des badischen Amtes für Volksmission, in der Badischen Pfarrbruderschaft und im Pfarrergebetbund. Eine verdeckte Passivität gegenüber staatlichen und kirchlichen Anordnungen war verbreiteter als die nur seltenen offenen Verweigerungen, zum Beispiel beim Treueid auf den Führer im Sommer 1938. Vereinzelt gab es mutige Äußerungen von Pfarrern und Vikaren, sei es in öffentlichen Druckschriften, wie durch Friedrich Hauß, sei es in Flugschriften, wie durch Egon Güß, sei es in Predigten, wie durch Willi Ochs.

Mit dem Beginn des Zweiten Weltkriegs, der, bejaht oder nicht bejaht, die Volksgemeinschaft zunächst fast wieder so zusammenschweißte wie der Beginn des Ersten Weltkriegs, wurden die Maßnahmen gegen die Kirchen – vorläufig, wie man meinte – unterbrochen, wenn auch die kleinlichen Schikanen in den Gemeinden damit nicht überall beendet waren.

A Das Verhalten in Kirchenleitung und Pfarrerschaft

1992 Runderlass des Landesbischofs zur „Wiedervereinigung Oesterreichs mit dem deutschen Mutterland"
Karlsruhe, 15. März 1938; LKA GA 1239

Die Besetzung und den Anschluss Österreichs am 12./13. März 1938 begrüßte Landesbischof Kühlewein zwei Tage später mit einem Runderlass:

„An sämtliche Geistliche der Landeskirche.

Die Wiedervereinigung Oesterreichs mit dem deutschen Mutterland, die sich in den letzten Tagen in so unerwarteter Weise vollzogen hat, findet nicht nur bei unseren deutschen Brüdern in Oesterreich, sondern in ganz Deutschland freudigen Widerhall. An diesem entscheidenden nationalen Ereignis nimmt unsere evang. Kirche den lebhaftesten Anteil. Als Evangelische gedenken wir dabei besonders in brüderlicher Verbundenheit unserer evangelischen Glaubensgenossen in Oesterreich. Ich lege daher den Herren Geistlichen nahe, soweit dies noch nicht geschehen ist, im Gottesdienst des kommenden Sonntags *[20.3.]* dessen zu gedenken mit Dank gegen Gott und mit der Bitte, dass Gott in diesen entscheidungsvollen Tagen dem Führer nahe sein und seine Entschlüsse zum Wohl unseres ganzen deutschen Volkes segnen möge.

                                    D. Kühlewein."

1993 Kundgebung deutscher Kirchenführer zur Begrüßung der evangelischen Kirche „der ins Reich heimgekehrten deutschen Ostmark"
Berlin, 30. März 1938; LKA GA 1239

                      „Kundgebung.

In glaubensbrüderlicher Verbundenheit grüssen wir die Evangelische Kirche der ins Reich heimgekehrten deutschen Ostmark. Am kommenden Sonntag *[3.4.]* vereinen wir uns mit allen Deutschen, um unserer Treue zum neugeschaffenen großdeutschen Reich und seinem Führer zu bekunden. Wir bezeugen zugleich unsere Entschlossenheit, unablässig daran zu arbeiten, dass Christus dem Deutschen Volk gepredigt werde. Wir rufen unsere Gemeinden auf, sich mit uns in dem Gebet zusammenzuschliessen:

Allmächtiger Gott, nimm auch ferner Volk und Führer in Deinen Schutz und segne sie aus dem Reichtum Deiner Gnade, damit uns Frieden und Einigkeit allezeit beschert sei!

Berlin, am 30. März 1938.

Die dem Rat der evang.-luth. Kirche Deutschlands angeschlossenen Landeskirchen *[es folgen elf Unterschriften für zehn Landeskirchen oder Landesbruderräte]*.

Die dem Arbeitsausschuss der reformierten Kirchen Deutschlands angeschlossenen Landeskirchen *[es folgen zwei Unterschriften für zwei Landeskirchen]*.

[Es folgen die Unterschriften des Vorsitzenden des Landeskirchenausschusses der evangelischen Landeskirche Kurhessen-Waldeck, D. Friedrich Happich, des Landesbischofs der Vereinigten Evang.-prot. Landeskirche Badens, D. Kühlewein, und des Landesbischofs der evang.-luth. Kirche im Hamburgischen Staat, Franz Tügel.]"

Landesbischof Kühlewein gab die vorstehende Kundgebung am 1. April durch Rundschreiben an die Geistlichen bekannt, der EOK veröffentlichte sie unter dem 4. April als „Kundgebung zum 10. April 1938" im Gesetzes- und Verordnungsblatt der Landeskirche mit folgendem Zusatz:

„Am Sonntag, dem 10. April 1938, ist in das allgemeine Kirchengebet folgende Bitte einzufügen: ‚Wir danken Dir dafür, daß wir Deutschen uns als Brüder haben zusammenfinden dürfen. Halte Deine Hand über das Geschehen dieses Tages und gib, daß unserem Volk Segen daraus erwachse zur Ehre Deines Namens!'" *(KGVBL. 1938, Nr. 8 vom 6. April, S. 41)*

1994 Anweisung des EOK zum Glockengeläut am Vorabend des Tages der Volksabstimmung über Hitlers Politik und den Anschluss Österreichs

Karlsruhe, 4. April 1938; KGVBl. 1938, Nr. 8 vom 6. April, S. 41

„Der Herr Reichs- und Preuß. Minister für die kirchlichen Angelegenheiten hat uns folgende Mitteilung zugehen lassen: ‚Der *9. April 1938* wird als ‚*Tag des großdeutschen Reiches*' zu einem überwältigenden Bekenntnis der gesamten Nation für den Führer und sein Werk ausgestaltet werden. Um 20 Uhr beginnt die große Schlußkundgebung in Wien. Nach der Rede des Führers wird das Niederländische Dankgebet gesungen. Bei den Worten des dritten Verses: ‚Herr, mach' uns frei!' sollen in ganz Deutschland einschließlich Österreich die Glocken aller Kirchen und Religionsgemeinschaften zu einem feierlichen Geläut einsetzen. Ich gebe meiner Erwartung Ausdruck, daß von dort aus die entsprechenden Anweisungen für das Glockengeläut gegeben werden.' – Wir weisen hiermit sämtliche Kirchengemeinderäte (Kirchenvorstände) an, am 9. April zu dem angegebenen Zeitpunkt mit sämtlichen Glocken läuten zu lassen."

Die mit sehr großem Propaganda-Aufwand durchgeführte Volksabstimmung am Sonntag, dem 10. April, ergab über 99% Ja-Stimmen. Der Prozentsatz der so abstimmenden Pfarrer dürfte ähnlich hoch gewesen sein; manche mögen sich eher für Nichtteilnahme als für Nein-Stimme entschieden haben.

1995 Vorläufiges kirchliches Gesetz über den Treueid der Geistlichen
Karlsruhe, 20. Mai 1938; KGVBl. 1938, Nr. 11 vom 25. Mai, S. 58

In Gang gesetzt durch die Thüringer DC-Kirchenleitung, hatte der Oberkirchenrat der Evangelischen Kirche der altpreußischen Union (Dr. Werner) am 20. April, dem Führergeburtstag, eine Verordnung über einen – vom Staat nicht geforderten – Treueid der Geistlichen auf den Führer erlassen. (KJ 1933–1944, 2. Aufl., 1976, S. 232f.) Obwohl diese Verordnung sogleich in Kreisen der Bekennenden Kirche eine heftige Kontroverse auslöste, folgte Baden einen Monat später dem Berliner Beispiel:

„Der Evangelische Oberkirchenrat hat gemäß § 120 KV und des § 2 des vorläufigen kirchlichen Gesetzes, die Abänderung der Kirchenverfassung betr., vom 14.12.1934 (VBl. S. 135) in Ausführung der in § 174 des Deutschen Beamtengesetzes erteilten Ermächtigung als vorläufiges kirchliches Gesetz beschlossen, was folgt:

Artikel 1.

Die Geistlichen der Vereinigten Evangelisch-protestantischen Landeskirche Badens haben als Träger eines öffentlichen Amtes folgenden Eid zu leisten:

,Ich schwöre bei Gott dem Allmächtigen und Allwissenden: Ich werde dem Führer des Deutschen Reiches und Volkes, Adolf Hitler, treu und gehorsam sein, die Gesetze beachten und meine Amtspflichten gewissenhaft erfüllen, so wahr mir Gott helfe.'

Artikel 2.

1. Die Geistlichen haben den in Artikel 1 aufgeführten Eid beim Antritt ihrer ersten Dienststelle abzulegen.

2. Für die bereits im Amt befindlichen Geistlichen bestimmt der Oberkirchenrat den Zeitpunkt der Abnahme des Eides.

Artikel 3.

Dieses Gesetz tritt sofort in Kraft. Der Oberkirchenrat wird mit dem Vollzug beauftragt.

Dieses Gesetz wird hiermit verkündet.

Karlsruhe, den 20. Mai 1938.

> Der Evangelische Landesbischof:
> D. Kühlewein."

In LKA GA 1115 findet sich, vermutlich nach Einsprüchen aus der Pfarrerschaft, ein undatierter handschriftlicher Aktenvermerk Kühleweins, dass aufgrund des Reichsbeamtengesetzes vom 26.1.1937 § 174 die öffentlich rechtlichen Religionsgesellschaften ermächtigt seien, zur Regelung des Rechts ihrer Beamten und Seelsorger diesem Gesetz entsprechende Vorschriften zu erlassen. Der Treueid sei also zulässig; der Staat habe die Übernahme des Beamteneids weder gewünscht noch gefordert.

1996 Bekanntmachung des EOK über die Durchführung des Gesetzes über den Treueid der Geistlichen

Karlsruhe, 15. Juni 1938; KGVBl. 1938, Nr. 14 vom 22. Juni, S. 69

„Gemäß Artikel 3 Absatz 2 des vorläufigen kirchlichen Gesetzes, den Treueid der Geistlichen betr., vom 20.5.1928 (VBl. S. 58) wird das Verfahren über die Abnahme des Eides in folgender Weise geregelt:

I.

1. Die Dekane leisten den Eid vor dem Landesbischof oder einem von ihm bestellten Vertreter.

2. Die im Amt befindlichen Geistlichen leisten den Eid vor ihrem zuständigen Dekan.

3. Die in das Amt neu eintretenden Geistlichen werden den Eid vor dem für ihre erste Dienststelle zuständigen Dekan leisten.

II.

Da vor oder nach der Ableistung des Eides eine Aussprache nicht angängig ist, steht es den Geistlichen frei, Anfragen, die den Eid betreffen, nach vorheriger schriftlicher Anmeldung mündlich der Kirchenbehörde vorzutragen und auf ihren Wunsch den Eid – in Abweichung von der Bestimmung in Ziffer I – vor der Kirchenbehörde abzulegen.

III.

Der Eid ist durch Nachsprechen der Eidesformel mit gleichzeitiger Erhebung der rechten Hand zu leisten.

Über die Eidesleistung ist eine aus der Anlage 1 ersichtliche Niederschrift aufzunehmen, die von dem Vereidigten zu unterschreiben ist. Die Niederschrift ist zu den Personalakten des Evang. Oberkirchenrats zu nehmen. Formblätter für die Niederschrift werden den Dekanaten geliefert.

IV.

Geistliche, die den Eid als Träger eines öffentlichen Amtes bereits geleistet haben, sind lediglich an diesen Eid zu erinnern. Auch darüber ist eine aus der Anlage 2 ersichtliche Niederschrift aufzunehmen, für die ebenfalls Formblätter geliefert werden.

Das von den Geistlichen in ihrer Eigenschaft als Religionslehrer im Jahre 1937 abgelegte Treugelöbnis kommt als Ersatz nicht inbetracht.

V.

Die Eidesabnahme hat möglichst gleichzeitig zu erfolgen und soll bis längstens 1. Juli ds.Js. durchgeführt sein.

Der Landesbischof:
D. Kühlewein."

Viele Pfarrer suchten zunächst terminliche Verhinderungsgründe und bzw. oder erbaten eine Aussprache mit dem Landesbischof. Solche Aussprachen bzw. Eidesbelehrungen fanden Ende Juni mehrmals statt.

1997 Pfarrer Egon Güß/Stein bittet den Dekan des Kirchenbezirks Durlach, Dekan Andreas Schühle, um Aussetzung der Vereidigung
Stein, 22. Juni 1938; LKA PA 6700 (Egon Güß)

„Sehr geehrter Herr Dekan! Verzeihen Sie gütigst all die Verspätungen! Die grosse Not, die mir geworden ist durch die Anordnung der Vereidigung, ließ alle Verwaltungsdinge in den Hintergrund treten. [...] Zu der Vereidigung morgen kann ich nicht erscheinen, da ich um 6 Uhr eine Beerdigung habe. Ich hätte Sie ohnehin bitten müssen, meine Vereidigung auszusetzen, da ich mit den im Enzkonvent zusammengeschlossenen Amtsbrüdern eine Aussprache mit dem Herrn Landesbischof erbeten habe. Dasselbe haben aus unserem Kirchenbezirk die Amtsbrüder Schnebel und Haas getan. Schnebel wurde von uns gebeten, Ihnen mitzuteilen, dass wir von dieser Möglichkeit in der Anordnung der Eidesableistung Gebrauch machen wollen. [...]"

1998 Forderung des Landesbruderrats der BK nach einer schriftlichen Eidesbelehrung und der Protokollierung eines Ordinationsvorbehalts
Freiburg, 25. Juni 1938; LKA Nachlass Dürr, D 18, 6 u. 6a

„An die Pfarrer der Bekennenden Kirche.

Liebe Brüder! In seiner Sitzung am 23.6. hat der Landesbruderrat bezüglich des Eides folgende Beschlüsse gefasst:

1. Wir fordern eine Eidbelehrung, die vorher den Pfarrern schriftlich zugestellt und später dem Staat mit der Meldung des Eidvollzugs mitgeteilt wird. Beiliegende ‚Eidbelehrung' der 6. Bekenntnissynode der Ev. Landeskirche der Altpreuß. Union hat sich der Landesbruderrat zu eigen gemacht.

2. Das Eidprotokoll, in dem bestätigt ist, dass der Eid ‚gebunden an das Ordinationsgelübde' abgelegt ist, muss ebenfalls dem Staat zur Kenntnis gegeben werden. [...]

Ich bitte nun alle unsere Mitglieder, die eine solche Eidesbelehrung um der Wahrheit willen für notwendig halten, unverzüglich beiliegende Bitte zu unterschreiben und dem Herrn Landesbischof zuzuschicken. Ehe eine Antwort des Landesbischofs erfolgt ist, lehnen wir die Eidesleistung ab. Sollten Dekane schon vorher einen Termin zur Vereidigung ansetzen, ist ihnen mitzuteilen, dass man zu dem angesetzten Termin nicht erscheinen werde, bis die Antwort des Herrn Landesbischofs eingegangen ist.

Um nach der Antwort des Herrn Landesbischofs weitere Schritte gemeinsam beraten zu können, möge jeder, der das Schreiben an den Landesbischof abgeschickt hat, mir gleichzeitig davon Mitteilung machen.

Beiliegende Eidesbelehrung ist von der 6. Bekenntnissynode der Ev. Kirche der Altpr. Union beschlossen worden, wenn folgende Forderungen zur Eidesleistung erfüllt sind:

1. Die staatliche Forderung eines Treueids muss vorliegen.

2. Die eidfordernde Stelle muss von den Pfarrern, die den Eid leisten, die von der Kirchenleitung gegeben Auslegung des Treueides entgegennehmen.

3. Die Bindung des Pfarrers an sein Ordinationsgelübde muss öffentliche Anerkennung finden. Das schließt die Verkoppelung der Eidesforderung mit der Einführung des deutschen Beamtengesetzes in die Kirche aus.

4. Die von dem Evangelischen Oberkirchenrat *[Berlin]* gegebene Auslegung des Eides muss öffentlich zurückgenommen werden.

Diese Eidesbelehrung hat sich der Badische Landesbruderrat zu eigen gemacht.

Euer K. Dürr.

Eidesbelehrung *[der 6. Bekenntnissynode der Ev. Kirche der Altpr. Union]*

1. Gottes Gebot verpflichtet den Pfarrer zu tätiger Liebe in allen Lebensbeziehungen und zum Gehorsam gegen die Obrigkeit in dem ihr von Gott gesetzten Amt.

   Der unter Anrufung Gottes dem Führer Adolf Hitler geleistete Eid gibt der Treue und Gehorsamsverpflichtung den Enst der Verantwortung vor Gott und damit die rechte Begründung. (Vgl. Erklärung der Vorläufigen Leitung zum Eide vom Dezember 1935.)

2. Entscheidend für die Verpflichtung ist dabei für uns Christen die Tatsache, dass wir bei dem Gott schwören, der der Vater unseres Herrn Jesus Christus ist.

   Wie bei jeder Anrufung Gottes, so ist auch beim Eid unmittelbar eingeschlossen, dass vor Gott nichts versprochen und bekräftigt und zu nichts seine Hilfe erbeten werden kann, was seinem geoffenbarten Willen widerspricht. (a.a.O.)

3. Die Amtspflichten des Pfarrers sind durch das Ordinationsgelübde bestimmt. Dieses bindet den Träger des Pfarramtes allein an das Wort Gottes, das in der Heiligen Schrift gegeben und in den Bekenntnissen der Kirche bezeugt ist. Darum gibt es für den ordinierten Diener am Wort in der Ausübung seiner Amtspflichten keinen anderen Herrn als den Herrn Christus. Somit werden die im Ordinationsgelübde übernommenen Amtspflichten durch der Obrigkeit geleisteten Eid weder ergänzt noch beschränkt. Insofern als der Pfarrer Träger besonderer staatlich anerkannter oder verliehener öffentlicher Funktionen ist, beschwört er der Obrigkeit die Erfüllung der daraus sich ergebenden Amtspflicht.

4. Die Anwendung des staatlichen Beamtenrechtes auf die Pfarrer sowie die Anerkennung einer Kirchenleitung, welche nicht an das Bekenntnis und die Verfassung der Kirche gebunden ist, sind mit der Eidesleistung nicht zugestanden, da sie den im Ordinationsgelübde übernommenen Amtspflichten widersprechen."

Eine eigene schriftliche Eidesbelehrung der badischen Kirchenleitung erfolgte nicht. Der Ordinationsvorbehalt wurde dagegen in die Eidesformel aufgenommen.

1999 Ankündigung von Vikar Paul Menacher/Karlsruhe (Luther-Pfarrei), an LB Kühlewein, den Treueid zu verweigern.
Karlsruhe, 24. Juni 1938; LKA GA 1115

Den grundsätzlichen Entschluss zur Verweigerung des Eids lässt der folgende Brief erkennen.

„Sehr geehrter Herr Landesbischof!

Auf Grund von Abschnitt II der Bekanntmachung die Durchführung des Gesetzes, den Treueid der Geistlichen betr. (VBl. Seite 69) bitte ich Sie, mir die dort in Aussicht gestellte mündliche Aussprache zu gewähren u. zwar gemeinsam mit den anderen Herren, die eine solche wünschen. Ich glaubte, für mich persönlich auf eine solche verzichten zu können, möchte das nun aber doch nicht tun aus der brüderlichen Verbundenheit mit all denen, für die der Eid unmöglich oder nur schwer möglich ist. Der Vorsitzende des Landesbruderrats der Bekenntnisgemeinschaft Badens hat sich, wie mir berichtet wurde, mit der Bitte um eine gemeinsame Besprechung mit Ihnen an Sie gewandt. Seiner Bitte trete ich mit diesem bei. Daraus erklärt sich auch meine reichlich späte Anfrage. Da das Dekanat Karlsruhe-Stadt bereits den Zeitpunkt der Vereidigung bestimmt hat, werde ich dorthin mitteilen, daß ich mich erst nach erfolgter Aussprache werden erklären können.

Die Aussprache selbst hat für mich in der Hauptsache den Sinn, Ihnen zu sagen, warum ich den Eid nicht leisten kann. Nachdem sich in wochenlangen Überlegungen u. einigen gründlichen Aussprachen mit solchen, die den geforderten Eid leisten werden, mein Entschluß gefestigt hat, habe ich wenig Hoffnung, wesentlich neue, meinen in der Schrift u. den Bekenntnissen begründeten Entschluß umstoßende Argumente zu hören.

Sollte Sie diese Erklärung veranlassen, meine Bitte nicht zu erfüllen, so werde ich dies keineswegs als Unrecht empfinden.

In aufrichtiger Ergebenheit

P. Menacher."

Am 13. Juli 1938 stellte Martin Bormann, Reichsleiter beim Stellvertreter des Führers in der Reichskanzlei, in einem Rundschreiben an alle Gauleiter fest, daß dem „Treueid auf den Führer [...] lediglich eine innerkirchliche Bedeutung" zukomme, da er angeordnet worden sei, „ohne vorher die Entscheidung des Führers herbeizuführen". (KJ 1933–1944, 2. Aufl., 1976, S. 255f.)

Im Juli votierte Pfarrer Karl Renner/ Bauschlott in den Kirchlich-positiven Blättern (51. Jg., 1938, Nr. 14 vom 24. Juli, S. 97: Zur Frage des Eides) mit einer eingehenden biblischen Begründung für die Eidesleistung.

Mit Schreiben vom 5. September 1938 bat die Kirchenkanzlei der DEK (Konsistorialrat Dr. Friedrich Merzyn) für einen abschließenden Bericht an den Reichskirchenminister kurzfristig LB Kühlewein um die Beantwortung von fünf Fragen bezüglich des Treueids der Geistlichen:

2000 LB Kühlewein berichtet zum Treueid der Geistlichen abschließend an die DEK-Kirchenkanzlei.
Karlsruhe, 7. September 1938; LKA GA 1115 – hds. Manuskript

„An die Deutsche Evang. Kirchenkanzlei
z.H. Herrn Konsistorialrat Dr. Merzyn
Berlin-Charlottenburg 2, Marchstr. 2
Auf gefl. Schreiben vom 5.9.38.

Sehr geehrter Her Konsistorialrat!

Auf Ihre 5 Anfragen beehre ich mich folgendes zu antworten.

1. Außer dem kirchlichen Gesetz vom 20.5.38 und den Ausführungsbestimmungen vom 15.6.38 sind weitere Verordnungen über den Treueid nicht ergangen.

2. ist im Zusammenhang mit 4 beantwortet.

3. Bei den Kirchenbeamten haben sich keinerlei Schwierigkeiten ergeben. Die meisten sind bereits im Jahre 1934 vereidigt worden. Die Bedenken, die vonseiten einer Anzahl der Geistlichen erhoben wurden, gingen im Grunde alle darauf, daß *die Kirche* den Eid verlangte. Auf Verlangen des *Staates* und von einer staatlichen Stelle hätte keiner der Geistlichen sich geweigert, den Treueid auf den Führer abzulegen. Die Durchführung ging im übrigen ganz glatt vor sich. Die 28 Dekane wurden ausnahmslos durch mich vereidigt, und die Geistlichen legten dekanatsweise vor den Dekanen den Eid ab.

4. Von den 713 Geistlichen (Pfarrer, Pfarrverwalter, Vikare, Pfarrkandidaten) haben 37 bisher den Eid noch nicht abgelegt, teils weil sie krank oder im Urlaub oder sonstwie verhindert waren. Die Dekane sind angewiesen, die Fehlenden nachzuholen. Von den 37 sind es höchstens 8, die sich bis jetzt grundsätzlich nicht entschließen konnten, den Eid abzulegen, und zwar aus dem in 3 angeführten Grunde.

Mit bester Empfehlung
Heil Hitler!
Kühlewein."

Aufgrund einer handschriftlich von einem Behördenmitarbeiter angefertigten dekanatsweisen Listenaufstellung in LKA GA 1115 können die acht Geistlichen, die wohl bis zuletzt bei ihrer grundsätzlichen Verweigerung blieben, benannt werden. Es waren dies: Pfr. Karl Rudolf Haas/Königsbach (noch 1938 nach Riegel versetzt); Pfr. Egon Thomas Güß/Stein; Pfr. Fritz Müller/Langensteinbach; Vikar Paul Menacher/ Karlsruhe-Lutherpfarrei; Pfr. Fritz Bruch/Hochstetten; Pfr. Theodor Wilhelm Erhardt/ Kürzell; Vikar Albrecht Schäfer/Mannheim-Lutherkirche (noch 1938 nach Wertheim versetzt); Pfr. Otto Riehm/Ispringen. – Andererseits haben einige Pfarrer den Zusatz „gebunden an das Ordinationsgelübde" gestrichen oder abgelehnt, zum Beispiel Pfr. Fritz Kölli/Freiburg.

2001 Pfr. Egon Güß: „Zur kirchenpolitischen Lage in Baden", 1939 [nach der Einrichtung der FA beim EOK]

LKA GA 2733 – Maschinenschriftl. Manuskript, Abschrift (Hervorhebungen im Text überwiegend durch den Hrsg. G.S.)

In der folgenden, in über 100 Stück vervielfältigten und versandten programmatischen Denkschrift (vgl. unten Dok. 2009) wird nicht nur die badische Kirchenleitung angeklagt, sondern ebenso der von Karl Dürr geleitete Landesbruderrat der Badischen Bekenntnisgemeinschaft. Die Spannungen in Reichsbruderrat und Vorläufiger Kirchenleitung dagegen negiert der Verfasser. Eingehend aber legt Güß dar, dass die badische Landeskirche eine zerstörte Landeskirche sei. Dabei handelt es sich um die Stimme einer rigoristischen Bekenntnistheologie und einer Gruppe innerhalb der Bekenntnisgemeinschaft, welche in der Minderzahl war. Zu dieser Gruppe um Güß, die in enger Verbindung zur Kirchlich-Theologischen Sozietät in Württemberg stand, gehörten unter anderen vermutlich auch Mannheimer Vikare wie Adolf Würthwein und Hans-Otto Jaeger, wie überhaupt Vikare in der BK relativ stark vertreten waren. Da Zugehörigkeiten jedoch weitgehend vertraulich behandelt wurden (registrierte Mitglieder der BK waren im Besitz von roten Karten) und sich auch immer wieder änderten und die Quellenlage entsprechend unklar ist, verbietet es sich, hier weitere Namen zu nennen.

Ähnlich formuliert Gottfried Gerner-Wolfhard: „Egon Güss äußert sich in dieser Stellungnahme als Wortführer des Flügels in der badischen Bekennenden Kirche, der sich einerseits durch den Landesbruderrat unter der Führung von Karl Dürr nicht ausreichend repräsentiert sieht, sich aber ebenso von dem 1939 dann aus dem Landesbruderrat ausgetretenen Julius Bender (nach dem Krieg badischer Landesbischof) deutlich distanziert." (Nach: G. Gerner-Wolfhard, Vom Bekennen zum Handeln. Eine badische Landgemeinde auf dem Weg von Barmen nach Dahlem, in: entwurf – Religionspädagogische Mitteilungen, hrsg. von der Fachgemeinschaft evang. Religionslehrer in Württemberg u. vom Fachverband evang. Religionslehrer in Baden, 1984, Nr. 1/2, S. 79–82, hier S. 82.)

„*Der Kampf der Bekennenden Kirche* geht darum, daß Jesus Christus allein der Herr seiner Kirche ist und bleibt. Die Zeugnisse von Barmen und Dahlem *[1. und 2. Bekenntnissynode, Mai und Oktober 1934]* bedeuten das erneute Bewußtwerden dieses Anspruchs Jesu an seine Kirche, dienen also allein der ‚Verherrlichung' Jesu und waren notwendig geworden, weil der

Versuch, die Kirche ausschließlich oder teilweise weltlichen Herrn zu unterstellen, immer offener zutage trat. Jedes Zurückweichen hinter die Bekenntnisse von Barmen und Dahlem ist daher unmöglich. Es würde die Aufgabe des eigentlichen Anliegens der Bekennenden Kirche bedeuten und damit die Verleugnung des Herrn an dem Punkte, wo die Kirche gerade jetzt zum konkreten Bekenntnis gefordert ist.

Da die Ordnung der Kirche nur den Zweck hat, der Verkündigung des Evangeliums zu dienen, kann sie nicht einer von der geistlichen Leitung getrennten Abteilung überwiesen werden. Sogar der Evangelische Oberkirchenrat in Baden hat erkannt, daß *eine Abtrennung der geschäftlichen Leitung der Kirche von der geistlichen eine innere Unmöglichkeit* ist und tatsächlich die totale Auslieferung der Kirche an den Usurpator bedeutet. Dies ist durch die Erfahrung aller Landeskirchen, auch durch die der zerstörten Badischen Landeskirche, bestätigt worden.

Der Kampf gegen die ausschließliche oder teilweise Säkularisierung der Kirche brachte notwendigerweise die Forderung der Trennung von denen, welche, noch innerhalb der verfaßten Landeskirche stehend, diese einer weltlichen Macht ganz oder teilweise auszuliefern versuchten. Die von der Bekenntnissynode in Dahlem ausgesprochene *Scheidung von den Deutschen Christen war und ist daher unvermeidlich*. (II. Kor. 6, 14–18)

Wo diese Scheidung durchgeführt wurde, entstand das *äußerlich* zerstörte Kirchengebiet, weil die Ordnung der Landeskirche in ihrer Verquickung mit den weltlichen Rechtsordnungen an dem Anspruch der Wahren Kirche, allein Kirche Jesu zu sein, zerbrach. *Kirchlich* gesehen sind diejenigen Kirchengebiete intakt, in denen das Wort Gottes rein und lauter verkündigt wird und die Sakramente nach Christi Einsetzung verwaltet werden, das heißt aber, wo Jesus Christus allein als Herr erkannt, bekannt und im Gehorsam anerkannt wird. *In Wahrheit zerstörte Kirchengebiete sind diejenigen, in welchen Kirche und Nichtkirche unter einem Dache wohnen* und das Bekenntnis der Kirche zu Jesus als ihrem alleinigen Herrn unglaubwürdig wird, da das entgegengesetzt lautende Bekenntnis im gleichen Kirchenraum geduldet und nicht öffentlich als widerchristlich gekennzeichnet wird.

Die leitenden Organe der Bekennenden Kirche Deutschlands haben ihre Aufgabe darin, den äußerlich zerstörten, aber tatsächlich intakten Kirchen Deutschlands eine Ordnung zu geben – und sei dies auch nur eine Notverordnung –, die der alleinigen Aufgabe der Kirche entspricht. *Reichsbruderrat und VL sind die einzige kirchlich legitime Leitung der Deutschen Evangelischen Kirche.*

Die badische Landeskirche ist zerstörtes Kirchengebiet. Wir haben zwar Kirchenleitung, sogar mehr als nötig, denn wir haben zwei Leitungen, die aber beide kirchlich illegitim sind. Die eine ist einem ins fremde Nest gelegten Kuckucksei entschlüpft. Herr *Dr. [Friedrich] Lang [der Leiter der Finanzabteilung beim Oberkirchenrat]* ist dafür zu loben, daß er diesen Tatbestand von Anfang an offen zugegeben, d.h. sich stets auf den Auftrag des Staates berufen hat, sodaß es jeder sehen muß, daß wir es hier mit dem fremden Herrn in der Kirche zu tun haben. Die zweite aber, *die sogen. geistliche Leitung unserer Kirche*, begibt sich des Rechtes, Kirchenleitung zu sein, da sie die Kirche faktisch dem Staate ausliefert und damit in der Erfüllung ihres Auftrages hindert. Über die Unmöglichkeit, geistliche und finanzielle Leitung der Kirche zu trennen, herrscht in der Bekennenden Kirche Consensus; diese Erkenntnis ist ein integrierender Bestandteil der Bekenntnisse von Barmen und Dahlem. So wenig der Apostel Paulus je die Opfer für die Gemeinde Jerusalem dem römischen Prokurator ausgeliefert und ihn als Treuhänder anerkannt hätte, so wenig kann die Kirche heute ihre Gelder einer *Finanzabteilung* zu treuen Händen übergeben. Die Kirche hat zu diesem Behuf ihre Ämter, deren Vakanz kennzeichnend ist für die Zerstörung unserer Kirche. Die Entwicklung zur Landeskirchenhoheit hat sich als ein Irrweg erwiesen. Die Erkenntnis eines Irrweges leitet die Kirche zur Buße, die ihre Frucht zeigen muß mindestens im ernsthaften Versuch einer Umkehr.

Die Leitung der Badischen Landeskirche hat keinen ernsthaften Versuch unternommen, die Kirche vor dem Einbruch des antichristlichen Geistes zu bewahren. Sie hat zwar im Laufe des Kirchenkampfes einmal erklärt, daß die Thüringer DC nicht mehr auf dem Boden der christlichen Kirche stehen, aber sie hat dieser Erklärung keine für ihr Handeln verbindliche Bedeutung beigemessen. Tatsächlich ist sie Schritt für Schritt vor dem Angriff zurückgewichen. (Sie begründet dieses Zurückweichen) mit dem ihr auferlegten *Zwang der Verhältnisse* und der staatlich rechtlichen Bindungen, die ihr auferlegt sind. Damit gibt sie zu, daß der Zwang zum Gehorsam gegen den Staat für sie stärker ist als der Zwang zum Gehorsam Christi.

1.) Die Leitung der Badischen Landeskirche hat nie *praktisch* das Recht eines nationalkirchlichen DC bestritten, im Auftrag der Kirche zu predigen, zu taufen und das hl. Abendmahl auszuteilen.

2.) Sie hat Disziplinarmaßnahmen ergriffen auf Verlangen des Staates und hat sich in ihren Maßregelungen von staatlichen, nicht von kirchlichen Gesichstpunkten abhängig gemacht.

3.) Sie hat den Arierparagraphen in der Kirche eingeführt und damit den 3. Artikel des Apostolikums verleugnet.

4.) Sie hat gegenüber dem Frontalangriff des Staats auf die Kirche, der in der Mitte des vorigen Jahres von der Finanzabteilung vorgetragen wurde, den Widerstand verweigert und sich mit dem Widersprechen begnügt, obwohl der Landesbischof selbst der Meinung Ausdruck gegeben hat, daß durch ein Zurückweichen vor der Finanzabteilung die ganze Kirche dem Staat ausgeliefert wird. Sie mutet es den Inhabern kirchlicher Ämter zu, sogar ihren Widerspruch aufzugeben und wider besseres Wissen und Gewissen die Finanzabteilung anzuerkennen.

5.) Sie hat nicht nur geduldet, sondern sich selbst zum Werkzeug gemacht, daß die Geistlichkeit auf den Führer und Reichskanzler vereidigt wurde, ohne daß sie bei dieser Gelegenheit dem Staate klar bezeugt hätte, daß ein Christ allzeit die Heilige Schrift als einzige Richtschnur seines Glaubens und Wandels erkennt, sodaß im Gehorsam gegen die Schrift der Gehorsam gegen die Obrigkeit seine Begründung und seine Grenze findet. Sie hat damit ihre Verpflichtung zum Bekennen gegenüber dem Staate verletzt und ist schuldig geworden an der Not und Verwirrung ungezählter Gewissen.

6.) Sie hat durch die Duldung der Erteilung von kirchlichem Religionsunterricht durch Lehrer, welche das Alte Testament als Judenbuch ablehnen, zur Diffamierung der Gottesoffenbarung im A.T. in der Gemeinde und dadurch zu der entstandenen Verwirrung der Gewissen beigetragen.

7.) Sie hat durch die Preisgabe der Prüfungen des kirchlichen Religionsunterrichtes eine ihrer wichtigsten Amtspflichten, d.i. die Überwachung der reinen Lehre in den Einzelgemeinden verletzt.

8.) Sie hat geduldet, ohne nachdrücklichen Einspruch zu erheben, daß ein Wort Jesu *[Joh. 4, 22c]* aus der Bibl. Geschichte gestrichen wurde, weil es der nationalsozialistischen Weltanschauung widerspricht. Sie hat auch hier die Rücksicht auf die lautere Evangeliumsverkündigung hinter die Rücksicht auf den Staat gesetzt.

9.) Sie hat in Übereinstimmung mit den anderen sogen. Kirchenführern Deutschlands der Diffamierung der Amtsbrüder zugestimmt, die als verantwortliche vorläufige Leitung der DEK im Herbst des vergangenen Jahres den Entwurf zu einem Gebetsgottesdienst vorgelegt haben, der biblisch völlig unanfechtbar ist, von staatlicher Seite als Landesverrat bezeichnet wurde.

Die Zerstörung der Badischen Landeskirche ist eine Tatsache. *Aufgabe der Badischen Bekenntnisgemeinschaft* ist es, die kirchliche Ordnung wiederherzustellen. Dies kann nur durch den festen Zusammenschluß der Gemeinden und ihrer Amtsträger geschehen, die sich mit verbindlicher Erklärung auf den Boden von Schrift und Bekenntnis stellen, und zwar in dem durch die Führung Gottes in die Gegenwart uns aufgenötigten Verständnis von Barmen und Dahlem.

Die Badische Bekenntnisgemeinschaft hat bisher in den aufgezählten Punkten – abgesehen von einigen wiederum unverbindlichen Erklärungen – *keine entscheidende Stellung bezogen*. Ob sie dies aus einer gewissen Solidarität mit der landeskirchlichen Leitung oder aus Mangel an Entschluß- und Arbeitsfähigkeit getan hat, entzieht sich unserer genauen Kenntnis. Wir verkennen nicht, daß *der Landesbruderrat* verschiedentlich versucht hat, die Kirche da und dort zur Ordnung zu rufen, aber dies geschah immer nur in unverbindlicher Form. Da die Kirchenleitung nicht willens war, diesen Ruf zu hören, sah der Landesbruderrat jedesmal die Mittel erschöpft, mit denen die Zerstörung der Kirche aufzuhalten wäre. Die Kirchenleitung hatte allerdings auch keine Veranlassung, die Erklärungen des Landesbruderrates ernst zu nehmen, solange dieser selbst sie nicht ernst nahm. Ernst genommen ist aber nur die Erklärung des Landesbruderrats, die jeden Zweifel darüber ausschließt, daß, falls die Kirchenleitung bei ihrer Passivität gegenüber der Zerstörung verharrt, *die Organe der Bekennenden Kirche nicht nur berechtigt, sondern gezwungen sind, kirchenregimentliche Befugnisse zu übernehmen*. Wer die Entwicklung der Dinge seit Beginn des Kirchenkampfes verfolgt hat, sieht seit Jahren von Tag zu Tag deutlicher die für die Kirche ungeheuren Gefahren der Anarchie im ständigen Wachsen begriffen. Dieser Zustand ist verschuldet einerseits von denen, welche ihr Amt der *Kirchenleitung* nicht ernst genug genommen und daher der Zerstörung der Kirche *nicht bis aufs Blut widerstanden* haben, andrerseits aber auch von denen, welche das Hereinbrechen der Anarchie erkannten, aber nicht den Mut des Glaubens aufbrachten, die Folgerungen aus den entstandenen Verhältnissen zu ziehen.

Die Berechtigung zu solchem Handeln kann aber den Organen der Bekennenden Kirche nur zuteil werden durch eine ‚Christliche Versammlung, die Recht und Macht hat, über alle Lehre zu urteilen und Lehrer zu berufen, ein- und abzusetzen'.*) *Das dringendste Erfordernis der gegenwärtigen Lage ist daher eine Synode der Bekennenden Kirche*. Mag unter dem Zwang der Verhältnisse die Wahl zu einer solchen Synode nicht allen an sich berechtigten Wünschen eines kirchenrechtlichen Sachverständigen genügen, und mag die von der Synode aufgestellte Leitung der Bekennenden Kirche Badens nur *ein Notregiment* inne haben, so ist

---

*) Nach Luthers Schrift von 1523: „Daß eine christliche Versammlung oder Gemeinde Recht und Macht habe, alle Lehre zu urteilen und Lehrer zu berufen, ein- und abzusetzen, Grund und Ursach in der Heiligen Schrift".

dieses Notregiment dennoch kirchlich besser legitimiert als die derzeitige Leitung der Badischen Landeskirche. Wir verweisen zur Begründung auf Luthers Schrift, deren Titel oben erwähnt wurde. Die Synode der Bekennenden Kirche wird der Leitung der Bad. Landeskirche die Frage vorzulegen haben, ob sie Organ der Bekennenden Kirche sein, oder ob sie weiterhin am fremden Joch mit den Ungläubigen ziehen will. Aus der Antwort der Kirchenleitung ergibt sich dann notwendig die Stellung der Bekennenden Kirche zur landeskirchlichen Leitung. Auf alle Fälle wird es aber Aufgabe der Synode sein, der BK Badens eine Leitung zu geben, die aktionsfähig und aktionswillig ist. In ihren Beschlüssen bleibt die Leitung der BK gebunden an die durch die Synode erlassenen Richtlinien. Für diese Richtlinien ist das Wort Gottes alleiniger Maßstab.

Bis zur Einberufung einer Synode halten wir das Verbleiben *[Karl]* Dürrs im Amt der Leitung der BK für zweckmäßig, da in den Richtlinien *[Julius]* Benders das genuine Anliegen der BK aufgegeben ist. *[Diese Richtlinien Benders konnten nicht aufgefunden werden.]. Von dem interimistischen Landesbruderrat unter Dürrs Leitung erwarten wir aber künftig die Einhaltung der Grundsätze von Barmen und Dahlem. In allen Fällen, in denen die landeskirchliche Leitung versagt, hat die Leitung der BK automatisch kirchenregimentliche Befugnisse zu übernehmen.* Sie darf sich darin nicht hindern lassen durch die Furcht vor einer Dezimierung der BK Badens, da es unsere Sache allein ist, dem Wort Gottes gehorsam zu sein und uns nicht durch den Blick auf die von uns doch immer nur zu vermutenden Folgen verwirren zu lassen. Das predigen wir seit Jahren im Kirchenkampf, ohne daß wir es bisher praktiziert hätten. Die Frage, ob der Weg des Gehorsams zur Freikirche führt, oder ob die Volkskirche doch irgendwie erhalten bleibt, ist meist nicht vom Glauben, sondern von der Angst gestellt.

Das Verhältnis zur FA kann im folgenden Bild dargestellt werden: Ich werde auf einer Reise meiner Barmittel beraubt. Der sie mir abgenommen hat, zieht sich in ein für mich unzugängliches Gebiet zurück. Es ist mir praktisch jede Möglichkeit genommen, ihm mein Geld wieder abzunehmen. Wenn er mir aber aus dem mir abgenommenen Gelde einige Mittel zur Verfügung stellt, so werde ich das annehmen, ohne allerdings aufzuhören, sein Handeln unrechtmäßig zu nennen, und ich werde kein Mittel unversucht lassen, ihm mein Geld wieder abzunehmen. Ich werde mir vollends von ihm keine Vorschriften machen lassen über die Verwendung meines Geldes, auch wenn es durch seine Hände gegangen ist. – Die Kirche kann daher wohl die ihr gehörenden Mittel aus den Händen der FA entgegennehmen und dazu, aber auch nur dazu eine Art Geschäftsverkehr mit ihr aufrecht erhalten, aber sie darf unter keinen Umständen das Unrecht Recht heißen, d.h. aber die FA anerkennen.

Wir erwarten daher, daß kein Glied der BK seinen Protest gegen die FA zurücknimmt, sondern ihn bei möglichst vielen Gelegenheiten sogar wiederholt. Wir erwarten, daß kein Kirchengemeinderat die Mittel seiner Gemeinde an den fremden Herrn der Kirche oder dessen Bevollmächtigten ausliefert. Sie können ihm höchstens durch Anwendung staatlicher Gewalt abgenommen werden. Allein der von der Kirche bestellte Amtsträger kann Treuhänder für das kirchliche Eigentum sein.

Wir geben uns nicht der Illusion hin, daß die vorstehenden Sätze ein Programm bedeuten, das sofort Punkt um Punkt verwirklicht werden könnte, um damit gleichsam die reine Gemeinde entstehen zu lassen. Unser erstes Anliegen ist, die tatsächliche Lage nüchtern und wahrhaftig zu sehen, dann aber auch in jeder entstehenden konkreten Situation der geschenkten Einsicht gemäß zu handeln. Gelingt uns dies Letztere da und dort nicht, so gestehen wir ein, daß wir ‚nicht hatten, es hinauszuführen', aber wir wollen unter gar keinen Umständen eine erneute Verschleierung der Lage begünstigen, indem wir unsere Glaubenslosigkeit und Schwachheit theologisch rechtfertigen, ja aus ihr die Norm des richtigen Handelns machen.

Aus dieser Verpflichtung heraus stellen wir an den Landesbruderrat folgende *Anträge:*

Der Landesbruderrat wolle

1.) in Bälde eine Bekenntnissynode für Baden einberufen (der Entwurf für eine Wahlordnung liegt bei [11 Paragraphen auf 4 Seiten]),

2.) seine Stellung gegenüber der BK Deutschlands und deren Organen eindeutig und verpflichtend festlegen,

3.) die Frage zur endgültigen Klärung bringen, ob Landesbischof und Oberkirchenrat gewillt sind, sich auf den Boden von Schrift und Bekenntnis zu stellen (was das bedeutet, ist durch die Synoden von Barmen und Dahlem festgelegt),

4. seine eigene Stellung zur Leitung der Bad. Landeskirche präzisieren,

5. jetzt schon in allen Fällen, in denen ein offensichtliches Versagen der landeskirchlichen Leitung in der Ausübung ihres Hirtenamtes vorliegt, selbst kirchenregimentliche Befugnisse übernehmen,

6. der FA gegenüber zum Ausdruck bringen, daß die BK Badens unter keinen Umständen das Recht der FA in der Kirche anerkennen kann und wird,

7. die Brüder im Amte immer wieder ermahnen zum Widerstehen der Welt und zum Bekennen unseres einigen Herrn und Heilandes Jesus Christus."

Der Denkschrift und der Wahlordnung liegt die Abschrift folgenden Schreibens an den Reichsminister für die kirchlichen Angelegenheiten in Berlin bei:

„Der Reichsstatthalter in Baden　　　　　　Karlsruhe, den 6. Juni 1939
I 13 497/39

　Betrifft: Denkschrift „Zur kirchlichen Lage in Baden" aus Kreisen der
　badischen Bekenntnisfront
　Anl.:　　1 Denkschrift

In der Anlage übersende ich eine Abschrift einer vom SD-Unterabschnitt Baden sichergestellten Denkschrift zu Ihrer Kenntnisnahme. Es ist anzunehmen, dass die Denkschrift über das SD-Hauptamt in Ihren Besitz kommt. Ich möchte jedoch trotzdem nicht versäumen, den Vorgang auch von hier aus vorzulegen.

Der SD-Unterabschnitt Baden hat dazu noch fernmündlich mitgeteilt, dass der Urheber der Denkschrift ein Pfarrer Güß in Stein bei Pforzheim sei, der im Jahre 1932 noch Angehöriger der SPD war. Empfänger der Schrift ist nur ein kleiner Kreis von etwa 40 Pfarrern in Baden. Die Einberufung einer Synode, wie sie von Pfarrer Güß gefordert wird, ist nicht zu erwarten.

　　　　　　　　　　　　　　　　　　　　　　　　Unterschrift."

2002　Pfr. Friedrich Hauß: „Kirche, gib Antwort!" [1937]

„Herausgegeben vom Volksmissionarischen Amt der Vereinigten Evang.-prot. Landeskirche Badens. Kommissionsverlag Buchdruckerei Fidelitas, Karlsruhe i.B. Bestellungen erbeten durch Schriftenmission Bad. Landesverein für Innere Mission, Karlsruhe." 16 Seiten

„Vorwort

Das vorliegende, von der kirchlichen Volksmission herausgegebene Heftchen will eine gewisse Ergänzung unseres Katechismus sein, indem es eine Reihe von aktuellen Fragen der Gegenwart, die vielen Jungen und Alten Not bereitet, in das Licht des Evangeliums rückt und von daher in verständlicher Weise zu beantworten sucht. Es enthält biblische evangelische Lehre und eignet sich für Laienschulungen, Rüstzeiten, volksmissionarische Kurse, auch für die Hand der Christenlehrpflichtigen. Möge es Suchenden und Fragenden eine Hilfe werden und an seinem Teil zur Klärung und zur Festigung in unserem evangelischen Glauben beitragen.

　　　　　　　　　　　　　　　　D. Kühlewein, Landesbischof.

317

I. Von der heiligen Schrift.
Mythus oder Offenbarung?

1. Was ist ein Mythus?
   Antwort: Ein Mythus ist ein Gedankenbild über Gott, das der Mensch sich selbst macht. – Apg. 17, 29: [...]

   [...]

7. Warum ist die heilige Schrift nicht ein Judenbuch?
   Antwort: Die heiligen Menschen Gottes haben das Wort der Bibel gesprochen und geschrieben, getrieben vom heiligen Geist, und der Herr Christus ist selbst das endgültige Wort Gottes in Person. Hätten sie aus dem jüdischen Geist heraus geredet, dann hätten die Juden die Propheten nicht getötet und den Sohn Gottes nicht gekreuzigt. – Amos 1, 3.6.9.11.13 usw.: So spricht der Herr. 2. Petr. 1, 21: [...] Joh. 1, 14: [...] Joh. 5, 43:

8. Warum müssen wir auch am Alten Testament festhalten?
   Antwort: Das Alte Testament ist Gottes Wort, das den Herrn Christus bezeugt und durch Gesetz und Propheten ihm den Weg bereitet. Christus bezeichnet sein Werk als Erfüllung der Weissagung des Alten Testaments. Das beweist, daß beide Testamente eine Einheit bilden. – Joh. 5, 14: [...] Matth. 5, 17: [...] Luk. 4, 21: [...] Matth. 4, 4: [...] Luk. 23, 46: [...]

9. Ist nicht vieles im Alten Testament für uns unverständlich?
   Antwort: Der Schlüssel zum Alten Testament ist Christus. Auf Christus, seine Gemeinde, seinen Endsieg, zielen alle Verheißungen des Alten Testaments. Der Gott des Alten Testaments ist der Vater Jesu Christi. Wer Christus nicht kennt, versteht das Alte Testament falsch, als ziele es auf ein irdisches Reich der Juden. – [...] Hebr. 10, 14: [...] Apg. 15, 9: [...] Jer. 31, 33: [...] Röm. 13, 10: [...] Luk. 4, 21: [...]

10. Warum ist das Alte Testament den Neuen Testament nicht gleichgeordnet?
    Antwort: Das Alte Testament ist die Vorbereitung, das Neue Testament ist die Erfüllung des göttlichen Heilsplanes. Das Alte Testament ist durch die Heilstatsache des Neuen Bundes zu einem alten Testament geworden. Es muß daher von dem Neuen Testament, das ist von Christus, aus verstanden werden. – Matth. 5, 22: [...]

11. Warum berichtet die Bibel so viel von den Sünden der Juden?
    Antwort: Die Bibel berichtet die Sünden der Menschen nicht, um diese Sünden zu loben, sondern um sie zu entlarven und zu strafen. – 1. Kön. 8, 46: [...] Röm. 5, 12.

12. Was versteht die heilige Schrift unter dem auserwählten Volk?

Antwort: Die heilige Schrift versteht unter dem auserwählten Volk nicht etwa das jüdische Volk als Rasse oder Staat, sondern die Gemeinde derer, die an Gottes Wort glauben und Gottes Willen gehorchen. Zur Zeit des Alten Bundes bestand diese Gemeinde aus denen, die an die Verheißungen der Propheten glaubten und Gott gehorsam waren. In der Zeit des Neuen Bundes ist die wahre Christenheit das auserwählte Volk. – Matth. 3, 9: [...] Joh. 8, 39: [...] (Nicht die Rassezugehörigkeit zu Abraham, sondern die Glaubenszugehörigkeit zu Abraham, dem Vater der Gläubigen (Röm. 4), entscheidet.)

13. Warum wurden die Juden von Gott verworfen?

Antwort: Die Juden wurden von Gott verworfen, weil sie ungläubig und ungehorsam waren. Dieses Gericht wird sich an jedem Volk vollziehen, das den Sohn Gottes verwirft. – 2. Mose 32, 9: [...] Psalm 95, 10: [...] Apg. 7, 51: [...] Röm. 11, 15: [...] Matth. 21, 43: [...]

[...]

II. Von Gott.

[...]

III. Von Christus.

[...]

IV. Vom heiligen Geist.

[...]

32. Warum kommt der Glaube nicht aus dem Blut?

Antwort: Der Glaube kommt nicht aus dem Blut, d.h. aus dem natürlichen Menschentum, 1. weil nicht der Mensch sich selbst seinen Gott schaffen kann, 2. weil wir nicht aus eigener Vernunft noch Kraft Gott erkennen und an ihn glauben können, 3. weil der Widerstreit gegen den göttlichen Willen uns im Blut liegt. Der Glaube ist die Gabe des heiligen Geistes, die er wirkt in allen, die auf das Evangelium von Jesus Christus hören. – Matth. 16, 17: [...] Röm. 7, 23: [...] Joh. 3, 3: [...]

[...]

V. Die Kirche.

[...]

38. Worin liegt die Einheit der verschiedenen christlichen Kirchen?

Antwort: Die Einheit der verschiedenen christlichen Kirchen liegt nicht in der Einheit der Organisation noch in einheitlichen Zeremonien, sondern in der Verbindung mit dem einen Haupt Christus und in dem gemeinsamen Bekenntnis zu Ihm als dem Sohne Gottes und Erlöser. – 1. Kor. 12, 27: [...] Phil. 2, 11: [...] Ausgburgisches Bekenntnis, Art. VII: [...]

39. Muß die Verschiedenheit der Konfessionen die Volksgemeinschaft zerreißen?

Antwort: Das Wissen um die Einheit der Christenheit in Christus bei aller Verschiedenheit erweckt die gegenseitige Achtung und dient damit der Volksgemeinschaft.

[...]

43. Wird die Kirche bestehen oder wird sie zugrunde gehen?

Antwort: Nur die Kirche, die sich von ihrem Haupt Christus trennt, wird zugrunde gehen; die Kirche, die bei ihm bleibt, hat die Verheißung: Die Pforten der Hölle sollen sie nicht überwältigen. Matth. 16, 18.

VI. Vom christlichen Leben.

44. Wieviel Reiche gibt es in dieser Welt?

Antwort: Es gibt in dieser Welt zwei Reiche, das Reich Gottes und das Reich der Welt.

45. Was ist der Unterschied zwischen beiden Reichen?

Antwort: Im Reich der Welt hat die Obrigkeit als Gottes Dienerin in Gottes Auftrag das Schwert zu führen, um die Guten zu schützen und die Bösen zu strafen. Im Reich Gottes, das in der Kirche zu uns kommt, regiert Christus, nicht mit äußerer Gewalt, sondern durch das Wort Gottes in der Gewalt des heiligen Geistes. – Röm. 13, 1: [...] Joh. 18, 36: [...] Joh. 18, 37: [...] Matth. 20, 25: [...]

46. Wie ist die Stellung des Christen in diesen beiden Reichen?

Antwort: Der Christ ist als Bürger beider Reiche Gott untertan durch den Glauben und der Obrigkeit untertan durch die Liebe, die uns zum Dienst an der Volksgemeinschaft verpflichtet. – Matth. 22, 21: [...]

47. Was denkt der Christ über die Rasse?

Antwort: Der Christ sieht in den verschiedenen Menschenrassen eine gültige Ordnung, deren Schranken nicht überschritten werden dürfen. Daher steht der Christ mit Freuden innerhalb seines Volkstums und seiner Rasse und bejaht die Maßnahmen zu ihrer Erhaltung. – Jer. 29, 7: [...]

48. Was denkt der Christ über den Krieg?

   Antwort: Zu dem Schwertamt der Obrigkeit gehört auch der Krieg als Kampfmittel gegen die Landesfeinde zum Schutz des eigenen Volkes.

49. Wird ein Christ seinem Vaterlande schlechter dienen als ein Nichtchrist?

   Antwort: Ein Christ liebt um Gottes willen, der es uns geboten hat, sein Vaterland und ist bereit, sich im Dienst seines Vaterlandes aufzuopfern. – Tausende von Soldaten des [Ersten] Weltkriegs starben mit dem Unservater auf den Lippen. – Generalfeldmarschall v. Mackensen im Merseburger Dom: ‚Wenn die Jugend nicht gegründet ist im Christentum, dann kann sie nicht die Jugend werden, die das leistet, was die deutsche Jugend unter meinem Befehl im Weltkrieg geleistet hat.'

50. Schwächt das Christentum das deutsche Volk?

   Antwort: Das Christentum hat vor 1000 Jahren die germanischen Stämme zur Einheit verbunden. Die größten Deutschen waren bewußte Christen. In den schwersten Zeiten seiner Geschichte hat das deutsche Volk im Christenglauben die Kraft zum Ueberwinden gefunden. – ‚Man stelle sich nur vor, daß die Hälfte unseres Volkes sich vom Christentum lossagt: Kein Zweifel, die deutsche Nation müßte zerfallen; alles, was wir deutsch nennen, ginge in Trümmer.' Der große Geschichtsschreiber Heinrich von Treitschke. – Der große Vater des Vaterlandes, Hindenburg, an General Cramon: ‚Ich bleibe dabei: Ich glaube, daß Jesus Christus mein Heiland ist, und daß ich mich seiner Gnade getrösten darf.' – ‚Die nationale Regierung sieht in den beiden christlichen Konfessionen wichtigste Faktoren zur Erhaltung unseres Volkstums.' Adolf Hitler in der Regierungserklärung vom 23. März 1933. – ‚Die Reichsregierung wird das Christentum als Basis unserer gesamten Moral in ihren festen Schutz nehmen.' Adolf Hitler am 1. Februar 1933.

51. Warum ist die christliche Demut keine Charakterschwäche?

   Antwort: Die christliche Demut ist keine Charakterschwäche, weil die christliche Wahrheit uns demütig vor Gott und unbeugsam vor Menschen macht. Wer sich vor Gott beugt, steht vor Menschen gerade. – Bismarck: ‚Wir Deutsche fürchten Gott, aber sonst nichts in der Welt.' 1. Petr. 5, 5: [...]

52. Ist die christliche Liebe Schwachheit?

   Antwort: Die Liebe macht stark, die Schwachen zu tragen. Aber die Liebe muß um der Wahrheit willen Nein sagen können zu Ungerechtigkeit und Unwahrheit. Ohne Liebe zerbricht die Welt im Kampf aller gegen alle. Die Liebe ist stärker als der Tod. Sie gibt uns die Kraft zum Opfer für die Brüder. – Joh. 10, 12: [...] Joh. 15, 13: [...]

**Jesus Christus gestern und heute
und derselbe auch in Ewigkeit."**

Weil Hauß hier u.a. offene Worte zur nationalsozialistischen Weltanschauung, zur Gültigkeit des Alten Testaments, zur Judenfrage, zur Frage einer Reichs- bzw. Einheitskirche, zur Zukunft der Kirche; zur Stellung des Christen zu Staat, Rasse, Krieg, Vaterland; zu den angeblichen Schwächlichkeiten des Christen sagte – damals für jedermann in der Kirche brisante Themen; manche Antworten verwundern uns heutige Leser allerdings auch –, konnte eine heftige Reaktion vonseiten der Deutschen Christen nicht ausbleiben. – In dem folgenden Artikel wird edoch nicht auf die vorstehende Katechismus-Schrift, sondern auf eine „Hetzschrift gegen die Deutschen Christen" von Hauß angespielt. Dabei handelt es sich um die Flugschrift „Kirche vor der Entscheidung!" (Schriftenmission des Volksmissionarischen Amtes der Evang. Landeskirche in Baden, Karlsruhe [1937], 15 Seiten), die durch die Anordnung Hitlers vom 15.2.1937 zur Wahl einer Generalsynode veranlaßt wurde (die Wahl fand jedoch nie statt). In ihr setzt sich Hauß vor allem mit der Lehre des „Bundes für Deutsches Christentum (nationalkirchliche Bewegung)" auseinander, und zwar in der Form von Fragen und Antworten und mit vielen Zitaten von Äußerungen bekannter außerbadischer DC-Größen, die zum Teil auf Veranstaltungen in Baden getan wurden. – Außerdem veröffentlichte Hauß 1938 im Stuttgarter Evang. Missionsverlag noch die apologetische Flugschrift „Kirche, verantworte dich!" (16 Seiten, Heft 7 der Reihe „Wachet auf!"), die im selben Jahr vier Auflagen erlebte.

2003 Pfr. Fritz Kölli: „Splitter und Balken. Amt für Volksmission oder kirchenpolitische Terroristengruppe?"

Der Deutsche Christ 1938, Nr. 35 vom 28. Aug., S. 270f.; auszugsweise zitiert nach: Kirchlich-pos. Blätter 1938, Nr. 18 vom 18. September, S. 124

„Ueber die badische Volksmission.

In ‚Der Deutsche Christ' Nr. 35 vom 28. August 1938 schreibt Pfarrer Kölli unter der Ueberschrift ‚Splitter und Balken. Amt für Volksmission oder kirchenpolitische Terroristengruppe?' über unsere Volksmission und ihren Landesbeauftragten Pfarrer Hauß. Wir verzichten auf jegliche Erwiderung. Aber die wesentlichsten Teile des Artikels wollen wir zur Kenntnis unserer Leser bringen. Es heißt dort:

‚Und da betrachten wir uns den Hauptbeauftragten, Pfarrer Hauß von Karlsruhe, dem das Amt für Volksmission untersteht, und bemerken, daß er einer der einseitigsten Bekenner in Baden ist; und wir schauen uns seine Vertrauten im Lande an, und haben bei den meisten von ihnen keinen besseren Eindruck.

Und wir schauen sein Wirken genauer an, und da merken wir, wie begründet unser Mißtrauen ist. Die ganze Volksmission ist nichts anderes als ein System der Bekenntniskirche mit dem Ziel, das bisherige Kirchentum zu erhalten und die Machtposition der Bekenntnisfront auszubauen. Das Ganze ist nichts anderes als eine kirchenpolitische Aktion, eine nicht einmal geschickte Tarnung im Machtkampf. Wie ihre Vertretung diese Haltung mit der Forderung der Wahrhaftigkeit in Einklang bringt, ist nicht unsere Sache. Wir haben aus der Geschichte der Frömmigkeit durch die Jahrtausende übergenug Beispiele von der erstaunlichen Tragfähigkeit klerikaler Gewissen.

Um des gläubigen Volkes willen sind wir so herzlos und nennen dieses Kind beim rechten Namen – sofern man bei einem solchen Wechselbalg, an dessen Wiege die Konfessionskirche, Bekenner und Notbündler gestanden haben, von Kind reden kann. Um des Volkes willen! Denn der gläubige Mensch soll wissen, was sich hinter den verschiedenen Aushängeschildern verbirgt. Auch im Geschäftsleben werden arische und nichtarische Firmen gekennzeichnet. [...]

[...] *[es]* erscheint Pfarrer Hauß mit einer Hetzschrift gegen die Deutschen Christen, die in Baden massenhaft verbreitet worden ist.

Sie enthielt aus Büchern, Zeitschriften und Reden Aeußerungen der Deutschen Christen. In welch schändlicher Weise dabei eine Unterredung mit unserem Kameraden *[Reichsvikar Friedrich]* Engelke mißbraucht und mißdeutet worden ist, hat ja die Spalten unseres Blattes eine Zeit lang ausgefüllt. Zur Erinnerung: Ein junger Bekenntnisvikar *[Willi Ochs]* gibt den Inhalt eines seelsorgerlichen Gespräches unter vier Augen, das er unter der Maske des ehrlich Suchenden erschlichen hatte, entstellt und vergröbert an seinen kirchlichen Oberen weiter – und dieser Bericht, der schon durch die Art, wie er zustande gekommen ist, verdient, mit Pfui in den Papierkorb zu fliegen, wird zur Unterlage für eine allseitige Hetze gegen einen Mann, für dessen Lauterkeit Jahrzehnte seines Wirkens sprechen, wird benützt, um auch in der Schrift des Beauftragten für Volksmission in Baden gegen Engelke ausgeschlachtet zu werden.

In dieser Schrift ist geschickt – nein, raffiniert – zusammengetragen, was uns ungünstig ausgelegt werden kann: Zitate, aus jedem Zusammenhang herausgerissen, und vor allen Dingen ohne jede Berücksichtigung unseres positiven, christlichen und kirchlichen Wollens. [...]

Alle Splitter und Balken, die Herr Pfarrer Hauß in deutsch-christlichen Augen und Hühneraugen finden konnte, hat er eifrig zusammengetragen.

323

Ob eine solche Methode christlich ist, überlassen wir dem Urteil der Leser. Wir haben sie jedenfalls früher auf den Flugblättern der Zentrums- und Judenparteien oft genug angetroffen.

Aber auch diese Leistung hat der badischen Kirchenleitung nicht genügt, um den Verfasser vom Amt der Volksmission abzuberufen. Man konnte ihn wohl zu gut gebrauchen? Allerdings; denn was sich im Augenblick in der Badischen Landeskirche abspielt, entspricht all dem Vorangegangenen. Die ganze Protestaktion gegen die Einrichtung der Finanzabteilung wird, so viel wir bisher feststellen konnten, durch die Beauftragten für Volksmission [in den Kirchenbezirken] getragen und durchgeführt. [...]

Da wundern sich wohl noch die Pfarrer, daß trotz aller Arbeit, aller volksmissionarischen Wochen, Kurse und ehrlicher Arbeit Einzelner die Abkehr des Volkes von der Kirche immer deutlicher wird. Wundern sich, daß man von diesen Dornbüschen keine Trauben lesen kann! [...]"

2004 Pfr. Friedrich Hauß: „21. Freizeit der badischen Pfarrbruderschaft in Nonnenweier", 18.–22. Sept. 1938
Kirchlich-pos. Blätter 1938, Nr. 20 vom 16. Oktober, S. 137f.

„Aus einer Kollegenschaft der Pfarrer ist eine Bruderschaft geworden. Der gemeinsame Dienst an unserer Kirche in der Volksmission hat uns so fest miteinander verbunden. So ist der volksmissionarische Arbeitskreis auch der Hauptträger unserer Freizeit geworden.

Wir reisten Sonntag, den 18. September, abends an. Wie ein Paradies empfing uns der stille Frieden des Mutterhausgartens in Nonnenweier. Da die Tagung auf dem Thomashof zwei Tage vor Beginn hatte verlegt werden müssen, war es geradezu bewundernswürdig, wie bereitwillig Nonnenweier trotz großer äußerer Schwierigkeiten einsprang. Der echten diakonischen Bereitschaft verdanken wir die wundervolle Freizeit.

Am Montag fand die Arbeitstagung der Bezirksvertrauensleute der Volksmission statt, von deren Ertrag wir weiter unten berichten werden.

Am Dienstag begann die Freizeit. Etwa 100 Pfarrer waren trotz der unerwarteten Verlegung des Tagungsortes versammelt. Sie suchten Stärkung in der brüderlichen Gemeinschaft und im Hören auf das Wort der Zeugen Jesu Christi, die zu uns sprachen. Diese Stärkung tut uns in den Anfechtungen, unter denen unser Amt steht, besonders not.

Um zwei Pole bewegte sich unsere Freizeit. Es waren einmal die gottesdienstlichen Feiern, die den Tag umrahmten. Das gottesdienstliche Gebet in der Kapelle des Diakonissenhauses schloß uns zur Bruderschaft vor Gott zusammen. Im heiligen Abendmahl, das wir am Mittwochabend feierten, begegnete uns unser Herr Christus. Was wir da erlebten, klang zusammen mit den Vorträgen, die uns die hohe Verantwortung und Vollmacht des geistlichen Amtes und die objektive Gabe des Sakraments klar machten. [...]"

Die morgendlichen biblischen Vorträge über die Versuchung Jesu, über die Verklärung Jesu und über seinen Kampf in Gethsemane hielt Pfarrer Erich Schick, Lehrer am Basler Missionshaus. Der Direktor der Basler Missionsgesellschaft, Dr. Karl Hartenstein, hielt einen Vortrag über den Dienst des Worts am Diener des Wortes. Pfarrer Wilhelm Busch aus Essen sprach über das Wachstum des geistlichen Lebens und über die Männerarbeit.

2005 Pfr. Otto Riehm: „PGB – BK – BPB. Ein Wort an die badischen Pfarrbrüder"
Kirchlich-pos. Blätter 1938, Nr. 24 vom 18. Dezember, S. 169f.

„Was bedeuten die Buchstaben der Ueberschrift? PGB heißt ‚Pfarrergebetsbund', BK ‚Bekennende Kirche', BPB ‚Badische Pfarrbruderschaft'. – Nun fand Anfang Oktober (3.–7.) in Liebenzell die diesjährige Reichstagung des PGB statt.

Ein wirkliches Gottesgeschenk; denn einige Tage vor Beginn wußte noch kein Mensch, ob wir würden zusammenkommen können. Nun hatte uns Gott den Frieden erhalten. *[Abwehr der drohenden Kriegsgefahr während der Sudetenkrise durch das Münchner Abkommen vom 29. September 1938.]* So konnte die Konferenz sein, und sie war trotz der großen Teilnehmerzahl (fast 100 Brüder und über 100 Schwestern) wie eine Familie, eine Gemeinschaft des Geistes. [...]

Was ist die *Quelle* des PGB? Das ist der Pietismus. Deshalb reden wir vom unaufgebbaren Erbe des Pietismus. Ich selbst bedauere sehr, daß zwischen Pietisten und gläubigen Pfarrbrüdern oft eine tiefe Kluft befestigt ist. Man ist ‚freundlich neutral'. Dabei klagen wir, daß wir so allein stehen in unseren Gemeinden; aber wir sind zu stolz, in unseren im lebendigen Glauben stehenden Gemeindegliedern unsere Brüder und Schwestern zu sehen. Wie leichtfertig urteilen wir Pfarrer doch heutzutage über den Pietismus! [...]

Aber ein Fluß hat nicht bloß eine Quelle, sondern auch *Zuflüsse*. Solch ein Zufluß war für den PGB die BK. Sie hat uns wieder neu die Augen geöffnet für das, was ‚Kirche' ist, dringt auf gründliche Beschäftigung mit der Heiligen Schrift, weist unermüdlich hin aufs Erbe der Reformatoren. Darum heißt's in unseren Richtlinien: ‚Wir bekennen uns, ohne ein Mitglied organisatorisch zu binden, zu den Bemühungen der Bekenntnis-Bewegung um eine durch Wort und Geist erneuerte und lebendige Kirche'. Und schon am 10. Oktober 1934 in einem ‚Wort von Brüdern an Brüder': ‚Das Kleinod der Kirche ist die Verkündigung vom Lamm Gottes. [...], ihr Geheimnis für alle Zeiten die Kraft des heiligen Geistes [...], ihr Grund ist und bleibt das ganze Wort Gottes der Heiligen Schrift Alten und Neuen Testaments [...] Darum müssen wir die Bewegung (heute Einung genannt) der ‚Deutschen Christen' ablehnen, die offenbar aus einem anderen Geiste erwachsen ist.'

Aber ist das alles nicht bei uns in Baden unnötig? Wir haben doch den schönen und großen Thomashofkreis! Gewiß wollen wir dafür recht dankbar sein; ich selber komme ja auch seit Jahren fast regelmäßig auf den Thomashof. Aber einmal im Jahr zusammenkommen, das ist zu wenig. In allen Bezirken sollten kleine Kreise sein, die öfters zum Gebet und zur Wortbetrachtung zusammenkommen. Das betont gerade der PGB immer wieder. Und ich meine, wir sollten täglich für einander beten. Dazu ist aber nötig, daß wir von einander und von unseren Nöten wissen. Deswegen die Zusammenkünfte in kleinerem Kreis. [...] Und sollen wir nicht auch über unser Land Baden hinausblicken? Wie öffnet uns die Reichstagung den Blick für die Nöte und Anliegen der anderen Brüder, welch eine Bereicherung der Fürbitte, wie viel Grund zur Beschämung, doch auch wieder zum Dank gegen den treuen Herrn! Also Fühlungnahme zwischen PGB und BPB, ohne daß eins dem andern Abbruch tut. Wenn nur unser Herr Christus mehr zu Seinem Recht kommt, in unserem Volk und bei uns persönlich!

Wer mehr vom PGB wissen will, wende sich an Bruder Th*[eodor]* Jäger (Unteröwisheim), der vor mir viele Jahre lang der badische Vertrauensmann war, oder unmittelbar an den Schriftführer Lic. *[Ludwig]* Thimme (Marburg). Erwähnt sei noch, daß wir seit einem Jahr öfters in Pforzheim im Melanchthonhaus mit den schwäbischen und pfälzischen Brüdern zusammengekommen sind. Wer gern zu diesen Tagungen eingeladen sein möchte, teile mir's bitte mit."

Fürbittenlisten

mit den Namen verfolgter badischer Brüder hat der badische Landesbruderrat anscheinend nicht verbreitet. Es ist aber mit Sicherheit anzunehmen, dass die Fürbittenlisten des Reichsbruderrats – auf denen keine badischen Namen standen – auch bei badischen Mitgliedern der BK Verwendung fanden. Insbesondere für die Person Martin Niemöllers wurde, wie überall, so ebenfalls in Baden, Fürbitte geleistet, nicht nur unmittelbar nach dessen Verhaftung am 1. Juli 1937.

2006 Fürbittgedenken der Kirchlich-Positiven zum 50. Geburtstag Adolf Hitlers am 20. April 1939
Kirchlich-pos. Blätter 1939, Nr. 3 vom 16. April, S. 55

„Zu seinem 50. Geburtstag gedenken wir unseres Führers in Ehrerbietung und Dankbarkeit. In treuer Fürbitte wünschen wir ihm Gottes Segen für sein hohes und schweres Amt und Gottes Beistand bei seinem Werk zum Heil unseres lieben deutschen Volkes!"

2007 Grußadresse des Vorsitzenden der Finanzabteilung beim Oberkirchenrat zum 50. Geburtstag Adolf Hitlers am 20. April 1939
KGVBl. 1939, Nr. 7 vom 18. April, S. 39 [Sondernummer]

„Zum 50. Geburtstag des Führers.

Am fünfzigsten Geburtstag des Führers und Reichskanzlers treten wir in Freude und Dankbarkeit vor den Allmächtigen, der uns durch Adolf Hitler aus Not und Schande, Zerrissenheit und Ohnmacht zu Freiheit und Ehre, Einigkeit und Stärke geführt und Millionen von Volksgenossen vom Fluch der Arbeitslosigkeit erlöst hat. Als ein Baumeister von Gottes Gnaden hat der Führer auf dem Boden der nationalsozialistischen Volksgemeinschaft mit fester, sicherer Hand Stein auf Stein gefügt zum Bau des neuen Großdeutschen Reiches und die Saar, die Ostmark, das Sudetenland und die Memeldeutschen heimgeholt.

In bedingsloser Gefolgschaftstreue stehen wir einsatzbereit hinter unserem Führer in seinem weiteren Kampfe gegen jeden äußeren und inneren Feind, gegen alle volks- und lebenzerstörenden Kräfte und Mächte.

Gott, der Herr erhalte uns den Führer auch weiterhin. Er schenke ihm Gesundheit und Kraft zur Fortführung seines großen Werkes und segne ihn und unser ganzes deutsche Volk.

Karlsruhe, den 18. April 1939.

H e i l d e m F ü h r e r !
Der Vorsitzende der Finanzabteilung beim Oberkirchenrat.
Dr. Lang."

2008 Disziplinarordnung der Deutschen Evangelischen Kirche vom 13. April 1939

KGVBl. 1939, Nr. 11 vom 26. Mai, S. 91–108 = Bekanntmachung der FA beim Oberkirchenrat vom 10. Mai 1939 nach: GBl. der DEK, Ausg. A, 1939, S. 27 ff. (106 Paragraphen)

„Auf Grund der Ermächtigung in der 17. Verordnung zur Durchführung des Gesetzes zur Sicherung der Deutschen Evang. Kirche vom 10. Dezember 1937 (RGBl. I S. 1346) wird mit Zustimmung des Reichsministers für die kirchlichen Angelegenheiten die nachfolgende Disziplinarordnung erlassen:

I. Anwendbarkeit und Zuständigkeit.

§ 1.

Geistliche und Kirchenbeamte können disziplinarisch bestraft werden, wenn sie sich eines Dienstvergehens schuldig machen.

Ein Dienstvergehen liegt vor, wenn ein Geistlicher oder ein Kirchenbeamter schuldhaft Pflichten verletzt, die sich aus seiner Amtsstellung ergeben. Solche Pflichten sind die unmittelbaren Dienstpflichten, die Pflicht, sich in und außer dem Dienst des Vertrauens und der Achtung würdig zu zeigen, die seinem Amt entgegengebracht werden, und insbesondere die Treuepflicht gegenüber Führer, Volk und Reich. Die Stellungnahme zu Fragen des Bekenntnisses und der Lehre ist als solche kein Dienstvergehen. [...]

II. Dienststrafen.

§ 5.

Dienststrafen sind: Warnung, Verweis, Geldbuße, Gehaltkürzung, Entfernung aus dem Amt, Entfernung aus dem Dienst, Kürzung des Ruhegehalts, Aberkennung des Ruhegehalts.

In ein und demselben Disziplinarverfahren darf nur eine dieser Dienststrafen verhängt werden. [...]

Berlin, den 13. April 1939.

Der Leiter der Deutschen Evangelischen Kirchenkanzlei:
Dr. Werner."

2009 Aktenbemerkung des Vorsitzenden der Finanzabteilung beim EOK, Vikar Paul Menacher betr.

Karlsruhe, 10. Juni 1939; LKA PA 6701 (Egon Güß)

„I. Die Geheime Staatspolizei – Polizeileitstelle – Karlsruhe teilt fernmündlich mit, daß Vikar Menacher zwei Schriften

a) ‚Die Zerstörung der Kirche durch die Finanzabteilung', Verfasser unbekannt, und

b) ‚Die kirchenpolitische Lage in Baden', Verfasser: Pfarrer Güß in Stein [Dok. 2001]

in einer Auflage von über 100 Stück im Weg des Vervielfältigungsverfahrens hergestellt und zum Versand gebracht habe. Auch in der unter Buchstabe b) bezeichneten Schrift werde über die Finanzabteilung losgezogen. [...] Gegen Vikar Menacher sei beim Herrn Minister des Kultus und Unterrichts Antrag auf Entziehung des Religionsunterrichts gestellt. Zum strafgerichtlichen Vorgehen gegen den Vikar Menacher reiche es nicht aus, da es am subjektiven Tatbestand fehle. Vikar Menacher behauptet, daß er die Schriften nicht aus staatsfeindlicher Haltung, sondern aus Bekenntnistreue zum Versand gebracht habe. Die Geheime Staatspolizei stellt genauen Bericht in Aussicht.

II. An den Herrn Reichsminister für die kirchlichen Angelegenheiten. [...]

gez. Dr. Lang."

2010 Strafverfahren gegen vier badische Landpfarrer wegen Vergehens gegen das Heimtückegesetz, Juli bis September bzw. Dezember 1939

LKA GA 3485: Protokoll der EOK-Sitzung vom 13. Juni 1939, Ziffer 11; LKA GA 7062: Strafsache gegen Pfr. *Diebold* Georg Schnebel u.a.

Im folgenden wird das Strafverfahren – abgesehen von kurzen Zitaten aus den Akten – nicht textlich, sondern den Fakten nach dokumentiert:

Zum 7. Juli 1939 wurden Pfr. Karl Rudolf Haas (Riegel, 1938 Verweigerer des Führereids), Pfr. Diebold Georg Schnebel (Wilferdingen), Pfr. Karl Diemer (Nöttingen) und Pfr. Otto Riehm (Ispringen, 1938 Verweigerer des Führereids) wegen Vergehens gegen das sog. Heimtückegesetz vor das Sondergericht in Mannheim geladen, und zwar im Zusammenhang mit der vor über einem Jahr (also im Frühsommer 1938) getätigten Verteilung der den Fall Niemöller betreffenden Broschüre „Martin Niemöller im Konzentrationslager".

Das sog. Heimtückgesetz meinte die vom Reichsjustizminister eingebrachte Verordnung des Reichspräsidenten vom 21.3.1933 „zur Abwehr heimtückischer Angriffe gegen die Regierung der nationalsozialistischen Erhebung" und stellte mündliche Kritik („unwahre" Behauptungen) an den Regierungen in Reich und Ländern und den sie stützenden Parteien und Verbänden unter Gefägnisstrafe bis zu zwei Jahren (schwere Schädigung des Ansehens) bzw. Zuchthausstrafe. Es trug zur Verunsicherung der Rechtslage erheblich bei und bot den Strafverfolgungsbehörden aufgrund der bewußt unpräzise gehaltenen Bestimmungen weiten Ermessensspielraum. Eine Erweiterung erfolgte am 20.12.1934 im Gesetz „gegen heimtückische Angriffe auf Staat und Partei [...]" Danach konnten auch „nichtöffentliche böswillige Äußerungen" mit Gefängnis geahndet werden. Zuständig waren Sondergerichte. (Nach: Lexikon der deutschen Geschichte bis 1945, hrsg. von G. Taddey.)

Nachdem am 7. Juli „wegen Vergehens gegen das Heimtückegesetz und gegen § 130a RStGB" Schnebel und Haas zu 3 Monaten Gefängnis und Diemer und Riehm zu 2 Monaten Gefängnis verurteilt worden waren, beauftragte der Oberkirchenrat zwei Mannheimer Rechtsanwälte (u.a. RA Dr. Zeilfelder) mit einem Gnadengesuch und übermittelte diesen in diesem Zusammenhang „Begutachtungen" der Betreffenden (OKR Karl Bender, 17.7.1939) bzw. wandte sich mit einem Gandengesuch direkt an den Generalstaatsanwalt in Karlsruhe (Rechtsreferent OKR Dr. Otto Friedrich, 19.7.1939); für Schnebel fügte auch dessen väterlicher Freund Pfarrer i.R. D. h.c. Wilhelm Ziegler ein Gnadengesuch an (vom 18.7.1939).

(§ 130a Reichsstrafgesetzbuch – Kanzelmißbrauch und Verbreitung den öffentlichen Frieden gefährdender Schriften im Amt – besagt: „Ein Geistlicher [...], welcher in Ausübung [...]seines Berufes öffentlich [...] Angelegenheiten des Staats in einer den öffentlichen Frieden gefährdenden Weise zum Gegenstande einer Verkündigung macht, wird mit Gefängnis oder Festungshaft bis zu zwei Jahren bestraft. – Gleiche Strafe trifft denjenigen Geistlichen [...], welcher [...] Schriftstücke [...] verbreitet, in welchen Angelegenheiten des Staats in einer den öffentlichen Frieden gefährdenden Weise zum Gegenstande einer Verkündigung [...] gemacht sind.")

Am 22. Juli erging vom Generalstaatsanwalt Karlsruhe an den Oberstaatsanwalt Mannheim die Anweisung, „die Strafvollstreckung bis zur Verbescheidung des Gnadengesuchs einzustellen". Am 28. August entzog der Minister für Kultus und Unterricht Schnebel die Befugnis zur Erteilung von Religionsunterrichts. Am 1. September begann der Zweite Weltkrieg.

Am 19. September schrieb der Oberstaatsanwalt Mannheim an den Oberkirchenrat: „Die gegen die 4 Pfarrer erkannten Gefängnisstrafen sind durch den Gnadenerlass des Führers und Reichskanzlers für die Zivilbevölkerung vom 9. September 1939 erlassen. Die Gnadengesuche sind daher gegenstandslos geworden."

Vom 14. Dezember datiert folgender Beschluß des Oberkirchenrats (gez. Friedrich): „Wegen der Vorgänge, die Gegenstand des Urteils des Sondergerichts Mannheim vom 7. Juli 1939 gegen Pfarrer Diebold Georg Schnebel in Wilferdingen waren, wird in Anwendung des § 3 der reichskirchlichen Verordnung über die Gewährung von Straffreiheit vom 9.10.1939 (Ges.Bl. d. DEK S. 112) [siehe das folgende Dokument] eine Disziplinarmassnahme nicht mehr getroffen." (Entsprechende Beschlüsse betrafen die drei anderen Verurteilten.)

2011 DEK: ‚Verordnung über die Gewährung von Straffreiheit vom 9. Oktober 1939'

KGVBl. 1939, Nr. 22 vom 3. November, S. 187f.; GBl. der DEK 1939, Nr. 23 vom 14. Oktober, S. 112f.

„Angesichts der Notwendigkeit eines geschlossenen Einsatzes der Deutschen Evangelischen Kirche für die Verteidigung von Volk und Reich wird auf Grund der Ermächtigung in der 17. Verordnung zur Durchführung des Gesetzes zur Sicherung der Deutschen Evang. Kirche vom 10. Dezember 1937 (RGBl. I Seite 1346; GBl. d. DEK 1937, S. 70) folgendes verordnet:

§ 1.

(1) Noch nicht vollstreckte Dienststrafen, mit Ausnahme der Fälle, in denen auf Entfernung aus dem Amt (Amtsenthebung) oder eine schwerere Dienststrafe erkannt ist, sind erlassen, sofern sie wegen eines vor dem 1. September 1939 begangenen Dienstvergehens verhängt sind.

(2) Höhere und bereits vollstreckte Dienststrafen wegen eines vor dem 1. September 1939 begangenen Dienstvergehens, sollen, soweit sie nach dem 1. Januar 1934 verhängt sind, nach Maßgabe der Bestimmungen des § 95 der Disziplinarordnung der Deutschen Evangelischen Kirche vom 13. April 1939 (GBl. d. DEK, S. 27) erlassen werden, wenn dies im Hinblick auf das Ziel dieser Verordnung notwendig erscheint. Dies gilt insbesondere, wenn der Bestrafte zum Wehrmachtsdienst mit der Waffe einberufen wird. [...]

§ 2.

(1) Schwebende Disziplinarverfahren wegen Dienstvergehen, die vor dem 1. September 1939 begangen sind, sind einzustellen, wenn eine geringere Strafe als Entfernung aus dem Amt zu erwarten ist. Über die Einstellung entscheidet die nach § 3 der Disziplinarordnung zuständige Dienststelle. [...]

§ 3.

(1) Wegen Dienstvergehen, die vor dem 1. September 1939 begangen sind, werden Disziplinarmaßnahmen nicht mehr getroffen, soweit eine geringere Strafe als Entfernung aus dem Amt zu erwarten ist. [...]

§ 4.

(1) Ausgeschlossen von einem Gnadenerweis nach den §§ 1 bis 3 sind die Dienstvergehen, die eine Verletzung der Treuepflicht gegen Führer, Volk und Reich enthalten, es sei denn, daß der Beschuldigte im Kriegsdienst für Führer, Volk und Reich gefallen ist. [...]

Der Leiter der Deutschen Evangelischen Kirchenkanzlei:
Dr. Werner."

B Die Situation in den Gemeinden

2012 LB Kühlewein: Hirtenbrief vom 7. Februar 1938 zur Kirchenaustrittsbewegung
KGVBl. 1938, Nr. 5 vom 8. Febr., S. 27–30 (Kanzelabkündigung) und als Sonderdruck in großer Auflage (Friedrich Gutsch, Druckerei und Verlag, Karlsruhe)

Dem folgenden Hirtenbrief ging im Frühjahr 1937 das Verbot vonseiten des Staates voraus, Kirchenaustritte namentlich im Gottesdienst abzukündigen. Wenn dieses Verbot nicht befolgt wurde, weil es sich bei den Abkündigungen um eine innerkirchliche Angelegenheit und eine traditionelle kirchliche Übung handele, wurden Pfarrer deswegen verhaftet, gehäuft im Juni 1937, wenn anscheinend auch nicht in Baden, so doch vor allem in der Kirche der altpreußischen Union.

„Liebe Glaubensgenossen!

‚Lasset uns nicht verlassen unsere Versammlungen, wie etliche pflegen, sondern unter einander ermahnen.' So lesen wir im Hebräerbrief im 10. Kapitel *[v. 25]*. Dies Wort ist an Gemeinden gerichtet, die in der Versuchung standen, sich von der christlichen Kirche wieder zu trennen und ihre eigenen Wege zu gehen. Die Neigung dazu bestand also schon in der ersten Zeit der Kirche, noch unter den Augen der Apostel. Christ zu sein galt als eine Schande, und der Hebräerbrief zeigt, daß jene Gemeinden nicht allein die Schmach Christi zu tragen, sondern auch Verfolgungen zu erleiden hatten, nur daß sie noch nicht ‚bis aufs Blut' widerstanden hatten *[Hebr. 12, 4]*. Da war die Versuchung zum Abfall vom Glauben und zur Untreue gegen die christliche Gemeinde groß. Darum stellt der Apostel diesen Gemeinden die Wolke treuer und beständiger Glaubenszeugen vor Augen bis hin zu dem einen und größten, der der Schande nicht achtete und um unsertwillen das Kreuz auf sich nahm. Der Brief läßt keinen Zweifel darüber, daß die Verbundenheit mit der Gemeinde und die Treue zu Christus unlösbar zusammengehören.

Diese apostolische Mahnung hat heute wieder eine entscheidende Bedeutung. Es gilt heute nicht als Ehre in den Augen der Menschen, sich zur Kirche zu halten. Daher ist die Versuchung groß, einen gewissen Abstand von ihr zu nehmen, den Gottesdiensten mehr und mehr fern zu bleiben, die Betätigung und Mitarbeit in der Gemeinde abzulehnen, und schließlich tut man dann auch den letzten Schritt und trennt sich vollständig von seiner Kirche. Der Kampf gegen die Kirche und gegen den christlichen Glauben ist heute so offen und heftig, das Antichristentum tritt so ungeschminkt und ungehemmt hervor, die Verwirrung der Geister ist so groß, daß es für unbefestigte Gemüter nicht leicht ist, sich zu behaupten.

Mit großer Sorge verfolgen wir deshalb die Kirchenaustrittsbewegung, die seit einigen Monaten auch in unserer badischen evangelischen Kirche eingesetzt hat. Kirchenaustritte haben wohl immer stattgefunden, und es ist nur ehrlich, wenn ein Mensch, der innerlich mit der Kirche zerfallen ist oder der nichst mit ihr anzufangen weiß, sich auch von ihr abwendet und seinen eigenen Weg geht. Aber eine Austrittsbewegung, wie wir sie heute erleben, läßt vermuten, daß viele sich zu diesem Schritt verleiten lassen, daß sie ihn nicht aus wohlerwogener innerer Überzeugung, sondern aus äußeren Rücksichten tun, und daß sie nicht klar sich dessen bewußt sind, was sie damit aufgeben.

Wer aus der Kirche austritt, der trennt sich von der Gemeinde und begibt sich aller Rechte und auch aller Pflichten, die er der Gemeinschaft der Glaubensgenossen gegenüber hat. Er verzichtet auf die Gemeinschaft des Wortes und Sakramentes, er macht sich zum Einzelgänger, er verliert die Gemeinschaft des Gebetes und die Kraft und Hilfe, die darin liegt, er gibt sein Patenrecht auf, er verliert das Recht auf eine christliche Bestattung und bringt dadurch oft auch seine Familie in große innere Not.

Ist denn das alles etwas so Geringes, daß man es so leichthin und unbesehen preisgeben kann? Wir verdanken doch wahrlich unserer Kirche das, was Luther den allerheiligsten Schatz und das Kleinod unseres Lebens nennt, das Evangelium von Christus, unserm Heiland und Erlöser. In unserer Kirche sind wir getauft und Christi Eigentum geworden, in unserer Kirche wurden wir im Glauben an ihn unterwiesen und haben bei unserer Konfirmation ihm die Treue zugesagt, in unserer Kirche haben wir je und je das Wort des Lebens gehört, unsere Kirche hat uns beten und glauben, lieben und hoffen gelehrt, unsere Kirche war uns Freundin und Führerin in bangen, schweren Stunden unseres Lebens und eine Gehilfin unserer wahren Freuden. Ist es recht, ist es ein Zeichen deutscher Treue, wenn wir ihr leichthin und kalt den Rücken kehren, ohne zu bedenken, was wir ihr doch für unser ganzes Leben und für die Ewigkeit verdanken, ist es recht, daß wir ihr vielleicht gar den Abschied geben, um die äußeren Opfer los zu werden, die wir dafür bringen müssen? Stehen diese denn wirklich in einem Verhältnis zu den ewigen Gaben und Gütern, die wir ihr verdanken?

Ich weiß wohl, womit viele sich dabei beruhigen. Sie denken: ich kann auch außerhalb der Kirche Christus haben und an Gott glauben. Und unsere evangelische Kirche ist ja freilich nicht der Meinung, daß nur innerhalb ihrer Mauern Christus und Gott und unser Heil zu finden ist. Gottes Geist weht, wo er will, und ist nicht gebunden. Aber allerdings *an einen hat er sich für uns Menschen gebunden*, und der ist *Christus*, der das spricht: ‚Ich bin der Weg und die Wahrheit und das Leben, niemand kommt zum Vater, denn durch mich.' *[Joh. 14, 6]* Und Christus wiederum hat sich *an seine Gemeinde* gebunden. Die Gemeinde hat er auf Erden gegründet durch seinen Geist, ihr hat er seine Verheißung gegeben: ‚Ich will bauen *meine Gemeinde*, und die Pforten der Hölle sollen sie nicht überwältigen.' *[Mt. 16, 18]* ‚Wo zwei oder drei versammelt sind in meinem Namen, *da bin ich mitten unter ihnen.*' *[Mt. 18,20]*

Unser christlicher Glaube hat es zwar nicht mit Massen und mit Massenbewegungen zu tun – *etliches* fiel auf ein gut Land und trug Frucht *[Mt. 13, 8]* –, aber er hat es auch nicht mit vereinzelten Menschen und Sondergängern zu tun, so wie etwa eine philosophische Lehre den und jenen anzieht, der an ihr Gefallen findet und, sich selbst genugsam, danach lebt. Wohl muß unser Glaube die einzelne Seele erfassen, und es kann keiner für den andern stehen, – aber es soll auch keiner allein stehen ohne die Genossen des Glaubens. In der Gemeinde liegen die Wurzeln unserer Kraft, die Gemeinde hält und stärkt ihre einzelnen Glieder, die Gemeinde ist unüberwindlich. Die Gemeinde hat Christus gestiftet und ihr seine Verheißung gegeben, damit wir in ihr stark, im Glauben fest und bei seinem Wort bleiben sollen.

Mögen darum alle, die unserer Kirche den Rücken kehren, wohl bedenken, daß sie sich damit von der Gemeinde trennen. Wer aber von der Gemeinde sich trennt, der trennt sich auch von Christus, der sich mit seiner Gemeinde verbunden hat. Seinem Einfluß kann sich freilich in unserem Volke niemand ganz entziehen. Mancher zehrt, ohne daß er es weiß oder zugibt, noch eine Zeitlang von dem Erbe, das er aus der verachteten Kirche mitbekommen hat. Über kurz oder lang aber wird ihm dieser letzte Rest verloren gehen. Wer die Gemeinde verloren hat, der wird auch Christus verlieren; und wer Christus verliert, muß zuletzt auch Gott verlieren.

Es ist nicht die Sorge um die Kirche, die mich bewegt, denn sie lebt nicht von dem Willen der Menschen, sondern von dem ewigen Evangelium und steht in der Gewalt ihres Herrn. Was mich bewegt, ist vielmehr die Sorge um unsere Glaubensgenossen, daß sie sich nicht um den Trost und den Segen des Evangeliums bringen, die Sorge um unser Volk, daß es nicht der Quelle seiner inneren Kraft und Hoffnung verlustig geht, zu der die Reformation es einst geführt und aus der es bisher zu seinem Besten geschöpft hat, und besonders die Sorge um unsere Jugend, daß sie nicht den Anschluß an die Gemeinde und damit den Zugang zum Evangelium und den Glauben an den verliere, der die Wahrheit und das Leben für uns ist und bleibt. *Sie* steht in besonderer Gefahr, und ich rufe darum auch besonders alle Eltern auf, daß sie ihr mit aller Liebe und Gewissenhaftigkeit beistehen und in der Treue zur Kirche vorangehen.

Die kommende Passionszeit erinnert uns alle aufs Neue mit heiligen Ernst daran, daß Christus sein Leben nicht geschont, sondern um unserer Seligkeit willen geopfert hat. Lasset uns aufsehen auf ihn und, unbeirrt durch alle Lockungen und Versuchungen, ihm die Treue halten, die er von uns erwartet. Weil es aber unsere Kirche ist, in der wir zu Christus gekommen sind, die uns das Wort vom Kreuz, das seligmachende Evangelium bezeugt, so wollen wir auch unserer Kirche die Treue halten und durch nichts uns erschrecken und irre machen lassen. Gewiß ist unsere Kirche in schwere Wirren hineingeraten und vielfach in sich selbst uneins geworden. Aber das ist kein Grund, sie zu verlassen oder an ihr irre zu werden. Vielmehr muß die Not unserer Kirche und der Kampf, in dem sie steht, dazu helfen, daß wir sie um so mehr lieb haben, ihre Not als unsere mittragen und uns auf den festen Grund Gottes stellen, der besteht und der da heißt Christus. Solange er bei uns ist und wir sein Wort halten, haben wir nichts zu fürchten. Er wird auch in den heutigen Kämpfen den Sieg behalten.

D. Kühlewein, Landesbischof."

Zum Problem der Minderheitenversorgung

Durch die Minderheitenexistenz von Anhängern der Deutschen Christen in zahlreichen Kirchengemeinden, was nicht selten zu „örtlichen Streitigkeiten" führte, erhielt die Möglichkeit der Einrichtung einer Minderheitenversorgung nach der Kirchenverfassung von 1919 eine neue verschärfte Dimension. Da es sich hierbei eigentlich um eine rein kirchenbehördliche Befugnis handelte, mussten der Reichskirchenminister (vgl. auch Kirchlich-pos. Blätter 1938, Nr. 22 vom 20. November, S. 155) und der Leiter der Finanzabteilung beim Oberkirchenrat auf dem Wege über die Benutzung kirchlicher Gebäude und Räume Einfluss zu nehmen versuchen. Dem diente die nachstehende Bekanntmachung, welche zugleich die Einsetzung von Bevollmächtigten der Finanzabteilung in den Kirchengemeinden zusätzlich begründen sollte. Es wird sogar eine Durchführung rechtsverbindlicher Anordnungen der Finanzabteilung mit Polizeigewalt angedroht.

Der § 57 und der bisweilen ebenfalls herangezogene § 58 der Kirchenverfassung vom 24.12.1919 lauten (KGVBl. 1919, Beilage zu Nr. 17 vom 31. Dez., S. 10):

„§ 57. Auf Antrag von mindestens 50 Stimmberechtigten einer Gemeinde kann der Oberkirchenrat, falls er nach Anhörung der Gemeinde den Antrag für begründet erachtet, einem anderen Geistlichen der Landeskirche als dem zuständigen in widerruflicher Weise gestatten, die Minderheit mit Predigt, Christenlehre, Beichte und heiligem Abendmahl in öffentlichem Gottesdienst zu bedienen.

§ 58. (1) Einem Geistlichen der Landeskirche kann auf begründeten Antrag von mindestens 100 stimmberechtigten Mitgliedern einer Gemeinde [...] vom Oberkirchenrat in widerruflicher Weise erlaubt werden, ohne Pfarrsprengel das geistliche Amt auszuüben. Aus dieser Tätigkeit erwächst ihm kein Rechtsanspruch auf Gehalt, Ruhegehalt und Hinterbliebenenversorgung. – [...]"

2013 Bekanntmachung der FA beim EOK vom 21. Okt. 1938: Kirchliche Versorgung von Minderheiten oder besonderen kirchlichen Gruppen in den Räumen der Kirchengemeinden
KGVBl. 1938, Nr. 20 vom 1. November, S. 114f.

„Nach § 57 der Kirchenverfassung *[von 1919]* der Bad. Evang. Landeskirche kann der Oberkirchenrat auf Antrag von mindestens fünfzig Stimmberechtigten einer Kirchengemeinde, falls er nach Anhören der Gemeinde den Antrag für begründet erachtet, einem anderen Geistlichen der Landeskirche als dem zuständigen in widerruflicher Weise gestatten, die Minderheit mit Predigt, Christenlehre, Beichte und Heiligem Abendmahl im öffentlichen Gottesdienst zu bedienen. In allen Fällen, in denen auf Grund der obengenannten Vorschrift eine Minderheitenversorgung eintreten soll, ist also ein Antrag an den Evang. Oberkirchenrat erforderlich, der von mindestens fünfzig Gemeindegliedern unterzeichnet sein muß, welche nach § 10 der Kirchenverfassung stimmberechtigt sind, also das fünfundzwanzigste Lebensjahr vollendet haben und nicht vom Stimmrecht ausgeschlossen sind. Der Oberkichenrat kann dann seinerseits den zuständigen Kirchengemeinderat (Kirchenvorstand) hören und über den Antrag entscheiden. Er wird außerdem darüber bestimmen, welchem Pfarrer der Dienst an der Minderheit übertragen wird.

Zur Vermeidung von örtlichen Streitigkeiten, welche dann entstehen können, wenn von den verschiedenen kirchlichen Richtungen die Forderung nach Minderheitenversorgung erhoben wird, hat der Herr Reichsminister für die kirchlichen Angelegenheiten mit Erlaß vom 3.9.1938 I 15008/38 angeordnet, daß sich die Finanzabteilungen aller Fälle der Minderheitenversorgung anzunehmen haben, weil es sich dabei auch um den kirchlichen Grundbesitz handelt und die Regelung regelmäßig auch vermögensrechtliche Interessen der Kirche berührt.

Es ist deshalb Sache der Finanzabteilung beim Evang. Oberkirchenrat Karlsruhe, dann, wenn eine rechtmäßige Regelung der Minderheitenversorgung vom Evang. Oberkirchenrat einmal erlassen ist, dafür zu sorgen, daß die Anordnung, soweit vermögensrechtliche Belange berührt werden, ordnungsmäßig durchgeführt wird. Aufgabe der Evang. Kirchengemeinderäte (Kirchenvorstände) bzw. der gemäß § 4 Absatz 3 der Fünfzehnten

Verordnung zur Durchführung des Gesetzes zur Sicherung der Deutschen Evang. Kirche (RGBl. I S. 697 und Kirchl. Ges.-u.VBl. 1938 S. 11) bestellten Bevollmächtigten der Finanzabteilung ist es, Anordnungen zu treffen, durch welche die Benutzung aller oder einzelner kirchlicher Gebäude durch die Kirchengemeinde und durch die kirchliche Minderheit geregelt wird. [...] Der Vorsitzende des Kirchengemeinderats bzw. der Bevollmächtigte der Finanzabteilung setzen die Zeiten für die Benutzung der Gebäude fest und händigen selbst oder durch Beauftragte die Schlüssel für die Benutzung der Gebäude aus. Sollte ein Kirchengemeinderat (Kirchenvorstand) keine befriedigende Anordnung hinsichtlich der Benutzung der kirchlichen Gebäude durch die Minderheiten treffen, so bin ich genötigt, in solchen Fällen, in denen Widerstände bestehen, eigene Maßnahmen zu treffen, insbesondere einen Bevollmächtigten der Finanzabteilung gemäß § 4 Absatz 3 der Fünfzehnten Verordnung zur Durchführung des Gesetzes zur Sicherung der Deutschen Evang. Kirche vom 25. Juni 1937 (RGBl. I S. 697 und Kirchl. Ges.-u.VBl. 1938 S. 11) einzusetzen. Dabei weise ich darauf hin, daß rechtsverbindliche Anordnungen der Finanzabteilung auf Grund der Vierzehnten Durchführungsverordnung vom 10. Juni 1937 (RGBL. I S. 651 und Kirchl. Ges.-u.VBl. 1938 S. 11) für vollstreckbar zu erklären sind, also mit Polizeigewalt durchgeführt werden können.

Der Herr Reichsminister für die kirchlichen Angelegenheiten hat in dem oben genannten Erlaß jedoch auch Anordnung für die Fälle getroffen, in denen die Kirchenbehörden, etwa weil sie einseitig die Interessen einer kirchlichen Gruppe unterstützen, es ablehnen, die Minderheitenversorgung zu regeln. Es ist in solchen Fällen Pflicht der Finanzabteilung, auch ohne eine vorausgehende Regelung des Evang. Oberkirchenrats Karlsruhe selbst zu handeln. Insbesondere wird in solchen Fällen die sofortige Einsetzung eines Bevollmächtigten der Finanzabteilung erfolgen müssen. Wenn daher der Evang. Oberkirchenrat einen Antrag auf Minderheitenversorgung nach § 57 der Kirchenverfassung ablehnen sollte, werde ich auf entsprechenden Antrag der Minderheit die erforderlichen Anordnungen selbst treffen, nachdem ich mit dem Evang. Oberkirchenrat Fühlung genommen habe [...]

In allen Fällen, in denen Minderheitenversorgung nicht ordnungsgemäß vonstatten geht, ist mir seitens der Kirchengemeinderäte (Kirchenvorstände) bzw. der Bevollmächtigten der Finanzabteilung alsbald zu berichten.

Karslruhe, den 21. Oktober 1938.

    Der Vorsitzende der Finanzabteilung beim Evang. Oberkirchenrat:
                  Dr. Lang."

In der Mehrheit der Fälle ging es um die Minderheitenversorgung von DC-Anhängern; der Oberkirchenrat hat trotz der Androhungen in der abgedruckten Bekanntmachung dabei in restriktiver Weise die Mehrheit der Anträge abgelehnt. Beispiele: Für Mannheim-Seckenheim lehnte der Oberkirchenrat eine DC-Minderheitenversorgung in seinen Sitzungen vom 11. November und vom 6. Dezember 1938 ab (LKA GA 3584, Protokoll Ziffer 8 bzw. Ziffer 2); nach Übernahme der Gemeinde durch Pfarrer Dr. Andreas Duhm im Jahre 1941 ging es jedoch dagegen um die Versorgung der BK-Gemeinde. Desgleichen lehnte der Oberkirchenrat zweimal einen Antrag auf DC-Minderheitenversorgung für die Lutherpfarrei Karlsruhe ab, der Gemeinde von Pfarrer August Wasmer (Schwiegersohn von Landesbischof Kühlewein) und Vikar Paul Menacher, ab (LKA GA 3484, Sitzung vom 22.11.1938, Protokoll Ziffer 13 und GA 3485, Sitzung vom 10.1.1939, Protokoll Ziffer 15).

In anderen Fällen, besonders deutlich beim Beispiel St. Georgen (siehe unten Dok. 2015 – 2027), wurde umgekehrt die Minderheitenversorgung bekenntnistreuer Gemeindeglieder in von DC-Pfarrern geleiteten Gemeinden erforderlich, selbst wenn es sich nicht wirklich um eine zahlenmäßige Minderheit handelte. Auch in solchen Fällen zögerte der Oberkirchenrat eine offizielle Regelung der Minderheitenversorgung meist möglichst lange hinaus.

Minderheitengottesdienste

für DC-Anhänger fanden bisweilen auch ohne offizielle oder inoffizielle Regelung einer Minderheitenversorgung statt, so zum Beispiel als besondere Waldgottesdienste in St. Georgen im Sommer 1937 während der halbjährigen Krankheit des den DC zugehörigen Ortspfarrers Kurt Thieringer (LKA SpA 10606 und 14799, vgl. unten) oder als Sondergottesdienst in Gernsbach im Oktober 1939 durch einen DC-Pfarrer aus Rastatt (LKA GA 3485, Protokoll der EOK-Sitzung vom 7.11.1939, Ziffer 15).

Oft war nicht klar zwischen den sehr häufigen Vortragsveranstaltungen der DC mit auswärtigen Rednern und den von ihnen so genannten Gottesfeiern zu unterscheiden, zumindest nicht in den Ankündigungen in der Presse. Ein Bespiel dafür, dass sich der Kirchengemeinderat vehement gegen solche Gottesfeiern wehrte, ist aus Pforzheim aktenkundig geworden:

2014   Der Kirchengemeinderat Pforzheim wehrt sich gegen eine „Gottesfeier" mit dem ehemaligen Reichsbischof Ludwig Müller in der Schlosskirche, 16./17. April 1940.

LKA GA 4928

In „Der Deutsche Christ" Nr. 15 vom 14.4.1940 (S. 60) wurden unter der Überschrift „Der Reichsbischof spricht!" für die Zeit vom 17. bis 23. April Veranstaltungen in sechs badischen Gemeinden angekündigt; die Ankündigung wurde in Nr. 16 vom 21.4.1940 (S. 64) in erweiterter Fassung wiederholt (Veranstaltungen in neun badischen Gemeinden, am 16. April außerdem in Ludwigshafen [am Rhein], jetzt teilweise als Gottesfeier angekündigt). Die Veranstaltung in Pforzheim sollte am Dienstag, 23. April um 19 Uhr in der Schlosskirche stattfinden (hier nicht als Gottesfeier bezeichnet!).

„An Evang. Oberkirchenrat Karlsruhe   Pforzheim, den 16. April 1940

Dem Evang. Oberkirchenrat wird bekannt sein, dass der ehemalige Reichsbischof Müller in sog. Gottesfeiern in verschiedenen badischen Gemeinden sprechen will. Der Kirchengemeinderat Pforzheim hat in dieser Angelegenheit beiliegende Schreiben abgesandt:

1. An den Finanzbevollmächtigten für die evang. Kirchengemeinde Pforzheim

2. An den Herrn Reichsminister für die kirchlichen Angelegenheiten

3. An den Vertrauensrat der Deutschen Evang. Kirche (Telegramm)

Wir bitten evangelischen Oberkirchenrat, mit aller Entschiedenheit für unser Anliegen im Interesse des Friedens in den Gemeinden unserer bad. Landeskirche bei den in Betracht kommenden Stellen eintreten zu wollen.

Der Evang. Kirchengemeinderat Pforzheim   *[Stadtpfarrer]* K*[arl]* Specht."

„Pforzheim, den 16. April 1940.
An den Finanzbevollmächtigten für die ev.Kirchengemeinde Pforzhein

Herrn Assessor Schwender   H i e r

Wie uns aus dem Blatt der Deutschen Christen bekannt wird, will der ehemalige Reichsbischof L. Müller hier in der Schloßkirche am 23. April bei einer deutsch-christlichen Gottesfeier mitwirken. Der Kirchengemeinderat ist, obwohl er in Kultusangelegenheiten nach wie vor zuständig ist, davon weder in Kenntnis gesetzt, noch um seine Zustimmung ersucht worden. Er ist auch nicht in der Lage, eine solche Zustimmung zu geben, da dadurch der Burgfriede innerhalb des öffentlichen kirchlichen Lebens unserer Stadt auf's empfindlichste gestört würde. Denn L. Müller – der übrigens seiner Zeit durch die Einsetzung des Reichskirchenausschusses von seiten des Staates seiner Funktionen als Reichsbischof entkleidet worden ist – ist durch sein bekenntniswidriges Lehren und sein früheres verfassungswidriges kirchenpolitisches Handeln bekannt, und sein Auftreten bedeutet, auch wenn es in der Form eines Gottesdienstes stattfindet, eine kirchenpolitische Handlung und eine Kampfansage an die bekennende Gemeinde. Die bekennende Kirche hat seit Kriegsausbruch in unserer Gemeinde auf alle Sonderveranstaltungen verzichtet. Sie hat sich von dieser Haltung auch dadurch nicht abbringen lassen, daß vor einiger Zeit in ordnungswidriger Weise von seiten der Deutschen Christen ein ordentlicher *Gemeinde*gottesdienst zu einer *Sonderfeier* der D.C. gemacht worden ist. Denn sie hat gehofft, daß dies eine einmalige Ausnahme bleiben werde. Aber mit dem Auftreten des ehemaligen Reichsbischofs in einer Sonderfeier, die im Gegensatz zur Bekenntnisgrundlage unserer evang. Landeskirche steht, würde der Friede in unserer Gemeinde, den wir in der Kriegslage unseres Volkes unter allen Umständen aufrecht erhalten wissen wollten, endgültig gestört sein. Wir können nicht annehmen, daß Sie, sehr geehrter Herr Assessor, dazu die Hand bieten wollen, indem Sie unter Umgehung des Kirchengemeinderats eine Kirche dafür zur Verfügung stellen, und bitten Sie, nachdem Ihnen die Stellung des Kirchengemeinderats bekannt geworden ist, eine etwa schon erteilte Zusage zurückzunehmen. Aus den Anzeigen im Blatt der Deutschen Christen geht hervor, daß in fast allen anderen badischen Gemeinden die Vorträge des ehemaligen Reichsbischofs nicht in der Kirche, sondern in Sälen stattfinden.

Es ist in keiner Weise unsere Absicht, die deutsch-christliche Minderheit der Gemeinde und ihre Pfarrer irgendwie zu unterdrücken. Sie sind in der Gottesdienstordnung stets als völlig gleichberechtigt behandelt worden und werden Ihnen das auf etwaige Anfrage auch selbst bestätigen müssen.

Der Kirchengemeinderat hat seine oben dargelegte Stellungnahme, von der wir auch dem Evang. Oberkirchenrat in Karlsruhe und dem Vertrauensrat der D.E.K. Kenntnis geben, in seiner Sitzung am 16. April beschlossen.

Der Evang. Kirchengemeinderat Pforzhein   K. Specht"

„Pforzheim, 17. April 1940.
An den Herrn Reichsminister für die kirchlichen Angelegenheiten
B e r l i n W.8., Leipzigerstr. 3

Sehr geehrter Herr Minister!

In unseren badischen Gemeinden haben wir auf Ihr Ersuchen hin überall die für die Kriegszeit selbstverständliche Pflicht erfüllt und Burgfrieden innerhalb des kirchlichen öffentlichen Lebens gehalten. Die Gruppe der Deutschen Christen hat in unserer Kirchengemeinde Pforzheim alle ihr nach der Gemeindeordnung zustehenden Gottesdienste in voller Freiheit halten können, wiewohl die Kirchengemeinde Pforzheim in ihrer Mehrheit der bekennenden Kirche angehört. Nun soll der ehemalige Reichsbischof Ludwig Müller in dieser Woche für die Deutschen Christen in verschiedenen Gemeinden kirchenpolitische Vorträge halten, hier in Pforzheim am 23. April in der Form einer Gottesfeier in einer Gemeindekirche. Diese Feier steht im Gegensatz zur Bekenntnisgrundlage und

Gottesdienstordnung unserer evang. prot. Landeskirche und ist ausserdem eine getarnte kirchenpolitische Versammlung. Der Kirchengemeinderat versagt die Kirche für diese Feier, da damit Unruhe und Unfriede in das kirchliche Leben gebracht wird. Der Finanzbevollmächtigte der Kirchengemeinde dagegen will die Kirche den Deutschen Christen zur Verfügung stellen. Der Kirchengemeinderat hat ihn ersucht, das nicht zu tun. Wir bitten Sie, sehr geehrter Herr Minister, veranlassen zu wollen, dass der Reichsbischof Ludwig Müller um des Kirchenfriedens willen seine Vorträge in Baden unterlässt, und erst recht hier in Pforzheim uns darin unterstützen zu wollen, dass nicht gegen den Willen der Kirchengemeinde von dem Finanzbevollmächtigten eine Kirche zur Verfügung gestellt wird.

Heil Hitler!
Per Eilboten   Evang. Kirchengemeinderat: K. Specht."

„Pforzheim, den 16. April 1940.
An den Vertrauensrat der Deutschen Evangelischen Kirche
Zu Händen des Herrn Landesbischofs *[August]* Marahrens – Hannover.

Reichsbischof hält ab 17. April Vortragsreihe in Baden; will 23. hier sprechen. Wegen Störung des von bekennender Kirche hier gehaltenen Burgfriedens verweigert Kirchengemeinderat die Kirche. Deutsche Christen erwarten Ueberlassung durch Finanzbevollmächtigten. Kirchengemeinderat hat letzterem seine Stellungnahme unterbreitet; bittet Vertrauensrat dringend um Unterstützung.

Evang. Kirchengemeinderat Pforzheim: K. Specht."

Ob die Veranstaltung in der Pforzheimer Schlosskirche tatsächlich stattgefunden hat, konnte nicht ermittelt werden. Dies ist auch nicht den Kurzberichten über die gesamte Vortragsreise des Reichsbischofs in den Nummern 19 und 20 von „Der Deutsche Christ" (vom 12.5.1939, S. 76 bzw. vom 19.5.1939, S. 79) zu entnehmen.

Das Beispiel St. Georgen im Schwarzwald

Seit Oktober 1933 war Parteigenosse Kurt Thieringer Stadtpfarrer von St. Georgen; er machte von Anfang an keinen Hehl daraus, Anhänger des NS-Regimes zu sein, trat für eine deutsche evangelische Reichskirche ein und wandte sich Ende 1935 entsprechend gegen die Wiederausgliederung der badischen Landeskirche aus der Reichskirche. – Zur weit überwiegend evangelischen Gemeinde St. Georgen mit ihren Nebenorten gehörten zwei Vikariate: Von 1935 bis 1937 war das Vikariat I mit Vikar Hans Karl Woerner, einem Anhänger der Bekenntnisfront besetzt, 1937 kurze Zeit mit Vikar Hans Schäfer, von 1937 bis 1939 mit Vikar Willi Ochs, wiederum einem entschiedenen Anhänger der Bekenntnismehrheit in der Gemeinde, und von 1939 bis 1945 mit Vikar Rudolf Bösinger, der aus St. Georgen stammte. Das Vikariat II war von 1935 bis 1937 mit Vikar Paul Keller, einem Parteigänger Thieringers, besetzt und 1937 vorübergehend mit Vikar Erwin Hoffmann, der noch im selben Jahr von Vikar Oskar Mühleisen und im Krieg dann durch Vikar Fritz Wirsing abgelöst wurde.

Schon zur Zeit Woerners gehörte die Mehrheit der durch eine konservativ-pietistische Tradition geprägtenGemeinde einschließlich der Kirchenältesten zur hier so genannten Bekenntnisfront und stand damit auf Seiten des Vikars. Nachdem während der Karwoche am 23. März 1937 Woerner abends auf dem Wege zu einem fingiert telefonisch erbetenen Hausabendmahl von zwei SA-Leuten überfallen worden war, eskalierte die Situation. Pfarrer Thieringer hatte während einer Kirchengemeinderatssitzung einen angeblichen Nervenzusammenbruch und war ein halbes Jahr lang krank. In dieser Zeit versorgten die Vikare Schäfer und Hoffmann – dieser anstelle von Thieringer – die Gemeinde, während Woerner zum 1. Juni versetzt wurde. Der Gegensatz zu Thieringer wuchs in der Gemeinde, als dieser während seiner halbjährigen Krankheit wiederholt als Sprecher auf DC-Veranstaltungen auftrat und DC-Waldgottesdienste besuchte.

2015 Herzliche Bitte um Entgiftung der Atmosphäre

Evang. Gemeindebote für das Kirchspiel St. Georgen i.Sch. 1937, Nr. 4/5 (April – Mai), o.S.

„Herzliche Bitte! Zum Vertreter des zur Zeit noch erkrankten Pfarrers der Gemeinde bestimmte der Evangelische Oberkirchenrat Vikar Hoffmann. Vikar Schäfer und er sind erst zu kurze Zeit hier, als daß sie sich schon ganz einarbeiten konnten. So liegt auf jungen Schultern ein gerüttelt Maß von Arbeit und Verantwortung. Beide Vikare bitten darum alle Gemeindeglieder herzlich, an ihrem Teil zur Entgiftung der Atmosphäre beizutragen, in der die Gemeinde zur Zeit sich befindet. Es gilt großzügiger zu denken und zu handeln. Es geht um Aufbauarbeit und nicht um persönlich-kleinliche Streitereien. Sachliche Gegensätze dürfen nie und nimmer zu persönlichen werden. Darum helft mit, ihr lieben Gemeindeglieder, am Aufbau."

2016 Bitte des Kirchengemeinderats und des Kirchengemeindeausschusses St. Georgen vom 25. Aug. 1937 an den EOK, zur Situation in der Gemeinde Stellung zu nehmen

LKA PA 6374 (Kurt Thieringer)

„An den Evangelischen Oberkirchenrat Karlsruhe
z.H. des Herrn Landesbischofs D. Kühlewein.

Bezugnehmend auf die Besprechung, die der Herr Landesbischof D. Kühlewein mit Herrn Kirchengeneinderat *[Johann]* Hackenjos am 1. August d.J.

in Hornberg gehabt hat, möchten die hier Unterzeichneten, Kirchengemeinderäte und Kirchengemeindeausschußmitglieder, Hohe Behörde bitten, zu der gegenwärtigen Lage der Kirchengemeinde St.Georgen Stellung zu nehmen.

Wie wir erfahren haben, soll Herr Pfarrer Thieringer am 15. September d.J. wieder das Pfarramt übernehmen. Wir sind aber der Ansicht, daß dieses nur zum größten Schaden der Gemeinde geschehen würde.

Herr Pfarrer Thieringer hat durch die Ereignisse in der Karwoche mit Herrn Vikar Woerner das Vertrauen der Gemeinde stark verloren und durch sein Verhalten während seines Krankheitsurlaubs noch mehr. Er hat schon gleich in den ersten Tagen seines Urlaubs mit seinem Auto größere Fahrten unternommen, was auf die Gemeinde einen sehr schlechten Eindruck gemacht hat, da es heißt, er hätte ein Nerven- und Herzleiden. Auch sollte sich ein Pfarrer trotz seiner Krankheit wenigstens etwas um seine Gemeinde kümmern. Herr Pfarrer Thieringer hat aber nicht einmal die Kirche besucht, aber des öfteren D.C.Versammlungen und sogar dort gesprochen. Auch ist, abgesehen davon, daß er die Beleidigungen, die er dem Kirchengemeinderat in seiner Mehrzahl zugefügt hat, in keiner Weise zurücknahm, eine Zusammenarbeit mit demselben kaum denkbar, ebenso wenig *[eine Zusammenarbeit Thieringers]* mit den Herren Vikaren, über die er vor andern sehr wenig schön gesprochen hat.

Er ist zu sehr Parteimann und wird so viele vor den Kopf stoßen.

Wir wollen uns mit diesen Andeutungen begnügen in der Annahme, daß Hoher Behörde manches Andere bekannt sein wird. Wir haben es aber für unsere Pflicht gehalten, unsere Meinung zu sagen und Hohe Behörde zu bitten, doch alles zu tun, was den Zerfall unserer Kirchengemeinde verhindern könnte.

St. Georgen (Schwarzwald), den 25. August 1937."

(Es folgen die Unterschriften von 11 [von 15] Kirchengemeinderäten und von 14 Kirchengemeindeausschußmitgliedern.)

2017 Antrag von 167 Gemeindegliedern auf Einsetzung eines bekenntnistreuen Geistlichen in St. Georgen, 23. Sept. 1937
LKA SpA 10606 (St. Georgen i. Sch.)

„Antrag

„Der deutsch-christliche Pfarrer Thieringer der Ev. Gemeinde St. Georgen i. Schw. hat das Vertrauen der treu zur ganzen Bibel und zum Bekenntnis haltenden Gemeindeglieder verloren. Unterzeichnete stimmberechtigte Gemeindeglieder beantragen daher beim Evang. Oberkirchenrat gemäss § 58 der Kirchenverfassung einen Geistlichen, der neben Pfarrer Thieringer das geistliche Amt selbständig ohne Pfarrsprengel ausüben darf.

St. Georgen/Schw. 23. September 1937."

(Es folgen 167 Unterschriften und als Anlage:)

„An den Evang. Oberkirchenrat Karlsruhe

Zur Begründung beiliegender Anträge ist mitzuteilen:

1) Es geht um eine rein innerkirchliche Angelegenheit.

2) Herr Pfarrer Thieringer war 5 Monate krank, zeigte sich fast täglich auf der Strasse, fuhr recht oft Auto, liess sich aber nie im Gottesdienst sehen.

3) 2 Mal während seiner Urlaubszeit wurden von DC-Seite Parallelgottesdienste im Wald gehalten, bei denen Herr Pfarrer Thieringer anwesend war.

4) In diesem Monat hat Herr Pfarrer Thieringer wiederholt DC-Versammlungen besucht und in St. Georgen selbst gesprochen.

5) Bei seinem Dienstantritt hat Herr Pfarrer Thieringer mit den beiden Vikaren bis zum heutigen Tage die so notwendige Dienstverteilung nicht besprochen.

6) Viele Gemeindeglieder haben den Eindruck, dass sein persönliches Leben nicht mit dem übereinstimmt, was er predigt.

7) Die 167 beiliegenden Unterschriften wurden mühelos in knapp 2 Stunden gesammelt. Es lässt sich leicht nachweisen, dass diese Zahl nur ein Bruchteil der Stimmen ist, die der gleichen Überzeugung sind."

2018 Maßnahmen des EOK, Einsetzung von Vikar Willi Ochs in St. Georgen, 7./8. Oktober 1937

Karlsruhe, 8. Oktober 1937; LKA SpA 10606

„Die kirchl. Verhältnisse in St. Georgen betr.

I. Aktenbemerkung.

Im Auftrag des Evang. Oberkirchenrats habe ich mich zusammen mit Oberkirchenrat Voges am 7. Oktober 1937 nach St. Georgen begeben, um wegen der Minderheitsversorgung sowohl mit Pfarrer Thieringer wie auch mit dem Kirchengemeinderat Rücksprache zu nehmen. Es fand zuerst eine Aussprache mit Pfarrer Th. allein im Pfarrhaus statt. Ich wies den Pfarrer darauf hin, dass, wie ihm bereits bei der Vernehmung am 4. Oktober ds.Js. bekanntgegeben wurde, ein Antrag auf Einrichtung der Minderheitsversorgung vorliege, und erklärte, dass es für das Gemeindeleben und auch für die Stellung des Geistlichen in der Gemeinde vielleicht besser wäre, wenn statt der förmlichen Anordnung einer Minderheitsversorgung mit Einwilligung des Geistlichen einer der Vikare so gestellt werden würde, dass er in der kirchlichen Bedienung derjenigen Gemeindeglieder, die das Vertrauen zu Pfarrer Th. nicht mehr haben, selbständig sei. Ich richtete die Frage an Pfarrer Th., ob er damit einverstanden sei. Er erklärte, er habe schon bei seiner Vernehmung am 4. ds.Mts. zum Ausdruck gebracht, dass er das Verlangen von Gemeindegliedern, von einem anderen Geistlichen als von ihm bedient zu werden, verstehe und anerkenne. Dadurch, dass Vikare da seien, die den kirchlichen Bedürfnissen dieser Gemeindeglieder entsprechen, sei ja dem Bedürfnis Genüge getan. Ich wies ihn darauf hin, dass es mit den seiner Anweisung unterstehenden Vikaren allein nicht getan sei, denn es müsse auch möglich sein, dass der selbständig zu stellende Vikar z.B. Konfirmandenunterricht gebe und konfirmiere, und forderte den Pfarrer nochmals auf, durch ein klares Ja oder Nein zu diesem Stellung zu nehmen. Pfarrer Thieringer erwiderte, dass, wenn das so gemacht würde, er ja keinerlei Gewähr hätte, ob nicht dann von neuem wieder die Hetze gegen ihn losginge, und ob der Oberkirchenrat gewillt sei, hier eine Zusicherung zu geben. Ich erklärte, dass ich für die Behörde zwar keinerlei verbindliche Zusicherungen geben könne, dass ich aber der Behörde dringend empfehlen würde, den Vikaren, insbesondere auch dem selbständig zu stellenden Geistlichen, grösste Zurückhaltung aufzuerlegen. Ich glaube, dass gerade, wenn diejenigen Gemeindeglieder, die das Vertrauen zu Pfarrer Th. verloren zu haben behaupten, nun die Möglichkeit haben, sich von einem anderen Geistlichen vollständig bedienen, insbesondere auch ihre Kinder konfirmieren zu lassen, dass dann auch gar kein Grund mehr für Angriffe gegen den Pfarrer bestünden. Andererseits betonte ich, dass allerdings dann auch von ihm Zurückhaltung geübt werden müsse und dass von ihm nichts geschehe, um etwa Partei- oder Staatsstellen gegen diejenigen Gemeindeglieder einzunehmen, die sich dann zu dem selbständig gestellten Vikar halten. Pfarrer Th. erklärte, dass er von sich aus niemals Angriffe gegen die andere Seite unternommen habe und dass er keinen Einfluß habe, Partei- oder Staatsstellen von einer solchen Stellungnahme abzuhalten. Er habe in seinem Amt sich stets bemüht, eine rein kirchl. Haltung einzunehmen. Ich fragte nochmals Pfarrer Th., ob ich in der nun folgenden Kirchengemeinderatssitzung erklären könne, dass er damit einverstanden sei, wenn einer der Vikare selbständig gestellt, insbesondere auch mit der Erteilung von Konfirmandenunterricht und Konfirmation betraut werde. Pfarrer Th. erklärte, dass er sich stets in die Anordnungen seiner Behörde gefügt und dass er gegen eine solche Anordnung auch keine Einwendungen erheben werde. Dabei bestand beispielsweise Einverständnis, dass man die Aufforderung zur Anmeldung für den Konfirmandenunterricht etwa durch eine gemeinschaftliche Erklärung des Pfarrers und des Vikars im Gemeindeboten bekanntgeben könnte.

Wir begaben uns sodann mit Pfarrer Th. in das Gemeindehaus zur Sitzung des Kirchengemeinderats, bei der von 15 Ältesten 10 anwesend waren. Über diese Sitzung ist ein Protokoll aufgenommen worden. Der Kirchengemeinderat, dem die Rechtslage vorgetragen wurde, erklärte sich mit 8 gegen 2 Stimmen mit der Einrichtung einer Minderheitsversorgung einverstanden. Bei den Verhandlungen wies ich eindringlichst darauf hin, dass der Oberkirchenrat es im Interesse der Gemeinde halten würde, wenn von einer förmlichen Minderheitsversorgung Abstand genommen werden könnte und der Zweck dieser Einrichtung durch eine freiwillige Vereinbarung zwischen Pfarrer und Vikar erfolgt. Auf meine ausdrückliche Bemerkung gegenüber Pfarrer Th. im Laufe der Verhandlung, dass er sich mit einer solchen Vereinbarung einverstanden erklärt habe, bestätigte dieser mit ja.

[OKR Dr. Otto Friedrich]

II. An Herrn Pfarrer Thieringer in St. Georgen, unmittelbar.

Nachdem Sie bei der Besprechung zwischen Ihnen, Herrn Oberkirchenrat Voges und dem Unterzeichneten und auch in der Kirchengemeinderatssitzung am 7. ds.Mts. erklärt haben, dass Sie keine Einwendungen dagegen erheben, wenn einer der beiden Vikare mit der selbständigen kirchlichen Bedienung derjenigen Gemeindeglieder, die glauben, das Vertrauen zu Ihnen verloren zu haben, betraut wird, sodass dieser Vikar auch Konfirmandenunterricht für die Kinder der erwähnten Gemeindeglieder und die Konfirmationsfeier dieser Kinder abhalten kann, dürfen wir Sie bitten, am Montag, den 11. ds.Mts. nachmittags 16.15 Uhr im Dienstgebäude hier zu erscheinen, um in Anwesenheit von Vertretern der Behörde mit dem in Aussicht genommenen Vikar über die Art und Weise der Dienstführung eine Besprechung zu haben.

III. Nachricht hiervon (Gld.II) dem Evang. Dekanat Hornberg.

Fr*[iedrich]*."

Mit Wirkung vom 8. Oktober wurde Vikar Willi Ochs in das St. Georgener Vikariat I eingesetzt und inoffiziell auch zur sog. Minderheitenversorgung (die in diesem Fall tatsächlich eine Mehrheitsversorgung war).

2019 „Neuregelung in der Verteilung des Dienstes in unserer Kirchspielgemeinde" St. Georgen, Oktober 1937

Evang. Gemeindebote für das Kirchspiel St. Georgen i.Sch. 1937, Nr. 10 (Okt.), o.S.

„Nachdem zwei neue Vikare ihren Dienst in der Kirchspielgemeinde St. Georgen angetreten haben, beginnt zugleich eine im Benehmen mit der Kirchenbehörde getroffene Neuregelung des Dienstes. Eine größere Anzahl von Gemeindegliedern hatte eine Eingabe an den Evangel. Oberkirchenrat in Karlsruhe gerichtet, in welcher darum gebeten wurde, daß im Kirchspiel eine Minderheitsversorgung im Sinne des § 58 der Kirchenverfassung eingerichtet wird. Im Benehmen mit dem Kirchengemeinderat ist nun der Evang. Oberkirchenrat zu dem Entschluß gekommen, Herrn Vikar Ochs zu beauftragen, daß er denjenigen Gemeindegliedern jederzeit zur Verfügung steht, welche z.B. Taufen, Trauungen und Beerdigungen durch ihn vornehmen lassen wollen. Auch können bei ihm Kinder zum Konfirmandenunterricht angemeldet werden. (Siehe die Bekanntmachung über den Beginn des Konfirmandenunterrichtes unter den kurzen Nachrichten an die Gemeinde.)

Wir erwarten, daß diese Regelung allen bestehenden Wünschen gerecht wird und unnötige Spannungen beseitigt. Wir Geistlichen werden uns jedenfalls alle Mühe geben, der Gemeinde in Einigkeit und gegenseitigem Vertrauen zu dienen.

Pfarrer Thieringer   Vikar Ochs   Vikar Mühleisen."

Bald schon ergriffen jedoch die DC in St. Georgen Gegenmaßnahmen. So wurde Reichsbischof Müller zu einer Veranstaltung nach St. Georgen eingeladen, die am 30. November 1937 stattfand. (Vgl. Der Deutsche Christ 1937, Nr. 48 vom 28. Nov., S. 376 = Ankündigung [Ludwig Müller sprach am Vortag in Rastatt] und Nr. 51 vom 19. Dez., S. 399 = Bericht: „[...] In unserer Turnhalle, die etwa 600 Plätze bietet, waren *über tausend* Gäste; unsere Kampfgenossen saßen z.T. auf der Bühne, um im Saal Platz zu schaffen. [...] Wir wissen, daß wir unserm Reichsbischof großen Dank zu sagen haben für sein Kommen nach St. Georgen. Aber wir wissen auch, daß der beste Dank darin besteht, daß wir ihm versprachen: Wir kämpfen weiter!")

Auch sonst wurden wiederholt DC-Redner von auswärts nach St. Georgen eingeladen.

Mit Datum vom 11. Dezember 1937 richteten DC-Anhänger mit 157 Unterschriften ein Gesuch gegen den Minderheiten-Einsatz von Vikar Ochs an den Landesbischof; es wurde am 12. Dezember bei einem Besuch Kühleweins mit Gottesdienst in St. Georgen überreicht und zugleich ausgeräumt.

2020 Finanzabteilung beim EOK: Bestellung eines Finanzbevollmächtigten für St. Georgen

Karlsruhe, 29. August 1938; LKA SpA 14799 und KGVBl. 1938, Nr. 17 vom 23. September, S. 94f.

„Die Durchführung von Anordnungen der Finanzabteilung, hier die Bestellung eines Finanzbevollmächtigten für die Evang.-prot. Kirchengemeinde St. Georgen betr.

Zur Sicherung der Finanz- und Vermögensverwaltung der Evang.-protestantischen Kirchengemeinde St. Georgen wird für diese mit sofortiger Wirkung gemäß § 4 Absatz 3 der 15. Verordnung zur Durchführung des Gesetzes zur Sicherung der Deutschen Evang. Kirche vom 25.6.1937 (RGBl. I S. 697ff. und kirchl. Ges.-u.VBl. 1938 S. 11ff.) ein
    Bevollmächtigter der Finanzabteilung
    beim Evang. Oberkirchenrat Karlsruhe
bestellt und hierzu der
    Schmiedemeister Jakob Erchinger in St. Georgen
ernannt. Der Bevollmächtigte übt in Finanz- und Vermögensverwaltungsangelegenheiten die aufgrund der Kirchenverfassung, Gesetz und Verordnung den Kirchengemeindevertretungskörperschaften und deren Vorsitzenden, Ausschüssen und Kommissionen zugewiesenen Befugnisse aus. Er ist ausschließlich an die Weisungen der Finanzabteilung beim Evang. Oberkirchenrat Karlsruhe gebunden. Zum Stellvertreter des Bevollmächtigten wird
    Pfarrer Kurt Robert Thieringer in St. Georgen
ernannt.

Karlsruhe, den 29. August 1938.
    Der Vorsitzende der Finanzabteilung beim Evang. Oberkirchenrat:
    Dr. Lang."

2021 EOK an Finanzabteilung beim EOK: Zur Situation in St. Georgen

Karlsruhe, 12. September 1938; LKA PA 6374 (Kurt Thieringer)

Nach der Bestellung eines Finanzbevollmächtigten für St. Georgen äußert sich der Oberkirchenrat ausführlich gegenüber der Finanzabteilung. Er sieht die Ursache für die Schwierigkeiten in St. Georgen „ausschließlich in der Person des Pfarrers Thieringer" und droht mit dessen Versetzung.

„Zu den Schreiben *[der FA]* vom 18. August 1938 Nr. A 2700 und vom 29. August 1938 Nr. A 3931 *[Bestellung eines Finanzbevollmächtigten für St. Georgen]*.

In dem erstgenannten Schreiben ist darauf abgehoben, dass die Bestellung eines Bevollmächtigten erforderlich ist im Hinblick auf ‚die Verhältnisse, wie sie in der Evang. Kirchengemeinde St.Georgen nicht zuletzt durch die Massnahmen, welche der Evang. Oberkirchenrat in Bezug auf die Verwaltung der Evang. Kirchengemeinde St. Georgen getroffen hat, hervorgerufen worden sind'. Da hieraus der Eindruck gewonnen werden könnte, als ob die Spannungen, die seit Jahren in St.Georgen zwischen dem Geistlichen und einem grossen Teil der Gemeinde bestehen, durch Massnahmen des Oberkirchenrats herbeigeführt worden sind, müssen wir gegen diese Unterstellung auf das Nachdrücklichste Widerspruch erheben. Dies geschieht mit der Feststellung, dass die Schwierigkeiten, die sich in St. Georgen entwickelt haben, so gut wie ausschliesslich in der Person des Pfarrers Thieringer ihre Ursache finden.

Wie der Finanzabteilung wohl bekannt ist, gehört die Gemeinde St. Georgen zu einer unserer kirchlich besten Gemeinden. Dies gilt nicht nur in dem Sinn, dass die Gemeinde stets einen guten Kirchenbesuch und eine rege Anteilnahme an kirchlichen Veranstaltungen aufweist, sondern auch in dem Sinn, dass die Gemeindeglieder immer wachsam darauf achteten, dass ihnen das Wort Gottes aufgrund der Heiligen Schrift Alten und Neuen Testaments nach der Lehre der Reformatoren gepredigt wird. Die Pfarrei war deshalb auch immer besetzt mit Geistlichen positiver Richtung, und in der Annahme, dass Pfarrer Thieringer, der dieser Richtung zugehörend galt, in diesem Geiste sein Amt führt, ist er 1933 vom Kirchengemeindeausschuss St. Georgen gewählt worden. Es ist ohne weiteres klar, dass seine spätere kirchenpolitische Umstellung bei einem guten Teil der Gemeindeglieder das Vertrauen zu dem Geistlichen erschüttern und die ersten Spannungen zwischen der kirchlichen Gemeinde und ihm hervorrufen musste. Dazu kamen eine Reihe von Einzelvorgängen, die an sich Bagatellen darstellen mögen, bei denen die Gemeinde aber immer wieder den Eindruck gewinnen musste, dass Pfarrer Thieringer ein doppeltes Gesicht hat und nicht aufrichtig ist. So ist es ihm in der Gemeinde übel vermerkt worden, dass er während seines Krankheitsurlaubs im Sommer 1937 sich, was sein Recht war, zwar von allen Amtsgeschäften und auch von Gottesdiensten fernhielt, es aber doch fertig brachte, an einer nationalkirchlichen Sonntagsfeier, die während des geordneten Gottesdienstes im Freien stattfand, teilzunehmen und auch national-kirchlichen Versammlungen, wie einer solchen des Dr. Schneider aus Stuttgart, anzuwohnen. Pfarrer Thieringer hebt seinen Gemeindegliedern wie auch der Kirchenbehörde gegenüber immer wieder darauf ab, dass er das Evangelium rein und lauter predigt und voll und ganz an die leibliche Auferstehung Christi glaubt. Zur gleichen Zeit aber veranlasst er oder lässt es doch wenigstens gewähren, dass nationalkirchliche Redner wie Dr. Schneider

Stuttgart oder der frühere Reichsbischof Müller das Programm der nationalkirchlichen Einung in der Gemeinde verbreiten. Am schlimmsten wirkte sich aber die Neigung des Pfarrers Thieringer aus, die Ablehnungen, die er im einzelnen erfuhr, nicht im Kirchlichen, sondern im Politischen begründet zu sehen. Er ist der Auffassung, dass die Widerstände, die sich in zunehmendem Masse in der Gemeinde ihm entgegenstellten, nicht dem Pfarrer, sondern dem Nationalsozialisten Thieringer galten, und er hat sich dementsprechend sicherlich immer und immer wieder, um sich kirchlich halten zu können, an die örtlichen Gemeinde- und Parteistellen teils mittelbar teils unmittelbar gewandt und dort um Schutz gebeten. So haben manche Gemeindeglieder, die aus religiös-gewissensmässigen Gründen sich gegen Pfarrer Thieringer aussprachen, dies als reaktionäre Handlung quittiert bekommen. Es ist für Pfarrer Thieringer beispielsweise ganz charakteristisch, dass er bei seiner Vernehmung am 4. Oktober 1937 (vgl. Personalakten) zugeben musste, bei einem Zwischenfall zwischen dem früheren Vikar Hof[f]mann und örtlichen Parteistellen ohne Befragung der Vikare sich für die Parteistellen einsetzte, weil er dies als Parteigenosse für seine Pflicht hielt. Dass er auch für seine jüngeren Amtsbrüder einzutreten habe, ist ihm in keiner Weise in den Sinn gekommen. Es kann deshalb nicht Wunder nehmen, dass die Gemeinde am Geistlichen irre geworden ist, und ein grosser Teil der Gemeindeglieder es schliesslich abgelehnt hat, sich kirchlich von Pfarrer Thieringer bedienen zu lassen. Es ist nur allzu menschlich, dass bei Auseinandersetzungen, die sich dann im Verlauf solcher im Glaubensmässigen gegründeten Spannungen ergeben, auf beiden Seiten Fehler gemacht werden und auch von uns in keiner Weise gebilligte Ungeschicklichkeiten, ja Ungehörigkeiten vorkommen. Es wäre nun kirchlich gesehen falsch, denjenigen, die sich so verstricken, die äusseren Vorgänge entgegenzuhalten und damit ihr glaubensmässiges Anliegen abzutun. Als sich deshalb im Herbst 1937 besonders im Hinblick auf das Herannahen des Konfirmandenunterrichts die Bitten und Klagen der Gemeinde mehrten und die Gefahr des Zerfalls der Gemeinschaft in greifbare Nähe trat, haben wir Anordnungen getroffen, die der Finanzabteilung aus den Akten wohl hinlänglich bekannt sind. Im Wege der Verhandlung und in Übereinstimmung mit Pfarrer Thieringer wurde dafür gesorgt, dass diejenigen Gemeindeglieder, die glaubten, zu Pfarrer Thieringer nicht mehr das erforderliche Vertrauen haben zu können, um insbesondere ihre Kinder bei ihm konfirmieren zu lassen, bei einem selbständig gestellten Vikar sich kirchlich bedienen lassen durften. Bei diesen Massnahmen waren wir uns bewusst, dass die Not der Gemeindeglieder und die Schwierigkeiten in der Gemeinde nicht restlos behoben sind. Von dem einzig richtigen Mittel, dies zu bewerkstelligen, nämlich der Versetzung des Pfarrers Thieringer im Interresse des Dienstes, hat die Kirchenbehörde bewusst Abstand genommen, um jeden Schein zu vermeiden, als ob hier ein nationalkirchlicher Geistlicher aus seiner Gemeinde verdrängt werden soll. Die Verhältnisse haben auch während des Winters 1937/38 im wesentlichen einen ruhigen Verlauf genommen, bis Pfarrer Thieringer, durch einen Erlass des zuständigen Bezirksamts veranlasst, eine Ergänzungswahl des Kirchengemeindeausschusses vornehmen liess. Ob und inwieweit der Geistliche hinter.dem Erlass des Bezirksamts steht, kann dahingestellt bleiben. Jedenfalls hat die ganze Art und Weise, wie die Ergänzungswahl bewerkstelligt wurde, bei einem guten Teil der Gemeinde wiederum den Eindruck erweckt, als ob Pfarrer Thieringer, dem ja nicht unbekannt ist, dass der grösste Teil der Gemeinde gegen ihn steht, sich kirchliche Körperschaften schaffen wollte, die restlos mit ihm gehen, sodass nach aussen schliesslich der Eindruck erweckt werden könnte, die Kirchengemeinde steht geschlossen hinter dem Geistlichen. Die Wahl wurde wie eine Überrumpelung empfunden und brachte deshalb erneute Empörung in die Gemeinde. Als der Evang. Oberkirchenrat mit der Angelegenheit befasst wurde, konnte er nichts anderes tun, als was er getan hat, nämlich darauf. hinweisen, dass auch die Ergänzungswahl einer Anfechtung vor dem Bezirkskirchenrat unterliegt. Zu der Frage, ob die Anfechtung materiell begründet ist oder nicht, hat der Evang. Oberkirchenrat keine Stellung genommen. Es ist deshalb nicht ersichtlich, inwieweit die Massnahmen des Evang. Oberkirchenrats, welche in dem dortigen Schreiben vom 18. August 1938 Nr. A 2700 erwähnt sind, Verhältnisse geschaffen haben, die die Einsetzung eines Finanzbevollmächtigten rechtfertigen, besonders nachdem durch Erlass der Finanzabteilung vom 25. August 1938 Nr. A 3668 die Ergänzungswahl für ungültig erklärt ist, eine Entscheidung, die wir rechtlich für anfechtbar halten.

Nachdem nun zum Bevollmächtigten der Finanzabteilung für St. Georgen der Schmiedemeister Jakob Erchinger ernannt ist, ein Mann, der bei einer Besprechung am 4. Oktober vor.Js. hier sich als der Wortführer der nationalkirchlichen Bewegung und als uneingeschränkt auf Seiten des Pfarrers Thieringer stehend bewiesen hat, werden die Verhältnisse in St. Georgen eine schlimme Wendung nehmen, wenn nicht nun doch von dem einzigen Mittel, das hier Hilfe bringen kann, Gebrauch gemacht wird. Es wird unerlässlich sein, Pfarrer Thieringer gemäss § 68 KV und §§ 3 und 5 des Dienstgesetzes im Verwaltungsverfahren aus dringenden Rücksichten des Dienstes auf eine andere Pfarrei zu versetzen. Ein entsprechendes Verfahren wird demnach einzuleiten sein, und wir bitten die Finanzabteilung, insoweit die Versetzungsverfügung finanzielle Auswirkungen haben wird, ihre Zustimmung zu erteilen. Bis die Versetzung durchgeführt ist, muss selbstverständlich die Minderheitsversorgung in dem Umfang, in dem sie bisher bestanden hat, aufrecht erhalten bleiben. Um nach dieser

Seite jede Befürchtung auszuräumen, bemerken wir, dass von unserer Seite in keiner Weise daran gedacht ist, jetzt oder in absehbarer Zeit eine 2. Pfarrstelle in St. Georgen zu errichten.

Für einen baldgefl. Bescheid wären wir besonders dankbar.

Der Landesbischof
gez. D.Kühlewein."

Am 1. November 1938 verlangt der Oberkirchenrat von der Finanzabteilung eine Anordnung, daß dem Vikar Ochs zur Durchführung eines getrennten Konfirmandenunterrichts und anderer dienstlicher Geschäfte unverzüglich die nötigen Räume zur Verfügung gestellt werden. Am 9. November fordert die FA daraufhin den EOK auf, eine geordnete Minderheitenversorgung in die Wege zu leiten. Sogleich stellen am 15. November 1316 Gemeindeglieder bei der Kirchenleitung einen Antrag auf Einsetzung einer Minderheitenversorgung. Diese wird schließlich in der Sitzung am 29. November beschlossen und am 1. Dezember mitgeteilt und begründet:

2022 EOK: Anordnung einer Minderheitsversorgung in St. Georgen
Karlsruhe 1. Dezember 1938; LKA SpA 14799

„Die kirchlichen Verhältnisse in St. Georgen, hier die Anordnung einer Minderheitsversorgung betr.

B e s c h l u ß

Der Evang. Oberkirchenrat hat in seiner Sitzung vom 29. November 1938 gemäß § 58 KV angeordnet, daß dem auf dem Vikariat in St. Georgen tätigen Vikar Ochs die selbständige Ausübung des geistlichen Amtes insoweit übertragen wird, als es sich um die Erteilung von Konfirmandenunterricht mit Abhaltung der Konfirmation und die Vornahme von kirchlichen Amtshandlungen wie Taufe, Abendmahl, Trauung und Beerdigung und Seelsorge derjenigen Gemeindeglieder handelt, die es ablehnen, sich von Pfarrer Thieringer kirchlich bedienen zu lassen. Durch diesen Auftrag werden die dienstlichen Verpflichtungen, die dem Vikar Ochs als Inhaber des Vikariats zufallen, nicht berührt, wie auch im übrigen der mit Erlaß vom 14. Oktober 1938 Nr. 17655 ausgegebene Dienstausteiler aufrecht erhalten bleibt.

B e g r ü n d u n g

Mit Antrag vom 23. September 1937 haben 167 stimmberechtigte Mitglieder der Kirchengemeinde St. Georgen die Einrichtung einer Minderheitsversorgung gemäß § 58 KV verlangt mit dem Hinweis, daß der deutschchristliche Pfarrer Thieringer der Evang. Gemeinde St. Georgen das Vertrauen ‚der treu zur ganzen Bibel und zum Bekentnnis haltenden Gemeindeglieder verloren' hat. Sowohl der Bezirkskirchenrat wie auch der Kirchengemeinderat St. Georgen wurden vorschriftsgemäß zu dem Antrag gehört und haben das Bedürfnis für die Einrichtung einer Minderheitsversorgung bejaht. Um die ohnehin stark erschütterte Stellung des Pfarrers Thieringer aber nicht noch weiter zu gefährden, glaubte der Oberkirchenrat, von der förmlichen Anordnung einer Minderheitsversorgung Abstand nehmen zu sollen, wenn wenigstens dafür gesorgt ist, daß diejenigen Eltern, die zu Pfarrer Thieringer das Vertrauen verloren hatten, die Möglichkeit erhalten, ihre Kinder in den Konfirmandenunterricht eines der an sich in St. Georgen vorhandenen Vikare zu senden und von diesem auch konfirmieren zu lassen. Ausserdem wurden ebenfalls, um Pfarrer Thieringer entgegenzukommen, die bis dahin in St. Georgen tätigen Vikare, die infolge der verschiedensten Vorkommnisse in keinem amtsbrüderlichen Verhältnis mehr zu dem Ortsgeistlichen stehen konnten, durch andere Geistliche ersetzt und von diesen dem Vikar Ochs die selbständige Erteilung von Konfirmandenunterricht und Vornahme der Konfirmation im Einvernehmen mit Pfarrer Thieringer übertragen. Vikar Ochs hat diesen Auftrag auch ordnungsgemäß durchgeführt, und es machte sich in der Gemeinde eine gewisse Beruhigung geltend. Erst als die Finanzabteilung beim Evang. Oberkirchenrat Ende Mai 1938 errichtet wurde, glaubten Pfarrer Thieringer und die deutschchristlichen Kreise, für ihre Bestrebungen tatkräftige Unterstützung zu finden. So verlangte Pfarrer Thieringer, daß der getrennte Konfirmandenunterricht für den Winter 1938/39 nicht mehr stattfinde, vielmehr eine einheitliche Anmeldung aller Konfirmanden bei ihm erfolge und der Unterricht dann teils von ihm, teils von Vikar Ochs erteilt werde. Aus den vielfältigen Zuschriften und den mündlichen Klagen, die eine grosse Anzahl von Gemeindegliedern vor dem Landesbischof vorbrachten, war der Kirchenbehörde aber deutlich geworden, dass für den Bestand der Gemeinde die grosse Gefahr heraufsteigt, wenn nicht wenigstens an dem getrennten Konfirmandenunterricht festgehalten wird. Der Oberkirchenrat ordnete deshalb mit Erlaß vom 14. Oktober 1938 Nr. 17655 eine Dienstverteilung für die Kirchengemeinde St. Georgen derart an, daß dieser getrennte Konfirmandenunterricht aufrecht erhalten bleibt, immer in dem Bestreben, um des Pfarrers Thieringer willen eine förmliche Minderheitsversorgung zu vermeiden. Trotz der Schwierigkeiten, die diesem getrennten Konfirmandenunterricht von Seiten der Finanzabteilung beim Evang. Oberkirchenrat und des Bevollmächtigten der Finanzabteilung in der Kirchengemeinde St. Georgen bereitet wurden, kam es zu einer getrennten Anmeldung der Konfirmanden mit dem Ergebnis, daß bei Pfarrer Thieringer 27 oder 28 Konfirmanden und bei Vikar Ochs 66 Konfirmanden angemeldet wurden, während im Vorjahr bei Pfarrer Thieringer etwa 40 und bei Vikar

Ochs 80 Kinder den Unterricht besuchten und konfirmiert wurden. Weiterhin teilte die Finanzabteilung dem Evang. Oberkirchenrat mit Schreiben vom 9. November 1938 Nr. A 8158 mit, daß der Oberkirchenrat eine geordnete Minderheitsversorgung in St. Georgen in die Wege leiten möge. Es lag für die Kirchenbehörde nunmehr keine Veranlassung mehr vor, gegenüber Pfarrer Thieringer schonend Zurückhaltung zu üben. Innerhalb 3 Tagen gingen bei der Kirchenbehörde Anträge auf Einrichtung einer Minderheitsversorgung mit nicht weniger als 1316 Unterschriften ein. Nach den Feststellungen der Landessynodalwahl 1933 waren in der Gemeinde 3607 Stimmberechtigte vorhanden, von denen 1733 abgestimmt haben. Es hat also in ganz kurzer Zeit mehr als ein Drittel der Gemeindeglieder und 75% der damals Abstimmenden sich gegen den Geistlichen erklärt. Von der nochmaligen Befragung des Bezirkskirchenrats und des Kirchengemeinderats konnte mit Rücksicht darauf, daß diese Anhörung bereits vor einem Jahr stattgefunden hat und heute kein anderes Ergebnis als damals zeitigen würde, Abstand genommen werden. Die grosse Zahl der antragstellenden Gemeindeglieder und der Umstand, daß dieses Jahr verhältnismässig mehr Konfirmandeneltern als im Vorjahr Pfarrer Thieringer abgelehnt haben, obwohl dieser sich brieflich um die Zumeldung der Kinder bemüht hat, während Vikar Ochs auf ausdrückliche Weisung des Oberkirchenrats größte Zurückhaltung zu üben hatte, lassen es der Kirchenbehörde unumgänglich notwendig erscheinen, die Mnderheitsversorgung wie geschehen, anzuordnen.

Der Landesbischof:
D. Kühlewein."

Im Januar 1939 nahmen die Behinderungen für Vikar Ochs durch die Schulleiter und durch den Finanzbevollmächtigten wieder zu. Die Konflikte eskalierten 1939 nach einer Himmelfahrtspredigt von Ochs.

2023 Predigt von Vikar Willi Ochs am Himmelfahrtstag, dem 18. Mai 1939 in St. Georgen über Apg 1, 1–11

Maschinenschriftl. Manuskript des Verf.; Kopie, durch Vermittlung von Eckhart Marggraf zur Verfügung gestellt von Dr. Kurt Anschütz, Berlin

Gegenüber den Verunsicherungen, wie sie den bekenntnistreuen Gemeindegliedern in St. Georgen in Alltag und Beruf begegneten, verkündigt der Prediger den zum Himmel aufgefahrenen König des Reiches Gottes. Für alle, die Ohren hatten zu hören, entstand dadurch ein Gegenbild zum „Dritten Reich" und seinem „Führer", dessen offensichtliches Kriegsrüsten vier Monate vor Ausbruch des Zweiten Weltkriegs apokalyptisch gedeutet wird. Die Gemeinde wird zu geduldigem Warten, bedingungslosem Gehorsam gegen Christus und treuer Zeugenschaft aufgerufen.

„Liebe Gemeinde!

An der Werkstatt steht ein junger Bursche. Er hat ein treues, frommes Elternhaus. Er ist in der Nähe des Heilands aufgewachsen und gespeist mit dem Evangelium. So ist er blühend an Leib und Seele. – Nun aber gibt es Menschen, die können keinen Strauch blühen sehen, sie müssen ihn knicken. Sie können nicht ertragen, daß gute, schöne Ordnung ist. Sie müssen verderben. Hinter ihnen steht der, der seine Freude an Unordnung und Verderbnis hat. – Neben einem solchen steht nun der Junge. Jener beginnt, ihn zu hänseln. Er macht die Bibel lächerlich. Er macht sich lustig über Himmelfahrt. Wo soll denn dein Heiland hingegangen sein? Ist er auf einem Stern? – Im Herzen des Jungen regen sich Zweifel. Ein Band nach dem andern, das ihn mit Christus verband, löst sich langsam. Der Glaube ist nicht mehr die Kraft seines Lebens. Statt der heiligen Geschichte hört er andere, die seine Seele vergiften. – Ja, es ist leicht, eine Blüte, die Gott hat in seiner Liebe wachsen lassen, zu zerstören. Es ist auch leicht, Menschenblüten zum Welken zu bringen. Baumfrevler werden manchmal erwischt, ganz sicher aber werden die, die Menschenseelen verderben, vor dem Richter stehen, dem keiner entgeht.

So ist heute unsere ganze Kirche durcheinandergebracht. Sie spotten über das Alte Testament. Weg mit ihm. Dann merken sie, Paulus redet viel davon. Also muß auch Paulus weg! Danach merken sie, auch Jesus redet davon. Also müssen die Worte des Heilands gesichtet werden. Dieses ist verwendbar, jenes nicht. Andere werden für unecht erklärt, spätere Einschiebungen. Andere werden so lange hin und her erklärt, bis sie ungefähr das Gegenteil aussagen von dem, was gemeint ist. Sie zweifeln an Jesu Taten, an seiner Auferstehung. Daß Jesus unser Erlöser ist, ist ihnen lachhaft. So stürzen sie die Gemeinde in Zweifel. Bei uns Menschen ist es ja so: Je lauter etwas verkündet wird, umso mehr glauben wir.

Wie war das mit der Himmelfahrt? – Gelächter hebt an. Wie kannst du fragen. Ein Märlein! Nun aber treten die Männer und Frauen der ersten Gemeinde vor uns hin: Wir sind Zeugen des Königs Jesus Christ! Was wir gesehen, was unsere Hände betastet haben, verkündigen wir euch. Jesus ist nicht nur ein guter Mensch gewesen, er ist *der* Sohn Gottes. Am Kreuz starb er! Wir sahen es. Er ist wahrhaftig auferstanden. Wir sahen ihn. Wir haben mit ihm geredet. 40 Tage sahen wir ihn immer wieder. Im Leib der Herrlichkeit. Anders als alles, was wir uns vorstellen können. Sein Leib war absolut beherrscht vom Geist. Er war nicht mehr gebunden an Zeit, Raum oder sonst einen Ort dieser sichtbaren Welt. Aber er war derselbe Herr, in seiner Treue, in seiner Liebe und in seiner Lehre. Wir sollten Augenzeugen seiner Herrlichkeit werden. Darum erschien er uns an jenem Tag auf dem Ölberg. Kraft aus der Höhe versprach er uns. Als seine Zeugen sollten wir dasein bis zum räumlichen und zeitlichen Ende der Erde. Er segnete uns. Wir sahen, wie sein verklärter Leib erhoben wurde. So zeigt man dem Volk den König zum Jubel, so steigt ein König zu seinem Thron. Wir sahen die weiße Wolke. Gottes Gegenwart. Aus dieser Wolke kam immer Unheil über die Ägypter. Aus ihr empfing Mose die Gottesgebote. Die Wolke verbirgt unsern Augen die Königsherrlichkeit Gottes, die kein Auge ertragen kann. Sie nahm ihn auf. Er ist König, wie er gesagt hat.

Wir schauten ihm nach, bestürzt und hingerissen. Aber da waren die Boten des Königs. Was schaut ihr nach dem Firmament? Ihr wißt, wo Jesus ist. Ihr werdet ihn kommen sehen mit der Wolke. Die Geschlechter der Erde werden aufheulen. Jesus ist bei Gott! – Mose war bei Gott und brachte dem störrischen Volk das Gesetz. Jesus ist hineingegangen mit dem Opfer, das er am Kreuz dargebracht hat. Gnade um Gnade strömt nun auf uns. Gottes Kraft. Gottes Heiliger Geist. In seiner Kraft werden wir den Sieg haben.

Wir blieben nach seiner Weisung in Jerusalem. Er gab uns den Heiligen Geist. Gott ins uns, Gott mit uns, und wir in ihm! Wir haben seine Herrlichkeit verkündet. – Wann wird seine Herrlichkeit offenbart? Er hat uns gesagt: Zeit und Stunde zu bestimmen, ist des Vaters Sache. Wir sollen Zeugen sein in einer Welt, die Gott verloren und vergessen hat.

Das ist das Zeugnis der ersten Christen von diesem Tag: Jesus Christus lebt und herrscht! Im Himmel und auf Erden! Wir sollen aber nicht untätig gen Himmel schauen und sinnen, ob es für Treue auf Erden einen Lohn gebe. Er hat es uns gesagt: Bleibt in Jerusalem. Seid still, wartet auf den Hl. Geist. Die Juden haben damals gespottet über den Unsinn des Christenglaubens. Meint ihr, die Juden hätten nicht verhindert und verleumdet, wo sie konnten? Wir blieben! – Ihr sollt in der Stadt, in eurem Dorf, wo ihr seid, wartende Menschen sein. Soldaten, die auf den Befehl des Königs warten, Knechte, die auf den Wink des Herrn achten. Sie mögen spotten und kränken. Ihr werdet Kraft aus der Höhe empfangen. Jesus gibt nicht nur den Kampfbefehl, er gibt auch die Waffen, wirksame Waffen! Klar hören wir es hier: Nicht auf seine irdische Herrlichkeit müssen wir warten. Gott weiß Zeit und Stunde. Bedingungslos gehorchen, treu sein als seine Zeugen in der Welt, das ist unser Auftrag.

Die Welt weiß vom Kommen der apokalyptischen Reiter. Sie weiß von Kriegen und rüstet sich darauf. Sie weiß von Krankheit und Pestilenz und rüstet sich darauf. Sie weiß von Hunger und rüstet sich darauf. Sie werden über diese Erde rasen, wie geweissagt ist.

Aber von dem Tag an, da seine Jünger haben den Herrn hineingehen sehen in die Klarheit Gottes, wissen sie: Er wird wiederkommen! Johannes sah am Ende jenen Reiter auf weißem Pferd. Er heißt Treu und Wahrhaftig. Er richtet und streitet mit Gerechtigkeit. Seine Augen sind wie Feuerflammen. Auf seinem Haupt sind viele Kronen. Er ist gekleidet mit weißer, reiner Leinwand. Ihm folgt das Himmelsheer. Er wird regieren. Er hat den Namen auf seinem Kleid geschrieben:

> König aller Könige, Herr über alle Herren.

Dieser Jesus wird kommen! Nun an die Arbeit. Seid Zeugen seiner Kraft. Arbeitet und wirkt für ihn.

> Freut euch: Wir haben einen König!"

Möglicherweise hatte Ochs in seinem mündlichen Vortrag auf der Kanzel weitere und konkretere Aussagen gemacht. Denn noch am selben Tag berichteten der St. Georgener Finanzbevollmächtigte Erchinger an die Finanzabteilung beim Oberkirchenrat und der stellvertretende NS-Ortsgruppenleiter an den badischen Innenminister (Karl Pflaumer) sowie wenig später ähnlich auch an den Reichskirchenminister. Daraufhin sperrte die Finanzabteilung beim Oberkirchenrat Ochs ab Juni das Gehalt, so dass der bekennende Gemeindeteil den Vikar heimlich mit Geld versorgen musste. (Teils nach einer unveröffentlichten Darstellung von Kurt Anschütz, 1990, leider ohne Quellenbelege, teils nach schwer entzifferbaren Kopien von Orginalen oder Abschriften im Archiv der Kirchengemeinde St. Georgen.)

2024 Schreiben des Finanzbevollmächtigten für die Kirchengemeinde St. Georgen, Erchinger, an die FA beim EOK vom 18. [muss heißen: 19.] Mai 1939

Archiv der Evang. Kirchengemeinde St. Georgen, Kopie

„Zu den von mir bereits gemeldeten Vorgängen am Himmelfahrtstag im Gottesdienst hier habe ich noch folgende Einzelheiten ergänzend mitzuteilen:

1. Angeschlossen gebe ich vertraulich die Abschrift des Schreibens zur Kenntnis, welches der Ortsgruppenleiter der NSDAP an das Innenministerium gerichtet hat.

2. Vikar Ochs liess vor Beginn des Gottesdienstes den Kirchendiener Jäckle in die Sakristei kommen und machte ihm dort die gröbsten Vorwürfe, daß er einem Manne *[Thieringer]* diene, der es fertig gebracht habe, ihn beim Ministerium anzuschwärzen; das könne er als Christ nicht; – Jäckle hat mir gleichzeitig berichtet, daß dies nicht das erste Mal sei, sondern schon mehrmals vorgekommen sei, daß Vikar Ochs ihn habe

von seinem Dienst abwendig machen wollen. – Ich stelle damit fest, daß Vikar Ochs sich damit in Angelegenheiten mischt, die ihn nichts angehen, daß er aber vor allem mit derartigen Mitteln bewusst Wirrwarr zu stiften sucht und den Unruheherd immer wieder von neuem schürt.

3. Die Äußerungen von Vikar Ochs waren so auf der Kanzel, daß es bereits in einer gewissen Bevölkerungsschicht hier zur festen Meinung geworden ist, als habe Pfarrer Thieringer die ‚Anschwärzung' beim Ministerium besorgt. Vikar Ochs hat somit einer gemeinen Verleumdung zum Umlauf verholfen. Es ist dies ein Schulbeispiel, wie er auch der Ausgangspunkt von immer neuen und nicht aufhören wollenden Gerüchten und Behauptungen ist, die jeder Grundlage entbehren, aber immer wieder Öl ins Feuer giessen.

4. Nach dem Wortlaut der Äußerungen von Vikar Ochs hat er offenbar Kenntnis von einem Schreiben des Reichskirchenministers, das ihn betrifft und ihm irgendwie vom Oberkirchenrat her zugegangen sein muss; er kann es doch kaum von Berlin aus erhalten haben. Hat er es aber vom Oberkirchenrat erhalten, dann sicherlich zu dem Zweck, aufs neue die Gemeinde hier aufzuputschen und einen Widerstand zu verursachen, der dem Oberkirchenrat Veranlassung gibt, zu berichten, daß Ochs nicht von hier weggenommen werden könne. Damit würde erneut die bekannte Methode des Oberkirchenrats angewendet, zuerst bestimmte Lagen künstlich zu schaffen, und dann daraus ein bestimmtes Verhalten abzuleiten.

5. Ich beabsichtige, dem Vikar Ochs auf den gestrigen Vorfall hin zunächst die Kirche nicht mehr zu geben; bervor ich jedoch eine solche Anordnung treffe, bitte ich die Finanzabteilung um Stellungnahme bzw. um andere geeignete Massnahmen und Vorschläge. Auf jeden Fall muss alles getan werden, um eine nochmalige Aktion von Ochs zu unterbinden, wie sie im Herbst stattfand." *[Unterschriftenaktion gegen die Bestellung eines Finanzbevollmächtigten für die Kirchengemeinde St. Georgen.]*

2025 Schreiben des Stellv. NSDAP-Ortsgruppenleiters von St. Georgen, Jäger, an den RKM Kerrl vom 20. Mai 1939
Archiv der Evang. Kirchengemeinde St. Georgen, Kopie einer Abschrift

„Dem Herrn Reichskirchenminister erlaube ich mir, folgenden Sachverhalt zu unterbreiten:

Am Himmelfahrtstag, den 17. *[muss heißen: 18.]* Mai hatte der in Parteikreisen immer unliebsamer werdende Vikar Ochs Gottesdienst. Es handelte sich um einen regulären Gemeindegottesdienst. Ohne Vorwissen des Pfarramts führte Vikar Ochs gleich eingangs seiner Predigt aus, daß er beim Reichskirchenministerium ‚angeschwärzt' worden sei und daß er nun von hier fort solle. Aber er rufe die Gemeindeglieder auf, sie sollen ihm beistehen, daß er hier bleiben könne, es gehe ja nicht um seine Person, sondern um den ganzen christlichen Glauben, es solle ja nicht nur das Alte Testament sondern auch das Neue abgeschafft werden, es gehe um Christus usw. usw. Die Gemeinde solle feststehen, denn man befinde sich in den von der Offenbarung geweissagten letzten Zeiten, die ganzen Kriegsrüstungen würden dies ganz deutlich dartun, es kämen eben jetzt die Zeiten der Verfolgung für die Gläubigen usw. usw.

Nachdem Vikar Ochs auch vor Beginn des Gottesdienstes den vom Finanzbevollmächtigten auf 1. April angestellten Kirchendiener zu bereden suchte, sein Amt niederzulegen, da er doch nicht Leuten dienen könne, die ihn – den Vikar – beim Ministerium anschwärzen, muss ich ganz energisch darum nachsuchen, daß der Mann von hier unbedingt verschwindet. Ein Mann, der mit sogenannten christlichen Mitteln in einem Gottesdienst versucht, den Wehrwillen des Volkes zu zersetzen und der eine zum Gottesdienst versammelte Gemeinde auffordert zum offenen Widerstand gegen Anordnungen eines Reichsministeriums, hat hier nichts mehr zu suchen, denn ein solcher Mann kann nicht den Anspruch darauf erheben, in heutigen Zeiten ‚Seelsorger' zu sein.

Die Wirkung des Hetzgottesdienstes war die, daß die Leute hinterher in Gruppen beisammen standen und aufgeregt über den Vorfall debattierten und daß erneut unsere Stadt wieder aufs tiefste beunruhigt ist; es kann nicht angehen, daß andauernd von dieser Seite aus die Volksgemeinschaft gesprengt und der Frieden gestört wird. Wenn es sich nur um kirchliche Vorgänge handelte, ginge mich der ganze Fall nichts an; so aber schlagen die Wellen dieser sonderbaren Gottesdienste, die nichts sind als Volksverhetzung, immer wieder auf Wochen hinaus ins öffentliche Leben; in den Betrieben bilden sich deswegen Lager, in den Büros entwickeln sich Feindschaften, in den Wirtschaften kommt es zum Streit, unter die Jugend kommt der Ungeist dieser Ketzerei. Eine Kleinstadt wie St. Georgen mit einem an sich noch stark betont kirchlichen Leben kann dies auf die Dauer nicht ertragen. Wir haben einen Parteigenossen als Pfarrer hier, man hat alles getan von gegenerischer Seite, um dessen gutes Einvernehmen mit Partei, Stadt und Staat zu zerstören; nachdem es nicht gelungen ist, treibt man erneut die Menschen auseinander. Schon im Herbst 1937, als die Oberkirchenräte Voges und Dr. Friedrich hier waren und die sogen. ‚Minderheitsversorgung' einrichteten, wurden sie darauf hingewiesen, sich zu allererst mit der zuständigen Polizeidienststelle und dem Bürgermeisteramt zu besprechen, ob eine kirchliche Minderheitsversorgung für unseren Ort zuträglich sein könne und die innerkirchlichen Spannungen behebe; sie haben diese ‚Zumutung' mit Entrüstung von sich gewiesen;

sie haben aber dort den Grundstein gelegt für alle Beunruhigungen, die seitdem das Zusammenleben der Volksgenossen hier aufs unliebsamste stören. Ich habe für die Wahrung der Volksgemeinschaft einzutreten und tue dies jetzt mit aller Macht; ich muss erklären, daß sich der Unmut unter vielen Parteigenossen auf die Dauer nicht mehr zügeln lässt, und daß ich nicht mehr in der Lage bin, für die Person des Vikars Ochs jede gewünschte Garantie zu übernehmen, wenn der Mann nicht endlich von hier verschwindet.

Ich kann mir nicht denken, daß *er* persönlich vom Reichskirchenministerium eine Versetzung bekommen hat; sicherlich steckt hinter dieser Angelegenheit der Evangl. Oberkirchenrat in Karlsruhe, der eben den Mann hier nicht wegnehmen *will*; dabei haben mehrere Religionsklassen an der hies. Volksschule keinen Religionsunterricht, weil eben dieser Vikar Ochs wegen schwerster Beleidigung des Schulleiters und lügnerischer Angaben vor dem Kreisschulrat aus der Schule verwiesen wurde. Ich bitte den Herrn Reichskirchenminister, hier unter allen Umständen diejenigen Massnahmen zu treffen welche geeignet sind, endlich dieser fortwährenden Zerstörung jeder Volksgemeinschaft ein Ende zu setzen. Vikar Ochs ist in dieser Hinsicht hier einfach untragbar."

Ein geradezu entgegensetztes Bild sich ergibt sich aus einem zeitgleichen Bericht des Evang. Dekanats Hornberg:

2026 Bericht des Evang. Dekanats Hornberg, Dekan Herbert Schropp, an den EOK vom 22. Mai 1939

Archiv der Evang. Kirchengemeinde St. Georgen, Kopie einer Abschrift

„Am Samstag, den 20. Mai, liess der Kirchengemeinderat St. Georgen mich bitten, zu einer dringenden Besprechung nach St. Georgen zu kommen. Anlässlich meiner Fahrt nach Bad Dürrheim zur Kirchenvisitation dort fand diese Besprechung in St. Georgen statt. Anwesend waren die Kirchengemeinderäte, Vikar Ochs und vier Gemeindeglieder, die zur Bezeugung gewisser Vorgänge mitgekommen waren. Der KGR. trug zunächst vor, daß seit einigen Tagen der 3. Jahrgang der evang. Gewerbeschüler, 77 an der Zahl, sich geweigert hat, Religionsunterricht durch Herrn Pfarrer Thieringer zu empfangen. Nachdem der Schulleiter darauf aufmerksam gemacht hatte, daß eine solche Erklärung nur angenommen werden könne, wenn sie schriftlich vorliege, brachten alle 77 Schüler in der nächsten Stunde eine schriftliche Erklärung mit, des Inhalts, daß sie grundsätzlich keinen Religionsunterricht durch Pfarrer Thieringer mehr entgegennehmen. Der KGR. erklärte diesen Vorgang als bezeichnend für die Tatsache, daß auch die politisch sehr stark interessierte Jugend Pfarrer Thieringer ablehne, offensichtlich nicht deshalb, weil er Nationalsozialist ist, sondern weil sie seinen Religionsunterricht nicht haben will. Ergänzend zu diesem Vorfall wurde dann weiter vorgebracht, daß Pfarrer Thieringer neuerdings in der Religionsstunde DC-Lieder lernen lässt, von denen wir ein Muster beilegen, in der Form, wie er es den Schülern zur Einlage ins Gesangbuch ausgehändigt hat. In der Sitzung anwesende Familienväter beklagten sich darüber, daß Pfarrer Thieringer im Religionsunterricht Witze erzähle, dazu noch so geistloser Art, daß der Respekt vor ihm als Religionslehrer einfach schwinden müsse; auch sei in der Mädchenfortbildungsschule fortlaufend ein Roman gelesen worden.

Sodann beklagte sich der KGR. sowie Vikar Ochs darüber, daß neuerdings fast regelmässig der Gottesdienstanzeiger, soweit er Gottesdienste des Vikars Ochs betreffe, so spät aufgegeben wird, daß er meist nicht mehr rechtzeitig erscheint *[wohl im „Evang. Gemeindeboten für das Kirchspiel St. Georgen i.Sch."]* und infolgedessen die Leute nicht wissen, wer Gottesdienst hält, eine von Pfarrer Thieringer schon früher geübte bemerkenswerte Taktik. Der KGR. bat, künftighin die Gottesdienstanzeigen solcher Art durch das dekanat an die Schriftleitung richten zu dürfen, so daß ein offizieller dienstlicher Auftrag von übergeordneter Stelle vorliege. Wir tragen keine Bedenken, dies so zu handhaben, wie es zur Sicherstellung einer geordneten geistlichen Versorgung der ‚Minderheit' notwendig ist.

Die Kirchengänger Pfarrer Thieringers werden neuerdings regelmässig gezählt. In seinem letzten Gottesdienst hatte er 147 Gemeindeglieder. Von etwa 120 – 130 Amtshandlungen (Taufen, Trauungen, Beerdigungen, Hausabendmahle) in der Zeit von Oktober 1938 bis heute hatte Vikar Ochs 92 zu halten, wie denn überhaupt das Verhältnis seiner Beteiligung an Amtshandlungen zu der Thieringers etwa 10 zu 2 beträgt. Hingewiesen wurde noch auf die Bemerkungen Pfarrer Thieringers, daß im nächsten Jahre nicht mehr aus diesem Bad. Gesangbuch gesungen würde. Hinsichtlich der immer wieder von Thieringer aufgestellten Behauptung, daß er um seiner politischen Überzeugung willen in St. Georgen verfolgt werde, wiesen sämtliche Anwesenden daraufhin, daß Thieringer als Nationalsozialist volle Kirchen hatte bis zu dem Augenblick, wo er zu den DC. ging und versuchte, die Gemeinde mit Gewalt gleichfalls auf diesen Weg zu ziehen. Bemerkenswert ist ferner, daß die Fälle sich mehren, in denen Zerwürfnisse und Unstimmigkeiten auch in das Leben von Familien hineingetragen werden dadurch, daß die Parteinahme für oder wider Thieringer in Verwandtschaftskreisen in Erscheinung tritt. So ist es vorgekommen, daß ein Kind bis jetzt ungetauft blieb, weil der Vater, ein Parteigänger Thieringers, keine Taufpaten auftreiben konnte, die sich zur Übernahme dieses Amtes bereit erklärt hätten für den Fall, daß Pfarrer Thieringer taufe.

Auch der Finanzbevollmächtigte benimmt sich sehr eigenartig. So konnte von Zeugen erhärtet werden, daß er im Wirtshaus Herrn Vikar Ochs als ‚Lausbub' bezeichnet habe. Besonders hat sich der KGR. darüber aufgeregt, daß der Ortskirchensteuervoranschlag, zu dessen ordnungsgemässer Verabschiedung letztes Jahr angeblich 10–12 Mitglieder des KGA*[usschusses]* zu wenig vorhanden waren, in diesem Jahr verabschiedet werden konnte, ohne daß auch nur ein Einziger ihn gesehen hatte oder dazu gehört worden war. Die Vertretung der Kirchengemeinde ist vollkommen ausgeschaltet so daß sie auch über wichtigste Dinge im kirchlichen Leben ohne Kenntnis bleibt.

Das ganze Verhalten Pfarrer Thieringers und seiner Anhänger wirft ein eigenartiges Licht auf die immer wieder von ihnen betonten friedlichen Absichten und Massnahmen zur Herstellung geordneter Verhältnisse in der Kirchengemeinde St. Georgen wie auch im Kirchenbezirk Hornberg überhaupt. Beiliegendes im Schwarwälder Tageblatt erschienenes Inserat der ‚Kampfgemeinde zur Überwindung der Konfessionen' mag das gleichfalls illustrieren.

Schliesslich gaben die Anwesenden dem Wunsche Ausdruck, der Evang. Oberkirchenrat möge ersucht werden, Vikar Ochs unbedingt auf seinem Posten zu belassen. Die Gemeinde ist bereit, jedes auch finanzielle Opfer mit Freuden auf sich zu nehmen, wenn dadurch die geistliche Versorgung, wie sie durch Vikar Ochs ihr zuteil wird, sicher gestellt bleibt."

Ochs selbst stellt die Geschehnisse im Rückblick 35 Jahre später in einem Brief an Anschütz wie folgt dar:

2027   Brief von Pfarrer Ochs/Emmendingen vom 7. April 1974
Kopie, durch Vermittlung von Eckhart Marggraf zur Verfügung gestellt vom Empfänger, Kurt Anschütz, damals in Lahr

„[...] In der Anlage übersende ich Ihnen die Predigt vom 18.5.1939. Sie sehen, die Versorgung meiner Gemeinde war für mich nicht eine Sache der Polemik, sondern des Zeugnisses von unserem Herrn. Darum war auch die Zeit damals eine Segenszeit. Es gab Feinde, aber ich bin oft harmlos in ihre Fallen hineingetappt, und sie haben sich gewundert, daß ich mit den Fallen eben weitergegangen bin und sie nicht einmal gemerkt habe. Sie waren aufmerksame Predigthörer. Leider fand die Geheime Staatspolizei keinen Anlaß, mich KZ-würdig zu finden. Es blieb der Finanzabteilung in Karlsruhe die Aufgabe, mir die Geldmittel zu sperren. Aber die Gemeindeglieder haben mich versorgt. Bis zum Beginn des Krieges habe ich im Briefkasten mehr Geld gefunden, als mein Gehalt gewesen wäre. Dann war ich unter dem Schutz der Wehrmacht, sie hat für Bezahlung des Gehaltes gesorgt. Auch der 2. Ortsgruppenleiter war dann ein sehr gerechter und anständiger Unteroffizier für mich bei der Ausbildung.

Da man meinen Einfluß auf die Schüler fürchtete, kam der Schulrat und verbot mir unter einem fadenscheinigen Vorwurf, die Schule zu betreten. Ich habe ihm harmlos geantwortet, daß ich das günstig fände, denn nun könne ich mehr Hausbesuche machen. Am andern Tag wurde ich wieder zum Unterrichten befohlen. Auch das war mir recht.

Wir haben hohen Besuch gehabt, vom Landesbischof, von Oberkirchenräten. Sie bezeugten uns ihre Machtlosigkeit: Wir können nichts machen. Aber wenn Sie von hier weggehen, wird niemand mehr hier die Gemeinde versorgen. Meine treue Frau stand zu mir. Sie hat viel auf sich genommen. Die Gemeinde stand hinter uns. Meine Frauen im großen Frauenkreis nannten sie im Anschluß an die Namen der Partei meinen Weibersturm. Gestürmt haben sie nicht, aber man hat vor dieser Gemeinde Respekt gehabt.

Es gab treue Männer, nicht Regimefreunde, nicht Regimefeinde, aber bewusste evangelische Christen. [...]

Als ich 1945 zurückkehren durfte durch Gottes Güte, habe ich in St. Georgen niemanden als Feind betrachtet. [...]"

Am 28. August wurde Ochs zur Wehrmacht eingezogen; am 1. September brach der Krieg aus. Bald danach trat der aus St. Georgen gebürtige Vikar Rudolf Bösinger anstelle von Ochs seinen Dienst an und blieb bis Kriegsende in der Gemeinde. Daneben hatte weiter Thieringer die Pfarrstelle inne, obwohl ihn der Landesbischof im März 1940 aufforderte, sich in eine andere Gemeinde zu bewerben, und Thieringer sich im November 1942 als Nachfolger Fritz Köllis auf die Freiburger Lutherpfarrei bewarb, ohne die Stelle dann allerdings anzutreten; 1940 bis 1942 war Thieringer vorübergehend zur Wehrmacht einberufen worden. Im November 1940 war Vikar Franz Wirsing mit der Betreuung der DC-Mitglieder beauftragt worden.

2028 Verordnung der Kirchenkanzlei der DEK vom 9. November 1938 über das Beflaggen kirchlicher Gebäude
GBl. der DEK 1938, Nr. 21/22 vom 12. November, S. 87; KGVBl. 1938, Nr. 21/22 vom 2. Dezember 1938, S. 125

*Die Beflaggung kirchlicher Gebäude und Glockengeläut war üblich an folgenden Tagen: Reichsgründungstag, 18. Januar (Reichsgründung 1871); Tag der nationalen Erhebung, 30. Januar (Machtergreifung 1933); Heldengedenktag (im allgemeinen am 5. Sonntag vor Ostern); Führergeburtstag, 20. April (*1889); Tag der Arbeit (1. Mai), Erntedanktag (1. Sonntag nach Michaelis). – 1939 wird die Beflaggung auch am 9. November eingeführt, dem „Gedenktag der Gefallenen der Bewegung" (Gedenken an den vor der Münchener Feldherrnhalle gescheiterten Hitler-Putsch von 1923).*

„§ 1. Eine Kirchenfahne wird innerhalb der Deutschen Evangelischen Kirche nicht geführt.

§ 2. Soweit bei kirchlichen Feiern geflaggt wird, darf auch an Kirchengebäuden und kirchlichen Dienstgebäuden nur die Reichs- und Nationalflagge *[Hakenkreuzfahne]* gezeigt werden.

§ 3. Die Verordnung tritt mit der Verkündung in Kraft.

Berlin, den 9. November 1938.
  Der Leiter der Deutschen Evangelischen Kirchenkanzlei:
    Dr. Werner."

2029 „Keine Kirchenfahnen mehr. Evangelische Kirche zeigt nur die Reichsflagge.
Ev.K.u.VBl. 1938, Nr. 48 vom 27. November, S. 346 f.

„Im Gesetzblatt der Deutschen Evangelischen Kirche vom 12. November wird eine Verordnung veröffentlicht, die einheitliche Richtlinien über die Beflaggung kirchlicher Gebäude festlegt. Danach wird innerhalb der Deutschen Evangelischen Kirche künftig keine Kirchenfahne mehr geführt. Soweit bei kirchlichen Feiern geflaggt wird, darf auch an Kirchengebäuden und kirchlichen Dienstgebäuden nur die Reichs- und Nationalflagge gezeigt werden. Die Verordnung entspricht dem schon in den letzten Jahren in fast allen Gemeinden geübten Brauch. *[!?, der Hrsg. G.S.]* Die vor 1933 allgemein geführte Kirchenfahne, ein violettes Kreuz auf weißem Grunde, wurde seinerzeit geschaffen, weil die evangelische Kirche die schwarz-rot-goldene Fahne der Systemregierung bei öffentlichen Anlässen nicht zeigen wollte. Nachdem mit dem Durchbruch der nationalsozialistischen Revolution dieser Anlaß hinfällig geworden war, bestand für die evangelischen Gemeinden keine Veranlassung mehr, eine besondere Kirchenfahne zu führen. Die jetzt erlassene Verordnung setzt den formellen Schlußstrich unter einen praktisch schon seit längerem geübten Brauch."

2030 Bekanntmachung des EOK vom 24. Januar 1939 über „Nationale Gedenkfeiern"
KGVBl. 1939, Nr. 3 vom 24. Februar 1939, S. 12

„An sämtliche Geistlichen.

Der Bedeutung des Tages der nationalen Erhebung (30. Januar) und des Tages der Arbeit (1. Mai) ist in diesem Jahr jeweils am vorhergehenden Sonntag, also am 29. Januar bzw. am 30. April, im Gottesdienst in Predigt und Gebet zu gedenken.

Am 20. April ist anläßlich des 50. Geburtstages des Führers um 12 Uhr zu läuten. Ferner haben im Gottesdienst am darauf folgenden Sonntag, den 23. April, Predigt und Kirchengebet auf den Geburtstag des Führers bezug zu nehmen.

Am 30. Januar, 20. April und 1. Mai sind die kirchlichen Gebäude zu beflaggen. Wird seitens der Reichsregierung durch Presse oder Rundfunk für den 1. Mai Geläute angeregt, so ist dieser Weisung zu entsprechen."

2031 Bekanntmachung des EOK: Dankgottesdienst nach der siegreichen Beendigung des Kriegs mit Frankreich, Juni 1940
Karlsruhe, 25. Juni 1940; KGVBl. 1940, Nr. 8 vom 27. Juni, S. 50

Der Bekanntmachung gingen Telegramme des Vertrauensrats und der Kirchenkanzlei der DEK an die Landeskirchen voraus (LKA GA 2336).

„An sämtliche Geistliche der Landeskirche.

Der Krieg mit Frankreich ist siegreich beendet. Davon ist unser badisches Grenzland in besonderer Weise berührt. Es ist hierdurch von der unmittelbaren Kriegsgefahr befreit. Die zeitweilige Räumung der dem Rhein benachbarten Gebiete ist aufgehoben. Unsere Rückwanderer dürfen in ihre Heimatgemeinden zurückkehren. Auch die vorübergehend geschlossenen Gotteshäuser sind wieder geöffnet und für den Gottesdienst freigegeben. Dazu ist unser Nachbarland, das deutsche Elsaß, wieder deutsches Land und Straßburg, unsere Nachbarstadt, wieder deutsche Stadt geworden.

Das alles erfüllt unsere Herzen mit tiefer Dankbarkeit gegen Gott, der unsere Heimat gnädig bewahrt und uns das Reich gegen den Anschlag der Feinde erhalten, der den Führer gesegnet und ihm dieses große Werk hat gelingen lassen, und der unser Heer von einem Sieg zum andern geführt hat.

Ich ordne daher an, daß aus diesem Anlaß in allen Gemeinden am kommenden Sonntag ein Dankgottesdienst gehalten und die Gemeinde unter das Wort gestellt wird: Du bist der Gott, der Wunder tut; du hast deine Macht bewiesen unter den Völkern. *[Ps. 77, 15]*

Im Hauptgebet soll besonders der Dank für die großen Taten Gottes, die Fürbitte für Volk und Führer, für die Wehrmacht, für unsere kämpfenden, aber auch für unsere verwundeten und kranken Soldaten sowie für die Angehörigen der Gefallenen zum Ausdruck kommen.

Entsprechend der Anordnung des Führers über Beflaggung und Glockengeläute sind sämtliche kirchlichen Gebäude vom 25. Juni ab 10 Tage lang zu beflaggen. Vom 25. Juni bis 1. Juli einschließlich sind von 12 Uhr bis 12.15 die Glocken zu läuten. Wo noch besondere Luftschutzverordnungen bestehen sollten, bleibt das Läuten auf 3 Minuten beschränkt."

XXXVII Die Landeskirche vor der „Judenfrage" und angesichts der Judenverfolgung, 1935 – 1945

Das Jahr 1935 markiert mit den „Nürnberger Rassegesetzen" eine neue Stufe der brutalen Verfolgung der Juden in Deutschland. Da dies in den vorausgehenden Bänden nicht berücksichtigt wurde, muss die Darstellung in diesem Band mindestens soweit zurückgreifen. Die nächste Stufe des Schreckens wurde mit den Ereignissen um die „Reichspogromnacht" vom 9. November 1938 erreicht. Nach dem Angriff auf Frankreich 1940 begann dann mit der Deportation der badischen, pfälzischen und elsasslothringischen Juden, was als „Endlösung" geplant wurde und in der Shoah sein grausames Ende fand.

Es ist erstaunlich, wie gering der Niederschlag dieser Ereignisse in den offiziellen Akten der Landeskirche, aber auch in den Akten des badischen Landesbruderrats der Bekennenden Kirche ist. Dies hat sehr unterschiedliche Gründe. Vor allem ist dies ein Beleg dafür, wie wenig sich die badische Landeskirche zu einem aktiven Eintreten für ihre jüdischen Mitglieder und noch viel weniger für die jüdischen Glaubensgeschwister herausgefordert sah. Wie sollte aus einem subkutanen Antisemitismus, einer ausgesprochen antijüdischen Grundhaltung und einer generationenlang geübten Beziehungslosigkeit nun solidarisches oder gar widerständiges Verhalten erwachsen?

Um so deutlicher ragt daher Hermann Maas heraus. Er hatte in Gernsbach und vor allem in der Großstadt Mannheim mit ihrer lebendigen jüdischen Gemeinde einen anderen Umgang mit dem Judentum als gegenwärtiger Religion erlebt und dann mit der grenzüberschreitenden Friedensarbeit vor 1914 als einer Vorläuferin der erwachenden Ökumene eine den Nationalstaat hinter sich lassende Orientierung. Mit dem Instrument der liberalen Theologie konnte er die kulturellen Wurzeln mit den Herausforderungen der Moderne in einem Konzept sozialer Verantwortung als Pfarrer einer pluralen Stadtgemeinde durch „praktisches Christentum" gestaltend verknüpfen. Er ist ohne Zweifel eine Ausnahmegestalt in der badischen Landeskirche. Und es ist erschütternd zu lesen, wie der „stadtbekannte Judenfreund" von 1933 in seiner Verteidigung gegenüber den Anschuldigungen der Gestapo 1943 einen Schriftsatz unterschrieb, der das alles zu widerrufen schien, um sein Leben zu retten. Es ist daher nicht verwunderlich, dass ausgerechnet dieser Mann sich im Stuttgarter Schuldbekenntnis 1945 wiederfand.

Auch die „Kristallnacht" hinterließ ein erschreckendes Schweigen in den evangelischen Gemeinden Badens. Ein spätes Dokument der Erinnerung gibt Einblick in die Gedanken eines Vikars der Bekennenden Kirche, dem die Finanzabteilung bis zum Kriegsende die Berufung auf eine ständige Pfarrstelle verweigerte. Hier findet sich eine Erklärung für dieses Schweigen. Auch die Deportation und der Weg in die Vernichtungslager blieben ohne erkennbare Reaktion in den Kreisen der evangelischen Kirche in Baden.

Dass ein abweichendes Verhalten im totalitären Staat auch beim Tun des Selbstverständlichen persönlichen Mut voraussetzte, zeigen die Beispiele der Taufe von Kindern jüdischen Ursprungs und der illegalen Aufnahme von untergetauchten Juden. Im Gegensatz dazu lasst sich am „Fall Lehmann" nicht nur das Schicksal der Emigration, sondern auch die „Taktik" der Kirchenleitung im Gegensatz zum solidarisierenden Verhalten von Gemeindegliedern studieren. Kein Mitarbeiter, keine Mitarbeiterin der Landeskirche wurde Märtyrer. Aber ob die Kirchenleitung nicht doch Schuld auf sich gehäuft hat, die nicht legalistisch abzutun war, ist die Frage, die sich aus dem Fortgang dieses Falles nach dem Ende der Diktatur stellt und die unbeantwortet blieb.

A „Kirchliche Hilfsstelle für evangelische Nichtarier" (des sog. Büros Grüber): Hermann Maas, 1935 – 1943

In einem Verzeichnis des sog. Büros Grüber in Berlin vom 17. Mai 1939 wird als „Kirchliche Hilfsstelle für evangelische Nichtarier" in Baden die Anschrift von Pfarrer Hermann Maas: Hirschstrasse 17 in Heidelberg genannt. Schon seit 1935 gab es solche Hilfsstellen der Bekennenden Kirche für verfolgte Juden, obwohl sich die Kirchenleitung der Bekennenden Kirche nach dem Inkrafttreten der Nürnberger Rassegesetze (15.09.1935) nicht zu einem eindeutigen Verhalten gegenüber den Juden durchringen konnte. Erst durch die Bildung der „Zweiten Vorläufigen Kirchenleitung" der DEK am 12. März 1936 kam es zum Auftrag der Erarbeitung einer Stellungnahme zum Verhältnis Christen und Juden. Dem Ausschuss gehörte auch der Pfarrer an der Heidelberger Heilig-Geist-Kirche Herman Maas an. Er arbeitete hier in völlig eigener Verantwortung als Mitglied der Bekennenden Kirche, aber ohne Anbindung an den Landesbruderrat oder gar die badische Kirchenleitung. Zu beiden Instanzen stand er eher in kritischer Distanz. (Vgl. seine Auseinandersetzung mit dem Vorsitzenden des Badischen Landesbruderrat Pfarrer Karl Dürr um die Mitgliedschaft des vom Judentum konvertierten Pfarrers Dr. Ernst Lehmann in der Bekennenden Kirche in Bd. II, S. 339, 346 und. 350, und die Kontroverse um seine Predigt in Heidelberg nach seiner Rückkehr von einer Israel-Reise im Juni 1933 in Bd. I, S. 582f.)

In zwei Ausarbeitungen nahm er 1937 Stellung: in einer Thesenreihe „Das Volk und die Völker" und in einer Erwiderung zu dem Memorandum von Lic. Franz Hildebrandt, einem jungen Berliner Pfarrer jüdischer Herkunft und damaligen engen Freund Dietrich Bonhoeffers. Er entwickelte anhand einer eindringlichen Interpretation von Röm 9–11 in Abgrenzung und in Kontroverse zu Hildebrandt sein Verständnis der heilsgeschichtlichen Rolle Israels und des Zionismus als Zeichen für die Wiederauferstehung des Volkes. Von der gemeinsamen Wurzel ausgehend, sah er eine eschatologische Einheit zwischen Kirche und Israel, der die Verheißung des Bundes gilt. So sah er auch in dem Angriff auf das Judentum letztlich den Glauben der Kirche angegriffen und bestimmte von daher auch die Aufgabe der Kirche, „ein schützender Zaun um das ganze leibliche Israel" zu sein. Im Vergleich dazu fällt in dem vom „Freiburger Kreis" durch Constantin von Dietze Ende 1942 / Anfang 1943 ausgearbeiteten Text „Vorschläge für eine Lösung der Judenfrage in Deutschland" (= Anhang 5 zur von Bonhoeffer angeregten „Freiburger Denkschrift"; Druck: H. Thielicke (Hrsg.), In der Stunde Null, Tübingen 1979, S. 146 – 151) die unveränderte Distanz und Abwehrhaltung zum Judentum auf, die die Rassenunterschiede als Schöpfungsordnung ansieht und Menschenrechte und Religionsfreiheit nur sehr bedingt auf die Juden anzuwenden bereit ist. Davon hebt sich die die gemeinsame Wurzel und das gemeinsame eschatologische Ziel betonende theologische Argumentation von Hermann Maas deutlich ab.

Maas blieb mit seiner Position isoliert. Er hat sie auch nach dem Krieg unverändert vertreten, was zu einer gewissen Distanz der Kirchenleitung zu Maas in Sachen Israel und Judentum bis hin zu einem Vorfall bei seiner Beerdigung 1970 führte, bei der damalige Landesrabbiner Nathan Peter Levinson Maas für das Judentum reklamierte, was umgekehrt eine Klarstellung durch den damaligen Landesbischof Prof. Dr. Hans-Wolfgang Heidland zur Folge hatte.

Die Berliner Zentrale, die von Pfarrer Heinrich Grüber geleitet wurde, war die bekannteste dieser Hilfsstellen – ein winziger, wenn auch sehr eingegrenzter, Lichtblick in der dunklen Geschichte des Verhältnisses der christlichen Kirchen zum Judentum. Die Entstehung dieser Hilfsorganisation ging sehr wesentlich auf Hermann Maas zurück. Durch seine Mitarbeit im Weltbund für Friedens- und Freundschaftsarbeit der Kirchen seit 1914 war er intensiv in dessen Minderheitenarbeit engagiert. Als der Sekretär des Weltbundes, Pfarrer Friedrich Siegmund-Schultze, im Juni 1933 nach Gestapo-Haft wegen Hilfe für Juden in 93 Fällen ausgewiesen wurde und Hals über Kopf in die Schweiz fliehen musste, wurde Hermann Maas sein wichtigster Verbindungsmann nach Deutschland. Von der Schweiz aus versuchte Siegmund-Schultze in Kooperation mit dem entstehenden Weltkirchenrat ein Hilfswerk für die in Deutschland bedrohten Juden aufzubauen. Am 1. Januar 1936 wurde eine Geschäftsstelle in Genf eingerichtet, die aber schon am 31. Januar desselben Jahres nach London (Bloomsbury-House) verlegt werden musste. Sie stand unter der Obhut vor allem des Bischofs von Chichester, George Bell, mit dem Maas zeitlebens verbunden war. Mitarbeiter zunächst in London, dann in Genf war der aus Weinheim stammende frühere Diplomat Adolf Freudenberg, dessen Ehe Maas 1920 getraut hatte. Bis zum Ausbruch des Krieges konnte Hermann Maas etwa vierteljährlich nach London reisen und auf diese Weise über internationale kirchliche Kontakte Voraussetzungen für die Flucht und Emigration jüdischer Bürger nicht nur christlicher Herkunft schaffen. So stellte Maas im Dezember 1938 eine Liste der „nichtarischen" Pfarrer in Deutschland zusammen, sodass in London Visa für eine Emigration ausgestellt werden konnten. In Deutschland versuchte Maas die Leitung der Bekennenden Kirche davon zu überzeugen, dass ein offizielles Hilfsbüro für die verfolgten Juden eingerichtet werden müsste. Als es endlich dazu kam, lehnte er die Übernahme der Leitung ab, da er der Meinung war, dass dieses Büro in Berlin angesiedelt sein müsse und er seine Heidelberger Gemeinde nicht verlassen sollte, da sie für ihn die Basis für sein Handeln zugunsten der jüdischen Mitbürgerinnen und Mitbürger war.

Aber selbst ihm war es nicht möglich, die erste Leiterin des von ihm 1927 in Heidelberg gegründeten Evangelischen Jugend- und Wohlfahrtsdienstes, Dr. Annemarie Fränkel (Tochter des Heidelberger jüdischen Arztes Dr. Albert Fränkel,) vor der Entlassung aus dem kirchlichen Dienst schon am 1. Oktober 1933 zu bewahren. Wie ihr verhalf er unzähligen Menschen zu Verstecken, Ausreise, Befreiung aus dem Lager Gurs usw. Dabei konnte er auf einen erheblichen Kreis von Unterstützerinnen und Unterstützern bauen, die ihm zur Seite standen und zu den „ungenannten Helden" zählen.

Für Maas selbst wurde sein Engagement für jüdische Mitbürger zur Bedrohung seiner Tätigkeit als Pfarrer. Im März 1942 wurde ihm die Erlaubnis zur Erteilung von Religionsunterricht entzogen. Im Juli verwarnte ihn der Evangelische Oberkirchenrat wegen seiner judenfreundlichen Haltung. Am 1. Juli 1943 wurde er auf staatlichen Druck hin mit 66 Jahren zwangsweise in den Ruhestand versetzt. Gegen Ende des Krieges wurde er im Frühjahr 1945 zusammen mit anderen Heidelberger Pfarrern zu Schanzarbeiten im Elsass zwangsverpflichtet.

Durch die hier vorgelegten Dokumente kann der Eindruck entstehen, dass sich Maas in erster Linie um das Schicksal von Judenchristen bemüht habe. Dies war von der Sache her aber völlig anders, und hierin ist das Besondere an der Tätigkeit von Maas innerhalb derGesamtheit der Bekennenden Kirche zu sehen: Es ging ihm immer darum, „dass die Kirche ein schützender Zaun um das ganze Israel zu sein habe" (vgl. seine Thesenreihe „Das Volk und die Völker") und dass in dem, was Israel widerfuhr, auch die Kirche mitbetroffen sei. Und so finden wir ihn ständig bei Besuchen im

Mannheimer Krankenhaus und im Altersheim der jüdischen Gemeinde, mit der er seit Schülertagen verbunden war. Neben Dietrich Bonhoeffer ist Maas wohl der Einzige in der BK gewesen, der das so entschieden betont hat. Dass er gegenüber den Anschuldigungen von Regierungsseite, Geheimer Staatspolizei und staatlicher Finanzabteilung beim EOK dies alles leugnete, ist eine tragische Seite seiner Person, aber aus der lebensbedrohten Lage heraus verständlich. Die Finanzabteilung hat das, wie aus den abgedruckten Dokumenten deutlich hervorgeht, völlig durchschaut. Und nur durch den Schutz, den Maas bei vielen und so auch bei Oberkirchenrat Friedrich erhielt, konnte er der Schlinge der Häscher entgehen. Er wollte nicht Märtyrer werden. Das war ihm besonders im Vergleich zum Verhalten seiner jüdischen Freunde in Mannheim bewusst, von denen einer trotz sog. privilegierter Mischehe freiwillig die Mitglieder der Mannheimer jüdischen Gemeinde nach Gurs begleitet hatte.

Literatur:
Leben für Versöhnung. Hermann Maas, Wegbereiter des christlich-jüdischen Dialogs, hrsg. von W. Keller u.a., bearb. von Matthias Riemenschneider. (2., neubearb. und erw. Aufl.) Karlsruhe 1997 (Edition Zeitzeugen)
Hartmut Ludwig, Die Opfer unter dem Rad verbinden. Vor- und Entstehungsgeschichte, Arbeit und Mitarbeiter des „Büro Pfarrer Grüber", Diss.., Ms., Berlin (Ost) 1988
Eckhart Marggraf, „Die Kirche muss ein schützender Zaun sein um das ganze leibliche Israel" – Der Einsatz von Hermann Maas für bedrängte Juden. In: Diakonie im „Dritten Reich", hrsg. von Th. Strohm und J. Thierfelder, Heidelberg 1990 (Veröffentlichungen des Diakoniewiss. Instituts an der Universität Heidelberg 3), S. 305–318
Eberhard Röhm / Jörg Thierfelder, Juden, Christen, Deutsche 1933–1945. Bd. 2: 1935–1938 Entrechtet, Teil I, Stuttgart 1992 (calwer taschenbibliothek 9), S. 127–135. 289–292. 414–418
Cornelia Weber, Der Freiburger Kreis und die Juden. In: E. Marggraf, J. Thierfelder, U. Wennemuth (Hgg.): Unterdrückung – Anpassung – Bekenntnis. Die evang. Kirche in Baden im Zweiten Weltkrieg und in der Nachkriegszeit, Karlsruhe in Vorber. – Vgl. auch in dem in Vorbereitung befindlichen Band V dieser Quellensammlung das vorletzte Kapitel.

2032   Vertrauensstellen des Büros Pfarrer Grüber, 1939

EZA, EOK Gen. XII/446 II, Anlage zu einem Schreiben Grübers an den EOK Berlin; vgl. Eberhard Röhm / Jörg Thierfelder, Evang. Kirche zwischen Kreuz und Hakenkreuz. Bilder u. Texte einer Ausstellung, Stuttgart 1981; 4. Aufl. 1990, S. 131f.

„Vertrauensstellen des Büros Pfarrer Grüber.
Kirchliche Hilfsstellen für evangelische Nichtarier
Stand vom 17. Mai 1939

Berlin (Brandenburg)	Büro Pfarrer Grüber, C.2, An d. Stechbahn 3/4 Vertreter: Heinitz, Pfr. Sylten
Braunschweig	Pfarrer Herdickerhoff, Landesverband für Innere Mission, Peter-Josef-Krahestr. 11

Bremen	Pfarrer Bodo Heyne, General Ludendorffstr. 38
Breslau (Schlesien)	Frau Vikarin Staritz, Wagnerstr. 7
Chemnitz (Sachsen)	D. Mensing, Agricolastr. 5
Dresden (Sachsen)	Dr. v. Loeben, Rugestr. 1
Frankfurt a/M. (Hessen)	Pfr. Schumacher, Hans Handwerkstr. 16
Hamburg	Frau Dr. Feldner, Kl. Theaterstr. 11
	Pfarrer Kohlschmidt, A.d.Christuskirche
Heidelberg (Baden)	Pfarrer Maas, Kirchstr. 17
Kassel (Hessen-Kassel)	Lic. Karig, Humboldtstr. 28 1/2
	Frau Gertrud Reese, Kaiserstr. 70
Kiel	Pfarrer Chalybaeus
Köln	Pfarrer Encke, Am Botanischen Garten 72
	Mitarbeiter: Missionar Weisenstein, Moltkestr. 80
Königsberg (Ostpeußen)	Pfarrer Boersch, Luisenallee 24
Leipzig (Sachsen)	Pfarrer Böhme, Dittrichring 12
Mülheim (Rheinland)	Pfarrer Biermann, M.-Styrum, Albertstr. 1
München (Bayern)	Pfarrer Zwanz[i]ger, Verein f. Innere Mission, Mathildenstr. 6
Münster (Westfalen)	Pfarrer Möller, Erphostr. 60
Nürnberg (Franken)	Pfarrer Hans Jordan, Landesverein für Innere Mission, Untere Pirkheimerstr. 6
Schwerin (Mecklbg.)	Probst [sic] i.R. Wiegand, Voßstr. 34
Stettin (Pommern)	Pfarrer Walter Franke, Brinkmannweg 54
Stuttgart (Württemberg)	Pfarrer S. Fischer, Obere Bachstr. 39
	Mitarbeiter: Dr. Goldmann"

2033 Der Weltbund für internationale Freundschaftsarbeit der Kirchen zum Schicksal der christlichen Nichtarier, 1935

Bericht von Hermann Maas über die Tagung des Internationalen Rates des Weltbundes für internationale Freundschaftsarbeit der Kirchen vom 12.–18. August 1935 in Chamby sur Montreux / Schweiz; in: Ökumenisches Jahrbuch 1934–1935, hrsg. von F. Siegmund-Schultze, Zürich u. Leipzig 1936, S. 219–240, hier S. 234–236

„Eine besondere Frage ward uns noch gestellt durch das Schicksal der christlichen Nichtarier. Auch hier wurde durch Kundige in wirklich sachlichen Referaten eine schwere äußere und seelische Not aufgedeckt, und wurden ernste Probleme, die natürlich zuerst die Kirche der Länder, die es angeht, im Einvernehmen mit ihren Regierungen anfassen müssen, die aber auch die ganze ökumenische Kirche in Anspruch nehmen, aufgezeigt. Es sind Aufgaben, die gar nicht schnell und energisch genug in Angriff genommen werden können. Vielleicht ist es das Beste, wir geben auch hier einfach die Beschlüsse, die gefaßt wurden, wieder:

‚Der Weltbund für internationale Freundschaftsarbeit der Kirchen ist auf Grund der ihm vorgelegten Berichte zu der Auffassung gekommen, daß angesichts der dringenden Nöte, die sich neuerdings aus rassepolitischen, nationalpolitischen und religionspolitischen Gründen ergeben haben, auch von seiten der Kirchen energische Schritte getan werden müssen, um die Verpflichtungen der Christenheit zu erfüllen.

Der Weltbund hört den besonderen Ruf, der heute an die christlichen Kirchen ergeht zugunsten der Glieder der christlichen Kirchen, die als christliche Nichtarier schwere Leiden durchzumachen haben, insbesondere für die jungen Menschen, die ein Leben ohne Hoffnung und Heimat vor sich sehen. Der Weltbund ruft die Kirchen auf, diesen christlichen Brüdern, für die bisher geeignete Hilfseinrichtungen noch nicht geschaffen sind, nach Kräften mit seelischer und äußerer Hilfe beizustehen und alles zu tun, daß dieselben in den christlichen Kirchen überall einen festen Rückhalt finden.

Der Weltbund ruft außerdem die ökumenischen Organisationen dazu auf, dafür Sorge zu tragen, daß eine Zentralstelle gebildet werde, die in wirksamer Weise für das allgemeine Wohl und für die Beseitigung der Einzelnöte der Auswanderer sorgt. Die Arbeit soll in Verbindung mit den zuständigen kirchlichen und staatlichen Stellen erfolgen und folgende Aufgaben umfassen:
a) die Unterbringung in fremden Ländern,
b) die Stellenvermittlung, Umschulung und berufliche Umschichtung,
c) die Unterbringung von Kindern in Privatfamilien, Schulen und Erziehungsheimen,
d) die Siedlungsmöglichkeiten für Einzelne und für Gruppen,
e) die Mittelbeschaffung für die Hilfsarbeit an den Auswandernden.'

Weiter wurde beschlossen:

‚Im Hinblick auf die erschütternde Lage der Auswanderer und Staatenlosen in Europa, im Blick auf die Politik der Ausweisungen, die von der Mehrzahl der europäischen Staaten verfolgt wird, auf die Unzulänglichkeit der Maßnahmen, den Auswanderern gültige Ausweispapiere sowie Aufenthalts- und Arbeitsbewilligungen zu verschaffen, und in der Erkenntnis der Tatsache, daß die Wendung zum Besseren nicht auf dem Wege der einzelstaatlichen Gesetzgebung, sondern nur auf Grundlage internationaler Abmachungen erreicht werden kann, begrüßt der Weltbund aufs wärmste die Initiative der norwegischen Regierung, die im Geiste Fritjof Nansens den Antrag an den Völkerbund gestellt hat, die Lage der Auswanderer auf die Tagesordnung der nächsten Vollversammlung des Völkerbundes zu setzen, und gibt der Hoffnung Ausdruck, daß es auf diesem Wege möglich sein wird, Auswanderern und Staatenlosen ein Mindestmaß von Individualrechten zu sichern und durch Begründung einer zentralen Organisation für Auswanderer im Rahmen des Völkerbundes die Grundlagen für eine Liquidierung des Problems zu schaffen.

Um dieser Resolution Geltung zu verschaffen, beschließt der Weltbund des weiteren

a) den Text dieser Resolution der Norwegischen Regierung, dem Generalsekretär des Völkerbundes sowie sämtlichen Mitgliedsstaaten des Völkerbundes zur Kenntnis zu bringen;

b) die dem Weltbund in den einzelnen Ländern angeschlossenen Kirchen und Organisationen zu bitten, vor Beginn der nächsten Völkerbundsversammlung bei ihren Regierungen im Sinne der Resolution vorstellig zu werden, um die Unterstützung dieser Regierungen für die norwegische Initiative zu gewinnen.'"

2034 „Die Lage der nichtarischen Christen in Deutschland bzw. im Exil", 1935

Bericht von Friedrich Siegmund-Schultze über die Minoritätenarbeit des Weltbundes für internationale Freundschaftsarbeit der Kirchen, in: Ökumenisches Jahrbuch 1934–1935, hrsg. von F. Siegmund-Schultze, Zürich u. Leipzig 1936, S. 259f.

„Als zweiter Verhandlungsgegenstand wurde die *Lage der nichtarischen Christen in Deutschland, bzw. im Exil*, behandelt. Stadtpfarrer Maas sprach zu Beginn seines Berichtes den Wunsch aus, daß die Frage nicht von politischen, sondern von rein religiösen Gesichtspunkten betrachtet werde. Während, äußerlich betrachtet, die christlichen Nichtarier ebenso gestellt seien wie die israelitischen, sei die innere Lage der christlichen Nichtarier viel schwerer, da sie weder in das jüdische Milieu zurückkehren könnten, noch an der geistlichen Erweckung des Zionismus Anteil hätten, auch nicht organisiert seien und keine internationale Hilfe hätten; besonders schwer sei die Hoffnungslosigkeit der Jugend. Der ökumenischen Bewegung seien drei Aufgaben gestellt: 1. die Schaffung von Auslandsschulen, in denen auf moderne Sprachen, Landwirtschaft und Handarbeit besonderer Wert zu legen sei; 2. die Ermöglichung einer kollektiven Auswanderung, wozu erhebliche Mittel nötig seien; 3. die Stärkung der judenchristlichen Gemeinschaft und ihrer Wege durch die Kirchen.

Dr. Kotschnig unterstützte die Auffassung, daß die Kirchen etwas tun müßten, zumal die Möglichkeiten des Hohen Kommissars des Völkerbundes sehr beschränkt seien. Er bezifferte die Zahl der nichtarischen Christen unter den Emigranten auf 10.000 bis 12.000. Die christlichen Kreise aber hätten, im Gegensatz zu den jüdischen und anderen Kreisen, noch nichts für die Emigranten getan. Es handle sich nicht nur um finanzielle Unterstützung, sondern z. B. auch um die Verbesserung der rechtlichen Lage der Flüchtlinge, die immer bedrohlicher werde, weil kein Land sie aufnehmen wolle. Er schlug den Kirchen vor: 1. nationale Aktionen in jedem Lande zur Besserung der Lage der Emigranten; 2. eine internationale Aktion zur Ordnung der Aufenthaltsbewilligung und der Papiere; 3. eine Sammlung der Kirchen für die nichtarischen Christen, und 4. eine endgültige Ordnung der Verhältnisse der Ausgewanderten.

An der Diskussion beteiligten sich außer dem Vorsitzenden die Herren Professor Alivisatos, Pastor Toureille, Dr. Drummond und Pastor Henriod. Professor Siegmund-Schultze berichtete dann über die Versuche, des Weltbundes bzw. der Kirchen, eine Fürsorge für die durch. die gegenwärtigen Verhältnisse in Not geratenen Deutschen einzurichten. Der Ökumenische Rat hat 1933 in Novi Sad seine Sympathie für diese Bestrebungen ausgesprochen. An praktischen Beispielen wurde gezeigt, um welche Aufgaben es sich bei einer Neuaufnahme der Arbeit durch die Kirchen handeln würde: 1. Regelung der Pässe, Aufenthaltsbewilligungen usw.; 2. Stellenvermittlung und Umschulung; 3. Einrichtung von Schulen und Internaten in den Nachbarländern Deutschlands; 4. vorsichtige Versuche einer gemeinsamen Siedlung in geeigneten Gebieten; 5. Sammlung der notwendigen Mittel.

Nach eingehender Besprechung dieser Vorschläge wurden dieselben gebilligt und entsprechende Schritte bei den Landesvereinigungen des Weltbundes, durch diese bei den Regierungen, bei dem Völkerbund und bei der norwegischen Regierung (zur Unterstützung der Vorschläge beim Völkerbund) in Aussicht genommen. Die Herren Dr. Atkinson, Dr. Kotschnig, Pfarrer Maas und Professor Siegmund-Schultze wurden beauftragt, eine Redaktion dieser Wünsche auszuarbeiten."

2035 Hermann Maas: „Das Volk und die Völker", Thesen, 1936
Manuskript für den „Ausschuss zum Studium der Judenfrage" im Auftrag der 2. VKL der BK , 13. November 1936; EZA 50/110, 378193–378203

„1. Gott hat sein Volk herausgerufen aus allen Völkern, daß es ihm sei sein ‚Eigentum vor allen Völkern, ein priesterliches Königreich, ein heiliges Volk'. (2. Mose 19, 5 und 6; 5. Mose 6–8)

Darum ist Israel ein einzigartiges Volk, und seine Geschichte spottet aller Versuche, dieselbe nach den Gesetzen des gewöhnlichen Geschehens zu erklären. Israel hat eine Berufung und Erwählung unter den Völkern wie nie ein anderes vor ihm oder nach ihm. Wohl haben andere Völker nach Gott gefragt oder gesucht, und Gott hat sich ihnen nicht unbezeugt gelassen. (Apg. 14, 17)

Aber nur in Israel und durch Israel hat sich der Ewige und Wahrhaftige als solcher geoffenbart. Hohe Worte menschlicher Weisheit sind auf uns gekommen aus vielen Völkern, aber ‚das Heil kommt allein von den Juden'. (Joh. 4, 22) ‚Ihnen ist vertrauet, was Gott geredet.' (Römer 3, 2)

Dies gibt der Judenfrage eine Bedeutung und Tragweite, wie sie keiner anderen eigen ist noch sein kann. Wer diese ursprüngliche und fundamentale Schranke zwischen Israel und den Völkern übersieht, bereitet den Boden für ein Reform- oder Assimilationsjudentum.

Darum ist Israel abgesondert, und nur darum. Nicht, weil es das furchtbarste und entsetzlichste Volk ist, sondern weil es das Volk der Wahl ist und Gott am Anfang seiner Geschichte steht. Das Volk des Bundes, den Gott mit Israel geschlossen hat.

Dies ist bezeugt in der Schrift von der Berufung des Abraham bis zur Offenbarung des Johannes, und diese Tatsache verbindet das alte und das neue Testament so unlösbar. Darum hat auch das Volk Gottes im Neuen Testament einen besonderen Namen, es ist ‚Laos' im Unterschied zu ‚Ethnos'.

2. Darum hat Gott das jüdische Volk zum ‚Fremdling' gemacht für alle Völker, weil es ihm zu eigen ist. Und wer dem Hern heilig ist und ihm angehört, von dem distanziert sich die Welt. Sie können nur Fremdlinge und Beisassen sein unter den Völkern, unheimlich für die anderen. So weit das Wort vom ‚Knecht Gottes' vom Volk gemeint ist, gilt ihm auch, was vom Knecht Gottes gilt: ‚Der Allerverachtetste und Unwerteste, voller Schmerzen und Krankheit. Er war so verachtet, daß man das Angesicht vor ihm verbarg; darum haben wir ihn nichts geachtet.' (Jesaja 53, 3)

5. Mose 28, 37: Und wirst ein Scheusal und ein Sprichwort und Spott sein unter allen Völkern, da dich der Herr hingetrieben hat.

3. Und doch hat Gott dies Volk zu seinem Volk gemacht, daß es ein Segen sei für *alle Völker*, ‚ein Licht zu erleuchten die Heiden'. Er hat Israel nicht zum Privatgenuß seinen Bund geschenkt, sondern für alle Geschlechter der Erde. Durch Israel sollen die Völker reich werden, denn Gott der Vater ist auch der Schöpfer der anderen. ‚Ihm gehört die ganze Erde', er ist kein Nationalgott der Juden. Die Berufung hat *universale* Bedeutung.

Das macht diese Berufung erst recht zu einem der höchsten und gewaltigsten Probleme, denn es geht um das *Heil der Welt*, und es ist kein

Zufall, daß die Bibel vom Anfang bis zum Ende davon erfüllt ist (vom Worte des ewigen Bundes Gottes mit seinem Volk). Jes. 43, 21: ‚Dies Volk habe ich mir gebildet, daß es meinen Ruhm verkünde.' Aber freilich nur ein erlöstes und gesegnetes Israel kann als Erstgeborner unter den Völkern die Völker segnen. (Psalm 76,2 und 3; 102, 14–23; Jes. 2, 2–4; 11, 1–10, etc. etc.) (Erst Paulus weiß auch vom Heil der Völker aus Israels *Fall*. Römer 11, 11)

4. Gott hat das getan ohne alle Verdienste und Würdigkeit des Volkes, allein aus seiner unergründlichen Gnade und Barmherzigkeit heraus. (2. Mose 33, 19) ‚Wem ich gnädig bin, dem bin ich gnädig, und wessen ich mich erbarme, dessen erbarme ich mich.' Darum darf sich Israel nie rühmen vor den Völkern, sondern wenn es sich rühmen will, darf es allein sich des Herrn rühmen und ihn anbeten. Dieser Bund ist einzig und allein Gottes unbegreifliche Gnadentat. 5. Mose 7, 7: ‚Nicht hat euch der Herr angenommen und erwählet darum, daß euer mehr wäre denn alle Völker – sondern darum, daß er euch geliebt hat.' Gott wählt gerade das Niedrige und Geringe – ‚nicht Edelsteine, sondern Kieselsteine'.

5. In dieser Gnadentat liegt aber Gottes heilige Forderung: ‚Ihr *sollt* mein Volk sein, mir gehorchen und treu sein.' Dies aber ist es, was Israel immer wieder vergessen hat. Seine Schuld ist seine Untreue. Es hat seinen Beruf, das Gottesvolk unter den Vökern zu sein, wohl erkannt und nach seiner Art zu erfüllen getrachtet, ist aber dabei eigene Wege gegangen. Warum? Weil es glaubte, das Gesetz der Gerechtigkeit bestünde in der Gesetzesgerechtigkeit. Ein Wahn, der es heute noch im Bann hält, weil es vergaß, daß es nicht um seiner eigenen Frömmigkeit willen, sondern allein aus freier rettender Hand erlöst ward. Nur der Glaube allein kann Israel zu dem Israel Gottes machen. Das Volk, das sich des Gesetzes rühmt, glaubt nicht. Und darum ist es immer wieder von Gott gewarnt und bestraft, und darum ist schon das Alte Testament voll vom Zorn Gottes über sein Volk, das er mehr strafen muß, als alle die anderen Völker, weil es *sein* Volk ist. Ja, Gott übergibt in seinem Zorn sein Volk in die Hand der Völker, um es zu züchtigen. ‚Gott entweiht selbst sein Erbteil', wenn er es in die Hände Babels gibt.

6. Aber schon hier offenbart sich, daß *Gottes Zorn* für ihn ein ‚fremdes' Werk ist, und daß sein *eigentliches* Tun die Gnade ist, und daß er darum dies sein Volk noch erhält, trotz allem Abfall, weil er an seinem Bund festhält. Ohne dies wäre schon in der Wüste der Bund für immer zerrissen worden.

Gott läßt sich seinen Heilsplan nicht zerstören. Der Bund ist vom Volke gebrochen und doch gehalten durch Gottes unergründliche Erklärung: 2. Mose 34, 10: ‚Siehe, ich will einen Bund mit dir machen vor all deinem Volke und will Wunder tun, dergleichen nicht geschehen sind in allen Ländern und unter allen Völkern, und alles Volk, darunter du bist, soll sehen des Herren Werk, das wunderbarlich soll sein, das ich bei dir tun werde', sagt der Herr nach dem Fall und der Untreue. So hält der Herr noch im Zorn sein Volk vor den Völkern.

7. So hat sein Volk gehalten bis zu der Stunde, da er in ihm seinen Sohn Fleisch werden ließ und so die Verheißung vom ‚Gottesknecht' erfüllt hat. In ihm ist der Bund erschienen, nicht als Verfassung oder Organisation oder Kultus, sondern im menschlich persönlichen Leben. In seinem stellvertretenden Leiden will Gott das Bundesvolk endlich zu unlöslicher Gemeinschaft mit ihm zusammenschliessen und mit ihm versöhnen, die Fernen und Abgesonderten überwinden und wandeln. Christus stellt sich ganz in die Gemeinschaft seines Volkes, damit es dereinst das Heil der Völker werden solle. In ihm offenbart sich Gottes Zorn über all sein ungöttliches Wesen, aber auch noch mehr Gottes Gnade für Israel und die Völker.

In Christus vollenden sich die Gnadengaben Gottes an sein Volk für die Völker. (Römer 9, 4 und 5)

8. Aber Israel hat den Gekreuzigten verworfen und hat sich abgewandt in Ungehorsam und eigenwilliger Frömmigkeit. Es hat seine Größe und seinen Ruhm nicht Gott, sondern sich selbst verdanken wollen. Israel hat sein wollen wie Gott. Das auserwählte Volk sagt von dem Gekreuzigten: ‚Sein Blut komme über uns und unsere Kinder' und hat für den Sohn Gottes, der sich verhüllt und sein Volk auf dem Weg der Armut und Demut zu seiner göttlichen Berufung führen will, das Kreuz. So ist seine Schuld am Heiland grösser als die von Sodom und Gomorrha, grösser als die Schuld der Völker je war und je sein kann.

9. Ueber solchem Volk muß Gottes Gericht furchtbar sein. Es ruht ja nicht, bis Gott seinen Trotz und seine Eigenwilligkeit, seinen Staat und seinen Tempel zerschlägt und es in die Fremde und Knechtschaft verstößt. Es wird unter alle Heidenvölker geschüttelt, wie Getreide in einem Sieb geschüttelt wird.

Das Israel nach dem Fleisch, das über alle Maße von Gott mit Gnaden überschüttet ward, wich dem Kreuz aus und ward sich selbst zur Frage, zur quälenden Not der Völker, erstarrt in totem Buchstaben oder verweltlicht in unseliger Hast, schnell zu erfassen, was ihm lange versagt war, seine Erwählung verschleudernd, bettelarm und hemmungslos, ein Ahasver oder ein Rebell Gottes. Gott kann wider sein Volk sein, wenn es vor ihm versagt. Hier droht die erschreckende Möglichkeit, daß Gott seinen Bund auflöst mit Israel und ihm mit einem anderen Volke oder mit allen Völkern schließt, denn Gott will ja von Anbeginn an, daß sein Heil allen Völkern zuteil werde. Seine Heilsgedanken mit der Völkerwelt dürfen dennoch nicht vereitelt werden. Es geht, wenn es sein muß, unmittelbar an Fremde und Ferne, an die, die nicht den mindesten Rechtsanspruch auf grund irgendwelcher Verheißungen haben.

10. So bricht der Herr aus dem edlen Oelbaum Israel die (ungehorsamen) Zweige und setzt *wider alle Natur* wilde Zweige anstelle der ausgebrochenen ein. Er ruft ‚ein ‚Israel nach dem Geiste' und vereinigt sie [sic] mit den Gläubigen aus dem Israel nach dem Fleische. Nun fällt auf beide, das ‚Israel nach dem Geiste' und die Gläubigen aus dem Israel nach dem Fleische die Gnade (vornehmlich die Juden und auch die Griechen). Im Leibe Christi sind Christen aus Israel und die aus den Völkern eins, daß sie in der Gemeinde trotz der Verschiedenheit ihres Wesens durch nichts geschieden sind. (Gal. 3, 28) Die Gemeinde des neuen Bundes ist grundsätzlich zugleich heidenchristlich und judenchristlich. Römer 11, 17 und 25 stehen die entscheidenden Worte: ‚einige' und ‚zum Teil', die allen Gedanken an die allgemeine Verstockung Israels wehren. Hätte man das nicht vergessen, so wäre mehr geschehen, ‚Israel zur Eifersucht zu reizen'. (Römer 11, 14)

11. Darum hat jeder aus den Völkern zu Christus Gekommene und ein Glied an seinem Leib Gewordene und hat die Gemeinde Christi, der Leib Christi, eine ungeheure Aufgabe gegenüber den Gliedern aus dem Volk Gottes. Die erste ist die, der Glieder der Gemeinde, die zu dem Israel nach dem Fleische gehören, sich in besonderer Liebe anzunehmen, als der Kinder aus Gottes Volk, der Brüder und Schwestern des Heilandes nach dem Fleisch, der Erben der Verheißung. Jede Trennung von ihnen oder gar Verachtung ihrer ist Sünde und Abfall. Sie sind ein ‚Ueberrest nach der Wahl der Gnade' (Römer 11, 5), ein Israel Gottes (Gal. 6, 16), heiliger Same und göttliche Garantie für den dauernden Bestand des jüdischen Volkes. Nicht ‚gewesene Juden', sondern von Gott dazu gesetzte Träger und Bewahrer biblischer Hoffnung.

12. Aber was ist mit dem Israel, das sich nicht zur Gnade findet? Paulus geht noch weiter: Ihm ist Schuld und Verwerfung, Verstoßung und Zerstreuung Israels ein Glied in dem geheimnisvollen Plan Gottes, *die Völker* zu retten. Israel *muß* schuldig werden und leiden, damit das Heil hinausdringe in alle Welt. Das ist ein Stück des Geheimnisses der Vorherbestimmung Gottes, der Erwählung und Verstoßung, das wir nie begreifen, sondern nur im Glauben annehmen können (Römer 11, 33–36). Aus Israels *Fall* folgt der Völker Heil (Römer 11, 11). Das ist eine *zeitweise* Außerkraftsetzung des anderen biblischen Gedankens: Durch Israels *Bekehrung* der Völker Heil. Aber nur eine zeitweise.

13. Aber hat Gott darum sein Volk endgültig verstoßen? Römer 11, 1: ‚Das sei ferne.' Gott zürnt wohl, aber Zorn ist nicht der Letzte. Er ist ein-

geklammert durch den Willen des treuen Gottes, der seinen Bund geschlossen hat mit Israel. Sein Wille mit Israel ist nicht zweifelhaft. Nicht vom unheimlichen, ewig zürnenden Gott geht die Gottes-Erkenntnis aus, sondern von dem Glauben an die *Erwählung*. Das Eins-sein des richtenden Zorns mit der schöpferischen Gnade ist das Geheimnis Gottes, das wir anerkennen müssen.

Alle anderen gerichtsreifen Völker sind untergegangen, das gerichtsreife Volk Israel kann nicht untergehen. Es muß weiter leben unter tausend Sünden und Schmerzen als ein Fluch für die Welt, als ein böses Fieber im Blut der Menschheit, weil Gott seine Erwählung doch endlich wahr haben will. Das ist das große Geheimnis, das die Propheten schon geahnt haben. (Jesaja 54, 7, 8 und 10) ‚In meinem überwallenden Zorn habe ich mein Antlitz einen Augenblick verhüllt, aber mit ewiger Huld will ich mich deiner erbarmen, spricht der Her, dein Erlöser.'

Das ist es, was Paulus in erschütternder Weise in seinem eigenen Schicksal sieht. Er ist nicht ein gewöhnlicher Jude, der zu Christus findet, sondern er ist der *Erstling* des geretteten *Volkes* Israel. Das ist der tiefe Sinn des Wortes Römer 11, 1: ‚Denn ich bin auch ein Israeliter aus dem Stamme Abrahams', verbunden mit 1. Tim. 1, 16: ‚Aber darum ist mir Barmherzigkeit widerfahren, auf daß an mir, dem Ersten, Jesus Christus die ganze Langmut erzeige zum Vorbild (hypotyposis) für die, die an ihn glauben sollten zum ewigen Leben.' Und darum, weil er sein Damskus gefunden hat, wird auch Israel sein Damaskus finden. Er hat gewütet wie Israel und seine Bekehrung ist unfaßlich ohne den großen Erwählungsgedanken, an dem nichts geändert wird. Israel ist tief gefallen, aber Gott kann sein Volk nicht aufgeben.

Römer 11, 2: ‚Gott hat sein Volk nicht verstoßen, welches er zuvor ausersehen hat.' In seiner Bekehrung ist Gott gewissermassen das Modell gegeben, ‚hypotyposis' für die dereinstige Bekehrung des Volkes seiner Wahl. Er sieht in seinem Leben den Abglanz des geheimnisvollen Erlösungsplanes Gottes mit Israel, dem verblendeten und fanatischen Volke, wie er es war, das Gott trotz allem nicht verstößt. Israel ist auch heute noch als Volk im göttlichen Heilsrate aufbewahrt. Gottes Gnadengaben und Berufung sind unberechenbar. (Römer 11, 29)

14. Um dieser beiden Geheimnisse willen hat die Gemeinde als der Leib Christi sich des Volkes Gottes, das Christus noch nicht kennt, in heiliger Liebe anzunehmen.

Das heißt aber erstens, sich abkehren von allem *Hochmut* gegenüber dem auserwählten Volke Gottes, denn die wilden Zweige sollen sich nicht über die ausgerissenen Zweige erheben. Auch wir sind nicht um unserer Herrlichkeit und Verdienste willen aufgenommen, sondern allein aus unergründlicher Gnade Gottes. (Römer 11, 17 und 18)

Auch hier geht's um die absolute Gnade Gottes gegenüber jedem angeblichen Recht, das der Mensch sich erworben zu haben meint.

Und sie gibt uns kein Recht, das Gericht Gottes an Israel als endgültig und [un]widerruflich anzusehen und uns als das wahre Israel an seine Stelle zu setzen. Das ist Verwirrung des Glaubens und der biblischen Hoffnung. ‚Sei nicht hochmütig, sondern fürchte dich.' (Römer 11, 21) Für uns stellt Gott die natürliche Ordnung auf den Kopf (Einsetzen wilder Reiser statt edler!), *wieviel mehr* werden die natürlichen Zweige wieder eingepfropft werden.

15. Das bedeutet aber zweitens *Abkehr von allem blinden Haß*, denn wir hassen den Vater, wenn wir sein Volk hassen. Der Haß verzerrt den biblischen Erwählungsglauben und weicht dem Gekreuzigten aus, der sich von seinem Volk nicht abgekehrt hat, sonst wäre er davon gelaufen, sondern der auch mit den Sündern in Gemeinschaft tritt und die Not der Sünde, Unfriede, Schmerz und Tod erträgt und der ans Kreuz geht, um vergeben zu können. Nur priesterliches und herzliches Erbarmen kann der Gemeinde Haltung sein. Wo sind die herzbezwingenden Erweisungen dieser Liebe unter den Völkern, wo sind sie an dem gehetzten, rastlos umgetriebenen Israel geschehen?

Israel trägt weder die einzige noch die grössere Schuld.

Ueben die Völker ihr Amt an Israel ‚ohne Barmherzigkeit' (Jes. 47, 6), so fällt Gottes Zorn und Strafe auf sie zurück. (Jer. 50, 33, 34)

16. Das heißt darum drittens *Buße tun* um all unserer Schuld und Versäumnisse willen an dem Israel nach der Fleisch. Buße tun für alle Grausamkeit und Verfolgung und Buße tun über unterlassenem Bekenntnis und über dem Aergernis unchristlichen Wandelns. Wir tragen als Christen für das Verhängnis, das über dem jüdischen Volk liegt, mehr Verantwortung als Israel selbst, denn Israel hätte, so weit es das tat, sein letztes Gut nicht verschleudern können, wenn wir nicht selbst so bettelarm gewesen wären.

17. Statt dessen muß sich die christliche Gemeinde *gläubig wieder zum Herrn kehren* und muß an Israel handeln aus dem Glauben heraus, daß Gott sein Volk auch heute nicht verstoßen hat, sondern es wieder einpfropfen will in den Oelbaum.

Aus solchem Glauben kommt *die Liebe*, die Liebe derer, die dem Auferstandenen folgen und darum auch an Israel erfüllen, wie 1. Kor. 13 steht.

Solcher Glaube ist aber auch *Hoffnung*, die wartet auf die Tat Gotes, der am Ende der Zeit ganz Israel ruft und den Friedensbund ganz bestellt als einen ewigen Bund (Hesekiel 34, 25 und 37, 26), und so erst ganz zu Ende fuhrt, was in der Vorzeit begonnen. (Jes. 42, 6)

Christen stehen unter der Wucht der Worte ‚bis daß', Lukas 21, 24 und Römer 11, 25. Sie sind daher durch die Schrift bewahrt von aller Schwärmerei, die meint, daß durch uns in dieser unserer Zeit viele oder gar alle Völker das Evangelium aufnehmen und sich von ihm durchdringen lassen. Das ist nicht ‚die Fülle der Heiden' (Römer 11, 25). Aber sie sieht sie in der Berufung, Sammlung und Zubereitung der *Gemeinde* aus allen Vökern der Welt (Eph. 1, 23), im ‚Leibe des Herrn', den das Haupt für sich vorbereitet und erfüllt. Ist da Gemeinde des Herrn, so ist auch das ‚und also' (Römer 11, 26) gültig.

18. Solcher Glaube gebietet uns aber auch, die *Zeichen der Zeit* [zu] verstehen, die uns gegeben sind in der ungeheuren Not und Schwere, die heute mit der Judenfrage verbunden ist und die uns weiter gegeben ist in der zionistischen Bewegung. Mag dieser Zionismus auch heute vor allem eine weltliche, soziale und politische Außenseite haben – mag er auch die Judenfrage noch nicht im tiefsten Kern ernst ins Auge gefaßt haben – *tief innen* liegt doch etwas viel Größeres: Ein Wandern des jüdischen Volkes nach dem Lande, in dem der Herr nach seiner Verheißung das Volk zu Christus endgültig führen will. Die zionistische Bewegung ist eine endzeitliche Bewegung im christlichen Sinne. Und in gewaltiger Stärke bricht hier etwas durch, das die Christen im Glauben schauen müssen und das wie ein Wunder ist, mitten in der schweren Zeit. (Jes. 11, 12; Jes. 12; Jeremia 31–34)

Einmal wird Jerusalem doch wieder den neuen Namen tragen, von dem Hesekiel sagt: ‚Hier ist der Herr, Jehovah=Schamma', oder wie Menge übersetzt: ‚das Gottesheim'.

Und von hier aus wird dann ausgehen das Heil zu denen unter den Völkern, die es noch nicht geglaubt und angenommen haben.

Ist Israel erst wieder ganz nicht bloß ein Volk, sondern *Sein* Volk, Gottes Volk, so gilt auch von ihm wieder: ‚Das Heil kommt von den Juden', so hat es in Gottes Plan noch einmal eine Mission als Volk des Höchsten an die übrige Menschheit. (Römer 11, 12)

Hier ist Wiedererwachen, ist Auferstehung von den Toten. (Hesekiel 37; Römer 11, 15)

19. So ist die Judenfrage für Christen nicht zuerst eine Frage der Politik, denn die Politik kann sie nie und nimmer lösen, sondern sie ist die Frage des Glaubens, das Geheimnis der Weltgeschichte. Nur der, der den Knoten gebunden, der die Völker ruft und die Geschichte lenkt, kann ihn auch wieder lösen. Es ist eine Gottesfrage. Wo aber eine Gottesfrage ist, das ist die Gemeinde gerufen zu Buße, Dienst und Anbetung. Nur durch die aufrichtige Buße, die Liebesflut des urchristlichen Zionismus, des eschatologischen Zionismus und durch die Anbetung des einen Herrn, der auch heute Wunder tut, werden wir geöffnet und bereitet für die Lösung, die

Gott hat für die entscheidende Frage dieser Zeit – die Judenfrage: Das Volk und die Völker."

2036 Hermann Maas: Die Bekennende Kirche und die Judenfrage
Vorgetragen vor dem Theol. Ausschusses der VKL in Berlin-Dahlem am 22. Februar 1937; EZA 50/207a/22–32; hds. korr. MS-Manuskript (abgedruckt auch in: Materialien zum Verhältnis von Christen und Juden, Nr. 22, hrsg. vom Evang. Arbeitskreis Kirche und Israel in Hessen u. Nassau, Frankfurt a.M. o.J.)

„Die Bekennende Kirche und die Judenfrage.
Randbemerkungen zu dem Memorandum von Lic. Hildebrandt.
Vergl. dazu aber auch die Thesen zu: ‚Das Volk und die Völker' (Maas)
[= Dok. 2035; vgl. auch das folgende Dok. 2037]
von Pfarrer Hermann Maas.

1.) *Zur Einleitung.*

Wenn die Kirche ‚das Wort' sagen will zu dem, was heute mit christlichen ‚Nichtariern' geschieht, dann muß sie zur ‚Judenfrage' Stellung nehmen. Sie muß sich aber dabei wohl hüten, diese irgendwie nur *rassenpolitisch* anzufassen. Die Judenfrage wird verkannt und alles, was heute geschieht, wird gewaltsam verschoben, wenn man das Wort ‚Antisemitismus' einsetzt für die anti*jüdische* Haltung und anti*jüdische* Gesetzgebung im Reich, wie das in den ersten Sätzen des Memorandums geschehen ist. Das geht schon um der wahrlich nicht ‚vereinzelt' dastehenden Männer nicht, die zur politischen Weltanschauung das Wort ergreifen und aus ihr heraus handeln. Sie reden und handeln nicht anti*semitisch*, sondern anti*jüdisch*. Und es ist auch für das Recht, das Wort ‚antisemitisch' für ‚antijüdisch' einzuführen, kein Beweis gegeben mit der Tatsache, die das Memorandum später anführt, daß ‚die Synagoge noch unter dem Schutz des Staates stehe'. Wie sollen denn momentane Verfügungen, die nur auf staatlichen Opportunitätsgründen beruhen, hier etwas beweisen? Zumal die Synagoge sonst wahrlich nicht unbefehdet bleibt.
Das geht vor allem aber darum nicht, weil die Kirche selbst dadurch versucht sein könnte, am wirklich Entscheidenden vorbeizusehen.
Die Kirche kann sich nur dann vor allen bloß politischen Auseinandersetzungen hüten, wenn sie sich ganz auf Gottes Wort stellt und die politischen Begriffe möglichst meidet. Dazu gehören außer ‚Antisemitismus' auch das Wort ‚Hakenkreuz' und ‚Gastvolk'. Ja, ich glaube, daß die Kirche auch vorsichtig sein muß bei ihren Äußerungen zur heutigen Rassenideologie! (Vergl. den ersten Satz der Seite 3 des Memorandums.) Jedenfalls darf sie sich nur so weit zu derselben äußern, als sie von den *Theologen* übernommen ist.

Die nächsten drei Thesen haben nun die Absicht zu beweisen, warum ‚*die Judenfrage*' heute der Bekennenden Kirche von Gott her als Aufgabe vorgelegt ist.

I.

2.) *Zuerst* ist die Kirche von Gott hingewiesen auf die ihrer *Glieder*, die irgendwie aus dem Judentum stammen, und sie muß sich darum am 1. Kor. 12 besinnen und darf auch nicht einen Fingerbreit von dieser Linie abweichen. Hier ist uns die Frage im biblischen Bildkreis beantwortet, daß sie unsere ‚Nächsten' sind als Glieder am Leib Christi, worauf ja auch das Memorandum hinweist. Nur muß die Kirche, und damit wird sie über das Memorandum hinausgeführt, nicht bloß hören: ‚So ein Glied *leidet*, so leiden alle Glieder mit', sondern auch den Glied*wert* der durch die Taufe in den Leib Christi aufgenommenen Söhne und Töchter aus Israel nach 1. Kor. 12 anerkennen.

Da setzt nun die Judenfrage ein. Und sie ist nicht damit auf die Seite zu schieben, daß man sagt, wie das Memorandum es tut: ‚Unter ihnen sind sich viele der Verbindung mit dem Judentum nie bewußt gewesen.' Nimmt dies den getroffenen nichtarischen Christen etwas von der Härte des persönlichen Getroffenseins? Und weiter: Nimmt es ihnen etwas von der Verantwortung, der Gabe und der Aufgabe, die sie zu tragen haben als solche, die irgendwie mit dem ‚Volk Gottes' verbunden sind? Nein. ‚Volk Gottes' ist eben nicht eine Synagogengemeinde, mit der sie allerdings nichts zu tun haben. Es ist aber auch nicht etwas rassisch Bedingtes. Jude sein ist etwas so Eigenes und Einmaliges, ein Begriff, der in kein Schema paßt. Es ist von Gott gegeben, ein der Welt preisgegebenes Gottesschicksal. Daß einer ein Sohn *Israels* ist, ist darum so groß, weil *Gott*, nicht ein irdischer Vater oder eine irdische Mutter, dem Erzvater Jakob den Namen *Israel* verliehen hat. Und so darf die Kirche, die von der Bibel herkommt, bei diesen sog. nichtarischen Christen nicht das Zerrissensein des Zusammenhangs mit Israel irgendwie begrüßen oder gar fördern. Tut sie das, so sieht sie die *besondere* Gabe und Aufgabe des aus Israel stammenden Gliedes am Leibe Christi nicht.

Es handelt sich dabei nie und nimmer um eine Absonderung dieser Glieder der Kirche in einer judenchristlichen Gemeinde, aber es handelt sich um das *besondere* Seelsorger- und Trösteramt an den nichtarischen Gliedern der Kirche in dieser Stunde. Es geht um das Wort Gottes, das hier zu sagen ist und ohne das alle soziale Hilfe für sie zur bloßen Humanität erniedrigt würde. Und diese ist eine stumpfe Waffe gegen die Anfechtungen wider [?] alle aus dem Judentum stammenden Glieder der Kirche.

3.) *Das zweite Moment*, warum die Kirche heute vor die Judenfrage gestellt ist, ist dies: Gottes Wort öffnet uns die Augen für das, was heute wirklich geschieht. Nicht bloß die nichtarischen Christen sind angegriffen, sondern sie, die Kirche selber. Und nicht deshalb ist die Kirche angegriffen, weil sie für sich die Namen ‚Zion' und ‚Jerusalem' und ‚Israel' beanspruchen müßte und darum allen Hohn, der darauf ausgegossen wird, nicht ertragen kann. Es handelt sich doch um viel mehr. Der Kampf gegen das Jüdische meint nicht Rassisches, sondern etwas viel Tieferes. Während man das jüdische Volk feig und gemein, bolschewistisch oder kriegshetzerisch nennt, stößt man sich an etwas ganz anderem, wehrt man sich gegen den tiefsten Kern des Karfreitagsbekenntnisses der Kirche: ‚Ich, ich hab' es verschuldet, was Du getragen hast.' Hinter dem Vorpostengefecht verbirgt sich der Widerspruch gegen den Anspruch Gottes, der mit dem jüdischen Volk, seiner Erwählung, seinem Schicksal und mit der Tatsache Joh. 4, 22 ‚Das Heil kommt von den Juden' an uns gestellt ist. (Vgl. Minister Kerrls Rede vom 19.2.37.)[*]

Und so ist im Tiefsten der Glaube der Kirche angegriffen. Nicht das jüdische Volk ist ‚das Fremdvolk', sondern die Kirche mit ihrer Botschaft ist es. Und dazu gehört nun alles, was die Kirche besitzt, der Herr Christus, die Bibel, der Gottesdienst, große Stücke ihrer Liturgie und vieles mehr. So muß sie nicht nur die einschlägigen Gesetze mit ihren praktischen Auswirkungen studieren, sondern auf die Tiefen und Motive achten, die in all' dem Wirrwarr und den schuldhaften Gesetzen versteckt walten. Wer die Bibel kennt, weiß, daß die Menschen oft die Dinge tun, die sie aus ihrer *gottfernen* Haltung heraus tun *müssen*. Ihre erste Schuld besteht dann darin, daß sie für dies ihr Tun, um es zu rechtfertigen, ganz andere Motive einsetzen: ‚Sie wissen nicht, was sie tun.' Sie denken, sie handelten aus ‚antijüdischem' und antirassischem' Instinkt gegen jüdische Minderwertigkeit, und dabei handeln sie aus titanischer Grenzüberschreitung und Ungehorsam gegen Gottes Wort.

Das Memorandum sagt wohl auch: ‚Die Kirche ist jüdischer Abstammung.' Aber ich glaube, daß es das Entscheidende nicht deutlich genug herausarbeitet, und mit dem Satz: ‚Sie ist das Israel nach dem Geist, das Jerusalem, das heilige Zion Gottes' eine bestimmte Lösung der Judenfrage vorwegnimmt, die sie von ihrer Aufgabe an den Nichtariern wegzieht.

---

[*]) Möglicherweise ist Kerrls Rede vom 13.02.1937 vor der Versammlung der Vorsitzenden der Landeskirchenausschüsse und der Preussischen Provinzialkirchenausschüsse (abgedr. in: Die Evang. Kirche in Deutschland und die Judenfrage. Ausgew. Dokumente aus den Jahren des Kirchenkampfes 1933–1943, bearb. u. hrsg. auf Veranlassung des Flüchtlingsdienstes des Ökumenischen Rats der Kirchen, Genf 1945, S. 153; Lit.: Wolfgang Gerlach, Als die Zeugen schwiegen. Bekennende Kirche und die Juden, Berlin 1987, S. 170) gemeint. Aus Anlass der Auflösung des Reichskirchenausschusses am Tage zuvor (12.02.1937) vertritt Kerrl die Ansicht, die Kirche müsse von „Subjekten gereinigt werden, die gegen den Staat arbeiten", „auf die Pfarrer werden die Beamtengesetze angewandt werden" und dass es „Juden als Pastoren nicht mehr geben" werde.

4.) *Das dritte Moment*, das der Kirche die Judenfrage vorlegt, ist *der endzeitliche Blick der Christenheit*, der Glaube an Christi Wiederkunft und Königtum, die tiefste Auffassung der Weltmission, die ewige Hoffnung auf Gottes Reich.
Dieser Glaube ist nicht zu lösen von der Judenfrage, und das ist zu kaum einer Zeit so deutlich geworden, wie in unseren Tagen. Hier stehen auch Bewegungen wie der Zionismus, die Heimkehr der Juden nach dem heiligen Lande, ferner der *biblische* Begriff des ‚Gastvolkes', ferner die geschichtlichen Erscheinungen wie die Emanzipation und Assimilation ganz unpolitisch als von Gott gewollte Erscheinungen vor uns, an denen wir um des Glaubens willen nicht vorbeigehen dürfen.

Erst, wenn die Kirche erkannt hat, daß sie aus diesen drei Gründen, von denen der eine immer stärkeres Gewicht hat als der vorhergehende, vor die Judenfrage gestellt ist, wird sie die rechte Einstellung zum Staat und seinem Tun finden. Selbstverständlichkeiten, wie ihre Zustimmung zu dem Kampf gegen die Zersetzung, braucht die Kirche dem Staat nicht zu versichern; das ist unter ihrer Würde. Aber sie wird um so klarer, sicherer und radikaler gegen alle Grausamkeiten, Ungerechtigkeiten, Lügen und Härten kämpfen, die aus einer falschen Motivierung der Judenfrage entstehen. Und sie wird Buße tun für ihre Versäumnisse, ihr seitheriges Schweigen und ihr falsches ‚Ja', wie es das Memorandum Seite 2 unten fordert.

II.

An dieser Stelle muß nun ein inhaltliches Wort zur Judenfrage selber gesagt werden. Ich verweise dafür auf meine Thesen: ‚Das Volk und die Völker' und schlage vor, nicht nur die Bibel in ihren ungezählten Äußerungen heranzuziehen, sondern vor allem noch einmal das 11. Kapitel des Römerbriefes vom ersten bis zum letzten Vers zu lesen.

5.) Schon mit dem *ersten* Vers greift Paulus die Judenfrage an ihrem Herzpunkt an: ‚Ist es mit Israels Gottesvolkstum, d.h. mit seiner Anwartschaft auf eine priesterliche Stellung unter den Völkern unwiderruflich und für immer vorbei?' Gibt es in Gottes Rat noch einmal eine Mission für Israel als Volk des Allerhöchsten an die übrige Menschheit? Ist Israel als Volk verstoßen? Paulus ahnte auch die Nähe der Katastrophe über Jerusalem, ohne daraus die Folgerungen zu ziehen, die das Memorandum daraus zieht: ‚Mit dem Untergang Jerusalems hörte Israel als Volk auf.' Gewiß, Israel ist gerichtet, es hat sich selber verdammt. Das ist auch für Paulus der geschichtliche Rahmen, in dem sich ihm die Frage in die Seele drängt:‚Hat nun Gott sein Volk verstoßen?' Aber er erblickt 11, 2–6 in der kleinen Schar der christgläubigen *Israeliten* der gegenwärtigen Heilszeit, während derer Israel unter schwerem göttlichem Verblendungsgericht schmachtet, die göttliche Gewähr für den unverbrüchlichen Fortbestand des ursprünglichen Gottesgedankens mit dem Volk seiner Wahl. *Diese kleine Schar ist heute ‚der Israel Gottes'* (Gal. 6, 16), zu ihr zu gehören ist Paulus stolz. Er sagt darum nie: ich *war* ein Israelit, sondern ich *bin* ein Israelit. Er redet nicht vom ‚*gewesenen* Juden'. Hier ist der Gegensatz zwischen der heute herrschenden, sog. christlichen und der paulinischen Auffassung, zwischen denen, die Israel einfach mit Synagoge gleichsetzen wollen, und ihm. Sähen wir in den *Judenchristen* den heiligen Samen, die göttliche Garantie für den dauernden Bestand des jüdischen Volkes, so würden wir die Judenfrage deutlicher sehen.

Nach Paulus haben wir wohl mit einem *eigentlichen ‚Israel Gottes'* Röm. 2, 29 und Gal. 6, 6 und mit den *verstockten* Juden, die nicht rechte Juden sind, weil nur *äußerlich* beschnitten, zurechnen.

Der Bekehrte ist ein Beweis für die Unverbrüchlichkeit der Treue Gottes gegen ‚das Volk seiner Wahl'. Judenbekehrung und Hoffnung für Israel sind nicht einander fremde Begriffe, sondern sie fordern und setzen einander vielmehr. (Das steht noch besonders deutlich in Vers 29.)

6.) *Der zweite*, noch erstaunlichere *Gedanke*, den Paulus diesem ersten folgen läßt, ist der, daß die Verstockung ein vorhergesehenes und verordnetes Glied in der Kette der göttlichen Wunderwege mit diesem Volk seiner Wahl (11, 11) ist. Seltsam erfüllen sich bei ihm die Verheißungen des Alten Testaments für die Völker. ‚Aus Israels Fall der Heiden Heil.'

Im alten Bund heißt es: Der Völker Heil aus der *Bekehrung* Israels. Dafür setzt Paulus im neuen Bund, gezwungen durch die Erfahrung des Kreuzes Christi: ‚Der Völker Heil aus Israels *Fall*.' Heben sich diese beiden Gedanken auf? Keineswegs. Oder ist der neue Gedanke ein bloßer Ersatz für den alten? Auch das nicht. Für Paulus ist eine Aufhebung jenes den Propheten enthüllten Gotteswortes für die Völkerwelt durch ein *gesegnetes* Israel nicht zu denken. Darum sagt er am Schluß dieses Verses: ‚Um sie (die Juden) zur Eifersucht zu reizen', und bei der Eifersucht ist es auf die *Errettung* abgesehen.

In Vers 12 steht dafür das kühne Wort von der ‚Vollzahl', und es weist hinüber in eine Zeit, in der Gottes Gedanken mit Israel sich in ganz anderem Maße entfalten werden, als das in der Zeit sein kann, da er sich nur eines ‚Überrestes' aus ihnen bedient. Wir müssen uns einfach im Gehorsam des Glaubens unter das Wort: ‚Wie viel mehr ihre Vollzahl' unterwerfen. Auch Bousset sagt: ‚Für des Paulus Empfinden war dem Volke Gottes nun einmal die führende Rolle im Heilsplan zugedacht.'

Im 15. Vers sagt Paulus jenes ungeheure Wort, in dem er die Auferstehung des Volkes Israel ganz in das Wunder der Auferstehung einreiht. Auch ihm ist die Stunde, da Israel seines priesterlichen Amtes wieder walten wird zum Segen der Völker der Erde, die größte, die es geben kann, die Erfüllung von Hesekiel 37. Kein Wunder von Menschen gemacht. Lauter

Tat Gottes und darum nur vom Glauben zu erfassen. Größeres kann von Israel nie gesagt werden, aber eine bekennende Gemeinde soll auch nicht Kleineres von Israel sagen.

7.) Dazu kommt *ein Drittes*. Schon im 11. Vers liegt im Schlußsatz eine niederschmetternde Antwort für die Christenvölker. Weitaus der größte Teil der Geschichte Israels unter diesen Völkern ist mit Blut und Tränen geschrieben. Wehe, wenn das Wort von den Sünden der Väter, die sich [sic] an den Kindern heimsuchen, sich an ihnen erfüllt. Wo ist denn unser Ruhm, die wir so viel Barmherzigkeit empfangen haben? Wo sind die herzbezwingenden Erweise der Liebe bei den Völkern, die sich des Evangeliums von der Liebe erfreuen? Wo ist es an dem gehetzten, rastlos umgetriebenen Israel geschehen? Mit Emanzipation und Übermittlung von allerhand Zivilisationsgütern, der Öffnung der Beamtenlaufbahn und anderen Dingen darf die Bekennende Kirche sich nicht entschuldigen, denn sie fallen nicht unter das Wort der Liebe Christi. Und so trägt Israel *weder die einzige noch die größere Schuld.*

In jedem der kommenden Bilder ist ein Bußwort für die Gemeinde gesagt: ‚Die Wurzel trägt uns, nicht wir die Wurzel.' ‚Sei nicht hochmütig, sondern fürchte Dich!' Sieh das wahre Verhältnis nicht falsch, indem du das Gericht an Israel, dem Volke für endgültig und unwiderruflich erklärst und einfach die neutestamentliche Gemeinde als das ‚wahre Israel' ansiehst und sie damit nicht nur in Israels Erbe einsetzst, sondern Israel auslöschest. Es mag zum Teil daher kommen, daß wir in unseren Liedern oft in schillernder Weise von Juda, Jerusalem und Zion singen. ‚Gott vermag sie wiederum einzupfropfen.' Der bei uns tief eingewurzelten Gewohnheit, alle größeren Ziele Gottes mit dem verachteten Volke Israel von vorn herein zu beanstanden, begegnet Paulus mit der schlagenden Beweisführung in den Versen 23 und 24. Hier ist aber auch wieder ein deutlicher Hinweis auf die Art und Weise, in der sich dies göttliche Verfahren der Einpfropfung Israels tatsächlich vollziehen wird. Sie werden nicht in die eine oder andere der christlichen Völkerkirche[n] einverleibt, sondern in ihren eigenen Ölbaum. Es wird irgendwie am Ende *dieses* Zeitlaufs zur Bildung und Ausgestaltung eines christlich-jüdischen Volkes kommen.

Das hat mit *Judenchristentum* gar nichts zu tun, denn *heute*, in *dieser* Stunde sollen ja die, die aus Israel getauft werden, eingegliedert werden in den Leib Christi, in die Gemeinde. Aber neben diesem Ziel der Judenmission existiert auch noch der Glaube an Gottes großes Geheimnis mit seinem Volke: Das über sie verhängte Verstockungsgericht soll nur bis zu einer bestimmten Gottesstunde und nicht auf ewig gelten.

Das hat alles einen tiefen Sinn für der Kirche Haltung in dieser heutigen Weltstunde. ‚Sei nicht hochmütig, sondern fürchte Dich!' Auch Kirchen

können vernichtet werden, wenn sie sich wider Gottes Willen empören. Denn wenn Gott der natürlichen Zweige nicht geschont hat, fürchte Dich, daß er auch Deiner etwa nicht schonen werde. Auch wir können ausgeschnitten werden, und es kann sich erfüllen, was Sach. 1, 15 steht: ‚Ich habe ein wenig über Israel gezürnt, aber die Völker haben zum Unglück geholfen.‘ Ein furchtbar ernster Satz, dies ‚ein wenig‘. Gottes Zeit. ‚Die Völker‘ sind eben wir. Der Herr sagt es uns:‚Wer unter Euch ohne Sünde ist, der werfe den ersten Stein auf sie.‘
Dabei heißt es immer: ‚Ich werde‘, ein einziges Mal: ‚Ihr sollt‘. Es geschieht alles aus dem freien, unergründlichen Gnadenwillen Gottes, der so unerhört ist, daß wir ihn nicht fassen können. Und doch zwingt uns gerade dies ‚*Ich werde*‘ heute mehr denn je, Buße zu tun und aus allen Begriffsverschiebungen zu dem wirklichen Gehorsam gegen Gottes Wort zu kommen. Gerettet wird *ganz Israel*. Vers 28 faßt das noch einmal in erschütternder Weise zusammen.
Mit niederschmetternder Wucht wird dieses ‚um euretwillen‘ seine Anklage erheben gegen eine Christenheit, die dies vergißt und an dem von Gott geschlagenen Volk, an den Verachteten vorübergeht mit Kopfschütteln, während Gott sie immer noch ‚seine Geliebten‘ nennt, ‚denn die Gnadengaben Gottes sind unbereubar‘.
Im Aufbau der Gemeinde Christi nimmt ‚Israel‘ absolut keine Bevorrechtung ein nach 1. Kor. 12. Der gläubige Jude hat vor dem gläubigen Heiden in Christo nicht das Geringste voraus. Aber in Gottes Heilsplan hat Israel als Volk seine Stellung und sein Leben. ‚Gott hat sein Volk nicht verstoßen.‘ Das erhebt uns über alle hochmütigen und beängstigenden Gedanken, die uns lähmen wollen. Und das fordert das große Liebeswerk, das die Kirche gerade in dieser Zeit Israel schuldet.

III.

8.) Ist das die Judenfrage, dann hat diese biblische Erkenntnis für die Bekennende Kirche ihre ganz klaren Folgen und stellt *ihre konkreten Ansprüche*. Von hier aus findet sie *zuerst ein Trostwort an die aus dem Judentum Getauften*. Größeres kann ihnen nicht gesagt werden neben jenen grundlegenden Worten 1. Kor. 12, nach denen sie als Glied in den Leib Christi aufgenommen sind. Sie sind der heilige Rest, der doch ‚Zeichen‘ ist für Israels Erlösung, für die Errettung des ‚Volkes der Wahl‘, zu dem sie gehören. Sie tragen ein *besonderes* Kreuz dem Herrn nach. Und auch ihr heutiges Geschick wird gewaltig im Licht des Gotteswortes über die Judenfrage. Nicht in Mehrwertigkeits- und nicht in Minderwertigkeitskomplexen sollen sie verkommen, sondern in unfaßlicher Gottesgnade müssen sie den Frieden finden. An dieser Stelle ist dem Memorandum, und vor allem dem auf Seite 7 Gesagten zuzustimmen, und besonders ist immer wieder dem Gedanken zu wehren, als ob es sich dabei um die Gründung einer judenchristlichen Sondergemeinde handle. Das widerspräche ja gerade den Gedanken von 1. Kor. 12 und Römer 11, 6. Alle sind durch die Taufe Glieder innerhalb der Kirche und in die eine Botschaft von der Vergebung der Sünden und von der Versöhnung durch Jesus Christus eingeschlossen. Aber diese eine Botschaft hat ihnen eben sowie jedem anderen etwas *Besonderes* zu sagen. Und wir müssen uns hüten, abstrakt zu werden und die wunderbar konkrete Fassung von 1. Kor. 12 zu übersehen. Hat jedes Glied seinen *besonderen Dienst*, so hat auch jedes Glied seine *besondere Schuld*. Und darum ist es ganz berechtigt, diese Glieder zu besonderer Verkündigung des Gotteswortes dann und wann zusammenzurufen, ebenso wie es berechtigt ist, einmal die Jugend, ein anderes Mal das Alter, ein drittes Mal die Männer zu besonderer Verkündigung des Gotteswortes herbeizurufen. Damit sind weder diese noch jene aus der Gemeinde herausgenommen, sondern es handelt sich einfach um das Wort der Buße und Gnade in seiner *konkreten* Bestimmtheit. Und dadurch bekommt auch die soziale Hilfe an diesen Gliedern ihr wirkliches Recht.

9.) In der biblischen Lösung der Judenfrage liegt aber zweitens auch *die Antwort der Kirche auf die Angriffe der Welt gegen ihre höchsten Güter*. Sie sündigt, wenn sie diese dran gibt, so wie ein säkularisiertes und fälschlich der Welt assimiliertes Judentum und seine Reformsynagoge sie dran gegeben hat. Die Kirche steht und fällt nun einmal mit dem Wort der ganzen Bibel und ihr bleibt nicht einmal die Hoffnung, wieder eingepfropft zu werden in Gottes Ölbaum, die doch jenen abgerissenen Zweigen aus Israel noch zugesagt ist. Eine Nationalkirche, die die Güter verleugnet, die ihr vom Judentum her durch Gott vererbt worden sind, kann nichts anderes werden als eine Sekte.
So weit ist auch dem Memorandum Seite 5, letzter Teil zuzustimmen, und vor allem dem Hinweis darauf, daß die Kirche zu den *Kindern Abrahams* gehört im Glauben und daß sie das nie verleugnen kann und darf.

10.) In dieser Lösung der Judenfrage ist aber *drittens* auch *die Haltung der Kirche zum Volk Israel* eingeschlossen. Es geht hier um ihren *endzeitlichen* Glauben, der nicht aus einer theologia naturalis, sondern aus der Offenbarung stammt. Die Kirche hat nicht ein schützender Zaun zu sein rings um die Synagoge, aber sie muß wohl ein schützender Zaun sein um das ganze leibliche Israel, weil diesem Israel, nicht der Synagoge, in Gottes Wort für die Endzeit noch das Heil zugesprochen ist.
Wenn wir auf dies Heil warten, so helfen wir *zuerst* einmal mit, daß *der Haß* der Welt das Antlitz Israels nicht völlig zerstöre. Was kann Haß anderes wecken als zersetzende Elemente? Ohne die Erwartung wird die Kirche an diesen mitschuldig. Es könnte sein, daß Israel selbst nicht mehr wartet auf diesen Kampf gegen den Haß, weil es zu der Erkenntnis

gekommen ist, daß das jüdische Volk aller Zeiten auch unter dem Haß leben muß.

Wehe der Kirche, die solche Verzweiflung mit schafft und die sich nicht darüber besänne, warum denn Gott dies Volk trotzdem erhält. Darf sie je zu denen gehören, die in Psalm 83, 5 sagen: ‚Kommt, wir wollen sie vertilgen, daß sie kein Volk mehr seien, daß des Namens Israel nicht mehr gedacht würde.' Darauf ist in der dritten Irrlehre auf Seite 3 des Memorandums ja doch wohl hingewiesen.

Das Zweite, was aus dem endzeitlichen Glauben folgt, ist die Förderung der wirklichen *Liebe*, die Israel nicht allein für sich, sondern in Gott hineinsieht. Gerade jetzt, wo es sich um endzeitliche Entscheidungen, auch für die Kirche, handelt und damit um die Existenz des Christentums, muß diese das Gotteswort hören, das Gott in der Existenz des Judentums in die Gemeinde hineinruft. Lieben heißt immer, den anderen in Gott hineinschauen, und das in dem doppelten Sinn, in seiner Berufung und in seiner Schuld vor Gott.

Das Dritte aber ist dies: Diesem Volk nun doch auch wirklich zu *helfen*. Es steht heute in der ungeheuren Bewegung des Zionismus. Hier ist das Wichtigste, nicht nur zuerst die äußere, vielleicht sehr schuldhafte Erscheinung desselben nur zu sehen und nun nichts anderes sagen zu können, als daß hier *völkisches Geschehen* vorliegt. Wenn es nur das wäre, dann müßte die Kirche dagegen kämpfen, so wie Jesus gekämpft hat gegen die ‚rassische Gefangennahme Gottes' (Putz). Daran darf auch nicht das Mindeste abgemarktet werden. Aber die Kirche muß *hinter* diesem *äußeren* Geschehen etwas erkennen von Gottes Tat, von ersten Zeichen, daß das Volk dereinst im heiligen Land wieder auferstehen soll. Wir dürfen unsere Zeitbegriffe an solches Geschehen nicht anlegen, aber wenn dies Volk an dieser Stelle der Welt, die nun einmal aus Gottes unerforschlichem Ratschluß dazu bestimmt ist, aufhören soll, *Gastvolk* zu sein oder mittelalterliches Ghettoleben zu leben, so haben wir hier nicht bloß völkische Verirrung zu sehen, sondern *Zeichen Gottes*, der mit seinem Volke etwas Besonderes vorhat.

Nur, wenn wir als Kirche das nicht leugnen, haben wir das Recht, dem Volk Israel immer wieder zu sagen, daß es sich bei ihm als ‚Volk der Wahl Gottes' nie um natürliche, völkische oder nationalistische Bestimmtheit handele, so wenig es aus nur dem Blut nach Zusammengehörigen besteht, sondern aus den *Erwählten*. Dann hat auch die Kirche ein Recht, Israel zu helfen zu einer neuen Erfassung der Prophetie und ihm immer wieder zu verkünden: ‚Zion wird durchs Recht gebaut.' Ist der heutige Zionismus auch auf tausend Irrwegen, weil ihn die Botschaft des Heils noch nicht erreicht hat, so stehen doch innerhalb desselben Ungezählte, die das ahnen und in heißem Verlangen ausschauen nach Gottes Wort und Wille über ihre Heimkehr. Und darum heißt es für die Christenheit:

Helfen und wieder helfen, daß nicht eine Gottesstunde von ihr versäumt werde.

Sie wird dabei etwas sehr Furchtbares zu sagen haben, nämlich das Wort von der ‚Drangsal Jakobs' vor der Wiederkunft des Herrn, und wird auch dem zionistischen Volk im heiligen Lande keinen Zweifel darüber lassen dürfen, daß es auch dort nach der Schrift durch eine Läuterungszeit und ungeheure Schwere hindurchgehen müsse. Echte Zionisten werden auch das hören.

Sie wird aber zu gleicher Zeit auch das Wort sagen müssen von der *Gnade*, die über dies Volk ausgeschüttet, und von dem Segen, der von ihm noch ausgehen soll, wenn es daraus keinen nationalistischen Herrschaftsanspruch mehr macht. Eine liebende Kirche kann predigen, bitten und drohen, damit der Zionismus sich reinige vor Gott von allem nationalistischem Hochmut, und Ohr und Herz öffne für den Christus, der sein Heil ist für Zeit und Ewigkeit. Dieses Handeln der Kirche ist dann mehr als unsere heutige Judenmission. Wir haben dafür überhaupt keinen Namen, weil es ganz auf die Endzeit hinzielends Geschehen ist, und weil die Kirche es im Grunde genommen selber nicht tun kann, wenn sie sich nicht ganz dem Gott bereit hält, der sie zum Gefäß der Botschaft seines Gerichtes und seiner Gande macht. Dann erst werden alle, die Christen und nach Gal. 3, 29 Abrahams Same und nach der Verheißung auch Erben sind an dem Volke Gottes, handeln, wie der Herr es will, statt es auszulöschen und für sich in Anspruch zu nehmen, was ihm zugedacht ist."

2037 Die Kirche und die Judenfrage, 1937

Auszug aus dem Protokoll einer Sitzung des „Ausschusses zum Studium der Judenfrage" der VKL der DEK zwischen Februar und Juli 1937, Verf. unbekannt; EZA 50/110; zit. nach Marggraf, „Die Kirche muss ein schützender Zaun sein ...", 1990, 313f.

„Wenn wir noch länger schweigen, machen wir uns noch schuldiger. Wir dürfen mit einem Wort nicht warten, bis die zwischen M[aas] und H[ildebrandt] strittigen Fragen entschieden sind. [...] Was wir jetzt nicht für die tun, die unter uns durch unsere Mitschuld in schwere Not gekommen sind, das haben wir Jesus nicht getan. [...] Gewiß besteht ein Zusammenhang zwischen dem Haß gegen die Juden und dem gegen die Kirche. Dieser Zusammenhang darf aber nicht übertrieben werden. Der Satz: ‚Nicht das jüdische Volk ist das Fremdvolk, sondern die Kirche mit ihrer Botschaft ist es' geht zu weit. Den Ausführungen von Maas gegenüber, an denen vieles mir sehr wichtig ist, habe ich noch ein grundsätzliches Bedenken. Es scheint mir nicht möglich, die Hoffnungen, die Paulus, Röm. 11, ausspricht, so als feste Lehre der Kirche anzunehmen. [...] Es ist möglich, daß ein einzelner so auslegt, wie Maas das tut, es scheint mir aber unmöglich, das als kirchliche Lehre zu vertreten. Ganz unmöglich scheint mir auch, daß die Kirche jetzt dem Zionismus predigt in dem Sinne, wie Maas das fordert. Dazu haben wir gar nicht die Vollmacht. Maas selbst hat sie vielleicht. Aber die deutsche evangelische Kirche hat sie, soweit ich sehe, nicht."

2038 Die ernste Situation der emigrierten Juden in England kurz vor Kriegsbeginn 1939

Auszug aus einem Brief von Hermann Maas vom 2. Juli 1939 über die Situation in Bloomsbury-House in London, der Zentrale der vom Weltbund für internationale Freundschaftsarbeit der Kirchen ergriffenen Hilfsaktionen für die emigrierten Juden in England; LKA PA 4351/I; zit. nach: Marggraf, „Die Kirche muß ein schützender Zaun sein ...", 1990, S. 312. – Der Briefauszug befindet sich auch unter den in Dok. 2039 abgedruckten Briefauszügen und wird dort nicht wiederholt.

„Drüben ging mir [...] mit Schrecken auf, daß alle am Ende der Kraft, der Mittel und des Rats sind. Tag und Nacht verfolgen mich die Bilder, die ich sah, dieser tausendfache Andrang in den Räumen des Komitees, ein nach Heimat suchendes Volk, in engen Gängen, Treppen und überfüllten von Weh und Ach, Schelten, Zürnen erfüllten Büros, die zum Teil von ungeeigneten, lieblosen Menschen zu Infernos gemacht wurden. Entsetzlich! Ich habe wohl in den 24 Büros gearbeitet, zum Teil sehr ernste Gespräche gehabt, von den Quäkern aufs liebenswürdigste empfangen, aber wo ist noch eine Türe auf. Welch eine grausame Not und welch dämonischer Sadismus, rücksichtslos weiter zu bedrohen, auszuweisen. O Gott, was muß geschehen! Ich zittere vor dem Gottesgericht, das sich grausig in diesen Tagen zusammenzieht über uns, Europa und am Ende der ganzen Welt. Und das alles um einer Idee (?) willen."

2039 Auszüge aus Briefen von Hermann Maas, 1938 bis 1940

Von der Gestapo angefertigte Zusammenstellung, Abschrift; LKA PA 4351/I

„Auszug

aus den bei der Jüdin Tana *[= Cläre]* v. Mettenheim in Frankfurt a.M. sichergestellten Schriften, Karten und Briefen des Pfarrers Maas, Heidelberg.

[...]

Briefkarte von Weihnachten 1938: ... Viel innige Grüße und Wünsche zum Fest, dass [sic] wir ‚dennoch' feiern wollen als die kleine, treue, innig verbundene Gemeinde des Herrn.

Briefkarte ohne Datum [Spätherbst 1938?]: Meine Liebe [!] verehrte Freundin! Herzlichen Dank für Ihren lieben Brief mit den mancherlei Nachrichten... Canon Barry kenne ich nicht, aber ich bin mir schon lange klar, dass wir nach Adalbert's [von Mettenheims] Freilassung alles tun müssen, um ihn nach England und weiter zu bringen. – Dass sie [!] von neuem solche Verletzungen erfahren mussten, tut mir namenlos weh. Jedes Mal fühle ich die grausame Mitschuld und Mitverantwortung. Nur noch größere Liebe zu Ihnen allen hilft sie tragen. Das Wort zur Judenfrage besitze ich auch, habe es aber wieder verloren oder weitergegeben. Ich stimme ihm ganz und gar zu. Es stammt aus einem Zwiegespräch zwischen einem Freunde von mir (Pfr. Grüber, Berlin) und mir an einem erschütternd ernsten Abend in Berlin Anfang September. Wir hofften es in einer Synode der Bek. K. vertreten zu können. Aber – das ging nicht mehr nach dem 30. Sept.[*)] Viel liebe Grüße und Wünsche... und des Herrn Kraft und Hilfe in diesen schweren Tage[n], Ihr getreuer Hermann Maas.

[...]

Brief vom 29.8.1940: ... Ich sage Ihnen etwas im *tiefsten Vertrauen*. Ich habe ein Jahr lang den Dienst als Wehrmachtspfarrer getan, habe dabei Tag und Nacht mich eingesetzt, Monate lang jeden Tag auf dem Ehrenfriedhof Beerdigungen gehalten, wurde rührend gelobt, bis vor 3 Wochen aus heiterem Himmel die Entlassung durch das Generalkommando des Heimatheeres ohne ein Wort des Dankes oder der Aufklärung kam. Die mil. Vorgesetzten ausser sich, aber hilflos. Die kirchl. Vorgesetzten sehr erzürnt, aber hilflos. Sie wollen keinen Nachfolger benennen, ehe mir keine Erklärung gegeben ist. Aber die kommt nicht und ich muss fallen, der Ehre beraubt. Die Mutmaßungen sind deutlich. Aus welchem Winkel soll's auch mit giftigen Pfeilen schiessen? Der Einsatz für aus dem Judent. stammende Menschen ist eben ein Verbrechen. Zur Verteidigung gibt's keine Gelegenheit. ‚Falle!, wir können nichts gegen die P.', sagt das Mil. ‚Trage die Schmach Christi und seines Volkes', sage ich mir. Aber die Narbe schmerzt. Und der Aufregungen brachte und [wird] mir diese Sache noch viele bringen, da sie immer noch läuft. Sie wird mir nur Gefahr und Schaden bringen und fordert täglich neuen Mut und Glauben. – Wie nun für Hans-Heinz *[von Mettenheim?]* eintreten. V.Thadden ist eingezogen und offenbar furchtbar überlastet... Ich will aber Elisabeth v.Thadden fragen. Vorläufig würde ich an Grüber doch schreiben mit genauer Darlegung der Gründe. Er selbst wird ja nicht antworten,

---

*) Die von der VKL der DEK angesichts der sog. Sudetenkrise empfohlene „Ordnung des Bittgottesdienstes am 30. September 1938" löste auf Seiten des Staats heftige Kritik und Strafmaßnahmen gegen die BK aus. Am 29./30. September vereinbarten jedoch auf der Münchener Konferenz Chamberlain, Daladier, Mussolini und Hitler die Abtretung der sudetendeutschen Gebiete an das Deutsche Reich.

sondern Pfr. Sylten oder Dr. Kobrak. – Und *doch:* Schreiben Sie an Baron Reinhold von Thadden. Zuerst ohne die genaue Angabe der Mischlingschaft, um zu sehen, ob er überhaupt auf ein Angebot eingeht... Die Adresse ist: Trieglaff/Pommern. Auch ich bin gegen die Tarnung. Ich wäre zu stolz dazu und auch zu ängstlich...

Brief vom 3.11.40 (nach der Judenevakuierung): ... Ich kam gerade von Berlin zurück, wo mir Pfr. Grüber meine Sorgen verscheuchte. Und da geschah's. Auch Dr. Traumann musste mit. Ich konnte ihn nicht mehr sehen, da ich mich um einige andere sorgen musste, darunter um seine Schwester, die hierbleiben durfte. Das Erste am Morgen war der Selbstmord unserer lieben treuen Freunde Prof. Dr. Hau (oder: Neu. D.U.) und Frau. Am Abend vorher hatten wir noch einen ahnungslosen Brief... Unter schwerem Protest der zuständigen Behörde habe ich sie dann am Freitag bestattet, nicht weit von Ihrer lieben Schwester und Mutter. Die Frau des Ophtalneologen [sic] Schreiber, deren Mann 8 Tage zuvor plötzlich an Schlagfluss starb und von mir noch vor der Fahrt nach Berlin beerdigt wurde, nahmen sie mit. Und so weiter. Alte Leute von über 80 und sogar 90 Jahren. – Darf ich Sie nach den Namen und Wohnung Ihrer Verwandten fragen, die betroffen wurden? Und auch derer, die noch in Baden oder der Pfalz sind. Ich suche eilig alles zusammen, um den ersteren durch Freunde in der Schweiz helfen zu können. Einer, vielleicht der einzige Zielort für die 7000 bis 9000 Menschen ist wohl Camp de Gurs bei Pau, Pyrénée Basse. Dort ist schon ein Pfarrer eingetroffen. Jetzt geht es um die Wege zur Kommunikation mit ihnen. Es ist feindliches Ausland. Aber ich hoffe, dass das Rote Kreuz Brücken schlägt. – Die privilegierten und sogar in den meisten Fällen die unpriv. Mischehen blieben verschont. Leider mussten einige Witwen, deren arische Männer tot sind, mit. Namenloses Herzeleid ist geschehen. Aber auch ungeheure Zeichen für tapfere, fromme, gefasste Haltung. ‚Ach, dass Du den Himmel zerrissest!'... Welch eine Schicksalsstunde ist das! Wir haben viel versäumt? [sic] Wenn ich noch eine Weile leben sollte, wollte ich ein Buch der Anfechtung schreiben,... Ich möchte darum nichts mehr tun, als in der Solidarität der Angefochtenen stehen. Heute quäle ich mich, dass ich nicht gebeten habe, mitzudürfen und mit diesen armen Brüdern und Schwestern zu sterben... Die Geschwister in Holland und Straßburg schreiben sehr deprimiert. Vorläufig komme ich kaum nach F[rankfurt]. Ich muss in Baden viel Reisen [!], um alles zu erfassen, und habe viel, viel zu tun.

Bief vom 23.11.40: In diesen Tagen ist die Gemeinschaft – oder sagen wir doch lieber die Gemeinde das einzige, was uns geblieben ist... Doch nun komme ich mit einer Frage; könnten wir, Pfarrer Grüber und ich uns eventuell – es ist ganz und gar unsicher – am Mittwoch Morgen in Ihrem Hause sprechen? Ich käme dann um 9.23 in Frkft an und müsste 12.08

nach Mannheim fahren. Ich muss Mittags ins jüdische Krankenhaus fahren und sehe eben, dass ein besserer Zug nicht fährt... es wäre für uns ein Gefühl der Geborgenheit und Ruhe...

Brief vom 28.11.40: ... Ich muss Ihnen im Luftschutzkeller ein Wort innigsten Dankes sagen für den gütigen Empfang und die rührende Fürsorge gestern... Es war gut, dass ich nach Mannheim kam. Ich hatte sehr wichtige Besprechungen in einigen Familien und war 4 Stunden im jüdischen Krankenhaus, von Bett zu Bett. Vieles war herzzerreißend. Frau Annemarie Conzen war am Bett ihrer Großmutter. – Dann aber war ich bei dem Vater jenes mächtigen Mannes, der alles in seiner Hand hat. (Gemeint ist Gauleiter Scheel. D.U.) Er war sehr liebenswürdig und versicherte mir ganz fest, daß an eine Trennung der Ehen nicht gedacht werde. Es sei genug geschehen. Ich sagte ihm, dass dazu die Kirchen nimmer schweigen dürften. Das verstand er vollkommen und er betonte immer wieder, dass ich getrost allen Verängsteten es sagen dürfte, dass sie nichts zu befürchten hätten. – Ich habe das heute schon gründlich getan. Hier zittert eben der jüngsten polizeilichen Aufnahmen wegen Alles. – Am 2. Advent taufe ich drei junge jüdische Mädchen von 12, 16 und 17 Jahren. An Weihnacht wohl 2 Mädchen von 11 und 12 Jahren. Es ist immer wieder beweglich [sic], wie sie Jesus und das Evangelium schliesslich packt. Gott segne Sie und Ihr[e] l. Kinder Alle!...

Brief vom 31.12.40: ... Gemeindeglieder liegen totkrank [sic] und von dem Freund, mit dem ich erst vor kurzem bei Ihnen sass (Pfr. Grüber, Berlin. D.U.), höre ich so Widerspruchvolles, Trauriges, Beklemmendes. Sein Amt ist geschlossen. Er selbst ‚verreist'. Und Andre – so scheint es – mit ihm. Eine große Not. Er tut mir namenlos leid. Er leidet um Andrer willen. Die Dornenkrone der Liebe. – Wird die Welle, die ihn erfasste, nicht auch weiter über ihre Ufer schlagen? Gott sei mit Ihnen und Ihren Lieben Allen, er schütze besonders Hildegard! Mit innigsten Grüßen Ihr treuer H. Maas.

Für die Richtigkeit der auszu[g]sweisen Abschrift: K'he, den 24. Febr. 1943.
gez. Unterschrift. Krim.Ass."

2040 Pfr. Maas wird die Befugnis zur Erteilung von Religionsunterricht entzogen.
Bad. Minister des Kultus u. Unterrichts an die FA beim EOK, nachrichtl. an den EOK, 16. März 1942; LKA PA 4351/II

„Pfarrer Hermann *Maas* in Heidelberg, der im Jahre 1927 der Loge ‚Zur Wahrheit, und Treue' beigetreten war und ausserdem dem Pro Palästina

Komitee angehörte, hat bei seinem Schriftwechsel mit den in Baden wohnhaften Judenchristen eine judenfreundliche Einstellung zu erkennen gegeben. So schrieb er anlässlich der Judenaktion vom November 1938 u.a. an einen Juden in Baden-Baden: ‚Ich stehe bei Ihnen, nicht ›trotzdem‹ Sie Jude sind, sondern ›weil‹ Sie es sind und weil ich heute von einer Gottesgemeinde, einem Gottesvolk weiss, zu dem wir, Sie und ich, in gleicher Weise als Brüder und Schwestern gehören, in gleicher Weise angegriffen, verachtet und verstossen von der Welt, in gleicher Weise aber auch geborgen in der Liebe des Ewigen, dessen Kinder wir sein dürfen.'

Pfarrer Maas hat bis zum Jahre 1941 wiederholf Mischlinge und Juden getauft und ihre Aufnahme in die Badische Evangelische Landeskirche veranlasst.

Anlässlich der Evakuierung der Juden im Oktober 1940 brachte er sein Mitempfinden über diese Massnahme zum Ausdruck.

Stadtpfarrer Maas ist aufgrund seiner judenfreundlichen Haltung als Religionslehrer nicht mehr tragbar, weshalb ich ihm die Befugnis zur Erteilung des Religionsunterrichts in den Schulen des Landes entziehe."

2041 Stellungnahmen von Pfr. Maas zu den Vorwürfen der Gestapo
Schreiben an den EOK vom 9. April und vom 13. Juli 1942; LKA PA 4351/II

„Heidelberg, den 9.4.42.

Nach Monate langem Drängen zweier um die Kirche besonders verdienter Kirchengemeinderäte trat ich 1927 in die Loge zur Wahrheit und Treue ein. Ich habe dort nur meinen Auftrag erfüllen wollen und den Männern zur gegebenen Stunde das Evangelium verkündet. Die nationale Haltung der Loge war untadelig. Internationale Beziehungen bestanden überhaupt keine. Viele Mitglieder der Loge sind heute Mitglieder der Partei.

Das Pro Palästinakomitee bestand im Wesentlichen aus christlichen Deutschen, die eine Teillösung der Judenfrage in der Ansiedlung in Palästina sahen. Da ich von jeher gegen die Assimilierung war, schien mir das ein gangbarer Weg zu sein. Soviel ich mich erinnere, trat ich auf Einladung des Staatssekretär des Aeusseren, Herrn von Schubert, in das Komitee ein, wohnte dann aber keiner der sehr seltenen Sitzungen, die immer in Berlin stattfanden, bei.

Die eigentümliche Fassung des angeführten Satzes aus einer Briefkarte an einen recht alten, schwer kranken Judenchristen, der nicht mehr am Leben ist, erklärt sich folgendermassen: Der offenbar gänzlich verzweifelte

Mann liess mir durch seine Tochter sagen, er wende sich an mich um ein Trostwort, ‚trotdem' er der Rasse nach Jude sei und trotzdem er als Judenchrist in christlichen Kreisen spüren müsse, dass er nur Jude sei. Ich gab ihm darauf die Antwort, die in dem angeführten Satze steht. Dieser konnte in diesem Zusammenhang nichts anderes bedeuten als das, dass die christliche Liebe sich nicht ‚herablassend' seiner annehme, ‚trotzdem' er Jude sei, sondern sich seiner gerade darum erbarme, ‚weil' er Jude sei und darum jetzt in Not und Einsamkeit hätte geraten müssen. Eine Kritik an den staatlichen Massnahmen gegen die Juden lag mir dabei ganz ferne, ebenso aber auch eine Bevorzugung des Juden. In dem Augenblick, da ich schrieb, war er mir von Gott gegenübergestellt, weil er nach Trost verlangte. Der Satz ist entsprungen aus der Liebe, mit der wir selbst von unsrem Herrn geliebt sind. Den Philosemitismus habe ich jederzeit abgelehnt.

Der kurze Satz ist vielleicht in dieser Fassung missverständlich. Beim Empfänger konnte aber nach dem, was vorausging, ein Missverständnis nicht aufkommen.

1940 fragte Pfarrer Zwanziger [= Zwanzger] von der inneren Mission in München bei mir an, was in Baden geschehen sei. Ich gab ihm einen kurzen sachlichen Bericht über die Evakuierung ohne jedes Urteil über die staatliche Massnahme. Vielleicht habe ich dabei bedauert, dass ein judenchristliches Ehepaar in Heidelberg, das Sonntag für Sonntag den Gottesdienst besuchte, sich bei der Ausweisung das Leben nahm. Aber auch das war lediglich Mitempfinden einer Not und nicht Kritik am Geschehen im Staate. Als ich gebeten wurde durch einen der evakuierten Judenchristen, der dereinst mit mir das Abitur gemacht hatte, ich möchte womöglich dafür besorgt sein, dass sein Pass ihm nachgeschickt würde, da ging ich mit diesem Briefe sofort auf das Polizeipräsidium in Mannheim und habe genauestens erfüllt, was mir dort geraten und gestattet wurde.

Was mir als Judenfreundschaft ausgelegt wird, war der arme Versuch, das Wort Jesu im Gleichnis vom barmherzigen Samariter: Gehe hin und tue desgleichen, zu erfüllen. Ich habe Jahrzehnte im Gefängnis gepredigt und versucht, den Gefangenen diese christliche Liebe zu erweisen, ohne jemals in Wort oder Tat in den Gang des Rechtes einzugreifen. Genau so habe ich's auch in der Judenfrage gehalten. Ich habe mich nicht gegen die staatlichen Massnahmen aufgelehnt oder geäussert und habe mein Mitempfinden für die betroffenen Judenchristen immer von solcher Kritik an den Massnahmen gegen die Juden ferngehalten. Darum liegt darin, dass dies Mitempfinden da oder dort zum Ausdruck gebracht wurde, kein Ungehorsam gegen die Obrigkeit und kein Heraustreten aus dem nationalsozialistischen Staate. Für diese meine Haltung könnten am ehesten meine drei Schwiegersöhne Zeugnis ablegen, von denen zwei als Offiziere im Kampf um Deutschlands Freiheit stehen, der eine östlich von Charkow, der andre bei der Luftwaffe. Sie kennen mich durch und durch.

Ich habe in Heidelberg seit 1933 drei Taufen von Juden vorgenommen. Der Eine war der Ehemann einer evangelischen Theologin, die sich den Dr. der Theologie erworben hatte. Die zweite [Taufe] war dessen Schwester, ein schwerkrankes älteres Fräulein, die seit Jahren das Bett hütet und nie mehr aufkommen wird. Die dritte [Taufe] war die Stiefmutter eines arischen Konfirmanden, die durch dessen Konfirmandenunterricht besonders angeregt worden war. Die 6 Taufen, die ich in diesen 9 Jahren ausserdem vollzogen habe, habe ich auf Bitten der Pfarrer Bürck, Speck und Dr. Weber in Mannheim gehalten. Ich wurde darum wohl gebeten, weil ich für Baden die Vertretung des Büro[s] Pfarrer Grüber in Berlin, das für die Betreuung nichtarischer Christen eingerichtet worden war, bis zu dessen Auflösung [Ende 1940] übernommen hatte.

Ich habe nie versäumt, die Täuflinge darauf aufmerksam zu machen, dass die Taufe gar keine Aenderung ihrer Stellung im Staate verursachen könne.

In meinen Religionsunterricht habe ich alle diese Dinge niemals hineingetragen, ebensowenig aber auch in meine Predigt oder meine Seelsorge in der Gemeinde.
gez. Hermann Maas"

„Heidelberg, den 13. Juli 1942.

Ich danke herzlich, dass mir noch einmal Gelegenheit gegeben werden soll, mich zu den Klagen über mein Verhalten zu äussern. Leider ist es mir nicht möglich, vor dem 15. d.M. noch einmal nach Karlsruhe zu kommen, da mich zur Zeit ausser dem eigenen Dienst die Vertretung für den erkrankten Pfarrer D. Oestreicher zu sehr in Anspruch nimmt. Aber ich habe ja auch dem früher Gesagten nur wenig hinzuzufügen.

Zuerst möchte ich noch einmal darauf hinweisen, dass die beanstandete Briefstelle aus einer Briefkarte stammt, die ich im Jahre 1938 geschrieben habe. Dazwischen liegen 4 Jahre und welche! Sollte man die tausend Feldpostbriefe, die ich seither geschrieben habe, nicht auf die andere Wagschale legen können?

Dabei war jene Karte für ein altes Ehepaar bestimmt, das ich vom Abgrund das Selbstmordes zurückreissen wollte. In solcher Lage wählt wohl ein Jeder einmal Worte, die er vielleicht sonst so nicht gebrauchen würde. Und doch muss ich noch einmal darauf hinweisen, dass jene besonders gerügten Begriffe ‚trotzdem' und ‚weil' den neutestamentlichen

Unterschied zwischen der natürlichen und sittlichen Liebe auf der einen Seite und der christlichen Liebe auf der andern Seite wohl zum Ausdruck bringen können. Und darum ging es mir gerade den aus dem Judentum stammenden Christen gegenüber.

Darum ist es mir aber auch das Allerwichtigste, noch einmal feierlich zu betonen, dass ich mit keiner meiner beanstandeten Handlungen jemals den Willen und die Gesetze das dritten [!] Reiches weder öffentlich noch privat kritisiert oder gar sabotiert habe.

Die Zugehörigkeit der Judenchristen zur Gemeinde Christi ist durch die Nürnberger Gesetze, wie dort ausdrücklich betont wird, nicht berührt worden. Darum übernahm ich die Fürsorge für sie auf besondere Bitten, und viele Amtsbrüder haben mir das gedankt. Meine Gemeinde hat das nicht bekümmert, denn ich habe mich dadurch niemals in meinem Dienst an ihr hindern lassen, sie fiel ja auch gar nicht ins Auge. Ich habe sie also nicht beunruhigt und auch in allen diesen Jahren keine Abmeldung aus meiner Seelsorge und Parochie in eine andre erlebt.

Diese Fürsorge widerstritt aber auch – das sei ausdrücklich betont – in keiner Weise der eigenen Ueberzeugung von dem unheilvollen Einfluss des unbekehrten Judentums in Volkstum und Politik.

So bitte ich, diese wenigen Bemerkungen noch dem früher Gesagten hinzufügen zu dürfen und mir zu helfen in meiner äusseren und inneren Bedrängnis.
gez. Hermann Maas"

2042 Der EOK beschließt, gegen Pfr. Maas eine Warnung auszusprechen, und begründet dies ausführlich, 25. Juli 1942.
LKA PA 4351/II

„Beschluss.

Gegen Pfarrer Hermann Maas in Heidelberg hat der Evang. Oberkirchenrat in seiner Sitzung vom 21. Juli 1942 in Anwendung der §§ 1, 5, 6 der Disziplinarordnung der Deutschen Evang. Kirche (DO) [Dok. 2008] eine

Warnung

ausgesprochen.

Pfarrer Maas kann gegen diese Disziplinarverfügung binnen 2 Wochen nach Zustellung Beschwerde an die Disziplinarkammer erheben (§ 26 DO).

Gründe.

I.

Durch Verfügung des Herrn Ministers des Kultus und Unterrichts vom 16.3.1942 Nr. A I 1038 [Dok. 2040] wurde Pfarrer Maas die Befugnis zur Erteilung des Religionsunterrichts in den Schulen des Landes entzogen, weil er ‚aufgrund seiner judenfreundlichen Haltung als Religionslehrer nicht mehr tragbar ist'. In der genanten Verfügung ist im einzelnen folgendes gesagt: [...] [*Es folgt die wörtliche Wiedergabe von Dok. 2040 ohne den letzten Absatz.*]

Zu den gegen ihn hier erhobenen Vowürfen hat Pfarrer Maas Stellung genommen wie folgt: [...] [*Es folgt die ausführliche Referierung der oben abgedruckten Dok. 2041.*]

II.

Die Frage, die hier zur Entscheidung steht, lautet, ob Pfarrer Maas durch die geschilderten Handlungen die Pflicht, sich in und ausser dem Dienst des Vertrauens und der Achtung würdig zu zeigen, die seinem Amt entgegengebracht werden, und insbesondere die Treupflicht gegenüber Führer, Volk und Reich verletzt hat. Diese Frage ist vor allem zu prüfen hinsichtlich des Schreibens an den Judenchristen in Baden-Baden. Eine solche Verletzung würde ohne weiteres dann vorliegen, wenn Pfarrer Maas in den geschilderten Handlungen bestimmt worden wäre durch eine gegnerische Einstellung zu der Judengesetzgebung des Dritten Reiches und den sich daraus ergebenden einzelnen Aktionen, und wenn er diese seine Einstellung Dritten gegenüber in entsprechender Weise bekundet hätte. Pfarrer Maas bestreitet dies. Die von ihm geltend gemachten Gründe machen sein Bestreiten nicht nur glaubhaft, sondern zeigen einwandfrei, dass er bei dem Schreiben nach Baden-Baden von gänzlich anderen Motiven bestimmt war. Es ist Pfarrer Maas ohne weiteres zu glauben, dass er durch die Gegenüberstellung von ‚trotzdem' und ‚weil' nicht etwa eine Gegenstellung gegen die staatliche Judengesetzgebung und Judenaktion beziehen, sondern dem in Not befindlichen Judenchristen klarmachen wollte, dass er als Getaufter, soweit er Christus im Glauben ergreift, mit allen anderen Christen – gleich welcher Rasse – in Gottes Gnade stünde, zu den Kindern Gottes gehöre. Diesen Kindern Gotttes ist im Neuen Testament verheißen, dass die Welt sie hassen wird. Dass die Worte an den Baden-Badener Judenchristen allein diesen Sinn haben sollten, ergibt sich aber nicht nur aus der von Pfarrer Maas geltend gemachten Verteidigung, sondern aus dem Brief selbst, wie er oben angeführt ist.

Es könnte nun darauf hingewiesen werden, dass Pfarrer Maas durch seinen Beitritt zur Loge und zu dem Pro Palästina-Komitee sowie durch seine

Judentaufen bewiesen habe, dass er judenfreundlich eingestellt ist. Es könnte daraus der Verdacht abgeleitet werden, dass er durch diese Judenfreundlichkeit sich doch, wenn auch nur in einer versteckten Form, zu einer Kritik an Massnahmen des Staates gegenüber den Juden habe hinreissen lassen. Gegenüber dem Wortlaut des Briefes und der Erwiderung des Pfarrers Maas kann diese Argumentation aber nicht durchschlagen. Denn einmal ist der Beitritt zu einer Loge kein Beweis für eine judenfreundliche Einstellung. Dasselbe gilt für die Mitgliedschaft bei dem Pro Palästina-Komitee, die ja praktisch ganz belanglos geblieben ist und eher für Bemühungen des Pfarrers Maas spricht, die Juden aus Deutschland hinauszubekommen. Auch die Judentaufen können an sich für eine philosemitische Einstellung nicht sprechen. Denn jeder evangelische Geistliche kann, wenn die erforderlichen Voraussetzungen dafür gegeben sind, vor die Notwendigkeit gestellt werden, Juden zu taufen, um dem Taufbefehl des Herrn der Kirche gerecht zu werden. Würde es zutreffen, dass Pfarrer Maas von einer ausgesprochenen Judenfreundschaft und Judenbegünstigung beseelt wäre, so hätten sich dafür noch Anzeichen in seiner Predigttätigkeit, in seinem Religionsunterricht und in seiner Seelsorge irgendwie einmal kundtun müssen. Dies ist aber nicht der Fall gewesen. Der Oberkirchenrat nimmt daher als schlüssig erwiesen an, dass Pfarrer Maas mit seinem Baden-Badener Brief in keiner Weise Massnahmen des Staates einer Kritik unterziehen wollte, sondern allein aus dem ihm als Pfarrer zukommenden seelsorgerlichen Anliegen heraus dem in Not befindlichen Judenchristen den Trost aus Gottes Wort sagen wollte.

Trotz dieser Feststellung kann der Oberkirchenrat aber Pfarrer Maas hinsichtlich der hier in Frage kommenden Vorgänge von einem Verschulden dienstrechtlicher Art doch nicht völlig freisprechen. Pfarrer Maas wusste, dass 1933, als er von seiner Palästinareise zurückgekehrt war, von unverantwortlicher Seite her gegen ihn gehetzt wurde, wobei seine politische Vergangenheit und seine Beschäftigung mit der Judenfrage so hingestellt wurde, als wäre er für den neuen Staat nicht mehr tragbar. An jenen Vorgängen musste Pfarrer Maas erfahren, dass alle seine Betätigung im öffentlichen politischen und kulturpolitischen Leben niemals so verstanden wurde, wie er sie gemeint hat, nämlich als Bemühung, dem Evangelium Jesu Christi Bahn zu brechen, sondern als Ausflüsse staatspolitischer Bestrebungen seinerseits. Pfarrer Maas ist damals auch durch Erlass des Herrn Landesbischofs vom 13. September 1933 Nr. 1094 die Mahnung erteilt worden, seine Aeusserungen und Handlungen so einzurichten, dass nicht der Anschein erweckt werde, als wolle Pfarrer Maas in seinen früheren politischen oder kulturpolitischen Bestrebungen weiterwirken. Es ist Pfarrer Maas zugute zu halten, dass er dieser Mahnung im wesentlichen nachgekommen ist. Er hätte sie aber auch beachten müssen, als das Verlangen an ihn gerichtet wurde, dem Baden-Badener Judenchristen ein Wort des Trostes zu sagen. Hier wäre überhaupt zu fragen, ob es für Pfarrer Maas nicht besser gewesen wäre, sich streng an die Ordnung der Kirche zu halten und die Tochter des Judenchristen an den zuständigen Ortsgeistlichen von Baden-Baden zu verweisen oder sich von sich aus an diesen Geistlichen selbst zu wenden. Es kann nicht ohne weiteres als ein gebot der Selsorge angesehen werden, diesen Weg nicht zu gehen. Wollte ihn Pfarrer Maas aber nun wirklich nicht beschreiten, so hätte er, besonders nach den Erfahrungen, die er 1933 gemacht hat, bei der Abfassung des Briefes an den Baden-Badener Judenchristen alles vermeiden müssen, was irgendwie den Anschein erwecken konnte, als wolle er an staatlichen Massnahmen Kritik üben. Pfarrer Maas gibt ja hier auch selbst zu, dass die Fassung seines Briefes, besonders wenn man den Wortlaut der ihm vorgetragenen Bitte ausser Acht lässt, und wenn man der Welt des Evangeliums fern steht, missverständlich sein kann.

Der Oberkirchenrat kann es auch nicht billigen, das Pfarrer Maas Judentaufen, die ihm von anderen Geistlichen der Landeskirche überwiesen wurden, vollzogen hat. Die Prüfung und Entscheidung, die einer solchen Judentaufe vorauszugehen hat, muss so gewissenhaft geführt und getroffen werden, dass es nicht angezeigt erscheint, sie aus dem Amtsbereich des zuständigen Geistlichen herauszunehmen und einem anderen Geistlichen zuzuweisen. Unter Berücksichtigung dieser besonderen Eigenart des Amtsgeschäfts und unter Berücksichtigung der Ordnung der Kirche hätte Pfarrer Maas die ihm gewordenen Aufträge zurückgeben müssen. Wenn er glaubte, als Beauftragter des Pfarrers Grüber in Berlin die Taufen vollziehen zu müssen, so hat er sich hier in einem Irrtum befunden. – Dass das hier vorliehende Verschulden nur allerleichtester Art ist, ja sehr hart an der Grenze des Unverschuldeten liegt, bedarf nach dem Vorangegangenen keiner weiteren Erläuterung.

Der Oberkirchenrat ist auch – um Pfarrer Maas eindrücklichst darzutun, welche Schwierigkeiten er auch der Kirche durch sein Verhalten bereitet hat – zu dem Ergebnis gekommen, dass Pfarrer Maas sich eines Dienstvergehens schuldig gemacht hat. Im Hinblick aber auf den geringen Umfang der Schuld und ganz besonders unter Berücksichtigung dessen, dass Pfarrer Maas nun über 40 Jahre in Treue und mit grossem Erfolg sein Amt als Prediger und Seelsorger wahrnimmt, dass er immer wieder um sich eine lebendige Gemeinde sammelt, die in Dankbarkeit um seines aufopfernden Dienstes willen an ihm hängt, konnte nur die geringste zulässige Ordnungsstrafe der Verwarnung gegen Pfarrer Maas ausgesprochen werden."

Der Beschluss erging außer an den Betroffenen nachrichtlich auch an das zuständige Dekanat Heidelberg und an die FA beim EOK, hier mit dem Zusatz:
„Die Angelegenheit ist damit für uns abgeschlossen."
Dennoch fand die Auseinandersetzung noch eine Fortsetzung:

2043 Protokoll der Vorladung von Pfr. Maas im Oberkirchenrat, 6. April 1943
LKA PA 4351/II

„Es erscheint auf Vorladung Pfarrer Maas. Der Auszug aus den bei Frau von Mettenheim in Frankfurt a.M. gefundenen Karten und Briefen wird ihm im einzelnen vorgelesen und der Inhalt wird durchgesprochen. Pfarrer Maas erklärt:

Frau von Mettenheim ist rassenmässig Volljüdin, aber von Kindheit an Christin. Sie ist die Ehefrau des arischen Professors für Kinderheilkunde an der Universität Frankfurt a.M. Sie hat 6 Kinder, die nicht alle aus der Ehe Mettenheim stammen. In erster Ehe war Frau von Mettenheim mit einem höheren Offizier verheiratet. Die Sorge um ihre Kinder, die Mischlinge ersten Grades sind, führte das Ehepaar Mettenheim zu mir nach Heidelberg. Ein Sohn, Adalbert, sollte Theologe werden. Er hatte damals schon 6 Semester Theologiestudium in Tübingen und Erlangen hinter sich. Ein Sohn ist gefallen und ein Sohn steht noch im Osten.

Den gegen mich erhobenen Vorwurf der Judenfreundlichkeit und Staatsablehnung muss ich auf das entschiedenste zurückweisen.

Wenn ich mich hier der Juden angenommen habe, so geschah dies nicht, um Massnahmen, die der Staat nach der rassenpolitischen Seite für nötig erachtet und die er allein zu verantworten hat, irgendwie zu kritisieren oder zu erschweren oder sie auch nur in Frage zu stellen. Die Motive meines Handelns erwuchsen allein aus der Verpflichtung, die ich als Christ glaube meinen christlichen Brüdern und Schwestern gegenüber, die durch die staatspolitischen Massnahmen getroffen wurden, zu haben. Ich wollte nur den Betroffenen helfen, in dem, was ihnen geschah, eine Führung zu Christus hin zu erkennen. Das unbekehrte Judentum habe ich jederzeit für einen Fluch in vielerlei Hinsicht gehalten und daraus nie einen Hehl gemacht. Wenn ich mich an der Fürsorge für Judenchristen, die auswandern wollten, beteiligte, so geschah das darum, sie vor dem Fluch des Emigrantentums und damit der Deutschfeindlichkeit zu bewahren und sie in der christlichen Gemeinde unterzubringen. Bei allem, was ich tat, war mein einziges Bestreben, den Judenchristen zu helfen, in ihrem Glauben an Christus immer fester zu werden, und ich glaube, dass mir als Geistlichem die Pflicht dazu auch oblag.

Ich darf nachdrücklichst darauf hinweisen, dass die hier in Frage stehenden Schriftstücke alle längst vor der Zeit geschrieben sind, als die Erhebungen aufgrund der Mitteilung des Herrn Ministers des Kultus und Unterrichts vom 16. März 1942 an den Oberkirchenrat einsetzten und mit der gegen mich erkannten Warnung vom 25.7.1942 abschlossen. Als Anfang 1941 Pfarrer Grüber verhaftet wurde, habe ich meine ganzen Bemühungen um die Judenchristen eingestellt. Jedenfalls aber habe ich nach dem Juli 1942 in gar keiner Weise mehr mich um die judenchristliche Sache bekümmert. Ich habe keine Taufen mehr vollzogen und habe andere Amtshandlungen, die ich vornehmen sollte, verweigert und dem zuständigen Pfarrer zugewiesen.

Aus dem neuerlichen Vorgehen gegen mich muss ich schliesslich die Ueberzeugung gewinnen, dass man die wirklichen Motive meines früheren Handelns nicht anerkennen will. Obwohl in meiner Gemeinde keinerlei Schwierigkeiten irgendwelcher Art aufgetreten sind, obwohl ich nie eine Abmeldung bei einer Amtshandlung habe, also in keiner Weise irgendeine Ablehnung erfahre, und obwohl diese Sache doch völlig nur in den Akten liegt und die Oeffentlichkeit in keiner Weise berührt, muss ich schliesslich doch in Erwägung ziehen, ob ich nicht um meine Zurruhesetzung bitten soll. Ich tue dies hiermit, wie sehr ich auch dabei unter der Erkenntnis leide, dass ich der Kirche damit im Augenblick keinen Dienst erweise. Anderseits möchte ich auch der Kirche keine weiteren Schwierigkeiten bereiten. Den Zeitpunkt stelle ich in das Ermessen des Herrn Landesbischofs.

Vorgelesen, genehmigt und unterschrieben:
Hermann Maas   Dr. Friedrich"

2044 Die FA beim EOK fordert ein Disziplinarverfahren zur Amtsenthebung von Hermann Maas; dieser nimmt zu den Vorwürfen Stellung, Mai / Juni 1943.
Der Vorsitzende der FA an den EOK, 24. Mai 1943; H. Maas, 8. Juni 1943; LKA PA 4351/II

„Die Finanzabteilung bedauert, nicht in der Lage zu sein, gemäß § 7 Absatz 2 der Fünfzehnten Verordnung zur Durchführung des Gesetzes zur Sicherung der Deutschen Evang. Kirche vom 25.6.1937 (RGBl. I S. 697) ihre Zustimmung dazu zu erteilen, daß Pfarrer Hermann Maas in Heidelberg auf seinen Antrag zu einem noch festzusetzenden Zeitpunkt in den

Ruhestand versetzt wird. Zu dieser Entscheidung sieht sich die Finanzabteilung auf Grund der nachstehenden Erwägungen veranlaßt.

Pfarrer Maas war bereits 1933 bei seiner Rückkehr von einer Palästinareise als Mitglied einer Freimaurerloge und des Pro Palästina-Kommitees wegen seiner politischen, judenfreundlichen Haltung öffentlich angefeindet worden. Aus diesem Anlaß war er durch Erlaß des Herrn Landesbischofs vom 13.9.1933 Nr. 1094 gemahnt worden, sich so zu verhalten, daß der Anschein vermieden werde, er wolle ‚in seinen früheren politischen und kultur-politischen Bestrebungen weiterwirken'.

Gleichwohl gab Pfarrer Maas anläßlich der Judenaktion im November 1938 seine judenfreundliche Einstellung im Schriftwechsel mit in Baden-Baden wohnhaften Juden-Christen zu erkennen und brachte anläßlich der Evakuierung der Juden im Oktober 1940 seine Judensympathie zum Ausdruck. In dem hierwegen eröffneten Disziplinarverfahren nahm der Oberkirchenrat aus Erklärungen des Pfarrers Maas ‚als schlüssig erwiesen an', daß Pfarrer Maas ‚in keiner Weise Maßnahmen des Staates einer Kritik unterziehen wollte'. Vielmehr unterstellt der Oberkirchenrat in seiner Begründung zur Diaziplinarverfügung vom 25. Juli 1942 Nr. 6140, daß weder die angeblich nur um der Verkündigung des Evangeliums willen erworbene Logenzugehörigkeit eine judenfreundliche Einstellung des Pfarrers Maas beweise, noch seine Mitgliedschaft beim Pro Palästina-Kommitee, die ‚eher für Bemühungen des Pfarrers Maas spricht, die Juden aus Deutschlahd hinaus zu bekommen'. Der Oberkirchenrat erklärte es damals für unzutreffend, ‚daß Pfarrer Maas von einer ausgesprochenen Judenfreundschaft und Judenbegünstigung beseelt wäre', weil sich dafür niemals Anzeichen in seiner Seelsorge kundgetan hätten.

Übrigens hatte lt. Begründung seiner Disziplinarverfügung der Oberkirchenrat die Frage geprüft, ob Pfarrer Maas sich etwa amtsunwürdig gezeigt' und insbesondere ‚die Treuepflicht gegenüber Führer, Volk und Reich verletzt' hätte. Wörtlich sagt dann der Oberkirchenrat: ‚Eine solche Verletzung würde ohne weiteres dann vorliegen, wenn Pfarrer Maas in den geschilderten Handlungen bestimmt worden wäre durch eine gegnerische Einstellung zu der Judengesetzgebung des Dritten Reiches und den sich daraus ergebenden einzelnen Aktionen, und wenn er diese seine Einstellung Dritten gegenüber in entsprechender Weise bekundet hätte'. Dies habe jedoch Pfarrer Maas glaubhaft und einwandfrei bestritten.

Weiter hatte der Oberkirchenrat in der Begründung seiner Disziplinarverfügung darauf hingewiesen, daß Pfarrer Maas, dessen Schriftwechsel mit einem Judenchristen in Baden-Baden inkriminiert war, diesen eigentlich in strenger Befolgung der Kirchenordnung an den zuständigen Ortsgeistlichen hätte verweisen und, wenn er dies schon nicht getan hatte, sich in seinem Brief so klar hätte ausdrücken müssen, daß auch der (angeblich widerlegte) Anschein einer Kritik an staatlichen Maßnahmen vermieden worden wäre. Wegen dieses Verschuldens, das der Oberkirchenrat ausdrücklich als ein solches ‚nur allerleichtester Art' bezeichnete, erklärte am 25.7.1942 der Oberkirchenrat den Pfarrer Maas für schuldig eines Dienstvergehens und sprach gegen ihn ‚die geringste zulässige Ordnungsstrafe der Verwarnung' aus.

Mit Schreiben vom 11.3.1943 weist der Minister des Kultus und Unterrichts daraufhin, daß nach neuerlichen staatspolizeilichen Feststellungen, insbesondere auf Grund von Briefen an die Jüdin Tana von Mettenheim in Frankfurt a. Main, Pfarrer Maas seine judenfreundliche und staatsablehnende Haltung deutlich hat in Erscheinung treten lassen und daß er wegen seiner erwiesen ablehnenden Einstellung zum nationalsozialistischen Staat als Geistlicher der Landeskirche nicht mehr tragbar ist.

Was der Oberkirchenrat in seinem Urteil vom 25.7.1942 noch als glaubhaft und einwandfrei bestritten ansah, erweist sich sonach als unbestreitbare Tatsache. Pfarrer Maas bringt gegenüber der Jüdin folgendes zum Ausdruck:

Er fühle sich mit getauften Juden als zu einer kleinen, treuen innig verbundenen Gemeinde gehörig.

Er fühle grausame Mitschuld und Mitverantwortung an den Verletzungen, welche Juden aus der judengegnerischen Haltung des deutschen Volkes erfahren mußten.

Er habe gehofft, eine judenfreundliche Bekundung in einer Synode der bekennenden Kirche vertreten zu können, was aber nach dem 30. September nicht mehr gegangen sei.

Es sei ein dämonischer Sadismus, daß Juden in Deutschland weiter bedroht und ausgewiesen würden.

Er zittere (im Juli 39) vor dem Gottesgericht, das sich über die Deutschen, über Europa und am Ende über der ganzen Welt zusammenziehe, und zwar um einer Idee willen. Dabei ergibt der Zusammenhang ganz klar, daß mit dieser Idee nicht etwa die Idee des auserwählten Volkes und die Idee des jüdischen Weltherrschaftsanspruches, sondern nur die Idee der nationalsozialistischen Judenbekämpfung gemeint sein kann.

Er sei zum Entsetzen seiner militärischen und kirchl. Vorgesetzten wegen seines Einsatzes für Juden als Wehrmachtspfarrer entlassen und seiner Ehre beraubt worden, wobei er weiter an die Jüdin schreibt: ‚Falle! Wir können nichts gegen die Partei, sagt das Militär'. Weiter schreibt er: ‚Wir haben viel versäumt. Wenn ich noch eine Weile leben sollte, wollte ich ein Buch der Anfechtung schreiben,... Ich möchte darum nichts mehr tun, als in der Solidarität der Angefochtenen stehen. Heute quäle ich mich, daß ich nicht gebeten habe, mitzudürfen und mit diesen armen Brüdern und

Schwestern zu sterben.' Dieser Wunsch, so erklärt Pfarrer Maas bei seiner Vernehmung, sei lediglich einer gleich wieder verflogenen Stimmung entsprungen. Es war also eine typisch unverantwortliche Hetzrede.
Weiter schrieb er an die Jüdin, *ob er sich mit einem gleich gesinnten Pfarrer im Hause der Jüdin sprechen könne, ‚es wäre für uns ein Gefühl der Geborgenheit und Ruhe'.*
Des Weiteren enthalten die Briefe lauter Äußerungen wehleidigen Mitgefühls, welche durchweg geeignet und offenbar darauf angelegt sind, die das Deutschtum und den nationalsozialistischen Staat ablehnende Haltung der betreffenden Judenchristin zu vertiefen und zu verschärfen.

Pfarrer Maas war also nicht, wie der Oberkirchenrat in seinem [sic] Erkenntnis vom 25.7.1942 irrtümlicherweise unterstellt hatte, der ihm mit Erlaß vom 13.9.1933 Nr. 1094 erteilten Mahnung ‚im Wesentlichen nachgekommen'; er hatte vielmehr, wie die neuerlichen staatspolizeilichen Feststellungen ergeben haben, ‚in seinen früheren politischen und kulturpolitischen Bestrebungen weitergewirkt'.

Die Annahme, welche sich der Oberkirchenrat in seinem Urteil vom 25.7.1942 ‚als schlüssig erwiesen' zu eigen gemacht hatte, daß Pfarrer Maas ‚in keiner Weise Maßnahmen des Staates einer Kritik unterziehen wollte', erweist sich nach den neuerlichen staatspolizeilichen Feststellungen als ebenso verfehlt wie die Voraussetzung, daß ‚Pfarrer Maas von keiner ausgesprochenen Judenfreundschaft und Judenbegünstigung beseelt wäre', und daß sich dafür niemals Anzeichen in seiner Seelsorge kundgetan hätten.

Auch der gute Glaube des Oberkirchenrats, daß die Mitgliedschaft des Pfarrers Maas beim Pro Palästina-Komitee für seine Bemühungen gesprochen habe, die Juden aus Deutschland.hinauszubekommen, erweist sich nach den neuerlichen staatspolizeilichen Feststellungen als nicht mehr haltbar.

Die lt. Begründung zum Disziplinarerkenntnis vom 25.7.1942 vom Oberkirchenrat geprüfte Frage, ob Pfarrer Maas sich etwa amtsunwürdig gezeigt und die Treuepflicht gegenüber Führer, Volk und Reich verletzt hätte, muß nach den neuerlichen staatspolizeilichen Feststellungen unbedingt bejaht werden, zumal es danach jetzt ganz klar ist,daß ‚Pfarrer Maas in den geschilderten Handlungen durch eine gegnerische Einstellung zu der Judengesetzgebung des Dritten Reiches und den sich daraus ergebenden einzelnen Aktionen' bestimmt worden war und daß er außerdem ‚diese seine Einstellung Dritten gegenüber in entsprechender Weise bekundet' hatte. Es liegt demnach nach der eigenen Erklärung des Oberkirchenrats in seinem Erkenntnis vom 25.7.1942 eine Verletzung der Treuepflicht gegenüber Führer, Volk und Reich ‚ohne weiters' vor.

Die in der Disziplinarverfügung des Oberkirchenrats vom 25.7.1942 als einziges Dienstvergehen ‚allerleichtester Art' mit der ‚geringstzulässigen Ordnungsstrafe der Verwarnung' bestrafte Übertretung der Kirchenordnung durch angeblich seelsorgerische Befassung mit einem Judenchristen außerhalb des Amtsbereiches liegt hier insofern in verschärftem Maße vor, als es sich um eine Judenchristin nicht nur außerhalb des Amtsbereiches, sondern sogar außerhalb des Bereiches der Bad. Ev. Landeskirche handelt.

Bei dieser Sachlage vermag die Finanzabteilung die Ausführungen des Ev. Oberkirchenrats vom 27.4.1943 nicht zu verstehen.

Wenn es Pfarrer Maas, wie der Oberkirchenrat annimmt, darauf angekommen wäre, Judenchristen seelsorgerisch zu betreuen und sie zugleich ‚vor dem Fluch der Deutschfeindlichkeit zu bewahren', so hätte er alle Veranlassung gehabt, unter Betonung des Zusammenhangs zwischen Sünde und Schicksal den Judenchristen die auch an ihnen sich auswirkende Volksabwehr begreiflich zu machen als unvermeidlichen Zwangslauf der Geschichte. Er hätte aber nicht durch wehleidige Klagen über angeblich sadistische, also völlig sinnlose Mißhandlungen, die Judenchristen in ihrer Erbitterung bestärken damit zu immer tieferer Deutschfeindlichkeit aufregen dürfen.

Pfarrer Maas gilt als kluger Kopf, als gewandter Psychologe und geschickter Seelsorger. Der Oberkirchenrat rühmt ihm in seinem Erkenntnis vom 25.7.1942 nach, daß er ‚über 40 Jahre in Treue und mit großem Erfolg sein Amt als Prediger und Seelsorger wahrgenommen habe und daß er immer wieder um sich eine lebendige Gemeinde gesammelt habe, die in Dankbarkeit um seines aufopfernden Dienstes willen an ihm hängt'. Zumal er selber dem Oberkirchenrat lt. dessen Schreiben vom 27.4.1943 Nr. 4191 versichert hat, ‚das unbekehrte Judentum habe er jederzeit für einen Fluch in vielerlei Hinsicht gehalten und daraus nie einen Hehl gemacht', war sich ein Mann wie Pfarrer Maas ganz zweifellos darüber klar, daß ein mit historischer Folgerichtigkeit sich entwickelndes Schicksal eines Ausbeuter- und Schmarotzervolkes von den davon Mitbetroffenen bestimmt nicht leichter getragen werden kann, wenn man immer nur über ihre ‚entsetzliche, herzzerreißende und grausame' Verfolgung jammert, aber die offenkundige Beziehung zwischen Schuld und Sühne verschleiert. Wohl weist Pfarrer Maas in seinen Briefen auf Sünde und drohendes Gottesgericht hin, aber nicht, wie es zutreffend und auch seelsorgerisch zweckmäßig gewesen wäre, beim ‚auserwählten' Volk der Juden, sondern beim deutschen Volke. So machte er, wie die ganze jüdische Feindpropaganda, den Ausbeuter zum Kläger und den Ausgebeuteten zum Angeschuldigten, obgleich er, wie jeder Deutsche, ganz genau weiß und es sogar selbst dem Oberkirchenrat gegenüber versichert hat, welche Schuld das Judentum am 1.und 2. Weltkriege und an der jahrzehntelangen inneren Zersetzung des Deutschtum trägt.

Sonach konnte es ihm bei seinen brieflichen Ausführungen garnicht um die seeleorgerische Betreuung von Judenchristen zu tun sein, sondern nur um die Verbreitung seiner ablehnenden Einstellung gegenüber Führer, Volk und Reich.

Diesem Sachverhalt trägt das Schreiben des Oberkirchenrats vom 27.4.1943 Nr. 4191 keine Rechnung.

Die Frage, wer der Amtsnachfolger des Pfarrers Maas wird, und ob und wann ein solcher eingesetzt werden kann, vermag die Finanzabteilung mit dem Falle Maas nicht in Verbindung zu bringen.

Daß die inkriminierten Briefe vor der Disziplinarverfügung vom 25.7.1942 zurückliegen, beweist, daß dieses Disziplinarerkenntnis, wie ausgeführt, auf irrigen Voraussetzungen beruht hat. Auf Grund der neuerlichen staatspolizeilichen Feststellungen, welche ganz neue, zuvor nicht berücksichtigte Schuldbeweise zutage gefördert haben, muß 1. unverzüglich ein erneutes Disziplinarverfahren, nunmehr mit dem Ziel der Entfernung aus dem Amte, gegen Pfarrer Maas eingeleitet und 2. Pfarrer Maas mit der Einleitung des Disziplinarverfahrens seines Dienstes als Geistlicher der Landeskirche vorläufig enthoben werden.

Die Finanzabteilung hat gleichzeitig angeordnet, daß mit Wirkung vom 1. Juli 1943 an bis auf weiteres 25 v.H. der Dienstbezüge.des Pfarrers Maas einbehalten werden.

Der Unterzeichnete hatte einige Tage vor seiner Amtseinführung, ohne die inkrimierten Briefauszüge zu kennen, den Fall Maas, von welchem er damals nur vom Hörensagen etwas wußte, in einer Aussprache mit dem Herrn Landesbischof gestreift. Der Herr Landesbischof ging damals mit dem Unterzeichneten darin einig, daß Pfarrer Maas auf dem Disziplinarwege seines Amtes enthoben, ihm womöglich aber noch sein volles Ruhegehalt zuerkannt werden solle, jedoch mit der ausdrücklichen Verwarnung, daß dieses gesperrt werde, wenn Pfarrer Maas sich weiterhin irgendwie noch einmal in Wort oder Tat staatsablehnend äußern würde.

Nach inzwischen erfolgter Kenntnisnahme der Akten und nach den unverständlichen Ausführungen des Oberkirchenrats vom 27.4.1943 erklärt der Unterzeichnete, daß er seine im Gespräch mit dem Herrn Landesbischof seinerzeit zum Ausdruck gebrachte viel zu milde Beurteilung des Falles Maas nicht mehr aufrecht zu erhalten vermag.

Ich bitte, mich von der weiteren Entschließung des Evang. Oberkirchenrats baldmöglichst in Kenntnis zu setzen.

gez. Dr. Engelhardt."

„Bemerkungen zu den einzelnen Abschnitten aus dem Auszug aus dem Schreiben des Vorsitzenden der Finanzabt. beim Ev. Oberkirchenrat vom 24. Mai Nr. A 5083

1. Ich schrieb an eine arisch verheiratete Frau und meinte, dass sie mit ihrer Familie – sie hat 6 Kinder, von denen ein Sohn gefallen ist und einer im Osten steht – in der Gemeinde Weihnacht feiern sollte, wie wir das auch tun wollten. Ich habe damit niemals zum Ausdruck bringen wollen, dass ich mich mit den getauften Juden als zu einer besonderen Gemeinde gehörig gefühlt hätte. Ich vertrat lediglich die Auffassung, dass zu der Gemeinde des Herrn neben arischen Christen auch fromme, aufrichtige Judenchristen gehören. Wenn ich mich nicht irre, betonen die Nürnberger Gesetze, dass durch sie die Mitgliedschaft in den Kirchen nicht berührt werde.

2. Ich habe mit dem Wort Verletzungen keine solchen gemeint, die ‚Juden aus der judengegnerischen Haltung des Deutschen Volkes erfahren mussten'. Ich habe vielmehr folgendes zum Ausdruck bringen wollen: Judenchristen – und nur um solche habe ich mich gekümmert, dagegen nie um ungetaufte Juden – sind doppelt heimatlos, weil sie einmal von ihren eigenen Rassegenossen brutal ausgeschlossen und andererseits von der Gemeinde Christi trotz der Taufe nicht aufgenommen wurden. Nur in diesem Zusammenhang hat das Wort Mitschuld einen Sinn: ich fühlte mich mitschuldig und mitverantwortlich als Glied der Gemeinde Christi. Eine solche ‚Verletzung' hatte mich zu dieser Äusserung veranlasst.

3. Ich habe niemals eine judenfreundliche Bekundung in einer Synode der bekennenden Kirche erreichen wollen. Die Synode sollte sich nur in biblisch-theologischem Sinne zum Schicksal der Judenchristen äussern. Ich betone, dass ich kein Judenfreund (Philosemit) bin und es auch niemals war. Wir haben auch in unserer Familie keinen jüdischen Verkehr.

4. Das Wort vom dämonischen Sadismus schrieb ich in der Erinnerung an die geradezu furchtbaren Bilder, die ich in London, insbesondere in Bloomsburyhouse, gesehen hatte. Auch dort wurden die Judenchristen weitergestossen. Ihre Lage erschien mir hoffnungslos und sinnlos. Die Meisten mussten nach kurzem Aufenthalt weiterziehen. Fast vergeblich bat ich um Aufnahme in christliche Umgebung und Gemeinden: in einer Gemeinde aufgenommen, war der Judenchrist nicht der Versuchung

ausgesetzt, in die Deutschfeindlichkeit der jüdischen Emigranten zu verfallen.

5. Ich schrieb das Wort vom Gottesgericht, als ich sah, dass nicht bloss die wahrhaft Schuldigen unter den Juden, sondern auch Judenchristen, die durch ihre Taufe wirklich andere Menschen geworden waren, das gleiche Los wie ihre Stammesgenossen erdulden mussten. Mir schien gerade das Blommsburyhouse, diese Stätte der brutalen Lieblosigkeit und Berechnung trotz aller grossartigen Versprechungen das Gottesgericht mit heraufzubeschwören. Die Juden waren bereits vom Gottesgericht getroffen, aber ich fürchtete auch für uns, die Anderen.

6. Es hat mich in meinem ganzen Leben nichts so gekränkt, wie meine Entfernung aus dem Standortpfarramt. Auch ich wünschte mir wie jeder aufrechte deutsche Mann in Zeiten der Not, dem Vaterland Kriegsdienst leisten zu können – als Standortpfarrer konnte ich es tun. Hier habe ich Tag um Tag versucht, durch Predigt, Seelsorge und unzählige Briefe an meinem Teil mit Führer, Volk und Vaterland die ungeheure Last dieses Krieges mitzutragen. Ich war also nicht staatsablehnend, sondern nahm mit meinem ganzen Herzen am Schicksal meines Vaterlandes teil. Man wird mir daher meine Erbitterung zu Gute halten müssen.

7. Die christliche Kirche schien mir viel an den Judenchristen versäumt zu haben. Hat die Kirche sie einmal in ihre Gemeinschaft aufgenommen, so muss sie auch für sie einstehen ohne Rücksicht auf die mehr oder weniger angenehmen Eigenschaften des Einzelnen. Hieraus erwuchs mir manch innere Anfechtung. Dabei bedrückte mich auch, dass die Christen unter den Ausgewiesenen draussen kaum innere und äussere Hilfe zu erwarten hätten. Aus dieser Stimung heraus habe ich denn auch zum Ausdruck gebracht, wie sehr es mich quälte, dass ich diese armen Brüder und Schwestern nicht begleitet hätte, um ihnen als Seelsorger beizustehen. Wenn ich auch erklärt habe, dass dieser Wunsch lediglich einer gleich wieder verflogenen Stimmung entsprungen wäre, so kann mir hieraus jedoch niemals der Vorwurf einer typisch unverantwortlichen Hetzrede gemacht werden. Womit und gegen wen sollte ich denn gehetzt haben?

8. Ich bin kein Wirtshausbesucher und treffe mich deshalb auch nicht gerne mit Freunden und Bekannten im Gasthaus. Ich fühle mich eben in einer Privatwohnung geborgener. Aus diesem Grunde wollte ich auch mit Pfarrer Grüber lieber in einer Privatwohnung zusammenkommen.

9. Ich habe nie durch ‚wehleidiges Mitgefühl' die deutschfeindliche Haltung der Judenchristen vertieft oder verschärft. Im mündlichen Gespräch habe ich sehr deutlich meine Verurteilung des unbekehrten Judentums zum

Ausdruck gebracht. Ausbeuter unseres Volkes habe ich wahrlich nie in Schutz genommen. Hier hielt ich mich stets an die Gerichtsrede der Bibel, Römer 9–11. Und wie ich als Gefängnispfarrer niemals die staatliche Rechtspflege sabotiert habe und doch Busse, Gnade und Trost zu verkünden suchte, so hielt ich es auch hier.

10. Was mit dem Vorwurf gemeint ist, ich habe in meinen früheren politischen und kulturpolitischen Bestrebungen weitergewirkt, weiss ich nicht. Jedenfalls habe ich mich nach dem Umbruch weder politisch och kulturpolitisch betätigt. Bei der Betreuung der Judenchristen ging es um einen Auftrag an einem verschwindend kleinen Teil der Gemeinde Christi. Und der war nicht politisch oder kulturpolitisch, sondern rein religiös und charitativ. Aber auch diese Aufgabe erfüllte ich nicht mehr, als sich der Krieg verschärfte, d.h. seit Anfang 1941.

11. Im Propalästinakomitée, in dem ich einst als Mitglied registriert bin, habe ich nie mitgearbeitet und nie an einer Sitzung teilgenommen.

12. Ich empfinde es furchtbar hart, dass man mit einigen Briefstellen aus 3 vergangenen Jahren eine so unerhört schwere Anklage konstruiert und daneben mein fast tägliches Reden und Bekennen zum Vaterland – teils in aller Öffentlichkeit, teils in Hunderten von Briefen an die Front und in der Heimat, völlig unberücksichtigt lässt und damit ein langes Leben im Dienste der heissgeliebten Kirche und des deutschen Volkes zerschlägt. Es soll auch nichts bedeuten, dass ich mich Sonntag für Sonntag in Predigten, in Bibelstunden und in ungezählten anderen Amtshandlungen bemüht habe, unser Volk aufzurichten und stark zu machen für den Freiheitskampf, in dem wir stehen. Das wissen Ungezählte, dass ich das getan habe, die mich hören und beobachten in meinem Wirken.

gez. Hermann Maas

Heidelberg, den 8. Juni 1943"

B Reichspogromnacht am 9. November 1938 in Baden

Stellungnahmen der Kirchenleitung, aber auch der Bekennenden Kirche in Baden sind nicht bekannt. Der in einem Interview 1995 im Abstand von 57 Jahren gegebene Bericht des 85jährigen Pfarrers Hans-Otto Jaeger (1910–1997) ist zwar kein Zeitdokument, macht aber die Distanz selbst der Mitglieder der Bekennenden Kirche zum Judentum und ihre hilflose Reaktion gegenüber diesem Terrorakt deutlich. Jaeger war damals Vikar an der Mannheimer Trinitatiskirche. Er gehörte von Anfang an zur Bekennenden Kirche und war Sprecher ihrer Vikare.

In der Zeitung „Der Deutsche Christ" erschienen ab diesem Zeitpunkt vermehrt und ungenierter bösartige antisemitische Artikel.

Die Ereignisse um die Reichspogromnacht vom 9. November 1938 waren Auslöser für die Bildung eines „Freiburger Kreises", der bald darauf unter dem Titel „Kirche und Welt" eine Denkschrift verfaßte, in der von den Zehn Geboten ausgehend eine grundlegende Kritik an der Politik des nationalsozialistischen Staates geübt wird. Die selbstverständliche an Römer 13 orientierte Haltung der Christen zum Staat wird hier einer Revision unterzogen: „Die biblische Einsicht, daß alle Menschen ohne Unterschied der Rassen vor Gottes Augen Sünder sind, macht dem Christen die uneingeschränkte Selbstverherrlichung des eigenen Volkstums ebenso unmöglich wie die unterschieds- und schrankenlose Verurteilung fremder Volksart und aller ihrer Erbeigenschaften als minderwertig oder gar verbrecherisch." (abgedruckt in: K. Schwabe / R.. Reichardt (Hg.), Gerhard Ritter. Ein politischer Historiker in seinen Briefen (Schriften des Bundesarchivs; 33), Boppard am Rhein 1984, 649). Dem Kreis gehörten u.a. an: Constantin von Dietze, Walter Eucken, Adolf Lampe, Gerhard Ritter, Clemens Bauer, Fritz Freiherr Marschall von Biberstein und Gustav Mie, jeweils mit ihren Frauen. Aus der Bekennenden Kirche nahmen die Pfarrehepaare Dürr (Paulusgemeinde), Hof (Christuskirche) und Horch (Friedensgemeinde) sowie die Witwe des ehemaligen Pfarrers der Christusgemeinde Charlotte Weber teil. Arnold Hesselbacher und seine Frau kamen im Herbst 1943 noch hinzu.

Vgl. Cornelia Weber, Der Freiburger Kreis und die Juden, in: E. Marggraf, J. Thierfelder, U. Wennemuth (Hrsg.), Unterdrückung – Anpassung – Bekenntnis. Die evang. Kirche in Baden im Zweiten Weltkrieg und in der Nachkriegszeit, Karlsruhe, in Vorber. – Vgl. auch in dem in Vorbereitung befindlichen Band V dieser Quellensammlung das vorletzte Kapitel.

Die Ereignisse der Pogromnacht hatten unmittelbare Wirkungen vor allem in England. Schon Monate zuvor hatte sich der Generalsekretär des Weltbundes für Freundschaftsarbeit der Kirchen, Henry Henriod, in Genf um Möglichkeiten bemüht, für die „nichtarischen" Pfarrer und ihre Familien Visa zur Einwanderung zu erhalten. Jetzt wurde vor allem der Lordbischof von Chichester, George Bell, aktiv. Auf seine Veranlassung erstellte das „Büro Grüber" eine Liste von betroffenen Personen, die am 21. Dezember 1938 an den Evangelischen Oberkirchenrat in Berlin geschickt wurde und von dort über die Kirchenkanzlei der Deutschen Evangelischen Kirche am 18. März 1939 an den Evangelischen Oberkirchenrat in Karlsruhe weitergeleitet wurde. Auf dieser mit vielen Fehlern behafteten Liste stehen auch drei badische Namen: Der Pfarrer Wilhelm Karle (1903–1996) in Tennenbronn, dessen „nichtarische" Ehefrau Annemarie (1902–1990) schon 1936 in Konflikt mit der Geheimen

Staatspolizei geraten war (vgl. Bd. III, S. 848–852), der Pfarrer Kurt Lehmann, der zu diesem Zeitpunkt schon in die Schweiz geflohen war (s.u.) und fälschlicherweise der Septuagintaforscher Pfarrer Dr. Peter Katz (geb. 1886 in Mannheim), der 1915 unter die badischen Pfarrer aufgenommen, 1929 aus dem badischen Kirchendienst zur Übernahme einer Pfarrstelle in Neudorf bei Saarbrücken entlassen und 1931 in den Dienst der württembergischen Landeskirche in Hechingen übergewechselt war, wo er schon im Oktober 1933 beurlaubt und 1934 in den Ruhestand versetzt wurde.

Literatur:
Hermann Rückleben, Evangelische ‚Judenchristen' in Karlsruhe 1715–1945. Die Badische Landeskirche vor der Judenfrage, Karlsruhe 1988 (VVKGB 37 [= 38]), S. 77f.
Eberhard Röhm / Jörg Thierfelder, Juden, Christen, Deutsche, Bd. 3: 1938–1941 Ausgestoßen, Teil I, Stuttgart 1995 (calwer taschenbibliothek 50), S. 25. 42–61. 341–368

2045 Hans-Otto Jaeger: Erinnerung an den 9. November 1938 in Mannheim

Aus einem Interview des 85-Jährigen über seine Mannheimer Vikarszeit; aus: „Auf einmal da waren sie weg". Jüdische Opfer der nationalsozialist. Gewaltherrschaft aus Mannheim, hrsg. vom Stadtjugendamt Mannheim, bearb. von K. Hotz, Mannheim 1995 (Spurensuche. Jüdische Spuren in Mannheim), S. 63f.

„... ein Ereignis hat sich in meiner Erinnerung unauslöschlich eingebrannt, als sei es gestern geschehen:

Für den Abend des 9. November 1938 war eine größere Veranstaltung der ‚Allianz' (internationaler Bund evang. Frei- und Landeskirchen) in der Trinitatis-Kirche von langer Hand anberaumt. Die geräumige Kirche mit ihren zwei Emporen sollte die zweitausend Kirchgänger kaum fassen. Angesagt war der bekannte Evangelist Samuel Kroeker als Redner.

Ich sehe mich eine Stunde vor Beginn vor unserer Kirche Wache halten. Gegenüber dem Wartburghospiz brennen die aus jüdischen Wohnungen geworfenen Möbel lichterloh. Da kommt es – so ist es in meinem Gedächtnis haften geblieben – zu einer kurzen heftigen Konfrontation. Auf das Hauptportal stürmt ein SA-Mann mit brennender Fackel zu. Er will in die Kirche eindringen. Ich versuche es ihm zu wehren: ‚Das ist doch eine christliche Kirche!' Er schreit: ‚Ihr kommt alle auch noch dran!' Ich kontere: ‚Wie das? Sehen Sie denn nicht den Altar da vorne mit dem Christus, mit dem Mann, den die Juden gekreuzigt haben, dran?' Der SA-Mann daraufhin: ‚Ganz einerlei, Ihr steckt doch alle unter derselben Decke!'

So engstirnig, so verblendet, so hirnverbohrt, so antijüdisch argumentierte ich als Vikar der Bekennenden Kirche damals noch! Was tat man nicht alles, um seine Kirche zu retten, seine Schäfchen ins Trockene zu bringen!

Der SA-Mann zog unverrichteter Dinge ab. Die gottesdienstliche Versammlung nahm ihren Anfang. Nichts, aber auch gar nichts von dem unheilvollen Tagesereignis drang in den Kirchenraum, obwohl doch der lodernde Feuerschein durch die Fenster nach innen drang! Der Geruch zu spüren war, die gebeutelten Juden noch vor Augen waren. Das Thema des Abends – mir längst entfallen – wurde abgehandelt, als wenn nichts geschehen wäre. Man konnte doch ja eigentlich nicht umhin, anzuklagen und der Betroffenheit Ausdruck zu geben. Doch, man konnte auch! Der sonst so beherzte Mann auf der Kanzel brachte es nicht übers Herz, angesichts der anwesenden Gestapo schon gar nicht. Aber dann, an einer Stelle des Gottesdienstes, brach es dann doch durch, beim Gebet in Bitte und Fürbitte. Unüberhörbar, unmißverständlich kamen nun Klage und Anklage, Beugung unter Schuld und Sünden des Tages, der Schrei nach Gottes Gnade im Gericht vor Gott und die eindeutige, innige Fürbitte für die Betroffenen, die Verfemten und Gejagten und Gefolterten und Verhöhnten, und für das gelästerte, angezündete und geschmähte Gotteshaus nebenan. Spürbar, hörbar ging ein Aufseufzen, ein Aufatmen durch die gedrängten Reihen, bevor die große erschütterte Gemeinde mit dem Segen Israels entlassen wurde. Eine letzte, unaustilgbare Szene, die mir blieb. Auf dem Weg in die Sakristei begegne ich dem Prediger und Fürbitter. Jetzt zeigt er mir unverhohlen, was seines Geistes und Herzens Sinn ist. ‚Ich sehe' – so wandte er sich an mich – ‚wie diese Stadt Mannheim in Flammen aufgehen wird. Das geht nicht gut aus. Der Bumerang kommt auf uns zurück, auf die, die ihn heute auswarfen!' – Das ist mir wörtlich geblieben. Die Worte dieser seherischen, prophetischen Gestalt sollten sich wenige Jahre später wortwörtlich erfüllen: Von der Trinitatis-, Konkordien-, Jesuitenkirche und vielen vielen anderen Mannheimer Kirchen blieb kein Stein auf dem anderen, von den Pfarrhäusern, den Gemeindegebäuden, von meiner Wohnung in A 3 auch nicht..."

2046 Förderung der Auswanderung nichtarischer Pfarrer durch das Büro Grüber nach der Reichspogromnacht

Schriftsatz des Büros Grüber vom 21. Dez. 1938, Anlage zum Schreiben der DEK-Kirchenkanzlei vom 18. März 1939 an den EOK Karlsruhe; LKA GA 4996/I

„[...]

1) In England hat sich mit dem Sitz in Hythe (Kent) ein ‚Christlicher Kirchenausschuß für Nichtarier' gebildet (Vorsitzender: der Bischof von Chichester, Präsidenten: der Erzbischof Eidam, Upsala [Eidem, Uppsala], der Bischof Iriney, Novi Sad, der Bischof von Chichester und Pfarrer Marc Boegner, Paris). Dieser Ausschuß hat sich bei dem Innenministe-

rium (Home Office) in London dafür verwandt, dass den vollnichtarischen Pastoren die Einreise nach England alsbald ermöglicht wird. Es handelt sich dabei zunächst nur um ein provisorisches Gastrecht für die in ihrer persönlichen Freiheit in letzter Zeit gefährdet gewesenen Amtsbrüder. Die Einladung soll auch auf die Pastoren, die Mischlinge im Sinne der Gesetze oder nichtarisch versippt sind, ausgedehnt werden. In der gleichen Richtung sind Pfarrer Rhenus Gelpke in Bonstetten bei Zürich und Pfarrer Rutgers in Rotterdam für die Schweiz bezw. die Niederlande tätig. Den in Frage kommenden Geistlichen wird im Ausland keine Tätigkeit, wohl aber eine erste Übersiedlungsmöglichkeit geboten.

2) Um diese Gelegenheit wahrzunehmen, die auch im Interesse der Kirche und im Sinne der staatlichen Behörden liegt, erscheint uns eine Hilfestellung der kirchlichen Behörden in Deutschland in drei Richtungen möglich und unerlässlich:
a) durch Gewährung des Höchstsatzes der Umzugsentschädigung in denjenigen Fällen, in denen nicht bereits bei dem Ausscheiden aus dem Amt eine Umzugsentschädigung gewährt worden ist, in Übereinstimmung mit den gesetzlichen und verwltungsmässigen Bestimmungen;
b) durch Bevorschussung des Wartegeldes bezw. des Ruhegehalts für einen Zeitraum von 6 bis 36 Monaten – gegebenenfalls aus Sondermitteln – dergestalt, dass daraus die Beförderung des Umzugsguts und die notwendigen Anschaffungen bestritten werden können, die einer Auswanderung vorhergehen (Beschaffung von Kleidung, Schuhzeug, Ausrüstungsgegenständen, Fahrkarten für den eigenen Bedarf und den Bedarf der Angehörigen, die mit auswandern);
c) durch eine wohlwollende Behandlung der Fragen der Anrechnung und Tilgung dieses Vorschusses je nach den Verhältnissen des Einzelfalles. In diesem Zusammenhang dürfen wir darauf aufmerksam machen, dass die Geistlichen zu der Verlegung ihres Wohnsitzes in das Ausland der Genehmigung des Oberkirchenrats bedürfen, und dass nach erfolgter Genehmigung die Weiterzahlung des Ruhegehalts auf ein Sonderkonto für Inlandzahlungen gemäss den Richtlinien für die Devisenbewirtschaftung IV 52/2 keinen devisenrechtlichen Bedenken begegnen wird.

Diese Regelung wird besonders da in Frage kommen, wo die Auswandernden unterhaltsberechtigte Angehörige zurücklassen. In den anderen Fällen werden vielleicht Transferanträge hinsichtlich eines beschränkten Teiles der Ruhegehaltsbezüge notwendig werden. Das Reichswirtschaftsministerium hat, wie wir hören, sich in besonders gelagerten Fällen geneigt gefunden, solchen Anträgen stattzugeben, wenn sie entsprechend befürwortet waren und keine unangemessene Belastung der Devisenlage des Reichs herbeiführten. Um eine solche Befürwortung durch den Oberkirchenrat werden wir in den geeigneten Fällen gleichfalls noch nachsuchen.

Die Betroffenen werden wir veranlassen, ihr Gesuch an den Oberkirchenrat unmittelbar und möglichst einheitlich einzureichen.

[…]"

C Deportation der badischen und pfälzischen Juden am 22./23. Oktober 1940 nach Gurs/Südfrankreich.
Gertrud Hammann

Am 22. Oktober 1940 wurden sämtliche transportfähigen badischen und pfälzischen Juden in einer Überraschungsaktion in das unbesetzte Frankreich in verschiedene Lager in den Pyrenäen, vor allem nach Gurs, deportiert. Dies war Gegenstand einer geheimen Aktion im Gefolge der Waffenstillstandsverhandlungen mit Frankreich. Mit diesem Datum begann für diesen Personenkreis die „Endlösung". Ausgenommen waren nur Menschen, die mit einem nichtjüdischen Partner verheiratet oder durch Krankheit nicht transportfähig waren. In Gurs waren etwa 13.000 Menschen unter entwürdigenden Umständen zusammengepfercht. Etwa einem Viertel gelang es, aus dem Lager zu entkommen. Die Zurückgebliebenen wurden seit 1942 in die osteuropäischen Vernichtungslager verschleppt.

Zu den Deportierten und Überlebenden gehörte auch Gertrud Hamann (1910– 1990). Als uneheliches Kind eines jüdischen Vaters und einer evangelischen Mutter traf sie in der Zeit des Nationalsozialismus das Unrecht der Behandlung von sog. Halbjuden. 1932 bis 1937 leitete sie den Gemeindekindergarten von Neumühl, das zur Kirchengemeinde Kork zählte. Auf Anweisung der NS-Kreisleitung musste der Bürgermeister die im Mannheimer Diakonissenhaus ausgebildete Erzieherin auf Grund eines Erlasses des Reicherziehungsministers entlassen, obwohl sie in politischer und kirchlicher Gemeinde ein hohes Ansehen genoss. Da sie auf Grund ihrer Herkunft keiner erzieherischen Tätigkeit nachgehen konnte, schied sie aus dem Mannheimer Mutterhaus aus und versuchte, beim Hessischen Diakonieverein in Darmstadt eine Ausbildung als Krankenpflegerin zu erhalten. Sie fand vorübergehend in Oberweiler (bei Badenweiler) im Kurhaus der Rüschlikoner Brüder ein Dach und illegale Beschäftigung. Sie wurde im Haus einer elsässischen Familie in Montpellier aufgenommen, wo sie ohne offizielle Arbeitsgenehmigung im Haushalt und bei der Erziehung der Söhne Unterschlupf fand. Ihre Aufenthaltsgenehmigung erhielt sie als Studentin. Mit dem Beginn des Frankreichfeldzuges am 12. Mai 1940 wurde sie interniert und kam in das Lager Gurs. Zum 1. Dezember konnte sie ihre Entlasspapiere erhalten und aus dem Lager frei kommen. Bis zum Ende des Krieges vermochte sie bei verschiedenen französischen Familien als Studentin unterzutauchen. Am 16. Januar 1947 kehrte sie nach Deutschland zurück. Nachdem ihre Ausbildung in Frankreich nicht anerkannt und ihr trotz der Anerkennung als „Verfolgte des Naziregimes" keine Wiedergutmachung gewährt worden war, absolvierte sie an der Evangelischen Sozialen Frauenschule in Freiburg eine Ausbildung zur Fürsorgerin, die sie mit dem Staatsexamen 1948 abschloss. Daraufhin fand sie Beschäftigung beim Hilfswerk der badischen Landeskirche; von 1955 war 1971 war sie Geschäftsführerin der Evangelischen Frauenarbeit in Baden.

Literatur:
Eberhard Röhm / Jörg Thierfelder, Juden, Christen, Deutsche, Bd. 3: 1938–1941 Ausgestoßen, Teil II, Stuttgart 1995 (calwer taschenbibliothek 51), S. 188–238
Jörg Thierfelder, Leben in gefährlicher Zeit: Gertrud Hamann im Dritten Reich. In: G. Büttner / H. Maaß (Hrsg.), Erziehen im Glauben. Festschrift für Bernhard Maurer, Karlsruhe 1989 (Beiträge Pädagogischer Arbeit, Sonderband), S. 87–98

Jörg Thierfelder, Gertrud Hamann – eine badische Christin jüdischer Herkunft in der Zeit des Nationalsozialismus. In: Beiträge Pädagogischer Arbeit 45 (2002), Heft I, S. 26–44

2047 Hermann Maas erinnert sich an den 22. Oktober 1940

Aus: Max Ludwig, Aus dem Tagebuch des Hans O. Dokumente u. Berichte über die Deportation u. den Untergang der Heidelberger Juden, Heidelberg 1995, S. 9

„In aller Frühe bekam ich schon telefonische Anrufe von Mannheim durch jüdische Freunde: ‚Wir werden alle abtransportiert nach den Pyrenäen.' Das Herz stand mir fast still. Dann erwachte gleich die Frage: Was tun? Sehr schnell konnte ich schon feststellen, daß an dem Befehl nichts mehr zu ändern war. Ich telegrafierte an Propst Grüber in Berlin, meinen Mitkämpfer und Freund, ob er in Berlin etwas erreichen könne. Wir hatten zwei Tage zuvor [...] miteinander beraten, ohne zu ahnen, was da geschehen sollte. Er antwortete mir, daß wir machtlos seien. Es sei eine Sonderaktion für Baden und die Pfalz. Ich suchte dann eine Verbindung mit dem Ökumenischen Rat und vor allem mit meinem Freund Dr. Adolf Freudenberg in Genf. Aber es ging alles viel zu schnell. Der Wagen rollte schon, von einem satanischen System, von den herzlosen Machthabern und ihren Schergen in Gang gehalten. In einer Apotheke verschafften wir uns stark abführend wirkende Medikamente, die wirkten und halfen da und dort in einigen Fällen. ‚Nicht transportabel' war dann das rettende Urteil. Der ganze Tag galt den Abschiedsbesuchen. Herzzerreißende Szenen erfüllten sie."

2048 Gertrud Hammann: Erinnerungen an Erlebnisse im „Camp de Gurs" im Herbst 1940

LKA PA 3688

„Es war ein kaltnasser, regnerischer Herbsttag im Oktober 1940. War es der 24., 25. oder gar der 26.10.?, genau kann ich es nicht mehr sagen.

Auf den Anhöhen der Basses Pyrénées hat man Baracken auf dem lehmigen Boden dieser Gegend erstellt. Sie waren zuerst von Spaniern der republikanischen Armee belegt *[nach dem Spanischen Bürgerkrieg von 1936]*, danach kamen geflüchtete ‚Nichtarier' im Mai 1940 in das Internierungslager, etwa 4000 Menschen, die meisten deutscher Staatsangehörigkeit. 20–25 der äußerst primitiven Holzbaracken ohne Fenster – man konnte nur mit einem Holzstück die Luken hochstellen – bildeten ein ‚Ilot', das mit Stacheldraht hoch umschlossen war und streng bewacht wurde. Auf die einzige asphaltierte Lagerstrasse durfte man nur mit besonderer Genehmigung und ‚Laissez-Passer'. Jedes Ilot war mit einem Buchstaben versehen: A–H mit Männern, I–M mit Frauen belegt.

Regentage im Lager waren eine Katastrophe, weil die lehmigen Wege von baracke zu Baracke kaum begehbar waren, man steckte zuweilen bis an die Knie im Schlamm. Es konnte sich jedoch keiner dieser Gänge entziehen, denn zur Verrichtung menschlicher Bedürfnisse mußte man längere Wege in Kauf nehmen. Die latrinenartige Anlage nannten wir ‚Türmchen'! Ein langes Brett mit mit 6 Löchern, darunter je ein Faß, das 2–3mal wöchentlich von Spaniern geleert wurde. Durch eine halbhohe Bretterwand voneinander getrennt, mit einer Holzwand nach außen, ein mit Dachpappe versehenes Dach, mußten 6 Stufen ohne Geländerstützen erstiegen werden. Bei Wind und Wetter, nachts ohne nur geringe Beleuchtung, mit lehmklebrigem Schuhwerk! Ein gefürchteter Weg bei Eis und Schnee, für unsere älteren Frauen allein kaum zu bewältigen!

An jenem Regentag im Oktober kam in unserem ‚Ilot M' das Gerücht auf, es kommt ein Transport in unser Lager, etwa 5000 Juden!

Im Laufe des Sommers 1940 waren viele Entlassungen der Internierten ausgesprochen und durchgeführt worden. Daher standen einige Ilots leer. Alle, die noch im Lager zurückgehalten wurden, hatten nicht das Glück, eine Adresse von Verwandten in Frankreich vorweisen zu können, noch Freunde, die bereit gewesen wären, eine Bürgschaft zu übernehmen. Wir konnten uns in dieser Zeit aber platzmäßig etwas ausdehnen in der Baracke. Wo vorher 60 Personen, d.h. Strohsack neben Strohsack auf dem Bretterboden gelegen haben, durften wir jetzt mit 30 belegen. Tische, Stühle oder eine Bank gab es nicht. Jeder hatte nur seinen Strohsack und Koffer. In leere Sardinenbüchsen haben wir uns irgendein Wiesenpflänzchen gepflanzt, eine Bildpostkarte aufgestellt – so man hatte! – und somit die Illusion eines Zimmerschmuckes gepflegt.

Das Gerücht, es kommen neue Lagerbewohner, betraf uns also selbst, wir werden wieder zusammenrücken und uns von neuem beschränken müssen! Im Ilot begann es, trotz schlechter Witterung, auf den Wegen lebendig zu werden. Alles stand am Stacheldraht, als von Oloron-Sainte-Marie, ein Ort etwa 18 km von Gurs entfernt, Lastwagen anzurollen begannen. Wie wir selber im Mai des Jahres 1940, standen dicht gedrängt Menschen, die jetzt ‚ausgeladen' wurden. Als wir damals im Mai ins Lager kamen, waren wenigstens Strohsäcke vorhanden, jetzt aber mußte in aller Eile Stroh herbeigebracht werden für die erste Nacht. Es gab davon nicht ausreichend für alle! Alles geschah überstürzt! – wir durften nicht zupacken, mußten tatenlos dem Treiben zusehen. Das Gepäck dieser Menschen wurde auf der Straße aufgestapelt. Völlig durchnäßt waren einige Koffer und Taschen beschädigt. Der Inhalt lag am Wegrand verstreut. Schneeregen in der Nacht tat dann noch das Seine, denn nicht alle konnten am Abend noch in den Besitz ihrer Habe kommen. Bestürzt sahen wir die müden, erschöpften Gestalten: Alte und Jüngere, Kinder – ein Bild des Jammers! Auch in unser Ilot kamen Frauen mit Kindern. Da erfuhren wir dann, woher sie kamen: aus Baden – aus meiner Heimat! Tagelang hat man sie per Bahn hin- und hergefahren, weil das Aufnahmeland Frankreich selber überrascht wurde und nicht wußte, wohin die tausende von Deutschland ausgesetzten Menschen hinzubringen sind. Es kam dann noch ein Nachschub in Krankenwagen, die nicht mehr gehen konnten, Kranke aus den Krankenhäusern auf der Bahre. Der älteste Mann soll über 95 Jahre alt gewesen sein, aus Karlsruhe, so habe ich später erfahren. Einige der Ankömmlinge mußten sofort in die Sanitätsbaracke gebracht werden. Nachtwachen wurden nötig. Es fehlte an Medikamenten, eigentlich an allem! Wenige Tage danach brach eine Ruhrepidemie aus, die viele der geschwächten Leute dahinraffte. Ein erschütterndes Bild, wenn wieder ein Sarg aus den Ilots weggetragen wurde. Dort oben auf dem Friedhof von Gurs ruhen Hunderte von Menschen. Die Beteiligung an einer Beerdigung war nicht genehmigt, teilweise war erst hinterher zu erfahren, wer aus dem Ilot hinausgetragen wurde.

Ein großes Problem wurde die Versorgung der Kinder unter diesen Verhältnissen. Viele Mütter hatten nicht mehr die Kraft, sie bei sich zu halten und zu beschäftigen. Mit der Ilot-Verantwortlichen versuchten wir, sie zu sammeln und auch einige Erleichterungen zu schaffen. In Wochen ist es dann auch gelungen, Bettgestelle, Tische und Bänke zu bekommen, sogar ein wenig Beschäftigungsmaterial. Wir haben unsere Kinderbaracke ‚Sonnenschein' genannt. Dorthin kamen nach und nach auch Spenden jüdischer Organisationen, der Quäker und christlichen Kirchen. Trotz aller Dürftigkeit des Lagerlebens gab es mit diesen Kindern fröhliche Stunden. Ich durfte sogar mit ihnen aus dem Ilot hinaus; wenn auch die ersten male bewacht, gab es doch kleinere Spaziergänge. Welch ein Privileg!

Als ich dann im Dezember 1940 durch Vermittlung einer französischen Familie die ersehnten Entlaßpapiere ausgehändigt bekam, wurde der Abschied von Gurs fast schwer. Durfte ich dieses Frei-werden annehmen, die Kinder einfach zurücklassen? Freilich gab es dann auch Andere im Lager, die bereit waren, sich einzusetzen; die Kinder aber mußten sich nun wieder einmal umgewöhnen!

Das Leben in Gurs wurde in den folgenden Monaten nicht leichter. Man hat Transporte zusammengestellt und nach Polen gebracht, keiner erfuhr wohin. Französische und schweizerische Hilfskomitées schalteten sich ein und versuchten Erleichterungen zu schaffen, auch in Bezug auf die Ernährung durch Paketdienste. Für gesundheitlich besonders geschwächte Frauen gab es Beurlaubungen vom Lagerleben. Sie durften einige Zeit in jüdische Heime oder auch in christliche Häuser. In den Jahren gab es, so hat man mir erzählt, auch einige bauliche Verbesserungen im Lager im Blick auf die sanitären Verhältnisse, aber dort oben in Gurs ist und bleibt die Erde getränkt von den Tränen des Leides irdischen Daseins."

2049 Gertrud Hammann: Erinnerung an die Zeit vor mehr als 50 Jahren – und doch, als wäre es gestern erst geschehen.
Aus: Mitteilungen. Information – Diskussion – Arbeitsmaterial für Mitarbeiter der Evang. Landeskirche in Baden, 1984, Heft 5, S. 6–8

„[...]

Von meinen Familienverhältnissen, Halbarierin, wußte im Dorf keiner. So konnte ich zunächst meine Kindergarten-, Jugend- und Gemeindearbeit unbehelligt weiterführen, trotz Nürnberger Gesetze (Verbot pädagogischer Arbeit für Juden und Halbjuden). Von nun an setzte bei mir eine fortwährende Auseinandersetzung ein, mit mir selbst und meiner Familiengeschichte. Dazu trugen NS-Zeitungen und Schriften bei, die mich lehrten, was das jüdische Volk für ein verabscheuungswürdiges Volk, minderwertig und betrügerisch, sei. So manche freie Stunde und Sonntage verbrachte ich damit, die verzerrten Auslegungen der jüdischen Geschichte im AT diesen Zeitschriften zu entnehmen. Ich war davon derart betroffen, daß ich selber glaubte, zugeben zu müssen, daß es eine Strafe Gottes ist, zu dieser Rasse zu gehören. Was mich aber über lange Zeit hinaus noch mehr bedrückte, war, daß ich als getaufter Christ, in meiner Kindheit, in den Jugendjahren, in der evangelischen Jugendbewegung gestanden, soviel von Gottes Güte und Allmacht gehört und gelesen habe, von dem Herrn, der alle Menschen annimmt und der sagt: ‚Weil du mir so viel wert bist und ich dich liebe', wie konnte mich die vorgenannte Lektüre für einige Zeit so umwerfen! Ja, es ging soweit, daß ich jede Predigt im Gottesdienst abtastete, ob nicht auch im kirchlichen Raum der Jude als Mensch abgewertet wird.

Indessen durfte ich von den Frauen ‚meiner Gemeinde' so viel Liebe und Zuneigung erfahren, als der Tag kam, nach fünfjähriger erfüllter Tätigkeit, wo ich von einem Tag auf den anderen den Ort verlassen mußte.

Irgend ein Menschenkind vom Ort hat meine halbjüdische Abstammung entdeckt und an entsprechender Stelle bekannt gegeben. So mußte der Bürgermeister, mit dem ich eine gute Zusammenarbeit hatte, mitten beim Spiel bei den Kindern mir eröffnen, daß ich aufgrund meiner Abstammung die Kinder sofort zu entlassen hätte und die Räume zu verschließen seien. So wie damals, als ich in den Ort kam, von den Frauen im geschmückten Landauer abgeholt, so begleiteten sie mich jetzt an die Bahn, wo ich zurück in mein Mutterhaus fuhr. Wenige Wochen danach besuchten sie mich mit ihrem Omnibus anläßlich ihres Jahresausflugs. Nach einer Schloßbesichtigung gab es ein Gruppenbild, das kurze Zeit danach im ‚Stürmer' veröffentlicht wurde mit der Unterschrift ‚Artvergessene deutsche Weiber besuchen eine Jüdin und lassen sich mit ihr fotografieren'. Ich kann nur von tapferen Frauen reden, die in jener Zeit wagten, sich regimewidrig zu verhalten. Sie halfen mir auch, Verbindungen zum Elsaß aufzugreifen, denn in Deutschland gab es für mich keine Möglichkeit, eine neue Position zu finden. Seit dem Erscheinen des Artikels im Stürmer hatte ich fast wöchentlich Besuch von der Gestapo, die zwar immer höflich. war, aber in den Augen meiner Umgebung wurde ich zweifelnd begutachtet. ‚Da muß bei dir doch etwas nicht stimmen!' Alle Bemühungen, einen Platz zu finden, etwa als Hausmädchen, waren nicht möglich, weil ich nicht in die ‚Arbeitsfront' aufgenommen werden konnte. Untertauchen wäre gefährlich gewesen, ich hätte alle mitgefährdet; selbst meine Freunde, die Pension bezogen, wagte ich nicht zu belästigen.

Auf mancherlei Umwegen, nicht zuletzt durch das Bemühen von Pfarrer und Gemeindegliedern, fand ich Aufnahme in einer elsässischen Familie in Südfrankreich. Es galt die gelähmte Dame zu pflegen, Mann und zwei Buben zu versorgen. Zwei Jahre hielt ich mich dort auf, mußte aber Nachweis erbringen, keine bezahlte Arbeit zu tun, sondern als Student (Musik) zu leben. Nach Ausbruch des 2. Weltkrieges wurden alle in Frankreich lebenden Deutschen interniert. Wir kamen ins ‚Camp de Gurs' in den Basses Pyrenäen.

Lagerleben ist bedrängtes Leben, aber trotz allem gab es auch dort Leben, das zu leben wert war. Gegenseitiges Helfen in den Baracken ohne Fenster, wo alt und jung – etwa 50 Frauen auf Strohsäcken auf dem Fußboden kampieren mußten, in der Krankenbaracke und nicht zuletzt bei den Kindern, deren Mütter die Kraft nicht aufzubringen vermochten, sich ihrer Kinder anzunehmen. Freude und Fest erlebten wir, als unsere Bitte um eine Kinderbaracke erfüllt wurde und sogar kleine Bettgestelle von einer Organisation in Genf geliefert wurden. – Eine besondere Notlage für uns alle waren die hygienischen Verhältnisse. Trotz alle dem, es gab Begegnungen und Gespräche mit Menschen, die über die Verzweiflung, über die Ungewißheit der Zukunft hinaus halfen. Für mich war noch ein anderes nicht so ganz leicht. Es waren fast alles jüdische Frauen, die am Freitagabend zum Sabbathbeginn ihre mitgebrachten Lichter zündeten und ihre Gebete verrichteten. Damals waren wir noch weit davon entfernt, gemeinsam Psalmen in deutscher Sprache zu beten.

So war ich auch hier als evangelischer Christ nicht auf- und angenommen.

Nach acht Monaten Lagerleben kam wieder einmal eine Überraschung, ich nenne es kurzerhand ‚ein Wunder' für mich: ich erhielt meine Entlassungspapiere! Der Direktor des Konservatoriums und seine Frau hatten für mich Bürgschaft übernommen, ich durfte bei ihnen zunächst wohnen, denn die Familie meines ersten Aufenthaltes hatte sich durch den Tod der Mutter aufgelöst. Man brachte mich in Beziehung mit französischen Familien, die mir die Möglichkeit gaben, als Werkstudentin neben der Aufgabe, Hilfe im Haushalt zu sein, an den Vorlesungen der Universität und Vorbereitungen der Zertifikate teilzunehmen.

Immer wieder muß ich staunend fragen, wie kam es, daß die dunkle Zeit meines Lebens – Heimweh nach Heimat und Freunden –, Entbehrungen im Blick auf die nötigsten Ausgaben des täglichen Lebens –, damals auch manche Demütigungen von deutschfeindlichen Franzosen etc. –, so viel Licht in mein Leben brachte? Licht? Es war immer da, wenn ich nicht selber mich ihm verschloß. Bevor ich im Januar 1947 nach Deutschland zurückkehrte, wurde mir zum Abschluß meiner Studien noch ein Stipendium bewilligt von der internationalen Flüchtlingshilfe.

Was kann am Ende meiner kurzen Schilderung stehen? Zufälle? Noch einmal davongekommen? Glückliche Veranlagung? Was immer der eine oder andere sagen kann, ich möchte von den Juden lernen, nie aufzuhören zu danken, Gott zu loben und zu ehren für alles, was er mir Gutes getan hat."

D Zuflucht für verfolgte jüdische Mitbürger im Pfarrhaus in Ispringen: Otto Riehm und Frau, 1937 – 1944

Ein erschütterndes Beispiel für selbstverständliche Hilfeleistung, die aber nicht mehr selbstverständlich war, stellte die Gewährung von Asyl für das Ehepaar Ines und Max Krakauer durch eine Kette hilfsbereiter Familien dar, in erster Linie in Württemberg. Am 29. Januar 1943 war das jüdische Ehepaar in Berlin untergetaucht. Nach zwanzig Verstecken im Großraum Berlin und in Pommern führte sie die Flucht nach Süddeutschland, wo sich ihnen 43 Mal Türen vor allem von Menschen auftaten, die der Bekennenden Kirche angehörten. Erst am 23. April 1945 endete die Flucht mit der Befreiung durch die amerikanischen Truppen in Stetten im Remstal. In diese Kette hatte sich Ende April / Anfang Mai 1944 für vierzehn Tage auch die badische Pfarrfamilie Gertrud Riehm geb. Meerwein (1892–1983) und Otto Riehm (1891–1978) in Ispringen eingereiht. Die Riehms waren 1933 nach Ispringen gekommen. Sie blieben dort bis 1948. Otto Riehm war Mitglied der Bekennenden Kirche. Er gehörte zu denen, die sich geweigert hatten, den Eid auf den Führer abzulegen (vgl. Dok. 2000). Schon 1937 war der „Evangelische Gemeindebote für Ispringen und Ersingen" unter Vorzensur der Geheimen Staatspolizei gestellt worden. Otto Riehm hatte vor allem auf dem Hintergrund des Auftretens von Reichsbischof Müller in Karlsruhe im März 1937 ein göttliches Strafgericht gegenüber einem Antichristentum angekündigt und die Mitverantwortung der evangelischen Gemeinde „für unser deutsches Volk" angemahnt. Am 7. Juli 1939 wurde Riehm vor dem Sondergericht in Mannheim neben den Pfarrern Schnebel, Diemer und Haas wegen illegalen Verteilens von Flugblättern der Bekennenden Kirche (zu Gunsten des im Konzentrationslager festgehaltenen Martin Niemöller) zu zwei Monaten Gefängnis verurteilt (vgl. Dok. 2010, 2052). Auf Grund der Intervention von Oberkirchenrat Dr. Otto Friedrich und einer Amnestie bei Kriegsausbruch musste er allerdings die Strafe nicht antreten (vgl. Dok. 2011). Dies zeigt, unter welchen bedrohlichen Umständen einer ständigen Überwachung die Pfarrfamilie im Mitwissen der Kinder bereit war, verfolgten Menschen vorübergehend Zuflucht zu gewähren.

2050 Ein jüdisches Ehepaar im Untergrund findet Aufnahme im Pfarrhaus Ispringen, Ende April / Anfang Mai 1944

Max Krakauer, Lichter im Dunkel. Flucht und Rettung eines jüdischen Ehepaares im Dritten Reich, Stuttgart 1947. Neu hrsg. von O. Mörike, mit e. Geleitw. von M. Haug. 10. Aufl., Stuttgart 1991, S. 99–105, 131

„Schon seit langem war ich mit meinen vielen Helfern darüber einig, daß es das beste sei, die Gegend zu wechseln. Da es in der näheren Umgebung von Stuttgart nunmehr offenbar endgültig nichts mehr für mich zu hoffen gab, hatte Pfarrer M. uns ein Unterkommen in Ispringen bei Pforzheim beschafft. Damit standen wir wieder vor der Frage, wie dahin kommen, ohne die Bahn zu benutzen. Ein regelrechter Schlachtplan mußte entworfen werden. In Eßlingen, wohin ich laufen mußte, konnte ich eine Nacht bei Pfarrer Sch. bleiben. Am nächsten Morgen brachte mich der Hausherr selbst zum Bahnhof; mit einem Vorortzug fuhr ich bis Cannstatt und dann mit der Straßenbahn bis Weil im Dorf, lief nach Korntal, wo ich im Pfarrhaus rastete, um dann das Strohgäubähnchen wieder einmal bis Weissach zu benutzen. Von dort aus wanderte ich bis Pforzheim und schleppte das Notwendigste in einer schweren Handtasche mit. Diese 25 Kilometer fielen mir unendlich schwer, ein Gallenleiden verursachte mir immer heftigere Schmerzen. Durch die Stadt Pforzheim selbst konnte ich zwar die Straßenbahn benutzen, aber an den letzten drei Kilometern bis Ispringen wäre ich beinahe gescheitert. Neben den körperlichen Schmerzen folterte mich die Erkenntnis, daß mein Gesundheitszustand mir im Ernstfalle wahrscheinlich nicht mehr erlauben würde, den Marsch über die Schweizer Grenze, unsere große Sehnsucht, anzutreten. Schweren Herzens begrub ich an jenem Tage diese Hoffnung. Bei meiner Ankunft in Ispringen muß ich wirklich erbarmungswürdig und mitgenommen ausgesehen haben. Viel Kopfzerbrechen machte uns als nächstes die Frage, wie meine Frau von Göppingen nach Ispringen kommen sollte. Fußmarsch, wie ich ihn hinter mir hatte, war ausgeschlossen. Da setzte sich Pfarrer D. persönlich auf die Bahn, um sie zu holen. Sorgfältig berechnend stellte er alle Züge zusammen, die auf dieser nicht sehr kurzen Strecke in Frage kamen, denn nur Arbeiter- und sogenannte Milchzüge durften benutzt werden, von denen man annehmen konnte, daß sie von Ausweiskontrollen verschont wurden. Die Reise dauerte von 6 Uhr morgens bis 4 Uhr nachmittags, außer längeren Aufenthalten auch noch durch einen jetzt fast unausbleiblichen Fliegeralarm unterbrochen. Auch diese Expedition glückte, und nach langem Bangen umeinander sahen wir uns endlich wieder. Denn zu unseren sonstigen Sorgen trat bei einer Trennung immer noch die, daß einer von uns beiden alleine entdeckt und abtransportiert würde und der andere müßte zurückbleiben.

Zwei Wochen weilten wir im Hause des Pfarrers R[iehm], zwei Wochen voller Harmonie auch mit den über uns eingeweihten erwachsenen Kindern, soweit sie im Hause waren oder besuchsweise heimkehrten. Ihnen allen, die so viel Verständnis für uns hatten, konnten wir unser Herz ausschütten, denn unser Mut, durchzuhalten, sank immer mehr in sich zusammen. Kein Dämmerstreifen zeigte sich am Horizont, der den Tag unserer Rettung ankündigte. Der Ernst unserer Lage nahm zu und auch die Sorge um unser Kind, von dem wir nicht wußten, ob und wie es lebte, und um unsere verschleppten Verwandten und Freunde wurde immer drückender. Wieder einmal kam die Sprache auf das brennendste Problem unserer Wanderschaft, die fehlenden Ausweispapiere. Da glaubte Frau Pfarrer R[iehm] helfen zu können, weil sie mit dem Posthalter am Ort auf gutem Fuße stand, und mit ihm setzte sie sich in Verbindung, um uns einen Postausweis zu besorgen. Wir seien nach einem schweren Luftangriff auf Berlin, bei dem alle unsere Papiere verbrannten, nach Ispringen gekommen, gab sie als Grund an, und da wir auf der Herreise bei den Zugkontrollen Schwierigkeiten gehabt hätten, wollten wir uns hier einen Postausweis ausstellen lassen. Der biedere Mann sagte zu, und seine auf dem Pforzheimer Postamt angestellte Tochter sollte uns dort legitimieren. Gespannt stellten wir uns dort ein, gaben unsere Personalien an, d. h. die Namen Hans und Grete Ackermann, und schoben die erforderlichen Bilder durch den Schalter. Dann wurden wir auf einen späteren Tag bestellt. Wir erschienen abermals und zuckten zusammen. Ein anderer Beamter saß da, und er schien ein besonders treuer Diener des Dritten Reiches zu sein, der seine Sache sehr genau nahm. Aber zurück und ausweichen konnten wir jetzt nicht mehr, wenn wir uns nicht erst recht verdächtig machen wollten. Seine vielen umständlichen Fragen brachten uns beinahe zur Verzweiflung, und wir waren schon sicher, daß er uns Schwierigkeiten bereiten würde. Dann aber sagte er uns doch zu, die Ausweise würden wie üblich als Einschreiben geschickt. Ein Stein fiel uns vom Herzen, und hochbeglückt zogen wir nach Ispringen zurück. Jetzt würden wir bald einen gültigen Postausweis mit Lichtbild bekommen. Meine Frau fiel der Pfarrerin um den Hals, als sie ihr diese Nachricht brachte. Doch deren Gesicht blieb starr. Als Antwort auf diesen Ausbruch der Freude wußte sie nur zu sagen, daß in der Zwischenzeit ein Landjäger im Pfarrhaus vorgesprochen habe und nach uns fragte. Wir waren wie von einem Keulenschlag getroffen und zu keiner Äußerung fähig. So nahe am Ziele scheitern zu sollen, dünkte uns grausamer als alles bisherige. Denn durch diesen Mißerfolg war unsere Lage schlimmer als zuvor. Jetzt hatten sie Verdacht geschöpft! Jetzt waren sie uns auf der Spur! Die Polizei zog Erkundigungen ein! Trotz der allgemeinen Verstörtheit wirkte es lächerlich, daß der Gendarm unter anderem auch gefragt hatte, ob wir nicht verkleidete Engländer seien. Bezeichnend für die damalige Spionenfurcht! Da er mit den Ergebnissen seines Verhörs offenbar nicht viel anfangen konnte, kündigte er an, daß er wiederkommen werde, sobald wir zurück seien, um uns persönlich zu vernehmen. Damit blieb für uns nur eine Möglichkeit: schnell fort, weg aus dem Pfarrhaus, weg aus Ispringen. Aber wohin? Unser nächstes Quartier war erst in ein bis zwei Wochen frei, und alle Versuche des Ispringers Pfarrers, uns im Badischen unterzubringen, waren gescheitert. Damit waren wir also so weit, daß wir auf der Straße nächtigen mußten. Doch davon wollten unsere Gastgeber nichts hören und hielten uns zurück. So mußten wir bleiben, wohl oder übel. Es ging uns dabei in der Hauptsache noch nicht einmal um uns selber. Wir waren mürbe geworden von der endlosen Hetze, und früher oder später würde uns unser Schicksal doch ereilen. Was uns dagegen die Besinnung nahm, war die Vorstellung, daß wir auch die Ispringer

Pfarrersfamilie mit in den Abgrund reißen würden, gar nicht zu denken an die endlose Kette unserer früheren Helfer. Aber die beiden trugen uns gegenüber eine so täuschende Ruhe zur Schau, daß wir uns überreden ließen zu bleiben und nicht blindlings in den dunkelnden Abend hinauszurennen. Vollständig angekleidet verbrachten wir die Nacht sitzend. Bei jedem Geräusch auf der Straße zuckten wir zusammen und blickten uns an, um uns zu sagen: Es ist soweit, sie kommen. Auch die Pfarrersleute scheinen in dieser Nacht nicht viel geschlafen zu haben, denn mehrere Male erschienen sie in unserem Zimmer, um uns aufzufordern, uns doch etwas hinzulegen. Der nächste Tag war ein Sonntag, und Pfarrer R[iehm] hatte mehrere Gottesdienste abzuhalten, so daß ihm keine Zeit blieb, sich für uns auf den Weg zu machen. Vergeblich versuchte meine Frau, vom Pforzheimer Postamt aus mit unserem nächsten Quartiergeber Verbindung zu bekommen und ihn zu bitten, daß man uns etwas früher aufnehmen möge. Sie scheiterte an der Bequemlichkeit des Enzweihinger Posthalters, der anscheinend zu träge war, im Pfarrhaus anzufragen. Er erklärte einfach, im Pfarrhaus sei niemand zu erreichen, und ein Gespräch kam nicht zustande. Die Stunden vergingen. Am späten Sonntag Nachmittag wußten wir noch immer nicht, wohin wir uns wenden sollten. Schweren Herzens mußten wir deshalb Pfarrer R[iehm], der erst spät am Abend nach Hause kam, bitten, doch noch zu versuchen, uns für die folgende Nacht außerhalb des Ortes unterzubringen, irgendwo. Er tat es trotz größter körperlicher und geistiger Abspannung, und in später Stunde brachte er den Bescheid, wir könnten im Pforzheimer Kinderheim nächtigen. Als ob diese Zumutung noch nicht gereicht hätte, mußten wir noch eine weitere Bitte an ihn stellen: nach Enzweihingen zu fahren und zu fragen, ob man in der Lage sei, uns früher aufzunehmen als vorgesehen. Lächelnd und selbstverständlich, wie seine Amtsbrüder bisher, opferte er seinen freien Montag. Wir selbst wanderten langsam nach Pforzheim hinein, gemartert von düsteren Vorstellungen, was die Gendarmerie inzwischen gegen uns eingeleitet haben könnte. Vor dem Kinderheim wartete bereits die Leiterin, weil durch ein telefonisches Mißverständnis unsere Ankunft später als angesagt erfolgte. Sie ließ uns ein und wies uns zwei notdürftig hergerichtete Liegestätten an; aber wir waren glücklich und dankbar, wenigstens der unmittelbaren Gefahr entronnen zu sein. Noch vor Tagesgrauen mußten wir am nächsten Morgen wieder aufbrechen, da die anderen Angestellten uns nicht sehen durften, und gingen hinaus in einen kalten, unwirtlichen Maitag. Es war der 7. Mai 1944. Vor dem späten Nachmittag konnte von Pfarrer R[iehm] keine Nachricht da sein, und guter Rat war teuer, wo wir den ganzen Tag verbringen sollten. Das Unheimliche an unserer neuen Situation war ja, daß unsere Häscher jetzt unsere Bilder besaßen. Wir hatten sie für den ersehnten Ausweis am Schalter des Pforzheimer Postamtes abgegeben.

Hatte man allen Ernstes Verdacht geschöpft, dann war es eine Kleinigkeit, mit Hilfe dieser Photographien unsere Verfolgung zu betreiben. Schon glaubten wir uns von den Leuten auf der Straße argwöhnisch betrachtet, und mit hochgeschlagenen Kragen gingen, nein, hasteten wir von einem Ende Pforzheims bis zum anderen. Zitternd und erschöpft nahten wir uns endlich zur verabredeten Stunde dem Briefkasten des Kinderheimes. In ihm sollten wir Bescheid vorfinden, wie es mit uns weitergehen könne; denn persönliches Vorsprechen hatte zu unterbleiben. Da war der Zettel: „Mit dem abendlichen Arbeiterzug nach Enzweihingen fahren!" Als wir im Zuge saßen und die Stadt hinter uns zurücksank, atmeten wir ein ganz klein wenig auf, doch erst in Mühlacker wurden wir wieder ruhig. Dort wartete zu unserer großen Freude und Überraschung Pfarrer R[iehm] auf uns und steckte uns zur Beruhigung der Nerven ein paar Zigaretten zu. Er riet uns, mit dem wieder sehr überfüllten Arbeiterzug noch eine Station weiter zu fahren. Von dort erst konnten wir uns auf den Weg nach Enzweihingen machen. An die Mitnahme unseres Gepäcks war bei dieser überstürzten Flucht nicht zu denken gewesen. Durch die Nachsendung mußten wir dem Pfarrhaus noch viel Arbeit und Mühe aufbürden, denn es mußte an einem anderen Orte aufgegeben werden, um nicht die Aufmerksamkeit eines Bahnbeamten oder Polizisten zu erregen. Die Gendarmerie hätte gewußt, wo wir uns aufhielten. Um keinen Preis durfte sie erfahren, wohin wir verschwanden. Wenn der Zwischenfall auch noch einmal gut abgegangen war, unsere Nerven und unser Selbstbewußtsein hatten einen neuen bösen Riß bekommen. Unser alter Freund Pfarrer M. aus Flacht hielt es im Interesse des ganzen Kreises der Beteiligten für sicherer, sich in Ispringen über eventuelle Folgen zu erkundigen. Merkwürdigerweise geschah nichts. Der Gendarm ist nie wieder erschienen!

[…]

In tiefer Demut danken wir Gott für seine Hilfe, ohne die wir verloren gewesen wären. Solange es uns vergönnt ist zu leben, werden wir ihn dafür preisen.

Wir danken auch all den vielen Menschen, die um unsretwillen Freiheit und Leben aufs Spiel setzten, unsretwegen, die sie vorher nie gesehen noch gekannt. Siebenundzwanzig Monate haben sie uns nicht nur beherbergt und ernährt, sondern darüber hinaus mit allen den Mitteln des täglichen Lebens versehen, die notwendig, waren, um diese Zeit zu überstehen.
[…]

Erst Wochen nach dem Ende des Dritten Reiches kam es vielen, die wir trafen, zum Bewußtsein, was man in den vergangenen zwölf Jahren uns und allen Juden angetan hatte. Langsam dämmerte ihnen, was es bedeutete, als Jude im Dritten Reich verborgen gelebt zu haben und gerettet worden zu sein. Viele, wenn auch nicht alle, die es konnten, bemühten sich nach Kräften, uns vergessen zu lassen, was hinter uns lag.

Möge das Beispiel der Barmherzigen dazu beitragen, die Menschen zu veranlassen zu helfen, wo andere in Not sind, selbstlos und mutig, wie uns geholfen wurde. Und sie können gewiß sein: Gottes Segen ruht auf solchen Taten."

2051 Die Gestapo stellt den Evang. Gemeindeboten für Ispringen und Ersingen unter Vorzensur, 1937.

Gestapo Karlsruhe an Pfr. Otto Riehm in Ispringen als Schriftleiter des Gemeindeboten, 10. August 1937; Nachlass Riehm (in Familienbesitz)

„Der Evangelische Gemeindebote für Ispringen und Ersingen, herausgegeben von Pfarrer Riehm, Ispringen, Druck: Südwestdeutsche Druck- und Verlagsgesellschaft m.b.H. in Karlsruhe, wird auf Grund des § 1 der Verordnung zum Schutze von Volk und Staat vom 28.2.33 mit sofortiger Wirkung bis auf weiteres unter Vorzensur gestellt. Zur Durchführung der Vorzensur, die von dem Bezirksamt Pforzheim durchgeführt wird, ist vor Druckbeginn des Gemeindeboten ein Bürstenabzug an das Bezirksamt Pforzheim zur Durchsicht vorzulegen.

Gründe:

In Nummer 7/8 des Evangelischen Gemeindeboten von Juli/August 1937 wird auf Seite 1 unter der Überschrift ‚Zur Einleitung' folgendes ausgeführt:

‚[...] – Wie steht's mit unserm Volk? Lasst uns nicht in Undankbarkeit vergessen, was Gott uns Gutes getan hat in den letzten vier Jahren: Die Not der Arbeitslosigkeit ist beseitigt, ein wohlausgerüstetes Heer schützt unsere Grenzen, der hässliche Parteienzank, der so viel deutsches Blut gekostet hat, ist weg, wir haben eine starke Obrigkeit, die sich einsetzt für das Wohl unseres Volkes. Dafür wollen wir Gott danken. Aber ebenso klar muss auch das andere ausgesprochen werden: Wenn weiterhin in unserm Volk das Antichristentum geduldet und gefördert wird, wenn eine neue Religion eingeführt wird, bei der man Menschen an Gottes Stelle setzt, die Natur verehrt statt den Schöpfer, in Hochmut seine eigenen Taten und Leistungen rühmt und damit Gott die Ehre raubt, das Wort Gottes Alten und Neuen Bundes für unrichtig erklärt oder gar abschafft und dafür Menschenwort als Gottes Wort ausgibt, so bringt das uns allen göttliche Strafgerichte. Die ganze Kirche Jesu ruht auf dem Bekenntnis, dass Jesus Christus Gottes Sohn ist;

aber ein Mann, der die Leitung der Kirche zu bestimmen vorgibt, erklärt die Gottessohnschaft Jesu für eine lächerliche Sache! Er wird nicht mehr lachen, wenn er einst vor dem Gottessohn steht! Jesus sagt: ‚Tut Buße!' Aber heute spotten massgebende Männer über die, die Buße predigen und Buße tun; Buße sei ein ‚Minderwertigkeitskomplex'. Nicht Buße, sondern Wille und Tat! Statt dass die Jugend zur Hl. Schrift geführt wird, fordert ein mann wie ‚Reichsbischof' Müller bei seiner Karlsruher Rede am 22. März: ‚Man erzähle unsern Kindern in den ersten Schulklassenunsere schönen deutschen Märchen.' Das sind alles Dinge, die nicht nur jeden gläubigen Christen im Innersten und Heiligsten verletzen, sondern das sind Lästerungen des allmächtigen Gottes, die er nicht ungestraft lässt. Wehe dem, der sich vergreift an Seinem Namen, an Seinem Wort, an Seiner Gemeinde!

Die Bibel nennt uns besondere göttliche Gerichtsstrafen, mit denen Gott die heimsucht, die sich an Ihm vergreifen. ‚Wenn ein Land an mir sündigt und dazu mich verschmäht, so will ich meine hand über dasselbe ausstrecken' (Hes. 14,13); und nun kommen die drei Strafen Gottes: Schwert, Hunger, Pestilenz. Aber nicht wahr, so etwas ist doch heut' nicht mehr möglich! Wo die Menschheit jetzt so hochkultiviert ist, macht doch niemand einen Krieg mehr, so sagte man vor 1914! Gegenwärtig im Zeichen des Weltverkehrs ist doch eine Hungersnot oder auch nur eine Knappheit der Lebensmittel ausgeschlossen! Und unsere ärztliche Wissenschaft ist so weit vorgeschritten, dass man sich doch nicht vor bösen Krankheiten mehr zu fürchten braucht! Wirklich? Haben wir Menschen dem heiligen Gott seine Zuchtruten aus der Hand gewunden und zerbrochen? Irret euch nicht, Gott lässt sich nicht spotten! Gott ist ja noch Richter auf Erden. Und dass auch ganze Völker vor Gericht müssen, sagt übereinstimmend der Alte Bund wie der Neue. Im Alten Testament steht geschrieben (es ist schon einmal erwähnt worden): ‚Der Herr wird den Erdboden richten mit Gerechtigkeit und die Völker mit seiner Wahrheit.' Im Neuen Testament sagt Jesus: ‚Wenn aber des Menschen Sohn kommen wird in seiner Herrlichkeit und alle heiligen Engel mit Ihm, dann wird Er sitzen auf dem Stuhl Seiner Herrlichkeit, und werden vor ihm alle Völker versammelt werden.' Wie wird es dann unserm Volk ergehen? – [...]'

Diese Schilderung der heutigen Religionsverhältnisse entspricht nicht den Tatsachen und ist geeignet, Beunruhigung in die christliche Bevölkerung hineinzutragen und den innerpolitischen Frieden zu stören. Um in Zukunft derartige unberechtigte Vergleiche und damit verbundene staatsfeindliche Angriffe gegen das nationalsozialistische Reich zu verhindern, ist die Stellung des Gemeindeboten unter die Vorzensur erforderlich."

2052   Vor dem Sondergericht Mannheim, 1939 (vgl. Dok. 2010)
Auszug aus dem Tagebuch (Amtskalender 1939) von Pfr. Otto Riehm, Ispringen; Nachlass Riehm (in Familienbesitz)

„Juli, 7., Freitag

9h fährt Diemer mich samt Schnebel nach Mannheim; erst zu Br. Jäger (A 3-3), dann ins Schloß; Wartburg[hospiz] = Mittagessen; 3 – ¼7 Hauptverhandlung vor dem Sondergericht. Urteil: Schnebel und Haas: 3 Monate, Diemer und ich: 2 Monate Gefängnis. Karlsruhe, zu OKR Friedrich. Dann heim. Psalm 118,1: Von OKR Friedrich sehr freundlich empfangen."

Bei dem erwähnten Bruder Jäger handelt es sich um den Mannheimer Vikarssprecher der Bekennenden Kirche, Hans-Otto Jaeger, der A 3,3 seine Dienstwohnung hatte. Sein Vorgesetzter war Pfarrer Fritz Kiefer, der damalige Vorsitzende der Deutschen Christen in Baden.

E Taufe, Konversion, Wiedereintritt von Menschen jüdischer Herkunft in und „Ausscheidung" der getauften Juden aus der evangelischen Kirche, 1939 – 1941

Am Beispiel einer Frau, die durch Heirat zum Judentum übergetreten war und die nun ihren Wiedereintritt in die evangelische Kirche beantragte, wird deutlich, wie die Finanzabteilung jede Gelegenheit sucht, um die Konsequenzen der nationalsozialistischen Rassepolitik in der Landeskirche durchzusetzen. Gegenüber dem Oberkirchenrat wurde ein Gesetz angemahnt, das durchsetzte, „dass eine weitere Zugehörigkeit von Juden zur Deutschen Evang. Kirche untragbar ist". Während der Oberkirchenrat sich noch durchzulavieren versuchte und dem Ansinnen schon weitgehend zuzustimmen schien, erließ die Kirchenkanzlei der Deutschen Evangelischen Kirche am 22. Dezember 1941 eine solche Aufforderung.

Bei der Frage von Taufbegehren unterschied der Oberkirchenrat grundsätzlich zwischen Erwachsenen und Kindern und übertrug den Pfarrern und Gemeinden, in deren Verantwortung die Entscheidung seit 1922 lag, die Aufgabe zu prüfen, ob es sich um „ernste und aufrichtige" Gründe handle oder ob andere Beweggründe, darunter auch die Absicht, die „bestehende jüdische Abstammung (zu) verdecken", entscheidend waren. Wie verheerend sich das unentschiedene Lavieren vor allem des Rechtsreferenten OKR Dr. Otto Friedrich auswirkte, zeigt der Umgang mit dem Wunsch der Katharina Stengel im Oktober 1939, ihre Kinder taufen zu lassen, nachdem sie 1928 zum Judentum konvertiert und im Jahr 1939 ihren Austritt aus der jüdischen Religionsgemeinschaft erklärt hatte. Ausgerechnet ein DC-Pfarrer, Ernst Glatt, vollzog gegen den Willen des zuständigen Pfarrers und der Kirchenleitung diese Taufen. Der Vorwurf der Taufe von Juden führte mit zu der Entlassung von Herman Maas (s.o.).

Literatur:
Hermann Rückleben, Evangelische ‚Judenchristen' in Karlsruhe 1715 – 1945. Die Badische Landeskirche vor der Judenfrage, Karlsruhe 1988 (VVKGB 37 [= 38])

2053 FA beim EOK: Die Wiederaufnahme einer Jüdin in die evangelische Landeskirche sollte versagt werden.
Der Vorsitzende der FA beim EOK an den RKM, 10. Mai 1939; LKA GA 7065

„Die Zugehörigkeit der Ehefrau des Arztes Dr. Gumprich in Karlsruhe, Else geb. Frystatzki zur Evang. Landeskirche betr.

Die Ehefrau des Juden Dr. Gumprich, Arzt in Karlsruhe, ist am 13.12.1894 in Karlsruhe-Durlach als Kind evangelischer Eltern geboren und am 23.12.1894 durch den evangelischen Pfarrer von Karlsruhe-Durlach evangelisch getauft worden. Im Jahre 1914 hat sie ihren Austritt aus der evang. Kirche und ihren Übertritt zur jüdischen Religionsgemeinschaft erklärt, um einen jüdischen Mann, einen Arzt Dr. Gumprich, heiraten zu können, dessen Vater ein strenggläubiger Jude war und den Übertritt der künftigen Ehefrau seines Sohnes zur jüdischen Religion verlangte. Dr. Gumprich hat als Militärarzt den Weltkrieg mitgemacht, ist in demselben schwer verwundet worden und lebt nun in Karlsruhe. Am 10. Oktober 1938 hat Frau Gumprich wieder ihren Austritt aus der jüdischen Religionsgemeinschaft vollzogen und gehört seitdem keiner Religionsgemeinschaft an. Die Ehe mit dem Juden wurde fortgesetzt und besteht noch heute. Unterm 7.12.1938 hat Frau Gumprich vor dem Evangelischen Pfarramt der Altstadt II in Karlsruhe ihre Wiederaufnahme in die Evang.-prot. Landeskirche Badens beantragt. Der Bevollmächtigte der Finanzabteilung für die Evang. Kirchengemeinde Karlsruhe, der sich mit der Angelegenheit deshalb zu befassen hat, weil die Wiederaufnahme in die badische Evang. Landeskirche auch die Kirchensteuerpflicht zur Evang. Kirche entstehen lässt, hat die Entscheidung der Finanzabteilung in dieser Angelegenheit erbeten.

Ich vertrete die Auffassung, dass im Hinblick auf die Judengesetzgebung des Deutschen Reiches die Wiederaufnahme in die badische Evang. Landeskirche versagt werden sollte, denn infolge ihrer Verheiratung mit einem Juden ist die frühere Nichtjüdin eben heute noch Mitglied einer jüdischen Hausgemeinschaft und hat diese Eigenschaft nicht dadurch verloren, dass sie aus der jüdischen Religionsgemeinschaft ausgetreten ist. Da es sich jedoch um einen Fall handelt, welcher über die Grenzen des badischen Kirchengebietes hinaus von Bedeutung ist, ersuche ich den Herrn Minister um einen Bescheid, ob der Wiederaufnahme in die badische Evang. Landeskirche und damit der Erhebung der Kirchensteuer von ihr zu Gunsten der Evang. Kirche zugestimmt werden soll.

gez. Doerr"

Nachrichtlich ging das Schreiben auch an die Vorsitzenden der Finanzabteilungen beim Landeskirchenamt Hannover bzw. beim Landeskirchenamt Braunschweig in Wolfenbüttel.

2054   FA beim EOK: Ausschluss von Judenchristen aus der Kirchensteuerpflicht, 1939/40

LKA GA 7066; KGVBl. 1940, Nr. 7 vom 12. Juni 1940, S. 43

Vgl. Hermann Rückleben, Evangelische ‚Judenchristen' in Karlsruhe 1715–1945. Die badische Landeskirche vor der Judenfrage, Karlsruhe 1988 (VVKGB, Bd. 37 [= 38]), S. 81–83 und 122–124

Ermutigt durch entsprechende Kirchengesetze in den DC-Landeskirchen Thüringen, Mecklenburg, Anhalt, Sachsen und Lübeck betrieb die FA beim EOK zwischen April 1939 und Mai 1940 auch für Baden den Ausschluss von Judenchristen aus der Kirchensteuerpflicht, um nichtarische Mitglieder mehr und mehr aus der Landeskirche hinauszudrängen. Trotz mancherlei bedenken auf Seiten der beteiligten Behörden RKM, badisches Kultusministerium und Oberkirchenrat setzte die FA schließlich im

Juni 1940 die Veröffentlichung einer „Rechtsverbindlichen Anordnung" im Gesetzes- und Verordnungsblatt der Landeskirche durch. Zuvor hatte der stellvertretende Vorsitzende der FA, OKR Dr. Doerr, in einem Schreiben vom 18. April 1940 dem EOK gegenüber offen geäußert:

„Wir sind der Auffassung, dass nach den für das 3. Reich maßgebenden rassischen Gesichtspunkten eine weitere Zugehörigkeit von Juden zur Deutschen Evang. Kirche untragbar ist und mit dem nationalsozialistischen Volksempfinden daher unvereinbar ist. Solange es an einem entsprechenden Kirchengesetz mangelt, muss wenigstens die Erhebung von Kirchensteuer bei evangelischen Juden unterbleiben."

„Rechtsverbindliche Anordnung
über die Steuerpflicht evangelischer Juden vom 28. Mai 1940.

Mit Zustimmung des Hern Reichsministers für die kirchlichen Angelegenheiten wird auf Grund der §§ 2, 6 und 9 der Fünfzehnten Verordnung zur Durchführung des Gesetzes zur Sicherung der Deutschen Evang. Kirche vom 25. Juni 1937 (RGBl. I S. 697) folgendes angeordnet:
§ 1.
Kirchensteuern werden von Juden (§ 5 der Ersten Verordnung zum Reichsbürgergesetz vom 14. November 1935, RGBl. I S. 1333), welche Mitglieder der Vereinigten Evang.-prot. Landeskirche Badens sind, nicht erhoben. Bei Mischehen, in denen der nichtjüdische Ehegatte der Vereinigten Evang.-prot. Landeskirche Badens angehört, richtet sich die kirchliche Besteuerung nach den bisherigen Vorschriften über die Besteuerung von religionsverschiedenen Ehen.
§ 2.
Die Anordnung tritt mit Beginn des Kirchensteuerjahres 1940 in Kraft.
Karlsruhe, den 28. Mai 1940.
Der Vorsitzende der Finanzabteilung beim Evang. Oberkirchenrat:
In Vertretung: Dr. Doerr."

2055 Die DEK-Kirchenkanzlei fordert, „dass die getauften Nichtarier dem kirchlichen Leben der deutschen Gemeinde fernbleiben", Dezember 1941.

DEK-Kirchenkanzlei „an die Obersten Behörden der deutschen evangelischen Landeskirchen", 22.12.1941; EZA, EKD C3/172, 45; vgl. Eberhard Röhm / Jörg Thierfelder, Evang. Kirche zwischen Kreuz und Hakenkreuz. Bilder u. Texte einer Ausstellung, Stuttgart 1981; 4. Aufl. 1990, S. 134

„Der Durchbruch des rassischen Bewusstseins in unserem Volk, verstärkt durch die Erfahrungen des Krieges, und entsprechende Massnahmen der politischen Führung haben eine Ausscheidung der Juden aus der Gemeinschaft mit uns Deutschen bewirkt. Dies ist eine unbestreitbare Tatsache, an welcher die deutschen evangelischen Kirchen, die in ihrem Dienst an dem einen ewigen Evangelium an das deutsche Volk gewiesen sind und im Rechtsbereich dieses Volkes als Körperschaften des öffentlichen Rechts leben, nicht achtlos vorübergehen können.

Wir bitten daher im Einvernehmen mit dem Geistlichen Vertrauensrat der Deutschen Evangelischen Kirche die obersten Behörden, geeignete Vorkehrungen zu treffen, dass die getauften Nichtarier dem kirchlichen Leben der deutschen Gemeinde fernbleiben. Die getauften Nichtarier werden selbst Mittel und Wege suchen müssen, sich Einrichtungen zu schaffen, die ihrer gesonderten gottesdienstlichen und seelsorgerlichen Betreuung dienen können. Wir werden bemüht sein, bei den zuständigen staatlichen Stellen die Zulassung derartiger Einrichtungen zu erwirken.

In Vertretung: gez. Dr. Fürle"

2056 Antwort des EOK auf ein Taufbegehren in der Jungbuschgemeinde in Mannheim
EOK an Pfarramt Jungbusch, 13. Mai 1939; LKA GA 8927

„Die evang. Kirche darf grundsätzlich das Ansinnen um Empfang des Sakraments der Taufe nicht ablehnen, wenn dieses Ansinnen aus dem ernsten und aufrichtigen Verlangen heraus gestellt wird, durch die Taufe in die Christenheit aufgenommen zu werden. Entspringt das Verlangen aber anderen Beweggründen, z.B. geschäftlicher Art oder um im Leben besser weiterzukommen, so wird die Kirche hier grösste Zurückhaltung zu üben haben; denn die Aufnahme in die Gemeinschaft mit Jesus Christus ist nicht dazu da, um solche Ziele besser erreichen zu können. Diese an sich sehr schwierige Entscheidung wird mit einiger Sicherheit bei der sog. Erwachsenentaufe zu treffen sein, weil hier die seelsorgerliche Aussprache und die pflichtmäßige Beobachtung während des Vorbereitungsunterrichts ein einigermassen sicheres Urteil gewährleisten kann, ob es sich hier um ein ernstes religiöses Verlangen oder um andere Bestrebungen handelt. Viel schwieriger ist es bei der Taufe von Kindern, die noch nicht religiös mündig sind, wie hier bei den Kindern Ruth und Rudi Gärtner. Wir haben den Eindruck, dass die Mutter der Kinder die christliche Taufe und die Aufnahme in die evang. Kirche wünscht, um für die Kinder die Zugehörigkeit zu einer Religionsgesellschaft zu erhalten, die möglichst ihre väterlicherseits bestehende jüdische Abstammung verdecken soll. Andererseits wird die evang. Kirche nicht das Recht haben, den noch unmündigen Kindern den Weg zum ewigen Heil durch Versagung der Taufe zu verlegen. Es wird demnach Aufgabe des Pfarramts sein, in einer seelsorgerlichen Aussprache die Mutter auf die Bedeutung des Sakraments der Taufe eindringlichst hinzuweisen und mit dem Kinde Ruth vor Vornahme der Taufe in einer dem Fassungsvermögen des Kindes angemessenen Art die Bedeutung, welche die Taufe hat, einprägsam klar zu machen. Von der Mutter der Kinder muss auch verlangt werden, dass sie sich dazu bereit findet, die Kinder in christlich evangelischem Sinn zu erziehen, sie also beispielsweise in Gottesdienst und Religionsunterricht zu schicken."

2057 Taufbegehren für drei Kinder in Eschelbronn und das Verhalten des EOK, Oktober 1939

Pfarrer A. Beck, Eschelbronn an den EOK, 6. Oktober 1939; LKA GA 5030

„Hohen Evangelischen Oberkirchenrat erlauben wir uns, durch das Evangelische Dekanat Sinsheim a/Elsenz folgenden Bericht ergebenst vorzulegen.

Unter den zur Zeit hier weilenden Rückwanderern befindet sich eine Frau namens Katharina Wilhelmine Stengel geb. Henninger, Ehefrau des kaufmännischen Vertreters Julius Israel Stengel, wohnhaft in Karlsruhe Herrenstraße 62. Diese Frau trat an den Unterzeichneten mit der Bitte heran, ihre drei Kinder taufen zu wollen. Es handelt sich um folgende Kinder: 1. Egon Max Stengel, geboren am 26. März 1931 in Karlsruhe, 2. Karl Philipp Stengel, geboren am 14. Januar 1934 in Karlsruhe und 3. Wilhelmine Juliane Stengel, geboren am 11. März 1938 in Karlsruhe. Der Bitte der Frau liegt folgender Sachverhalt zu Grunde: Der Mann ist Volljude, die Frau arischer Abstammung. Bei ihrer Verheiratung trat die Frau, die bislang evangelisch war, aus der Evangelischen Kirche aus und über zur israelitischen Religionsgemeinschaft. Die Ehe wurde nach israelischem Ritus geschlossen. Von den drei Kindern gehören die beiden Knaben zur israelitischen Religionsgemeinschaft. Das Mädchen soll religionslos sein. Die Frau erklärte, sie habe vor einigen Wochen vor der zuständigen staatlichen Behörde in Karlsruhe ihren Austritt aus der israelitischen Religionsgemeinschaft und ihren Übertritt zu unserer Landeskirche erklärt. Ob sie von der Evangelischen Kirchengemeinde Karlsruhe wieder in unsere Kirche aufgenommen worden ist, ist mir nicht bekannt, da mir keine Papiere vorgelegt wurden. Ich gewann bei der Frau den Eindruck, daß ihr Übertritt nicht aus religiösen Gründen, sondern um wirtschaftlicher Vorteile willen erfolgt ist. Sie wollte beispielsweise bei Kriegsausbruch mit ihren Kindern nicht in Karlsruhe bleiben, sondern wußte es zu erreichen gerade unter Betonung ihrer arischen Abstammung, daß sie durch die Hilfe der NSV mit den anderen zusammen Karlsruhe verlasse konnte. Ich habe ebenso den Eindruck, daß der Wunsch, die Kinder taufen zu lassen, auch nur äußerlichen Gründen entspricht. Der älteste Junge, der bislang in Karlsruhe die jüdische Schule besuchte, soll offenbar durch die Taufe die Möglichkeit erlangen, hier in die Grund- und Hauptschule gehen zu dürfen. Ich habe darum die Frau auf die Schwere ihrer Bitte hingewiesen und ihr erklärt, ich müßte zuerst die Stellungnahme meiner obersten Kirchenbehörde einholen. Ich erlaube mir darum die ergebene Bitte, mir gütige Weisung geben zu wollen, in welcher Weise die Bitte der Frau Stengel geb. Henninger um Taufe ihrer drei Kinder ihre Erledigung zu finden hat.

Evangelisches Pfarramt   A. Beck, Pfr.

Protokoll der EOK-Sitzung vom 17. Oktober 1939, Ziffer 12; LKA GA 3485

„Eine Frau Wilhelmine Stengel, die sich zur Zeit unter den Rückwanderern in Eschelbronn aufhält und s.Z. bei der Eheschließung mit einem Volljuden selbst in die jüdische Religionsgemeinschaft aufgenommen wurde, wünscht jetzt die Taufe ihrer 3 Kinder. es wird dem Pfarramt Eschelbronn auf Anfrage mitgeteilt, daß die Taufe abzulehnen sei."

EOK an Pfarramt Eschelbronn, 26. Oktober 1939; LKA GA 3206

„Die christliche Taufe darf von uns nicht versagt werden, wenn alle Umstände darauf hinweisen, dass es den Eltern des Täuflings oder gegebenenfalls diesem selbst ein ernstes religiöses Anliegen ist, das Sakrament zu empfangen und damit in die christliche Kirche aufgenommen zu werden und durch ihren Dienst den Heilsweg zu finden. Die Kirche ist aber wohl nicht berufen, das Sakrament der Taufe zu spenden, wenn vieles darauf hindeutet, dass man sich dieses Sakraments nur bedienen will, um irgendwelche Vorteile wirtschaftlicher, politischer oder anderer Art zu erlangen. Im vorliegenden Fall können wir uns des Eindrucks nicht erwehren, dass hier die Hauptmotive [für] Frau Stengel liegen, ihre drei Kinder nunmehr taufen zu lassen. Sie ist bei ihrer Verheiratung aus der evang. Kirche ausgetreten und zur jüdischen Kultusgemeindschaft übergetreten. Zwei der Kinder sind förmlich in die jüdische Kultusgemeinschaft aufgenommen und nur das dritte am 11. März 1938 geborene Kind ist noch konfessionslos. Der Ehemann gehört heute noch der israelitischen Religionsgemeinschaft an. Es ist ja menschlich begreiflich, das die Frau ihre und ihrer Kinder Zugehörigkeit zur israelitischen Religionsgemeinschaft wieder rückgängig machen möchte und die Eigenschaft ihrer Kinder als Mischlinge tunlichst verdecken will. Der Oberkirchenrat ist der Auffassung, dass es ein Missbrauch des Sakraments wäre, wenn vorwiegend um solcher Zwecke willen die Taufe gespendet würde."

2058 Der Pfarrer der Schlosspfarrei Karlsruhe, Eduard Metzger, tauft trotz Bedenken des Oberkirchenrats vier „Mischlingskinder", 1941.
Die Taufe der Kinder Fleichhacker betr.; LKA GA 5030
EOK an das Pfarramt der Schlosspfarrei Karlsruhe, 12. November 1941

„[...] Wir haben bisher folgenden Standpunkt eingenommen:

Wenn die Taufe von Juden oder Mischlingen begehrt wird, so kann sie nur dann gewährt werden, wenn ein aufrichtiges und ernstes Verlangen danach vorliegt, in die christliche Kirche aufgenommen zu werden. Ob ein solches ernstes Verlangen vorliegt, ist eine Tatfrage, die nur derjenige letztlich beantworten kann, der die Möglichkeit hat, in seelsorgerlicher Aussprache Einblick in die Motive des die Taufe Begehrenden zu erlangen. Unter keinen Umständen ist die Taufe dazu da, für Mischlinge oder Juden einen deckmantel abzugeben, damit sie nach der staatsbürgerlichen Seite vor Beeinträchtigungen gesichert sind. Im vorliegenden Falle ist es nun auffallend, dass die Kinder Fleischhacker, obwohl sie heute 9, 8, 6 1/2 und 3 Jahre alt sind, noch ungetauft sind. Als das älteste Kind zur Welt kam, standen die Juden noch völlig rechtsgleich neben den deutschblütigen Volksgenossen, und man fragt wohl mit Recht, warum ist das Kind damals nicht zur Taufe gebracht worden. Ebenso liegen die Verhältnisse hinsichtlich des zweiten Kindes. Bei dem dritten und vierten Kind könnten von der Mutter Einwendungen dahin erhoben werden, dass damals die Rechtsgleichheit der Juden schon Einschränkungen erfahren hatte. Es wird also mit Frau Fleischhacker diese Frage besprochen werden müssen und zu prüfen sein, warum nun plötzlich jetzt das Verlangen besteht, die Kinder der christlichen und zwar der evangelischen Kirche zuzuführen. Ist die Ehe seinerzeit kirchlich eingesegnet worden und beteiligt sich in irgend einer Form die Ehefrau Fleischhacker am kirchlichen Leben? Aus solchen und ähnlichen Fragen wird schliesslich klar werden, ob die Taufe nur zur Verbesserung der staatsbürgerlichen Stellung der Kinder oder aus einem ernstlich religiösen Verlangen heraus gefordert wird. Nur wenn das im letzteren Sinne geschieht, kann die Taufe vollzogen werden. Über den Ausgang der Sache ist zu berichten.

gez. Friedrich"

Pfarramt der Schlosspfarrei Karlsruhe an EOK, 2. Dezember 1941

„Nachdem die rechtlichen und kirchenrechtlichen Fragen geklärt waren, musste sich die Behandlung der viel schwierigeren inneren Fragen anschliessen.

Ein Besuch bei Frau Fleischhacker hat zur Klärung geführt. Frau Fleischhacker hat offen zugegeben, dass ihrerseits ein grosses Versäumnis und Verschulden vorliege, dass sie die Kinder nicht schon von Anfang an dem christlichen Glauben zugeführt hat. Sie empfand die Schuld umso mehr, als sie früher bewusst innerhalb unserer Kirche stand. Tragische äussere Umstände (Arbeitslosigkeit des Mannes, Abhängigkeit von der jüdischen Mutter des Mannes) machen das Verhalten rein menschlich verständlich, ohne es damit entschuldigen zu wollen. Die Kinder Fleischhacker hatten trotzdem vom christlichen Gut der Mutter Manches empfangen (Weihnachten wurde gefeiert, die Kinder lernten christliche Weihnachtslieder). Frau Fleischhacker betonte, dass sie ganz verstehe, dass wir ihr die Taufe der Kinder nicht leicht machen; sie möchte es so ernst genommen wissen. Sie will selbst neu beginnen mit ihren Kindern. Zum Gottesdienst kam sie schon in letzter Zeit. Als ich ihr sagte, dass wir beide einmal vor Gottes Angesicht diese Taufen zu verantworten haben werden und dass sie nur vollzogen werden dürfen, wenn es wirklich um den Glauben geht, war sie innerlich ganz dabei und versprach dieser jetzigen Haltung auch treu zu bleiben.

Am Ende dieser sehr ernsten und ausführlichen Aussprache bekam ich die innere Gewissheit, dass ich die Taufen vollziehen darf.

Die 4 Kinder Fleischhacker sollen am kommenden Sonntag, den 2. Advent getauft werden.

gez. Eduard Metzger"

F Die Einführung des „arischen Nachweises für die Geistlichen", 1939

Vgl. zum ganzen Zusammenhang Bd. III, S. 841–859.
Am 13. Mai 1939 wurde der Leiter der Kirchenkanzlei der DEK, Dr. Werner, bei den Landeskirchen vorstellig und kündigte eine kirchengesetzliche Regelung des „Ariernachweises" für Pfarrer und deren Ehefrauen an. Aber schon vor Erlass einer gesetzlichen Regelung sollte dieser Nachweis im Umfang der für die Beamten geltenden Regelungen erbracht werden. Am 11. August forderte der Vorsitzende der Finanzabteilung die Umsetzung durch den Oberkirchenrat. Doch schon am 10. Oktober 1939 wurde diese Maßnahme zurückgenommen, nachdem auf dem Hintergrund des Kriegsbeginns und der Einberufung zur Wehrmacht der urkundliche Nachweis erlassen bzw. auf den Zeitpunkt nach dem Ausscheiden aus dem Heeresdienst verschoben wurde.

Literatur:
Eberhard Röhm / Jörg Thierfelder, Juden, Christen, Deutsche, Bd. 2: 1935 – 1938 Entrechtet, Teil I, Stuttgart 1992 (Calwer taschenbibliothek 9), S. 323–347

2059 Die DEK-Kirchenkanzlei kündigt die Einführung des arischen Nachweises für Geistliche an.
Der Leiter der DEK-Kirchenkanzlei an die obersten Behörden der deutschen evang. Landeskirchen vom 13. Mai 1939; LKA GA 4996

„Mehrfache Anfragen aus den Landeskirchen veranlassen mich, den obersten Behörden mitzuteilen, dass die Frage einer Einführung des arischen Nachweises für die Geistlichen ihre kirchengesetzliche Regelung für den Bereich der Deutschen Evangelischen Kirche durch eine Verordnung, die in sinngemässer Anwendung des Deutschen Beamtengesetzes vom 26. Januar 1937 die gesamte Rechtsstellung der Pfarrer ordnen würde, finden muss. Aus diesem Grunde ersuche ich einstweilen von einer landeskirchlichen Regelung abzusehen. Die obersten Behörden werden an der in Aussicht stehenden Regelung zur gegebenen Zeit gemäss § 1 Abs. 2 der 17. Verordnung beteiligt werden.

Ich bemerke in diesem Zusammenhang, dass ich den obersten Behörden empfehle, schon jetzt auf dem Verwaltungswege bei der Anstellung von Geistlichen und Kirchenbeamten nach den Grundsätzen des DBG vom 26. Januar 1937 zu verfahren. Es bestehen auch keine Bedenken dagegen, wenn diese Grundsätze schon jetzt in einzelnen Fällen gegenüber im Amt befindlichen Geistlichen und Kirchenbeamten sinngemäss angewendet werden, insbesondere dort, wo Schwierigkeiten in den Gemeinden aufgetreten sind. Ein Hinausgehen über die einschlägigen Vorschriften des DBG ist jedoch nichtzulässig. Das gilt auch für die finanzielle Behandlung vorkommender Fälle.

Auf jeden Fall ersuche ich die obersten Behörden, von ihren Geistlichen und Kirchenbeamten und deren Ehefrauen, soweit das noch nicht geschehen ist, die Vorlegung des Nachweises der arischen Abstammung in dem von dem DBG vorgesehenen Umfange zu verlangen. Dies ist schon deshalb dringend zu empfehlen, damit die obersten Behörden in die Lage versetzt werden, jederzeit vollständige und genaue Angaben in dieser Frage machen zu können. Letzteres dürfte auch im Interesse des Pfarrerstandes liegen, um häufig wiederkehrenden falschen Zahlenangaben entgegentreten zu können.

gez. Dr. W e r n e r"

2060 Der Vorsitzende der FA beim EOK fordert vom Oberkirchenrat den „Nachweis der deutschblütigen Abstammung der Geistlichen".
Schreiben vom 11. August 1939 (i.V.: Dr. Doerr); LKA GA 4996

„Mit Schreiben vom 14.7.1939 Nr. A 16334 habe ich den Evang. Oberkirchenrat gebeten, künftig in denjenigen Fällen, in welchen die Zustimmung der Finanzabteilung zur Erteilung der Heiratserlaubnis an einen Geistlichen beantragt wird, auch hinsichtlich der Braut die üblichen Personalangaben über Namen, Geburt, Eltern und Grosseltern zu machen und den Nachweis der arischen Abstammung der Braut der Finanzabteilung mitzuteilen.

Der Nachweis der arischen Abstammung durch den Geistlichen und dessen Braut wurde bisher durch die Abgabe einer Erklärung gegenüber dem Evang. Oberkirchenrat geführt, wonach dem Geistlichen und seiner Braut trotz sorgfältiger Prüfung keine Umstände bekannt seien, welche die Annahme rechtfertigen könnten, dass sie nichtarischer Abstammung seien oder dass einer der Eltern- oder Grosselternteile zu irgend einer Zeit der jüdischen Religion angehört habe.

Ich kann mich in Zukunft mit dieser Erklärung sowie mit dem bisher üblichen Personalbogen nicht mehr begnügen. Ich werde vielmehr bei den in den Dienst der Badischen Evangelischen Landeskirche aufzunehmenden Kandidaten der Theologie oder geprüften Geistlichen vor der Erteilung der Zustimmung der Finanzabteilung zu ihrer Aufnahme und bei den im Begriffe der Verehelichung stehenden ständigen und unständigen Geistlichen vor der Erteilung der Zustimmung zum Aussprechen der Heiratserlaubnis der Anregung des Leiters der Deutschen Evang.Kirchenkanzlei im Schreiben vom 13.5.1939 K.K.III 420/39 entsprechend verlangen, dass zum Nachweis der deutschblütigen Abstammung des Geistlichen vor seiner

Aufnahme in den Dienst und zum Nachweis der deutschblütigen Abstammung der Braut vor der Erteilung der Heiratserlaubnis in dem vom deutschen Beamtengesetz vom 26.1.1937 (RGBl. I S. 39) vorgesehenen Umfange die Ausfüllung der anliegenden und bei der Expeditur vorrätigen Formblätter 1 und 2, wie sie von der Finanzabteilung für den entsprechenden Nachweis der deutschblütigen Abstammung von Kirchenbeamten und Anzeigen über Verheiratung verwendet werden, vorgenommen wird. Ich muss weiter verlangen, dass mit den ausgefüllten Formblättern 1 und 2 die zur Führung des urkundlichen Nachweises der Angaben erforderlichen Urkunden wie Ahnenpass, standesamtliche Urkunden, Auszüge aus den Kirchenbüchern und dergl. zur Prüfung gegen Rückgabe beigefügt werden.

Ich ersuche den Oberkirchenrat, vor der Antragstellung an die Finanzabteilung die erforderlichen Unterlagen zu beschaffen und sie mit der Antragstellung der Finanzabteilung einzureichen."

2061 Nach Kriegsbeginn: Wer zum Wehrdienst einberufen ist, braucht laut Beamtengesetz keine Abstammungsurkunden vorzulegen.
FA an EOK, 10. Oktober 1939; LKA GA 4996

„I. In das nächste Kirchl. Ges.- und VBlatt ist aufzunehmen folgende

Bekanntmachung:

Nachdem durch die Dritte Verordnung zur Durchführung des Deutschen Beamtengesetzes vom 27. September 1939 (RGBl. I S. 1982) für die öffentlichen Beamten angeordnet worden ist, daß die für die Reichsverteidigung zum Wehrdienst einberufenen Beamten zur Eingehung einer Ehe vor der Eheschließung nicht des Nachweises bedürfen, daß der künftige Ehegatte deutschen oder artverwandten Blutes ist, werde ich die Zustimmung der Finanzabteilung zur Erteilung der Heiratserlaubnis an Geistliche durch den Evang. Oberkirchenrat ohne die Vorlage der mit der Bekanntmachung vom 11. August 1939, Nachweis der arischen Abstammung durch den Geistlichen und dessen Braut betr. (VBl. S. 162), verlangten Urkunden erteilen. Der Geistliche und seine Verlobte haben jedoch die Versicherung einzureichen, daß ihnen trotz sorgfältiger Prüfung keine Umstände bekannt sind, welche die Annahme rechtfertigen könnten, daß sie von jüdischen Eltern oder Großeltern abstammen könnten. Der mit der Bekanntmachung von 11. August 39 verlangte urkundliche Nachweis ist nachträglich nach Ausscheiden des Geistlichen aus dem Heeresdienst so bald als tunlich zu erbringen."

G Die Auseinandersetzung um die nichtarischen Pfarrer Kurt Lehmann und seinen Vater Ernst Lehmann – ein Beispiel der Verdrängung über die Zeit des Dritten Reiches hinaus, 1933 – 1946

Dr. Ernst Lehmann (1861–1948) war während seines Philosophiestudiums vom Judentum zum Christentum konvertiert, hatte Theologie studiert und war Pfarrer der badischen Landeskirche geworden. Als Pfarrer an der Lutherkirche in Mannheim hatte er sich vor allem für die Arbeiterschaft und dann auch für die Demokratie eingesetzt. Nach der Ermordung seines Vetters, des deutschen Außenministers Walther Rathenau am 24. Juni 1922, hielt Lehmann in Mannheim eine ergreifende Gedenkrede zur Verteidigung der jungen Demokratie. Als Mitglied des Bundes der Religiösen Sozialisten war er auch für Erwin Eckert eingetreten.1930 waren von ihm scharfe Artikel gegen Hitler und den Nationalsozialismus erschienen, die vor allem die Kirchen vor jedem Kompromiss und jeder Zusammenarbeit aufs deutlichste warnten. All dies machte ihn dem Bruderrat der Bekennenden Kirche in Baden, der sich ja nur aus Mitgliedern der Kirchlich-positiven Vereinigung gebildet hatte, suspekt, sodass dessen Vorsitzender und gleichzeitiger Vertrauensmann des Pfarrernotbundes, Karl Dürr, die Mitgliedschaft Lehmanns im Pfarrernotbund verhinderte (vgl. Bd.II, Dok. 827, 841 und 842). Lehmann lebte zu diesem Zeitpunkt schon im Ruhestand in Heidelberg und hatte sich über Hermann Maas direkt bei Niemöller als Mitglied angemeldet.
1940 erfolgte eine Anklage gegen Ernst Lehmann, der sich weigerte, den Zwangsnamen „Israel" zu führen und heimlich ausländische Sender abgehört hatte, vor einem Sondergericht und die Verurteilung zu 21 Monaten Haft, von denen er wegen Haftunfähigkeit – er war zu diesem Zeitpunkt 79 Jahre alt – nur fünf Monate abbüßen musste. Als Folge dieses Urteils wurde er unter Streichung seiner Ruhegehaltsbezüge aus dem Kirchendienst entlassen. Im Zuge des Prozesses hatte der Oberkirchenrat dem Sondergericht Einsicht in die Personalakte gewähren müssen, was sich erheblich auf die Urteilsbegründung auswirkte. Seit 1940 kämpfte Lehmann bis zu seinem Tod vergeblich um seine Rehabilitierung. Dass er dabei seit dem 10. November 1945 auch die Ablösung von OKR Dr. Otto Friedrich von seinen Ämtern forderte, verschärfte noch den Gegensatz zur Kirchenleitung.
Sein Sohn, Lic. theol. Kurt Lehmann (1892–1963) war ab 1927 Pfarrer an der Stadtkirche in Durlach. Seit dem Aufkommen des Nationalsozialismus kam es in der Gemeinde zu scharfen Auseinandersetzungen, da Lehmann, wie sein Vater, mit deutlichen Worten vor dem aufkommenden Nationalsozialismus warnte. Im Frühjahr 1933 eskalierte die Auseinandersetzung, als Lehmann sich weigerte, die illegal mit der Hakenkreuzfahne geschmückte Schule zum Religionsunterricht zu betreten, und nachdem er in einer Predigt am 12. Februar betont vom „Juden Jesus" und vom „Juden Paulus" gesprochen hatte. Obwohl sich der Kirchengemeinderat hinter seinen Pfarrer stellte, erhielt Lehmann aus der Feder des Kirchenpräsidenten Wurth, dessen antisemitische Grundhaltung in Artikeln der Weimarer Zeit deutlich erkennbar sind, eine scharfe Abmahnung. Am 28. Juni 1933 wurde Lehmann mitten aus dem Religionsunterricht heraus verhaftet, weil ihm die Verbreitung der Schrift seines Vaters „Deutschland – wohin?" vorgeworfen wurde. Noch am selben Tag kam er jedoch auf Grund des Einspruchs des Oberkirchenrats wieder frei, erhielt aber ein Predigtverbot bis Ende August. In der Zwischenzeit hatten kirchliche Neuwahlen stattgefunden und

waren die Religiösen Sozialisten verboten worden, die bislang im Kirchengemeinderat Durlach die zweitstärkste Fraktion gebildet hatten. So bestand der Kirchengemeinderat nun aus 13 DC-Mitgliedern und 7 Positiven. Im November 1933 eröffnete der Oberkirchenrat ein förmliches Verfahren gegen Lehmann mit dem Ziel der Versetzung bzw. der vorzeitigen Zuruhesetzung. In dieser Situation meldete sich der Kirchenpräsident i.R. Klaus Wurth beim Vorsitzenden der Bekenntnisgemeinschaft, Karl Dürr, zu Wort. Er hielt die Verfügung des Oberkirchenrats rechtlich und moralisch nicht für tragbar (vgl. Bd. III, Dok. 1577). Die Auseinandersetzung zog sich bis 1935 hin, nachdem weitere Vorwürfe (Verweigerung der Fürbitte für den Führer und eine kritische Äußerung gegenüber Hitler) erhoben worden waren. Am 15. Juli 1935 erfolgte die endgültige Zuruhesetzung, nachdem sich Lehmann geweigert hatte, eine Versetzung nach Immendingen anzunehmen. In einem Prozess vor dem kirchlichen Verwaltungsgericht versuchte er vergeblich, seine Weiterbeschäftigung zu erzwingen. Im November 1938 kam er von einer Reise in die Schweiz nicht mehr zu seiner Familie nach Hinterzarten zurück, da er nach der Pogromnacht mit Verfolgung rechnen musste. Erst 1945 kehrte er wieder nach Baden zurück und kämpfte vergeblich gegen Otto Friedrich und Julius Bender um seine Rehabilitierung. Am 16. April 1948 wurde er jedoch zum Pfarrer an der Westpfarrei der Lutherkirche in Mannheim ernannt und dann zum 1. Oktober 1959 in den Ruhestand versetzt.

Literatur:
Eberhard Röhm / Jörg Thierfelder, Juden, Christen, Deutsche 1935 – 1945, Bd. 1: 1933 – 1935 Ausgegrenzt, Stuttgart 1990 (calwer taschenbibliothek 8), S. 240–254; Bd. 2: 1935 – 1938 Entrechtet, Stuttgart 1995 (calwer taschenbibliothek 10), S. 93–109 Eckhart Marggraf, „Schuld – Vergebung – Recht". Der Kampf des Pfarrers Kurt Lehmann um Schuldanerkennung der bad. Landeskirche bei seiner Wiedereinsetzung nach 1945, in: E. Marggraf, J. Thierfelder, U. Wennemuth (Hrsg.), Unterdrückung – Anpassung – Bekenntnis. Die evang. Kirche in Baden im Zweiten Weltkrieg und in der Nachkriegszeit, Karlsruhe in Vorber.

2062   Kirchenpräsident Wurth, April 1933: Mahnung des „rassenmäßigen Juden" Pfarrer Kurt Lehmann zur Zurückhaltung
EOK an KGR Durlach über Dekanat, 21. April 1993; LKA PA 7252/II

„Angriffe im ‚Führer' [Hauptorgan der NSDAP Gau Baden] gegen Pfarrer Lic. Lehmann betr.

Die vom Evang. Kirchengemeinderat vorgelegte Predigt des Pfarrers Lic. Lehmann ist zweifellos im ganzen weder religiös noch politisch zu beanstanden, wenn man absieht von dem, der sie gehalten hat und denen, die sie unter den gegenwärtigen oder damaligen Verhältnissen hörten.

Pfarrer Lic. Lehmann hat z.Zt. allen Grund, die Judenfrage in gar keiner Weise, auch nicht andeutungsweise, zu behandeln. Er redet aber betont von dem ‚Juden Paulus' ohne jegliche Nötigung. Im letzten Abschnitt, am Schluß der Predigt von ‚Was ich heute als biblische ...' bis ‚vom

Himmel geandt ist' wird sodann in schärfster Weise gegen die Nationalsozialisten opponiert; diese Art hat etwas ätzendes, gewollt spitziges, nicht die Spur von verbindlichem. Man kann die Wahrheit auch anders sagen; und Pfarrer Lic. Lehmann als rassenmäßiger Jude sollte um seines Amtes und seiner Kirche willen sich einer anderen Sprache in diesen Dingen befleißigen und eine völlige Zurückhaltung üben, nicht aber seine antisemitischen Gegner noch reizen. Gänzlich ungehörig ist es auch vom Prediger gewesen, daß er den Satz pointiert hinstellte: ‚Es ist den meisten Menschen unverständlich und anstößig, daß das alles von Jesus, dem Zimmermannssohn aus Nazareth, ausgerechnet von ihm, einem *Juden*, gesagt werden soll.' Das Neue Testament und mit ihm die Kirche macht die höchsten Aussagen über unseren Heiland nicht als von einem Juden stammend, sondern als von dem vom Vater in Ewigkeit eingeborenen Gottessohn. Die heilige Schrift hat uns gar nichts von jüdischen Rasseneigenschaften Jesu Christi überliefert; ihr Zeugnis lautet auf den, der von ‚Oben her' stammt.

Es mag sein, daß zu andern Zeiten der ganze zu beanstandende Absatz der Predigt ohne sonderliche Kritik geblieben wäre. Aber schon vor dem 12. Februar d.J. war er gänzlich unangebracht. Ich fürchte, daß, wenn Pfarrer Lic. Lehmann von dieser seiner Art nicht lassen kann, er sich und unsere Kirche nur in Unannehmlichkeiten bringen wird, deren Gewicht er vielleicht nicht erkennen will und deren Schwere er nicht übersehen sollte.

      Der Kirchenpräsident:
      gez. D. Wurth"

2063 KPräsident Wurth an Pfr. Kurt Lehmann, Juni 1933: „Sie haben kein anderes Evangelium zu verkündigen als die Arier."

Wurth handschriftlich an Lehmann, 6. Juni 1933, Abschrift; LKA PA 7252/II

„In Ihrer Erklärung vom 18. v.M. nehmen Sie Anlass, der Behörde zu sagen, dass sie die Verantwortung trägt für das, was sie in ihrem Erlass vom 21. April d.J. Nr. 6256 Ihnen eröffnet hat. Einer solchen Erinnerung bedurfte es nicht. Der Oberkirchenrat hat Ihnen mit voller Absicht den ganzen Ernst der Lage vor Augen zu stellen versucht, in der Sie sich augenblicklich befinden, weil er die Verantwortung für unsere Kirche, Ihr Pfarramt und Sie selbst kennt und zu tragen hat. Ihre Erinnerung war daher völlig unangebracht.

In dem Erlass vom 21. April d.J. sind keinerlei ‚Zumutungen' an Sie ergangen, Sie sind nur ermahnt worden, das Evangelium so zu verkündigen, dass alles vermieden wird, was ihre politischen und rassischen Gegner zu reizen geeignet ist. Die in Ihrer Predigt vom 12. Februar d.J. beanstandeten Sätze würden auch bei einem ‚rein arischen' Geistlichen zu rügen sein. Dass diese Sätze aber gerade aus Ihrem Munde in der gegenwärtigen Situation Anstoss erregen, kann Ihnen unmöglich verborgen bleiben. Umso mehr ist Ihre Verwahrung gegen die dem Oberkirchenrat unterschobene Forderung zurückzuweisen. Sie sollten das Evangelium nicht ‚auch nur um Haaresbreite anders verkündigen' um Ihrer Abstammung willen. Sie haben kein anderes Evangelium zu verkündigen als die ‚Arier'. Aber schon das Vorbild des Apostels Paulus lehrt, dass ein Pfarrer den Juden ein Jude und den Griechen ein Grieche sein soll, d.h. aber in Ihrem Fall, dass Sie das Evangelium unverkürzt auch anders verkündigen sollten, als es Ihnen beliebt.

Im letzten Absatz Ihres Schreibens vom 18. v.M. lehnen Sie jede Verantwortung bezüglich Ihrer Wortverkündigung vor der Kirche ab und berufen sich allein auf Gott, Christus und Ihr Gewissen. Sie sind aber von der Landeskirche zum Pfarrer bestellt und Sie bleiben dieser Landeskirche auch für Ihre Predigt verantwortlich und die Landeskirche wird Sie dafür zur Rechenschaft zu ziehen haben um der Kirche willen.

gez. D. Wurth"

Noch im selben Monat Juni 1933 wurde die badische Kirchenverfassung „umgebaut" und am 24. Juni Prälat D. Julius Kühelwein zum Landesbischof gewählt; Kirchenpräsident D. Klaus Wurth wurde auf Antrag zum 1. Juli in den Ruhestand versetzt.

2064 Protest der Bekenntnisgemeinschaft Durlach gegen die zwangsweise Zurruhesetzung von Pfr. Kurt Lehmann, 1935

Schreiben des „Bruderrats der Bekenntnisgemeinschaft Durlach" an den EOK, 17. Juli 1935, Abschrift; LKA PA 4339

„Evang. Oberkirchenrat in Karlsruhe legen wir im Namen der Bekenntnisgemeinschaft Durlach, die zur Zeit 1192 eingeschriebene Mitglieder zählt, folgendes vor:

Die Bekenntnisgemeinschaft in Durlach und darüber hinaus viele Glieder der Südpfarrei stehen angesichts der zwangsweisen Pensionierung von Pfarrer Lic. Lehmann auf 15.8.1935 in höchster Befremdung und in stärkster Erregung. Und den weitaus meisten Gliedern der Kirchengemeinde Durlach ist es geradezu unfasslich und völlig unverständlich, dass ein zur Bekennenden Kirche sich zählender Oberkirchenrat ‚aus Gründen des Dienstes' einen Pfarrer aus ihrer Gemeinde entfernt, der doch anerkanntermaßen und ganz unwidersprochen seinen Gesamtdienst mit ganzer – geradezu vorbildlicher – Treue getan hat und unter dessen Leitung reges geistliches Leben in der Gemeinde sich entfaltet hat. Dass ein solcher Pfarrer, aus Gründen des Dienstes' erst auf die ganz kleine Pfarrei Immendingen zwangsweise versetzt – also strafversetzt wird – und dann, als er diese Pfarrei nicht vorbehaltlos annimmt, ‚aus Gründen des Dienstes' zwangsweise in Ruhestand versetzt wird, ist der Bekenntnisgemeinschaft und insbesondere den dadurch betroffenen Gemeindegliedern der Südpfarrei absolut unverständlich. Wir sind fest überzeugt, hier haben zweifellos andere, außerkirchliche Gründe sehr wesentlich mitgesprochen, was umso unbegreiflicher ist, als Pfarrer Lehmann den ganzen Krieg als Frontsoldat mitgemacht hat. Die Gemeinde der Südpfarrei hätte mit Fug und Recht erwarten dürfen, dass ihr diese wahren Gründe genannt würden, die den Oberkirchenrat bewogen haben, den verdienten und treuen Seelsorger ihr einfach wider ihren Willen wegzunehmen, ohne ihm die Gelegenheit zu geben, sich vor dem Disziplinargericht zu verantworten.

Wir können nicht umhin, es auszusprechen: Es geht durch die Reihen der Gemeindeglieder das ernste Fragen: Hat innerhalb der ev. badischen Landeskirche die Gemeinde als solche gar kein Recht mehr und kann der Oberkirchenrat bezw. der Landesbischof mit ihr einfach verfahren, wie er will?

Denn auch in Hinsicht des Nachfolgers von Pfarrer Lehmann ist die Gemeinde nicht im geringsten befragt worden, vielmehr wird ihr einfach ein Pfarrer aufgezwungen, den sie nach dem, was sie von ihm weiß und gehört hat, keinerlei vertrauen entgegenzubringen vermag. Liegt dem Oberkirchenrat das wahre Wohl der Gemeinde und eine fruchtbare aufbauende Arbeit derselben nicht *mehr* am Herzen?

Wir machen ev. Oberkirchenrat keinen Hehl daraus, dass dieser auf die Südpfarrei bereits ernannte Pfarrer hier einen äußerst schweren Stand haben wird. Denn die starke Erregung und große Bitterkeit innerhalb der Bekenntnisgemeinschaft und insbesondere innerhalb der Südpfarrei wird sich so bald nicht wieder legen. Keinesfalls wird aus ihren Reihen der Gottesdienst des neu ernannten Pfarrers besucht werden, wie sich heute schon zahlreiche Stimmen äußern. Wer soll dann seine Kirche füllen? Die Deutschen Christen hier, die ihre Unkirchlichkeit seit Jahr und Tag unter unwidersprochenen Beweis gestellt haben, werden vielleicht anfangs das eine oder andere Mal aus Neugierde kommen, aber sicherlich bald wieder wegbleiben. Da wird der neue Pfarrer bald vor mehr oder weniger leeren Bänken stehen.

Was die auf ersten Oktober d.J. infolge der Zurruhesetzung des Herrn Kirchenrat Wolfhard zur Erledigung kommende Nordpfarrei, d.h. ihre

Wiederbesetzung betrifft, so hat ja der Oberkirchenrat zugesagt, dass nur ein zur Bekenntnisgemeinschaft gehöriger Pfarrer in Frage komme. Wir erwarten auf das allerbestimmteste, dass der Oberkirchenrat seine Zusage einhält und die Nordpfarrei im genannten Sinne und im Benehmen mit dem Bruderrat der Bekenntnisgemeinschaft besetzt.

Wir wollen und dürfen den ev. Oberkirchenrat darüber nicht im Unklaren lassen, dass von der richtigen Besetzung der Nordpfarrei daher sehr viel abhängt.[*] Sofern auf die Nordpfarrei nicht der richtige Mann kommt, d.h. einer, der wirklich im lebendigen Glauben steht und lebt und der vor allem auch für die große Arbeit an der über 4000 Seelen zählenden Gemeinde in Predigt, Seelsorge und Unterricht wirklich geeignet, befähigt und begabt ist, dann wird die kirchliche Verwirrung in Durlach nur immer größer werden.

Zum Schluss wollen die Oberkirchenbehörde darüber nicht in Unkenntnis lassen, dass der Fall Lehmann ein Präzedenzfall in unsrer Kirche zu werden droht und scheint. Exempla trahunt! Der eine Fall wird andere nach sich ziehen. Was heute mit Pfarrer Lehmann geschehen ist, kann morgen einem anderen Pfarrer geschehen. Jedenfalls geht in dem zahlenmäßig zwar sehr kleinen, aber bei Staatsstellen und – wie es scheint – auch beim Oberkirchenrat einflussreichen führenden Kreis der hiesigen Deutschen Christen die Rede: ‚Der Jude Lehmann ist draußen, nun geht es an Pfarrer Neumann[**], den werden wir auch fortschaffen.'"

2065 Stellungnahme des EOK im kirchlichen Verwaltungsgerichtsverfahren Kurt Lehmann gegen EOK wegen Anfechtung der Zurruhesetzung

OKR Dr. Doerr an den Vorsitzenden des kirchl. Verwaltunsgerichts, Präsident Dr. Schneider, 29. Juli 1935; LKA PA 4339

„Dem Antrag des Pfarrers Lic. Lehmann in Durlach auf Aussetzung des Vollzugs der Entscheidung des Oberkirchenrats vom 15.7.1935 Nr. A 14009, durch welche die Zurruhesetzung des Genannten mit Wirkung vom 15. August ds.Js. in Anwendung des §3 des Dienstgesetzes, Die Zurruhesetzung und die Ruhestandsbezüge der Geistlichen betr., ausgesprochen wurde, müssen wir entgegentreten.

Die Schwierigkeiten, die sich der seelsorgerlichen Tätigkeit des Klägers im Laufe der Zeit in den Weg stellten, haben sich in den letzten Jahren mehr und mehr gesteigert. Wenn auch die Versehung des geistlichen

---

[*] Pfarrer der Nordpfarrei wurde 1935 Erwin Edmund Beisel (1903–1963).
[**] Otto August Wilhelm Neumann (1895–1984), Pfarrer der Durlacher Lutherpfarrei.

Amtes vor 1933 keine Beanstandung ergab, so wurde seine Stellung als Geistlicher in der Kirchengemeinde Durlach mit und nach dem politischen Umbruch und dem Sieg der Freiheitsbewegung mehr und mehr in Mitleidenschaft gezogen. Inwieweit das subjektive Verschulden des Klägers dabei mitspielte, kann erst im Laufe des weiteren Verfahrens eingehend dargelegt werden. Jedoch muß hier festgestellt werden, daß der Kläger die ihm vermöge seiner Abstammung und seiner früheren stark demokratischen Einstellung gebotene und wiederholt von uns in seelsorgerlicher Weise nahegelegte Zurückhaltung in seinen Äußerungen und Handlungen gegenüber dem Nationalsozialismus nach der politischen Umstellung nicht geübt und damit das schwierig gewordene Verhältnis zu seinen Gegnern verschärft hat. Auf jeden Fall spitzte sich die schwierige Lage im Laufe der Zeit objektiv mehr und mehr zu. Die Anregung der Kirchenbehörde, den Sitzungen des Kirchengemeinderats fernzubleiben, hat der Kläger nur unter Protest und nur vorübergehend entsprochen. Ein dahingehendes früheres Versprechen hat er widerrufen. Das Verhalten des Klägers, insbesondere seine Predigtweise, führte schließlich zu Zusammenstössen mit der Staatsgewalt. Es kam zu einer vorübergehenden Inschutzhaftnahme, die lediglich durch das Eingreifen der Kirchenbehörde alsbald wieder aufgehoben wurde. Auch auf Vorstellungen des Oberbürgermeisters von Durlach und des Ortsgruppenleiters der NSDAP hin mußte die Kirchenbehörde wiederholt eingreifen. Insbesondere waren es die Haltung des Klägers in der Flaggenfrage und seiner ablehnenden Stellungnahme zu der von der Kirchenbehörde anbefohlenen Fassung des Kirchengebets für den Führer und Reichskanzler, die zu ernstlichen Schwierigkeiten führten. Auf weiteres Drängen der obengenannten örtlichen Stellen wurde diesen gegenüber durch den Oberkirchenrat zum Ausdruck gebracht, daß die Versetzung des Klägers ernstlich in Erwägung gezogen werde. Keineswegs war damit beabsichtigt, ohne Grund und ohne Rücksicht auf das kirchliche Interesse einseitigem staatlichem Drucke nachzugeben und staatlichen Interessen und Notwendigkeiten im Raume der Kirche vorbehaltlos Rechnung zu tragen. Denn die Kirche hat nach den ihr gegebenen Normen zu leben und sich an den ihr überkommenen Grundlagen und Aufgaben zu orientieren. Dabei ist es durchaus möglich, daß diese Normen, Grundlagen und Aufgaben weitgehend mit denjenigen des Staates als einer gottgewollten Einrichtung im Einklang stehen. Im vorliegenden Fall kommt hinzu, daß durch die staatlich-volklichen Verhältnisse in Verbindung mit der besonderen Persönlichkeit des Klägers in Durlach ein Zustand geschaffen ist, der einer wirksamen Wortverkündigung und Seelsorge an der zu betreuenden *Gemeinde im ganzen* im Wege steht und somit um der Kirche willen eine Ausscheidung des Klägers aus seinem derzeitigen Amt aus dringenden Rücksichten des Dienstes in Sinne des § 3 des Dienstgesetzes bedingt und fordert. Demgemäß wurde der Kläger durch Beschluß vom 2.2.1935 Nr. A 2385 aufgrund der genannten Bestimmung auf eine andere Pfarrei versetzt. Im Beschluß wurde ausdrücklich bestimmt, daß die Auswahl der Pfarrei so zu treffen sei, daß dabei die Bedürfnisse der Gemeinde, die Interessen der Landeskirche und die auch billigerweise Pfarrer Lic. Lehmann *von der Kirchenbehörde* zuzugestehenden Ansprüche berücksichtigt werden. Inzwischen gestaltete sich aber die Lage dadurch von der Seite des Staates hernach schwieriger, als nach Mitteilung des Ministers des Kultus und Unterrichts vom 9.4.1935 Nr. E 1792 gegen den Kläger Anzeige erstattet worden ist, daß er sich in einer Unterhaltung abfällig über Hitlers Buch ‚Mein Kampf' geäußert habe. In dem angegebenen Schreiben des Herrn Ministers heißt es dann wörtlich:

> ‚Die Erhebungen, die auf Veranlassung des Geh. Staatspolizeiamts durchgeführt worden sind, haben die Richtigkeit der Beschuldigung ergeben. Ich halte es danach in Übereinstimmung mit dem Herrn Minister des Innern für nicht mehr vertretbar, daß Pfarrer Lehmann im Pfarrdienst verwendet wird, und ersuche ihn zur Vermeidung ernster Unzuträglichkeiten aus seiner Stellung als Seelsorgegeistlicher zu entfernen.'

Diese Verschärfung der Situation veranlaßte die Kirchenbehörde zur Beschleunigung der Versetzung des Klägers. Die Möglichkeit hierzu wurde wiederholt geprüft und außerdem wurde dem Kläger nahegelegt, sich freiwillig auf eine andere Pfarrstelle zu melden. Man hoffte, damit auch ein dienstpolizeiliches Einschreiben aufgrund des obigen Falles umgehen zu können. Man hat schließlich als passende Stelle Immendingen festgestellt und die Versetzung des Klägers unterm 9.7. d.J. auf die Pfarrei Immendingen ausgesprochen. Die von dem Kläger abgegebene Erklärung mußte als Gehorsamsverweigerung im Sinne des § 2 Ziffer 4 des Gesetzes, Die Zurruhesetzung und die Ruhestandsbezüge der Geistlichen betr., angesehen werden. Sie führte daher zu der Entschließung vom 15.7.1935, wodurch die Zurruhesetzung mit Wirkung vom 15. August 1935 verfügt wurde.

Diese Entscheidung ist als begründet und als zu Recht ergangen anzusehen. Ihre Voraussetzungen sind ebenso gegeben wie diejenigen der früheren Verfügung der Versetzung.

Eine Aufhebung der Entscheidung vom 15.7.1935 oder auch nur ein Aufschub ihres Vollzugs würde die erhoffte Bereinigung und Beruhigung in der Kirchengemeinde Durlach in Frage stellen und neue Schwierigkeiten zur Folge haben. Sie würde eine von der kirchlichen Leitung nicht zu verantwortende neue Unsicherheit in das kirchliche Leben der Gemeinde bringen. Dieser objektiven Lage sollte daher auf alle Fälle Rechnung getragen werden. Wir müssen daher Wert darauf legen, daß dem Antrag des Klägers auf Aussetzung des Vollzugs der angefochtenen Entscheidung nicht entsprochen wird. Wir bemerken dabei, daß wir unbeschadet der Entscheidung im übrigen im Interesse der Familie des Klägers den Termin für die Räumung der Dienstwohnung und für die Dienstübergabe dem Wunsch des Klägers gemäß auf 1. Oktober 1935 erstreckt haben, sodaß den menschlichen Rücksichten hinreichend Rechnung getragen ist.

Zu der Klage selbst werden mir nach Eingang der Klagebegründung Stellung nehmen.

gez. Dr. Doerr"

In einem 15seitigen Schriftsatz, der von Oberkirchenrat Dr. Friedrich verfasst wurde, nahm der EOK nach der Anklageerhebung am 18. September 1935 Stellung und beantragte, die Klage Lehmanns zurückzuweisen. Das Gericht folgte diesem Antrag in seinem Urteil vom 14. Oktober 1935. Das Urteil und seine Begründung umfassen 38 Seiten. Beide Texte werden wegen ihres Umfangs hier nicht abgedruckt.

2066 Hermann Diem: Theologisches Gutachten im Prozess Pfarrer Lic. Kurt Lehmann gegen Oberkirchenrat, 1935
LKA PA 7253

„Betr.: Gebet für den Führer.

[…]

In der zur Verhandlung stehenden Frage des Führergebetes hat Pfarrer Lehmann einer Anordnung des ihm vorgesetzten Kirchenregiments dadurch entgegengehandelt, dass er den vom Landeskirchenrat [EOK] vorgeschriebenen Wortlaut des Gebetes mit Berufung auf sein an Schrift und Bekenntnis gebundenes Gewissen abänderte. Der Landeskirchenrat sah darin eine Verletzung der ihm gebotenen ‚rückhaltlosen' Gehorsamspflicht und bestrafte ihn demgemäss.
Hier ist zu fragen:
1) ob, noch abgesehen von dem beanstandeten Wortlaut des Gebets, der Oberkirchenrat grundsätzlich berechtigt ist, einen ‚rückhaltlosen' Gehorsam gegenüber seinen Anordnungen zu verlangen, und – falls diese Frage zu verneinen ist,
2) ob sich Pfarrer Lehmann im konkreten Fall bei seinem Einspruch mit Recht auf Schrift und Bekenntnis berufen konnte.

ad 1) Die reformatorischen Bekenntnisschriften lehnen, unter Berufung auf die Heilige Schrift, die Pflicht ‚rückhaltlosen', d.h. bedingungslosen

Gehorsams gegenüber allen Massnahmen des kirchenregimentlichen Handelns einhellig und grundsätzlich ab. Die Confessio Augustana lehrt im Artikel De potestate ecclesiastica [...] (Art. XXVIII, 20–22) [...]:

a) Das Kirchenregiment muß Gehorsam verlangen, indem und soweit es die Autorität des göttlichen Wortes geltend macht in Verkündigung des Evangeliums und Ausübung der Lehr- und Kirchenzucht.

b) Zur Durchführung dieser ihm verliehenen geistlichen Autorität darf es sich keiner menschlichen Gewalt bedienen, also auch nicht der Exekutivorgane eines weltlichen Rechts, sondern nur der richtenden Kraft des göttlichen Wortes selbst.

c) Wo eine Lehre oder Anordnung des Kirchenregiments dem Evangelium widerspricht, ist Ungehorsam dem Pfarrer nicht nur erlaubt, sondern mit Berufung auf Gottes Wort ausdrücklich befohlen.

Nach dieser grundsätzlichen Bestimmung von Recht und Grenzen der kirchenregimentlichen Autorität wäre konkret zu fragen, ob die Anordnung eines bestimmten Wortlautes des Führergebetes für das ganze Gebiet der Landeskirche im Interesse der richtigen Verkündigung geboten schien und damit berechtigt war. Diese Frage kann höchstens in dem Sinn bejaht werden, daß das Kirchenregiment dadurch den einzelnen Geistlichen einen Dienst leisten wollte, indem es sie der Schwierigkeit enthob, eine eigene Formulierung suchen zu müssen. Dann mußte es aber sinngemäß den Pfarrern überlassen bleiben, ob sie diese Hilfe annehmen wollten. In dem Augenblick, wo das Kirchenregiment seine Hilfeleistung den Pfarrern als Gesetz auferlegte, verstieß es gegen die klaren Aussagen des Bekenntnisses, die jede zwangsweise Uniformierung in Sachen der Gottesdienstordnung ablehnen als Sünde, durch welche die Gewissen verstrickt werden. (cf. C.A. VII, 2–4; XV; XXVIII, 39–78)

Wenn demnach der Oberkirchenrat mit seiner Anordnung seine kirchenregimentlichen Befugnisse überschritten hat, so war andererseits Pfarrer Lehmann, nachdem die Anordnung einmal gegeben war, durch das Gebot der Liebe verpflichtet, um der äußeren Ordnung willen die Anordnung zu befolgen, falls er das vor dem Evangelium verantworten konnte. ([...] C.A. XV) Pfarrer Lehmann glaubte, die Befolgung der Anordnung nicht verantworten zu können und *durfte* deshalb nicht gehorchen. Der Oberkirchenrat wäre in diesem Fall durch sein kirchenregimentliches Amt verpflichtet gewesen – wenn er Pfarrer Lehmann von der Befolgung der Anordnung nicht entbinden zu können glaubte, diesen mit Schrift und Bekenntnis seines Irrtums zu überführen und gegen ihn Lehrzucht zu üben. Statt dessen hat aber der Oberkirchenrat, als Pfarrer Lehmann seinen Irrtum nicht einsehen konnte, von diesem einen rückhaltlosen Gehorsam verlangt. Dazu war der Oberkirchenrat nicht berechtigt, und Pfarrer Lehmann durfte nicht gehorchen.

Die erste Frage wäre also zusammenfassend dahin zu beantworten: In dem der Obekirchenrat jene Anordnung gesetzlich verpflichtend machte, hat er, noch abgesehen von dem Wortlaut des Gebets, seine kirchenregimentlichen Befugnisse schon überschritten. Er tat das noch einmal dadurch, dass er in einer evangelischen Kirche, die sich offiziell der Bekennenden Kirche Deutschlands angeschlossen hat, die Berufung auf das in Gottes Wort gebundene Gewissen als Ungehorsam bestrafte. Dagegen unterließ er es, die Autorität seines kirchenregimentlichem Amtes der Lehrzucht wahrzunehmen und den, seiner Meinung nach irrenden Pfarrer Lehmann aus Gottes Wort zu belehren und gegebenenfalls geistlich zu verurteilen.

ad 2) Die zweite Frage, ob Pfarrer Lehmann bei seiner Weigerung hinsichtlich des vorgeschriebenen Wortlautes sich mit Recht auf das Evangelium berufen konnte, hat an sich bei seiner Bestrafung keine Rolle gespielt. Der theologische Gutachter muss sie aber trotzdem beantworten, weil gerade diese Frage als die allein entscheidende hätte angesehen werden müssen. Dabei ist aber zu beachten, daß auch eine etwaige Verneinung dieser Frage keine Bestrafung von Pfarrer Lehmann wegen Gehorsamsverweigerung rechtfertigen könnte – weil er nur durch das Gebot der Liebe zu freiwilliger Befolgung der Anordnung gehalten war – sondern lediglich die Einleitung eines Lehrzuchtverfahrens gegen ihn.

Der von Pfarrer Lehmann beanstandete Satz des Gebetes lautet: ‚lass das Werk des Führers gelingen'. Diese Bitte geht insofern über das hinaus, was die im Neuen Testament befohlene Fürbitte für die Obrigkeit erbitten darf, als sie eine bestimmte politische Stellungnahme einschließt bzw. voraussetzt. So kann wohl der einzelne Christ beten, wenn er im Glauben dessen gewiß geworden ist, daß gerade diese politische Zielsetzung in der konkreten Lage der Erfüllung von Gottes Geboten dient. Er wird sich allerdings der Möglichkeit bewusst bleiben müssen, daß vielleicht der Christ neben ihm so nicht mitbeten kann, weil er entweder politisch anders denkt oder jedenfalls seine politischen Wünsche nicht in dieser Weise mit Gottes Willen zu identifiziern wagt. Beide dürften einander den Glauben nicht absprechen. Nur ein Prophet könnte diese direkte Identifizierung einer bestimmten politischen Zielsetzung mit Gottes Willen mit der Vollmacht vollziehen, die alle anderen Möglichkeiten ausschließt.

Im Gemeindegottesdienst kann so nicht gebetet werden, wie es die Anordnung des Oberkirchenrats vorschreibt. Das liturgische Gebet ist ein Stück der kirchlichen Verkündigung, die mit der Vollmacht des Predigtamts im Namen des dreieinigen Gottes geschieht. Sie ist verbindlich und schliesst andere Möglichkeiten aus. Eben deshalb darf sie aber auch nicht mehr sagen, als was sie auf Grund des in der Bibel niedergelegten offenbaren Gotteswillens sagen kann. Sie darf nicht darüber hinaus die privaten Geschichtsdeutungen des Predigers – oder in diesem Fall diejenigen des Oberkirchenrats – verkündigen, denn diese, an dieser Stelle, mit dieser im Predigtamt liegenden Vollmacht verkündigen, hiesse sie als Prophetie ausgeben – wen sie auch vom Hörer, in Unkenntnis des Wesens der kirchlichen Verkündigung, vielleicht nur als politische Demonstration verstanden würden, welcher dieser, je nach seiner eigenen Einstellung, entweder begrüßen oder bedauern würde. Ob dieser Kanzelmißbrauch zum Ärgernis der Gläubigen führen oder aber gar nicht als solcher erkannt würde, wäre gleich schlimm.

Es besteht allerdings die Möglichkeit, daß die Kirche im Glauben übereinkommt, zu einem konkreten geschichtlichen Ereignis gemeinsam Stellung zu nehmen und dies in einem Akt des Bekenntnisses in ihre Verkündigung verbindlich aufzunehmen. Auf ein solches Bekenntnis kann sich aber der Oberkirchenrat in diesem Fall nicht berufen. Ein solches wäre zudem nur möglich zu bestimmten Einzelereignissen oder -absichten, aber nicht, wie es hier der Fall sein müsste, als summarisches Bekenntnis zum Willen eines lebendigen Menschen oder einer Weltanschauung. Damit wäre das erste Gebot ausser Kraft gesetzt.

An der Haltung von Pfarrer Lehmann mus der theologische Gutachter beanstanden, dass dieser die Möglichkeit offenließ, ob ein anderer Pfarrer dieses Gebet mit Recht sprechen könnte, und seine Gewissensbedenken nur für seine eigene Person geltend machte. Er hätte die Möglichkeit des Kirchengebetes in dieser Form für alle Pfarrer unter Hinweis auf den darin enthaltenen Mißbrauch der Vollmacht des Preigtamtes bestreiten müssen.

Karlsruhe, den 14. Oktober 1935   gez. Hermann Diem
          Einverstanden: gez. Heinrich Fausel"

2067 Der Bad. Landesbruderrat der BK bittet den EOK um Wiederindienstnahme von Pfarrer Lic. Kurt Lehmann, 1937
Freiburg, 9. April 1937; LKA PA 7252/II

„Das Verwaltungsgericht der Badischen Landeskirche hat am Schluss seines Urteils in der Berufungsangelegenheit des Pfarrers Lic. Kurt Lehmann vom 4. November 1935 dem Evang. Oberkirchenrat nahegelegt, nach ‚Klärung und Beruhigung der Verhältnisse die Wiederverwendung des Pfarrers Lic. Lehmann im Kirchendienst auf einer seiner Persönlichkeit und seinen Fähigkeiten entsprechenden Stelle in wohlwollende Erwägung zu ziehen'. Der Badische Landesbruderrat wendet sich hiermit an den Evang. Oberkirchenrat mit der herzlichen Bitte, prüfen zu wollen, ob dieser Anregung des verwaltungsgerichts nicht stattgegeben und eine baldmöglichste geeignete Wiederindienstnahme von Pfarrer Lehmann ins Auge gefasst werden kann.

Der Landesbruderrat spricht diese Bitte aus, weil er sich mit vielen Gliedern unserer Kirche Pfarrer Lehmann als einem christlichen Bruder innerlich verbunden und verpflichtet fühlt. Der Landesbruderrat ist davon überzeugt, dass Pfarrer Lehmann zwar nicht allen Gefahren, die heute einem kirchlichen Amtsträger drohen, entgangen ist, dass er aber sein Amt mit großer äußerer und innerer Treue verwaltet hat und dass die Anfeindungen Pfarrer Lehmanns in Durlach wesentlich außerhalb des kirchlichen Teils der Gemeinde ihren Entstehungsort hatten. Der Landesbruderrat würde sich innerer Untreue gegen einen christlichen Bruder und Amtsträger schuldig machen, wenn er es unterließe, dem Evang. Oberkirchenrat die oben ausgesprochene Bitte zu unterbreiten.

Der Badische Landesbruderrat der Bekennenden Kirche: gez. Dürr.

Vorstehender Beschluss ist von folgenden Mitgliedern des Landesbruderrats – 3 Mitglieder fehlten entschuldigt – gefasst worden: K[arl] Dürr, Pfr. / Julius Bender, Pfr. / Hauss, Friedr. Pfr. / [Wilhelm] Huss, Pfr. / [Karl Friedrich] Mondon, Pfr. / G[erhard] Ritter, Prof. / Dr. Uhrig, Prof."

Zu einer „Wiederindienstnahme" Lehmanns kam es erst 1948.

2068 Pfarrer i.R. Dr. phil. Ernst Lehmann: Mein Verhältnis zur Bekennenden Kirche, 1940

Stellungnahme im Sondergerichtsprozess, Abschrift; LKA PA 1527/III
(Ein Bericht des Reichsjustizministeriums im Sondergerichtsprozess gegen Lehmann mit Lebenslauf des Beschuldigten und seinen angeblichen strafbaren Handlungen soll in Band V dieser Quellensammlung im Kapitel „Widerständiges Verhalten" dokumentiert werden.)

„Mein Verhältnis zur Bekennenden Kirche

Die Anklageschrift geht von der Vermutung aus, dass meine Zugehörigkeit zu Bekennenden Kirche von ausserhalb der Sache liegenden persönlichen Motiven bestimmt worden sei. Die Vermutung ist nicht richtig. Da sie aber gleichzeitig nur zu geeignet ist, ein falsches Urteil auch über meine Persönlichkeit und die beweggründe meiner Handlungsweise hervorzurufen, so halte ich es für unumgänglich, die Mutmassung der Anklageschrift zu widerlegen, was nach Lage der Sache nicht schwer fallen kann. Diesem Zweck dienen die folgenden Ausführungen.

Die Anklageschrift bezweifelt, ob ein bekenntnismässig einheitlicher Weg mich das eine Mal von meiner Traub-Predigt[*)] und das andere Mal vom religiösen Socialismus, dem ich angehört habe, also beide Male aus meiner kirchlichen Vergangenheit in die Bekennende Kirche, der ich mich in der Gegenwart zugehörig weiss, hinein geführt habe. Was zunächst die Wegführung vom religiösen Socialismus aus betrifft, so ist schon die ganze Fragestellung eine Unmöglichkeit. Die Fragestellung hätte nur Sinn, wenn der Anfang des so gedachten Weges, nämlich der religiöse Socialismus, und sein Endpunkt, die Bekennende Kirche, als gleichartige Gebilde auf ein und derselben Ebene lägen. Gerade das ist nicht der Fall. Der religiöse Socialismus war eine kirchenpolitische Partei, dazu mit stark staatspolitischem Einschlag. Jedenfalls war er Partei. Die Bekennende Kirche ist aber nicht Partei, sondern ist eben Kirche, die evangelische Kirche selbst, als welche sie sich von Anfang an eingeführt hat, eine Kirche, die *nicht neben*, sondern *über* den verschiedenen kirchlichen Parteien und Richtungen steht, sie gewissermassen alle umfassend. Daher haben sich ihr, wo nur ihre eigenen Bedingungen dazu erfüllt waren, auch Angehörige der verschiedensten und verschiedenartigen kirchlichen Parteien und Gruppen anschliessen können und angeschlossen. Von den ehemaligen religiösen Socialisten waren das, was die Pfarrer betrifft, keineswegs nur ich, sondern meiner Schätzung nach die Mehrzahl. In Baden weiss ich es von dreien und einem aus der Theologie kommenden Professor sicher. In Berlin weiss ich allein deren zwei. Ebenso sind mir in Berlin eine Anzahl hervorragender Mitglieder des dortigen ausgesprochen liberalen Protestantenvereins bekannt, die Mitglieder auch der Bek. Kirche geworden sind.

Wenn Bernhard Goering als früherer Vorsitzender des Bundes religiöser Socialisten, worauf sich die Anklageschrift beruft, trotz dieser Tatsachensprache von einer Vereinbarkeit von rel. Socialismus und Bek. Kirche nichts wissen will, so zeugt das nur von einem Missverständnis seinerseits über Wesen und Sinn der Bek. Kirche. Dieses Missverständnis ist allerdings weit verbreitet, bis in die Kreise der Bek. Kirche selbst hinein, was man besonders häufig – innerhalb der badischen Landeskirche beobachten

---

[*)] Veröffentlicht: Eine Bekenntnis-Predigt anläßlich der Traub-Krisis in der evangelischen Kirche, geh. im Anschluß an Offenbarung Joh. 2, 8–10 am 6. Oktober 1912 in der Lutherkirche zu Mannheim. Meinem Sohn als Geleitwort in eine christlichere Zukunft der evang. Kirche zugeeignet von Dr. Ernst Lehmann, evang. Pfarrer. Heidelberg 1912, 15 S. – Vgl. KGBl. Baden 1912, Nr. 3: Beschluss des Oberkirchenrates vom 5.7.1912 wider den Pfarrer Gottfried Traub in Dortmund. – Der ursprünglich württ. Pfarrer und spätere Politiker Lic. Gottfried Traub (1869–1956) war in den sog. Apostolikumsstreit involviert, wurde nach einem Lehrbeanstandungsverfahren 1912 zwangsversetzt und nach einem Disziplinarverfahren vom preuß. Oberkirchenrat aus dem Pfarrdienst unter Verlust der Pensionsansprüche entlassen (1920 dann allerdings nominell rehabilitiert). – Der liberale Lehmann ergriff in seiner Predigt Partei für Traub.

kann. Es wird da und dort auch geflissentlich gefördert. Das Missverständnis besteht darin, dass der Bek. Kirche das Anliegen unterschoben wird, die Bekenntnisse der kirchengeschichtlichen Vergangenheit, so wie sie einmal geworden sind, in die kirchliche Gegenwart zu übertragen. Man übersieht dabei, dass die Bek. Kirche gerade im *Unterschied* von den Bekenntnissen der Vergangenheit sich zu der Aufgabe berufen weiss, das ursprüngliche Christentum, das Evangelium Christi von der Gotteskindschaft, *in der Gegenwart* und *für die Gegenwart,* angesichts der *gegenwärtigen* Obliegenheiten und Notwendigkeiten, zu verkündigen. Damit erhält dann jede officiöse Kundgebung der Leitung der Bek. Kirche (der VKL) den Charakter eines Bekenntnisses derselben. Dieses Gegenwartsbekennen war Anliegen und Anspruch der Bek. Kirche von ihrer Geburtsstunde an, um dessen willen sie sich ja auch nicht Bekenntniskirche, sondern bekennende Kirche genannt hat. Ich selbst habe gegenüber der in der Folge häufig erfolgten Vermengung und Verwechslung der beiden Bekenntnisbegriffe den der Bek. Kirche eignenden Bekenntnisbegriff schon vor einigen Jahren in zwei in der ‚Christl. Welt' veröffentlichen Abhandlungen behandelt*), Neuerdings ist man zur Sicherung des Bekenntnisbegriffs der Bek. Kirche dazu übergegangen, das ‚Bekennen' an sich noch durch den Zusatz eines ‚Vollzugs des Bekenntnisses' zu verstärken.

Etwas anders gestaltet ist der Irrtum, aus dem die andere Anzweiflung erwachsen ist, ob nämlich ein einheitlicher Weg von meiner Traub-Predigt zu meiner Zugehörigkeit zur Bek. Kirche führt. Die Anklageschrift lässt verschiedentlich durchblicken, dass meine Stellung zum apostolischen Glaubensbekenntnis, wie sie in der Seite 16 der Anklageschrift angeführten Stelle aus der Traubpredigt erkenntlich ist, als Ausfluss eines ‚extremen Liberalismus' über das Masz eines kirchlich tragbaren Standpunkts hinausgehe. sich somit in Widerspruch gesetzt habe sowohl zu der badischen Landeskirche damals wie der Bek. Kirche jetzt. Dem gegenüber stelle ich fest,

1) dass ich selbst niemals ‚extrem-liberal' im kirchlichen Sinne gewesen bin. Ich war es so wenig, dass ich – ich weiss nicht, war es vor oder nach der Traubpredigt – im badischen liberalen Kirchenblatt einen Artikel: ‚Abgrenzung nach links' veröffentlicht habe**), der sich sehr entschieden gegen einen damals besonders im Bremer Protestantenverein umgehenden, wirklich extremen Liberealismus eingesetzt hat.

---

*) Die Christliche Welt, 49. Jg., 1935, Sp. 401–404 (in Nr. 9 vom 4. Mai 1935): Kirche und Bekenntnis; Sp. 702–708 (in Nr. 15 vom 3. August 1935): Das Bekenntnis zur Kirche.

**) Lehmann hat in den Süddeutschen Blättern für Kirche und freies Christentum um das Jahr 1912 herum mehrere Beiträge veröffentlicht; ein Beitrag mit dem angegebenen Titel konnte nicht gefunden werden, ebenso nicht in den entsprechenden Jahrgängen des zweiten, mehr populären Organs der Kirchlich-liberalen Vereinigung in Baden: Die Kirche – Evang.-prot. Sonntagsblatt.

2) Auch das ist ein Irrtum, dass meiner in der Traubpredigt kundgetanen Stellung zum apostol. Glaubensbekenntnis die Bezeichnung ‚extrem liberal' zukomme und die Grenze des kirchlich Zulässigen überschritten habe. Wenigstens hat es der badische Oberkirchenrat nicht so aufgefasst. Er hat nicht nur der Beschwerde der positiven Vereinigung über meine Traubpredigt keine Folge gegeben, sondern hat eine von mir später verfasste Schrift ‚Der Aufbau der [evangelischen] Kirche in Baden'*), in der ein besonderes Kapitel den gleichen Standpunkt zur Bekenntnisfrage wie die Traubpredigt eingenommen hat, in seinem Verordnungsblatt den evangelischen Kirchengemeinden zur Anschaffung aufkosten des Kirchenfonds ausdrücklich anempfohlen**).

3) Einen ganz geraden Weg in meiner Führung zur Bek. Kirche will ich allerdings gerne anerkennen. Der führt aber nicht von einer Partei oder Organisation, der ich während meiner kirchlichen Laufbahn einmal angehört, oder von einem Standpunkt, den ich in der Kirche einmal eingenommen habe, sondern dieser Weg führt von meinem persönlichsten Christentum, so wie es mir ursprünglich in Christus und seinem Evangelium als ein undogmatisches oder besser als das vordogmatische Christentum aufgegangen war und geschenkt worden ist, unmittelbar in die Bekennende Kirche hinein.

So und garnicht anders sah der ganz gerade, der bekenntnismässig einheitliche Weg aus, auf dem ich in die Bek. Kirche hineingeführt worden bin. Ich wusste dann auch von ihrer Geburtsstunde im Ulmer Münster***) an, dass ich zu ihr gehöre. Und als *meine* Kirche erkannte ich die Bek. Kirche gerade in ihrer *Bekenntnisauffassung* und ihrem *Bekenntnisanspruch,* der so ganz meinem in der Traubpredigt wie in der Schrift vom ‚Aufbau der [evangelischen] Volkskirche in Baden' bezeugten Standpunkt entsprach. So habe ich denn auch mit meinem Sohn zu den *allerersten* gehört, die durch ihre Anmeldung zur Mitgliedschaft ihre Zugehörigkeit zur Bek. Kirche bekundet haben. In diesem Zeitpunkt aber hatte sich der Schutz der christlichen Nicht-Arier, den die Anklageschrift als das wesentliche Motiv der von mir bei der BK nachgesuchten Mitgliedschaft mutmasst, überhaupt noch nicht als kirchliche Aufgabe angemeldet.

gez. Lhm."

---

*) Heidelberg 1919, 216 S.

**) KGVBl. 1919, S. 146 (in Nr. 14 vom 18. November 1919).

***) Am 22.4.1934, dem „Tag von Ulm" bzw. der „Geburtsstunde der Bekennenden Kirche", verlas der bayerische Landesbischof Hans Meiser im Ulmer Münster vor 5000 Teilnehmern die am Vorabend von Vertretern von Bekenntnisgruppen aus dem ganzen Reich formulierte „Ulmer Erklärung".

2069 Ernst Lehmann: „Die *kirchliche* Aktion" – eine Anklage gegen OKR Dr. Otto Friedrich

Anlage zum Schreiben an LB Julius Bender vom 7. Juli 1946; LKA PA 1527/III

„Die kirchliche Behandlung meiner Angelegenheit wird bestimmt durch eine Verordnung der D. ev. Kirche vom 15. Dez. 1939[*)], deren § 5 nach einer gerichtlichen Bestrafung von über einem Jahr, wie sie bei mir vorlag, die ‚Rechte des geistlichen Standes' automatisch und summarisch aufhebt, während ein sich an § 5 anschließender § 6 die oberste Dienststelle der in Betracht kommenden Landeskirche, also in erster Linie den Landesbischof, zur Belassung bzw. Rückgabe dieses Rechtskomplexes mittels eines kirchenhoheitlichen Gnadenaktes ermächtigt.

Ein solcher, der Kirchenregierung zuerkannter Gnadenakt trägt, gerade weil er *kirchlicher* Hoheitsakt ist, ein sich gegenseitig ausschließendes Gesicht. Er kann ein reiner Barmherzigkeitsakt sein, der trotz vorausgegangener und auch kirchlicherseits zu rügender moralischer Verfehlungen eben aus reiner Barmherzigkeit gewährt wird. Er kann aber auch, und das macht seine höhere und damit seine *besondere kirchliche* Bedeutung aus, ein über aller irdischen Strafe und über aller Barmherzigkeit stehender Akt höchster Gerechtigkeit sein, der auf den Charakter und die sittlichen Wurzeln und Motive der von anderer Seite bestraften Personen und deren Handlungen zurückgreift und sie von der eigenen religiössittlichen Warte aus beurteilt und wertet. Offenbar hatte man Gnadenerweise der letzteren Art im Auge, als man der Kirche um ihrer eigenen ethischen Interessen willen das nur in Verantwortung vor dem eigenen Gewissen und ohne Verantwortung vor irgendwelcher anderen Stelle souverän auszuübende Gnadenrecht zuerkannte.

Eines Gnadenerweises in diesem Sinne teilhaftig zu werden, ist mein eigenes und alleiniges Anliegen gewesen. Ich habe ihm denn auch in der Begründung meines Gnadengesuchs einen unzweideutigen, jeden Gnadenerweis aus reiner Barmherzigkeit von vorn herein ausschließenden Ausdruck gegeben. Ebenso war es aber auch – aufgrund meines offen zu tage liegenden langen Lebens und der von berufenster und unterrichtetster Seite (die in diesem Sinn dem Landesbischof überreichte Eingabe von drei angesehenen, charakterlich und sittlich gleich hochstehenden, ebenfalls emeritierten badischen Geistlichen) über meine Persönlichkeit abgelegten Zeugnisse – das erklärte Anliegen und die bestimmte Absicht des zum Gnadenerweis ermächtigten Landesbischofs geworden, in Anwendung des § 6 der angeführten Verordnung mir eine Begnadigung aus ‚höchster

---

[*)] „Verordnung zur Abänderung, Ergänzung und Durchführung der Disziplinarordnung der Deutschen Evang. Kirche" vom 15. Dezember 1939 – Gesetzesblatt der DEK 1939, S. 130; KGVBl. 1940, S. 27f. (in Nr. 5 vom 9. April 1940).

Gerechtigkeit' in Form der Belassung der Rechte des geistlichen Standes in vollem Umfang zu gewähren.

In scharfem Gegensatz dazu war es von vornherein die Absicht des dem Oberkirchenrat als dessen juristischer Berater und Bearbeiter angehörigen Dr. Friedrich, das an sich abgeschlossene gerichtliche Strafverfahren gegen mich durch ein möglichst weitgehendes *kirchliches* Strafverfahren fortzusetzen bzw. zu ergänzen. Und zwar ist – während von Dr. Doerr als dem Bevollmächtigten der Finanzabteilung die Stellung eines ebenfalls ein kirchliches Strafverfahren fordernden Antrags von vorgesetzter Seite verlangt worden war – das kirchliche Strafverfahrer gegen mich die von Dr. Friedrich persönlich und allein ausgehende, eigenste Absicht gewesen und geblieben. So hat er, wie aus der folgenden Darstellung hervorgeht, das von ihm persönlich gewollte Strafverfahren ebenso mit allen Mitteln zu verwirklichen versucht, wie er den vom Landesbischof mit dem Oberkirchenrat beabsichtigten und ausgeübten Gnadenerweis auf jede Weise zu vereiteln bemüht war.

1.) Er hat dazu sein kirchliches Strafverfahren so schnell als möglich dadurch zu verwirklichen versucht, dass er, als der sich dazu befugt fühlende Jurist des O.K.-Rats, noch am gleichen Tage, an dem ihm das Urteil des Sondergerichts bekanntgegeben wurde, – es war der 17. April [1940] – meine nach § 5 der Verordnung vom 15. Dez. 1939 automatisch eingetretene Entrechtung sowohl mir wie der für die Auszahlung oder Einbehaltung der Pensionsbezüge verantwortlichen Finanzabteilung mit der Maßgabe der *Endgültigkeit* eröffnete.

2.) Der Versuch wurde noch dadurch verstärkt, dass Dr. Friedrich einen meine endgültige Entrechtung vorwegnehmenden und voraussetzenden Antrag an die Finanzabteilung gestellt hat, meiner Frau monatlich RM 200 auszuzahlen.

3.) Dr. Friedrich hat gleichzeitig die Einreichung eines Gnadengesuchs durch mich und die Ausübung seines Gnadenrechts durch den Landesbischof dadurch zu verhindern gesucht, dass er nicht nur mir bei der Zustellung der Entrechtung nach § 5, sondern auch dem Landesbischof die Existenz des § 6 bewußt verschwiegen hat, wofür er selbst keine andere Erklärung zu geben vermochte, als daß er die billigerweise zu erwartende Mitteilung ‚nicht für nötig gehalten habe'! Infolge des Besuchs des Landesbischofs in unserer Wohnung am 20. April in Verbindung mit meiner unerwartet frühen Haftentlassung – am 16. April – hat die zwiefache Unterlassung der Mitteilung des § 6 den von Dr. Friedrich mit ihr verfolgten Zweck damals noch nicht erreichen können.

4.) Trotz dieses Mißerfolgs hat noch nach der Einreichung des Gnadengesuchs Dr. Friedrich das von ihm gewollte kirchliche Strafverfahren anstelle des vom Landesbischof ausdrücklich ‚in vollem Umfang' zugesagten Gnadenerweises dadurch ermöglichen zu können geglaubt, daß er mich zu dem Eventualantrag auch einer Pensionskürzung bzw. der Erklärung eines Einverständnisses mit einer solchen zu bestimmen versucht hat, was, wenn ich mich dazu hätte *überlisten* lassen, indirekt der Anerkennung eines kirchlichen Strafverfahrens durch mich selbst gleichgekommen wäre!

5.) Dennoch hat Dr. Friedrich noch *nach* dem gemäß der Absicht des Landesbischofs ‚aus höchster Gerechtigkeit', ‚in vollem Umfang' beschlossenen und darum jedes Strafverfahren seinem Wesen nach ausschließenden Gnadenerweis, den er selbst als Mitglied des Oberkirchenrats mitbeschlossen hatte, wenn auch noch nicht rückgängig zu machen, so doch schwer zu erschüttern gesucht, indem er in der ihm zugefallenen Bearbeitung desselben das vom Landesbischof nicht angewandte Barmherzigkeitsmotiv unterschoben und ein vorangegangenes kirchliches Strafverfahren *vorzutäuschen* verstanden hat.

6.) Jedenfalls aber ist die Rückgängigmachung des landesbischöflichen Gnadenerweises gefördert worden dadurch, daß der OK-Rat auf Veranlassung von Dr. Friedrich, nachdem die Fin.-Abt. gegen den vollzogenen Gnadenerweis Einspruch erhoben hatte, diesen dem Reichsminister für die kirchlichen Angelegenheiten zur ‚*Entscheidung*' vorgelegt hat, was bei einem rechtmäßig ergangenen Gnadenerweis mehr als unnötig war. Eine mit der Vorlage an den Reichsminister bewußt verbundene Absicht in der angegebenen Richtung hätte allerdings zur Voraussetzung gehabt, dass Dr. Friedrich über die durch die Fin.-Abt. voraus erkundete Entscheidung des Rministers f.d.k.A. damals bereits unterrichtet war, was wahrscheinlich, aber nicht sicher ist.

7.) Tatsache ist dagegen, dass Dr. Friedrich zur nachträglichen Verwirklichung des von ihm persönlich erstrebten kirchlichen Strafverfahrens, konform dem unter 4) berichteten *vor* dem Gnadenerweis, mich auch *nach* demselben, und zwar bei der auf seine Einladung in seinem Amtszimmer erfolgten Rücksprache es sich hat angelegen sein lassen, mich auf der darauf folgenden Vorsprache bei Dr. Doerr, der namens der F.A. den Einspruch erhoben hatte, zu veranlassen, nunmehr diesem mein Einverständnis mit einer Pensionskürzung zu versichern, was ich wohlweislich ebenso wie das erste Mal unterlassen habe.

8.) Weit unmittelbarer war Dr. Friedrich auf sein Ziel, den Fortbestand des landesbischöflichen Gnadenerweises zu verhindern und statt dessen das von ihm gewollte kirchliche Strafverfahren durchzusetzen, dadurch losgesteuert, dass er, wie er bei der Vorsprache in seinem Amtszimmer auf meine bestimmten Fragen zugestehen mußte, dem Rminister k.A.

lediglich das zu meinen Ungunsten sprechende Material (Anklageschrift, Gerichtsurteil, sowie die bereits gekennzeichnete, seinen Sinn umdeutende Friedrichsche Auslegung des Gnadenerweises) unter Einbehaltung des viel reichhaltigeren, dem O.K.R. übergebenen, die Begnadigung rechtfertigenden Materials (die ‚Begründung', Lebenslauf, Antrag und Zeugnisse der Freunde u.s.w.) vorgelegt hatte. So konnte – und sollte! – die Urteilsbildung des Rministers k.A. über einem ihm gänzlich Unbekannten gar nicht anders als denkbar ungünstig ausfallen. Anwalt Dr. Plügge hat sich denn auch später im Rministerium ausdrücklich bestätigen lassen, dass der Minister bzw. sein Sachbearbeiter sein ungünstiges Urteil über mich *ausschließlich* aufgrund des ihm vom Oberkirchenrat durch Dr. Friedrich vorgelegten Materials gebildet hatte. Zur Erhärtung sei nur darauf hingewiesen, dass der Rminister sein Urteil wesentlich auf einige wenige, zusammenhanglos aus dem Briefwechsel mit meinem Sohn in der Schweiz herausgerissene, im Gerichtsurteil angeführte Stellen stützt, während dem nicht eingesehenen Gesamtinhalt der paar Briefe sicherlich eine weit freundlichere Beurteilung zuteil geworden wäre. So war es schließlich gar nicht zu verwundern, daß, während meine emeritierten Amtsbrüder in ihrer Eingabe meine Begnadigung *‚um des Ansehens der Kirche willen'* für *notwendig* erklärt hatten, der Reichsminister k.A. die Unterlassung der Begnadigung, um des Ansehens der Kirche willen' für *notwendig* angesehen hat.

9.) Noch ungescheuter und ebenso direkt hat danach Dr. Friedrich das von ihm so zäh festgehaltene Ziel dadurch verfolgt, daß er über die Vorlage des Belastungsmaterials hinaus den Rminister k.A. in Berlin persönlich aufgesucht hat, aber nicht etwa, wie man billigerweise hätte erwarten müssen, um bei dem Minister für den von ihm ‚in vollem Umfang' mitbeschlossenen landesbischöflichen Gnadenerweis sich einzusetzen, sondern im Gegensatz dazu sich mit dem Minister über das gegen mich anzuwendende kirchliche Strafverfahren zu verständigen, das dann auch *genau* so radikal ausgestaltet wurde, wie Dr. Friedrich es bereits zu Beginn der ganzen Aktion am 17. April bei dem Bevollmächtigten der Fin.-Abt. beantragt, man könnte jetzt rückschauend sagen, vorgeschrieben hatte: nämlich *voller* Entzug von Pension und Hinterbliebenenversorgung, bei guttatweiser Gewährung des auf RM 200.- monatlich normierten ‚notwendigsten' Lebensunterhalts an meine Frau. Im R.-K.Ministerium wurde aber Dr. Plügge auf seinen Hinweis, dass ich infolge der Entscheidung des R.Ministers k.A. als Strafe für die Einreichung des Gnadengesuchs und die Erwirkung des Gnadenerweises nunmehr weit weniger erhalten solle, als Dr. Doerr von der Fin.-Abt. über den damaligen Antrag von Dr. Friedrich hinausgehend, mir bereits bewilligt und zugestanden hatte (nämlich statt RM 200.- RM 300.- monatlich und diese nicht an meine Frau sondern an mich) erhielt er die bezeichnende, das gegensätzliche Verhältnis des Juristen im Oberkirchenrat und des Bevollmächtigten der Fin.-Abt. in meiner Angelegenheit unzweideutig aufklärende Antwort, dass Dr. Doerr dann eben damit ‚zu weit gegangen sei'.

10.) Nachdem Dr. Friedrich bereits bei der persönlichen Unterredung am 18. Juli, durch eine von mir an ihn gerichtete sehr einfache Frage in die Enge getrieben, unter Verzicht auf jeden weiteren Umweg, die ganze bisherige Behandlung meiner Angelegenheit für sein kirchliches Strafverfahren reklamiert hatte, glaubte er sich offenbar nachgerade am Ziel seiner so lange zäh verfolgten Absicht angelangt. Das Dokument der so vermeintlich erreichten Absicht liegt in der Antwortnote des OK-Rats an den Rminister k.A. vom 6. Sept. vor. Das Mittel aber, das das Ziel unwiderruflich zu erreichen bestimmt war, hat an sittlicher Anfechtbarkeit allerdings alle bisherigen anfechtbaren Kunstgriffe weit in den Schatten gestellt. Dabei sah dies letzte Mittel ganz einfach aus. Es bestand, um einen musikalischen Ausdruck zu gebrauchen, in der vollständigen Transponierung des mir am 2. Juli gewährten Gnadenerweises in sein gerades Gegenstück, und zwar sowohl was die Personen des Begnadigten wie des Begnadigenden wie den Gnadenakt selbst betrifft.

Ich beginne mit dem Begnadigten, nämlich mit mir. Da war die in einem langen Leben bewährte, nirgends angezweifelte und bis in mein Verhalten vor Gericht und in der Haft allgemein bezeugte Lauterkeit von Gesinnung und Wandel, wie sie mich gewissenmässig eines Gnadenerweises aus ‚höchster Gerechtigkeit' hatte würdig erscheinen lassen, aller Wahrheit und Gerechtigkeit zuwider, umgefälscht in ein auch *kirchlich* ‚in jeder Beziehung zu mißbilligendes, verwerfliches Verhalten', während die jetzigen schweren Erlebnisse sicherlich *‚nicht ohne Schuld'* über mich gekommen seien, was dann folgerichtig ein kirchliches Strafverfahren im Friedrichschen Sinn im Gefolge haben mußte, und zu dem sich der O.K.Rat zum Überfluss auch noch freiwillig bereit zu erklären bemüßigt fand. – Und umgefälscht war der Gnadenakt, der ausdrücklich als ein Akt höchster Gerechtigkeit von den emeritierten Amtsbrüdern erbeten und vom Landesbischof mit Zustimmung vom O.K.Rat gewährt worden war, in einen Akt bloßer Barmherzigkeit, den der O.K.Rat *trotz* meines strafwürdigen Verhaltens und abgesehen von einigen, auch bei mir nicht zu übersehenden Verdiensten, in anbetracht meines Alters, meiner Gebrechlichkeit, meiner geistigen Vereinsamung, zu guter Letzt auch wegen der Vorzüge meiner Frau sich abgerungen haben mußte. – Schließlich mußte sich auch der begnadigende Landesbischof eine entsprechende Umdeutung gefallen lassen. Es war die Umdeutung des geistlichen Hirten, dem zum *Schutz* des sittlichen Rufes seiner Geistlichen das hohe Recht der Begnadigung zugestanden und an den, im Vertrauen auf diese ihm zustehende Schutzpflicht, das Gnadengesuch eingereicht worden war, in einen sich noch kirchlich nennenden Gerichtsherrn, dem bei der gegen die ihm unterstellten Geistlichen auszuübenden Straffunktion das Einvernehmen mit dem neben oder vor ihm fungierenden staatlichen Gericht das Hauptanliegen ist.

gez. Dr. Ernst Lehmann, Pfr. a.D."

Chronologisches Verzeichnis der Dokumente

(Es werden angegeben: Dokumenten-Nummer/Seite)

1933

21. April	Kirchenpräsident Wurth mahnt den „rassemäßigen Juden" Pfr. Kurt Lehmann zur Zurückhaltung	2062/446-447
6. Juni	Kirchenpräsident Wurth an Pfr. Kurt Lehmann: „Sie haben kein anderes Evangelium zu verkündigen als die Arier."	2063/447-448

1935

14. Juli	Zum „Fall Karl Barth". DC-Erwartungen an das „Beschlußverfahren in Rechtsangelegenheiten" der DEK	1720/11-13
17. Juli	Protest der Bekenntnisgemeinschaft Durlach gegen Zurruhesetzung von Pfr. Kurt Lehmann	2064/448-450
22. Juli	Zwei Jahre Nationalsozialismus – Bilanz der Bezirkssynoden	1718/3-8
26. Juli	Gegen die Diffamierung von BK-Pfarrern	1719/8-11
29. Juli	Stellungnahme des EOK im kirchl. Verwaltungsgerichtsverfahren wegen Pfr. Kurt Lehmanns Anfechtung der Zurruhesetzung	2065/450-453
4. Aug.	Inner- und außerbadische Informationen für DC-Mitglieder	1721/14-15
12.–18. Aug.	Tagung des Int. Rates des Weltbunds für int. Freundschaftsarbeit der Kirchen: zur Lage nichtarischen der Christen in Deutschland u. im Exil	2033/34/372-375
22. Aug.	‚Erfolge' von RM Kerrl. Angriffe gegen die bad. BK und die OKRäte Voges und Dr. Friedrich	1723/16-19
31. Aug.	DC-Auftrieb durch ‚Beschlußstelle'? Finanzabteilung beim EOK der ApU	1722/15-16
4. Sept.	Besprechung der VL der DEK mit RM Kerrl	1726/21-23
6./28. Sept.	Beschwerde über Berichterstattung in ‚Der Deutsche Christ'. Verwarnung für den Schriftleiter	1724/19-20
9./27. Sept.	Kollektenbrief für bedrängte Pfarrer. Verbot durch das badische Innenministerium	1727/23-24
12. Sept.	Hoffnung auf eine nationalsoz.-evang. Reichskirche. Angriffe auf OKRat Voges u. die bad. Kirchenleitung	1728/24-27
12. Sept.	Aufforderung zur Werbung für die BK	1729/27-28
13. Sept.	Strafanzeige gegen Pfr. Sauerhöfer	1725/20-21
20./29. Sept.	DC-Entschließung gegen die bad. Kirchenleitung	1730/28-30
3. Okt.	Aussichtslosigkeit von Strafanzeigen wegen polit. Verdächtigungen gegen BK-Geistliche	1731/30-31

467

(1935)

6. Okt.	Ablehnung der bad. Kirchenleitung als „autokratisches, selbstherrliches Gewaltregiment"	1732/32-34
6. Okt.	DC-Erwartungen an das ‚Gesetz zur Sicherung der DEK'	1733/35-36
14. Okt.	Reichsbruderrat: Zur Frage der Kirchenausschüsse	1735/37-38
14. Okt.	Hermann Diem: Theol. Gutachten im Prozess Pfr. Kurt Lehmann gegen EOKwg. Zurruhesetzung	2066/453-456
18. Okt.	VL der DEK: „Zur kirchlichen Lage ..."	1736/38-41
22. Okt.	DC-Erwartungen an RKM Kerrl	1737/42-44
25./26. Okt.	„Richtlinien für die Bildung von Landes- bzw. Provinzialkirchenausschüssen"	1734/36-37
30. Okt.	Klagen über (Personal-)Entscheidungen des EOK	1738/45-46
31. Okt.	Befürchtung der Einsetzung eines „Kirchenausschusses" in Baden	1752/69-70
10. Nov.	„Heldisches Christentum – christliches Heldentum"	1739/47-48
12. Nov.	Vorsprache zweier Oberkirchenräte in Berlin	1753/70-71
14./15. Nov.	RKA: Bildung von Landeskirchenausschüssen	1755/77-78
15. Nov. / 14. Dez.	DC-Beschwerde über die bad. Kirchenleitung. Zurückweisung durch LB Kühlewein	1740/48-55
18. Nov.	RKA an Evang. Landeskirchen: Stellung der ‚Deutschen Evang. Kirchenkanzlei'	1741/55-56
18. Nov.	Baden, Bayern, Hannover und Württemberg: Unterstützung für das „Befriedungswerk der DEK"	1742/56-57
19. Nov.	Darstellung der kirchenpolit. Lage in Baden	1754/71-77
25. Nov.	Teilnahme von Pfr. Küssner an den Karlsruher Gesprächen	1756/78
27. Nov.	Baden droht offenbar ein Landeskirchenausschuß.	1757/78-79
post 27. Nov.	Bad. Bruderrat der BK: Erfahrungen mit Landeskirchenausschüssen	1744/59-60
1. Dez.	Zwischenbilanz zur Arbeit von RKM und RKA	1743/57-59
2. Dez.	3 Dekane u. 3 Pfarrer: Vertrauensbeweis für die bad. Kirchenleitung	1758/80
13. Dez.	Reichspressekammer verbietet bad. BK-Informationen.	1745/60
15. Dez.	‚Der Deutsche Christ': „Wolle mer's widder packe?"	1746/60-61
17. Dez.	Beschwerde über Polemik in Dok. 1746	1747/61-62
18. Dez.	BK-Bilanz 1935 – Erwartungen für das kommende Jahr	1748/62-65
29. Dez.	‚Der Deutsche Christ' zum Jahreswechsel 1935/36	1749/65-66

1936

2. Jan.	Landesbruderrat der BK bittet um Beteiligung bei Veränderungen in der Kirchenleitung.	1759/80-81

(1936)

6. Jan.	DC-Vorschlag, eine Kirchenleitung nach Pfälzer Vorbild zu bestellen	1760/82
10. Jan.	RKA: „Zur Frage der Bildung weiterer [Landeskirchen-]Ausschüsse"	1750/66-67
15. Jan.	Drohende Spaltung des Reichsbruderrats. Problematik staatlicher Kirchenausschüsse	1761/82-84
3. Febr.	Kritik an „oberkirchenrätlicher Autokratie"	1751/67-68
13. März	EOK an RKA: Haushaltsplan für das Rechnungsjahr 1936/37. Wiedereinsetzung eines ‚Erweiterten Oberkirchenrats'?	1762/84-85
13. März	EOK an RKM Kerrl: Vorschlag einer Verordnung zur Verabschiedung eines Haushaltsplans für 1936/37	1763/85-86
15. Mai	Erörterung denkbarer Lösungen für Baden zwischen RKA und RKM	1764/86-87
19./26. Mai	LB Diehl/RKA: Zustand der bad. Landeskirche. Votum von Kultusminister Wacker u. Reichsstatthalter Wagner	1765/88-97
29. Mai	RKA: Aufschiebung von Maßnahmen. Entgegenkommen im Blick auf die Haushaltsplanangelegenheit	1766/97-98
13. Nov.	H. Maas: Das Volk und die Völker, Thesen	2035/375-383
7. Dez.	Kirchenaustritt eines Oberlehrers mit Familie	1781/121

1937

1937	Pfr. Hauß/Karlsruhe: „Kirche, gib Antwort!"	2002/317-322
22. Febr.	H. Maas: Die Bekennende Kirche u. die Judenfrage	2036/383-392
Febr./Juli	Ausschuss der VKL der DEK zur Judenfrage	2037/392-393
26. Febr.	Landsjugendpfarrer: Trotz Pressionen gibt es noch Jugendarbeit	1845/164
1. März	Ein Heidelberger Hauptlehrer begründet seine Niederlegung des RU.	1782/121-122
9. April	Der Bad. Landesbruderrat bittet den EOK um Wiederindienstnahme des zwangpensioionierten Pfr. Kurt Lehmann	2067/456-457
24. April	Beschwerde des Landesjugendpfarrers wegen Übergriffe des HJ-Streifendienstes	1846/165
April/Mai	Bitte der Vikare Schäfer und Hoffmann in St. Georgen um Entgiftung der Atmosphäre	2015/342
13. Mai	Kein freier Tag mehr für Konfirmandenausflüge	1873/183
24. Juni	EOK: Evang. Gemeindejugend kein „konfessioneller Jugendverband"	1847/165-167
25. Juni	15. DVO des Gesetzes zur Sicherung der DEK	1883/191-192
27. Juli	Heidelberger Lehrplan für den Ersatzunterricht statt des RU	1807/136-138

(1937/1938)

10. Aug.	Die Gestapo stellt den Gemeindeboten von Ispringen unter Vorzensur	2051/431-432
25. Aug.	Bitte des KGR St. Georgen an den EOK um Stellungnahme	2016/342-343
10. Sept.	Ein Schulrektor in Singen/Htw. geht gegen Kirche und RU vor.	1784/122
23. Sept.	Antrag von 167 Gemeindegliedern in St. Georgen auf Einsetzung eines bekenntnistreuen Geistlichen	2017/343-344
8. Okt.	EOK: Die kirchl. Verhältnisse in St. Georgen, Einsetzung von Vikar Ochs	2018/344-346
Oktober	Neuer Dienstverteiler in St. Georgen	2019/347
14. Okt.	Bad. Kultusministerium an Schulämter und Schuldirektionen: Entzug einer Unterrichtserlaubnis	1771/109-110
November	Bad. Kultusministerium zum RU in Grund- und Hauptschulen	1768/102-104
15.Nov.	Hetze anderer Fachlehrer gegen d. RU in Konstanz	1815/144
18. Nov.	Protest des Landesbischofs an d. Kultusministerium	1769/104-108
23. Nov.	Bericht der Kirchenleitung zu Einstellung und Verhalten der Jugend	1767/99-102
29. Nov.	Bad. Kultusmninsterium: Gewissensnöte der Lehrer bei Behandlung des AT	1773/111
1. Dez.	Schreiben des Kultusministeriums zum RU	1770/108-109
1.Dez.	Werbeveranstaltung der Damenschneiderinnung Pforzheim für den Austritt aus dem RU	1814/143-144
17. Dez.	EOK an Kultusministerium: Stellungnahme zum AT	1774/111-115
19./20./21. Dez.	Gestörtes Verhältnis zwischen Pfarrer und Schulleiter in Legelshurst	1785/123
20. Dez.	Bad. Kultusministerium an den EOK: „Eckstundenregelung" für den RU	1811/140-141
24. Dez.	Bad. Kultusministerium: Reduzierung des RU an Berufsschulen auf eine Stunde wöchentlich	1810/140

1938

3. Jan.	LB Kühlewein protestiert beim Reichserziehungsminister gegen die Anordnung des bad. Kultusministeriums vom 24. Dez. 1937	1812/141-142
10. Jan.	Antwort des Kultusministerium an EOK zum AT	1775/115-116
10. Jan.	HJ-Führer und BDM-Führerinnen im Konflikt zwischen Gemeindejugend und NS-Jugendverband	1848/167
10. Jan.	Entgleisung eines Jungvolkführers	1850/168
18. Jan.	Festhalten der Landeskirche am AT im RU	1776/116
3. Febr.	Bad. Kultusministerium zum Brief des Landesbischofs vom 3. Januar	1813/143

(1938)

7. Febr.	LB Kühlewein: Hirtenbrief zur Kirchenaustritts-bewegung		2012/332-335
1. März	Anfrage an Jörg Erb wegen einer neuen Biblischen Geschichte		1795/128
2. März	Antwort auf Vorfall vom 10. Januar: Die Gebietsführung distanziert sich.		1851/168-169
10. März	Zugehörigkeit von HJ-Führern und BDM-Führerinnen zur Gemeindejugend nicht erwünscht		1849/167-168
15. März	LB Kühlewein zum Anschluß Österreichs		1992/301
30. März	Kirchenführer zur Begrüßung der evang. Kirche Österreichs		1993/301-302
4. April	Anweisung des EOK zum Glockengeläut am Vorabend der Volksabstimmung vom 10. April		1994/302-303
19. April	Helfer im Kindergottesdienst haben es schwer.		1866/177
17. Mai	Jörg Erb wird mit der Abfassung einer neuen Biblischen Geschichte beauftragt.		1796/128
18. Mai	Bad. Kultusministerium: Verbot der Beteiligung von Kirchenältesten an schulischen Religionsprüfungen		1803/132
18. Mai	Einrichtung der FA beim EOK Karlsruhe		1884/192
20. Mai	Vorläufiges Kirchengesetz zum Treueid der Geistlichen		1995/303-304
25. Mai	Bekanntgabe der Einrichtung der FA beim EOK		1885/193
27. Mai	Protest von LB Kühlewein gegen die Einrichtung der FA beim EOK		1887/195-197
30. Mai	Verpflichtung der kirchl. Beamten u. Angestellten durch die FA beim EOK		1888/197-198
30. Mai	Bad. Kultusministerium: Für den RU sind in der Stundentafel keine Unterrichtsstunden vorgesehen.		1826/151
31. Mai	Protest der BK-Pfarrerschaft gegen die Einrichtung der FA beim EOK		1889/198
31. Mai	Beratung des EOK über Maßnahmen nach der Einrichtung der FA		1890/198-200
31. Mai	Geschäftsverteilungsplan der FA für den EOK		1891/200-202
6. Juni	Protest des KGR Bickensohl gegen die Einrichtung der FA beim EOK		1892/203
7. Juni	Empfehlung des EOK: Katechetische Hauptstücke im Kindergottesdienst behandeln		1820/146-147
9. Juni	Ablehnung der Rechtmäßigkeit u. Zuständigkeit der FA durch den EOK		1893/203-204
12. Juni	Erklärung des KBez. Müllheim gegen die FA		1894/204-205
14. Juni	Protest der KGemeinde Gernsbach gegen die FA		1895/205
14. Juni	Protest der BK-Pfarrer in Freiburg gegen die FA		1896/205
15. Juni	Durchführungsgesetz zum Treueid der Geistlichen		1996/304-305
16. Juni	Erlass der FA betr. Dienstreisekosten u. Briefmarkenabgabe		1897/206
18. Juni	Erlass des RKM: Staatl. behörden sollen nur noch mit der FA verkehren		1898/206

(1938)

21. Juni	Protest des EOK gegen Kompetenzüberschreitungen der FA	1899/206-207
22. Juni	Erfordernis der Zustimmung der FA zur Veröffentlichung von Dienstnachrichten	1900/207
22. Juni	Weisung des LB an die Pfarrer wegen der FA	1902/208-209
22. Juni	Wort des LB an die Gemeinden wegen der FA	1903/209-210
22. Juni	Brief von Pfr. Güß/Stein an Dekanat Durlach wegen der Vereidigung	1997/305
23. Juni	Zurechtweisung des EOK durch die FA	1901/207-208
23./25. Juni	Landesbruderrat der BK fordert Eidesbelehrung und Ordinationsvorbehalt	1998/306-307
24. Juni	Brief von Vikar Menacher/Karlsruhe an den LB wegen Eidesverweigerung	1999/308
28. Juni	Wiederbesetzung der erledigten Patronatspfarrei Neckarzimmern, Antrag auf Zustimmung der FA	1904/210-211
29. Juni	Protest des EOK gegen die Festsetzung der Landeskollekten durch die FA	1905/211
30. Juni	Ultimatum der FA an die KGemeinde Überlingen	1909a/214-215
1. Juli	Erlass des RKM über Befugnisse der FA beim EOK	1907/214
3./20. Juli	Vertrauenskundgebungen der KGemeinden Tiengen und Egringen für den Landesbischof	1908/214
13. Juli	Behauptung der FA: FA eine „Behörde selbständiger Art" und Regeln des verkehrs zwischen FA u. EOK	1910/216-217
14. Juli	Einlenken der KGde Überlingen gegenüber der FA	1909b/215
14. Juli	Aufforderung der FA an Dekanate, KGRäte und Pfarrämter zur Rücknahme ihres Protestes	1911/217-218
Juli	Widerspruch gg. die Drohung der FA vom 14. Juli	1912/218-219
18. Juli	Bezweiflung der kirchenpolit. Neutralität der FA durch Dekan Mono, Müllheim	1913/219-220
23. Juli	Zurechtweisung der Dekanate Baden-Baden und Konstanz durch die FA	1914/220–221
23. Juli	Belehrung der KGde Überlingen durch die FA	1909c/215-216
24. Juli	Der KGmde-Ausschuss Reihen spricht dem Landesbischof seine Vertrauen aus.	1915/221
26. Juli	Bitte des Landesbischof an die Pfarrer um einstweilige Zurückhaltung	1916/221
27. Juli	Stellungnahme des EOK zur Rechtsstellung der FA	1917/222
30. Juli	Rückzug von OKR Dr. Doerr aus den Sitzungen des EOK	1918/222-223
2. Aug.	Beschwerde des EOK über die FA beim RKM	1919/223-225
4. Aug.	RKM über die Zuständigkeit der FA beim EOK	1920/225-226
10. Aug.	Disziplinierung von Beamten, die den Protest gegen die FA unterstützten, durch die Bad. Staatskanzlei	1921/226-227
14. Aug.	Begründung des Protestes gegen die FA durch den KBez. Wertheim	1922/227

(1938)

16. Aug.	LB Kühlewein über Behinderungen durch die FA bei der „Erfüllung des Auftrags der Kirche"	1923/227-228
23. Aug.	Überlegungen eines Pfarrers, ob und wie man mit FA zu einem Ausgleich kommen könnte.	1924/228-230
28. Aug.	Pfr. Kölli: „Der Deutsche Christ" zum bad. Amt für Volksmission	2003/322-324
29. Aug.	Bestellung eines Finanzbevollmächtigten für St. Georgen	2020/348
29. Aug.	Empfehlung einer Formulierung zur Rücknahme des Protests gegen die FA durch Dekan Renner, Khe	1925/230
1. Sept.	Erlass der FA über Dienstkraftwagen-Benutzung	1926/230-231
7. Sept.	Bericht von LB Kühlewein an die DEK-Kirchenkanzlei über die Durchführung des Treueids	2000/309
12. Sept.	EOK an FA beim EOK zur Situation in St. Georgen	2021/348-352
12. Sept.	Rudolf Heß: Toleranz in kirchlichen Dingen macht das Elternhaus der HJ gewogen.	1852/169
19. Sept.	LB Kühlewein tritt bei der Finanzabteilung für eine neue Biblische Geschichte ein.	1797/129
28. Sept.	Vereinbarung zwischen EOK u. FA über Verlegung des Dienstsitzes bei Gefährdung durch Krieg	1927/232
29. Sept./ 3. Nov.	Rücknahme des Einsprcuhs gegen die FA das Dekanat Müllheim und Antwort der FA	1928/232-233
4. Okt.	RMdI: Verbot der Mitgliedschaft von Beamten und Lehrpersonen in konfessionellen Berufsverbänden	1801/131
4 Okt.	Versuch von Prof. Kiefer, in Heidelberg eine Konfirmation im Sinne eines „deutschen Christentums" einzuführen	1874/183
4. Okt.	Bitte von Dekan Joest, Mannheim an den LB um Wegweisung für ehrenvolles u. kirchliches Handeln im Streit mit der FA	1929/233-234
5. Okt.	Bitte des KBez. Wertheim um Beilegung des Streits m. d. FA u. um Handlungsanweisung durch d. EOK	1930/234-235
7. Okt.	Pfr.i.R. Ziegler, Bad Rappenau: Rücknahme des Protests gegen die FA aus Liebe u. Glauben	1931/235-236
7. Okt.	Reglementierung der Landeskollekten durch die FA	1932/236-237
16. Okt.	Pfr. Hauß berichtet von der Freizeit der Badischen Pfarrbruderschaft.	2004/324-325
17. Okt.	Stellungnahme des Landesbruderrats zu Eingriffen der FA in die Befugnisse von Kirchenleitung u. KGemeinden	1933/237-238
18. Okt.	Beharren der BK-Pfarrer bei ihrem Protest gg.d.FA	1936/240-241
21. Okt.	Bestärkung des Protests der KGemeinde Singen a.H. (Pfr. Dr. Bier) gegen die „rechtswidrige" FA	1934/238-239
21. Okt.	Bekanntmachung der FA beim EOK zur Minderheitenversorgung	2013/336-337

(1938)

22. Okt.	Stellungnahme des LB zu Reglementierungen der FA bei der Aufnahme unter die bad. Pfarrkandidaten	1937/241
23. Okt.	Aufrechterhaltung des Protests gegen die FA durch Dekan Niebel, KBez. Sinsheim	1935/239
28. Okt.	BK-Pfarrer Günther, Eppingen: Schwierige Position der KGemeinden gegenüber der FA	1938/241-242
31. Okt.	Ultimatum der FA an die KGemeinden, ihren „illegalen" Widerstand gegen die FA aufzugeben	1939/242-243
Anf. Nov.	Entwurf einer gemeinsamen Antwort des KBez. Müllheim an die FA	1940/243-244
2. Nov.	Ermächtigung des LB an die Gemeinden u. Pfarrer zum Einlenken gegenüber der FA	1941/245-246
9. Nov.	Widerspruch der BK gegen die Empfehlung des LB vom 2. November	1942/246-247
November	Rundschreiben der BK Baden: „Die Zerstörung der Kirche durch die Finanzabteilung"	1949/253-255
9. Nov.	Vikar Jaeger: Erinnerung an die Reichspogromnacht in Mannheim	2045/415-416
9. Nov.	DEK-Verordnung über das Beflaggen kirchlicher Gebäude	2028/364
9./10. Nov.	Anerkennung der Rechtmäßigkeit der FA durch Pfarrer im Dekanat Heidelberg	1944/248-249
9./18. Nov.	Beschwerde der FA beim LB, dass noch zahlreiche Pfarrer u. Gemeinden den Verkehr mit der FA verweigern	1943/247-248
11. Nov.	EOK zum Erlass des Kultusministeriums betr. Streichung des Satzes „Das Heil kommt von den Juden"	1777/116-117
17. Nov.	Reichserziehungsminister: Erteilung des RU ist eine Gewissensentscheidung.	1791/126-127
17. Nov.	Ein Hauptlehrer begründet s. Niederlegung des RU.	1783/122
18. Nov.	Resümee der FA u. Rechtfertigung ihrer Maßnahmen gegenüber dem Bad. Ministerpräsidenten	1946/250-251
22. Nov.	Aktion des NSLB zur Niederlegung des RU	1788/124
22. Nov.	LB Kühlewein rechtfertigt seine Haltung zur Streichung des Satzes „Das Heil kommt von den Juden".	1778/117-120
25. Nov.	Verzögerung der Zustimmung der FA zur Übernahme der Pfarrvikare	1945/249-250
27. Nov.	„Keine Kirchenfahnen mehr"	2029/364-365
29. Nov.	Stellungnahme von 2 Pfarrern in Gernsbach zur FA	1947/251-252
30. Nov.	Druck auf Beamte, die sich dem Protest gegen die FA angeschlossen haben	1948/253
1. Dez.	EOK: Anordnung einer Minderheitsversorgung in St.Georgen	2022/352-354
im Advent	Berliner BK-Kirchentag zur Niederlegung des RU	1789/124-125
4. Dez.	Protest gegen die bestellung eines Finanzbevollmächtigten für die KGemeinde Singen a.H.	1950/255-256

(1938/1939)

6. Dez.	Ein Karlsruher Schulrektor verbietet jeden Verkehr zwischen Lehrern und Geistlichen.	1786/123
10. Dez.	Kreisschulamt Waldshut: Liste der Lehrer, die (nach dem Pariser Diplomatenmord vom 7. Nov.) den Unterricht über das AT ablehnen	1787/124
12. Dez.	Bad. Kultusministerium untersagt die Einführung einer neuen Biblischen Geschichte.	1798/130
13. Dez.	Bad. Kultusministerium an Schulämter und Schuldirektionen: LB Kühlewein stellt den weltl. Lehrern die Behandlung des AT frei.	1780/120-121
16. Dez.	LB Kühlewein zur „Niederlegungsaktion" im RU	1790/125-126
18. Dez.	Pfr. Riehm/Ispringen über Pfarrergebetbund, Bekennende Kirche und Bad. Pfarrbruderschaft	2005/325-326
21. Dez.	Büro Grüber: zur Förderung der Auswanderung nichtarischer Pfarrer	2046/416-418
21. Dez.	Der LB mahnt bei der FA die Freigabe der Pfarrkandidaten zum Pfarrdienst an.	1951/256
22. Dez.	LB: Verhinderung der Berufsausübung junger Theologen durch die FA	1952/257

1938/1939	Liste der Finanzbevollmächtigten der FA beim EOK in 51 Gemeinden	1906/211-214
1938–1940	H. Maas, Auszüge aus Briefen an eine Jüdin	2039/393-396

1939

1939	Kindererziehung ohne Kirche	1867/177-178
1939	Pfr. Güß/Stein: „Zur kirchenpolitischen Lage in Baden"	2001/310-316
3. Jan.	EOK fühlt sich durch den Erlass des Reichserziehungsminster betr. RU als Gewissensentscheidung ermutigt.	1792/127
3. Jan.	Finanzabteilung beim EOK: Anordnung einer Neuauflage der bisherigen Biblischen Geschichte ohne den Satz „Das Heil kommt von den Juden"	1799/130
6. Jan.	Anmahnung einer „gleichmäßigen und gerechten" Behandlung der Pfarrkandidaten durch die FA	1953/257-258
18. Jan.	Unterstützung der „Eckstundenregelung" vom 20. Dez. 1937 durch den Reichserziehungsminister	1817/145
20. Jan.	Die KGemeinde Legelshurst bekräftigt ihren Protest gegen die FA	1954/259
24. Jan.	Bekanntmachung des EOK: Nationale Gedenkfeiern betr."	2030/365

(1939)

26. Jan.	Bad. Kultusministerium verweigert die Rücknahme des Erlasses zur Streichung des Satzes: „Das Heil kommt von den Juden".	**1779/120**
31. Jan.	Streit zwischen LB u. FA wegen des „Betriebsappells" zum Jahrestag der Machtübernahme	**1955/259-260**
31. Jan.	Auseinandersetzung zwischen EOK u. FA über die Besetzung von Gemeindehelferinnenstellen	**1956/260-261**
31. Jan.	EOK zum Fortschreiten der Niederlegungsaktion im RU	**1793/94/127**
14. Febr.	Ablehnung eines Anhangs zum Gesangbuch durch die FA	**1957/261-262**
12. März	Abbruch jeder Verbindung zu ihrem Finanzbevollmächtigten durch die KGemeinde Singen a.H.	**1959/263-264**
25. März	Zur Kompetenz des Reichsjugendführers	**1853/169**
25. März	Beschlagnahme des Jugend- bzw. Erholungsheims Aschenhütte	**1854/169-170**
28. März	Feststellung der FA, dass weitere Rücknahmen von Protesten gegen die FA nicht mehr zur Kenntnis genommen würden	**1960/264-265**
6. April	Erweiterung des Verbots vom 4. Okt. 1938 auf ehemalige Geistliche	**1802/132**
13. April	Disziplinarordnung der DEK	**2008/328**
16. April	Fürbittgedenken der Kirchlich-Positiven zum 50. Geburtstag des Führers	**2006/327**
18. April	Grußadresse des Vorsitzenden der FA beim EOK zum 50. Geburtstag des Führers	**2007/327**
Mai	Forderungen der FA an die Pfarrkandidaten	**1958/262**
10. Mai	FA beim EOK gegen die Wiederaufnahme einer Jüdin in die Landeskirche	**2053/434-435**
13. Mai	EOK gegen die Taufe von Kindern jüdischer Abstammung	**2056/437-438**
13. Mai	DEK-Kirchenkanzlei: Ankündigung der Einführung des arischen Nachweises für Geistliche	**2059/442-443**
17. Mai	Reaktion der KGemeinden Pforzheim u. Brötzingen auf die Einsetzung eines Finanzbevollmächtigten	**1961/265-266**
17. Mai	Liste der Vertrauensstellen des Büros Grüber	**2032/371-372**
18. Mai	Himmelfahrtspredigt von Vikar Ochs in St. Georgen	**2023/354-357**
19. Mai	Finanzbevollmächtigter St. Georgen an FA beim EOK zur Himmelfahrtspredigt von Vikar Ochs	**2024/357-358**
20. Mai	Schreiben des stellv. NSDAP-Ortsgruppenleiters St. Georgen an RKM wegen Vikar Ochs	**2025/358-360**
22. Mai	Bericht des Dekans wegen St. Georgen	**2026/360-362**
23. Mai	Kürzung des RU in Mittelschulen	**1827/151**
2. Juni	Bad. Kultusministerium: Verhinderung der Unterrichtserteilung durch einen BK-Vikar in Ispringen	**1772/110**

(1939/1940)

6. Juni	Reichsstatthalter Baden sendet die Güß-Denkschrift „Zur kirchl.[polit.] Lage in Baden" an den RKM	2001/317
10. Juni	Gestapo-Mitteilung über Vikar Menacher/K'he	2009/328-329
13. Juni	Bad. Kultusministerium: Verbot von Schulgottesdiensten und der Teilnahme von Schulen an kirchlichen Veranstaltungen	1804/133-134
Mitte Juni	Bericht über eine Kindergottesdienstrüstzeit	1868/178-179
28. Juni	FA beim EOK für Abänderung der KVerfassung bezügl. die Besetzung von Pfarrstellen	1963/267-268
2. Juli	H. Maas über die Situation der emigrierten Juden in England	2038/393
3. Juli	Protest der Kirchenleitung gegen das Verbot vom 13. Juni zur Glaubens- und Gewissensfreiheit	1805/134-135
4. Juli	Diskreditierung des EOK durch die FA beim RKM	1962/266
7. Juli	Strafverfahren gegen vier bad. Landpfarrer wegen Vergehens gegen das Heimtückegesetz	2010/329-330
7. Juli	Pfr. O. Riehm: zum Tag des Sondergerichtsverfahrens in Mannheim	2052/433
10. Aug.	Finanzabteilung beim EOK zum Verbot des Kultusministeriums vom 13. Juni	1806/135-136
11. Aug.	Die FA beim EOK fordert den „Nachweis der deutschblütigen Abstammung der Geistlichen"	2060/443-444
21. Sept.	EOK: Konfirmandenunterricht im Kriegswinter 1939/40 im deutsch-französischen Grenzgebiet	1876/184-185
Oktober	EOK gegen die taufe von Kindern einer jüd. Ehe	2057/438-440
9. Okt.	DEK-Verordnung über die Gewährung von Straffreiheit	2011/330-331
10. Okt.	Nach Kriegsbeginn: Zum Wehrdienst Einberufene brauchen kein Abstammungsnachweise vorzulegen	2061/444
13. Okt.	Verzögerung von Pfarrstellenbesetzungen durch die FA aus kirchenpolitischen Gründen	1964/269
13. Okt.	Die FA behält sich die Zustellung seiner Runderlasse an den EOK vor.	1965/269
November	Feldarbeit behindert den Konfirmandenunterricht.	1877/185
4. Nov.	Frontnähe und Konfirmandenunterricht	1878/185-186
13. Nov.	LB Kühlewein erörtert mit LB Marahrens Gegenmaßnahmen gegen das Treiben der FA in Baden.	1966/270
15. Nov.	Auch die innerkirchl. Unterweisung wird überwacht.	1822/148
23. Nov.	Bad. Kultusministerium: Streichung des RU an Berufsschulen	1816/144-145

1940

1940	Pfr.i.R. Ernst Lehmann: Mein Verhältnis zur BK	2068/457-460
6./9. Jan.	Vorschläge LB Kühleweins für eine Besprechung im RKM u. Absage der Besprechung durch das RKM	1968/271-272

(1940)

2. Febr.	FA zur Aufstellung des Haushalts-Voranschlags	1969/272-273
20. Febr.	„Deutsche Konfirmation" in Pforzheim	1875/183
22. Febr.	EOK zur Aufstellung des Haushalts-Voranschlags	1970/273
Februar	Revers der FA zu deren rückhaltloser Anerkennung	1972/275
5. März	Verweigerung der Ernennung des Dekans Pforzheim-Stadt durch die FA trotz Anweisung des RKM	1971/274
6. März	Beschaffung von Konfirmandenkleidung	1879/186
7. März	EOK: Die Hitlerjugend-Verpflichtung am 31. März hat Vorrang vor kirchlichen Veranstaltungen.	1856/171
9. März	Prof. Hans von Soden, Marburg: Begründung dafür, den Revers der FA nicht zu unterzeichnen	1973/275-276
5. April	Unterstützung der Nationalkirchlichen Einung DC durch die FA beim EOK	1967/270-271
9. April	Bad. Kultusministerium: „Einsatz für Volk und Vaterland" als wichtigstes Erziehungsziel	1808/138-139
16./17. Apr.	Der KGR Pforzheim wehrt sich gegen eine „Gottesfeier" mit Reichsbischof Müller	2014/338-341
18. April	NS-Reichsführung: im Krieg Beibehaltung des status quo beim RU	1824/149-150
22. April	Eine Vereinbarung zwischen EOK u. FA macht den Protest gegen die FA gegenstandslos.	1974/276
23. April	Räumliche Ausbreitung der FA im EOK	1975/277
16/18. Mai	Stellungnahmen zum Verhältnis FA – EOK	1976/277-278
21. Mai	Konflikt des Finanzbevollmächtigten in Freiburg mit OKR Dr. Friedrich u. der Kirchenleitung	1977/279
12. Juni	FA beim EOK: Ausschluss von Judenchristen aus der Kirchensteuerpflicht	2054/435-436
15. Juni	Behinderung der Besetzung der Dekanate Mosbach und Rheinbischofsheim	1978/280
25. Juni	Bekanntmachung des EOK: Dankgottesdienst nach der siegreichen Beendigung des Kriegs mit Frankreich	2031/365-366
25. Juni	Rückblick des Vorsitzenden der FA beim EOK	1886/194-195
26. Juni	EOK: Kirchl. Unterweisung ist kein schulischer RU.	1823/148-149
8. Juli	EOK empfiehlt an Höheren Schulen freiwillige Arbeitsgemeinschaften anstelle des RU	1837/158
8. Juli	Di Gestapo verhört in Heidelberg Schüler wegen des freiwilligen RU.	1838/158
30. Juli	Reduzierung des RU auf eine Wochenstunde	1831/153
22. Aug.	EOK: Gottesdienstbesuch der Konfirmanden zwingend notwendig	1880/187
September	Ev. Jugendlager und -freizeiten werden verboten.	1857/171-173
24. Sept.	Behinderung des Gottesdienstbesuchs durch HJ-Dienst	1855/171
4. Okt.	Klagen über die FA. Protokoll einer Besprechung im RKM in Berlin	1979/281-282

(1940/1941/1942)

5. Okt.	Kinder aus christlichen Elternhäusern unter Druck	1859/173-174
7. Okt.	Vorschlag des EOK zur Abgrenzung der Zuständigkeiten zwischen EOK und FA	1980/282-284
14. Okt.	Regelung des Verhältnisses zwischen FA u. EOK durch Erlass des RKM	1981/284-286
21. Okt.	Bad. Kultusministerium: ‚Religiöse Unterweisung' außerhalb des schulplanmäßigen RU	1821/147-148
22. Okt.	H. Maas: Erinnerung an die Deportation badischer u. pfälzischer Juden	2047/420
Herbst	G. Hammann: Erinnerungen an Erlebnisse im Internierungslager Gurs/Südfrankreich	2048 u. 2049/ 420-425
29. Okt.	Auch eintägige Jugend-Rüstzeiten sind gefährdet.	1858/173
20. Nov.	EOK lehnt die Mitwirkung der FA bei der Verwendung „unständiger" Vikare ab.	1982/286
20. Dez.	Behinderg. v. Pfarrstellenbesetzungen durch die FA	1983/287

1941

9. Jan.	EOK: Aufgaben des Kindergottesdienstes	1870/180
14. Jan.	Die Mitarbeit im Kindergottesdienst hat Folgen für eine Hauptlehrerin in Heidelberg-Rohrbach	1869/179-180
8. Febr.	Schule, HJ, Elternhaus – keine Zeit für die Kirche	1860/174
15. März	HJ-Sonntagsdienst im Mai 1941	1861/174
9. Mai	Bekanntmachung des EOK: Die längst erwartete biblische Geschichte „Schild des Glaubens" von Jörg Erb ist in Kassel als Hausbuch erschienen.	1800/130-131
10. Mai	RU in Mittel- wie Höheren Schulen nur bis Kl. 4	1829/152
21. Mai	Bestandsaufnahme des EOK zur Einrichtung freiwilliger Arbeitsgemeinschaften nach 10 Monaten	1839/158-159
18. Juni	Die Religionsnote verschwindet aus dem Zeugnis.	1818/19/145-146
30. Juni	Bad. Kultusministerium: Kirchlicher Unterricht darf nicht benotet werden.	1825/150
12.Nov./ 2.Dez.	Taufe nichtarischer Mischlingskinder in Karlsruhe trotz Bedenken des EOK	2058/440-441
22. Dez.	DEK-Kirchenkanzlei für Ausschluss getaufter Nichtarier aus dem kirchlichen Leben	2055/436-437

1942

Jan./Febr.	Briefwechsel zwischen EOK und Pfarramt Wollmatingen zum RU in Nationalpolit. Erziehungsanstalten	1830/152-153
12. Febr.	Reichssportwettkampf der Hitlerjugend am Trinitatissonntag 1942	1862/175

(1942/1943/1944)

9. März	Eine Stunde RU in der Hauptschule	1828/151
16. März	H. Maas, Entzug der Befugnis zur RU-Erteilung	2040/396-397
8. April	Mitwirkung von HJ-Angehörigen bei Familien-Kultfeiern der Partei	1863/175
9. April	H. Maas: Stellungnahme zu Gestapo-Vorwürfen	2041/397-399
18. Mai	EOK Bender: zur Mitwirkung von HJ-Angehörigen bei Familienfeiern	1864/175-176
13. Juli	H. Maas: Stellungnahme zu Gestapo-Vorwürfen	2041/399-400
25. Juli	Der EOK verwarnt Pfr. H. Maas, mit Begründung	2042/400-404
29. Okt.	EOK: Personelle Notlage beim RU; Einsatz von ‚Hilfskräften' (Pfarrfrauen, Diakonissen)	1832/154-155

1943

2. Febr.	Bad. Kultusministerium: Hitlergruß auch im RU	1834/156
3 Febr.	EOK an alle Pfarrämter: Lt. Kultusministerium kein Besuch von Gottesdiensten und kirchl. Unterweisung vor Unterrichtsbeginn durch die Schuljugend	1809/139
3. Febr.	EOK: Überbeanspruchung der Geistlichen und Kürzung des RU	1833/155
4./5. Febr.	Besprechung zwischen RKM, FA der DEK, FA beim EOK u. EOK im Karlsruhe, Gedächtnisprotokoll	1984/287-289
8. Febr.	EOK: Ohne Religionsunterricht keine Konfirmation	1881/187-188
25. Febr.	Ernennung des Fabrikanten Dr. med. L. Engelhardt zum Vorsitzenden der FA beim EOK	1985/289
6. April	Protokoll der Vorladung von Pfr. H. Maas im EOK	2043/404-405
24. Mai	Die FA beim EOK fordert ein Disziplinarverfahren gegen Pfr. H. Maas	2044/405-411
8. Juni	H. Maas: Stellungnahme zu den Vorwürfen der FA	2044/411-413
8. Juni	RU – ein unwürdiger Wochenbeginn?	1836/157
29. Juli/ 27. Sept.	Meinungsverschiedenheiten zwischen FA u. EOK in der Frage der Dienstreisekosten	1986/289-290
4. Aug.	Geistliche nicht mehr Erziehungsberechtigte	1835/157
4. Okt.	EOK an die Dekanate: die kirchliche Jugendarbeit im Krieg	1865/176-177
13. Okt.	Kindergottesdienstarbeit kann gefährlich sein.	1871/181-182

1944

29. Jan.	EOK: Wichtigkeit des Kindergottesdienstes	1872/182
7./8. März	Protokoll der besprechung des EOK mit den Vertretern des RKM u. der FA beim EOK	1987/290-291
18. März	EOK: Druck eines Lernbüchleins für den RU als Schulbuchersatz	1840/160

(1944/1945/1946)

April/Mai	Pfr. O. Riehm u. Frau, Ispringen nehmen ein jüd. Ehepaar auf der Flucht bei sich auf	2050/426-431
Juni	„Rechtsverbindliche Anordnung über die Besetzung von freien Pfarrstellen": Entwurf der FA, Erläuterungen durch den EOK	1988/291-296
10. Juli	Bitte um Druckerlaubnis für das Lernbüchlein zum RU an das Gaupropagandaamt in Straßburg	1841/160-161
13. Juli	Zuständig für die Druckerlaubnis für das Lernbüchlein zum RU ist die Wirtschaftsgruppe Druck.	1842/161
25. Aug.	Eine Druckerlaubnis für das Lernbüchlein zum RU wird nicht erteilt.	1843/162
30. Okt.	Der EOK bittet die Pfarrer trotz Zeit-, Raum- und Kräftemangel um die kirchl. Unterweisung der Schuljugend	1844/162-163

1945

12. Jan.	Neugestaltung des Briefkopfs der FA beim EOK	1989/296
5. März	Notkonfirmation in Mannheim nach dem Bombenangriff vom 1. März	1882/188
19. Mai	OKR Dr. Doerr: Formlose Auflösung der FA, aber Weiterführung der Geschäfte	1990/297-298
1. Juni	Der EOK untersagt OKR Dr. Doerr, weiterhin im Namen der FA zu agieren.	1991/298

1946

7. Juli	Pfr. i.R. Ernst Lehmann: „Die kirchliche Aktion" – eine Anklage gegen OKR Dr. Otto Friedrich	2069/461-466

1974

7. April	Brief von Pfr. Ochs, ehemals St. Georgen: Rückblick nach 35 Jahren	2027/362-363

Personenregister (Band IV)
(Rufnamen sind kursiv gesetzt. Die Berufsangaben gelten im allgemeinen nur für den jeweiligen Zeitpunkt der Erwähnung in diesem Band. – Theologische (Ehren-) Doktortitel werden nicht angegeben.)

Ackermann, Grete und Hans (Pseudonyme) s. Krakauer, Ines und Max
Albert, Georg *Wilhelm* (1895-1977), bad. Pfarrer   47, 60, 75
Albrecht, ? Erwin (1900-1985), Landgerichtsrat, SS-Rottenführer / ? Herbert (1900-1945), Dr. phil. agr., MdR, ? SS-Standartenführer   189, 195
Alivisatos, Hamlicar (1887-1969), griech., orth. Theologieprofessor   375
Anschütz, Gerhard (1867-1948), Prof. iur., Schriftsteller   106 f.
Asal, Karl (1889-1984), bad. Ministerialrat   94
Asmussen, Hans (1898-1968), Altonaer Pfarrer, zwangspensioniert, führend in der BK   83
Atkinson, Henry Avery (1877-1960), US-amerikan. kongregationalist. Pfarrer; 1918-1955 Generalsekretär der Church Peace Union u. des Weltbunds für Freundschaftarbeit der Kirchen   375
Auffahrt, Gottfried (1913-1990), bad. Pfarrkandidat   258
Axmann, Artur (1913-1996), Reichsjugendführer 1940   171, 174-175

Bacmeister, Georg (*1910), Kirchenamtsrat im Landeskirchenamt Hannover   278
Barner, Alfred Ludwig (1876-1940), bad. Pfarrer   45
Barry, anglikan. Canon   394
Barth, Gertrud geb. Mampel, Witwe des bad. Pfarrers *Erhard* August Barth (1910-1942) in Tannenkirch   154
Barth, Karl (1886-1968), Schweizer Theologieprofessor   11 f., 28, 42
Battenhausen (Bettenhausen?), Abschnittsleiter der NSDAP beim Gaupropagandaamt in Straßburg   161
Batz, *Hugo* Heinrich (1890-1974), bad. Pfarrer   280
Bauer, Clemens (1899-1984), Professor für mittlere und neuere Geschichte in Freiburg   414
Bauer, Josef *Hansmichel* (1897-1977), bad. Pfarrer   45
Bauer, Ruth geb. Hauser, Frau des bad. Pfarrers *Walter* Heinrich Wilhelm Bauer (1903-1988) in Kandern   154
Bayer, Amalie (*1900, ausgeschieden 1942), Landesgeschäftsführerin des bad. Kindergottesdienstes   178
Beck, *Artur* Friedrich (1894-1947), bad. Pfarrer   438 f.
Beisel, Erwin Edmund (1903-1963), bad. Pfarrer   450
Bell, George (1883-1958), anglikan. Bischof von Chichester/England   370, 414

Bender, *Julius* Ferdinand (1893-1966), bad. Pfarrer, später Landesbischof   93, 246, 311, 315, 446, 457, 461
Bender, *Karl* Ludwig (1881-1961), bad. Oberkirchenrat   33, 48, 50, 52f., 91f., 97, 165, 171, 175, 202, 232, 282, 330
Benn, Ernst-Viktor (1898-1990), Oberkonsistorialrat im RKA   84, 86
Biberstein, Fritz Freiherr Marschall von (1883-1939), Professor für Staats-, Verwaltungs- und Völkerrecht in Freiburg   414
Bier, Hugo Reinhard *Helmut* (1893-1977), Dr. phil., bad. Pfarrer   238f., 255f., 263
Biermann, *Paul* Theodor (1881-1968), rhein. Pfarrer, Vertrauensstelle des Büros Grüber in Mülheim   372
Bodelschwingh, Friedrich (*Fritz*) von (jun.) (1877-1946), Pastor, Leiter der Betheler Anstalten   21f.
Boegner, Marc (1881-1970), französ. Pastor, Präsident des Nationalrats der französ. ref. Kirche   416
Böhme, Walter Georg (1889-1957), sächs. Pfarrer, Vertrauensstelle des Büros Grüber in Leipzig   372
Boersch, Gustav (1893-1945), ostpreuß. Pfarrer, Vertrauensstelle des Büros Grüber in Königsberg   372
Bösinger, Rudolf (1912-2001), bad. Pfarrer   342, 363
Bonhoeffer, Dietrich (1906-1945), Theologe, Ökumeniker, Mann des Widerstands   369, 371
Bormann, Martin (1900-1945), Stabsleiter in der Zentrale der NSDAP   308
Bosse, Ernst Wilhelm *Johann* (1896-1970), hannov. Superintendent   21
Brandl, Walter Karl Erich (1886-1975), bad. Pfarrer   251f.
Braun, Otto (1872-1955), preuß. Ministerpräsident   12
Brauß, Heinrich (1883-1982), bad. Oberkirchenrat bis 1937, dann Gymnasialprofessor   46, 91-93
Breit, Thomas (1880-1966), bayer. Oberkirchenrat   83
Bruch, *Fritz* Ludwig Philipp (1903-1956), bad. Pfarrer   310
Bürck, Max (1893-1971), bad. Pfarrer   399
Busch, Wilhelm (1897-1966), westfäl. Pfarrer   325

Chalybaeus, *Christian* Heinrich Karl Johannes (1876-1958), holstein. Pfarrer, Vertrauensstelle des Büros Grüber in Kiel   372
Coch, Friedrich (1887-1945), sächs. Landesbischof   60
Cölle, Georg (1901-1980), Dr. iur., Vorsitzender der FA bei den Landeskirchen Bremen und Hannover, ab 1942 auch der FA bei der DEK in Berlin   287, 295
Conzen, Annemarie geb. Bensinger (*1904), Mannheimer Jüdin, wanderte nach Argentinien aus   396
Cramon, August von, General   321

Denz, Josef (1897-1950), Dr. phil.(?), ORegRat im bad. Kultusministerium   154
Dickmann, Wilhelm (*1908, im Krieg vermisst), Mitarbeiter im Reichskirchenministerium   281 f.
Diehl, Ludwig (1894-1982), DC, 1934-1945 pfälz. Landesbischof, 1935-1937 Mitglied des RKA   71, 77-79, 82, 84, 88, 97
Diem, Hermann (1900-1975), württ. Pfarrer   453-456
Diemer, Johannes (1873-1940), bad. Pfarrer   251 f.
Diemer, *Karl* Johannes (1904-1967), bad. Pfarrer   329 f., 426, 433
Dietrich, Ernst Ludwig (1897-1974), nassauischer Landesbischof   60
Dietze, Constantin von (1891-1973), Jurist u. Volkswirtschaftler, Professor in Freiburg   369, 414
Doerr, *Emil* Adolf (1882-1948), Dr. phil., bad. Oberkirchenrat (DC), ab 1938 stellv. Vorsitzender bzw. Vorsitzender(1941-1943 und 1945) der FA beim EOK   46, 87, 91 f., 192, 196, 211, 217, 222, 230, 257, 264, 271, 278, 281 f., 284, 287, 289 f., 295, 297 f., 435 f., 443, 450-453, 462, 464 f.
Dollfuß, Engelbert (1892-1934), österr. Bundeskanzler   32
Dreher, Ludwig (*Lutz*) Gottfried (1898-1964), bad. Pfarrer   80, 170
Drummond, William Hamilton (1863-1945), engl. unitar. Geistlicher, 1920-1929 Sekretär des Weltbunds für Freies Christentum   375
Dürr, *Karl* Heinrich (1892-1976), bad. Pfarrer   8, 15, 23, 27, 59 f., 62, 67, 78-80, 93 f., 96, 234, 237, 240 f., 246 f., 306 f., 310, 315, 369, 414, 445 f., 457
Duhm, *Andreas* Gerhard (*1883), bad. Pfarrer   338

Eberhard, Otto (1875-1966), ev. Religionspädagoge   178
Eberhardt, August *Hermann* Friedrich (1871-1953), bad. Dekan Mosbach   280
Eckert, Georg Richard *Erwin* (1893-1972), bad. Pfarrer   53 f., 445
Eger, Johannes (1873-1954), preuß. Generalsuperintendent   21, 23
Eichin, Johann *Friedrich* Helmut (1902-1992), bad. Pfarrer   153
Eidem, Erling (1880-1972), schwed. Theologieprofessor u. Erzbischof von Uppsala   416
Encke, Hans (1896-1976), rhein. Pfarrer, Vertrauensstelle des Büros Grüber in Köln   372
Engelhardt, Leopold, Dr. med., Fabrikant, 1943-1944 Vorsitzender der FA beim EOK   289, 411
Engelke, Friedrich bzw. Fritz (1878-1935), Direktor des Rauhen Haues Hamburg, Reichsvikar der DEK   323
Engler, Hermann Hugo (1899-1971), bad. Pfarrer   287
Erb, Jörg (1899-1975), Lehrer   117, 128-130, 179
Erchinger, Jakob (1890-1966), Schmiedemeister und Finanzbevollmächtigter in St. Georgen   211, 348, 351, 357
Erhardt, *Theodor* Wilhelm (1903-1955), bad. Pfarrer   310

Eucken, Walter (1891-1950), Professor für theoret. Nationalökonomie und Wirtschaftspolitk in Freiburg   414

Fausel, Heinrich (1900-1967), württ. Pfarrer   456
Feldner, Gerda (1891-1944), Dr. iur., Vertrauensstelle des Büros Grüber in Hamburg   372
Fichtner, Johannes (1902-1962), Theologieprofessor in Greifswald   59
Ficker, Johannes (1861-1944), sächs. Superintendent   60
Finkelmann, Christa, BDM-Untergauführerin in Pforzheim 173
Fischer, (nicht: S., sondern:) Immanuel (1888-1962), württ. Pfarrer, 1935-1945 Geschäftsführer des württ. Landesverbands der I.M., Vertrauensstelle des Büros Grüber in Stuttgart   372
Fischer, Lahr   95
Fitzer, *Eugen* Otto (1877-1955), Landgerichtsdirektor, Finanzbevollmächtigter in Freiburg   95f., 212, 279
Fleischhacker, Karlsruher jüd. Familie   440f.
Flor, Wilhelm (1886-1938), Reichsgerichtsrat   83
Förster, Julius Karl (1896-1949), bad. Pfarrer   181
Forschner, *Karl* Peter (1903-1976), bad. Pfarrrer   246
Fraenkel, Albert (1864-1938), Prof. Dr. med., Arzt in Heidelberg   370
Fraenkel, Annemarie (1887-1967), Dr., Leiterin der Evang. Jugend- u. Wohlfahrtsdienstes Heidelberg (Tochter von Albert Fraenkel)   370
Frank, Albert (*1902), bad. Pfarrer   227, 235
Frank, Beamter im bad. Kultusministerium   110
Franke, Walter (1907-1985), pommerscher Pfarrer, Vertrauensstelle des Büros Grüber in Stettin, nach 1945 westfäl. Pfarrer   372
Frantzmann, *Wilhelm* Ludwig (1887-1960), bad. Pfarrer   248, 288
Freiburger, Hauptlehrer in Heidelberg   121
Freudenberg, Adolf (1894-1977), Dr., Jurist, Diplomat, dann: Theologe, Sekretär des Ökumen. Rates in Genf, dann hessen-nassauischer Pfarrer   370, 420
Friedrich, Otto (1883-1978), Dr., bad. iur. Oberkirchenrat   11, 15-21, 25, 29, 32, 35, 49, 54f., 70f., 87f., 91f., 94f., 97, 154, 179, 199, 202, 279, 281, 294, 298, 330, 346, 359, 371, 405, 426, 433f., 440, 445f., 453, 461-465
Fürle, Günther (1899-1978), Dr., stellv. Vorsitzender der FA bei der DEK, Vizepräsident der DEK-Kirchenkanzlei   437

Gärtner, Ruth und Rudi, religiös unmündige halbjüd. Kinder in Mannheim-Jungbusch   437
Geißler, Oskar (*1892), Prokurist in Singen a.H., Finanzbevollmächtigter, 1943 verzogen   212, 256, 288
Gelpke, Rhenus, ref. Pfarrer in Bonstetten bei Zürich   417

Gerber, Willy (1895-1980), sächs. Superintendent in Chemnitz   60
Glatt, *Ernst* Ludwig (1895-1970), bad. Pfarrer   28, 30
Goering, Bernhard (1898-1949), Gewerkschaftssekretär, zeitweilig Vorsitzender des Bundes religiöser Sozialisten   458
Göring, Hermann (1893-1946), preuß. Ministerpräsident, Reichsminister, Reichsmarschall   17, 59, 149
Goldmann, Erwin (1891-1981), Dr. med. dent., Dr. med., Zahnrazt, Mitarbeiter in der Vertrauensstelle des Büros Grüber in Stuttgart   372
Gorenflo, Gerhard (1911-1990), bad. Vikar   286
Greiner, *Hermann* Karl Friedrich Theodor (1876-1943), bad. Pfarrer   18
Grenacher, NS-Stützpunktleiter in Britzingen   31
Gröber, Conrad (1872-1948), Erzbischof von Freiburg   157
Gröbühl, Maria, Kindergottesdiensthelferin in Berghausen   178
Grotz, Salomea geb. Hiß, Leiselheim   187
Grüber, Heinrich (1891-1975), Pfarrer, 1938-1940 Leiter des „Büros Pfarrer Grüber" (Kirchl. Hilfsstelle für evang. Nichtarier) in Berlin, 1940-1943 im KZ   369f., 394-396, 399, 403 ,405, 412, 414, 416, 420
Günther, *Christian* Andreas (1885-1953), bad. Pfarrer   241
Günther, *Hans* Friedrich Karl (1891-1968), Prof., Rassenforscher (gen. Rassen-Günther)   112
Güß, *Egon* Thomas (1902-1991), bad. Pfarrer   300, 305, 310-317, 329
Guggolz, Reinhold (1912-1993), bad. Pfarrkandidat, zur Aushilfe in Mühlbach   240, 257f.
Gumprich, Max (1885-1949), Dr. med, Karlsruher Jude   434f.
Gumprich, Else geb.Frystatzki (1894-1967), Karlsruhe, evangelisch   434f.
Guttenberg, Friedrich (1880-1952), Oberfinanzrat in der FA beim EOK   192, 200, 222, 257, 287, 298

Haas, Karl *Rudolf* (1902-1978), bad. Pfarrer   305, 329f., 426, 433
Hackenjos, Johannes (1861-1945), Uhrmacher und Kirchenältesterin St. Georgen   342
Hage, Hermann (1884-1954), 1933-1935 Predigerseminardirektor in Wittenberg, vorher und nachher Konsistorialrat in Magdeburg   21,
Hahn, Hugo (1886-1957), sächs. Superintendent, später Landesbischof   21f., 83
Hahnstein s. Hanstein
Hammann, Gertrud (1910-1990), bad. Sozialpädagogin und Sozialarbeiterin   419-425
Hanemann, Friedrich (1889-1970), bayer. Oberkirchenrat, 1935-1937 Mitglied des RKA   71, 77-79, 84, 88, 90
Hanstein, Adalbert von (*1908), Dr. iur., Mitarbeiter im RKM   88
Happich, Friedrich (1883-1951), kurhess. Pfarrer   302
Harsch, Gertrud (1914-2003), bad. cand. theol.   275

Hartenstein, Karl (1894-1952), Direktor der Basler Missionsgesellschaft   325
Hau, Prof. Dr.   395
Haugg, Werner (*1908), Dr. iur, Landgerichtsrat, Mitarbeiter im RKM   287
Hauß, *Friedrich* Hermann (1893-1977), bad. Pfarrer   94, 300, 317-324, 457
Heidland, Hans-Wolfgang (1891-1975), bad. Pfarrer, später Theologieprofessor und Landesbischof   369
Heinitz, (Paul, 1887-1942 oder dessen Bruder: Günther, 1892-1943), Jude, Mitarbeiter im Büro Grüber in Berlin   371
Heinzelmann, Siegfried (1911-1987), bad. Vikar   248
Henriod, Henri Louis (1887-1970), Schweizer ref. Theologe, Sekretär des Christlichen Studentenweltbunds, Generalsekretär des Weltbunds für Freundschaftsarbeit der Kirchen, (ab 1932 gleichzeitig) Generalsekretär der Bewegung für Praktisches Christentum   375, 414
Herdickerhoff, Reinhard (1896-1986), Pfarrer, Vereinsgeistlicher des Evang. Vereins für I.M. in Braunschweig, Vertrauensstelle des Büros Grüber in Braunschweig   371
Herrmann, *Ludwig* Samuel (*1895), bad. Pfarrer   280
Hertenstein, Wilhelm (1912-1994), bad. Vikar   288
Heß, Rudolf (1894-1987, Suizid im Kriegsverbrechergefängnis Berlin-Spandau), Stellvertreter Adolf Hitlers   133, 149, 169, 171, 186
Hesselbacher, *Arnold* Wilhelm (1904-1996), bad. Pfarrer   414
Hesselbacher, *Karl* Eduard Ludwig (1871-1943), bad. Pfarrer   80
Heyden, Heinrich Wilhelm *Walther* (1892-1980), Pfarrer in Berlin-Zehlendorf   21
Heyne, *Bodo* Friedrich Eduard (1893-1980), brem. Pfarrer, Vertrauensstelle des Büros Grüber in Bremen   372
Hildebrandt, *Franz* Reinhold (1906-1991), Berliner Pfarrer   369, 383
Himmler, Heinrich (1900-1945), Reichsführer der SS   157, 171f., 186
Hindenburg, Paul von (1847-1934), Reichspräsident   321
Hitler, Adolf (1889-1945), Führer und Reichskanzler   1, 4, 6, 12f., 15-17, 21, 25, 29f., 35, 42, 44, 46, 56, 58, 63, 66f., 96, 299-303, 307-309, 313, 321f., 327f., 330f., 354, 364-366, 394, 445f., 452
Hof, *Otto* Karl Robert Theodor (1902-1980), bad. Pfarrer   19f., 234, 414
Hoffmann, Erwin Wilhelm (1910-2002), bad. Vikar und Pfarrverwalter   210, 342, 350
Hoffmann, Hilde geb. Kadel, Frau des bad. Pfarrers Erwin *Wilhelm* Hoffmann (1911-1941) in Neckarzimmern   154
Holstein, Horst (1893-1945), Rechtsanwalt, BK   21
Horch, Friedrich (*Fritz*) (1894-1961), bad. Pfarrer   414
Humburg, Paul (1878-1945), rhein. Präses   21f., 43

Hupfeld, Renatus (1879-1968), Theologieprofessor in Heidelberg   246
Huss, Joh. Jakob *Wilhelm* (1881-1961), bad. Pfarrer   457

Iriney (Georgevic Irenäus), serb.-orth. Bischof, Mitglied des Exekutiv-Komitees des Weltbundes für Friedens- und Freundschaftsarbeit der Kirchen   416

Jäckle, Matthias (1885-1956), Kirchendiener   357
Jäger, August (1887-1945), Rechtswalter der DEK   1, 26, 46, 73
Jäger, Fridolin (1882-1968), Fabrikarbeiter, NSDAP-Ortsgruppenleiter in St. Georgen   358
Jaeger, Hans-Otto (1910-1997), bad. Vikar   433
Jäger, *Theodor* Friedrich (1895-1965), bad. Pfarrer   326
Jander, Hauptlehrer in Heidelberg   122
Joest, Fritz (1883-1955), bad. Dekan Mannheim   233
Jordan, *Hans* Werner (1908-1978), bayer. Pfarrer   372
Jundt, *Ernst* Berthold (1883-1960), bad. Pfarrer   92
Junker, Friedrich Philipp (1894-1963), bad. Pfarrer   280

Kaeser, Walter *Heinrich* Gustab Erich (1910-1960), Dr., Finanzrat in der FA beim EOK   192, 211
Kappes, Martin Heinrich (*Heinz*) (1893-1988), bad. Pfarrer   49, 53-55
Karig, Werner (*1895), Pfarrer, Geschäftsführer des Landesvereins für I.M. in Hessen-Kassel bzw. Kurhessen-Waldeck, Vertrauensstelle des Büros Grüber in Kassel (geht 1949 als Auslandspfarrer nach Barcelona)   372
Karle, Annemarie, Frau des bad. Pfarrers Wilhelm Karle   46, 414
Karle, Wilhelm (1903-1996), bad. Pfarrer, ging 1939 nach England   46, 414
Katz, *Hans* Gotthilf (1900-1974), bad. Pfarrer   45
Katz, Wilhelm Peter Max (*1885), bad. Pfarrer, wechselte 1931 in die württ. Landeskirche   415
Kaufmann, Anna geb. Feuerstein, Frau des bad. Pfarrers Wilhelm Karl Kaufmann   154
Kaufmann, Wilhelm Karl (1901-1961), bad. Pfarrer   80
Keller, Paul (*1910), bad. Vikar, 1937 auf Antrag entlassen   342
Kemper, Friedhelm (1906-1990), HJ-Gebietsführer Baden   167f.
Kerrl, Hanns (1887-1941), Reichskirchenminister (nur namentliche, nicht auch institutionelle Erwähnung)   1, 15f., 21-23, 24, 26, 35, 39, 42-45, 50, 55, 57, 59, 61, 65f., 70, 77, 80-82, 85, 145, 152, 168, 171, 175, 192, 256, 299, 358, 385
Kiefer, *Erwin* Oskar (1895-1974), bad. Pfarrer (und Religionslehrer)   183
Kiefer, Friedrich (*Fritz*) (1893-1955), bad. Pfarrer   29, 95, 433

Kinder, Christian (1897-1972), Jurist, Reichsleiter der DC ab Ende 1933 bis 1935   1, 16, 26
Kistner, *Ernst* Hugo (1886-1943), Oberrechnungsrat in der FA beim EOK   231
Klein, Hermann *Friedrich* (1894-1946), preuß. Superintendent in Bad Freienwalde   2
Knabe (nicht: Knaabe), Erich Karl (1882-1940), sächs. Pfarrer   60
Knevels, Wilhelm (1897-1978), Religionslehrer, Professor   261
Kobrak, Richard (1890-1944), Dr. iur., Mitarbeiter von Heinrich Grüber   395
Koch, Hermine, Hauptlehrerin und Kindergottesdiensthelferin in Heidelberg-Rohrbach   179
Koch, Karl (1876-1951), westfäl. Superintendent, Präses der Provinzialsynode und der Bekenntnissynode der DEK   21 f., 83
Koch, Wilhelm (1899-1986), vertriebener thüringerscher Pfarrer in Adelshofen, 1940 unter die bad. Pfarrer aufgenommen   242
Koelle s.a. Cölle
Koelle, Julius (1872-1952), Dr. iur., Oberlandesgerichtsrat a.D., Finanzbevollmächtigter in Baden-Baden   214
Köhler, NS-Ortsgruppenleiter in Karlsruhe   30
Köhnlein, Ernst (1904-1998), Dr. rer. nat., bad. Pfarrer   248
Kölli, Johann *Fritz* (1900-1942), bad. Pfarrer   75, 89, 219, 310, 322, 363
Kohlschmidt, *Walter* Ernst Karl (1901-1970), Dr. phil., hamburg. Pfarrer, Vertrauensstelle des Büros Grüber in Hamburg   372
Kolb, Willibald (1885-1970), bad. Dekan Bretten   80
Koopmann, Otto (1878-1951), Landgerichtsrat, Präsident der Evang.-ref. Landeskirche Hannovers in Aurich, 1935-1937 Mitglied des RKA   79 f., 84, 88, 92, 98
Kost, Oberlehrer   121
Kotschnig, Hermann, Dr. iur., Diplomat, Mitarbeiter beim Hohen Kommissar für Flüchtlinge des Völkerbundes in Genf, Sekretär des International Student Service   375
Kotte, Erich (1886-1961), sächs. Geheimer Konsistorialrat   60
Krakauer, Ines, Berliner Jüdin   426-431
Krakauer, Max (*1888), Kaufmann, Berliner Jude   426-431
Kraut, Friedrich (1910-1977), bad. Vikar   144
Kroeker, (Samuel?) Jakob (1872-1948), Mennonitenprediger, Missionar und Evangelist   415
Kühlewein, Julius (1873-1948), bad. Landesbischof, vorher Prälat   13, 16, 21, 23 f., 26 f., 29, 45 f., 48 f., 53, 55, 57, 67, 69-71, 73-78, 80, 81, 84-95, 97, 104-108, 117-121, 125 f., 129, 141-143, 174, 189, 193, 195, 201, 204, 208, 221, 237, 246, 256, 259, 267, 269-271, 276, 287, 301 f., 304 f., 308 f., 317, 332-335, 338, 342, 347, 354

Kühlewein, Paul *Gerhard* (1904-1978), bad. Pfarrer   247
Kühnrich, Rudolf (*1911), bad. Pfarrkandidat, 1962 Wechsel in die rhein. Landeskirche   258
Kumpf, Wilhelm (1904-1965), bad. Pfarrer   248
Kumpf, Willi (1911-2002), bad. Vikar   286
Küssner, Theodor (1896-1984), preuß. BK-Pfarrer, 1935-1937 Mitglied des RKA   21, 71, 77 f.

Lagarde, Paul de (1824-1891), Theologe, Orientalist, polit. Schriftsteller   113
Lampe, Adolf (1897-1948), Professor für Volkswirtschaftslehre und Finanzwissenschaft in Freiburg   414
Lang, Theophil (1944), 1933-1938 Bürgermeister in Mosbach, 1938-1941 Vorsitzender der FA beim EOK, 1944 in Russland gefallen   189, 192, 195, 198, 218, 230, 237 f., 262, 264 f., 289, 312, 327, 329, 337, 348
Lehmann, *Ernst* Joseph (1861-1948), Dr., bad. Pfarrer i.R.   369, 445, 457-466
Lehmann, *Kurt* Gustav Ernst (1892-1963), bad. Pfarrer   46, 367, 415, 445-457
Lemme, *Heimo* Willimar (1879-1962), bad. Pfarrer   248
Lenz, Lehrlingswärterin der Damenschneiderinnung Pforzheim   143 f.
Lepsius, Johannes (1858-1926), Leiter der dt. Orientmission in Berlin   54
Leutz, Ferdinand (1830-1910), bad. Theologe, Vorstand des evang. Lehrerseminars in Karlsruhe   114
Levinson, Nathan Peter (*1921), 1964-1998 bad. Landesrabbiner   369
Loeben, Max Georg von (1879-1958), Dr., Geh. Regierungsrat, sächs. Vertrauensstelle des Büros Grüber in Dresden   372
Lohmann, *Karl* Johannes (1878-1945), preuß. Generalsuperintendent   21
Loyke, Ernst (1876-1965), Konsistorialpräsident in Magdeburg, 1936 dort weltl. Vizepräsident des EOK   21, 23
Luther, Martin (1483-1546), Reformator   10, 16, 42, 44, 66, 112, 315, 333

Maas, *Hermann* Ludwig (1877-1970), bad. Pfarrer   248, 367, 369-413, 420, 434, 445
Mackensen, August von (1849-1945), preuß. Generalfeldmarschall   321
Mahrenholz, *Christhard* (Christian Reinhard) (1900-1980), hannov. Pfarrer   77 f.
Maier, Albert (*1879), Volksschulrektor und NSDAP-Mitglied in Singen/Htw.   122
Marahrens, August (1875-1950), hannov. Landesbischof   1, 16, 21 f., 43, 83, 270, 272, 341
Mayer, *Rudolf* Martin (1887-1958), bad. Pfarrer   92

Mayer-Ullmann, *Oskar* Renatus (1886-1969), bad. Pfarrer   9
Meerwein, Gustav *Adolf* (1898-1969), bad. Pfarrer   247
Meinzolt, Hans (1887-1967), bayer. iur. Oberkirchenrat   21
Meiser, Hans (1881-1956), bayer. Landesbischof   1, 17, 21 f., 460
Menacher, *Paul* Johann Karl (*1911), bad. Vikar, 1948 Wechsel in die hessen-nassauische Landeskirche   308, 310, 328 f., 338
Mensing, Richard *Carl* (1863-1953), sächs. Pfarrer i.R., Vertrauensstelle des Büros Grüber in   Chemnitz, „Judenpastor"   372
Menzel, Bruno (1913-1944), kath. Vikar in Mannheim   109
Mergenthaler, Christian (1884-1980), württ. Ministerpräsident und Kultusminister 1933-1945   150
Merkel, *Adolf* Hermann (1902-1961), bad. Pfarrer   67, 93 f.
Merzyn, Friedrich (1904-1991), preuß. Oberkonsistorialrat   21, 309
Mettenheim, Adalbert, Frankfurter Jude (Sohn der Cläre v.M.)   394
Mettenheim, Cläre (Tana) von, Frankfurter Jüdin   393, 404, 407
Mettenheim, Hanz-Heinz, Frankfurter Jude (Sohn der Cläre v.M.)   394
Metzger, *Eduard* Friedrich (1902-1970), bad. Pfarrer   440 f.
Mie, Gustav (1868-1957), Professor der Physik in Freiburg   414
Möller, *Hermann* Julius (1881-1955), westfäl. Pfarrer, Geschäftsführer des Provinzialausschusses der I.M. Westfalen   372
Mondon, Karl Friedrich (1884-1954), bad. Pfarrer   93, 234, 247, 456
Mono, Jakob Friedrich (*Fritz*) (1900-1977), bad. Pfarrer und Dekan   45, 219, 233, 244
Moser, Willi (1913-2001), bad. Pfarrkandidat   258
Mühleisen, Oskar *Max* (1908-1977), bad. Vikar   342, 347
Müller, Friedrich (*Fritz*) Adam Johann (1898-1945, vermisst), bad. Pfarrer   310
Müller, Gerhard (*1912), bad. Vikar   248
Müller, Hermann (1878-1945), (Verwaltungs-)Direktor im EOK Stuttgart   232
Müller, *Karl* Thedor August (1880-1953), bad. Pfarrer   45
Müller, Ludwig (1883-1945), Reichsbischof   1, 8-10, 13, 52 f., 69, 73 f., 94, 338-341, 347, 350, 426, 432
Muhs, Hermann (1894-1962), Dr. iur., Staatssekretär im RKM   189, 214, 225

Nansen, Fritjof (1861-1930), Kommissar des Völkerbunds für die Betreuung der Weltkriegsflüchtlingen (1921)   374
Nerbel, *Karl* Hermann Friedrich (1880-1965), bad. Dekan Sinsheim   239
Neumann, *Otto* Aug. Wilh. (1895-1984), bad. Pfarrer   450
Nieden, August Karl Ernst *Adolf* (1892-1977), bad. Pfarrer   248
Niemann, Karl (1895-1989), westfäl. Pfarrer in Bielefeld und Vorsitzender des Gesamtverbandes für Kindergottesdienst der DEK seit 1939   179

Niemöller, Martin (1892-1984), preuß. Pfarrer, später nassauischer Kirchenpräsident   14 f., 21 f., 83, 326, 329, 426, 445
Nietzsche, Friedrich (1844-1900), Philosoph   47

Ochs, Willi (1910-1996), bad. Vikar   300, 323, 341, 344, 346 f., 352-363
Odenwald, Theodor (1889-1970), Theologieprofessor in Heidelberg
Oest, Richard (1908-1988), bad. Pfarrer   45
Oestreicher, Theodor (1876-1948), bad. Pfarrer, Dekanstellvertreter Heidelberg   248 f., 399

Pfeil, *Fritz* (Friedrich) (1911-1986), bad. Pfarrer   176
Pflaumer, Karl (1896-1971), bad. Innenminister   20, 357
Plügge, Dr., Rechtsanwalt im Verfahren vor dem Mannheimer Sondergericht 1940   464
Putz, Eduard (1907-1990), bayer. BK-Pfarrer   21 f., 391

Raup, HJ-Stammführer in Müllheim   168
Reese, Gertrud geb. Lauber (1901-1978), Gemeindehelferin, Mitarbeiterin in der Vertrauensstelle des Büros Grüber in Kassel („nicht vollarisch")   372
Rehm, Wilhelm (1900-1948), württ. Pfarrer und Studienrat, württ. und vorübergehend Reichs-Leiter der DC   26, 44
Reidel, *Egbert* Herbert Alfred Reinhard (1890-1956), bad. Pfarrer   31
Remmele, Adam (1877-1951), bad. SPD-Politiker   54
Renner, *Karl* Johann Friedrich (1898-1944), bad. Pfarrer   308
Renner, Viktor (1877-1941), Kirchenrat, bad. Dekan Karlsruhe-Stadt   230
Riedel, Heinrich (1903-1989), bayer. Landesjugendpfarrer   171, 173
Riehm, Gertrud geb. Meerwein (1892-1983), Frau des bad. Pfarrers Otto Riehm   426-430
Riehm, *Otto* Friedrich (1891-1978), bad. Pfarrer   110, 310, 325, 329 f., 426-433
Ritter, Gerhard (1888-1967), Dr. phil., Geschichtsprofessor in Freiburg   414, 456
Roessger, *Paul* Alfred Ehregott (1892-1945), bad. Pfarerer   148
Rosenberg, Alfred (1893-1946), Weltanschauungsbeauftragter des Führers   59, 150
Rost, *Gustav* Adolf (1884-1958), bad. Oberkirchenrat   67, 70 f., 80, 87, 91 f., 199, 202, 282
Roth, Robert (1891-1975), Reichstagsabgeordneter   45
Rothenhöfer, Kurt Richard (1908-1945), bad. Pfarrer   242
Ruppel, Erich (1903-1975), Konsistorialrat im RKA   70, 86 f.

Rust, Bernhard (1883-1945), Reichserziehungsminister 126 f., 130, 133, 145 f., 152
Rutgers, Abraham Rutger (1883-1942), ref. Pfarrer in Rotterdam, umgekommen im KZ Dachau 417

Sammetreuther, Julius (1883-1939), bayer. Oberkirchenrat 28
Sauerhöfer, *Heinrich* Friedrich (1901-1953), bad. Pfarrer 14, 16, 20 f., 24, 32, 42, 45, 48, 50-53, 55, 65, 74, 82
Schäfer, Albrecht (1912-2002), bad. Vikar 310
Schäfer, Hans (1911-1993), bad. Vikar 341 f.
Schäfer, Johann Gottlieb *Heinrich* (1883-1952), bad. Pfarrer 80
Scharf, *Karl* Arthur (1886-1952), bad. Pfarrer 248
Schaubhut, Kindergottesdiensthelferin in Langenau und Wieslet, KBez. Schopfheim 181 f.
Scheel, Gustav Adolf (1907-1979), Sohn des Mannheimer Diakonissenhauspfarrers Wilhelm Scheel (1876-1949), Dr. med., Reichsstudentenführer, seit 1941 Gauleiter und Reichsstatthalter von Salzburg 396
Schick, Erich (1897-1966), Lehrer am Basler Missionshaus 325
Schilling, Ernst *Otto* (1899-1940), bad. Pfarrer, Landesjugendpfarrer 1933-1936 111
Schirach, Baldur von (1907-1974), Reichsjugendführer 1933-1940 165, 169, 186
Schleicher, Kurt von (1882-1934, ermordet), General und Reichskanzler 32
Schloen (?), Kirchengemeinderat in Heidelberg 288
Schmidt, Franz (*1895), Schriftsteller 107
Schmidt, Heinrich (1909-1977), bad. Pfarrer 248
Schnebel, *Diebold* Georg (1889-1969), bad. Pfarrer 325, 329 f., 426, 433
Schneider, August (1891-1969), Dr., Präsident des bad. kirchl. Verwaltungsgerichts 450
Schneider, (wahrscheinlich nicht: Dr., sondern:) Georg (*1902), Pfarrer, Meinungsführer der DC in Stuttgart 349
Schneider, Heinrich (*1911), bad. Pfarrkandidat, wechselte noch 1938 in den württ. Kirchendienst 227
Schoener, Karl-Heinz (1910-1989), bad. Pfarrvikar 248
Schreiber, Dr. med., Berliner Ophthalneologe 395
Schropp, *Herbert* Friedrich (1901-1961), bad. Pfarrer und Dekan 360
Schubert, von, Staatssekretär des Äußeren 397
Schütz, *Hans* Julius (1903-1939), bad. Pfarrer 92
Schulz, Heinrich (1886-1941), bad. Dekan Boxberg 228
Schulz, Herbert (1914-1998), bad. Vikar 248
Schumacher, Arnold (1901-1972), hess., Pfarrer, Vereinsgeistlicher des Vereins für I.M., Vertrauensstelle des Büros Grüber in Frankfurt a.M. 372

Schuschnigg, Kurt von (1897-1977), österr. Bundeskanzler   32
Schwaab, Wilhelm (1911-1992), bad. Pfarrer   288
Schwender, Walter (1945 gefallen), Assessor bei der DAF in Pforzheim   213, 339
Seiler, Wilhelm Bernhard (1891-1975), NSDAP-Kreisleiter und Oberschulrat in Heidelberg   136
Severing, Carl (1875-1952), preuß. Innenminister   12
Siegmund-Schultze, Friedrich (1885-1969), Theologe, Ökumeniker, Sozialpädagoge   370, 374 f.
Soden, Hans Frhr. von (1881-1945), Theologieprofessor in Marburg   21 f., 275
Soellner, *Otto* Heinrich (*1892), Professor, Finanzbevollmächtigter in Heidelberg   212, 288
Specht, Karl (1882-1953), bad. Pfarrer   339-341
Speck, *Eugen* Eduard Albert (1899-1953), bad. Pfarrer   399
Speck, *Theodor* Heinrich August Hermann (1892-1973), bad. Pfarrer   9
Stahn, Julius (1898-1945), Dr. iur., Ministerialdirigent im RKM   189, 195, 198, 211, 223, 276, 278, 281-283
Staritz, Katharina (1903-1953), schles. Vikarin, Vertrauensstelle des Büros Grüber in Breslau   372
Stengel, Julius Israel und Katharina Wilhelmine geb. Henninger und drei Kinder, Karlsruher jüd. Familie   434, 438 f.
Stierle, Obermeisterin der Damenschneiderinnung Pforzheim   143 f.
Stober, Wilfried (1903-1992), bad. Pfarrer , Landesjugendpfarrer ab 1936, Vorsitzender des Bad. Landesverbandes Evangelischer Kindergottesdienste   80, 164 f., 167 f., 173, 178 f.
Stoffel (?), bad. BKler   79
Stoltenhoff, Emil Ernst (1879-1953), rhein. Generalsuperintendent   21
Sturm, *Paul* Leonhard (*1890), bad. Religionslehrer u. Gymnasialprofessor (1929 i.R.)   261
Sylten, Werner (1893-1942), Berliner Pfarrer, Mitarbeiter von Heinrich Grüber, hingerichtet   371, 395

Thadden, Elisabeth von (1890-1944), Pädagogin in Heidelberg, als Widerstandskämpferin hingerichtet   394
Thadden(-Trieglaff), Reinold (1891-1976), pommerscher Gutsbesitzer, Ökumeniker   394 f.
Thieringer, *Kurt* Robert (1900-1988), bad. Pfarrer   33, 212, 338, 341-354, 357-363
Thimme, Ludwig (1873-1966), Theologiedozent in Marburg, Schriftführer des Pfarrergebetbunds   326
Tölle s. Cölle
Toureille, Pierre Charles (1900-1976), französ. ref. Pastor, Judenretter   375

Traub, Gottfried (1869-1956), ursprüngl. württ., dann westfäl. Pfarrer, dann Politiker   458-460
Traumann, Dr, Berliner Jude   395
Treitschke, Heinrich von (1834-1896), Historiker   321
Tügel, Franz (1888-1946), hamburg. Landesbischof   302

Uhrig, (Vorname?), Prof. Dr., bad. BKler im Landesbruderrat   456

Vögelin, Theodor (1884-1975), Finanzrat im EOK   216
Vogelmann, Heinrich Wilhelm (1883-1955), bad. Pfarrer   248
Voges, Fritz (1896-1967), bad. Pfarrer und Oberkirchenrat   16, 18, 24, 26 f., 29, 33, 46, 87, 91 f., 94, 127, 158, 171, 344, 346, 359

Wacker, Otto   (1899-1940), bad. Kultusminister   88, 94, 104, 108, 111, (u.ö.), 133-135, 139 f., 148, 189 (bad. Kultusminister 1940-45: Ludwig Schmitthenner)
Wagner, Robert (1895-1946), bad. Reichsstatthalter und Gauleiter (bis 1941)   8, 17 f., 88, 96, 255
Wallenwein, Hermann (1907-1977), bad. Pfarrer   261
Wasmer, *August* Wilhelm Hermann (1895-1944), bad. Pfarrer   338
Weber, Charlotte, Witwe des bad. Pfarrers Ernst *Hermann* Weber (1892-1937) in Freiburg   414
Weber, Friedrich *Wilhelm* (1898-1958), Dr., bad. Pfarrer   399, 414
Weber, *Oskar* Heinrich (1879-1947), bad. Dekan Pforzheim-Stadt   274
Weinel, Adolf (1912-1954), hessen-nassauischer Vikar   110
Weißenstein (nicht: Weisenstein), Moritz (1875-1944), evang. Diakon und Missionar, Nichtarier, Mitarbeiter in der Vertrauensstelle des Büros Grüber in Köln   372
Wendelin, Gustav *Adolf* Albert (1877-1952), Pfarrer, 1921-1944 i.R. Direktor des Landesvereins für I.M. in Dresden   60
Werner, Friedrich (1897-1955), Dr. rer.pol., Präsident des EOK Berlin und Leiter der DEK-Kirchenkanzlei, DC   299, 303, 328, 331, 364, 442 f.
Wiegand, *August* Friedrich Carl Peter (1864-1945), mecklenburg. Propst i.R., Vertrauensstelle des Büros Grüber in Schwerin   372
Wilm, Ernst (1901-1989), westfäl. und hannov. Pfarrer, später westfal. Präses   77 f.
Winckler, *Paul* Andreas Friedrich (1889-1970), westfäl. BK-Pfarrer in verschiedenen Funktionen, u.a. 1936/37 Referent im RKA   21
Wirsing, *Fritz* Rudolf (1911-1987), bad. Vikar   342, 363
Wolfhard, Karl *Adolf* (1868-1935), bad. Pfarrer   449
Würthwein, Karl *Adolf* (1911-1991), bad. Pfarrer   310
Wurm, Theophil (1868-1953), württ. Landesbischof   1, 21

Wurth, Nikolaus (Klaus) (1861-1948), bad. Kirchenpräsident bis Juni 1933   445-448

Zänker, Otto (1876-1960), schles. Bischof   16, 21
Zeilfelder, Kurt (*1907), Rechtsanwalt in Manheim, verließ Mannheim 1945   330
Ziegler, Friedrich *Wilhelm* (sen.) (1870-1952), bad. Pfarrer   330
Ziegler, Julius (1884-1949), bad. Pfarrer (1937 i.R.)   235 f.
Ziegler, Ruth, Kindergottesdiensthelferin in Berghausen   178
Zitt, Robert (1908-1986), bad. Pfarrer   123
Zoellner, Wilhelm (1860-1937), rhein. Generalsuperintendent, Vorsitzender des RKA   67, 77 f., 97
Zwanzger, Johannes (1905-1999), bayer. Pfarrer, Verein für I.M., Vertrauensstelle des Büros Grüber in München   372, 398

Ortsregister
(ohne Baden und ohne die Ortsangaben bei den Datierungen und bei Dienststellen und reinen Wohnortangaben)

Adelsheim (KBez.)   3
Adelshofen   242
Aglasterhausen   212
Altpreußische Union   15, 24, 37, 80, 303, 306, 332
Anhalt (Landeskirche)   77, 435
Aschenhütte (Oberes Gaistal bei Bad Herrenalb)   169f.
Auenheim   213
Auggen   168
Augsburg   28

Bad Rappenau   235
Baden-Baden   159, 214, 397, 401-403, 406
Baden-Baden (KBez.)   220, 252
Badenweiler   9
Bauschlott   308
Bayern   103
Bayern (Landeskirche)   13, 56, 67, 74, 77, 82, 171f.., 275, 281, 372
Berghausen   212
Berlin   13, 16, 26, 33, 46, 70f., 83, 92, 118, 166, 178, 218, 278, 301, 307, 369-371, 394f., 397, 399, 414, 420, 426, 428, 458, 464
Berlin-Dahlem   310-316, 383
Berlin-Steglitz   43
Bettingen   234
Bickensohl   203, 213
Blumberg   214
Bobstadt   228
Bonstetten bei Zürich   417
Boxberg (KBez.)   3, 228
Brandenburg   371
Braunschweig (Landeskirche)   67, 371, 435
Bremen (Landeskirche)   77f., 372
Breslau   372
Bretten   213
Britzingen   30
Brötzingen s. Pforzheim-Brötzingen

Cannstatt   427
Chemnitz   372

Chichester 46, 370, 414, 416

Dahlem s. Berlin-Dahlem
Darmstadt 419
Denzlingen 212
Dertingen 213, 234
Dietenhan 213
Dortmund 458
Dossenheim 212
Dresden 372
Durlach 21, 46, 124, 212, 434, 445 f., 448-453
Durlach (KBez.) 305
Durmersheim 286

Eberbach 232
Egringen 214
Eisenach 270
Elsass 139, 365, 367, 370, 424
Elsenz 241, 438
Emmendingen 171, 213
England 47, 393 f., 414, 416
Enzweihingen 429 f.
Eppingen 257
Eppingen (KBez.) 241
Ersingen 426, 431
Eschelbronn 438 f.
Esslingen 426
Ettlingen 28, 159, 213
Eutin (Landeskirche) 67

Feuerbach 45
Flacht 430
Franken 372
Frankfurt a.M. 110, 372, 393, 395, 404, 407
Frankreich 92, 184, 299, 365, 367, 419-425
Freiburg 63, 90, 111, 148 f., 159, 190, 198, 212 f., 250, 260, 279, 369, 414, 419
Freiburg (KBez.) 3, 205 f.,
Freiburg-Ludwigspfarrei 288
Freiburg-Lutherpfarrei 227, 363

Gemmingen 241
Genf 370, 414, 420, 424

Gengenbach   213
Gernsbach   18, 205, 213, 251, 338, 367
Geroldseck   178
Göppingen   427
Gottmadingen   212
Grötzingen   212
Gundelfingen   213
Gurs/Südfrankreich   370f., 395, 419-425
Guttenbach   212

Haltingen   185
Hamburg (Landeskirche)   77, 281, 302, 372
Hannover (luth. Landeskirche)   13, 16, 67, 77, 87, 278, 295f., 435
Hannover (ref. Landeskirche)   67
Heddesheim   261
Heidelberg   71, 121f., 159, 183, 190, 198, 202, 206, 212, 228, 248, 250, 251, 254, 261, 288, 290, 297f., 369f., 372, 398f., 404, 445
Heidelberg (KBez.)   136, 158
Heidelberg-Rohrbach   179
Hessen-Kassel s. Kurhessen-Waldeck
Hessen-Nassau   24, 59, 80, 110, 372
Hilsbach   212
Hochhausen s. Neckarelz-Hochhausen
Hochstetten   176, 212, 310
Hoffenheim   239
Holland   395 (s.a. Niederlande)
Hornberg   343
Hornberg (KBez.)   227, 360, 362
Hythe (Kent, England)   416

Ilvesheim   287
Ispringen   110, 310, 329, 426-433
Ittlingen   241

Karlsruhe   9, 28, 33, 78f., 83, 96f., 124, 153, 170, 181, 189f., 208, 211, 213, 230, 232, 244, 247, 250f., 254, 297f., 317, 422, 426, 432f., 434f., 438f., 440
Karlsruhe-Bethlehem   254
Karlsruhe-Durlach s. Durlach
Karlsruhe-Land (KBez.)   176
Karlsruhe-Lutherpfarrei   308, 310, 338
Karlsruhe-Rüppurr   32, 212, 251
Karlsruhe-Schlosspfarrei   440f.

Karlsruhe-Stadt (KBez.)   3, 30, 123, 153, 308
Karlsruhe-Thomashof   28, 324, 326
Kassel   372
Kehl   212, 251
Kiel   372
Kirchzarten   213
Köln   372
Königsbach   310
Königsberg   372
Königsfeld   33, 50
Konstanz   144, 212
Konstanz (KBez.)   44, 220
Konstanz-Wollmatingen s. Wollmatingen
Kork   419
Korntal   427
Kürnbach   213
Kürzell   310
Kurhessen-Waldeck   77, 80, 302, 372

Lahr   29, 32, 95, 178, 200, 261
Langenau   181
Langensteinbach   310
Lauda   213, 234 f.
Legelshurst   123, 259
Leipzig   372
Leiselheim   187
Liebenzell   325
Liedolsheim   45, 212
Lippe-Detmold   67
Lörrach   213
Lörrach (KBez.)   44, 153
Lohrbach   212, 251
London   370, 393, 411, 417
Ludwigshafen/Rh.   339
Lübeck (Landeskirche)   77 f., 435
Lützelbach   246

Mannheim   18, 28 f., 34, 48 f., 50 f., 109, 160, 188, 212, 233, 246, 251, 290, 310, 329 f., 367, 371, 396, 398 f., 414, 415 f., 419, 420, 426, 433, 445 f.
Mannheim (KBez.)   3, 34
Mannheim-Friedenskirche   227
Mannheim, Jungbuschgemeinde   437

Mannheim-Neckarau 260
Mannheim-Seckenheim 338
Mecklenburg (Landeskirche) 24, 58, 67, 77, 195 f., 372, 435
Michelfeld 239
Mittelschefflenz 280
Montpellier 419
Montreux (Chamby sur Montreux) 372
Mosbach 212, 232
Mosbach (KBez.) 227, 280
Mühlacker 430
Mühlbach 185, 241
Mülheim (Rheinland) 372
Müllheim 9, 168
Müllheim (KBez.) 45, 153, 204 f., 219, 232, 243
München 372, 398
Münster 372

Nassau-Hessen s. Hessen-Nassau
Neckarau s. Mannheim-Neckarau
Neckarbischofsheim (KBez.) 3
Neckarelz 212, 251
Neckarelz-Hochhausen 212
Neckargemünd (KBez.) 3
Neckargerach 212, 251
Neckarzimmern 154, 210, 212, 227
Neumühl 419
Niederlande 417 (s.a. Holland)
Niklashausen 235
Nöttingen 329
Nonnenweier 93, 254, 324
Novi Sad (Serbien) 375, 416
Nürnberg (einschl. Nürnberger Rassegesetze) 367, 369, 372, 400, 411, 423

Oberweiler 419
Obrigheim 212, 246, 251
Österreich 48, 301 f.
Offenburg 213
Oldenburg (Landeskirche) 77
Ostmark s. Österreich
Ostpreußen 372

Palästina (einschl. Pro-Palästina-Komitee) 397, 401 f., 406, 408, 413
Paris 416

Pfalz   367, 395, 419f.
Pfalz (Landeskirche)   67, 88, 326
Pforzheim   90, 143, 148, 173, 183, 213, 260, 265, 288, 326, 338-341, 426-430
Pforzheim-Brötzingen   213, 265
Pforzheim-Dillweißenstein   213
Pforzheim-Stadt (KBez.)   274
Pommern   372, 395, 426
Preußen   69, 83, 103

Rastatt   339, 347
Reichenbuch   212
Reihen   221
Rheinbischofsheim   200
Rheinbischofsheim   (KBez.)   280
Rheinland   43, 372
Riegel   310, 329
Rötteln   213
Rotterdam   417
Ruit   213
Rummelsberg (bei Nürnberg)   177
Rußland   11, 48
Rußheim   213

Sachsen (Landeskirche)   60, 77, 80, 372, 435
Schaumburg-Lippe   67
Schlesien   372
Schleswig-Holstein   24, 77
Schönau i.Schw.   213
Schollbrunn   213
Schopfheim   227, 235
Schopfheim (KBez.)   3, 45
Schweiz   46, 92, 238, 370, 372, 395, 415, 417, 422, 427
Schwerin   372
Singen a.H.   122, 212, 238, 255, 263f.,288
Sinsheim   212
Sinsheim (KBez.)   3, 239
Söllingen   212
St. Georgen   211, 251, 254, 338, 341-363
Stein   213, 305, 310, 329
Stetten im Remstal   426
Stettin   372
Straßburg   160-162, 365, 395

Strümpfelbrunn 213
Stühlingen 213
Stuttgart 175f., 232, 349f., 372, 426
Sulzbach 212, 246, 251

Thüringen (Landeskirche) 67, 242, 303, 312, 435
Tiengen 214
Todtnau 213
Triberg 33
Trieglaff 395

Überlingen 159, 214f., 288
Unterschwarzach 212
Uppsala 416

Waldshut 124, 213f.
Weil im Dorf 427
Weiler 212
Weissach 427
Wertheim 159, 213, 310
Wertheim (KBez.) 3, 227, 234
Westfalen 372
Wilferdingen 329f.
Wieslet 181f.
Wolfach 175
Wolfenbüttel 435
Wollmatingen 152
Würm 213
Württemberg (Landeskirche) 56, 67, 74, 77, 82, 94, 110, 150, 173, 257, 275, 281, 299, 310, 372, 426
Wutöschingen 213

Zürich 417

Verzeichnis der Abkürzungen (zu Band I – IV)

ADW	Archiv des Diakonischen Werks
AG	Arbeitsgemeinschaft
AfEJ	Ausschuss für Evangelische Jugendpflege
Anh.	Anhang
Anl.	Anlage
Ap.	Apologia
ApU, APU	Altpreußische Union
AT	Altes Testament
Bad. PfVBl.	Badische Pfarrvereinsblätter
BCJ	Bund Christdeutscher Jugend
BDJ	Bund Deutscher Jugend
BDM	Bund Deutscher Mädel
Beil.	Beilage
Bekl.	Beklagte(r)
Bez.KR	Bezirkskirchenrat
Bez.Syn.	Bezirkssynode
BK	Bekennende Kirche
BK	Bibelkreise
BPB	Badische Pfarrbruderschaft
BRS	Bund Religiöser Sozialisten
CA	Confessio Augustana
C.A., CA	Central-Ausschuss (der Inneren Mission)
CSVD	Christlich-Sozialer Volksdienst
CVJM	Christlicher Verein Junger Männer
D.	Doktor der Theologie – h.c.
DAF	Deutsche Arbeitsfront
DBG	Deutsches Beamtengesetz
DC	Deutsche Christen
DEFD	Deutscher Evangelischer Frauendienst
DEFr.	Deutscher Evangelischer Frauendienst
DEK	Deutsche Evangelische Kirche
DEKK	Deutsche Evangelische Kirchenkanzlei
DNV	Deutsche Nationale Volkspartei
DO	Disziplinarordnung
Dok.	Dokument
DV	Deutsche Volkspartei
DVO	Durchführungsverordnung
EC	[Jugendbund für] Entschiedenes Christentum
EF	Evangelische Frauenhilfe
EGJ	Evangelische Gemeindejugend
EJ	Evangelische Jugend
EJB	Evangelische Jugend in Baden
EJD	Evangelische Jugend Deutschlands
EJWD	Evangelischer Jugend- und Wohlfahrtsdienst

EKD	Evangelische Kirche in Deutschland
EOK	Evangelischer Oberkirchenrat
EV(D}	Evangelischer Volksdienst
Evang. K'u.Volksbl.	Evangelisches Kirchen- und Volksblatt
Evang. NS	Evangelische Nationalsozialisten
Evang. OKR	Evangelischer Oberkirchenrat
Evang.VolksbI.	Evangelisches Volksblatt
Erw. OKR	Erweiterter Oberkirchenrat
EZA	Evangelisches Zentralarchiv [in Berlin]
FA	Finanzabteilung
FAD	Freiwilliger Arbeitsdienst
FB	Finanzbevollmächtigte (der FA beim EOK in einzelnen Gemeinden)
FR, FinanzR	Finanzrat
GA	Generalakten
GDC	Glaubensbewegung Deutsche Christen
GDEK, GesBl.d.DEK	Gesetzblatt der DEK
Gen.	Genosse
GenSyn.	Generalsynode
Gestapo	Geheime Staatspolizei
GLA	[Badisches] Generallandesarchiv [Karlsuhe]
Gl.B.	Glaubensbewegung
GO	Grundordnung [der Eangelischen Landeskirche in Baden]
hds.	handschriftlich
hektogr.	hektographiert
HJ	Hitlerjugend
Hptl.	Hauptlehrer
Hrsg.	Herausgeber
I.M., IM	Innere Mission
JB	Jungreformatorische Bewegung
JM	Jungmädel
JRB	Jugendreformatorische Bewegung
KBez.	Kirchenbezirk
K.d.F.	Kraft durch Freude
KG	Kirchengemeinde
KGR	Kirchengerneinderat
KGVBI.	[Kirchliches] Gesetzes- und Verordnungsblatt
KGWO	Kirchengerneindewahlordnung
KJ	Kirchliches Jahrbuch
Kl.	Kläger, Klage
KLV	Kirchlich-liberale Vereinigung
Kons.Rat	Konsistorialrat
korr.	korrigiert
KPBl.	Kirchlich-Positive Blätter
KPD	Kommunistische Partei Deutschlands
KPräs.	Kirchenpräsident
KPV	Kirchlicb-Positive Vereinigung
KR	Kirchenrat

KReg.	Kirchenregierung
Krs.Ltr.	Kreisleiter
KU	Konfirmandenunterricht
KV	Kirchenverfassung
LB	Landesbischof
LBR	Landesbruderrat
Lic.	Lizentiat der Theologie
Ljdpfr.	Landesjugendpfarrer
LKA	Landeskirchliches Archiv [Karlsruhe]
LKA D	LKA, Nachlass Dürr
LKBl	Landeskirchliche Blätter
LKR(at)	Landeskirchenrat
LLtg.	Landesleitung
LLtr.	Landesleiter
LSWO	Landessynodalwahlordnung
LSyn.	Landessynode
LSynd.	Landessynodaler
L(K)V	Landeskirchliche Vereinigung
LWahlLtr	Landeswahlleiter
masch.	rnaschinenschriftlich
MBK	Mädchenbibelkreise
MdI	Ministeriurn des Innern
Ms.	Manuskript
MtsBl.	Monatsblätter [für die Kirchlich-Positive Vereinigung]
N.D.	Nachrichten-Dienst [?]
N.N.	Name und Vorname unbekannt
NS	Nationalsozialismus, -sten, – nationalsozialistisch
NSBO	Nationalsozialistische Betriebszellen-Organisation
NSDAP	Nationalsozialistische Deutsche Arbeiterpartei
NSDStB	Nationalsozialistischer Deutscher Studentenbund
NSLB	Nationalsozialistischer Lehrerbund
NSV	Nationalsozialistische Volkswohlfahrt
NT	NeuesTestament
o.D.	ohne Datum
Ogruf.	Ortsgruppenführer
Ogrultr.	Ortsgruppenleiter
OrgLtr.	Organisationsleiter
OKR(at)	Oberkirchenrat
o.O.	ohne Ort(-sangabe)
PA	Personalakten
paraph.	paraphiert
Pfr.	Pfarrer
Pfrverw.	Pfarrverwalter
Pg./PG	Parteigenosse
PGB	Pfarrergebetbund
PKl.	Privatkläger
PO	Parteiorganisation
Prot.	Protokoll

RA	Rechtsanwalt
RB	Reichsbischof
RDB	Reichsbund Deutscher Beamten
RdErl.	Runderlass
Rds.	Rundschreiben
RFSSuCHdDtPol.	Reichsführer SS und Chef der Deutschen Polizei
RGBI.	Regierungsblatt
RGBl.	Reichsgesetzblatt
RKA	Reichskirchenausschuss
RKM	Reichskirchenminister, -ministerium
RL	Rerigionslehrer
RLtg.	Reichsleitung
RLtr.	Reichsleiter [der Deutschen Christen]
RM	Reichsmark
RM	Reichsminister, Reichsministerium
RMdF	Reichsmnisterium der Finanzen
RMdI	Reichsministerium des Innern
RMin.	Reichsminister, Reichsministerium
RminAmtsblDtschWiss.	Reichminstrialamtsblatt Deutsche Wissenschaft (richtiger Titel: Deutsche Wissenschaft, Erziehung und Volksbildung. Amtsbl. des RMWEV)
RMW, RMWEV	Reichministerium für Wissenschaft, Erziehung und Volksbildung
RS/Rel.Soz.	Religiöse Sozialisten
RStGB	Reichsstrafgesetzbuch
RU	Religionsunterricht
RV	Reichsverfassung
SA	Sturmabteilung
SD	Sicherheitsdienst
SdtschBl.	Süddeutsche Blätter [für Kirche und freies Christentum]
Sopade	Sozialdemokratische Partei Deutschlands (im Exil)
SpA	Spezialakten
SPD	Sozialdernokratische Partei Deutschlands
SS	Schutzstaffel
StGB	Strafgesetzbuch
Theol. Erkl.	Theologische Erklärung
TOP	Tagesordnungspunkt
uk	unabkömmlich
Üwa-Abt.	Überwachungs-Abteilung
Üwa-Leiter	Überwachungs-Leiter
USchla	Untersuchungs- und Schlichtungsausschuss [der Reichsleitung]
UU	Unionsurkunde
VBl.	Verordnungsblatt [= KGVBL.]
VKL	Vorläufige Kirchenleitung
VDA	Verein für das Volkstum im Ausland
VL	Vorläufige Leitung
VO	Verordnung

VVKGB	Veröffentlichungen des Vereins für Kirchengeschichte in der Evang. Landeskirche in Baden
WHW	Winterhilfswerk
Zs.	Zeitschrift
z.d.A.	zu den Akten
ZPO	Zivilprozessordnung

„Veröffentlichungen des Vereins für Kirchengeschichte" zum Dritten Reich

Band 33
Rückleben, Hermann: Deportation und Tötung von Geisteskranken aus den badischen Anstalten der Inneren Mission Kork und Mosbach. 1981, 104 S. vergriffen

Band 34
Erbacher, Hermann: Die Evangelische Landeskirche in Baden in der Weimarer Zeit und im Dritten Reich, 1919 – 1945. 1983, 104 S., Abb.
ISBN 3-87210-310-5 € 2,50

Band 38
Rückleben, Hermann: Evangelische „Judenchristen" in Karlsruhe 1715–1945. 1988, 127 S.
ISBN 3-87210-315-6 € 6,35

Band 39
Erbacher, Hermann (Hrsg.): Beiträge zur kirchlichen Zeitgeschichte der Evangelischen Landeskirche in Baden. Preisarbeiten anläßlich des Barmenjubiläums 1984. 1989, 375 S.
ISBN 3-87210-317-2 € 6,80

Band 43
Rückleben, Hermann und Erbacher, Hermann (Hrsg.): Die Evangelische Landeskirche in Baden im „Dritten Reich". Quellen zu ihrer Geschichte. Band I: 1931 – 1933. 1991, XVI, 891 S.
ISBN 3-87210-332-6 € 10,15

Band 46
Rückleben, Hermann und Erbacher, Hermann (Hrsg.): Die Evangelische Landeskirche in Baden im „Dritten Reich". Quellen zu ihrer Geschichte. Band II: 1933 – 1934. 1992, XVI, 800 S.
ISBN 3-87210-902-2 € 10,10

Band 49
Rückleben, Hermann und Erbacher, Hermann (Hrsg.): Die Evangelische Landeskirche in Baden im „Dritten Reich". Quellen zu ihrer Geschichte. Band III: 1934 – 1935. 1995, XVI, 968 S.
ISBN 3-87210-906-5 € 12,70

Band 53
Geschichte der badischen evangelischen Kirche seit der Union 1821 in Quellen. Hrsg. vom Vorstand des Vereins für Kirchengeschichte zum Kirchenjubiläum 1996. Konzeption und Redaktion: Gerhard Schwinge. Biograph. und Bibliograph. Anhang: Hermann Erbacher. 1996, 672 S., 2 Karten
ISBN 3-87210-910-3   € 25,50

Band 54
Scheuing, Hans-Werner: „... als Menschenleben gegen Sachwerte gewogen wurden". Die Geschichte der Erziehungs- und Pflegeanstalt für Geistesschwache Mosbach / Schwarzacher Hof und ihrerer Bewohner 1933 – 1945. 1997, XIII, 525 S. (Zugleich: Diss. theol. Heidelberg 1996)
Unverkäufliche Vereinsausgabe; Buchhandelsausgabe: Heidelberger Verlagsanstalt,   ISBN 3-8253-7107-7
vergriffen

(Eine 2., überarbeitete, erweiterte u. illustrierte Auflage ist in Vorbereitung.)

Bestellungen für die lieferbaren Bände an:

PV Medien Verlag, Postfach 22 80, 76010 Karlsruhe   Tel. 0721/93275-0
(ehemals: Evang. Presseverband für Baden)   Fax: 0721/93275-20

Hermann Maas – Leben für Versöhnung
Wegbereiter des christlich-jüdischen Dialoges

Der badische Prälat Hermann Maas (1877 - 1970) war nicht nur einer der herausragenden Figuren der badischen Kirche in diesem Jahrhundert, sondern auch einer der mutigsten Retter von verfolgten Juden in der Zeit des Nationalsozialismus.

Als Sohn einer Pfarrfamilie führte ihn sein beruflicher Weg fast selbstverständlich in die Theologie. Sein Studium fiel in die Blütezeit der liberalen Theologie gegen Ende des 19. Jahrhunderts, die ihn Zeit seines Lebens prägte.

Dabei hat er sich nicht nur um die kleinen Dinge des Alltags gekümmert, sondern ist zum Vordenker in den großen kirchlichen und politischen Fragen geworden, seiner Zeit und seiner Kirche oft weit voraus. So hat er sich bemüht um Fragen der sozialen Verantwortung der Kirche, in der Abrüstungs- und Friedensdebatte, in dem Dialog mit jüdischen Theologen und der Verständigung mit Israel. Überzeugt davon, daß er in der Nachfolge Jesu Christi den richtigen Weg gehe, nahm er dabei auch Konflikte in Kauf. Konflikte mit seiner Kirche und dem nationalsozialistischen Staat. Dabei war ihm das Risiko bewusst, dass er mehr als einmal sein eigenes Leben aufs Spiel setzte.

Hermann Maas war ein „Täter der Verständigung", der mit seinem Handeln und Reden Brücken über unüberwindlich geglaubte Gräben baute. Er ist nicht nur einer der Wegbereiter der Ökumene in Deutschland gewesen, sondern er hat vor allem auch der Verständigung zwischen Juden und Christen den Weg geebnet.

EDITION ZEIT ZEUGEN

170 Seiten, Broschur
€ 12,70 / SFr 22,90
ISBN 3-87297-129-8

HANS THOMA VERLAG
BÜCHER · KUNST · URKUNDEN

Elisabeth von Thadden
Gestalten · Widerstehen · Erleiden

Die Lebensstationen einer beeindruckenden Frau zeigen in diesem Buch verschiedene Autoren auf. Aufgewachsen auf einem großen Gut in Pommern und geprägt von lutherischer Frömmigkeit, gründete Elisabeth von Thadden in den zwanziger Jahren in Heidelberg-Wieblingen ein Landerziehungsheim für Mädchen. Dort verwirklichte sie ihre pädagogischen Ziele: eine ganzheitliche Erziehung hin zu Eigenständigkeit, zu Verantwortung und zu einer vom christlichen Glauben geprägten Lebensgestaltung. Politischer Widerstand war ihr eigentlich von ihrer preußisch-lutherischen Erziehung her fremd. 1933 war sie durchaus bereit, sich auf die „neue Zeit" einzulassen.

Als beeindruckende Persönlichkeit und bekennende Christin geriet sie aber in immer größere Distanz zu den nationalsozialistischen Machthabern. So wurde 1941 ihre Schule verstaatlicht und Elisabeth von Thadden als Schulleiterin entlassen.

Eine Unbedachtheit führte mit Hilfe einer Denunziation dazu, dass die Gestapo sie verhaftete und sie am 8. September 1944 hingerichtet wurde. Dabei war sie keine „Widerstandskämpferin" im engeren Sinne, sondern ihre „Taten gegen das Dritte Reich" bestanden – so formulierte es später eine Freundin – aus „Anstand, Empörung gegen die Behandlung der Juden und dem Wissen, dass der Krieg verloren war!" Bis heute ist Elisabeth von Thadden ein lebendiges Beispiel für Zivilcourage in der Gesellschaft.

264 Seiten, Broschur
€ 17,80 / SFr 31,50,
ISBN 3-87297-148-4

HANS THOMA VERLAG
BÜCHER · KUNST · URKUNDEN